四柱推命人間学

浅野 太志
Futoshi Asano

総和社

まえがき

前著である『四柱推命完全マニュアル』が、おかげさまで好評を賜り、たくさんの方々から感謝のお手紙やメールなどで、次の本のリクエストをいただきました。そのリクエストの中に、四柱推命の相性の見方を知りたいという声が多数あり、前著の出版から七年を経て、ようやく本著の出版をすることができました。

本著のコンセプトは、「四柱推命を人生にどう活かすか」です。その中でも特に「人間関係」に主眼を置きました。

私たちは生きている間に、親子関係から始まって、兄弟姉妹や友人、同僚、恋人、夫婦……と、さまざまな人間関係を結んでいきます。他者との関わりにおいて、誰もが人間関係には「相性」があると気付くはずです。相性の良い相手と出会えば、喜びの多い豊かな関係を築けるでしょう。逆に相性の悪い相手との関係は、苦しみの多い道のりを歩いていくようなものでしょう。

四柱推命は、さまざまな事柄を細かく見ていくことができる占術です。その優れた点は、とりわけ相性鑑定で大きな威力を発揮します。ただし、ここではっきりと申し上げておきたいのは、「絶対的に悪い相性」は存在しないということです。全ての相性について、それを実り豊かなものにしていく方法があります。

四柱推命というフィルターを通せば相手の性格や価値観、考え方の傾向を知ることができます。そうすることによって、「この人とどう付き合っていったらよいか」という方法がおのずと見えてくるのです。

余談ですが、古来、中国の皇帝は自分の生年月日や時刻を決して他人に知られないようにしていたそうです。それを知られることは、自分の弱点をつかまれることと同じ意味を持っていたため、帝位を脅かされる恐れがあったからです。

しかし現代は、もはやそのような時代ではありません。お互いの生年月日や時刻を教え合い、四柱推命を使って周囲と楽しく付き合い、豊かな人生を形成していく方が誰にとっても幸せです。

人間関係を制するものが人生を制する……と言ったら、極論すぎるでしょうか？自分を取り巻くさまざまな相手を理解しようと努めることこそ、人生を豊かにするのだと筆者は思います。

本書が読者の皆様にとって、実りある人間関係を築いていく一助になりましたなら望外の喜びです。

人物フォーマット

時柱	日柱	月柱	年柱
ⓓ	ⓒ	ⓑ	ⓐ
ⓗ	ⓖ	ⓕ	ⓔ

<table>
<tr><td rowspan="2">日干支タイプ

・直感タイプ
・結果タイプ
・人柄タイプ</td><td>(外的環境の支配五行候補)</td></tr>
<tr><td>外的環境の支配五行

メイン　　　　　　サブ</td></tr>
<tr><td>旬数

第　　旬</td><td>通変タイプ</td></tr>
</table>

算命時計図

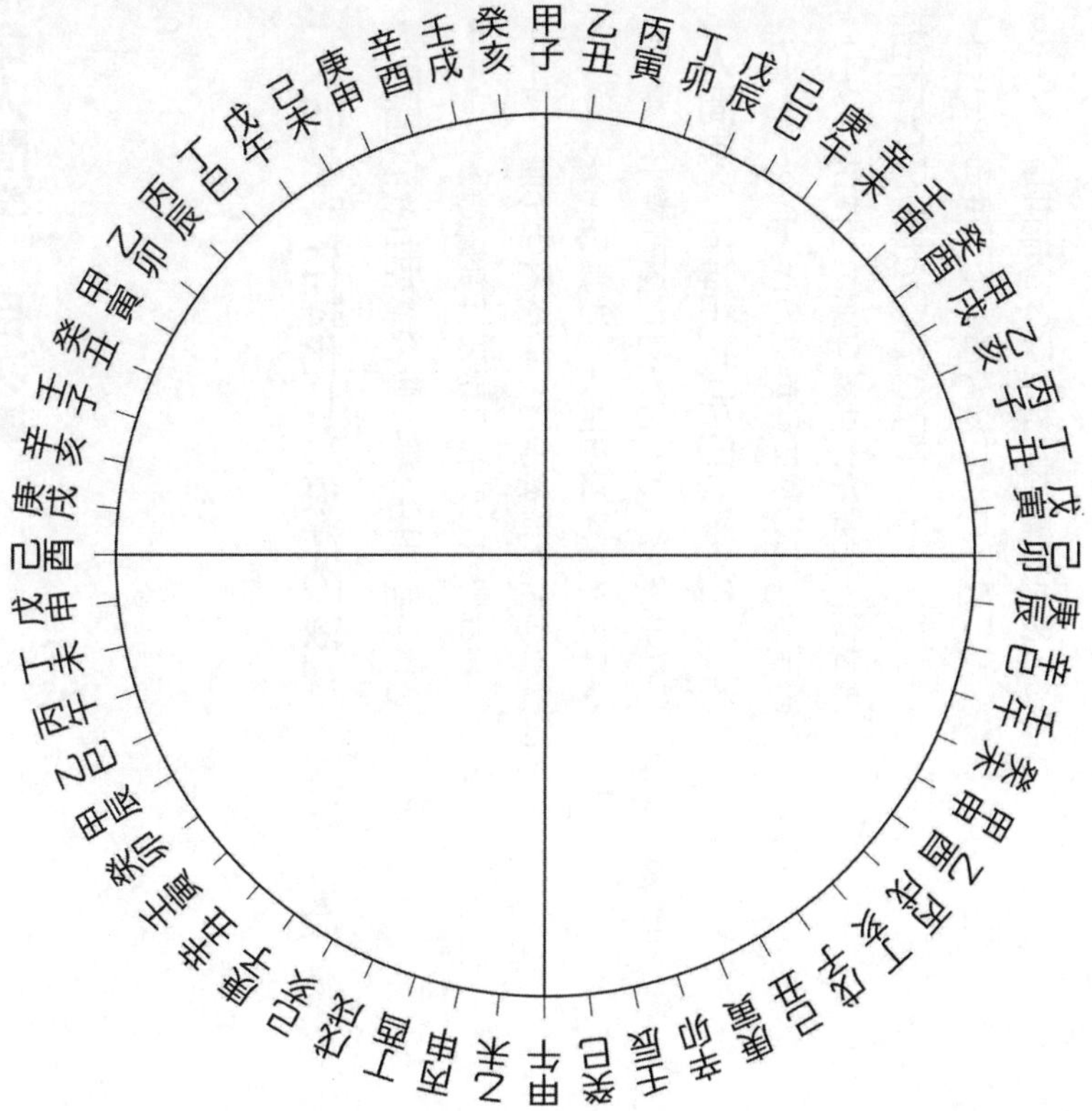

甲子
乙丑
丙寅
丁卯
戊辰
己巳
庚午
辛未
壬申
癸酉
甲戌
乙亥
丙子
丁丑
戊寅
己卯
庚辰
辛巳
壬午
癸未
甲申
乙酉
丙戌
丁亥
戊子
己丑
庚寅
辛卯
壬辰
癸巳
甲午
乙未
丙申
丁酉
戊戌
己亥
庚子
辛丑
壬寅
癸卯
甲辰
乙巳
丙午
丁未
戊申
己酉
庚戌
辛亥
壬子
癸丑
甲寅
乙卯
丙辰
丁巳
戊午
己未
庚申
辛酉
壬戌
癸亥

■四柱推命人間学　目次■

まえがき

第1章「人間学」に特化した東洋の叡智・四柱推命……15

1　人間関係を制した者が人生を制する

1―1　人の運命は出会いによって変わる

1―2　自分ができないことは誰かに任せればいい

1―3　人との縁が、人生の可能性を広げる

1―4　一緒に過ごす人によって、人生はいくらでも変わる

2　「人間学」に特化した四柱推命

2―1　人と人との相性は自然の摂理である

2―2　古代から受け継がれた陰陽五行哲学

3　相性というものについて

3―1　相性に絶対的な良し悪しはない

3―2　四柱推命とは、相互理解のためのツール

第2章　四柱干支と五行バランスを知る……33
1　その人の八字（十干・十二支）を算出する
1―1　年柱干支と月柱干支・外的環境の支配五行候補の算出
1―2　サマータイム・地方時差・均時差の考慮
1―3　日柱干支と日干支3タイプ・旬数の算出
1―4　時柱干支の算出
2　外的環境の強い五行を特定する
2―1　外的環境の支配五行候補の表示の見方
2―2　外的環境の支配五行を書き入れる
2―3　通変タイプの出し方
2―4　通変タイプは、必ずしも一つとは限らない
3　算命時計図の記入

第3章　魂が導く人間関係の傾向……53
1　十種類の日主はその人の魂を表す
2　その人の日主でわかる人間関係
2―1　「甲」の人間関係

2―2　「乙」の人間関係
2―3　「丙」の人間関係
2―4　「丁」の人間関係
2―5　「戊」の人間関係
2―6　「己」の人間関係
2―7　「庚」の人間関係
2―8　「辛」の人間関係
2―9　「壬」の人間関係
2―10　「癸」の人間関係
【参考1】甲の生木と死木の分別法

第4章　恋愛における相性……107
1　十二支の関係で心と身体の相性を知る
2　その人の日支でわかる恋愛関係
2―1　日支が「子」の人の恋愛
2―2　日支が「丑」の人の恋愛
2―3　日支が「寅」の人の恋愛
2―4　日支が「卯」の人の恋愛

2—5　日支が「辰」の人の恋愛
2—6　日支が「巳」の人の恋愛
2—7　日支が「午」の人の恋愛
2—8　日支が「未」の人の恋愛
2—9　日支が「申」の人の恋愛
2—10　日支が「酉」の人の恋愛
2—11　日支が「戌」の人の恋愛
2—12　日支が「亥」の人の恋愛
【参考2】刑・害・支破について

第5章　思考のパターンによる相性……175

1　その人の通変タイプで思考の違いを知る
2　比劫
2—1　命式が「比劫タイプ」の人
3　食傷
3—1　命式が「食傷タイプ」の人
4　財
4—1　命式が「財タイプ」の人

5　官
5―1　命式が「官タイプ」の人
6　印
6―1　命式が「印タイプ」の人
第6章　ビジネスにおける相性……211
1　占いは時代に合わせて進化させなければいけない
2　日柱干支の現代的活用法
3　十二運星による3タイプの分類法
3―1　直感タイプ
3―2　結果タイプ
3―3　人柄タイプ
3―4　3タイプの巴形主従関係で仕事の相性を見る
4　旬数で見る相性鑑定法
5　算命時計によるビジネス相性鑑定法

第7章　人生の共同パートナーとの相性……233
1　四柱推命の本格的な相性鑑定法
2　絶対に悪いという相性は存在しない
3　大自然のイメージで相性を読み解く
4　相手の命式に与える影響を読み解くのが極意
5　人の相性には、いろいろなタイプがある
【ポイント1】相手の命式から自分の命式に欠けている五行を補う型
【ポイント2】友情型・同士型の相性
【ポイント3】相手の命式に自分の日主が通根できる関係
6　人の出会いや縁は運命までも変える

第8章　相性鑑定事例……247
〈事例1〉経営者とアシスタントの相性（B社長×Tさん）
〈事例2〉生き残りを賭けた同盟者の相性（徳川家康×伊達政宗）
〈事例3〉生涯のパートナーの相性（ジョン・レノン×オノ・ヨーコ）
〈事例4〉相手の出生時間がわからない場合の鑑定法（新垣結衣さん×星野源

さん）

第9章　縁というものがとりなす不思議……273
1　縁と相性とは、また別物
2　結婚するとお互いの運勢が平均化される
3　相手をコントロールしようとすること
4　人はなぜ人間関係に苦しむのか
5　ほんの些細な心掛けで、素晴らしい人間関係を築ける
6　たくさんの出会いと別れの中で
参考文献
あとがき

付録……291
万年暦（1926年～2031年）……301

第1章 「人間学」に特化した東洋の叡智・四柱推命

四柱推命は、人間関係を円滑に築くためのツールです。使い方によっては、意中の異性に接近したり、相手の急所を突いて自分の思い通りに動かしたりすることも可能です。

古来、中国の皇帝は国を統一する時には、兵法や占星術に長けた軍師をそばに置き、事あるごとに相談しながら戦略を決定しました。さらに自分の生年月日時が敵国に知られることは、国家存亡の危機にもつながりかねない極秘事項として扱ったといいます。それぐらい四柱推命には、人間の運命を大きく変える奥義があると信じられてきたのです。

この章では、四柱推命から人間関係のどのようなことがわかるのか、そもそも人間関係とは何か……、といったことから迫っていきます。

1　人間関係を制したものが人生を制する

私たちは、人間としてこの世に生を受けた時から、誰もが人生の中でさまざまな経験をします。しかし、どんなに長い人生でも、たかだか百年前後で終わりを迎えなければなりません。

その人生では、たくさんの人間関係を築き、それによって喜びを感じることもあれば、苦悩に打ちひしがれることもあるでしょう。ですから、この人間関係を制することができれば、私たちは人生そのものを制したといっても良いのではないでしょうか。

もしも、人間関係を制するためのツールを自由自在に扱えたなら、どんなに心強いでしょう。そのツールこそが、四柱推命なのです。

1―1　人の運命は出会いによって変わる

四柱推命を始めとした生年月日時（生年月日と出生時間）で鑑定する占い（占術用語で「命理」）は、生年月日時によって、その人が生まれてから死ぬまでの人生を知ることができる占術です。また、四柱推命でも星の巡りから導き出された大運（十年ごとの運勢）や年運から、その人の運命の流れを読み取ることができます。

もちろん、前著『四柱推命完全マニュアル』でも申し上げているとおり、「この星が巡ると、必ずこうなる」とか「この星が巡った時期は、運気が悪い」などと決めつけられるものではありません。

人の運命は、それほど画一的に決められているものではないからです。確かに、四柱推命を始めとした多くの命理学は、生年月日時からわかる、その人の初期設定ともいえる星の配置から、未来を予測しようと試みる占いです。また、その人が生まれた時から持っている運勢や心の状態によって、定まっている部分があることは否めません。

しかしながら、それは絶対ではありません。なぜなら、そもそも人生というものは、常に流れていく時間の中で変化していくからです。ある時ある場所で誰かと出会ったり、また別れたりすることが、人生の分かれ道になることもあるでしょう。そして、その人の未来や運命を根本から大きく変えてしまうものが「人との縁」なのです。

1-2　自分ができないことは、誰かに任せればいい

人生においては時折、避けて通れない大きな壁が立ち塞がっていることがあります。その壁というのは、ほとんどの場合、その人にとっての苦手分野であったり、人生の課題であったりします。けれども、周囲から見ると、その壁が大した障害には見えないということもあるでしょう。

昔、筆者は占い師として、ある会社に所属していたことがあったのですが、その会社に新入社員として、パソコンが大の苦手という男性が入社してきました。その会社の経営者は、男性に少しでもパソコンの使い方を覚えさせようとして、手取り足取り教えたのですが、彼はパソコンの前で完全にフリーズしていました。そして研修四日目にして、その男性は会社を辞めてしまったのです。

その時、それを傍《かたわ》らで見ていた当時の筆者は、男性がなぜ辞めるという結論を出してしまったのか理解できませんでした。パソコンの使い方を知らないからといっても、入社して四日目で諦めるのはあまりに

早すぎます。しかし、誰にでも苦手なものはあるわけで、それが新たな職場に入ったとたん目の前に立ちはだかったのですから、その男性はここでは生きていけないと絶望を感じたのかもしれません。

けれども、その職場に男性の仲間がいたなら違う結果になっていたかもしれないのです。パソコンについては最低限の使い方を教えてもらいながら、専門的なことは、それが得意な人に任せてしまえば良いのです。職場には、パソコンを使うのは得意だけれど、営業は苦手だという人もいるでしょう。逆に、営業の外回りは得意だけれど、パソコンの入力ではミスが多い人もいます。それぞれが得意分野を活かし、苦手なことは誰かに任せて、お互いが協力をすることによって、大きな仕事を成し遂げることができるのです。

明治維新の三傑として知られる西郷隆盛と大久保利通、木戸孝允のうちの二人、西郷隆盛と大久保利通は薩摩藩（鹿児島県）に仕えていた藩士であり、苦楽を共にした盟友でした。西郷隆盛は、前藩主の島津斉彬《なりあきら》公とは非常にウマが合ったのですが、その後、藩主の座を継いだ島津久光公とは全くウマが合いませんでした。久光公から嫌われた西郷隆盛は一時、島流しの憂き目を見るなど、苦渋に満ちた日々を送ることになります。

ところが、大久保利通は不思議と島津久光とウマが合いました。そして、大久保利通の取りなしによって、西郷隆盛は復権を果たしました。そこから二人が力を合わせて、明治維新の道を突き進んでいくのは誰もがご存じのとおりです。自分一人では成し遂げられなかったことも、誰かと協力することによって達成できることがあります。逆に、自分一人だけの力で何かを成し遂げられることには限界があります。人より抜きんでた能力があったとしても、必ずどこかで誰かに助けられていたりするものです。

1-3　人との縁が、人生の可能性を広げる

ここで伝えたいのは、自分自身に並はずれた能力がなかったとしても、その部分を補ってくれる人がいれば、不可能が可能になるかもしれないということです。自分には絶対にできないと諦める前に助け合える仲間がいないか周囲を見回してみるのです。お互いの足りないところを補い合って前進していけば、想像もしなかったような未来が開けることだってありえるでしょう。

逆に、卓越した能力を持っていても、本人の性格に問題があって誰も人が寄りつこうとしないようであれば、その人は自分の能力を十分に活かす環境を築くことができないでしょう。素晴らしいビジョンも絵に描いた餅で終わってしまいます。

もちろん、非凡な才能の持ち主の中には、自分の力だけで全てを実現した人もいるでしょう。けれども、実現するまでに時間がかかりすぎて、次の一手を打てずに終わってしまうかもしれません。なぜなら、人生の時間には限りがあるのですから。

秦の末期から前漢の成立までの司馬遼太郎による歴史小説『項羽と劉邦』の話が、まさにその典型です。主人公の一人である項羽は代々、楚《そ》の将軍を務めた家柄の生まれであり、文武両道で頭の回転も速く、常に人から一目置かれるような存在でした。戦場においては、まるで虎のように相手に襲い掛かるので、敵兵たちは項羽を見れば震えあがって逃げ出すほどでした。

しかし、項羽には激情家な一面がありました。いったん自分が惚れ込めば、相手の身になって涙を流すほど思いやりがある一方で、裏切り者には冷酷でした。敵と見なされたら最後、その一族までも復讐の魔

の手から逃れられなかったほどです。戦いとなれば敵国の兵士は、一人残らず皆殺しです。心の底から人を信じることができないので、誰にも全てを任せられず、いつもどこかで、人を疑っているようなところがありました。そのような人物なので、最初は項羽を慕っていた部下も、次々と項羽の元を去って、最後は孤独になってしまいました。

もう一方の主人公の劉邦は、家柄も良くなく無学であり、一時期は侠客《きょうかく》として生きていた人物です。能力という意味では、項羽に勝るようなところは一つもありませんでした。それでも、人を信じることができた劉邦には、どこか放っておけないような人間的な魅力があり、中年以降、劉邦の周囲には、数多くの有能な人物が集まるようになりました。

この二人の英雄は、覇権を巡って争う中、一進一退の攻防を続けていくのですが、最後は垓下《がいか》の戦いにより、項羽の楚軍が劉邦の漢軍に完膚なきまでに叩きのめされました。そして項羽はこの場所で、自らの首をはねて死んだのです。

のちに劉邦が、自分が項羽に勝てた理由を、次のように語ったといいます。「策を巡らして、敵に計略を仕掛けることでは、わしは張良に及ばない。民を安心させ鼓舞して、食糧の補給を確保することでは、わしは蕭何《しょうか》に及ばない。軍を率いて戦いに勝つことにおいて、わしは韓信に及ばない。しかし、わしはこの三人をうまく使いこなした。それに比べて、項羽は、軍師である范増《はんぞう》さえも信じることができず、使いこなせなかっ

た。これこそが、わしが項羽に勝った理由である。」

項羽の個人の能力は、劉邦のそれを遙《はる》かに上回っていましたが、自分の配下である張良と蕭何《しょうか》と韓信の能力を、自分のものとした劉邦に、まるで歯が立たなかったのです。

人と協力することができれば、不可能を可能にすることができます。運命が大きく変わっていくのです。

1―4　一緒に過ごす人によって、人生はいくらでも変わる

一人では不可能な事であっても、誰かと協力することで可能になる。さらには、そのことによってその人が持っていた運命すら大きく変わることがあります。

筆者が尊敬している西谷泰人先生は「くっつき運」と名付けていましたが、「運気がイマイチだな……」という時には、運気の良い人にくっついて、その人のペースに合わせて行動すると、自分の運気も良い方向に引っ張られていきます。

たとえば、これから大海原への航海に出るとして、目の前に二隻の船があったとしましょう。一隻の船には、海図と航海術を知りつくしたベテランの船長が乗っています。もう一隻には、船の操縦の仕方さえ良くわかっていない船長が乗っていたとしましょう。どちらの船を選ぶかは、言うまでもありません。ベテラン船長の船は、無事に目的地にたどり着き、その頃もう一方の船は、見当違いの方向を漂流しているかもしれません。それどころか、暗礁に乗り上げて沈没してしまうことだってあり得るのです。人生でも同じことが言えるでしょう。仕事でも家庭生活でも、共に前進していく関係性において、舵を取る人の力

量で運命が左右されてしまうことがあるのです。

人間は運気の流れの中で生きています。しかし、どんなに運気が良くても、遭難しそうな船に乗ってしまったら未来は危ういのです。逆に、運気の状態がいまひとつでも、舵取りの巧みな船長の船に乗れば、予定したより早く目的地に着き、絶好のチャンスをつかむ幸運に恵まれるかもしれません。

2 「人間学」に特化した四柱推命

四柱推命の発祥の地である中国は広大な大陸の中にあります。必然的に、太古の昔より激しい覇権争いが続き、王朝が幾度となく入れ替わりました。その中国大陸で、四柱推命は今から１０００年ほど前の宋王朝の時代に、徐子平《じょしへい》という人物がその基礎部分を作ったと言われていますが、四柱推命の下地となる十干・十二支や五行思想は、遅くとも２０００年以上前から存在していると考えて間違いないでしょう。

中国大陸の広大な土地には、多くの人々が住んでいましたが、ほんの一握りの支配層を除けば、ほとんどの民衆は貧乏で困窮していました。しかしながら、一族の中からたった一人でも、科挙に合格して役人に登用されれば、その一族は全員が優遇されて富裕層になれました。逆に、官僚として仕えていた者が、皇帝や王の反逆者と見なされれば、その者だけにとどまらず、一族が皆殺しの憂き目を見ることも珍しくありませんでした。

そのような厳しい生活環境の中での人々にとって、たった一人でも一族から成功者が出てほしいと願う気持ちには、非常に切実なものがありました。

四柱推命は、こうした歴史的背景を受けてできあがった学問です。

2－1　人と人との相性は自然の摂理である

広大な中国大陸の長い歴史の中で培われてきた五行思想とは、自然の摂理そのものを表した哲学です。ここで、この四柱推命の根幹にある「五行」というものについて、触れておかなければなりません。これは、この世界にある全てのものは、「木」「火」「土」「金」「水」の五つに分けられるという考え方です。

「木」とは、植物のことであり、生命を宿すものの象徴として扱われることもあります。樹木や花はもちろん、木材や紙（紙は木が原料）も「木」に相当します。

「火」とは、燃える炎のことであり、熱くて光り輝くものの象徴です。太陽や灯火、小さなものから大きなものまで光や熱を出しているものは全て「火」に相当します。

「土」とは、大いなる大地のことであり、地球上の土そのものです。山岳の土も、肥えた大地も、砂漠の砂も、沼地の泥も、全て「土」に相当します。

「金」とは、山から産出される鉱物のことであり、硬いものの象徴です。金属、宝石、石ころ、また、戦の武器としての刃物まで、光るもの、切れ味の鋭いものは全て「金」に相当します。

「水」とは、生きるものにとっては欠かせないものであり、流れるもの全ての象徴です。恵みの雨から、せせらぎ、滔々（とうとう）と流れる河川や大きな海まで、液体状のものは全て「水」に相当します。

広大な宇宙の中にこの地球が存在し、その地上に大自然が存在するように、古《いにしえ》より、自然のサイクルの中で誕生した人の心の中にも、生まれた時からの自然の情景があり、そのバランスを取ることで心の調和がもたらされると考えられていました。

人はこの世に誕生したその時に巡っている年・月・日・時の十干と十二支の影響を受け、そこに記されている五行の気が心の中に取り込まれます。あるいは、魂は自らが背負っている天命や宿命、気質を宿すにふさわしい身体を生年月日時で選んでいるのかもしれません。どちらにしても、その魂は運命傾向から、性質、体質にまで生年月日時の影響を強く受けることになります。日本ではあまり知られていませんが、本格的な漢方では薬の調合をする際に、その患者の生年月日時に基づいて調合すると言います。

生まれながらに持った五行バランスは、巡運（大運・年運・月運・日運・時運の全てが一つの流れとなったもの）の影響も受けます。基本的に、原命式の星や五行バランスは変えられません。しかし、一人の人間の五行バランスが、生まれてから死ぬまで不変かというと、そういうわけではありません。人は誰もが少なからず、周囲の人からの影響を受けているものです。そして、他ならぬ五行バランスも、周りにいる人によって変化し、流動していくのです。

人間の心の中に眠る自然の情景は、周りにいる人の五行からも影響を受けて変化します。まさに、人と人との相性は、自然の摂理をそのままに映し出しているものなのです。

2-2　古代から受け継がれた陰陽五行哲学

「木」「火」「土」「金」「水」の五行というものが、初めて中国の文献に登場するのは、周の時代に成立した『書経《しょきょう》』の『洪範《こうはん》』という一編においてであり、その中には「水は潤下《じゅんげ》し、火は炎上し、木は曲直《きょくちょく》、金は従革《じゅうかく》し、土は稼穡《かしょく》する」と書かれています。陰陽五行の中の相剋や相生など基本的な考え方の基盤ができあがったのは、春秋《しゅんじゅう》戦国時代から前漢の時代のことでした。

「相剋」とは、五行はそれぞれが剋し合う（=攻撃しあう）という考え方です。木は土に根を張って、これを蹂躙《じゅうりん》し、土は水を堰《せ》き止め、水は火を消し、火は金を溶かし、金は木を打ち倒すという関係にあります。この関係は、基本的に強い方が弱い方を制圧しますが、どちらも力を消耗する関係です。

「相生」とは、五行はそれぞれが助け合っているという考え方です。木は焚き木となって火を生じ、火はいろいろなものを燃やして灰となり土に還し、土はやがて固まって金を生み出し、金は冷えるとそこに水滴がついて、水を生じ、水は木を育てます。

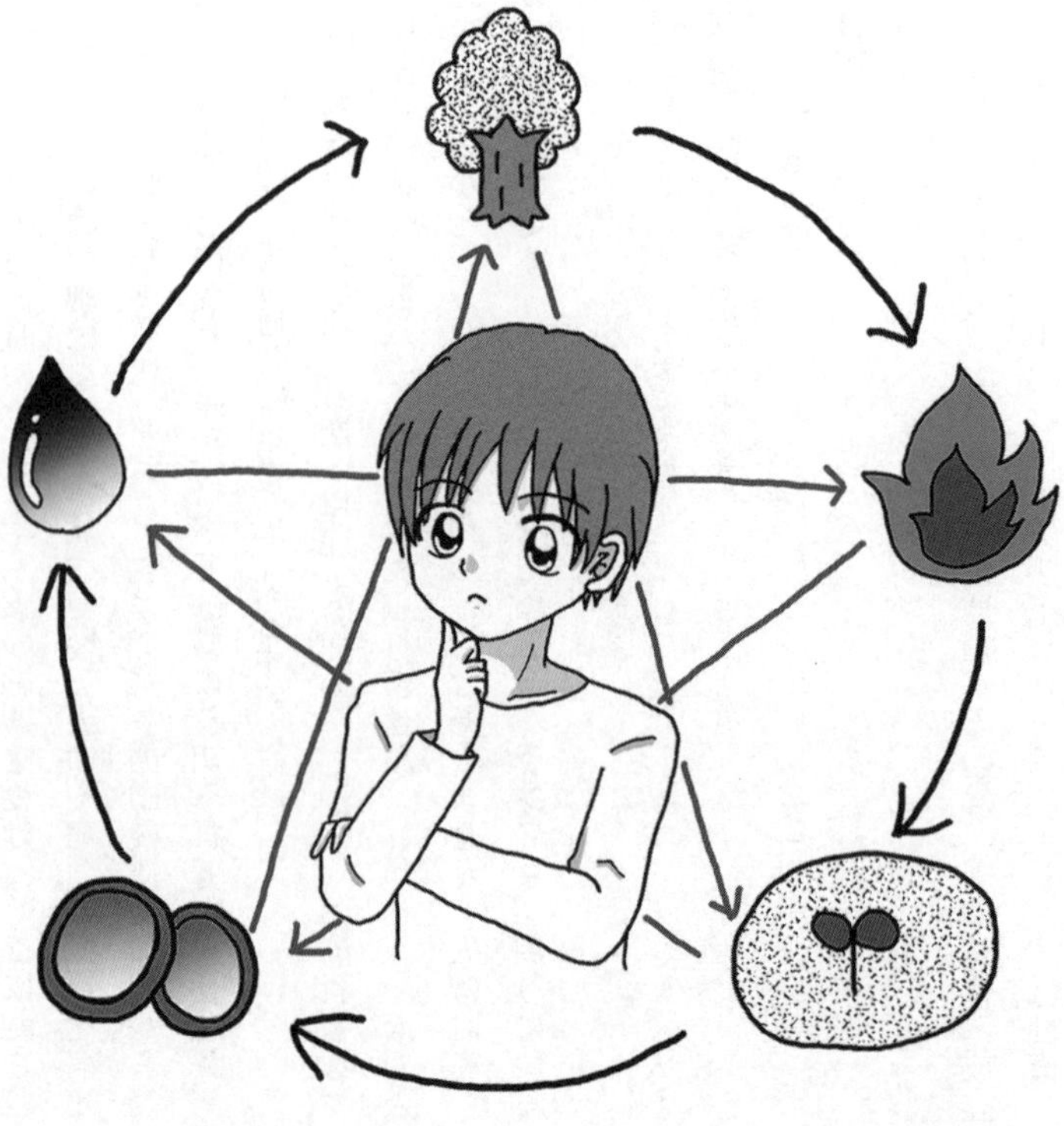

歴史的には、相剋五行の方が、相生五行よりも、やや古いものです。図にすると、次ページのようになります。東洋占術において、この五行同士の関係は非常に重要な意味を持ちます。占術によっては、相剋は好ましくない関係で、相生は良い関係であるという判断を下すものもありますが、自然哲学を重んじる四柱推命においては、単純に相剋が凶で、相生が吉であるといった、とらえ方はしません。

たとえば、金は木を剋し（負かし）ます。この一点だけを取り上げれば、金は木にとって天敵のように見えますが、枝葉が茂りすぎた樹木は、金（金斧）によって枝を切り落とした方が、水分が全体に行き渡り、生き生きとしてきます。

あるいは、火と水は相剋関係ですが、太陽（火）と大海（水）は、「水火既済《すいかきせい》」とか「輔映湖海《ほえいこかい》」などといって、太陽の光が水面に映し出され、両者が調和するという好ましい状態を表します。

四柱推命の場合、最終的には、それぞれの五行の状態や流れが、どのように変転していくかということに着目してさまざまな判断をしていきます。

相剋五行

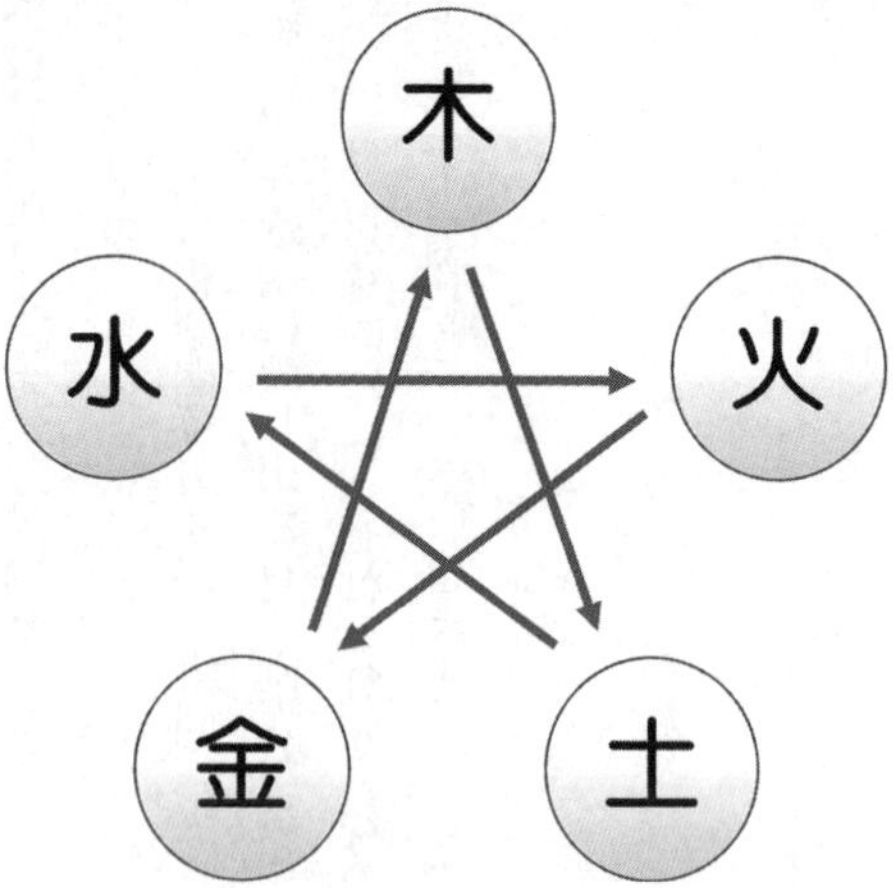

相生五行

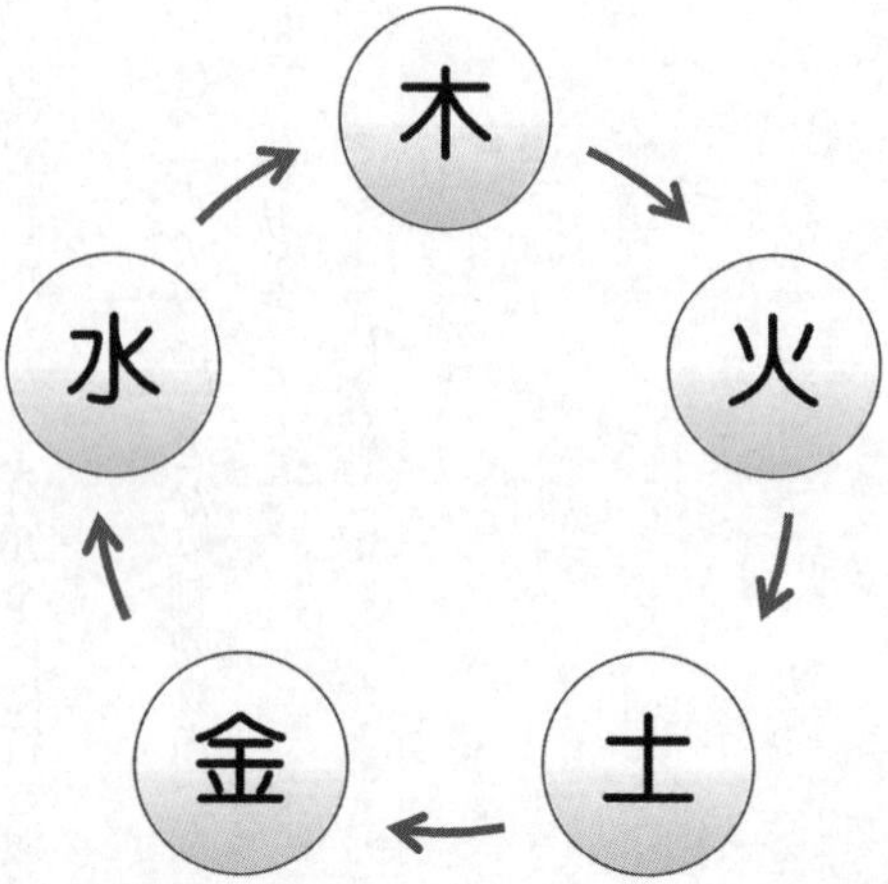

3 相性というものについて

「あの人とは、相性が良い」とか「AさんとBさんの相性は、最悪だ」などという言葉は、よく耳にしますが、昔から人と人の間には、目に見えない相性があるといわれています。相性の良い人と一緒にいると、明るい気持ちになってリラックスできます。反対に、相性の悪い人と一緒にいると息が詰まりそうになり、ものすごく疲れます。そのような経験が誰にでもあるのではないでしょうか。

誰でも、相性の悪い人よりも、相性の良い人と一緒にいたいに決まっています。この本をお読みの方の中には、占いで誰かとの相性を調べた経験が一度や二度はあるでしょう。恋い焦がれた人との相性を見る時は、結果を知るまで胸がドキドキしますし、それが占いの楽しいところでもあります。ある雑誌に載っていた占いでは相性が良かったのに、別の雑誌の占いでは相性が良くなかったというようなこともありがちです。

雑誌に載っている多くの占いでは、自分と相性の良い人が3割、相性の悪い人が3割、相性は普通の人が4割、といった感じで誰にも同じ割合で相性の良い人と相性の悪い人がいることになっています。しかし、実際の人間関係においてはどうでしょうか。たとえば、周りの人から好かれて、誰とでも仲良く接することができる人もいるかと思えば、なぜか人から嫌わることが多く、いつも周囲とトラブルになってしまうような人もいます。

けれども、占いの相性診断を見れば、性格の良い人気者でも、ある一定の人とは相性が悪いことになっていますし、また逆に嫌われ者と呼ばれるような人でも一定の人とは仲良くできることになっているでしょう。もちろん、性格の良い人気者が、すべての人から好かれているかといったら、そのようなことはありません。１００％すべての人から好かれていて、敵のいない人などいないでしょう。逆に、性格に問題がある人でも、すべての人から嫌われてしまうとは限らないのです。

つまり、人間関係において相性とは、単純に「良い」と「悪い」と「普通」の三つに分けられるようなものではないのです。人により状況により誰とでもうまくやれる時もあれば、なぜか誰ともうまくコミュニケーションが取れなくなることもあるでしょう。

3―1　相性に絶対的な良し悪しはない

そうはいっても、人と人との相性は確かに存在します。しかしながら、そもそも相性というものは、絶対的な意味での「良い」も「悪い」もないのです。人間関係というものは、出会った時期や状況、お互いの年齢や職業などによって関係性が変わってきます。ある関係性においては、相性が良くても、それとは違う関係性では、いまひとつの相性になってしまうことがあります。相性というものは、その場の関係性で多角的に判断していく必要があるでしょう。

たとえば、仕事で片方が上司で片方が部下の関係性である限りは良い相性であるのに、その逆になると途端に最悪の相性になってしまうようなこともあるはずです。また、一方にとっては良い相性でも、もう一方にとってはそうでもないというようなこともあるでしょう。

不思議なことに、陰陽五行思想がしっかり取り込まれた四柱推命というフィルターを通すと、生まれた生年月日と出生時間だけで、人間と人間の細かい相性が、ある程度予測できてしまいます。人間の関係性だけ相性の数があります。足りない面を補い合える相性であるとか、切磋琢磨することによって最強のタッグになる相性であるとか、さまざまなケースが出てくるでしょう。そして、そのことに自覚的になれば、たとえ相性の良くない相手を前にした時でも、ベターな関係性を築けるはずです。

3－2　四柱推命とは、相互理解のためのツール

四柱推命による相性鑑定は奥が深く、表面的な二人の相性から、運命的な関係まで幅広く見ていくことができます。四柱推命の相性を確かめることで、どうしても良い関係を築けなかった人との相性がわかると「自分だけが悪いのでも相手だけが悪いのでもなかったんだ」と安心することがあるはずです。その事実を受け入れることによって、思考をポジティブな方向へ変えることができるかもしれません。

職場だけの付き合いであるとか、ある一定期間の間だけの付き合いであるならば、苦手な相手に対しては「この人に期待しすぎるのは止めよう」などと割り切って付き合うという考え方もあるでしょう。しかし、ここまで述べてきたように、もともと相性とは良いか悪いかだけですべてを決めつけられるものではありません。どのような相手であっても、ツボさえ押さえれば良い関係を築いていくことができます。

相手の考え方の傾向を知っていれば、無用な誤解を避けることができるでしょう。さらに相手の思考を知った上で「なるほど、この人はこういう考え方をするのか。自分ならこういう風に考えるだろう。違う考え方があることを、教えてくれてありがとう」と、相手の考え方を認めてあげることができれば、相手だって、あなたが自分とは違うタイプだと思っても悪い気はしません。このように相性鑑定を使うことができれば、究極的には全ての人と良い相性を築くことも夢ではないのです。

第2章　四柱干支と五行バランスを知る

四柱推命は、数ある占術の中でも、東洋占術の帝王と呼ばれ、陰陽五行思想の集大成といわれる占いです。

陰陽五行とは、今から二千年以上前の古代中国でできあがった思想で、この世の中の全てのものは、陰と陽に分かれ、「木」「火」「土」「金」「水」の五つのエレメンツに集約されているという考え方であり、四柱推命の他にも、漢方（中医学）など、さまざまな学問の基になっています。

この章では、生年月日から陰陽五行を構成する十干と十二支を算出し、それぞれの命式の五行バランスを算出する方法を覚えましょう。

１　その人の八字（十干・十二支）を算出する

この章では、生年月日と生まれた時間からわかる、その人自身を表す「八字」を算出する方法と、そこから導き出される基本データの出し方を述べていきます。

「八字」と書いて、中国語では「パーツー」と読みます。日本語読みすると、文字通り「はちじ」となります。本来、四柱推命という占いは、この八文字の漢字の並びを見ることによって、その人が生まれながらに持っている性質や考え方、長所や陥りやすい欠点などを見ていきます。本書では、さらにいくつかの基本データも出していきますが、それは、この八字から出した二次的なデータです。

ある程度、四柱推命に慣れてくると、付随する基本データは、わざわざ紙に書かなくても、八字を見ただけで、即座に頭の中で浮かんでくるようになります。

まずは命式を出してみることにしましょう。

巻頭４ページの「人物フォーマット」の表に記入してください。たくさんの人との相性を見たい場合には、メモ用紙などに、この表と同じような枠組みを書いていただいても良いですし、このページのコピーを取っておかれても良いと思います。

上段八つの空欄は八字を書く場所、下にある枠は、八字から導き出される基本データを書く場所です。八字の算出には、この本の巻末の万年暦を使います。

1―1　年柱干支と月柱干支・外的環境の支配五行候補の算出

ここでは、筆者の生年月日を例に取りまして、説明していきたいと思います。

1971年（昭和46年）4月17日

出生時間　4時38分　　出生地　岐阜県岐阜市

最初に、年柱干支と月柱干支を算出します。

巻末の万年暦から、1971年（昭和46年）のページを探すと、347ページに見つけることができます。

このページを開いてみてください。

ここで一点、注意していただきたいのは、サマータイムの有無についてです。日本では戦後のGHQの政策により、1948年～1951年の夏場にサマータイムが実施されました。本書で使用する万年暦の節入時刻は、サマータイムに適応しておりませんので、巻末292ページの【図表1】「サマータイムの実施期間」をご覧いただき、この期間に当てはまる場合には、生まれた時間から、1時間マイナスして命式を算出してください。

347ページの上段にある年干支の欄から、筆者の生年月日時が当てはまる方を選びます。

1971年（昭和46年）

その年干支の期間	① 2/4 20:26 ～ 12/31 23:59	1/1 0:00 ~2/4 20:25
年干支	辛亥	庚戌

②

その月干支の期間	12/8 3:36 ～ 12/31 23:59	11/8 10:57 ～ 12/8 3:35	10/9 7:59 ～ 11/8 10:56	9/8 16:30 ～ 10/9 7:58	8/8 13:40 ～ 9/8 16:29	7/8 3:51 ～ 8/8 13:39	6/6 17:29 ～ 7/8 3:50	5/6 13:08 ～ 6/6 17:28	4/5 19:36 ～ 5/6 13:07	3/6 14:35 ～ 4/5 19:35	2/4 20:26 ～ 3/6 14:34	1/6 8:45 ～ 2/4 20:25	1/1 0:00 ～ 1/6 8:44
月干支	庚子	己亥	戊戌	丁酉	丙申	乙未	甲午	癸巳	壬辰	辛卯	庚寅	己丑	戊子
外的環境の支配五行候補	水 △ 金㋟ 木㋶	水 木㋶	◎ 土㋷ ○ 金㋟ △ 木㋶ △ 水㋶ 火㋖	金 木㋶ 水㋶	金 △ 水㋶ 木㋶	◎ 土㋑ ○ 火㋠ △ 木㋻ 水㋶	◎ 火㋑ ◎ 土㋑ △ 木㋹ 水㋶	◎ 土㋑ ○ 火㋕ △ 木㋶ □ 金㋰ 水㋨	◎ 水㋺ △ 木㋦ 金㋶	◎ 木㋑ 金㋟	◎ 木㋑ ○ 金㋟ △ 水㋶ 火㋒	◎ 土㋣ ○ 水㋕ △ 金㋟ 火㋖	◎ 水㋑ ○ 土㋻ △ 金㋟ 火㋖

	12月			11月			10月			9月			8月			7月			6月			5月			4月			3月			2月			1月			
	干支	タイプ	旬数	干支	タイプ	旬数	干支	タイプ	旬数	干支	タイプ	旬数	干支	タイプ	旬数	干支	タイプ	旬数	干支	タイプ	旬数	干支	タイプ	旬数	干支	タイプ	旬数	干支	タイプ	旬数	干支	タイプ	旬数	干支	タイプ	旬数	
1日	庚申	直	6	庚寅	直	3	己未	人	6	己丑	人	3	戊午	結	6	丁亥	結	3	丁巳	結	6	丙戌	人	3	丙辰	人	6	乙酉	直	3	丁巳	結	6	丙戌	人	3	1
2日	辛酉	直	6	辛卯	直	3	庚申	直	6	庚寅	直	3	己未	人	6	戊子	結	3	戊午	結	6	丁亥	結	3	丁巳	結	6	丙戌	人	3	戊午	結	6	丁亥	結	3	2
3日	壬戌	人	6	壬辰	人	3	辛酉	直	6	辛卯	直	3	庚申	直	6	己丑	人	3	己未	人	6	戊子	結	3	戊午	結	6	丁亥	結	3	己未	人	6	戊子	結	3	3
4日	癸亥	結	6	癸巳	結	3	壬戌	人	6	壬辰	人	3	辛酉	直	6	庚寅	直	3	庚申	直	6	己丑	人	3	己未	人	6	戊子	結	3	庚申	直	6	己丑	人	3	4
5日	甲子	直	1	甲午	直	4	癸亥	結	6	癸巳	結	3	壬戌	人	6	辛卯	直	3	辛酉	直	6	庚寅	直	3	庚申	直	6	己丑	人	3	辛酉	直	6	庚寅	直	3	5
6日	乙丑	人	1	乙未	人	4	甲子	直	1	甲午	直	4	癸亥	結	6	壬辰	人	3	壬戌	人	6	辛卯	直	3	辛酉	直	6	庚寅	直	3	壬戌	人	6	辛卯	直	3	6
7日	丙寅	結	1	丙申	結	4	乙丑	人	1	乙未	人	4	甲子	直	1	癸巳	結	3	癸亥	結	6	壬辰	人	3	壬戌	人	6	辛卯	直	3	癸亥	結	6	壬辰	人	3	7
8日	丁卯	結	1	丁酉	結	4	丙寅	結	1	丙申	結	4	乙丑	人	1	甲午	直	4	甲子	直	1	癸巳	結	3	癸亥	結	6	壬辰	人	3	甲子	直	1	癸巳	結	3	8
9日	戊辰	人	1	戊戌	人	4	丁卯	結	1	丁酉	結	4	丙寅	結	1	乙未	人	4	乙丑	人	1	甲午	直	4	甲子	直	1	癸巳	結	3	乙丑	人	1	甲午	直	4	9
10日	己巳	結	1	己亥	結	4	戊辰	人	1	戊戌	人	4	丁卯	結	1	丙申	結	4	丙寅	結	1	乙未	人	4	乙丑	人	1	甲午	直	4	丙寅	結	1	乙未	人	4	10
11日	庚午	直	1	庚子	直	4	己巳	結	1	己亥	結	4	戊辰	人	1	丁酉	結	4	丁卯	結	1	丙申	結	4	丙寅	結	1	乙未	人	4	丁卯	結	1	丙申	結	4	11
12日	辛未	人	1	辛丑	人	4	庚午	直	1	庚子	直	4	己巳	結	1	戊戌	人	4	戊辰	人	1	丁酉	結	4	丁卯	結	1	丙申	結	4	戊辰	人	1	丁酉	結	4	12
13日	壬申	結	1	壬寅	結	4	辛未	人	1	辛丑	人	4	庚午	直	1	己亥	結	4	己巳	結	1	戊戌	人	4	戊辰	人	1	丁酉	結	4	己巳	結	1	戊戌	人	4	13
14日	癸酉	結	1	癸卯	結	4	壬申	結	1	壬寅	結	4	辛未	人	1	庚子	直	4	庚午	直	1	己亥	結	4	己巳	結	1	戊戌	人	4	庚午	直	1	己亥	結	4	14
15日	甲戌	人	2	甲辰	人	5	癸酉	結	1	癸卯	結	4	壬申	結	1	辛丑	人	4	辛未	人	1	庚子	直	4	庚午	直	1	己亥	結	4	辛未	人	1	庚子	直	4	15
16日	乙亥	直	2	乙巳	直	5	甲戌	人	2	甲辰	人	5	癸酉	結	1	壬寅	結	4	壬申	結	1	辛丑	人	4	辛未	人	1	庚子	直	4	壬申	結	1	辛丑	人	4	16
17日	丙子	結	2	丙午	結	5	乙亥	直	2	乙巳	直	5	甲戌	人	2	癸卯	結	4	癸酉	結	1	壬寅	結	4	壬申	結	1	辛丑	人	4	癸酉	結	1	壬寅	結	4	17
18日	丁丑	人	2	丁未	人	5	丙子	結	2	丙午	結	5	乙亥	直	2	甲辰	人	5	甲戌	人	2	癸卯	結	4	癸酉	結	1	壬寅	結	4	甲戌	人	2	癸卯	結	4	18
19日	戊寅	結	2	戊申	結	5	丁丑	人	2	丁未	人	5	丙子	結	2	乙巳	直	5	乙亥	直	2	甲辰	人	5	甲戌	人	2	癸卯	結	4	乙亥	直	2	甲辰	人	5	19
20日	己卯	結	2	己酉	結	5	戊寅	結	2	戊申	結	5	丁丑	人	2	丙午	結	5	丙子	結	2	乙巳	直	5	乙亥	直	2	甲辰	人	5	丙子	結	2	乙巳	直	5	20
21日	庚辰	人	2	庚戌	人	5	己卯	結	2	己酉	結	5	戊寅	結	2	丁未	人	5	丁丑	人	2	丙午	結	5	丙子	結	2	乙巳	直	5	丁丑	人	2	丙午	結	5	21
22日	辛巳	直	2	辛亥	直	5	庚辰	人	2	庚戌	人	5	己卯	結	2	戊申	結	5	戊寅	結	2	丁未	人	5	丁丑	人	2	丙午	結	5	戊寅	結	2	丁未	人	5	22
23日	壬午	結	2	壬子	結	5	辛巳	直	2	辛亥	直	5	庚辰	人	2	己酉	結	5	己卯	結	2	戊申	結	5	戊寅	結	2	丁未	人	5	己卯	結	2	戊申	結	5	23
24日	癸未	人	2	癸丑	人	5	壬午	結	2	壬子	結	5	辛巳	直	2	庚戌	人	5	庚辰	人	2	己酉	結	5	己卯	結	2	戊申	結	5	庚辰	人	2	己酉	結	5	24
25日	甲申	直	3	甲寅	直	6	癸未	人	2	癸丑	人	5	壬午	結	2	辛亥	直	5	辛巳	直	2	庚戌	人	5	庚辰	人	2	己酉	結	5	辛巳	直	2	庚戌	人	5	25
26日	乙酉	直	3	乙卯	直	6	甲申	直	3	甲寅	直	6	癸未	人	2	壬子	結	5	壬午	結	2	辛亥	直	5	辛巳	直	2	庚戌	人	5	壬午	結	2	辛亥	直	5	26
27日	丙戌	人	3	丙辰	人	6	乙酉	直	3	乙卯	直	6	甲申	直	3	癸丑	人	5	癸未	人	2	壬子	結	5	壬午	結	2	辛亥	直	5	癸未	人	2	壬子	結	5	27

③

4月17日4時38分は、左側の「2月4日20：26～12月31日23：59」に含まれていますので（図解①）、その下に書いてある「辛亥」が、筆者の年干支になります。「人物フォーマット」のⓐの場所に「辛」、ⓔの場所に「亥」と記入します。

次に中段の表から、筆者の生年月日時が当てはまる月干支を見つけます。

4月17日4時38分

は、右から5番目の列「4月5日19：36～5月6日13：07」に該当します（図解②）。その下に書いてある「壬辰」が、筆者の月干支となります。

「人物フォーマット」のⓑの場所に「壬」、ⓕの場所に「辰」と記入します。

万年暦の月干支が載っていた下段には「外的環境の支配五行候補」が表記されてあります（図解②）。これをそのまま「人物フォーマット」の下にある「外的環境の支配五行候補」の欄に「◎水㋺△木㋦金㋶」と記入しておきます。

【人物フォーマット】

時柱	日柱	月柱	年柱
ⓓ	ⓒ	ⓑ 壬	ⓐ 辛
ⓗ	ⓖ	ⓕ 辰	ⓔ 亥

日干支タイプ ・直感タイプ ・結果タイプ（○） ・人柄タイプ	（外的環境の支配五行候補） ◎ 水㋺　△ 木㋦　金㋶
	外的環境の支配五行 メイン　　サブ
旬数 第　旬	通変タイプ

1―2　サマータイム・地方時差・均時差の考慮

次に、日柱干支と時柱干支を算出するのですが、その前に、出生時間を視太陽時に書き換えるという作業をしなければなりません。もしも、出生時間が分からない方や、多少、アバウトになっても、すぐ占いの結果を知りたいという方は、この項は読み飛ばして、次の「1―3　日柱干支と日干支3タイプ・旬数の算出」にお進みください。

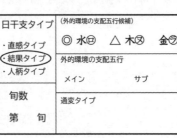

また、以下のサイトに生年月日時を入力することで、簡単に「人物フォーマット」が、算出できますので、ご活用ください。

https://asano-uranai.com/fpd/entrance.php

正確な出生時間がおわかりになる方は、より精密な鑑定が可能です。ただし、出生時間を「視太陽時」に変換するという作業が必要になってきます。

これらの作業は、年柱干支と月柱干支を算出する上では必要ありません。なぜなら、年柱干支と月柱干支は、地球の公転による位置で定めるものであるため、生まれた地点の地方時差や均時差は関係ないからです。けれども、日柱干支と時柱干支は、地球の自転による「その人が生まれた地点の時刻」によって算出するので、視太陽時に変換する必要が出てきます。

視太陽時とは、文字通りその人が生まれた地点から視た「太陽の角度」の時間のことであり、われわれが使っている標準時間は、これとかなりズレるので、日本国内にお生まれの方は、次の３つの項目を補正していきます。

※海外でお生まれになった方の正しい干支の算出については『四柱推命完全マニュアル』（総和社）の付録１・付録2をご参照ください。

①サマータイム

前項でも触れましたが、日本では、１９４８〜１９５１年、第二次大戦後の四年間、ＧＨＱの省エネ対策として、サマータイムを実施していました。

年柱干支と月柱干支と同様に、巻末292ページの【図表1】「サマータイムの実施期間」を参照し、その期間に日本国内に生まれた人は、出生時間から「－1時間」します。（たとえば、この期間に生まれた人で、正午生まれとされている人は、本来、午前11時生まれだということになります）

筆者の生年は1971年であり、この年にはすでに、サマータイムは実施されていないので、この場合、調整は必要ないということになります。

②地方時差の考慮

日本の標準時間は、兵庫県明石市を基準にして割り出しています。それゆえに、明石市から離れれば離れるほどに、視太陽時と標準時間に開きが出ます。これを補正しなければなりません。巻末293ページの【図表2】「日本の主要都市時差一覧」を参考に、お生まれになった地点の正確な地方時差を割り出してください。

筆者は岐阜県の岐阜市で生まれています。「日本の主要都市時差一覧」で岐阜を見ると「＋7分」となっています。これを考慮すると、筆者が生まれた時の視太陽時は、4時45分ということになります。

③均時差の考慮

私たちは日常「平均太陽時」というものを使っています。見かけの太陽が地球を一周するということで考えれば、本来一日の長さは、まちまちです。ゆえに、巻末294ページの【図表3】「均時差表」で、出生時間を視太陽時に変換する作業が必要になってきます（均時差について、詳しくお知りになりたい人は『四柱推命完全マニュアル』（総和社）のコラム①をご参照ください）。

均時差は、毎年ほぼ一定の曲線を描きます。筆者の生まれた月日は４月17日、巻末２９４ページの「均時差表」で、４月と17日の交点をみると「＋－０分」となっています。つまり、この日は偶然にも、均時差はほとんどないということです。したがって、調整は必要ありません。通常は地方時差で修正した時間をさらに、この均時差で補正することになります。

出生時間を「視太陽時」に書き換える作業をすると、まれに出生時間が変わるだけでなく出生日も変わってくることがあります。

次のような例がそれに当たります（ただし、これはかなり特殊な例です）。

１９５０年７月27日午前１時２分

出生地　和歌山県和歌山市

サマータイムの有無を確認します。

１９５０年は、５月７日午前１時～９月９日終日までが、サマータイムの適用期間に入っていますので、「－１時間」する必要があります。

７月27日午前１時２分↓７月27日午前０時２分

次に地方時差を考慮します。和歌山市は「＋1分」となっていますので、これを補正します。

7月27日午前0時2分→7月27日午前0時3分

最後に均時差を考慮します。「7月」と「27日」の交点を見ると「－7分」となっていますので、これを補正します。

7月27日午前0時3分→7月26日午後11時58分

つまり、この方の視太陽時は「7月26日午後11時58分」となります。
日柱干支と時柱干支は、視太陽時を基に算出する必要があるので、この方の場合には、出生届の日にちが、1950年7月27日であっても、7月26日の日柱干支である「壬戌」が適用されるというわけです。

1－3　日柱干支と日干支3タイプ・旬数の算出

出生時間を視太陽時に書き換えたところで、改めて筆者の日柱干支を算出していきます。

1971年（昭和46年）4月17日
出生時間　4時38分　　出生地　岐阜県岐阜市

視太陽時　4時45分

巻末の万年暦で、筆者の生まれた年である１９７１年（昭和46年）が出てくる３４７ページを開きます。真ん中の大きな表で筆者の生まれた月である「4月」と生まれた日である「17日」の交差したマスをご覧ください。左から順に干支・タイプ・旬数のデータが入る欄になっています（37ページ）。

一番左の欄にあるのは「壬申」。これが筆者の日柱干支になります。これを「人物フォーマット」のⓒに「壬」と、ⓖに「申」と記入します。この中でⓒの十干の「壬」は、日主と呼ばれ、自分自身の核となる星であり、重要視します。

真ん中にあるのは「結」。これが筆者の日干支タイプです。「人物フォーマット」の日干支タイプの欄のうちの「結果タイプ」に○を付けておきます。

日干支タイプは三つに分けられます。人物フォーマットには、「直」なら直感タイプ、「結」なら結果タイプ、「人」なら人柄タイプに○を付けておきます。

一番右には、1から6のどれかの数字が入っています。これが「旬数《しゅんすう》」です。筆者の場合、「1」となっているので、人物フォーマットの旬数の欄に、この数字を記入します。

1—4　時柱干支の算出

最後に、時柱干支を算出していきます。

生まれた時間がわからない人は、ⓓの欄とⓗの欄を空白にしたまま、次項にお進みください。

時柱干支を正確に出すには「1—2　サマータイム・地方時差・均時差の考慮」で算出した、視太陽時の時間を基にして算出する必要がありますが、面倒な方は、標準時の出生時間のまま、算出してもかまいません。

時柱干支の境目や、日柱干支の境目（午前0時前後）に生まれていない限りは、比較的正しく算出することができます。それでも、人によっては間違った干支が算出される可能性もあるということをご承知おきください。

それでは、ここでも筆者の視太陽時で、時柱干支を算出していきたいと思います。

視太陽時　4時45分

時柱干支を算出するには、巻末922ページの「生時干支表」を見ます。まずは、表の一番上にある日干の段から、人物フォーマットのⓒと同じ十干を探します。

筆者の日主（ⓒ）は「壬」です。

右から二列目に「丁・壬」を見つけることができます。

表の左の「生時」の列から、４時45分が該当する段を探します。上から3段目に「3：00～4：59」を見つけることができます。「丁・壬」と「3：00～4：59」が、交差するマスには「壬寅」と書かれています。

これで、筆者の時柱干支まで算出できました。「人物フォーマット」のⓓの場所に「壬」、ⓗの場所に「寅」と記入します。

2　外的環境の強い五行を特定する

こうして算出した四柱推命の八字の星は、大きく二つに分けることができます。一つは、地球の公転周期から割り出す年柱干支と月柱干支、もう一つは、地球の自転周期から割り出す日柱干支と時柱干支です。前者は、その人を取り巻く外的環境を表し、後者は、その人の内面世界を表しています。外的環境と内面世界とが混じり合って、人は目の前の現実世界を認識します。内面世界がその人の魂を表すのに対して、外的環境はその人が社会的にどのような存在として生きていくかということを表します。

2―1　外的環境の支配五行候補の表示の見方

人物フォーマットで「外的環境の支配五行候補」の欄に書いたマークについて説明します。

筆者の場合は「◎水㋺・△木㋨・金㋶」が支配五行の候補になっています。もしもそこに、一つしか五行が書かれていない場合は、年柱干支と月柱干支の組み合わせだけで、外的環境の支配五行が確定したということです。ここに㋑〜㋮のマークが付いた複数の支配五行候補がある場合、さらに日柱干支と時柱干支の組み合わせによって支配五行が決まっていきます。

2－2　外的環境の支配五行を書き入れる

では筆者の「外的環境の支配五行候補」である「◎水㋺・△木㋦・金㋶」から、支配五行を絞っていきます。先ほど申し上げたように、ここにたった一つの五行しか書かれていない場合には、そこに書かれている五行で確定です。「人物フォーマット」に「外的環境の支配五行」の欄がありますので、メインと書かれたマスにその五行を記入します。サブと書かれたマスは空欄にしておきます。

たとえば、１９７２年の12月7日９：19〜12月31日に生まれた場合、「外的環境の支配五行候補」の枠には「水」としか書かれていません。このような場合、「水」で確定です。もし、ここに㋑〜㋮の支配五行の候補も書かれていて、その中に、条件に当てはまるものがあった場合には、最初の「水」をメインのマスに書き、当てはまったものをサブのマスに書きます。

㋑〜㋮で示された外的環境の支配五行候補が複数ある場合には、◎→○→△→□→無印の順に、巻末の「外的環境の支配五行・成立条件」を確認していきます。この時の「外的環境の支配五行・成立条件」は、日柱干支と時柱干支（ⓒⓓⓖⓗ）の十干十二支の組み合わせを参照します。

一つ目の「◎ 水㋺」から順に、その可能性を調べていきましょう。

３００ページの〈水が「外的環境の支配五行」になる条件〉の「水ⓡ」を見ます。そこには、「ⓒⓓⓖⓗに、壬・癸・亥・子・丑・申のいずれかが、たった1つでも存在した場合」と書かれています。筆者の命式のⓒⓓは「壬」、ⓖは「申」ですので、当てはまりすぎるほどに当てはまります。文句なしに「水」が「外的環境の支配五行」になることがわかります。

次に、二つ目の「△木ⓝ」も調べていきます。

２９６ページの〈木が「外的環境の支配五行」になる条件〉の「木ⓝ」を見ます。そこには、「ⓖが、寅もしくは卯になっている場合、あるいは、ⓒⓓが双方とも、甲か乙のどちらかである場合」と書かれています。筆者の命式のⓖは「申」であり、また、ⓒⓓの両方とも「壬」なので、どちらの条件にも当てはまりません。つまり、「木」は「外的環境の支配五行」ではありません。

最後に、三つ目の「金ⓡ」を調べてみましょう。

２９９ページの〈金が「外的環境の支配五行」になる条件〉の「金ⓡ」を見ます。そこには、「ⓖが、酉になっている場合、あるいは、ⓖが丑・辰・申のいずれかで、ⓗが酉になっていて、かつ、その上で、ⓒⓓに庚・辛のどちらかが、たった一つでも存在した場合」と書かれています。筆者の命式のⓖは「酉」ではないので、最初の条件には当てはまりません。次の「ⓖが丑・辰・申のいずれか」は、ⓖが「申」なので当てはまりますが、ⓗは「寅」で「酉」ではありません。この時点で、条件から外れます。

したがって、筆者の「外的環境の支配五行」は「水」のみになるので、「外的世界の支配五行」の「メイン」の所に「水」と書いておきます。

人によっては、このようにハッキリと「外的環境の支配五行」が決まらないこともあります。生まれた時間がわからないと、そのようになりがちです。

もしも、どの条件も当てはまらなかったり、逆に、二つ以上の条件が当てはまったりした場合には、◎↓○↓△↓□↓無印の優先順位で、一つ目を「メイン」に、二つ目以降を「サブ」に書き入れておいてください。

2-3 通変タイプの出し方

続いて第5章でも扱う「通変タイプ」も出しておきましょう。通変タイプは、日主と命式の中で最も強い五行との相関で決まります。その通変タイプには、その人の特性が現れてきます。

まずは、巻末295ページの【図表4】「通変タイプ早見表」をご覧ください。

表の上段から、日主（命式のⓒの所に書かれた文字）を探します。さらに表の一番左の列にある「木」「火」「土」「金」「水」から、先ほど出した「外的環境の支配五行」を選びます。その二つが交差したマスに書かれているのが、その人の通変タイプです。

筆者の命式の通変タイプを、調べてみましょう。

まずは表の上段から、日主（次ページの命式のⓒの箇所の文字）である「壬」を探します。

そして次に、表の左の枠から、筆者の外的環境の支配五行である「水」を見つけ、「壬」と「水」の交差する所のマスを見ると、「比劫タイプ」と書かれています。

これで、筆者の通変タイプは、「比劫タイプ」であると特定することができます。これで「人物フォーマット」が完成しました。

【人物フォーマット】

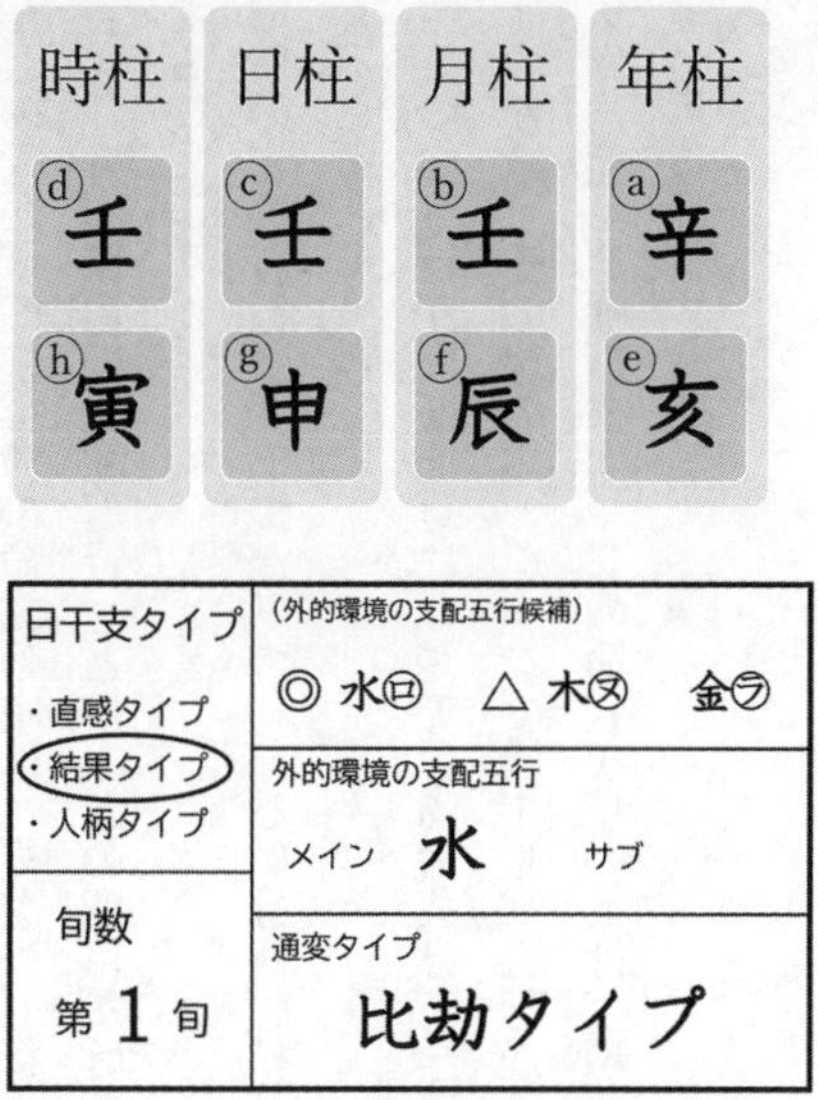

2―4　通変タイプは、必ずしも一つとは限らない

ほとんどの人が、四柱推命の命式の中に、複数の五行を併せ持っているので、厳密には最も勢いのある五行を表す「外的環境の支配五行」と日主との関係だけで、その人のタイプを決めてしまうのは、大雑把であるともいえます。

外的環境の支配五行が、二つか三つ、あるいは四つ拮抗しているような時には、その全ての通変の性質が出てくると考えてください。

また、五つの五行がほぼ均等になっている命式は、全ての性質が偏りなく出てきます。どのような性質が出やすいかは、その星のポジションで決まり、五行がほぼ均等に出ている命式のことを四柱推命用語では「五気周通環《ごきしゅうつうかん》」と呼びます。この命式を持つ人は、現状が変化することを望まない、穏やかな性質の人が多いといえるでしょう。

3　算命時計図の記入

最後に、巻頭ページの「算命時計図」の中に、年干支・月干支・日干支を線で結んで、三角形を書き込みます。

これは「算命時計」と呼ばれているもので、算命学において、その人の性質を知る手掛かりとしてよく使われています。相性を見る場合、相手の年干支・月干支・日干支を線で結んだ三角形と自分の三角形を重ね合わせて、重なっているところが多いほどに、理解し合える部分が多くなると考えます。

三角形は大きくなったり、小さくなったりします。また、干支の並びによっては、二つの干支が同じになってしまい、三角形ではなく一本の線になってしまう人もいます。また、きわめてまれではありますが、三つの干支が同じになってしまい、点になってしまう人も出てきます。

筆者の場合は、次のページのように、年干支「辛亥」、月干支「壬辰」、日干支「壬申」を結び、三角形を作ります。非常に巨大な三角形になったのが、おわかりいただけますでしょうか。このように面積が広い三角形になる人は、相性を見る相手の三角形がどのような形であっても重なる部分が大きくなりやすく、他人に対する理解度や協調性が高いということになります。逆に面積が狭い三角形もしくは点や線になる人は重なる部分が少なくなりやすく、他人と歩調を合わせるよりも自分の世界を大事にする傾向がある人です。

また、以下のサイトに生年月日時を入力することで、面倒な作業を省略し、「人物フォーマット」と「算命時計図」が、算出できます。ご参照ください。

https://asano-uranai.com/fpd/entrance.php

【算命時計例】

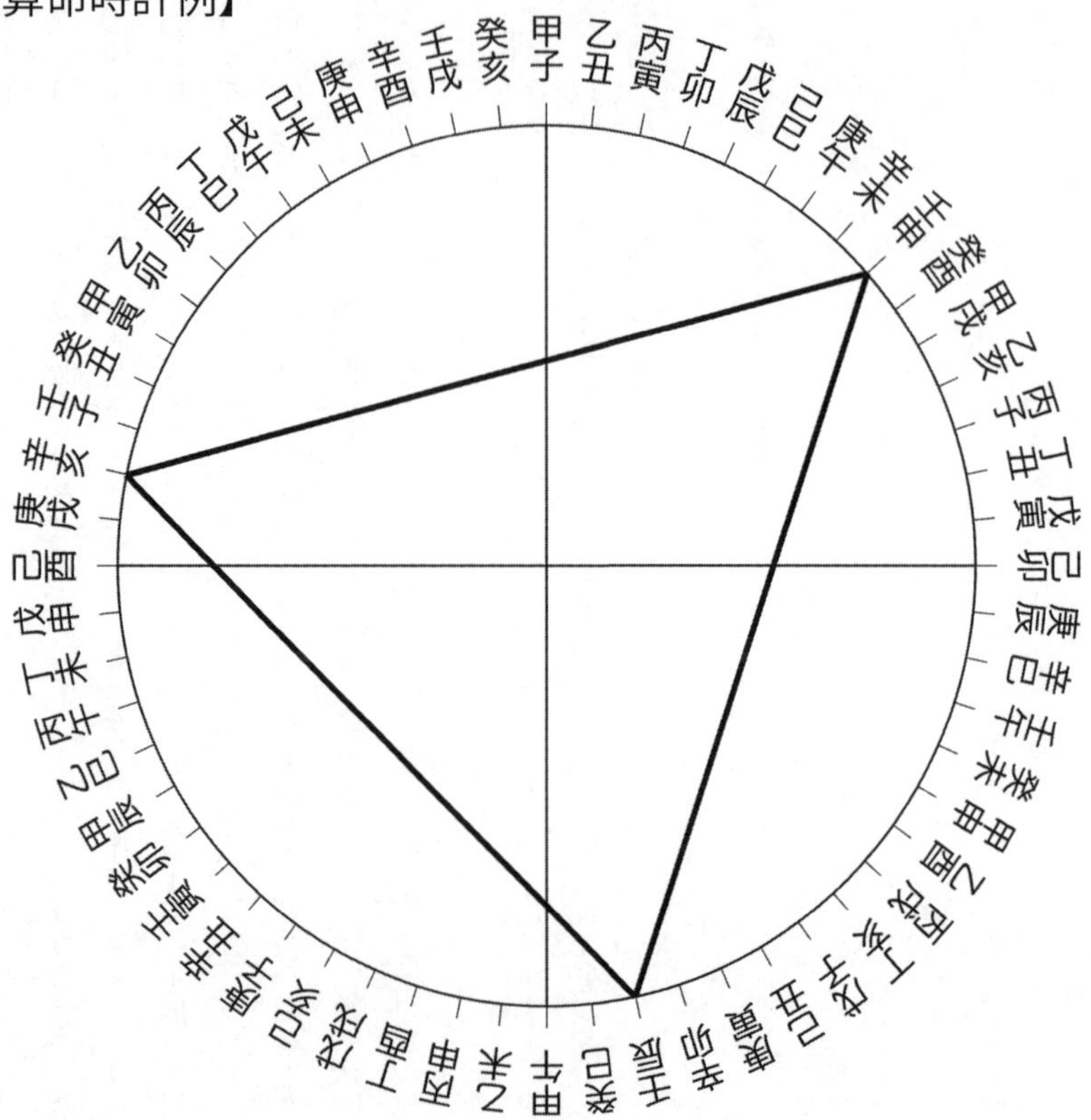

甲子
乙丑
丙寅
丁卯
戊辰
己巳
庚午
辛未
壬申
癸酉
甲戌
乙亥
丙子
丁丑
戊寅
己卯
庚辰
辛巳
壬午
癸未
甲申
乙酉
丙戌
丁亥
戊子
己丑
庚寅
辛卯
壬辰
癸巳
甲午
乙未
丙申
丁酉
戊戌
己亥
庚子
辛丑
壬寅
癸卯
甲辰
乙巳
丙午
丁未
戊申
己酉
庚戌
辛亥
壬子
癸丑
甲寅
乙卯
丙辰
丁巳
戊午
己未
庚申
辛酉
壬戌
癸亥

第3章　魂が導く人間関係の傾向

四柱推命の「八字」の中で、自分自身を表すのは、日主に位置する星で、ここには十種類ある十干のどれかが入ります。

中国最古の王朝と言われる殷王朝の時代から、日干支は一日もズレることなく時間を刻み、王族の名前の一文字には、必ず出生日の日干が入っていました。もちろん、その頃には四柱推命の占術はおろか、五行思想も確立していませんでしたが、日主というものを、その人の分身のように扱っていたことを窺い知ることができます。

ここでは、日主を通してその人の人間関係に対する姿勢と日主同士の相性を見てまいりましょう。

1　十種類の日主はその人の魂を表す

もともと十干というものは、物を数える単位として使われていた漢字に過ぎませんでした。それが、春秋戦国時代のあたりから、十干に五行が割り当てられるようになりました。これを四柱推命では五行配当といいます。

秦の始皇帝の宰相であった呂不韋《りょふい》が編纂した「呂氏春秋《りょししゅんじゅう》」の中には、十干に五行を結びつけている記述が見られます。数を数える単位であった十干に、天地に存在する森羅万象を表す五行と陰陽を結び付けることによって、それぞれの干が次のような意味を持つようになりました。

「甲」（きのえ）
「木」の陽の属性を持ちます。大地にしっかりと根を張った大きな樹木の象徴です。樹木はどこまでも伸びていくことから、向上心を意味する干です。

「乙」（きのと）
「木」の陰の属性を持ちます。草木や花といった小さな植物の象徴です。人々の目を楽しませる観賞用の花に例えられ、人と人とをつなげる調整役の干と言われています。

「丙」（ひのえ）
「火」の陽の属性を持ちます。天高く輝いている太陽の象徴です。大変、強いエネルギーを持っている干です。自らが先頭に立って目立つ存在になることで、その真価を発揮すると言われています。

「丁」（ひのと）

「火」の陰の属性を持ちます。灯火など、地上の火の象徴です。燃えさかる火は人間の文明を表すことから、この干は、人間の英知を表すとされています。

「戊」（つちのえ）

「土」の陽の属性を持ちます。高くそびえる山の象徴です。非常に荒々しく強いパワーを持っている干です。

「己」（つちのと）

「土」の陰の属性を持ちます。なだらかな大地の象徴です。作物を育てる田畑の意味もあり、どのようなものでも包み込む包容力のある干です。

「庚」（かのえ）

「金」の陽の属性を持ちます。鉄の塊や鋭い剣や斧の象徴です。そのパワーの強さは、十干の中で最強であると言われています。

「辛」（かのと）

「金」の陰の属性を持ちます。宝石や真珠、砂金などの貴金属の象徴です。精神性が高く、清らかなものや純粋なものを表す干です。

「壬」（みずのえ）

「水」の陽の属性を持ちます。大きな河川や海の象徴です。非常に強大なパワーを持つ十干で、あらゆるものを流れに巻き込む力があります。

「癸」（みずのと）

「水」の陰の属性を持ちます。雨や霧、小さな水たまりの象徴です。力は十干中、一番弱いものの、献身的な優しさを持つ干です。

日主は「人物フォーマット」のⓒのポジションにある十干で、四柱推命の核となる部分です。ここに算出される十干が、その人の魂を表しています。その人の思考パターンを知るには、命式全体のバランスを見なければわかりませんが、日主には、心のあり方が表れています。日主を見れば、魂を成長させる方法がわかるのです。その日主らしく生きることを意識すると、不思議と自分の個性や他者との違いを肯定的に受け入れられるようになります。そして、自分に対する意識がポジティブになってくると、他者のことも尊重できるようになるでしょう。

です。筆者の「人物フォーマット」のⓒの所の文字を見ると、「壬」となっています。つまり、筆者の日主は「壬」です。

淀みなく流れる大河を表す「壬」という星の下に生まれた筆者は、常に自分の中に水の流れを意識するようにしています。特に注意しているのは、「壬」には狭量な部分があるところです。「壬」の日主の人は、小さなことに囚われると感情の濁流に飲み込まれてしまいがちです。そこで筆者は、なるべく些細な心配事や不満はさらっと受け流すように心がけています。

さて、あなたの日主は、十種類ある十干のどれだったでしょうか。日主がわかったら、魂が導く人間関係の傾向を見ていくことにいたしましょう。

2　その人の日主でわかる人間関係

この第3章で扱っていく日主同士の相性は、あまりにも簡単に割り出すことができるので、軽視されがちですが、これは魂レベルの相性ともいえます。

四柱推命は、その人が持っている八字で鑑定していく占いです。日主だけを取り出した診断は、全体を見誤る可能性があります。しかし、日主というものは、その人の表面的な顔からは窺い知れない内面を表すものです。これは、普段は見えにくい部分の相性ですので、結果を見てもピンとこないこともあるでしょう。日主同士の相性がいまひとつでも、さほど気にする必要はありません。

けれども、日主同士の相性を知っていれば、ソウルメイトを見つけ出す手がかりになるかもしれません。

見た目の雰囲気やタイプから敬遠していた人が、真剣な会話をしてみたら深いところで通じ合えるものがあると感じるようなことがありますね。そういう場合、日主同士の相性が良かったりするものです。

日主から他者との人間関係を考える時には、それぞれの日主のキーワードを覚えておくことです。たとえば「甲」だったら、向上心であるとか、「辛」であれば、精神性であるとかです。

それでは、これから十種類ある日主の人間関係を解説していきますが、その前に、十干と十干の関係における「干合」というものについて述べておきたいと思います。十干は、上記に示す図のように、円形状に表示した時に、向かい側になる十干と結びつくという性質があります。これを干合と言います。

干合する十干同士の相性は大吉であると言われることがありますが、それは間違いです。干合の関係というのは、結びつき方によっては、腐れ縁となることもあります。これは後に述べる「支合」というものに関しても同じことが言えます。

【干合図】

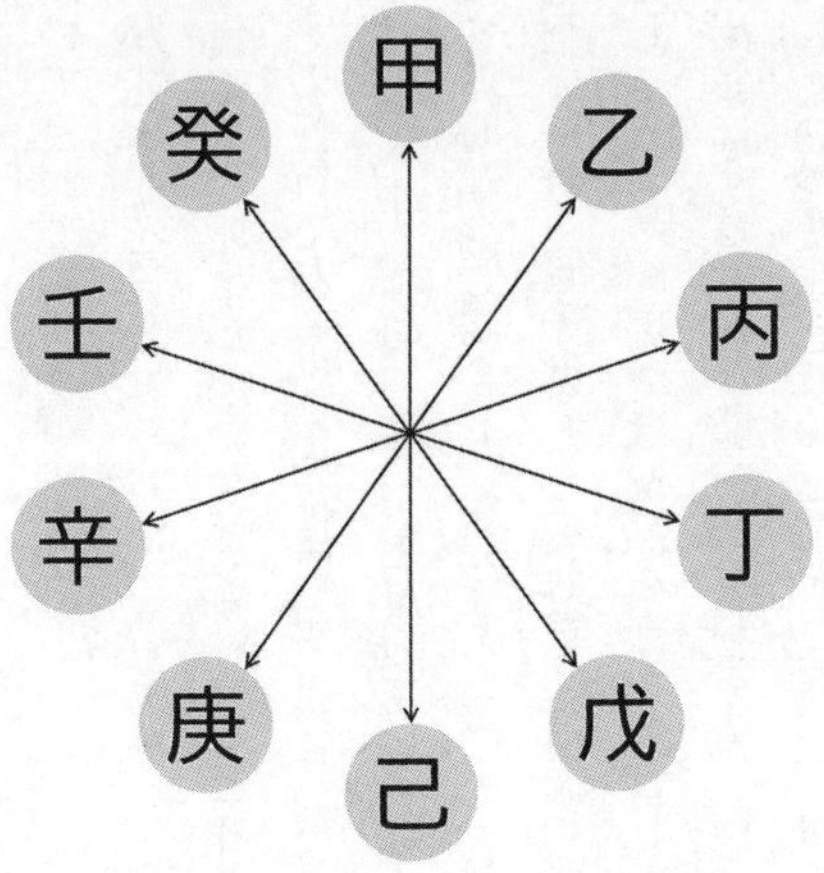

2−1　「甲」の人間関係

「甲」は、「木」の五行に配当され、「陽」の属性を持ちます。「甲」が表すのは大きな樹木です。「木」

の五行の象意は、人を思いやる仁愛の心。感情では怒りを表します。また、「甲」とは頭蓋骨を表す十干でもあり、他者の意見や空気に流されることなく、何事も自分の頭で考えようとします。そして、考えたとおりにならないと、怒りの感情を抱く傾向にあります。

「甲」は、十干の中で唯一、生木《せいぼく》と死木《しぼく》に分類して考えていかなければなりません。生木は伸びゆく生きている樹木を表し、死木は材木として加工された木を表します。とはいえ、90%までが生木だと考えていただいて良いでしょう。

生木か死木かを見分ける方法ついては、１０５ページの「甲の生木と死木の分別法」をご覧ください。生木が良くて、死木が悪いなどということはありません。また、死木であっても、これから解説する元々の「甲」の性質である生木の性質を合わせ持っています。

生木は、上へ上へとどこまでも伸びていく樹木です。頭を押さえつけられることを嫌います。生木の人は、人と接する時、物腰は柔らかに見えるものの、常に自分のプライドを大切にします。相手からけなされたり、我慢を強いられたりすると、それまでは温和だった態度が一変して烈火のごとく怒り出したりすることもあるでしょう。その場では沈黙を守ったとしても、後日「あのときの言葉を謝罪してほしい」などと怒りをむき出しにすることがあったりします。「甲」は何事に対しても、直情的でストレートな性質なのです。

ただし、いったん怒りの感情とともに、自分の思いを吐き出してしまえば、いつまでも根に持つような性分ではありません。お互いの誤解や行き違いが解消されれば、いつまでも同じことをネチネチと言い続けるようなことはありません。竹を割ったようにあっさりとしています。諦めや割り切りが早いのが特徴です。

明治維新の後、我が国の資本主義の基礎を作った渋沢栄一が、この「甲」の日主を持っています。言わずと知れた近代以降の日本経済における功労者ですが、若い頃から、まさに一本気な性格でした。江戸時代、代官の命令に歯向かうのはご法度とされていた当時、代官の理不尽な御用金請求に対し毅然とした態度をとり、悪態をついた代官に対し、怒りに燃えていたとあります。渋沢栄一の命式は、生木の命式です。

一方、死木は、材木として加工された木であり、確固とした自分の感情や考えはあるものの、それを胸にしまいこみ、周囲に合わせて社会からの信頼を勝ち取ろうとしていきます。

〈日主が甲の人との相性〉

お互いが、似たような性質を持っているので最初は衝突することもありますが、いったん理解し合えば、意気投合して支え合っていける関係です。共通の敵や問題意識を抱いていると、タッグを組んで前進していこうとするでしょう。とはいえ、どちらもあっさりとしたタイプなので、お互いを認め合いながらもそれほど深い関係にはなりません。

〈日主が乙の人との相性〉

「乙」は花を咲かせる小さな植物を表します。大樹に絡まりつく蔓草を守るように、「乙」が恩恵を受けるような間柄になることが多いでしょう。「甲」がいつの間にか「乙」をサポートするような関係性になってしまいます。どこか釈然としない思いを抱きながらも放っておけず「乙」のために行動してしまうのです。

〈日主が丙の人との相性〉

太陽にたとえられる「丙」は、樹木にとって日光という恩恵を与えてくれるありがたい存在です。「甲」

は、「丙」から強いパワーを受けて、のびのびとした気分になります。自分らしくいられる関係です。遠慮なくモノを言う「丙」の率直さが好ましく思えるでしょう。お互いに何でも言い合える関係です。

〈日主が丁の人との相性〉

「丁」は人工の灯火を表します。揺れ動く炎を絶やさぬようにするには、薪が必要です。「木」の五行に配当されている「甲」にとって「丁」は、放っておけずにあれこれと世話を焼いてしまう相手です。しかし、「甲」が一方的に犠牲を強いられているわけではなく、主従関係でいえば「甲」が上に立って「丁」を引っ張っていきます。

〈日主が戊の人との相性〉

「戊」はカチカチの岩山を表します。「戊」は揺るがぬ心を持ち、少しのことでは動揺しません。頼りがいがある半面、頑固な性質を持ちます。そのような「戊」に対して「甲」は負けません。固い土に強引に根を張るように真正面からぶつかっていきます。けれども「甲」の押しの強さに負ける「戊」ではありませんから、どちらも譲らず睨み合うような関係になりがちです。

〈日主が己の人との相性〉

「己」は大地を表します。「甲」と「己」は「干合」と呼ばれる関係です。「己」は、樹木を育てる大地のように大らかな性格の持ち主ですので「甲」を守り支えてくれる関係性になります。基本的に楽観的な「甲」に対して、「己」には、やや悲観的な面があります。しかし、「甲」との関係性では女房役に徹して「甲」

をフォローしてくれます。

〈日主が庚の人との相性〉

「庚」は鉄塊や切れ味のいい刀を表します。「木」の五行に配当されている「甲」との関係で考えるときには、樹木の茂った枝を伐採する斧をイメージしてください。「庚」の行動力に助けられて進む方向性が見えてくるようなこともあるでしょう。ただ、「庚」の合理的な考えや冷静な態度は、時として「甲」のプライドを傷つけてくるようなことがあるかもしれません。

〈日主が辛の人との相性〉

「辛」は宝石や貴金属を表します。「木」の五行に配当されている「甲」との関係では、堅い枝を切ろうとして刃こぼれする枝切りバサミのごとく、「甲」が優位な関係にあります。大雑把な割に、行動する前にはアレコレ考える「甲」に対して、「辛」は神経質な割には、先のことまで考えずに行動を起こします。ところが、ちょっとしたトラブルで心が折れてしまいがちな面もあります。いったん行動を起こせば大胆な「甲」にとって「辛」は、少し理解しにくい相手でしょう。

〈日主が壬の人との相性〉

「壬」は大河を表します。「壬」は、全てを押し流すがごとく感情のままに行動する傾向にあります。一方、「甲」は大事な場面では計画を立ててから行動したいと考えるタイプです。何かを行おうとする時、前向きであるのはどちらも一緒なのですが、「甲」から見ると「壬」は無謀に見えることもあるでしょう。相手の良さを活かそうと意識すれば、足りないところを補い合うパートナーとなります。

〈日主が癸の人との相性〉

「癸」は雨を表します。水は樹木にとってなくてはならない存在です。献身的な優しさと知性を併せ持つ「癸」は「甲」にさまざまな恩恵を与えてくれることでしょう。何かをやろうと考えた時、アイデアや発想力が豊かな「癸」は、いろいろな知識や情報という刺激を与えてくれるので、新たな気づきを得てワクワクするはずです。お互いを認め合う最高の関係になります。

2-2 「乙」の人間関係

「乙」は、「木」の五行に配当され、「陰」の属性を持ちます。「乙」が表すのは、小さな草花や蔓草などです。同じ「木」の五行に配当されていても、乙は大らかな甲よりデリケートで繊細です。傷つきやすい性質を持ちながら、人間関係の悩みを一人で耐えてしまう面があります。けれども、困難に直面しても多少のことでは諦めようとはしません。打たれ弱いように見えて、根性はあるというのが、「乙」の特徴です。

蔓草は踏まれ続けても、辛抱強く生きて花を咲かせます。しかし、もともと細い茎が踏みちぎられてしまったら枯れるしかありません。だから、地面を這う小さな草花や蔓草は、巻きつけるものがあれば、それを頼りに日光を求めて上へ上へと伸びていきます。

「乙」は、自分の弱さを自覚しています。それゆえに、人間関係では柔軟性や社交性を発揮して、人と人の縁を大事にします。もともと草花を表す「乙」は周囲を和ませる表現力に恵まれていますから、人と人との調整役にも長けているし、状況によって臨機応変に態度を変えることも巧みです。弱く見えるようでいて、したたかさも持ち合わせているのです。

明治維新三傑の一人である木戸孝允が、この「乙」の生まれです。神道無念流免許皆伝の剣の腕を持ちながら、生涯において、その剣を一度も抜くことなく、いつも温和に人に接していました。そして気性の荒い長州藩の尊王攘夷の志士たちをまとめ上げ、長州藩を一枚岩にして、明治維新を成し遂げたその能力と功績は、まさに「乙」の生き方を体現しています。

「乙」の日主を持つ人の役割とは、美しい花を咲かせるように人々の心を和ませながら、実りある人間関係を築いていくことにあります。

〈日主が甲の人との相性〉

大きな樹木に例えられる「甲」は「乙」にとって、非常に頼りがいのある存在となります。頼みにくいことも、なぜか「甲」にはすんなり甘えてしまえるような関係性です。「甲」は陰になり日向になり「乙」のことを引っ張っていってくれるでしょう。はた目には「乙」が助けられてばかりに見えますが、「甲」の怒りっぽさや飽きっぽさといった欠点を、「乙」がさりげなくフォローすることもあります。

〈日主が乙の人との相性〉

どちらも繊細な性質の持ち主なので、悩み多き日々が続くと、お互いに依存し合ってしまいます。蔓草同士が絡まり合っても、かえって日光の奪い合いになってしまうように「乙」と「乙」の関係は、ややもするとズルズルとした発展性のない状態になりがちです。また、お互いに相手を気遣いすぎて前に進めなくなる傾向にもあります。自分がどうしたいかということを見失わないようにすることが大事です。

〈日主が丙の人との相性〉

太陽にたとえられる「丙」は、「乙」が表す植物にとって非常にありがたい存在です。「乙」は、身近に「丙」がいるだけで、生き生きとしてくることでしょう。一緒にいると「丙」の陽気さや華やかさは「乙」にも伝わってきて、自然と笑顔になってくるはずです。本来の社交性や協調性が良いかたちで発揮されるようになります。

〈日主が丁の人との相性〉

「丁」は人工の灯火、人の手によってコントロールされる炎を表します。揺れ動く炎が、天候や湿気などの影響を受けやすいように、「丁」には感情の起伏が激しいという一面があります。共感性の高い「乙」は、弱っている「丁」を見ると、「何か自分にできることはないか」と相手に尽くしたくなってしまう関係です。調整役としての「乙」の力が発揮される関係です。

〈日主が戊の人との相性〉

「戊」は大きな山を象徴します。固い岩山では、小さな植物や蔓草が生存しにくいように、「戊」は「乙」にとって付き合いにくい相手に見えるでしょう。一方、どっしり構えた親分肌の「戊」は、常に「乙」を気遣ってくれています。親密な関係にはなりにくいものの、実は頼りになる存在です。重要な局面でいろいろなサポートをしてもらえることでしょう。

〈日主が己の人との相性〉

肥沃な大地や田畑を表す「己」は、「乙」にとって安心できる相手です。柔らかい大地に根を張って、降りそそぐ太陽の光を浴びながら大地の養分を吸収することができます。温厚で気さくな「己」は、自然体で「乙」を助けてくれます。一緒にいると、「乙」の社交性や表現力に磨きがかかってくる関係です。

〈日主が庚の人との相性〉

鋭い斧を表す「庚」は、蔓草や小さな草花を一瞬にして断ち切ってしまいます。物事の白黒をはっきりつけたがる「庚」は、協調性を大事にする「乙」にとって近づきたくない存在です。しかし、「庚」と「乙」は「干合」という特殊な関係性にあります。「乙」は、傷つくとわかっていても「庚」に近づいてしまいがちになります。お互いの違いを理解した上で、冷静な判断を持って付き合った方が良いでしょう。

〈日主が辛の人との相性〉

「辛」は宝石や貴金属を表します。蔓草や小さな花を表す「乙」にとって、「辛」は一瞬で茎を断ち切られてしまう枝切りバサミです。怜悧で神経質な「辛」との付き合いは、繊細で気遣いの人である「乙」にとってストレスになりやすいでしょう。ただ、神経が細やかであるという点では似た者同士ともいえます。適切な距離を取れば良い相性になることができます。

〈日主が壬の人との相性〉

大河を表す「壬」は、常に勢いで行動しがちです。何事にも控えめな「乙」が気になるようで、何かと世話を焼きたがります。しかし、せっかちな面を持つ「壬」は、慎重に物事を進めたい「乙」のペースを乱す傾向にあります。「壬」の親切心には感謝しつつも、ありがた迷惑な相手に見えることもあるでしょう。自分が何を必要としていて何を求めていないかを伝えることが大事です。

〈日主が癸の人との相性〉

雨を表す「癸」は、日照りによって枯れてしまう草花にとって慈雨に他なりません。献身的な優しさと共感力を持つ「癸」は、「乙」が何を必要としているか、常に理解しようと努めてくれます。そして「乙」が求めている助力や知恵を与えてくれるでしょう。どちらも物事に対して慎重であるので、新しいことを始める時でも安心して歩みを共にできる関係性です。

2-3 「丙」の人間関係

丙は、「火」の五行に配当され、「陽」に属します。「丙」が象徴するのは、あまねく空を照らす太陽です。膨大なエネルギーを放射する太陽にたとえられる「丙」は、情熱的な性質の持ち主。陽気な性格と華やかな存在感で周囲を魅了します。基本的に人から好かれる性格ですが、人間関係のトラブルに無縁かというとそうでもありません。むしろ、軽率な言動で怒りを買ってしまったり、親切心を押し売りしてしまったりして、親しくなった相手ともめ事になることも多いのです。

「丙」は、とても情熱的な人です。何かに夢中になった時、人並み外れた集中力を発揮します。趣味や学問などの分野にその集中力が向けられた場合、素晴らしい成果を出すことでしょう。一つの分野にのめり込むと、その分野でトップクラスに達するまで突っ走っていきます。しかも、短期集中で成果を出すのです。

スティーブ・ジョブスがこの「丙」の日主を持っています。天才的な頭脳を持ち、アップル社という時代の最先端の会社を立ち上げ、生涯を第一線で活躍しましたが、まさに太陽のようなスティーブ・ジョブスの情熱と才能に、惹きつけられるように集まった人たちが、ジョブスを成功者の地位に押し上げたともいえるでしょう。

ただし、「丙」がその情熱を人に向けた場合、その熱量の高さが周囲を驚かす傾向にあります。相手のためを思って行動したつもりが、相手の予想をはるかに超えてしまい、かえって相手を困惑させてしまうこともあります。思い込みの強い「丙」は、極端な方向に走りがちな傾向を持っています。「あの人のためにはこうしてあげた方がいいはず」などと感じた時ほど慎重になった方がよいでしょう。相手が困っているように見えても、行動を起こす前に「私に何をしてほしくて、何をしてほしくない？」などと尋ねるようにするのが賢明です。

なぜなら「丙」は、楽天的である半面、いったん人間関係のトラブルに陥ったりして自信を喪失してしまうと、急に悲観的になってしまうことがあるからです。基本的にはポジティブな「丙」ですが、傷つきやすい内面を持っているのだということを忘れないでください。

けれども太陽が、地上にあるすべての生命に日光という恵みを与えるように、「丙」には、自らの輝きや人気で人々をより良い方向へと導いていく使命があります。人間関係での学びがそのまま、「丙」が生きる上での知恵となることでしょう。

〈日主が甲の人との相性〉

地上の樹木を表す「甲」は、「丙」の明るさやパワーから良い影響を受けます。プライドの高い「甲」ですが、不思議と「丙」の率直な意見には素直に耳を傾けることができます。かといって、一方的に「丙」が「甲」に与えるだけの関係にはなりません。「甲」は「丙」から受けた恩恵に報いようとします。ギブアンドテイクの関係です。

〈日主が乙の人との相性〉

「乙」は地上に咲く草花を表します。太陽を表す「丙」は「乙」の成長や前進を促します。明るく率直な「丙」と一緒にいると、「乙」は自己肯定感が上がります。その結果、素晴らしい形で自分の能力や才能を開花させることができるのです。とはいえ、「乙」が一方的に恩恵を受けているだけの関係ではありません。「乙」から寄せられる信頼が「丙」の力にもなっています。

〈日主が丙の人との相性〉

天に二つの太陽があれば、地上の温度は上昇することでしょう。お互い強いパワーを持つ者同士なので、いったん衝突をすると和解が難しくなります。どちらも感情を抑えられずヒートアップしていくのです。そうは言っても、決して悪いだけの相性ではありません。どちらもポジティブなエネルギーを持っているので、意気投合して同じ目標に突き進んでいければ、大きなことを成し遂げる可能性もあります。

〈日主が丁の人との相性〉

太陽を表す「丙」に対して、「丁」は闇夜を明るくする灯火です。同じ「火」の五行に配当される両者ですが、一緒にいると「丙」の方が目立ってしまう傾向にあります。お互いがそのことを気にしすぎるとギクシャクした関係になる場合もあります。直感のままに行動する「丙」に対して、理性的な面を持つ「丁」が手を組めば、お互いの良さを引き出し合う関係が築けるはずです。

〈日主が戊の人との相性〉

「戊」は地上の山を表します。「丙」が象徴する太陽は、高くそびえる山肌に強い光を照射します。頑固な面のある「戊」ですが、「丙」の陽気さに影響を受けて大らかになれます。ただ、高い山が太陽の光を遮ることもあるように、「戊」の頑固な面が強く出てくると、「丙」のやる気に満ちたポジティブな発言が「戊」の現実的で地に足がついた意見に、遮られてしまうかもしれません。

〈日主が己の人との相性〉

「丙」が象徴する太陽は、「己」が表す大地にとって恵みです。一緒にいると「丙」が「己」を一方的に励ましたり助力したりする関係になりがちです。しかし、生きるスタイルは正反対の二人。理想に向かって進む「丙」に対して、「己」は人生を楽しみたいタイプです。快楽にばかり目が向きやすい「己」の生活に付き合っていると、「丙」は自分の目標を見失いかねません。

〈日主が庚の人との相性〉

「庚」は地上に存在する巨大な鉄塊です。太陽を象徴する「丙」は「火」の五行に、鉄塊を表す「庚」は「金」の五行に配当されています。太陽の光は鉄塊に何の変化も与えません。「丙」は、自分の信念を貫き、何事も合理的に判断する「庚」のペースに巻き込まれて疲れてしまいます。相手は価値観や考え方が違うのだと割り切って、「庚」と少し距離を置いた関係がベターです。

〈日主が辛の人との相性〉

「丙」が象徴する太陽の光の下で、「辛」が表す宝石や真珠は一段と美しく輝きます。陽気な「丙」と繊細な「辛」は、正反対の性質を持つようで、どこか似ているところもあります。「丙」と「辛」は、「干合」という特殊な関係にもあるので、惹かれ合うところが多いでしょう。どちらも気分に左右されやすいところがあるので、相手の感情に引きずられすぎないように気をつけましょう。

〈日主が壬の人との相性〉

大河や海にたとえられる「壬」は、「丙」が表す太陽の光を反射させる関係です。晴天の下で海が凪《なぎ》いでいる時、そこには美しい景色が生まれます。勢いや流れに乗りながら物事に対処していく「壬」と、一つのことに集中してのめり込んでいく「丙」は、物事に対する取り組み方が正反対です。けれども、「壬」の姿勢や生き方を見ていると、違うからこそ見えてくる学びがあります。

〈日主が癸の人との相性〉

「癸」が表すのは、地上に降り注ぐ雨です。雨雲は「丙」が表す太陽の光を遮ってしまいます。何かを行おうとするとき「丙」が一点集中で突破しようとするのに対して、「癸」はその場の思いつきやアイデアで予定も目標も変えてしまうタイプです。「丙」は、「癸」の豊かな発想力を評価しつつも、やりにくい相手だと感じるかもしれません。

2-4 「丁」の人間関係

「丁」は、「火」の五行に配当され、「陰」に属します。「丁」が象徴するのは人工の灯火です。「火」の五行は、情熱のエネルギーを表しますが、炎の強さを調節できる灯火を表す「丁」は、文明を表すものでもあります。

「丁」は情熱的ではあるものの、理性や合理的思考を併せ持つタイプといえます。

ただし、揺らめく灯火の炎が大火事を招くこともあれば、風雨にさらされた灯火が風前の灯となってしまうこともあるように、「丁」は周囲の環境や人間関係に左右されやすい面があります。望ましくない人間関係の中にいると、突然、怒りを爆発させたり、逆に無気力になってしまったり、情緒が不安定になりがちです。「丁」にとって、安定した人間関係や環境を守ることが大事です。

居心地の良い環境や関係性の中にいる時の「丁」は、理性的でありながら周囲に対する献身も忘れません。暖かい炎が人の心に安心感を与えるように、優しく賢い人物として周囲から一目置かれることでしょう。

日露戦争において、無敵のロシアのバルチック艦隊を破った東郷平八郎が、この「丁」の日主を持っています。燃えたぎる情熱を持ちながら、「勝って、兜の緒を締めよ」という名言を残したように、常に冷静で理性的な判断を行う司令官だったと言われています。

いつもは理性的な「丁」ですが、相手の気持ちや行動をコントロールするのが難しい恋愛関係においては、揺れ動く炎のように熱しやすく冷めやすくなってしまいます。

ロマンチックな恋愛を好み、恋をした相手に献身的に尽くす「丁」は、基本的には慎重なタイプなのですが、恋に落ちると大胆な行動に出ることもあります。ただ、相手の反応が少しでも鈍かったりすると、悪い方向に考えて結論を早く出してしまいがちです。

長い人生においては、安定した環境や人間関係を築くことが難しい時もあるでしょう。そのような時は周囲に惑わされないようにしましょう。自分の内側にある情熱の炎をコントロールできるのは自分だけなのだと、考えるようにしてください。周囲の環境や人間関係などに左右されず、自分の内面を守ることができれば、本来のスマートな魅力が発揮されることでしょう。良き人間関係に恵まれるはずです。

〈日主が甲の人との相性〉

「甲」は樹木を表し、「丁」は灯火を表します。樹木が炎を燃やす焚き木となるように、「甲」は「丁」に対して献身的に尽くしてくれることでしょう。「丁」の熱しやすく冷めやすい面や、時に情緒不安定になってしまう弱点を「甲」はカバーしてくれます。「丁」がやる気を失っている時でも、「甲」の励ましのひと言が「丁」のパワーに火をつけたりすることもあります。大吉の相性といえます。

〈日主が乙の人との相性〉

草花を表す「乙」は、灯火を表す「丁」からすると、焚き火の草のようなものです。「乙」は、いろいろなかたちで「丁」に協力してくれます。「丁」は、普段は冷静である半面、周囲の環境や人間関係に影響を受けやすいところがあり、周囲との軋轢を起こすこともあります。そのような時、「乙」は「丁」の調整役を買ってくれることでしょう。マネジメントを頼むなら「乙」が最良の相手です。

〈日主が丙の人との相性〉

「丙」も「丁」も同じ「火」の五行に配当されていますが、太陽を表す「丙」と灯火を表す「丁」では、明るさの面では「丁」がどうしても劣ってしまいます。「丁」は「丙」と一緒にいると、何となく遠慮がちになってしまったりして、自分の長所をうまく発揮できなくなってしまうかもしれません。そのような時は、あまり「丙」を意識せずに、自分の良さや強みを磨いていくことを心がけましょう。

〈日主が丁の人との相性〉

灯火を表す「丁」同士は、何事も協力し合える最良の関係を築けます。二つの灯火が合わさると炎が勢いを増すように、一緒にいると行動的になっていろいろなことに挑戦できるような気分になってくるでしょう。同じ性質を持つだけに、考え方も似ていて理解し合える相性です。何か新しいことを始めようと相談したりする時も、話が早いでしょう。

〈日主が戊の人との相性〉

「火」の五行に配当されている「丁」が燃やす燃料は灰となり、やがて土に還っていきます。その土は「戊」が表す山となっていくでしょう。基本的に「丁」は「戊」の味方をしてあげることが多くなります。

義理や人情に縛られて身動きの取れない「戊」に、頭の切れる「丁」が難しい局面を乗り切る知恵を与えて助けるというパターンが、両者でよく見られる関係です。

〈日主が己の人との相性〉

灯火を表す「丁」と大地を表す「己」との関係性は一方通行です。灯火は夜の大地を照らしますが、大地はそれに対して何も応えません。灯火が火という燃料になって燃えても、そのエネルギーは、大地に吸い込まれていつしか消え去っていきます。「丁」は「己」に尽くすばかりの関係性になりがちです。見返りを期待すると失望することになるでしょう。

〈日主が庚の人との相性〉

「庚」は鉄塊を表し、「丁」は人工の炎を表します。鉄は熱を加えられると、名刀や武器など、新たな価値を持った存在に生まれ変わります。「丁」と「庚」の関係性は、金属を熱で溶かす鋳造に似ているといえるでしょう。「丁」は「庚」の能力や美点を引き出す力を持っています。「丁」にとっては何気ないひと言が、「庚」に大きな気づきを与えたりするはずです。

〈日主が辛の人との相性〉

「丁」が表す人工の炎は、「辛」が表す宝石や真珠を溶かして、その輝きや形を跡形もなく消し去ってしまいます。「丁」にとって「辛」は、気が楽で付き合いやすい相手です。とはいえ、「辛」のほうは、一緒にいると自分らしさが失われてしまうと感じることがあるかもしれません。「丁」が「辛」と付き合うときは、相手が本心ではどう思っているか気遣うことが必要です。

〈日主が壬の人との相性〉

「壬」は大河や海を表します。氾濫した河や荒れた海の流れは、「丁」が表す人工の灯火を、一瞬にして消し去ってしまうわけですから「丁」にとって「壬」は天敵といえそうです。また、両者は「干合」といわれる特別な関係でもあります。「丁」は「壬」に力関係では自分の方が劣るとわかっていながら、不思議と相手に引き寄せられてしまいます。近すぎず遠すぎずの距離感を守って付き合うのが良いでしょう。

〈日主が癸の人との相性〉

雨を表す「癸」は、空から雨を降らして灯火の炎を弱め、最後にはその火を消し去ってしまいます。「癸」も「丁」も知性派であるのにもかかわらず、相容れない関係です。「丁」は、一見すると冷静でありますが、心の奥に情熱を秘めているタイプです。一方の「癸」は、分析力には長けているものの、相手の熱い思いに水を差すような発言をしがちです。「丁」は「癸」の発言を深く受け止めないようにした方が良いでしょう。

2-5　「戊」の人間関係

「戊」は「土」の五行に配当され、「陽」に属します。「戊」が象徴するのは、高くそびえる山や巨大な盛り土です。山というのは、古来より人々の信仰対象として崇められる存在でありました。国土の面積の七割以上が山地である日本でも、古《いにしえ》より山岳信仰が存在していたことは言うまでもありません。日本が誇る富士山信仰は、噴火する火山に神の怒る姿が重ねられた火山信仰から始まりました。また、奈良県の大神神社《おおみわ》のように、三輪山そのものがご神体として祀られている神社もあります。

山というのは、どっしりとしていて、そこに堂々とそびえ立っています。その山を表す「戊」は包容力があって頼りがいのある人です。保守的であり、柔軟性には欠けているところがあるものの、豊かな自然に恵まれた山のように大らかで人を安心させる魅力があるでしょう。とりわけ、自分を慕ってくる人を決して裏切らない義理堅いところがあります。ただ、常識や固定観念に囚われがちな面があり、時代が移り変わる時には取り残されてしまうことがあるかもしれません。

明治維新の功労者である西郷隆盛が、まさに「戊」の典型的な人物です。人の心をとらえて離さない人間的魅力を持ち、江戸城無血開城を成し遂げましたが、晩年は新政府の考え方と反りが合わず、悲劇的な最期を迎えることとなりました。しかし、西郷隆盛は大河ドラマの主人公に何度もなっていることからもわかるように、現代でも私たちの心を惹きつける国民的英雄であり続けています。

懐の深い「戊」は、誰とでもすぐに仲良くなれます。ただ、人間関係においては「来る者は拒まず、去る者は追わず」の傾向があるので、浅く広く付き合う社交を好むようです。

何に対しても真面目に取り組もうとする「戊」の姿勢は、周囲から一目置かれることでしょう。けれども、自分の考えに固執して頑固になりがち。その結果、人の心が読めずに失敗することもあります。また、自分の考えを変えようとしない割に、山の天気がコロコロ変わるように気分や態度が変わりやすいお天気屋の一面もあるようです。

自分の考えや感じ方に間違いはないと思う時こそ、広く周囲の意見に耳を傾けることが大事です。それができれば、「戊」の持ち味は存分に発揮されることでしょう。

〈日主が甲の人との相性〉

大きな巨木を表す「甲」は、五行の相剋関係から見れば、「土」の五行に配当される「戊」を剋す関係にあります。巨木は、固い土に根を張り、その領土を侵犯すると考えられるからです。その上「戊」も負けず嫌いで頑固な性質を持つので、黙って「甲」の言いなりにはなりません。どちらも意志の強いタイプです。お互いが相手の能力や考え方を理解し合えれば、反目し合うより協力し合った方が得だと気付くことでしょう。

〈日主が乙の人との相性〉

小さな草花を表す「乙」にとって、「土」の五行に配当される「戊」は、自らを成長させる養分を与えてくれる大きな存在です。「戊」は「乙」を相手にすると、全面的に自分がサポートをしてあげなければ、と使命感に駆られるようなところがあるはずです。また「乙」も「戊」を、敵わない相手と認識することが多く、自然と「戊」が主導権を握るようになります。

〈日主が丙の人との相性〉

太陽を表す「丙」と山を表す「戊」は、それだけで完成された絵画のようです。太陽は明るい光で山を照らし、固い土を温めてくれます。「戊」は「丙」と一緒にいるとパワーが満ちてきて陽気な気分になります。「戊」は、隣に「丙」がいることで気持ちが安定してくるので、気分屋になりがちな欠点が引っ込み、穏やかで面倒見が良いという長所が引き出されてくることでしょう。

〈日主が丁の人との相性〉

焚き火を表す「丁」は、いろいろな物を燃やして土に還していきます。「土」の五行に配当される「戊」が、「丁」から大きな力を受け取る関係にあることは言うまでもありません。この両者は、同じ目標に向かって動き出すのに最適な関係です。頭脳明晰でアイデアが豊富な「丁」と冷静に現実を直視する「戊」が組めば、起こりやすいミスを避けて着実に前進していけることでしょう。

〈日主が戊の人との相性〉

お互いが「土」の五行に配当される「戊」同士の関係は、相手の頑固さが目につき過ぎて、ぶつかってしまいがちです。また、お互いに現実主義的な思考で行動するタイプであるのに、相手の現実主義的な面に対しては「慎重すぎる」とか「夢がなさすぎる」などと批判的になってしまうかもしれません。自分も相手も、実は同じ価値観を持っていることに気付けば、固い絆が生まれます。

〈日主が己の人との相性〉

田畑や大地を表す「己」は、「戊」と同じ「土」の五行に配当される星です。現実主義的な「戊」が主導権を握って「己」を引っ張っていく関係ですが、同時に「己」が「戊」をフォローすることもあります。岩山を表す「戊」には義理堅いという長所の裏に、融通が利かないという短所があります。「己」は温厚な性格で生真面目すぎる「戊」を陰で助けてくれます。

〈日主が庚の人との相性〉

鉄塊を表す「庚」は、強い意志力を持つタイプです。固い岩山を表す「戊」も、それに負けないくらい頑固な意思を持ちますので、衝突が絶えない関係性になりそうなのですが、実はそうはなりません。特に一緒に仕事をしたりすると、「庚」が損得勘定や合理主義を強く押し出して、「戊」を巻き込んで、主導権を握っていきます。いつの間にか「戊」が「庚」に振り回されがちです。付き合っていて疲れを感じる時には、いったん離れてみることです。

〈日主が辛の人との相性〉

宝石を表す「辛」は、美しいものや理想などを大切にするタイプです。それに対して、「戊」は現実主義的です。さらに神経質な面がある「辛」に対して、どちらかというと「戊」は大雑把な性格です。「戊」は「辛」を理解しようと努力するうち、気を遣いすぎて「辛」に力を奪われてしまう関係にあります。付き合う際には、自分とは違うタイプなのだと割り切った関係を意識した方がよいでしょう。

〈日主が壬の人との相性〉

「壬」は、山の中を流れる川を表します。「戊」にとって「壬」は、美しい景色や潤いをもたらしてくれる存在です。「壬」が「戊」に合わせて、行動や考えを変えてくれる関係です。「戊」にとって「壬」は組みやすく居心地のいい相手といえるでしょう。自分にとって楽なやり方や方向性に持っていき、付き合うことが可能です。

〈日主が癸の人との相性〉

雨を表す「癸」は、「戊」の上に優しく降り注いで潤いを与えてくれます。「干合」と呼ばれる特殊な関係にある両者は、どのような状況でも強い結びつきで両者を支え合います。一緒に行動する時、今、見えている状況だけに振り回されがちな「戊」に、「癸」は細やかな分析やアイデアで、少し先の未来まで見通す視点を与えてくれるでしょう。

2-6 「己」の人間関係

「己」は「土」の五行に配当され、「陰」に属します。「己」は、豊かな大地や作物を育てる田畑を表すものです。「己」の星のもとに生まれた人にとっては、後輩や年下を育てたり、教え導いたりすることが使命といえます。

明治維新の志士たちの多くが教えを受けた松下村塾の吉田松陰は、まさに「己」の人であり、その役割を全うしたと言えましょう。たくさんの門下生に慕われた吉田松陰の思想は、明治維新の原動力となりました。頭脳明晰で、自らの意志を最期まで貫いた人でしたが、同時に感情的でエキセントリックな部分も持ち合わせていました。だからこそ、安政の大獄に連座し、最後は非業の死を遂げることとなったのでしょう。

「己」の基本的な性質としては、包容力があって温厚な面を持ち合わせています。そして人情に厚く、正直で真面目な性格の持ち主です。他者に対して温かい視線を向ける一方で、周囲からの影響を受けやすい面もあります。大地というものが、そこに降る雨も養分も全て吸収していくように、周りの考え方や価値観を全て受け入れた結果、自分の思いを見失ってしまうようなことが起こるかもしれません。

人間関係が希薄な状況に置かれたりすると、乾ききった砂漠のように自暴自棄になることもあるでしょう。また、身近に「火」の五行に属する人が多かったりすると、自らの「土」の五行が強く影響を受けて、人の言葉に耳を貸さないような、頑固者になることもあります。逆に「水」の五行から影響を受けると、優柔不断になったり、猜疑心に取りつかれ苦しんだりすることもあるかもしれません。

基本的には、自分の生き方を大切にし、人生を楽しもうとするのが「己」の生き方です。人間関係を大切にしつつも、「人は人、自分は自分」と考える癖を付けて、常にポジティブ思考で行動することを心がけましょう。そうすることによって、誰からも慕われる特性が最大限に発揮されるはずです。

〈日主が甲の人との相性〉

大きな樹木にたとえられる「甲」にとって、その根をしっかりと受け止めてくれる大地である「己」は、そばにいるだけで心強い存在です。「己」が一方的に「甲」から慕われることでしょう。また、両者は「干合」という特殊な関係にあります。「己」は「甲」にまとわりつかれることで、厄介な状況に陥ったり、損をしたりすることがあるかもしれません。「甲」に何か頼まれても、面倒な問題には深入りしない方が良いでしょう。

〈日主が乙の人との相性〉

土壌なしには生きられない草花を表す「乙」に、「己」は安心感を与えます。「己」は「乙」がベストな状態でいられるように気遣う関係になるのです。「乙」を育てることで「己」が成長するという面もありますから、両者はお互いを高め合う関係とも言えるでしょう。ただし、どちらかと言えば「乙」は受け身で、「己」が「乙」のために労力を費やす傾向にあり、長い目で見ると「己」の方がやや損をする関係です。

〈日主が丙の人との相性〉

空に輝く太陽を表す「丙」は、大地や畑を照らします。「己」にとって、「丙」は頼もしい相手です。「己」が人生の方向性に迷っている時、「丙」の意見や提案で思いがけない方向へと舵を切るようなことがあるかもしれません。「丙」と一緒にいると、「己」は目の前に新たな道が開かれたような気分になり、前向きになれます。

〈日主が丁の人との相性〉

地上の炎を表す「丁」は、燃やした灰によって土壌に豊かさを与えます。「丁」は秘かに「己」の力になってくれることでしょう。けれども、「丁」のサポートは目に見えない形のものが多く、「己」はそのありがたみに気付くまで時間がかかったりするかもしれません。「丁」が自分のためにしてくれたことに対する感謝を忘れないようにしたいものです。

〈日主が戊の人との相性〉

「戊」は「己」と同じように「土」の五行に配当されています。「戊」は「己」にとって兄貴分のような存在です。どちらも基本的に正直で真面目な性質の持ち主であり、価値観や感じ方が似ているので理解し合える関係です。共に行動する時、「己」は自然に「戊」に主導権を任せることでしょう。「己」が一人だと考え込んでしまうことも「戊」が決断を下してくれますので、一緒にいて楽なはずです。

〈日主が己の人との相性〉

「己」の二人が一緒にいるときのイメージは、どこまでも広がる豊かな大地です。一緒にいると、のびのびとした気分になれるでしょう。意見が衝突し合うようなことがないので、良好な関係が築けます。ただし、二人でいると気分が緩みすぎてしまうことがあるかもしれません。共に、新たなことにチャレンジするというような発展性は期待できない関係です。

〈日主が庚の人との相性〉

硬い鉄塊を表す「庚」は、極めて理性的なタイプです。対する「己」は感情的なタイプであり、性質的には正反対な二人です。一緒に仕事をするようなことになると、お人好しな性質を持つ「己」が、「庚」の指示に振り回されがちです。後になってから「いいように使われた」と恨みを抱いてしまうこともあります。関係性が対等でないと感じたら、いったん距離を置くべきです。

〈日主が辛の人との相性〉

「辛」は美しく輝く宝石を表します。「土」の五行に配当される「己」は、土となって「辛」の輝きを損ねてしまう関係にあります。目に見えるものや現実を大切にする「己」と、理想主義的で建前やプライドを重んじる「辛」は、お互いを理解することが難しいでしょう。わかってもらおうと話せば話すほど心の距離が遠ざかります。自分とは、全く違うタイプの人として付き合うべきです。

〈日主が壬の人との相性〉

大河を表す「壬」は、勢いだけで行動する性急なところがあります。穏やかでおっとりとした「己」とは行動のテンポが合いません。また「己」はせっかちな「壬」がそばにいると、落ち着かない気分になってくるでしょう。逆に「壬」は「己」のどっしり構えた態度に苛立ってくるかもしれません。お互いがそれぞれの違いを認識して、相手のペースを尊重することが求められます。

〈日主が癸の人との相性〉

畑や大地を表す「己」にとって、空から降る雨にとたえられる「癸」は、そばにいてくれるだけで和む相手です。「癸」の思いやりや優しさが「己」を癒すことでしょう。ただし、性質は正反対です。自分の生き方を変えたくない「己」にとって、いろいろな思いつきやアイデアを提案してくる「癸」の優しさや気遣いが、時には煩わしくなることがあるかもしれません。

2−7 「庚」の人間関係

「庚」は「金」の五行に配当され、「陽」に属します。その象意は、岩石や精錬前の鉄の塊、もしくは切れ味のいい刀です。

「庚」は十干の中で、最も剛気な性質を持ち、義を重んじる生き方を良しとします。正しいと信じる道を貫くためなら、他のことは犠牲にしても構わないと考えるようなところがあるでしょう。世の中で「正義感が強い」と言われるタイプです。また、義を重んじるのと同時に、合理的に考えて行動するタイプでもあります。何かをする時、それは正しいことなのか、何かの役に立つのか、時間や労力を無駄にする可能性はないのか……などと目に見える形で結果が出るかどうかを大事にします。

そして、いったんやると決めたら、その時には頭の中に一番効率的な道が見えているので、行動を起こすのは早いでしょう。また、普通の人が避けたがるハイリスクな仕事や嫌がられる分野のことも進んで切り開いていく強さがあります。

物事の白黒をハッキリさせないと気がすまないところがあり、人間関係においては、相手の間違いを見逃せません。「ダメなものはダメだ」と考える性質なので、相手が目上でも親友でも「なあなあ」では済ませられないでしょう。自分を曲げて周囲に流されていくようなタイプの人からは「難しい人」と敬遠されるかもしれません。

基本的に剛毅な性質を持っていますが、まれに気弱で優柔不断な印象を与える人として生きているような場合もあります。名刀の切れ味が鍛え方次第で決まるように、育った環境や事情によって学びの経験が積めなかったり、努力する機会が奪われていたりすると、本来の意志の強さが眠ったままであることが、その原因です。

しかし、そういうタイプの人でも、自分の進みたい道が見えてくると、まるで人が変わったようにパワフルに突き進んでいくはずです。やりたいことのために行動し始めると、見違えるようになる人がいます。

明治維新の原動力となった薩長同盟を成しとげた坂本龍馬が、この「庚」の生まれです。龍馬と言えば、大雑把で、小さなことにこだわらない大らかな人という印象がありますが、その実、しっかりとした合理的精神を持っていて、海外との貿易で利益を上げ、資金力を着実に蓄えることを常に主眼に置いていました。合理的に行動し物事の結果を出すということに重きを置いた人で、それが龍馬なりの義の貫き方だったのかも知れません。

龍馬のように、人生のある時までは平凡に生きてきたのに、使命に目覚めた途端、果敢にチャレンジしていくような人に多いのが「庚」なのです。


〈日主が甲の人との相性〉

金属の斧を表す「庚」にとって、大きな樹木を象徴する「甲」は取り組みがいのある相手です。仕事や学びの場で出会ったとき、「庚」は「甲」を見どころのある人物だと高く評価して、さらに鍛えようと厳しく接してしまう傾向があります。たとえ「甲」の方が年下であったとしても、度が過ぎた指導は控えましょう。従順なタイプとはいえない「甲」は逃げ出してしまいます。


〈日主が乙の人との相性〉

金属の斧を表す「庚」と、草花を表す「乙」は正反対のタイプといえます。「庚」の性質が剛なら「乙」は柔。性質も生き方も全く重なるところがありません。けれども、両者は「干合」という特殊な関係にあり、「庚」にとって「乙」は敵になりにくい相手ともいえます。それゆえ、「乙」を前にすると、知らず知らずのうちに我がままになってしまうことにもつながっていく場合があります。共にいる時は「乙」に負担をかけていないか、注意した方が良いでしょう。


〈日主が丙の人との相性〉

「丙」は太陽を表し、「庚」は金属を表します。太陽の熱が金属の斧に当たっても何も変化は起きません。

その刃は鋭い光を反射するだけです。「丙」のパワーが力を発揮できない関係です。「庚」と「丙」が共に行動するとき、最初のうちは「丙」は自分のペースに持っていこうとします。けれども「庚」は負けません。最終的には、「庚」のペースで物事が動いていくでしょう。

〈日主が丁の人との相性〉

「丁」は地上に存在する人工の火を表します。「庚」との関係性でいえば、金属を精錬する溶鉱炉と言えるでしょう。「丁」は「庚」を鍛えてくれる頼もしい相手です。心の奥に情熱を抱きながら冷静に人と接する「丁」は、「庚」を納得させる形で行動や考えを変えていきます。「丁」は「庚」を一番上手にコントロールしてくれる相手です。

〈日主が戊の人との相性〉

岩山の象意を持つ「戊」と金属の象意を持つ「庚」は、どちらも頑固で自己主張の強い性質です。初対面からお互いに相手を一筋縄ではいかない存在として意識するでしょう。ただし、ぶつかり合うのは最初の一瞬だけです。最終的には、理論派の「庚」が「戊」を押し切る形で主導権を握ることになるでしょう。

〈日主が己の人との相性〉

畑や大地を表す「己」は、温厚な性質の持ち主で人間関係では人情や思いやりを大事にします。対する「庚」は、何事も合理的に考えて情に流されることがありません。「庚」と「己」は思考の方向性が正反対です。「己」は衝突を嫌うので「庚」に反論をするようなことはありません。だからといって、「己」が本当は何を考えているのか理解しようとしなければ、思いもかけない場面でしっぺ返しを受けることもあります。

〈日主が庚の人との相性〉

鉄塊がガチガチとぶつかり合うように、衝突が絶えない関係です。どちらも同じ力を持った同士がやり合っても勝敗は決まりません。とはいっても、何事も合理的に考えて短時間に結果を出すことを大事にするという考え方は一緒です。お互いがそのことに気付いて、相手を認め合うような関係になれば、大きなことを成し遂げる関係を結べます。

〈日主が辛の人との相性〉

どちらも五行では「金」に配当される「庚」と「辛」です。しかし、鉄の塊を表す「庚」に対して、宝石や貴金属など柔金を表す「辛」とでは、力関係で「辛」が劣ります。思想や価値観も異なる関係です。理想主義的な「辛」は、合理的な「庚」の「それが何の役に立つのか」と言うような発言に傷ついてしまうかもしれません。「庚」は「辛」の繊細さを理解してあげた方が良いでしょう。

〈日主が壬の人との相性〉

大河の象意を持つ「壬」は、臨機応変に行動できるタイプです。必要とあらば、合理的な方向性に転換することを厭わない「庚」とは似ている面もあります。お互いに相手のことを「話のわかる相手だ」と認め合えるかもしれません。ただし、「壬」の行動や感情の勢いは、急に方向転換をするようなことがあります。その勢いに飲み込まれてしまわないように注意しましょう。

〈日主が癸の人との相性〉

鉄塊を表す「庚」と雨を表す「癸」の関係性は、鉄を錆びつかせる雨のごとく、難しい相性にあります。「庚」が常に一貫性を持った思考を持つタイプなら、「癸」はその場の思いつきで行動するタイプです。性質が全く異なるので、どのように接してよいか迷うでしょう。「庚」の押しの強さも、飄々とした「癸」には通用しません。ほどよい距離感を持って観察に徹した方がよい相手です。

2―8　「辛」の人間関係

「辛」は「金」の五行に配当され、「陰」に属します。「辛」は美しい宝石や貴金属を表します。「金」の五行の特性である義を重んじる性質と合理主義を持ち合わせる一方で、デリケートで繊細な感性を持っています。思想や思考において、「何が正しいのか」ということにこだわる理想主義者です。宝石が汚れや濁りを嫌うように、人間関係でのドロドロとした感情や不条理に直面すると深く傷ついてしまいます。

しかし、一般社会においては全く傷のない人間など存在するはずもなく、繊細な感受性を持った「辛」の目を通すと、人は誰もがずるいように見えてしまうところがあります。そのため、「辛」はどちらかというと人と群れることを嫌い、他者とは距離を置いた関係を好みます。周囲からは一匹狼であると見られることが多いでしょう。そうは言うものの、「辛」は決して人嫌いというわけではありません。ただ、人間関係で傷ついても誰かに弱音を吐くことができないので、無意識のうちに人に近づき過ぎないようにしてしまう面があるでしょう。

第64代、第65代内閣総理大臣の田中角栄が、この「辛」の生まれです。「コンピュータ付きブルドーザー」

の異名を持ち、日本列島改造論を掲げて、高度経済成長期の日本を発展させましたが、「清濁併せ呑む」と言われるその手腕が災いとなり、最後はロッキード事件の汚名を着たまま、政界を去り亡くなりました。

本来「辛」は、非常に真面目で潔癖です。他者の不正や筋違いを許さないのと同時に、自分にも厳しくあろうとします。けれども、この世の人間は誰もが不完全です。「辛」も例外ではありません。「辛」も間違いを犯すことはあります。そのような時、「辛」は、「自分の行動が利己的であったのではないか」などと極度に自分を追いつめてしまいがちです。誇り高い「辛」は、自分の弱さを認めることができず苦しむでしょう。ただし、こうした潔癖症は年齢を重ねるうちに、ある程度、柔軟な方向へと変化していきます。経験を積む中で清濁併せ持つ強い心を磨いていくことでしょう。

とはいえ、人の欲やエゴイズムがぶつかり合う競争には向かないので、どちらかといえばニッチな分野で自分の能力や才能を磨いてスペシャリストとして生きるのが適しています。

〈日主が甲の人との相性〉

大きな樹木にたとえられる「甲」からすると、「辛」は繊細なフォルムの金属の枝切りバサミのようなものです。「辛」が「甲」に力負けしてしまう関係です。自尊心の強い「甲」は、どうしても考え方が自分中心になりがちです。「辛」の理想主義は通用しません。理解を求めようとしない方が楽に付き合えます。

〈日主が乙の人との相性〉

野や森でひっそりと咲く草花を表す「乙」と、美しい金属の花バサミを表す「辛」。デリケートな感受性を持っているという点では似ている両者ですが、花の茎が簡単にハサミで切られてしまうように、「辛」にとって「乙」は非常に扱いやすい相手です。知らず知らずのうちに「乙」のことを軽んじるような言動で傷つけてしまうことがあるので気をつけてください。

〈日主が丙の人との相性〉

太陽の象意を持つ「丙」は、パワーと活動力の強い星です。それに対して、美しい宝石や貴金属を表す「辛」は、精神性の高い星です。一見、似ているところのない両者ですが、「干合」という特殊な関係にあります。「丙」は時折、無邪気すぎる発言で人から反感を買うことがありますが、不思議と「辛」は「丙」の発言に悪気はないことを理解して気にしません。宝石が太陽の光を反射して輝きを発するように、お互いを高め合える関係です。

〈日主が丁の人との相性〉

「丁」は人工の炎を表します。「辛」が表す宝石や貴金属は、火にくべられたりしたら、ひとたまりもありません。「丁」は「辛」にとって、まさに天敵のような存在です。「辛」の理想主義は、「丁」の合理主義とはうまくなじみません。また、人間関係が不安定になると感情的になりがちな「丁」の態度は「辛」を疲弊させます。相手が自分とは違う価値観を持っているということを理解した上で、付き合う方が良いでしょう。

〈日主が戊の人との相性〉

大きな岩山の象意を持つ「戊」と、小さな宝石や貴金属を表す「辛」には似ているところがありません。

「戊」は何事にもどっしりと構えていますが、「辛」は常に細かいことが気になるタイプです。「戊」が現実的に考えるのに対して、「辛」は理想を追求せずにはいられません。「辛」の繊細さが「戊」を疲れさせてしまう関係です。「戊」に対し、多くを求めすぎてはいけない相手です。

〈日主が己の人との相性〉

畑の土を表す「己」は、宝石や貴金属を表す「辛」に対し、泥のような存在となります。人情を大切にする「己」は、「辛」の理想主義的な言動を「人に厳しすぎる」などと批判しがちです。「辛」にとっては、付き合いにくい相手でしょう。相手の発言にカチンときても感情的にならず、相手が言おうとしていることを理解する努力を求められます。そうすれば、共感しにくい相手でも理解し合うことは可能です。

〈日主が庚の人との相性〉

「庚」は鉄塊など、とても堅い金属を表します。それに対して「辛」は、宝石や貴金属など傷つきやすい柔金です。両者の関係性では、どうしても「辛」が圧倒されてしまいがちです。白黒をはっきりさせたいという点では似ているのですが、「辛」の目には「庚」の言動の無神経さや強引さが目立ってしまいます。協力して何かをやっていく関係には向きません。

〈日主が辛の人との相性〉

価値観や思想が一緒ですから、お互いに相手のことが良くわかります。けれども距離が近くなることはありません。相手の理想や価値観を尊重しようと意識しすぎて、むしろ、理解し合いながらもクールな関係になっていくでしょう。しかし、思い切って誰にも理解してもらえない悩みなど打ち明けてみると、お互いに同じ悩みを抱えていたことが判明する場面が訪れることもあります。同じ仲間の「辛」は、ときどき連絡し合って近況報告するにふさわしい相手です。

〈日主が壬の人との相性〉

河川の象意を持つ「壬」は、宝石や貴金属を表す「辛」を水の流れで洗い清めてくれます。傷ついた「辛」を「壬」がサポートしてくれる関係です。ただし、川の流れが突然勢いを増したりするように「壬」は時に感情のままに行動するところがあります。「壬」の勢いに気圧《けお》されて「辛」が息苦しくなってしまうこともあります。「壬」に相談や助力を求める時には、感情に訴えるような言い方を避け、冷静な態度で接するべきです。

〈日主が癸の人との相性〉

降ったり止んだりする雨を表す「癸」は、気まぐれな性質です。何事にも凝り性で完璧主義な「辛」とは相いれない部分も多いでしょう。しかし、両者が一緒に仕事をするような場合、情報収集や分析力に優れた「癸」は、「辛」の足りない面を補ってくれる相手でもあります。何かを知りたい時や、どう考えたらいいか迷う時、「癸」に相談することで解決への道が開かれることもあります。

2-9 「壬」の人間関係

「壬」は「水」の五行に配当され、「陽」に属しています。河川や海などを表す星です。流れる水を象徴するように、「壬」は周囲に柔らかい印象を与えます。かといって、何も考えずに流されていくタイプかというと、そのようなことはありません。むしろ知略に優れ、何事も一歩先を読んで行動する賢さを持っています。

「壬」は、見た感じの雰囲気とは違う性質を持っていて多面的です。たとえば、のんびり屋に見える反面、せっかちで性急な部分もあり、勢いだけを頼りに行動するようなところもあります。また、おっとりして楽観的に見える割に、勝ち負けにこだわるような負けず嫌いな面もあります。状況や相手によって自分を自由に変えることができるので、人間関係においては「どう振る舞った方が良いか」を常に意識していることでしょう。

「壬」の有名人といえば徳川家康です。人質になっていた幼い頃のこと、今川家の家臣の孕石主水《はらみいしもんど》は、事あるごとに人質の家康に悪態をついていました。その後、三十五年以上の月日が流れ、家康が、武田の城を攻めおとした際、城兵の中に孕石主水を見つけた家康は「汝《なんじ》は昔、三河の小せがれには飽きたと言っておったが、わしも汝には飽きたわ。早う腹を切れ」と切腹させました。しかし、同じように捕われていた大河内源三郎を見つけると即座に縄を解き、「おことは昔、駿河での我をいたわり、ようしてくれた」と数々の褒美を与えたと言います。

「壬」の性質は穏やかなのですが、このように過去に自分が受けた仕打ちを簡単には忘れられないという面があります。流れる水は清く、人や社会に役立つ存在となります。けれども、淀んだ水からは何も生まれません。済んだことを水に流して、囚われから自由になった時、臨機応変に変化していける「壬」の良さが発揮できるでしょう。

〈日主が甲の人との相性〉

樹木を表す「甲」にとって、「壬」はたとえるなら灌漑用水のような存在です。「甲」の力になろうと先回りをします。両者の間では「甲」が論理的に筋道立てて考えるのに対して、「壬」は勢いで行動しようとするので、「壬」の親切が「甲」には歓迎されないこともあります。「甲」との関係では「こういうことで困っていて、この点について相談させてほしい」などと具体的な助けが来るまでは、じっと待っていた方が賢明です。

〈日主が乙の人との相性〉

「乙」が表すのは、水に流されやすい草花です。大河を表す「壬」が、「乙」のためを思って行動しても「乙」にはうまく伝わりません。それどころか「乙」からは「そこまでしてくれなくても良かったのに」とか「自分のペースでやりたい」などと思われてしまう可能性があります。何かを行おうとする時、「壬」と「乙」では歩みの速度が違うことを理解することが大事です。

〈日主が丙の人との相性〉

空に輝く太陽を表す「丙」と、大海を表す「壬」。二つが揃った時、海面は太陽の光を反射して輝きます。これを「輔映湖海《ほえいこかい》」と言い、それは美しい光景です。一つのことに集中して打ち込む「丙」と、常にいろいろな方向に関心を広げる「壬」は、全く違う性質です。だからこそ、お互いに相手の長所を認め合って、高め合える関係でもあるのです。

〈日主が丁の人との相性〉

人工の炎を象徴する「丁」は、河川の勢いが増せば、あっという間に流されてしまう存在です。「丁」は不本意ながら「壬」の勢いに押し切られがちです。ただし、両者は「干合」という特殊な関係にあります。「丁」は「壬」に対してやや不満を抱きながらも、なぜか自分から「壬」に接近してくるでしょう。「丁」が考えたことを「壬」が実行してあげるというような役割分担ができていれば、結果を出せる関係性に育つでしょう。

〈日主が戊の人との相性〉

「戊」は山や巨大な盛り土を表しますから、「壬」との関係では、水の流れを塞《せ》き止める堤防といえます。「壬」は、普段は冷静で温厚でありながら、いったんネガティブな感情を刺激されると暴走しがちです。そのような場面で「戊」は「壬」の感情面を上手にコントロールして落ち着かせてくれます。両者が組んで、事業の立ち上げなど新たな挑戦に乗り出すと、慎重でありながらも、勢いのあるビジネスを展開できるでしょう。

〈日主が己の人との相性〉

畑の土を表す「己」と、河川を象徴する「壬」。河川は土を侵食して、畑を台無しにしかねません。「壬」

は、おっとりした「己」を前にすると、ついお節介を焼きたくなってしまいます。ただ、「壬」の思考は流れるように速いので、「己」には付いていけないこともあります。何事もゆっくり理解していく「己」のペースを理解してあげることが大事です。そうすれば、信頼関係が築けるようになります。

〈日主が庚の人との相性〉

鉄塊を表す「庚」と大河を象徴する「壬」は、行動力があるという点で似ています。五行の関係では「金」に属する「庚」が、水に属する「壬」を助ける関係です。「庚」は「壬」が頑張っていると、進んで自分の労力を差し出して力になってくれます。「壬」にとって非常に頼もしい存在ですので、相手とよく話し合って、物事を進めていくと成果を出すことができます。

〈日主が辛の人との相性〉

「辛」は宝石や貴金属の星です。「金属」が冷えると、そこに水滴がつき水を生じます。ゆえに五行では「金」が「水」を助ける相生の関係にあると考えます。大河を象徴する「壬」にとって「辛」から生み出される水滴は、やや頼りない助けです。だからといって「辛」の親切を断ったりすると、プライドを傷つけてしまいます。「壬」は、「辛」が繊細な相手だということを常に忘れないようにしましょう。

〈日主が壬の人との相性〉

大河を象徴する「壬」と「壬」が一緒になると、増水した河川のごとく、周囲を巻き込むような勢いで物事を進めていきます。停滞していたことが一気に片付いていくというプラス面がある一方で、両者は周囲の合意を得ぬままに行動を起こすことで混乱を招いてしまうことがあります。時に冷静になって、お互い相手にブレーキをかけることも必要でしょう。

〈日主が癸の人との相性〉

「癸」と「壬」は、同じ「水」の五行に属します。知性に恵まれている点は似ているものの、ぱらぱらと降る雨を表す「癸」は、「壬」よりも直感や閃きを大切します。逆に、「壬」は連続した思考の上に結論を導き出そうとします。才智に長けているという点では似ているだけに、かえって違いが目について反発し合うこともあります。対話を重ねることで、ある程度は相手のことが理解できるはずです。

2−10 「癸」の人間関係

「癸」は「水」の五行に配当され、「陰」に属します。雨や小さな水たまりなどを表す星です。全ての生物に恵みをもたらす雨のように、「癸」は誰に対しても分け隔てなく優しく接するでしょう。相手や状況に合わせて自分の姿勢を変える柔軟性があり、自己主張を通したりしないので周囲にはソフトな印象を与えます。

流れていくもの全てを象徴する「水」の五行が暗示するのは知恵です。人が動物と違うところに、よりよく生きるための知識や情報を収集するという点があります。「癸」は、さらに集めた知識や情報をうまく組み合わせて、人に役立ててもらえる方法を生み出していきます。発想力やアイデアが豊かなタイプです。

また、「癸」は正直で勤勉な性質を持ちます。かといって「努力がすべて」と考えるような生真面目なタイプとも少し違います。合理的に考えて無駄だと判断したことは、サッと切り上げてしまうはずです。また、基本的には臆病で慎重派なので周囲との対立も嫌います。自分の意見を出すことで周囲と対立しそうだと感じれば、ポーカーフェイスで物事を水面下で進めたりすることもあります。

幕末の風雲児と言われた高杉晋作は、「癸」の人です。高杉晋作の卓越した才覚と湧き出すような知恵は、誰も思いつきもしなかった、農民から兵を募るという奇兵隊の新設を可能にし、長州藩を雄藩にしました。この晋作の発想力によって、長州藩は維新への道を突き進んでいくのです。

「癸」が自分の知恵で周囲を動かしていこうとすれば、多くの人から必要とされることでしょう。ただ、「癸」は何事にも研究熱心である半面、パラパラと降る雨のように思考に連続性がなく、思いつきであれこれ手を出すようなところがあります。一つのアイデアにこだわることなく、現実的に考えて実現が難しいと考えれば、瞬時に方向転換するようなところが、周囲からは気まぐれに見えてしまうかもしれません。「癸」は、自分の方向性を変える時には、周囲にもわかりやすく説明するようにしましょう。

〈日主が甲の人との相性〉

「甲」は大きな樹木の星です。「癸」は樹木にとって恵みの雨となって降り注ぎ、その成長を支えます。直情的な「甲」と柔軟性のある「癸」は正反対のタイプに見えます。けれども、実際は

実りある関係を結べる関係です。情報収集や分析力に長けた「癸」が、「甲」にいろいろな知識や情報を与えることでしょう。

〈日主が乙の人との相性〉

「乙」は可憐で美しい花を咲かせる植物を表します。「癸」は草花の上に優しく降り注ぐ雨です。柔軟に物事を考えられるという点で似たもの同士です。「癸」のアイデアを調整力に長けた「乙」がうまく周囲に伝えることで実現に結びつくこともあります。また、人間関係で傷つきやすい「乙」の気持ちが「癸」にはよく理解できるでしょう。「癸」の思いやりのあるひと言が「乙」を救うことにつながる場合もあります。

〈日主が丙の人との相性〉

「丙」は空で輝く太陽を、「癸」は雨を表します。雨水が降り注ぐ時、太陽の光は遮られてしまいます。自己主張の強い「丙」と、その場の状況に合わせて考えを変えられる「癸」では、理解し合うのが難しい関係です。「癸」は「丙」から、日和見主義者に見られてしまうかもしれません。「言っていたことが違う」などと言われないように、それまでの発言を変える時には、相手の気持ちをフォローすることが求められます。

〈日主が丁の人との相性〉

「丁」は地上の灯火を表します。「癸」が象徴する雨は、容赦なく火を消してしまいます。何事も情報収集や分析から判断する「癸」が、「丁」と組んで何かに取り組むと、知らず知らずのうちに「丁」の情熱を消してしまうことがあります。「癸」が「それはやっても意味がないな」などと感じても、「丁」に対する発言は控えてさりげなく方向転換を誘導した方が賢明です。そうすることで、トラブルを避けられるでしょう。

〈日主が戊の人との相性〉

「戊」が象徴するのは大きな山です。雨を表す「癸」とは「干合」という特殊な関係にあります。「癸」は優しい雨で岩山を濡らすように、頑固な「戊」に柔軟性を与えます。とはいえ、「戊」は一度決めたら曲げない、自分の考えに強いこだわりのあるタイプですから、柔軟に生きる「癸」にとっては操縦するのが難しい相手です。それなのに、なぜか離れることができません。相手が変わることを期待しなければ良い関係を保てるでしょう。

〈日主が己の人との相性〉

「己」は作物を育てる大地を表します。「癸」が表す雨は大地を潤します。人当りの良い「癸」は、温厚な「己」にとって居心地の良い相手です。ただし、「己」が人情を優先するのに対して「癸」は見た目がソフトな割にクールな物の考え方をするところがあります。「己」は腐れ縁の人間関係に悩まされることも多くあり、そのようなところを「癸」は理解できないと感じるかもしれません。

〈日主が庚の人との相性〉

「庚」は岩場の鉄塊を表します。金属を冷やせば、そこに水滴が付きますから、「庚」と「癸」には強い結びつきがあります。何かに取り組む時、感情より理性を優先する点は一緒です。しかし、何事にも白黒をつけたがる「庚」と周囲に合わせて変化する「癸」では物事の進め方が違います。お互いに相手のやり方に違和感を抱きがちです。両者の間で「どちらが正しいのか」というような議論は避けた方が賢明です。

〈日主が辛の人との相性〉

「辛」は五行で「金」に属し、「癸」は「水」に属します。一度決めたことは、固い意志でやり抜こうとコツコツ進めていく「辛」と、降る雨のごとく脳裏に落ちてくるアイデアや発想を大切にする「癸」では、物事に取り組むときの姿勢が違います。一緒に何か行う時でも、「辛」から相談を受けるまでは、相手のやり方を見守りましょう。

〈日主が壬の人との相性〉

「壬」は大きな河川や海を、「癸」は雨を象徴する星です。どちらも「水」の五行に属していて、物腰がソフトであるという点で似ています。「壬」は「癸」に力を与えてくれるでしょう。ただ、行動を起こす時、「壬」が勢いだけで動かそうとするのに対して、「癸」はその場その場で臨機応変に対応しようとします。この違いを理解し合って助け合えれば、良い関係となるでしょう。

〈日主が癸の人との相性〉

雨を表す「癸」同士が揃えば、雨量が増えます。「癸」の情報力やアイデアもさらに豊かになるわけですが、お互いがその場の思いつきで発言することになりがちです。相手の分析や発想を否定するようなことはありませんが、情報が増えすぎて収集がつかなくなることも起こります。相手の考えを理解しつつも、個別に行動した方が良い関係です。

【参考１】甲の生木と死木の分別法

「甲」という十干は、大きな樹木を表す星です。そして、他の９つの十干にはない特徴を持ちます。それは、「生木」というものと、「死木」というものに分かれるというものです。とはいえ、ほとんどの「甲」は、「生木」と見なしていただいて差し支えありません。

「死木」になるパターンは、ごく限られており、まずは月支（ⓕ）が申・酉・戌のいずれかであり、他の十二支（ⓔ・ⓖ・ⓗ）にも、寅・卯といった、樹木の根となる十二支がないことが条件です。たとえ、木の十干である甲・乙が他の天干（ⓐ・ⓑ・ⓓ）にあっても、根が断ち切られていれば、死木です。

ただし、死木の条件を満たしていても、木の五行よりも、火の五行のエネルギーが強い場合には、焚木《ふんぼく》となって燃えてしまうので、死木に分類せず、生木に分類します。土・金・水については、どれだけ強くてもかまいません。

死木とは、材木の木のことであり、同種の「甲」で幹を太くし、「庚」で節を削り、「壬」の河の水によって湿り気を与えられ、ひび割れしない状態になっているのが理想で、このようになると、一級品の桧柱《ひのきばしら》のような逸材となると言われています。

第4章　恋愛における相性

人と人が関われば、そこには必ず人間関係の悩みが生じます。一対一の恋愛関係においては、相手に自分を認めてほしい、愛してほしいという切実な願いも相まって苦悩が深くなります。

「あの人は、このことについてどう思うだろうか」と、誰かの考えや価値観が気になり始めたら、それは無意識のうちに相手との相性が気になっている証拠です。その時には、もう恋が始まっているのかもしれません。

恋愛は人の心をときめかせる一方で、人に苦しみを与えます。その苦悩が人を成長させることもありますが、いっその事、好きになんかならなければ良かった……と思う時があるかもしれません。

けれども、人生に無駄な経験はありません。苦しい思いが昇華した時、他者に向ける眼差しが変わってくるでしょう。誰もが誰かにとって大切な存在なのだと気づいた時、世界は変わって見えてくるはずです。

ここでは、恋愛における相性を、四柱推命を用いて見ていくことにいたしましょう。

1　十二支の関係で、心と身体の相性を知る

人は恋をすると、相手も自分を想ってくれているのかどうかを知りたくなります。

四柱推命は本来、その人が持っている資質や未来の可能性などを読むことにおいて最高のパフォーマンスを発揮する占いですが、もちろん、恋愛を占うこともできます。その相手と結婚する可能性を見る本格的な相性鑑定は、「第7章　人生の共同パートナとの相性」に譲ることにいたしまして、ここでは、恋人として付き合った時のフィーリングを見る方法をお伝えしましょう。

恋人同士の相性を見るには、十二支と十二支の相性で鑑定していきます。十干が魂を表すのに対して、十二支は魂の入れ物とも言える心と身体と心の両方を表すからです。優先順位としては、日支↓月支↓年支↓時支の順で見ていくのが良いでしょう。

日支同士の組み合わせは次項で説明するとして、月支同士の組み合わせは、お互いの協調性を見ていくのに用います。月支は、その人の社会での立ち位置を表すポジションです。年支同士の関係では、人生を大きな流れとして見たときの境遇やライフストーリーの波長が合うかどうかを見ることができます。そして、もしもお互いの生まれた時間がわかるようであれば、時支同士の関係で、内在している深い縁や魂の方向性としての相性を知ることができるでしょう。

2　その人の日支でわかる恋愛関係

ここでは広く、人間の心と身体の相性がわかる日支同士の相性を見ていくことにいたしましょう。

十二支はそれぞれにさまざまな属性を持っています。恋愛の相性を見ていくこの章では、十二支の属性のうち、主に五行と十干の部分を見ていくことになります。十二支の中には、二つから三つの十干が属していて、これを蔵干《ぞうかん》といいます。蔵干は、それぞれに一つから三つの五行要素を持ちます。自分と相手の五行が「相生」の関係になっているのが理想的です。「比和」の関係がそれに続きます。「相剋」の関係はお互いの努力が少し必要になってくる相性です。しかし、相剋の関係であっても「三合」の関係や「支合」の関係であれば、比較的良い相性とします。

【十二支の属性】

十二支	基本五行	蔵干	属性	陰陽	燥湿
子	水	壬・癸	正	陽	湿
丑	水 土 金	癸・辛・己	墓	陰	湿
寅	木 火 土	戊・丙・甲	生	陽	燥
卯	木	甲・乙	正	陰	一
辰	土 木 水	乙・癸・戊	墓	陽	湿
巳	火 土 金	戊・庚・丙	生	陰	燥
午	火 土	丙・己・丁	正	陽	燥
未	土 火 木	丁・乙・己	墓	陰	燥
申	金 水	(戊)・壬・庚	生	陽	湿
酉	金	庚・辛	正	陰	一
戌	土 火 金	辛・丁・戊	墓	陽	燥
亥	水 木	(戊)・甲・壬	生	陰	湿

参考のために、十二支の属性と要素を表にしておきます。

「三合」の関係　すべて大吉か中吉の良い関係です。

「支合」の関係　結合の関係であり、十二支同士が結びつく関係です。お互いの十二支同士の相性がよ

【三合図】

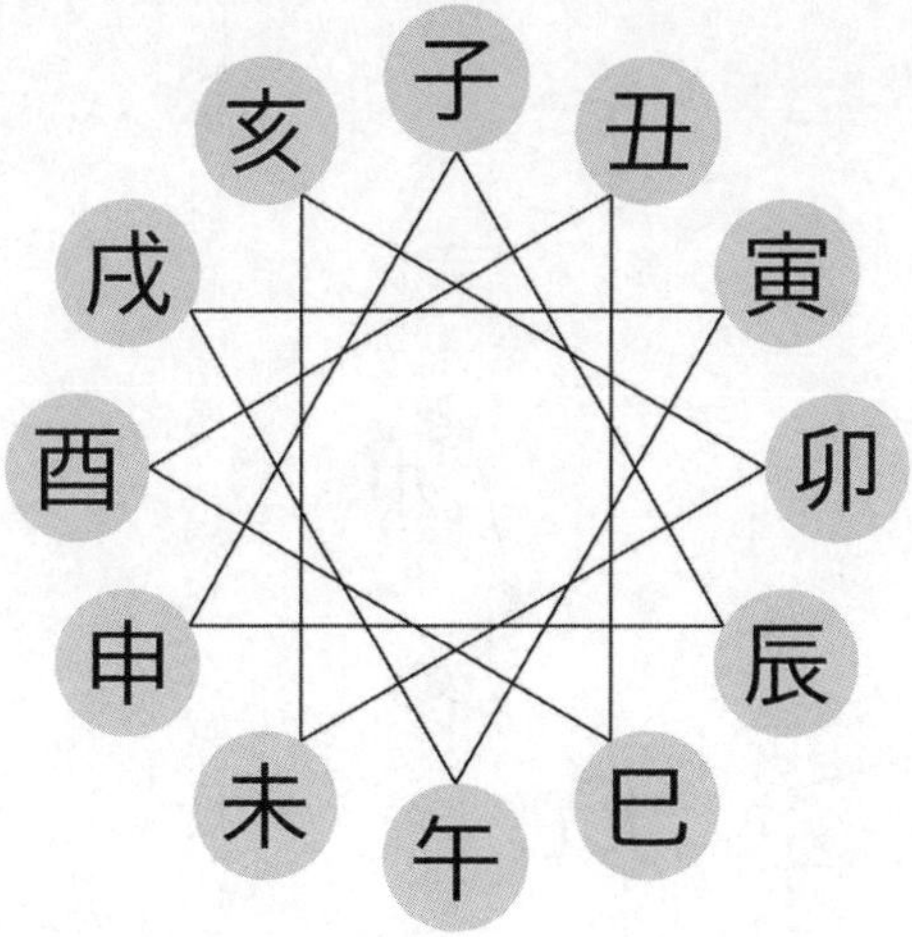

【支合図】

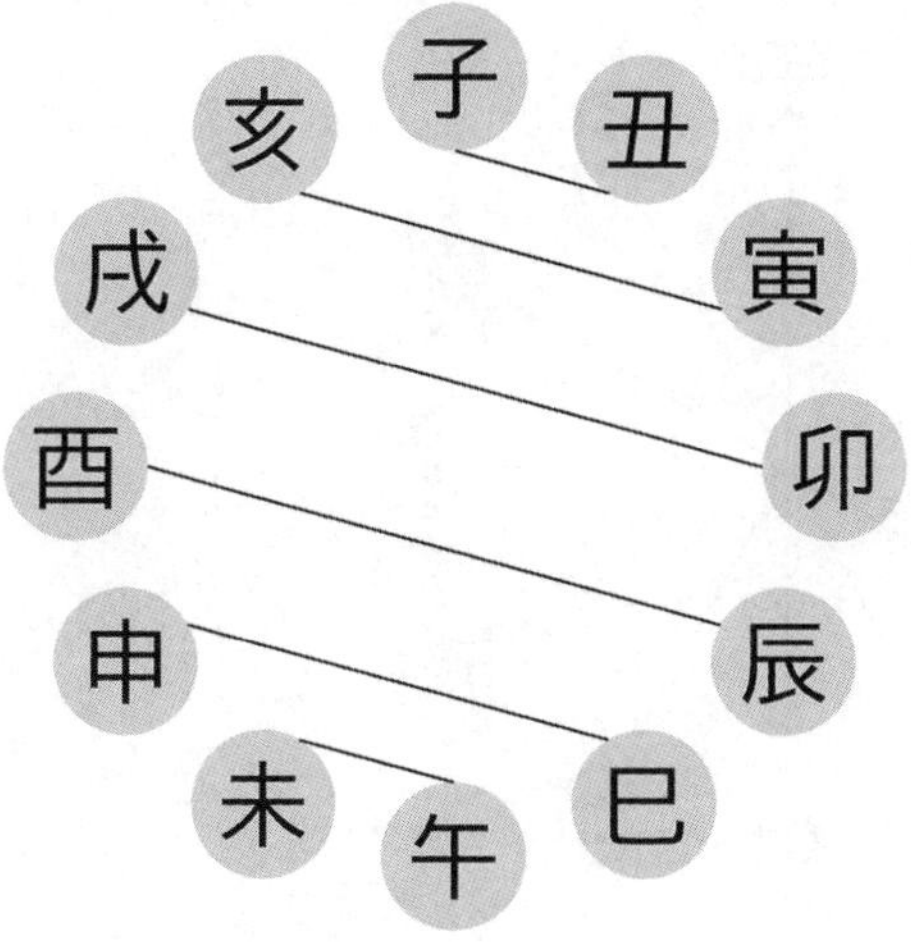

り強まります。

「方合」の関係　同五行の関係で、相性的には可もなく不可もなしですが、一致団結の協力関係になります。

「冲」の関係　対立の関係。ただし、恋愛においては必ずしも悪い関係ではありません。


【方合図】

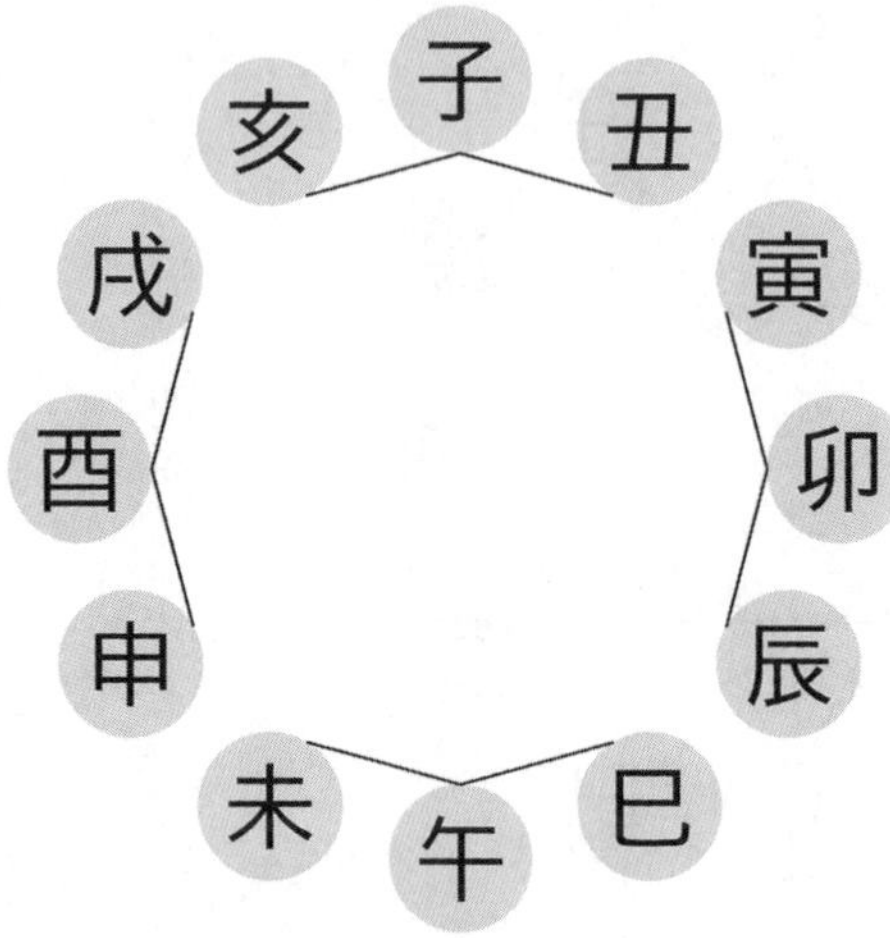

【冲図】

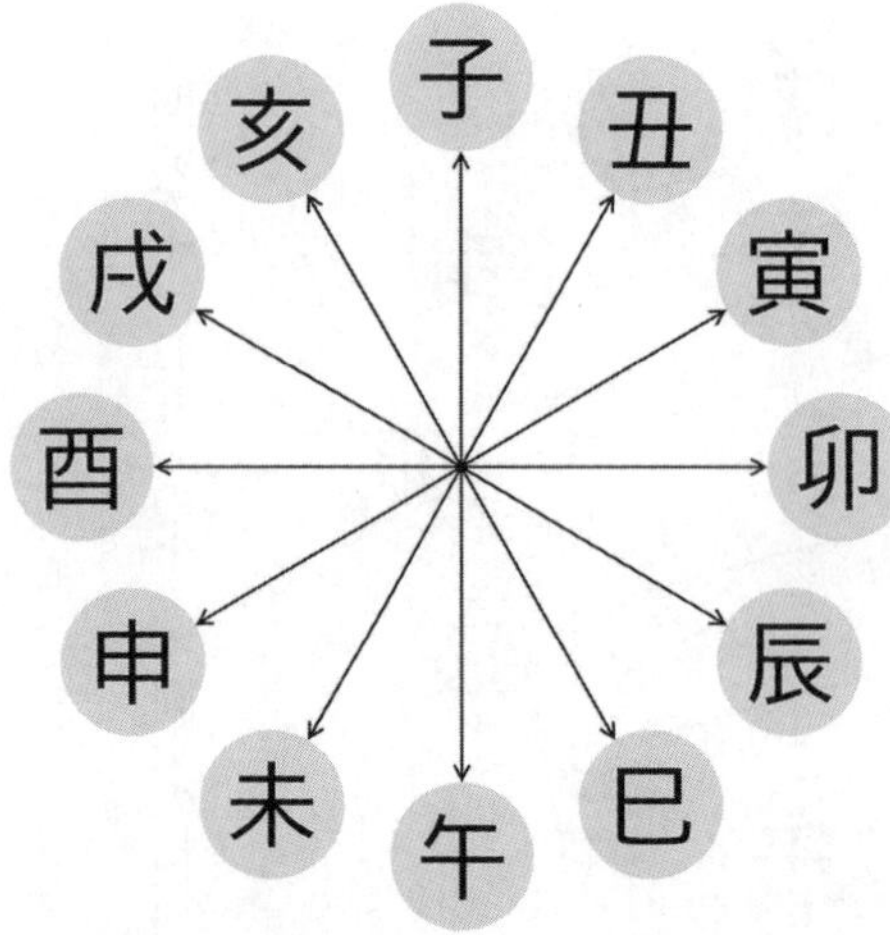

個々の恋愛相性については、この後、詳しく述べていきますが、十二支の相性を一覧表にまとめてみました。相生関係は相性が良く、相剋関係はやや難しい相性になります。

本書では、よく世間一般の四柱推命で言われる、「刑」「害」「支破」については扱いません。その理由は、この章の最後のコラムで述べますが、これらの関係性は、十二支が持っている五行属性による相性と矛盾し、本来の五行自然哲学に反すると考えられるからです。

【十二支の相性】

	子	丑	寅	卯	辰	巳	午	未	申	酉	戌	亥
子	△	◎	○	○	◎	□	☆	□	◎	○	□	△
丑	◎	△	△	△	△	○	△	☆	○	◎	△	△
寅	○	△	△	△	△	○	◎	□	☆	□	○	◎
卯	○	△	△	△	△	○	○	○	□	☆	△	◎
辰	◎	△	△	△	△	○	○	△	◎	◎	☆	△
巳	□	○	○	○	○	△	△	○	△	○	○	☆
午	☆	△	◎	○	○	△	△	◎	□	□	◎	□
未	□	☆	□	○	△	○	◎	△	△	△	△	○
申	◎	○	☆	□	◎	△	□	△	△	△	○	○
酉	○	◎	□	☆	◎	○	□	△	△	△	○	○
戌	□	△	○	△	☆	○	◎	△	○	○	△	□
亥	△	△	◎	◎	△	☆	□	○	○	○	□	△

◎ … 大吉（とても良い）
○ … 中吉（良い）
△ … 吉（まあまあ）
□ … 末吉（工夫や努力も必要）
☆ … 冲の関係（刺激的な関係になる可能性）

2-1　日支が「子」の人の恋愛

「子」は、「壬」「癸」の蔵干を持ち、「水」の五行要素を持ちます。「水」は流れるもの全ての象徴、生命の源です。イメージは、海や河川、雨や霧など広い意味で冷たくて液状のもの全てです。

日支が「子」の人の恋愛は、状況や相手によって柔軟に変化していく傾向にあります。一つの恋愛の形にこだわることはありません。基本的に心に優しさを持っていて、恋愛相手に対するえり好みや執着も少ないほうです。それだけに流されやすいという欠点もあります。また、自分の心に生まれた感情や思考のままに行動したいので、束縛されるのを嫌うところがあるでしょう。しかし、液体であって形を持たない「水」はちょうど良い容れ物があれば、そこに収まって静止状態を保ちます。価値観や考え方などがフィットする相手となら、その関係が求める型にはまることも可能です。

〈日支が子の人との相性〉

「子」と「子」同士は、柔軟な付き合い方ができる相性です。相手に対する思いやりを忘れず、遠距離恋愛になっても、会えないことに不満や不自由を感じることなく交際していけるでしょう。ただし、身近に恋愛対象になりそうな異性が現れてしまうと、あっさり心変わりしてしまうことも起こりえます。

〈日支が丑の人との相性〉

「土」の五行要素を持つ「丑」のイメージは、真冬の氷砂利であり、水をたっぷり含んだ「湿土」です。対する「子」のイメージは、厳寒の冷たい氷水です。「子」と「丑」は結びつきやすい「支合」の関係であり、「方合」の関係ともなります。引き寄せ合う力が強く、初対面から一目惚れの恋に落ちやすい関係です。「土」の性質を持つ「丑」は、流されやすいところのある「子」をしっかりと受け止めつつも、「子」の味方になってパワーを与えてくれます。

〈日支が寅の人との相性〉

「木」の五行要素を強く持つ「寅」のイメージは、芽吹いたばかりの若木や発火しやすい木材です。対する「子」のイメージは、厳寒の冷たい氷水です。「子」と「寅」は相生関係となり、「子」が「寅」を応援したり励ましたり、後先を考えずに突っ走る「寅」を冷静にさせたりすることができます。ただ、気を回し過ぎると相手のやる気を失わせてしまう恐れもある関係ですので、過干渉に気を付けましょう。

〈日支が卯の人との相性〉

「木」の五行に属する「卯」のイメージは、春の若草です。対する「子」のイメージは、厳寒の氷水です。「水」の性質を持つ「子」は、「木」の性質を持つ「卯」に尽くす傾向にあります。「子」の献身を受けて「卯」は、大きく成長していけます。ただ、この関係において「子」が自分自身の成長を後回しにしすぎると、それが原因で関係がうまくいかなくなることもあります。自分のことも大切にする恋愛を心がけることです。

〈日支が辰の人との相性〉

「土」の五行要素を持つ「辰」のイメージは、草が芽吹くぬかるんだ「湿土」です。対する「子」のイメージは、厳寒の氷水です。「子」と「辰」は、「三合」という関係にある良い相性です。「湿土」の「辰」は、

「子」と同じ「水」の性質を持っています。「辰」と一緒にいると「子」は、心も身体も自由でありのままの自分でいられるような居心地の良さを感じるでしょう。

〈日支が巳の人との相性〉

「火」の五行要素を強く持つ「巳」のイメージは、地上から燃え上る火です。対する「子」のイメージは、厳寒の氷水です。この両者がうまくやっていくには、少し努力が必要です。「水」が「火」を消し去るように、「子」は知らず知らずのうちに、「巳」の情熱に水を差してしまうことがあります。相手が喜ぶこと、嫌がることを最初に理解しておく必要があります。

〈日支が午の人との相性〉

「火」の五行要素を強く持つ「午」のイメージは、灼熱の炎です。対する「子」のイメージは、厳寒の氷水です。「子」と「午」は、「冲」の関係にあります。「水」の性質を持つ「子」に対して、「火」の性質を持つ「午」はぶつかり合ってしまいがちになります。「子」の優しさを「午」はうまく受け止めてくれません。けれども、恋愛においては傷つけ合いながらも惹かれあうという関係になる場合もあります。お互いの違いを認め合える関係になれば、良い方向へ進展するでしょう。

〈日支が未の人との相性〉

「土」の五行要素を強く持つ「未」のイメージは、砂漠の砂であり、カラカラに乾いた「燥土」です。対する「子」のイメージは、厳寒の冷たい氷水です。渇いた土が、水をあっという間に吸収するように、「未」

は「子」に多くを求めてくる傾向にあります。「子」の優しさや思いやりが「未」を増長させてしまうこともあります。恋愛関係にあるからといって、甘い顔を見せてばかりではいけない相性です。

〈日支が申の人との相性〉

「金」の五行要素を強く持つ「申」のイメージは、湿り気を帯びた鋼鉄です。対する「子」のイメージは、厳寒の氷水です。「子」と「申」は、「三合」という関係にあり、良い相性です。岩場（金）より水が湧き出すという相生関係にもあり、「申」は「子」の「水」の特性を強めてくれます。「申」は柔軟な生き方を好む「子」のことを理解した上で、困った時には全面的にフォローしてくれる力強い恋人になってくれるはずです。

〈日支が酉の人との相性〉

「金」の五行に属する「酉」のイメージは、お寺の鐘のような鉄の塊です。対する「子」のイメージは、厳寒の氷水です。相生の関係であり、金が冷えるとそこに水滴が付きます。「水」の性質が強い「子」は、恋愛関係において曖昧な態度に終始する傾向があります。しかし、「金」の性質が強い「酉」は、物事をはっきりさせようとします。「子」が「酉」を意識した時には、すでに「酉」が行動を起こしていることもあります。交際まで時間がかからない関係です。

〈日支が戌の人との相性〉

「土」の五行要素を持つ「戌」のイメージは、風が吹くと舞いそうな軽い赤土であり、渇いた「燥土」です。

対する「子」のイメージは、厳寒の氷水です。「子」が、状況や場面に合わせて柔軟に行動するのとは逆に、「戌」は、一つの方向性にこだわる傾向があります。そうならないためにも、普段から小さなことも話し合っていけば、必ず理解し合えるようになる関係です。

〈日支が亥の人との相性〉

「水」の五行要素を強く持つ「亥」のイメージは、植物が生息する湖水です。対する「子」のイメージは、厳寒の氷水です。「方合」の関係ともなり、お互いに「水」の性質を持つ「子」と「亥」は、出会った時から一緒にいて楽な関係です。ただ、どちらも流されやすい性質を持つので、本心を確かめ合うことを先延ばしにしていると、いつの間にか自然消滅してしまう恐れもあります。お互いに、本音を言い合う勇気が求められるでしょう。

2-2　日支が「丑」の人の恋愛

「丑」は、「癸」「辛」「己」の蔵干を持ち、「水」「金」「土」の五行要素を持ちます。「丑」のイメージは、真冬の氷砂利であり「湿土」の属性を持ちます。

日支が「丑」の人の恋愛は、この水気を帯びた「湿土」の影響を強く受けます。恋愛を通して「丑」は、自分の内側にある一途な面を知ることになるでしょう。辛抱強さや忍耐力という知られざる内面と向き合うことになるのです。片想いだからという理由だけで諦めたりせず、想いを貫き通すような強い面も現れてきます。相手の愛や誠意を信じている限りは、問題を抱えた相手やトラブルにも粘り強く対処しようとするでしょう。ただし、相手の裏切りや偽りが見えると、一瞬で「別れ」を決意することになります。一度心が離れてしまったら、相手の「泣き落とし」にも負けたりもせず、自分の意志を貫きます。

〈日支が「子」の人との相性〉

「水」の五行に属する「子」のイメージは、厳寒の冷たい氷水です。対する「丑」のイメージは、真冬の氷砂利です。水をたっぷり含んだ「湿土」です。「丑」と「子」は、結びつきやすい「支合」の関係にあります。また「方合」の関係でもあり、「水」の特性が強まります。引き寄せ合う力が強いので、出会った瞬間から不思議とお互いに心惹かれる相性です。お互いに「相手も自分に好意を抱いているはず」と感じるので、言葉は多くなくても自然に結ばれていきます。「性質」や「考え方」も似ている点が多く、長く安定した関係を築いていくでしょう。

〈日支が「丑」の人との相性〉

「丑」と「丑」は、どちらも「湿土」の特性を持ちます。お互い、相手に自分と似ている面を感じとって好感を抱き合うことでしょう。ただ、この両者の恋愛関係では、どちらも相手の好意を確信しながら、相手が動くのをじっと待つような展開になりがちです。そのため、交際に発展するまで時間が掛かる可能性もあります。しかし、いったん恋が始まってしまえば、揺るがぬ安定した関係が築けるでしょう。

〈日支が「寅」の人との相性〉

「木」の五行要素を強く持つ「寅」のイメージは、芽吹いたばかりの若木です。対する「丑」のイメージは、真冬の氷砂利であり、水分をたっぷり含んだ「湿土」です。湿った土は木を育てますが、土壌は痩せ細ってしまいます。恋愛を通して「丑」は自分を犠牲にしても「寅」に尽くすようになっていくでしょう。とはいうものの、無理をしすぎると、心の中に不平不満が溜り、関係性が良くない方向に進んでしまうことがあるので注意しましょう。

〈日支が「卯」の人との相性〉

「木」の五行に属する「卯」のイメージは、春の若草です。対する「丑」のイメージは、真冬の氷砂利であり、水分をたっぷり含んだ「湿土」です。「卯」は「丑」の言葉や考え方から影響を受けて人間的に成長します。ただ、木の根が土を崩すように、「卯」が「丑」を振り回す傾向となります。不満や違和感を抱いたら、そのたびに話し合って理解し合おうとする姿勢が必要です。

〈日支が「辰」の人との相性〉

「土」の五行要素を持つ「辰」のイメージは、草が芽吹くぬかるんだ「湿土」です。対する「丑」のイメージは、真冬の氷砂利です。こちらも水をたっぷり含んだ「湿土」です。同じ性質を持つ両者は、恋愛を通して価値観や恋愛観が似てくる傾向にあります。お互いに相手の気持ちが理解できるゆえに、気遣い合う関係ではありますが、どちらも受け身のタイプなので、関係性が停滞してしまう恐れもあります。

〈日支が「巳」の人との相性〉

「火」の五行要素を強く持つ「巳」のイメージは、地上から燃え上る火です。対する「丑」のイメージは、真冬の氷砂利です。水をたっぷり含んだ「湿土」です。ぬかるんだ土は火によって乾き、「土」の特性を弱め、潜在的な「金」の要素を強めます。両者は「三合」という関係にあり、水火の剋があっても悪くない相性です。「巳」との恋愛を通して「丑」は柔軟になっていきます。そして、暴走しがちな「巳」の感情をコントロールできるようになるでしょう。長く付き合うほどに、理性と情熱のバランスが整ってくる関係です。

〈日支が「午」の人との相性〉

「火」の五行要素を強く持つ「午」のイメージは、灼熱の炎です。対する「丑」のイメージは真冬の氷砂利であり、水分をたっぷり含んだ「湿土」です。「午」が持つ「火」の特性は、「丑」の「湿土」を乾かして「土」の特性を強めますが、水分は蒸発するので、心の潤いはなくなってしまいます。この両者においては、「丑」が情熱的な「午」に、どうしても押され気味となり、「丑」は自分の気持ちを見失ってしまいがちです。自分が本当はどうしたいのかを、きちんと考えることが大事です。

〈日支が「未」の人との相性〉

「土」の五行要素を強く持つ「未」のイメージは、砂漠の砂です。カラカラに乾いた「燥土」です。対する「丑」のイメージは、真冬の氷砂利であり、水分をたっぷり含んだ「湿土」です。両者は、同じ「土」の要素を持ちながらも性質は正反対です。その上、「丑」と「未」は「冲」の関係にあります。「土」の属性同士の「冲」の関係は「朋冲《ほうちゅう》」といって、お互いに刺激し合って能力を引き出し合う相性でもあります。恋愛相手であって、かつ仕事のパートナーでもある、というような関係になることもあります。

〈日支が「申」の人との相性〉

「金」の五行要素を強く持つ「申」のイメージは、湿り気を帯びた鋼鉄です。対する「丑」のイメージは真冬の氷砂利です。水をたっぷり含んだ「湿土」です。「土」が「金」を生じるという相生関係にあり、良い相性です。ただし、恋愛において「安定」を望む「丑」と駆け引きを好む「申」は行き違うこともあります。けれども、どちらも「水」の要素を持つので、内面には似ているところも多く、少しの波乱があっても理解し合える関係です。

〈日支が「酉」の人との相性〉

「金」の五行に属する「酉」のイメージは、お寺の鐘のような鉄の塊です。対する「丑」のイメージは、真冬の氷砂利であり、水分をたっぷり含んだ「湿土」です。「丑」と「酉」は「三合」という関係にあります。「湿土」の特性を持つ「丑」は、「酉」との関係において「金」の作用をもたらします。表面的な性質は似ていませんが、一緒にいるうちに内面が似てくる傾向があります。「丑」が「酉」を見守るような恋愛関係ですが、この関係は「丑」に大きな満足感を与えるでしょう。

〈日支が「戌」の人との相性〉

「土」の五行要素を持つ「戌」のイメージは、風が吹くと舞いそうな軽い赤土であり、渇いた「燥土」です。対する「丑」のイメージは、真冬の氷砂利であり、水をたっぷり含んだ「湿土」です。「湿土」により「燥土」は潤い、「燥土」により「湿土」は渇きます。その結果、「土」の五行が強まることでしょう。表面的には似ていない両者ですが、恋愛を通して内面が似てくるでしょう。歩みはゆっくりですが、着実に絆を深めていける関係です。

〈日支が「亥」の人との相性〉

「水」の五行要素を強く持つ「亥」のイメージは、植物が生息する湖水です。対する「丑」のイメージは、真冬の氷砂利であり、水をたっぷり含んだ「湿土」です。「丑」と「亥」は、「方合」の関係でもあり、恋愛を通して「水」の五行が強まって、内面が似てくる傾向にあります。「丑」は「亥」が相手だと、束縛しない自由な関係を好むようになります。そのため、時には疎遠になることがあるかもしれませんが、結果的には長い付き合いになっていく関係です。

2−3　日支が「寅」の人の恋愛

「寅」は、「戊」「丙」「甲」の蔵干を持ち、「土」「火」「木」の五行要素を持ちます。イメージは、発火しやすい木材です。基本的には「木」の性質が強く表に出てきますが、状況によっては「火」や「土」の性質が行動や考え方に影響を与えるでしょう。

日支が「寅」の人の恋愛は、好きになったらすぐに意思表示をします。天真爛漫で恋愛に対してポジティブです。恋愛をエネルギーにして成長していく面があります。その一方で、自分の成長や生き方に合わない恋愛ならさっさと諦めてしまいます。やりたい仕事に熱中しているとき、仕事と恋愛の選択を迫られたら、迷わず仕事を取るのが「寅」の人です。だからといって、一人で生きられるタイプではなく寂しがり屋なところがあるので、時には、一度に複数の人を好きになってしまうようなこともあります。恋多き人生を生きる傾向があるようです。

〈日支が子の人との相性〉

「水」の五行に属する「子」のイメージは、厳寒の冷たい氷水です。対する「寅」のイメージは、芽吹いたばかりの若木や発火しやすい木材です。「寅」にとって「子」は相生の関係であり、「寅」の良き理解者となっていくでしょう。勢いで行動しがちな「寅」をさりげない助言で冷静にさせてくれるのが「子」です。ただ、あふれる熱意や情熱を分かち合いたい時、いつもニュートラルな「子」に不満を抱くことがあるかもしれません。

〈日支が丑の人との相性〉

「土」の五行要素を持つ「丑」のイメージは、真冬の氷砂利であり、水をたっぷり含んだ「湿土」です。対する「寅」のイメージは、芽吹いたばかりの若木や発火しやすい木材です。湿った土は木を育て、次第に土壌は痩せていきます。恋愛関係を通して「丑」の頑固さが影をひそめて「寅」に尽くす関係になっていきます。「寅」は「丑」の献身によって内面が豊かになってくることに気付くでしょう。とはいえ、奉仕を受け取るばかりでいると、思わぬ局面で「丑」の不満が爆発することもあります。「寅」の方から「丑」に対して、常に思いやりの言葉をかけることが大事です。

〈日支が寅の人との相性〉

「寅」と「寅」同士は、まっすぐ相手に向き合える良い相性です。恋愛初期において、お互いに相手に対する好意を抑えられない自分に驚くでしょう。まどろっこしい腹の探り合いなどせずに、すんなり恋がスタートします。けれども、どちらも人生の夢や希望を追いかけていくところがあり、愛し合いながら別々の道を歩む選択をすることもあります。その時は、たとえ別れても友人として付き合っていける関係になります。

〈日支が卯の人との相性〉

「木」の五行に属する「卯」のイメージは、春の若草です。対する「寅」のイメージは、芽吹いたばかりの若木や発火しやすい木材です。両者は「方合」の関係にあり、どちらも「木」の性質を持つ者同士なので、価値観や考え方も似通ってくる傾向にあります。恋愛を通して、同じコミュニティに属するようになったり、共通の友人を増やしていくようになるかもしれません。どちらも相手に依存したり、束縛したりすることがないので、自由な恋愛関係が続きます。

〈日支が辰の人との相性〉

「土」の五行要素を持つ「辰」のイメージは、草が芽吹く、ぬかるんだ「湿土」です。対する「寅」のイメージは、芽吹いたばかりの若木や発火しやすい木材です。湿った土は木を育てます。恋愛に対しても人生に対しても、先を急ぎすぎる傾向のある「寅」を、「辰」はしっかりと支えてくれるような関係です。この両者は「方合」の関係ともなり「木」の五行を強めますので、一緒にいるときには、たいていのことを「辰」は「寅」に合わせてくれるでしょう。それゆえに「寅」は「辰」に我慢をさせすぎていないかを、気を付ける必要があります。

〈日支が巳の人との関係〉

「火」の五行要素を強く持つ「巳」のイメージは、地上から燃え上る火です。対する「寅」のイメージは、芽吹いたばかりの若木や発火しやすい木材です。「寅」と「巳」が一緒にいると「火」の五行が強まり、どちらも恋愛や人生に対する姿勢がポジティブになっていきます。お互いが幸せでいられる恋愛を追求していくことでしょう。それゆえ、どちらかの生き方が相手を幸せにできないと認めれば、潔く別れを決めることもあります。

〈日支が午の人との相性〉

「火」の五行要素を強く持つ「午」のイメージは、灼熱の炎です。対する「寅」のイメージは、芽吹いたばかりの若木や発火しやすい木材です。「寅」と「午」は「三合」の関係にあります。木が火を生じるごとく、「寅」は「午」の「火」の五行を良い形で強めます。だからといって、この関係においては「寅」が一方的に尽くすだけで終わることはありません。「午」の成長や成功が「寅」の人生にも豊かさや喜びをもたらすことでしょう。

〈日支が未の人との相性〉

「土」の五行要素を強く持つ「未」のイメージは、砂漠の砂であり、カラカラに乾いた「燥土」です。対する「寅」のイメージは、芽吹いたばかりの若木や発火しやすい木材です。「寅」が持つ「木」の五行は、「未」の「土」の五行を求めます。しかし、「未」が持つ「燥土」は乾ききった土。「寅」の長所をうまく活かすことができません。惹かれ合いながらも、もどかしい展開になってしまいがちです。相手に求めすぎないことが大事です。

〈日支が申の人との相性〉

「金」の五行要素を強く持つ「申」のイメージは、湿り気を帯びた鋼鉄です。対する「寅」のイメージは芽吹いたばかりの若木や発火しやすい木材です。「寅」と「申」は「冲」の関係にあります。「木」の五行が強い「寅」と「金」の五行が強い「申」は、対立が免れない関係です。ただ、恋愛関係においては、反目し合いながらも惹かれずにはいられない相性とも言えます。「嫌い嫌いも好きのうち」のたとえのごとく、喧嘩しながらも縁が切れない関係です。

〈日支が酉の人との相性〉

「金」の五行に属する「酉」のイメージはお寺の鐘のような鉄の塊です。対する「寅」のイメージは、芽吹いたばかりの若木や発火しやすい木材です。「寅」が持つ「木」の五行は、「酉」が持つ「金」の五行の前では、金属で切り倒される木のごとく長所を活かすことができません。「寅」が感情をぶつけようとしても「酉」に論破されてしまう展開になりがちです。お互いの価値観や考え方の違いを、上手に受け流すことが大切です。

〈日支が戌の人との相性〉

「土」の五行要素を持つ「戌」のイメージは、風が吹くと舞いそうな軽い赤土であり、乾いた「燥土」です。対する「寅」のイメージは、芽吹いたばかりの若木や発火しやすい木材です。乾燥した土で木は育たないように、関係を育むのが難しい相手です。また、「寅」と「戌」は「三合」の関係にあります。「火」の五行が強まってくる関係です。お互いに第一印象はいまひとつですが、相手のことを知っていくうちに急速に惹かれ合っていく関係です。

〈日支が亥の人との相性〉

「水」の五行要素を強く持つ「亥」のイメージは、植物が生息する湖水です。対する「寅」のイメージは、芽吹いたばかりの若木や発火しやすい木材です。「寅」と「亥」は結び付きやすい「支合」の関係であり、かつ相生関係にあります。「亥」が持つ「水」の五行は、「寅」が持つ「木」の五行を良い方向に育ててくれます。初対面から、「寅」は「亥」に対して素直に接することができるでしょう。「寅」が「亥」に癒される関係です。

2-4 日支が「卯」の人の恋愛

「卯」は、「甲」「乙」の蔵干を持ち、「木」の五行要素を持ちます。「木」は、樹木はもちろん、草花まであらゆる植物を表します。「卯」のイメージは春の若草です。

日支が「卯」の人は、恋愛をすると、感情の起伏が激しくなっていく傾向にあります。恋愛関係において「木」の性質は、恋する人との間に起こるささいなことに喜びや楽しさを見出していく反面、ちょっとした行き違いを見過ごせずに怒りや悲しみの感情にまで深めてしまうようなところがあります。基本的に人付き合いが好きで寂しがり屋なので、常に恋愛対象がいることでしょう。とはいえ、恋愛に溺れるようなことはありません。「木」の性質を持つ「卯」には、何事にも前向きであるという面がありますから、最終的には自分自身を成長させてくれる恋愛を選ぶことでしょう。

〈日支が子の人との相性〉

「水」の五行に属する「子」のイメージは、厳寒の冷たい氷水です。対する「卯」のイメージは、春の若草です。「水」の性質を持つ「子」は、「卯」の心に潤いや癒しを与えます。「子」の言葉や励ましが「卯」の自己肯定感を高めてくれるでしょう。ただ、「卯」が「子」から与えてもらうばかりの関係になってしまうと、どこかで綻《ほころ》びが出てくるので、その点に気を付けるべきです。

〈日支が丑の人との相性〉

「土」の五行要素を持つ「丑」のイメージは、真冬の氷砂利であり、水をたっぷり含んだ「湿土」です。対する「卯」のイメージは、春の若草です。「湿土」の特性を強く持つ「丑」は、「卯」に安定と自由を与えてくれます。「卯」は、大切にされている安心感に満たされながら、自然体の恋愛を享受できることでしょう。ただし、関係が長くなってくると「丑」の頑固さに悩まされる場合がありますので、お互いの気持ちのやりとりに注意しましょう。

〈日支が寅の人との相性〉

「木」の五行要素を強く持つ「寅」のイメージは、芽吹いたばかりの若木や発火しやすい木材です。対する「卯」のイメージは、春の若草です。どちらも「木」の五行を持ち、「方合」の関係ともなるので、お互いの感情を理解し合える関係です。ただし、「寅」にはわずかながら「火」や「土」の性質があって、状況によって「寅」の内面にその影響を及ぼします。「寅」の心の変化に「卯」が右往左往される局面も、時に訪れることがあります。

〈日支が卯の人との相性〉

「卯」と「卯」同士の恋愛は、相手の存在に感情を揺さぶられて好意を抱き合います。ただ、どちらも愛した分だけ愛されたいと強く願う傾向があるようです。言葉で愛を確かめ合うだけでは飽き足らず、相手の愛を試すような行動に走りがちです。どちらも自分がより愛されたいと願う結果、お互いに不満を抱き合うようなことも起こりえます。ゆえに、常に相手に対し与える愛を意識することが求められます。

〈日支が辰の人との相性〉

「土」の五行要素を持つ「辰」のイメージは、草が芽吹くぬかるんだ「湿土」です。対する「卯」のイメージは、春の若草です。「方合」の「木」を強める関係でもあり、湿った土は木を育てますが、その過程で土は木の根によってほぐされていきます。一緒にいると「卯」は、ありのままの自分でいられるようになり、「辰」はどっしりと落ち着いていきます。お互いに相手のことを認め合える相性です。

〈日支が巳の人との相性〉

「火」の五行要素を強く持つ「巳」のイメージは、地上から燃え上る火です。対する「卯」のイメージは、春の若草です。木が火の燃料となるように、「卯」は「巳」を喜ばせたいという気持ちを抱くようになります。相生の関係となり、友人としても良い相性ですが、「卯」が「巳」に尽くすことで友情が恋愛に発展していきます。「巳」は「卯」の想いに応えるように、能力や才能を発揮していくでしょう。

〈日支が午の人との相性〉

「火」の五行要素を強く持つ「午」のイメージは、灼熱の炎です。対する「卯」のイメージは、春の若草です。木が火の燃料となるように、「卯」は自分の感情や想いを包み隠さず「午」にぶつけていきます。その行動が「午」の情熱を高めていくことでしょう。相生の関係であり、いったん恋が始まると、自然に一気に燃え上がりますが、簡単には燃え尽きません。長く付き合っても、お互いへの想いが尽きない関係となるでしょう。

〈日支が未の人との相性〉

「土」の五行要素を強く持つ「未」のイメージは砂漠の砂であり、カラカラに乾いた「燥土」です。対する「卯」のイメージは春の若草です。「卯」と「未」は「三合」の関係にあたるので、「木」と「土」の「相剋」の関係でも悪い相性ではありません。しかし、乾燥した土で木は育ちません。お互いに求め合いながら、相手の価値観や考え方が理解できるまでには、時間が掛かる関係です。

〈日支が申の人との相性〉

「金」の五行要素を強く持つ「申」のイメージは、湿り気を帯びた鋼鉄です。対する「卯」のイメージは春の若草です。木は金属の斧に打ち倒される「相剋」の関係にあります。「卯」が良かれと思って試行錯誤して「申」のためにしたことが、裏目に出るようなことが起こることもあります。恋愛においては考えすぎる傾向のある「卯」に対して「申」はドライな考え方を持ち出してきます。お互いにシンプルに考えることが求められる関係です。

〈日支が酉の人との相性〉

「金」の五行に属する「酉」のイメージは、お寺の鐘のような鉄の塊です。対する「卯」のイメージは、春の若草です。木は金属の斧に打ち倒される「相剋」の関係にあります。さらに「卯」と「酉」は「冲」の関係となり、対立を免《まぬが》れない相性です。ただし、恋愛において対立関係は凶とは言えません。くっついたり離れたりを繰り返しながら絆《きずな》を深めていく関係です。

〈日支が戌の人との相性〉

「土」の五行要素を持つ「戌」のイメージは、風が吹くと舞いそうな軽い赤土であり、渇いた「燥土」です。対する「卯」のイメージは、春の若草です。「卯」と「戌」は結びつきやすい「支合」の関係にあります。けれども、乾いた土で木は育ちません。寂しがり屋の「卯」にとって「戌」のドライで現実的な態度は理解しがたいところがあるでしょう。相手に対して、期待しすぎない方が良い関係です。

〈日支が亥の人との相性〉

「水」の五行要素を強く持つ「亥」のイメージは、植物が生息する湖水です。対する「卯」のイメージは春の若草です。「卯」と「亥」は「三合」の関係にあります。水が木を育てるように、「亥」が「卯」に恵みを与える理想的な関係です。「卯」が恋愛に求めるものを「亥」は余すところなく与えてくれることでしょう。愛し愛されることで、お互い自由にのびのびと生きていける関係です。

2－5　日支が「辰」の人の恋愛

「辰」は「乙」「癸」「戊」の蔵干を持ち、「木」「水」「土」の五行要素を持ちます。「辰」のイメージは、水分をたっぷり含んで草が芽吹いた「湿土」です。

「辰」という十二支の中には、複数の五行がひしめきあい、常に葛藤を繰り返しています。日支が「辰」の人は、恋愛を通して自分の内面に「永遠の愛」への憧憬が存在していることを知るでしょう。恋愛においては、結婚がゴールという前提が芽生えてきがちです。ところが、恋愛のスタイルにおいては、「水」の性質が顔を出して、柔軟で自由な関係を期待するところもあります。また、「湿土」は「金」の性質を強める作用を持つので、恋愛相手との関係で勝ち負けにこだわったり、損得勘定で動いたりすることもあるでしょう。ゆえに、真面目に付き合っていける相手を求めながら、短い恋を繰り返すことも多いようです。

〈日支が子の人との相性〉

「水」の五行に属する「子」のイメージは、厳寒の冷たい氷水です。対する「辰」のイメージは、草が芽吹くぬかるんだ「湿土」です。「子」と「辰」は「三合」の関係にあります。「子」と「辰」は、「水」の五行が強まる関係にあり、自由な恋愛関係になるでしょう。「辰」の意見や考えに耳を傾けてくれる「子」の前で、「辰」は自分の素直な感情を表に出せます。理想的な関係です。

〈日支が丑の人との相性〉

「土」の五行要素を持つ「丑」のイメージは、真冬の氷砂利であり、水をたっぷりふくんでぬかるんだ土です。対する「辰」のイメージも、草が芽吹くぬかるんだ土です。どちらも「湿土」の要素を持ち、「金」を生じやすい特性を持っています。お互いに相手を思いやる関係が築ける反面、自分の恋愛観を押し付け合うようになる傾向もあります。相手を尊重する姿勢が求められます。

〈日支が寅の人との相性〉

「木」の五行要素を強く持つ「寅」のイメージは、芽吹いたばかりの若木や発火しやすい木材です。対する「辰」のイメージは、草が芽吹くぬかるんだ「湿土」です。木は湿った土の水分を吸って土をほぐします。「寅」と「辰」は「方合」の関係ともなり、頑固な一面を持つ「辰」ですが、「寅」の前では穏やかでいられます。それゆえ、時として「寅」がやや自己中心的になることもあります。

〈日支が卯の人との相性〉

「木」の五行に属する「卯」のイメージは、春の若草です。対する「辰」のイメージは、草が芽吹く、ぬかるんだ「湿土」。湿った土は木を育て、土は木の根によってほぐされていきます。両者は「方合」として「木」を強める関係でもあり「辰」は「卯」の保護者のような立場になりがちです。頼りにされることに喜びを抱く一方で、自分も癒されたいというような願望を心の中に持ってしまいがちです。

〈日支が辰の人との相性〉

「辰」と「辰」同士は、自由で安定した関係を求め合います。常に二人で過ごすよりは、仕事や友人関係も大切にしながら、信頼の絆を築いていくことでしょう。たとえ、どちらかが多忙になったりしても、それが原因で別れたりすることはありません。むしろ、始終一緒にいると、ささいなことで喧嘩別れに発展することがあるので、その点に注意すべきです。

〈日支が巳の人との相性〉

「火」の五行要素を強く持つ「巳」のイメージは、地上から燃え上る火です。対する「辰」のイメージは、草が芽吹くぬかるんだ「湿土」です。あらゆるものを燃やす火が、灰を土に帰するように、「巳」の情熱が「辰」の心に自信を与えることでしょう。とはいうものの、「辰」にとっては何事もせっかちな「巳」のペースに合わせることに、やや苦労するかもしれません。

〈日支が午の人との相性〉

「火」の五行要素を強く持つ「午」のイメージは、灼熱の炎です。対する「辰」のイメージは、草が芽吹く、ぬかるんだ「湿土」です。好きになるほど自己主張が強くなる「午」と、恋愛を通すと頑固なところが目立ってくる「辰」とでは、いったん言い争いになると平行線になりがちです。それでも、長く付き合ううちに、お互いが少しずつ相手に歩み寄れるようになる関係です。

〈日支が未の人との相性〉

「土」の五行要素を強く持つ「未」のイメージは、砂漠の砂であり、カラカラに乾いた「燥土」です。対する「辰」のイメージは、草が芽吹くぬかるんだ「湿土」です。同じ「土」の特性を持ちながらも、性質は正反対の関係となります。似ている面もあるからこそ、違いが目立つ関係です。しかし、時間の経過とともに「湿土」は渇き、「燥土」は潤ってきます。長く付き合うほど、あうんの呼吸で歩んでいける関係です。

〈日支が申の人との相性〉

「金」の五行要素を強く持つ「申」のイメージは、湿り気を帯びた鋼鉄です。対する「辰」のイメージは、草が芽吹くぬかるんだ「湿土」です。「辰」と「申」は「三合」の関係にあります。「水」の特性が強まる関係にあるので、どちらかが動かなくても自然な流れで交際へ発展することでしょう。「辰」が「申」の能力や才能を引き出す関係です。

〈日支が酉の人との相性〉

「金」の五行に属する「酉」のイメージは、お寺の鐘のような鉄の塊です。対する「辰」のイメージは、草が芽吹くぬかるんだ「湿土」です。「辰」と「酉」は「支合」の関係にあります。「湿土」が「金」を生み出す「相生」の関係であり、「金」の五行が強まっていきます。「酉」が主導権を握って関係を深めていくでしょう。「辰」は陰で「酉」を支えていきます。

〈日支が戌の人との相性〉

「土」の五行要素を持つ「戌」のイメージは、風が吹くと舞いそうな軽い赤土であり、渇いた「燥土」です。対する「辰」のイメージは、草が芽吹くぬかるんだ「湿土」です。「辰」と「戌」は「冲」の関係にあります。「冲」の関係は対立しがちですが、「土」の特性を持つ者同士の冲は「朋冲」といって、刺激し合うことで高め合っていける関係です。お互いに頑固ではありますが、粘り強く相手に向き合おうとする点は同じです。時間はかかっても、理解し合える関係です。

〈日支が亥の人との相性〉

「水」の五行要素を強く持つ「亥」のイメージは、植物が生息する湖水です。対する「辰」のイメージは、草が芽吹くぬかるんだ「湿土」です。ぬかるみに水が流れ込んでくると、きれいな濁りの少ない水があふれてくるように、「水」の性質が強まる関係にあります。お互いを慈しみ合うような恋愛になるでしょう。束縛や干渉とは無縁の関係が築けます。長く付き合っていける相性ではあるものの、長すぎた春を迎えてしまう可能性も少なからずあります。

2-6　日支が「巳」の人の恋愛

「巳」は「戊」「庚」「丙」の蔵干を持ち、「土」「金」「火」の五行要素を持ちます。イメージ的には、燃え盛る炎です。

日支が「巳」の人は、魂が輝くような恋愛経験をする傾向にあります。その際、自分の内側にあった情熱や想いが溢れ出てきて、感情がストレートに出てくることに驚くかもしれません。恋愛感情を隠しているつもりでも隠せていないという状況になりがちで、恋をするとすぐ相手にも周囲にも本心を見破られてしまうでしょう。恋愛中は独占欲や嫉妬心が強くなり自分自身も苦しくなってしまうことがあるかもしれません。とはいえ、永遠に燃え続ける「火」がないように、いつまでも恋の情熱に苦しめられることはありません。独占欲や嫉妬が、恋愛に悪い作用を与えると理解すれば、少しずつ熱量をコントロールすることを覚えていきます。

〈日支が子の人との恋愛〉

「水」の五行に属する「子」のイメージは、厳寒の氷水です。対する「巳」のイメージは、地上から燃え上る火です。この両者がうまくやっていくには、少し努力が必要です。基本的に恋愛関係では思ったことを言葉にする傾向が強くなる「巳」は、その場の流れや雰囲気を大事にする「子」の本心がつかみにくいかもしれません。相手の気分や考えの変化をあまり重く受け止めないことが求められます。

〈日支が丑の人との恋愛〉

「土」の五行要素を持つ「丑」のイメージは、真冬の氷砂利であり、水をたっぷり含んだ「湿土」です。対する「巳」のイメージは、地上から燃え上る火です。「丑」と「巳」は「三合」の関係にあり、良い相性ではあります。けれども、「巳」が熱い想いをストレートに表現すればするほど「丑」は周囲の目が気になってくるかもしれません。「丑」の気持ちを思いやって、ハラハラさせすぎないようにした方が良いでしょう。

〈日支が寅の人との恋愛〉

「木」の五行要素を強く持つ「寅」のイメージは、芽吹いたばかりの若木や発火しやすい木材です。対する「巳」のイメージは、地上から燃え上る火です。どちらも恋愛をすると積極的になっていく傾向があるので、出会ってすぐに意気投合する相性です。「寅」の言葉や行動が、まっすぐ心に届いてくるでしょう。たとえ、すでにどちらかに恋人がいたとしても、出会ったとたん恋に落ちるようなことも起こりえます。

〈日支が卯の人との恋愛〉

「木」の五行に属する「卯」のイメージは、伸びゆく草花です。対する「巳」のイメージは、地上から燃え上る火です。この関係は、友人としても気が合う相性です。どちらかといえば「卯」が「巳」に想いを寄せることで恋が始まります。「卯」が隣にいることで、「巳」は仕事や学びにも熱が入ることでしょう。ただし進展を急ぎ過ぎると、一気に燃え尽きてしまう関係でもあります。

〈日支が辰の人との恋愛〉

「土」の五行要素を持つ「辰」のイメージは、草が芽吹くぬかるんだ「湿土」です。対する「巳」のイメージは地上から燃え上がる火です。せっかちな傾向のある「巳」は、恋の進展を急ぎ過ぎるところがあります。一方の「辰」は、時間をかけて関係を育てていくことを望みます。自分の想いを性急にぶつけるよりも、相手の気持ちを理解しようとする積み重ねが求められます。

〈日支が巳の人との恋愛〉

「巳」と「巳」同士の恋愛は、「火」の要素が強まります。どちらも情熱や勢いを持って相手に向き合うことでしょう。恋愛を通して内面も外見も磨かれていく関係です。恋愛が始まったばかりの頃は、どちらも感情を相手にぶつけるだけで、相手を受け止める側に回ろうとしないため衝突することも多いでしょう。とはいえ、お互いに争い事を根に持つようなことはありません。喧嘩するほど仲が良いという相性です。

〈日支が午の人との恋愛〉

「火」の五行要素を強く持つ「午」のイメージは、灼熱の炎です。対する「巳」のイメージは、地上から燃え上る炎です。「方合」の関係でもあり、一緒にいると「火」の要素が強まっていきます。出会ってすぐに「この人なら自分の情熱を受け止めてくれる」と直感することでしょう。恋愛を通して、自分の感情や想いがほとばしる経験をするはずです。真正面から相手に飛び込んでいける関係です。

〈日支が未の人との恋愛〉

「土」の五行要素を強く持つ「未」のイメージは、砂漠の砂であり、カラカラに乾いた「燥土」です。対する「巳」のイメージは、地上から燃え上る火です。砂漠で火が燃え広がることはありません。しかしながら、「巳」と「未」は「方合」の関係にあります。恋愛関係を通して「火」の要素が強くなっていくでしょう。勢いのままに行動をしたり、恋愛をすることでお互いに輝いていける関係です。

〈日支が申の人との恋愛〉

「金」の五行要素を強く持つ「申」のイメージは、湿り気を帯びた鋼鉄です。対する「巳」のイメージは、地上から燃え上る火です。この両者は結びつきやすい「支合」の関係なので、簡単には切れない縁です。火が金を溶かすように、力関係においては「巳」が上位に立つ傾向にあります。「巳」のストレートな言葉が「申」の心を動かすでしょう。

〈日支が酉の人との恋愛〉

「金」の五行に属する「酉」のイメージは、お寺の鐘のような鉄の塊です。対する「巳」のイメージは、地上から燃え上る火です。「巳」と「酉」は「三合」の関係にあり、良い相性です。ただし、愛が深まるほどに「酉」が攻撃的になっていくという傾向はありますが、「巳」は真正面からこれを受け止めることができます。とはいえ、お互いに衝突を繰り返すうちに形成が逆転して、力関係では「巳」が上位に立つ可能性も、無きにしもあらずです。

〈日支が戌の人との恋愛〉

「土」の五行を持つ「戌」のイメージは、風が吹くと舞いそうな軽い赤土であり、乾いた「燥土」です。対する「巳」のイメージは、地上から燃え上る火です。相対的に「火」の五行が強まる関係で、情熱が空回りしやすい相性でもありますが、火が灰となって豊かな土壌を生じるように、「巳」の情熱は少しずつ「戌」の心を安定させます。「戌」がどっしりと構えるようになってくると、「巳」をしっかりと受け止めてくれるようになります。

〈日支が亥の人との恋愛〉

「水」の五行要素を強く持つ「亥」のイメージは、植物が生息する湖水です。対する「巳」のイメージは、地上から燃え上る火です。「巳」と「亥」は対立する「冲」の関係にあります。水が火を消してしまうように、「巳」の勢いがやや弱まる関係にあります。「巳」と「亥」の両者は恋愛を通して、自分と正反対の他者と向き合う経験をします。対立し合いながらも、お互いを強く求める関係です。

2－7 日支が「午」の人の恋愛

「午」は「丙」「己」「丁」の蔵干を持ち、「火」「土」の五行要素を持ちます。イメージは、灼熱の炎です。日支が「午」の人は恋愛を通して、熱しやすく冷めやすいという、今まで自分の気づかなかった恋愛傾向を知ることになるでしょう。恋多き人生を歩む人が多いようです。基本的に、自分の内側に豊かな情熱が存在しているので、それを注ぐ対象を見つけると自然と恋愛感情が生まれてしまいます。そのため、自分から好きになる傾向が強いでしょう。

それと同時に、「午」は内面にいつでも発火できる情熱を育てているので、相手から想いを寄せられることで、一気に相手を好きになっていくことも少なからずあるようです。ただし、自分とは合わないと感じた相手に執着するようなことはありません。恋愛に振り回されることはないでしょう。

〈日支が子の人との恋愛〉

「水」の五行に属する「子」のイメージは、厳寒の冷たい氷水です。対する「午」のイメージは、灼熱の炎です。「子」と「午」は、「冲」の関係にあります。気質的に正反対であり、自分とは違う部分に惹かれ合いながらもぶつかりあう関係です。好きか嫌いかがはっきりしている「午」にとって、恋愛感情を曖昧なままにしておく「子」のことを理解するのは難しいかもしれません。だからこそ、目が離せない相手でもあります。

〈日支が丑の人との恋愛〉

「土」の五行要素を持つ「丑」のイメージは、真冬の氷砂利であり、水をたっぷり含んだ「湿土」です。対する「午」のイメージは、灼熱の炎です。穏やかな恋愛関係を望む「丑」は、恋愛を通してドラマチックに変化していく「午」の衝動的な行動に付いていけません。逆に「午」は、恋愛をしてもどっしりと落ち着いている「丑」に物足りなさを感じます。一緒に過ごすには、共に時間をかけて恋愛に対する温度差を埋める必要があります。

〈日支が寅の人との恋愛〉

「木」の五行要素を強く持つ「寅」のイメージは、芽吹いたばかりの若木や発火しやすい木材です。対する「午」のイメージは、灼熱の炎です。「寅」と「午」は「三合」の関係となり、理想的な関係です。天真爛漫でまっすぐに相手にぶつかっていく「寅」の恋愛姿勢は、好きになったら迷わず突き進みたい「午」を満足させてくれます。いつまでも新鮮な気持ちで向き合える相性です。

〈日支が卯の人との恋愛〉

「木」の五行に属する「卯」のイメージは、春の若草です。対する「午」のイメージは、灼熱の炎であり、両者は相生関係となります。木が火の燃料となるように、「卯」は「午」の情熱を高めてくれる相手です。自然体で恋に向き合う「卯」の前で、「午」は照れることなく自分の感情を表現し始める自分自身に驚くかもしれません。一気に燃え上がる関係ですが、簡単には燃え尽きません。長く付き合っても、お互いへの情熱を忘れないでしょう。

〈日支が辰の人との恋愛〉

「土」の五行要素を持つ「辰」のイメージは、草が芽吹くぬかるんだ「湿土」です。対する「午」のイメージは、灼熱の炎です。恋愛を通すと頑固なところが目立ってくる「辰」と、好きな人の前では自己主張が強くなる「午」は、恋愛に勝ち負けを持ち込んでしまいがちです。しかし、長く付き合って相手のことが理解できるようになると、「辰」に合わせられるようになっていきます。

〈日支が巳の人との恋愛〉

「火」の五行要素を強く持つ「巳」のイメージは、地上から燃え上る火です。対する「午」のイメージは、灼熱の炎です。一緒にいると「火」の要素が強まっていきます。恋愛を通して直情的になっていく両者が出会えば、お互いにひと目惚れの恋に落ちる可能性が高くなります。ただし、どちらも思ったことを率直にぶつけるようになってくると喧嘩が絶えません。うまく謝れないまま喧嘩別れにならないように注意を要します。

〈日支が午の人との恋愛〉

「午」と「午」同士の恋愛は、同じ「火」の要素を持つので、恋愛関係において心が動くときの速さが一緒です。お互いに不思議と相手の気持ちや出方がわかるようになっていくので、トントン拍子に関係が進んでいくのです。ただし、以心伝心を期待して、相手が自分に合わせてくれるものとお互いに考えるようになると、衝突が増えます。お互いに譲り合う姿勢が必要です。

〈日支が未の人との恋愛〉

「土」の五行要素を強く持つ「未」のイメージは、砂漠の砂であり、カラカラに乾いた「燥土」です。対する「午」のイメージは、灼熱の炎です。「午」と「未」は、結びつき合う「支合」の関係であり「方合」の関係でもあるので「火」の要素が強まります。お互いに相手の魅力や強みを引き出し合える関係です。出会った瞬間から「運命的な恋」だと感じることでしょう。「未」の方が受け身になる傾向にありますが、言葉がなくても相手の気持ちがわかるようになるはずです。

〈日支が申の人との恋愛〉

「金」の五行要素を強く持つ「申」のイメージは、湿り気を帯びた鋼鉄です。対する「午」のイメージは、灼熱の炎であり、恋の主導権を握るのは「午」です。しかし、「午」の情熱や勢いが裏目に出ることもあります。「申」は心の内側に、はっきりとした意志やポリシーを持ち、恋愛関係においても無意識のうちに強い自分でいようとします。「申」の心のガードを解くまで時間が掛かるでしょう。

〈日支が酉の人との恋愛〉

「金」の五行に属する「酉」のイメージは、お寺の鐘のような鉄の塊です。対する「午」のイメージは、灼熱の炎です。恋愛を前にすると強気と弱気の二面性を持つ「酉」は、「午」の情熱に心を惹かれつつも拒むような姿勢を取ってしまいがちです。どちらも短気なところがあるので、好意を寄せ合っていても素直になれなかったりします。この関係は、押して駄目なら引くという作戦が吉となるでしょう。

〈日支が戌の人との恋愛〉

「土」の五行要素を持つ「戌」のイメージは、風が吹くと舞いそうな軽い赤土であり、乾いた「燥土」です。対する「午」のイメージは、灼熱の炎です。「午」と「戌」は「三合」の関係にあたり、理想的な相性です。「火」の要素が強まる関係で、「午」は思い切って相手にぶつかっていけるはずです。「戌」はその情熱をどっしりと構えて受け止めます。

〈日支が亥の人との恋愛〉

「水」の五行要素を強く持つ「亥」のイメージは、植物が生息する湖水です。対する「午」のイメージは灼熱の炎です。「水」が「火」を消すように、「午」の勢いを「亥」が弱めてしまう関係です。恋愛面では、せっかちになってくる傾向のある「午」と、恋愛において自由な関係を築こうとする「亥」では行き違いが生じやすくなります。相手に期待しすぎないことが必要です。

2-8　日支が「未」の人の恋愛

「未」は「丁」「乙」「己」の蔵干を持ち、「火」「木」「土」の五行要素を持ちます。イメージは、砂漠の砂であり、カラカラに乾いた「燥土」です。

日支が「未」の人は、恋愛を通して、自分の内面にある忍耐力を知ることになるでしょう。思い通りにいかない恋愛を前にしても、諦めずに想いを尽くすようなところがあります。恋をすると、粘り強く待ち続けるという強い一面が出てくるのと同時に、自分の臆病な一面も認識することでしょう。相手に受け入れてもらえなかったら……とネガティブな想像をしてしまうことが多いかもしれません。また、恋愛を経験することで、自分の内面や生活スタイルが変わることを恐れる傾向もあるようです。そのため、自分が一歩踏み出せば関係が深化していくような状況で、二の足を踏んでしまうことも起こります。けれども、いざ恋愛がスタートすれば安定した関係を築いていきます。

〈日支が子の人との恋愛〉

「水」の五行に属する「子」のイメージは、厳寒の冷たい氷水です。対する「未」のイメージは、砂漠の砂。カラカラに乾いた「燥土」にとって「水」が恵みであるように、「子」の思いやりや優しさは「未」の心を癒してくれます。ただ、それと同時に、土が流れる水をせき止めるように、恋愛関係において「未」が「子」の自由を奪ってしまうような傾向もあります。相手を束縛しすぎないように気をつけることが肝要です。

〈日支が丑の人との恋愛〉

「土」の五行要素を持つ「丑」のイメージは真冬の氷砂利であり、水をたっぷり含んだ「湿土」です。対する「未」のイメージは、砂漠の砂であり、カラカラに乾いた「燥土」です。両者は正反対の性質です。また、「丑」と「未」は、「冲」の関係にあり、対立しながら惹かれ合っていくでしょう。同じ「土」の属性を持つ十二支同士の「朋冲」は、内面が似ていて、対立しつつも認め合える関係を築けます。中には、恋愛関係を超えた同志のような間柄になることもあります。

〈日支が寅の人との恋愛〉

「木」の五行要素を強く持つ「寅」のイメージは、芽吹いたばかりの若木や発火しやすい木材です。対する「未」のイメージはカラカラに乾いた砂漠の砂です。「木」が変化しながら成長していくように「寅」は恋愛を通して、自らを変化させていこうとします。とはいえ、「土」の特性を持つ「未」は、変化を好みません。「未」は「寅」が何を求めているのかも理解できないでしょう。期待しすぎない方が良い関係です。

〈日支が卯の人との恋愛〉

「木」の五行に属する「卯」のイメージは、春の若草です。対する「未」のイメージは、砂漠の砂。カラカラに乾いた「燥土」です。「卯」と「未」は「三合」の関係にあり、「木」と「土」の「相剋」の関係といえども悪い相性ではありません。ただ、安定した恋愛より変化し続ける恋愛を求める「卯」の態度が、じっくりと相手に向き合おうとする「未」の心に不安をかきたてることもありそうです。お互いを理解し合う努力が必要です。

〈日支が辰の人との恋愛〉

「土」の五行要素を持つ「辰」のイメージは、草が芽吹くぬかるんだ「湿土」です。対する「未」のイメージは砂漠の砂。カラカラに乾いた「燥土」です。同じ「土」の五行を持つものの性質は正反対です。似ている面もあるからこそ、違いが目立つ関係です。時間の経過と共に、「湿土」と「燥土」は、少しずつ影響を与え合い、「湿土」は渇き、「燥土」は潤ってきます。そうなってくると、安定した関係を築けるようになります。

〈日支が巳の人との恋愛〉

「火」の五行要素を強く持つ「巳」のイメージは、地上から燃え上る火です。対する「未」のイメージは、砂漠の砂であり、カラカラに乾いた「燥土」です。火があらゆるものを燃やして豊かな土壌を生み出すように、「巳」の熱意は「未」の心に安定をもたらします。「巳」と「未」は「方合」の関係でもあり、「火」の要素が強くなりますから、細く長く燃える炎のように安定した恋愛関係を築いていける相性です。

〈日支が午の人との恋愛〉

「火」の五行要素を強く持つ「午」のイメージは、灼熱の炎です。対する「未」のイメージは、砂漠の砂であり、カラカラに乾いた「燥土」です。「午」と「未」は結びつきやすい「支合」の関係にあります。なおかつ「方合」の関係にもなって「火」の五行を強めます。火があらゆるものを燃やして土を生み出すように、恋愛を通して、お互いがお互いの魅力や強みを引き出し合うような関係です。

〈日支が未の人との恋愛〉

「未」と「未」同士の恋愛は、潜在的に相手の気持ちや行動が理解できることでしょう。相手のことをよく知らないうちから、親近感を抱く傾向にあるようです。けれども、お互いに似ているからこそ、自分の内面にある不安や欠点を相手の上に見てしまう傾向もあります。どちらも頑固なところがあるので、いったん行き違うと誤解を解くまで時間が掛かるかもしれません。

〈日支が申の人との恋愛〉

「金」の五行要素を強く持つ「申」のイメージは、湿り気を帯びた鋼鉄です。対する「未」のイメージは、砂漠の砂であり、カラカラに乾いた「燥土」です。「申」はわずかながら「水」の要素を持ち、「未」の「燥土」を潤して、土に湿り気を与えてくれます。そして「土」が「金」を生じるように、「未」の誠意や信頼感が「申」の恋愛に対する理想を高めてしまう傾向にあります。その結果「未」にとっては求められることが多くなることもあります。一方が与えるばかりの恋愛に陥らないように注意が必要です。

〈日支が酉の人との恋愛〉

「金」の五行に属する「酉」のイメージは、お寺の鐘のような鉄の塊です。対する「未」のイメージは、砂漠の砂。「未」と「酉」は「相生」の関係にありますが、カラカラに乾いた「燥土」が「金」を生じることはありません。「酉」は「未」に理想を押し付ける傾向があるようです。一方の「未」も頑固になり、自分の主義主張を押し通そうとする可能性もあります。お互いに譲り合うことができれば理解し合える関係です。

〈日支が戌の人との恋愛〉

「土」の五行要素を持つ「戌」のイメージは、風が吹くと舞いそうな軽い赤土であり、対する「未」のイメージは、砂漠の砂です。どちらも同じ「燥土」の性質を持ちます。「未」も「戌」も、恋愛で一番大切にしているのは誠意や信頼です。落ち着いた関係を築いていくことでしょう。ただし、どちらもささいなことで強情になるので、一度行き違いが生じると関係性の修復に時間がかかります。

〈日支が亥の人との恋愛〉

「水」の五行要素を強く持つ「亥」のイメージは、植物が生息する湖水です。対する「未」のイメージは、砂漠の砂であり、カラカラに乾いた「燥土」です。「未」と「亥」は「三合」の関係にあります。土によって湖水が埋められてしまうように、「未」は「亥」を剋す関係です。「未」が「亥」に自分のスタイルを押し付けてしまう傾向があります。すんなりと「亥」がそのスタイルに収まることもありますが、交際中は折にふれ、相手の気持ちをきちんと確かめることが必要です。

２－９　日支が「申」の人の恋愛

「申」は「戊」「壬」「庚」の蔵干を持ちますが、「戊」が持つ「土」の五行は「水」と「金」に侵食されてほぼ機能しません。「申」の五行要素は「水」「金」となります。イメージは、湿り気を帯びた鋼鉄です。

日支が「申」の人は、恋愛を通して自分の内側にある「強さ」と「弱さ」に直面することになるでしょう。相手の愛を勝ち取るまでは強気で進んでいきます。ところが、想いを通じ合わせると、その先にどう進んでいくべきなのか迷いが生じて弱気になったりするかもしれません。
また、恋愛関係において、何が正しいかということにこだわる傾向にあります。想いを寄せている相手がいても、たとえば、それが人に理解してもらいにくい関係であれば、すっぱりと諦める潔さに自分でも驚くかもしれません。感情より理性を優先させようとする面が際立ちます。

〈日支が子の人との恋愛〉

「水」の五行に属する「子」のイメージは、厳寒の冷たい氷水です。対する「申」のイメージは、湿り気を帯びた鋼鉄です。「子」と「申」は「三合」の関係にあり、理想的な相性です。「金」の性質を持つ「申」は「水」の性質を持つ「子」とは似ているところがありません。しかし、違いがあるからこそ、「子」の「柔軟さ」や「思いやり」から学ぶことも多いでしょう。「申」が自然と「子」の力になりたいと願う関係になります。

〈日支が丑の人との恋愛〉

「土」の五行要素を持つ「丑」のイメージは、真冬の氷砂利です。水をたっぷり含んだ「湿土」です。対する「申」のイメージは、湿り気を帯びた鋼鉄です。土が固まって金を生じるという「相生」の関係にあり、良い相性です。穏やかな恋愛を望む傾向のある「丑」と、恋愛にバトルを持ち込みがちな「申」はぶつかり合うこともあります。けれども、どちらも「水」の要素を持つので、絶妙なタイミングでウィットや柔軟性を発揮してトラブルを回避することでしょう。

〈日支が寅の人との恋愛〉

「木」の五行要素を強く持つ「寅」のイメージは、芽吹きたての若木であり、発火しやすい木材です。対する「申」のイメージは、湿り気を帯びた鋼鉄です。「寅」と「申」は「冲」の関係にあります。金の斧が木を打ち倒すという「相剋」の関係にある両者は、対立し合う傾向にあるでしょう。とはいえ、反発するのは相手に強い関心があるからこそです。くっついたり離れたりしながらも離れられない関係です。

〈日支が卯の人との恋愛〉

「木」の五行に属する「卯」のイメージは、春の若草です。対する「申」のイメージは、湿り気を帯びた鋼鉄です。木は金の斧に打ち倒される「相剋」の関係にあります。恋愛関係において、あれこれと考えすぎる「卯」を前にすると、「申」はつい厳しい態度を取ってしまいがちです。相手のことを思い合いながらも、すれ違いやすい相性です。言い過ぎたと思ったら早めに謝ることが大切です。

〈日支が辰の人との恋愛〉

「土」の五行要素を持つ「辰」のイメージは、草が芽吹くぬかるんだ「湿土」です。対する「申」のイメージは、湿り気を帯びた鋼鉄です。「辰」と「申」は「三合」の関係にあり、良い相性です。土が固まって金を生じるという「相生」の関係にあり、「辰」が「申」のために動くという傾向にあるでしょう。潜在的に「水」の五行を生み出す関係にもあり、どちらにとっても居心地の良い関係でいられるでしょう。

〈日支が巳の人との恋愛〉

「火」の五行要素を強く持つ「巳」のイメージは、地上から燃え上る火です。対する「申」のイメージは、湿り気を帯びた鋼鉄です。「巳」と「申」は結びつきやすい「支合」の関係にあります。火は金を溶かすという「相剋」の関係にあるので、意見や考えが対立すると「申」が「巳」に譲るような傾向にあります。恋愛中は、言いたいことが言えない関係では長続きしません。時には、自分の本心をきちんと伝えることが必要です。

〈日支が午の人との恋愛〉

「火」の五行要素を強く持つ「午」のイメージは、灼熱の炎です。対する「申」のイメージは、湿り気を帯びた鋼鉄です。火が金を溶かすように、恋愛関係においては「午」の勢いに「申」が押されがちです。けれども、「申」は「午」の押しの強さに違和感を抱くことがないでしょう。情熱を受け入れて変化していく自分自身に驚きつつも、良い関係を作っていくことができるでしょう。

〈日支が未の人との恋愛〉

「土」の五行要素を強く持つ「未」のイメージは砂漠の砂であり、カラカラに乾いた「燥土」です。対する「申」のイメージは、湿り気を帯びた鋼鉄です。「申」はわずかながら「水」の要素を持ち、「未」の「燥土」を潤します。また「土」に湿り気が与えられることで「金」を生じやすくなるという作用が起こります。知らず知らずのうちに「未」が「申」に献身的になってしまう関係です。一方、「未」に力を与えられた「申」は、恋愛を通して自信を付けていきます。

〈日支が申の人との恋愛〉

「申」と「申」同士の恋愛は、「金」の五行要素が高まります。ところが、惹かれ合えば惹かれ合うほど、対立関係になってしまう傾向にあるのです。内面にある負けず嫌いの面が出てくるので、どちらも自分の本心を見抜かれることを嫌うようになる恐れが生じてきます。その結果、どちらもお互いの手の内を探るような恋愛になってしまいがちです。その際に、どちらかが隙を見せられれば、良き方向へと状況も変わっていきます。

〈日支が酉の人との恋愛〉

「金」の五行に属する「酉」のイメージは、お寺の鐘のような鉄の塊です。対する「申」のイメージは、湿り気を帯びた鋼鉄です。両者は「方合」の関係でもあり、どちらも同じ「金」の性質を持つ「申」と「酉」が恋愛関係になると、合理的な恋愛を進めていく傾向にあります。経済的、時間的に効率的だからという理由で、恋愛の早い段階で一緒に住もうという話が出てきたりするかもしれません。ドライな関係を楽しめる相性です。

〈日支が戌の人との恋愛〉

「土」の五行要素を持つ「戌」のイメージは、風が吹くと舞いそうな軽い赤土であり、乾いた「燥土」です。対する「申」のイメージは、湿り気を帯びた鋼鉄です。「申」と「戌」は「方合」という関係にあり、「金」の要素が強まる関係にあります。「申」が能動的に行動を起こし、「戌」は展開を見守りつつも、「申」をサポートします。思い立ったらサッと行動を起こす二人です。

〈日支が亥の人との恋愛〉

「水」の五行要素を強く持つ「亥」のイメージは、植物が生息する湖水です。対する「申」のイメージは、湿り気を帯びた鋼鉄です。金（岩）から水が湧き出すように、「申」は「亥」が自由に振る舞えるように心を砕くでしょう。「申」は「亥」を喜ばせようと動きながら、その自分自身のスマートな行動に自分でも満足します。良い形で恋愛が進む相性です。

2－10　日支が「酉」の人の恋愛

「酉」は「庚」「辛」の蔵干を持ち、「金」の五行要素を持ちます。イメージは、お寺の鐘のような鉄の塊です。

日支が「酉」の人は、恋愛を通して自分の内側にある理性的な面に向き合うことになるでしょう。ロマンチックな出会いや状況を経験すると、気分が盛り上がる一方で、その状況を冷静に観察するもう一人の自分の存在に気付きます。もしかすると、時には無意識のうちに恋愛をビジネスやゲームのように考えて、行動するようなことがあるかもしれません。

それは、恋愛を真剣に考えていないという意味ではなく、恋愛を完全な形で成就に導きたいという強い意志が働くからです。そして、真剣になればなるほど、恋愛を負けられない勝負のように考えてしまう面があることは否めません。その結果、相手の本気度を測るような言動によって誤解を与えてしまうこともあります。必要なのは駆け引きではなく、まっすぐな言葉だということを忘れないでください。

〈日支が子の人との恋愛〉

「水」の五行に属する「子」のイメージは、厳寒の冷たい氷水です。対する「酉」のイメージは、お寺の鐘のような鉄の塊です。「金」の性質を持つ「酉」は、お互いの気持ちをはっきりさせたがります。逆に、「水」の性質を持つ「子」は、想いを曖昧なままにしがちです。加えて、「子」には押しに弱いという面があり、「酉」が主導権を握れば、流れるように関係が進展していきます。

〈日支が丑の人との恋愛〉

「土」の五行要素を持つ「丑」のイメージは、真冬の氷砂利です。水をたっぷり含んだ「湿土」です。対する「酉」のイメージはお寺の鐘のような鉄の塊です。「丑」と「酉」は「三合」の関係となって「金」の五行を強める作用となり、理想的な相性です。表面的な性質は似ていませんが、「酉」が恋愛を真剣勝負のようにとらえる面を、「丑」はすんなり理解してくれるでしょう。

〈日支が寅の人との恋愛〉

「木」の五行要素を強く持つ「寅」のイメージは、芽吹いたばかりの若木や発火しやすい木材です。対する「酉」のイメージは、お寺の鐘のような鉄の塊です。木が金属の斧で切り倒されるように、「寅」と「酉」の恋愛関係では、「金」の五行を持つ「酉」の立場が上になる傾向があります。それゆえ、本来は能動的に行動したい「寅」は、その関係性に居心地の悪さを感じてしまう可能性があります。相手の本心を理解しようとする努力が必要です。

〈日支が卯の人との恋愛〉

「木」の五行に属する「卯」のイメージは、春の若草です。対する「酉」のイメージは、お寺の鐘のような鉄の塊です。木が金属の斧で切り落とされるがごとく、「卯」と「酉」は「相剋」の関係にあります。また、両者は「冲」の関係でもあります。力関係では「酉」が上位に立つものの、対立しながら惹かれ合っていくようになります。お互いの違いが原因で喧嘩をしたりする半面、違うからこそお互いの欠点を補い合えるという面もある関係です。

〈日支が辰の人との恋愛〉

「土」の五行要素を持つ「辰」のイメージは、草が芽吹くぬかるんだ「湿土」です。対する「酉」のイメージは、お寺の鐘のような鉄の塊です。「辰」と「酉」は結びつきやすい「支合」の関係です。「湿土」は「酉」が持つ「金」の特性を強める働きをします。主導権を握るのは「酉」です。それと同時に、この恋愛から受け取るものが多いのも「酉」です。「辰」の存在が、「酉」の心にあった欠落や隙間を埋めてくれることでしょう。

〈日支が巳の人との恋愛〉

「火」の五行要素を強く持つ「巳」のイメージは、地上から燃え上る火です。対する「酉」のイメージはお寺の鐘のような鉄の塊です。「巳」と「酉」は「三合」の関係にあります。悪い相性ではありません。しかしながら、「火」が「金」を溶かす相剋関係にもあり、「巳」の情熱や積極性が「酉」を圧倒する傾向にあります。恋愛関係にあっても、ほどよい距離感を持った方がうまくいく相性です。

〈日支が午の人との恋愛〉

「火」の五行要素を強く持つ「午」のイメージは、灼熱の炎です。対する「酉」のイメージは、お寺の鐘のような鉄の塊です。火が金を溶かすように「相剋」の関係にもある二人です。恋愛を勝ち負けで考える傾向のある「酉」は、情熱的で積極的な「午」を前にすると、恋愛が始まる前から自分には分が悪いように思えて尻込みしがちです。逃げるほど追いかけられる関係ですから、自分から仕掛ける作戦が吉と出るかもしれません。

〈日支が未の人との恋愛〉

「土」の五行要素を強く持つ「未」のイメージは、砂漠の砂であり、カラカラに乾いた「燥土」です。対する「酉」のイメージは、お寺の鐘のような鉄の塊です。土が固まれば金になりますから、「未」と「酉」は「相生」の関係にあります。けれども、「燥土」が「金」を生じることはありません。変化を嫌う「未」と、必要とあらば変化を起こそうとする「酉」は、お互いを理解しにくい関係です。相手を理解しようと努めながらも、無意識のうちに相手を批判してしまうこともありそうです。お互いの違いを認め合うことが必要になってくるでしょう。

〈日支が申の人との恋愛〉

「金」の五行要素を強く持つ「申」のイメージは、湿り気を帯びた鋼鉄です。対する「酉」のイメージは、お寺の鐘のような鉄の塊です。「申」と「酉」は「方合」という関係にあり「金」の五行が強まります。恋愛を通して、お互いの駆け引きが巧みになっていきます。恋愛をゲームのようにとらえる両者ですが、どちらもゲームオーバーは望んでいないので、無意識のうちに、勝ったり負けたりといった互角の関係でいられるように動くでしょう。

〈日支が酉の人との恋愛〉

「酉」と「酉」同士の恋愛は、どちらも「何が正しいか」ということを追求する傾向があります。お互いの価値観や感じ方が一致すれば、あうんの呼吸で恋愛関係が進むでしょう。とはいえ、ほんの少しでも違いが生じると「こうするべき」とお互い真っ向から対立することもあります。恋をしながらも、ライバル関係になりやすい二人です。相手の考えを尊重する姿勢が大切になってきます。

〈日支が戌の人との恋愛〉

「土」の五行要素を持つ「戌」のイメージは、風が吹くと舞いそうな軽い赤土であり、乾いた「燥土」です。対する「酉」のイメージはお寺の鐘です。「酉」と「戌」は「方合」という関係にもなり、土が固まると金になるように、「金」の五行を強める関係になります。恋愛関係では「戌」が一歩下がって「酉」を支えるような形になりやすいでしょう。しかし、「戌」には頑固で強情な面もありますので、「戌」を軽んじるような態度は厳禁です。

〈日支が亥の人との恋愛〉

「水」の五行要素を強く持つ「亥」のイメージは、植物が生息する湖水です。対する「酉」のイメージは、お寺の鐘のような鉄の塊です。恋愛関係において、「酉」は勝ち負けにこだわる一面があります。一方の「亥」

は、気ままに見えるようでいて、時に好戦的になる傾向があります。とはいえ、二人が正面から衝突することはありません。恋の駆け引きを楽しむ好敵手となる関係です。

2-11　日支が「戌」の人の恋愛

「戌」は「辛」「丁」「戊」の蔵干を持ち、「金」「火」「土」の五行要素を持ちます。イメージは、土埃《つちぼこり》が立ちそうな、軽くて乾いた赤土であり、水分を含まぬ「燥土」です。

日支が「戌」の人は、恋愛を通して自分の内側に安定志向の面があることを知るでしょう。石橋を叩いて渡るような慎重さとも向き合うことになるはずです。変化を嫌う傾向が恋愛の枷《かせ》になることもあるでしょう。なぜなら、恋愛では相手次第では変化を受け入れることも必要になってくるからです。それでも、じっくりと自分の基盤を築いてから他者と向き合いたいという内なる願いを無視することはできません。安定を望む自分の内面を抑えても幸せにはなれないと、心のどこかでわかっているからです。ただ、恋愛関係において現状維持に固執しすぎると、相手との関係もフリーズしてしまいます。時には一歩前進する勇気も必要です。

〈日支が子の人との恋愛〉

「水」の五行に属する「子」のイメージは、厳寒の冷たい氷水です。対する「戌」のイメージは、風が吹くと舞いそうな軽い赤土であり、カラカラに乾いた「燥土」です。「子」が持つ「水」の要素によって「燥土」が潤い、万物を育成できる有用な「土」になります。「子」との恋愛を通して「戌」は大きく成長していけるでしょう。一つの方向性にこだわることなく、柔軟な選択ができるようになっていきます。

〈日支が丑の人との恋愛〉

「土」の五行要素を持つ「丑」のイメージは、真冬の氷砂利です。水分をたっぷり含んだ「湿土」です。対する「戌」のイメージは、風が吹くと舞いそうな軽い赤土であり、乾いた「燥土」です。「湿土」により「燥土」は潤い、「燥土」により「湿土」は渇きます。その結果、「土」の要素が強まります。恋愛を通して、お互いに似ている面が多いことに気付くでしょう。ただし、「土」の性質を持つ者同士の恋愛は、どちらも変化を嫌うことから、恋愛の進展はスローになります。

〈日支が寅の人との恋愛〉

「木」の五行要素を強く持つ「寅」のイメージは、芽吹いたばかりの若木や発火しやすい木材です。対する「戌」のイメージは、風が吹くと舞いそうな軽い赤土であり、乾いた「燥土」です。「寅」と「戌」は「三合」の関係にあります。とはいえ、「戌」が持つ「燥土」の特性は「寅」がわずかに持っている「火」の要素を、潜在的に強める働きとなります。最初のうちはお互いに手探りですが、会う回数が増えるほど、お互いの中に情熱が育っていくことでしょう。

〈日支が卯の人との恋愛〉

「木」の五行に属する「卯」のイメージは、春の若草です。対する「戌」のイメージは、風が吹くと舞いそうな、乾いた「燥土」です。「卯」と「戌」は、結びつきやすい「支合」の関係にあります。しかし、乾いた土は木を育てません。何事にも揺るがぬ態度で向き合いたい「戌」は、何事もあれこれと考えずにはいられない「卯」に共感できないでいることがあります。全てを理解し合おうと思わない方が良い相性です。

〈日支が辰の人との恋愛〉

「土」の五行要素を持つ「辰」のイメージは、草が芽吹くぬかるんだ「湿土」です。対する「戌」のイメージは、風が吹くと舞いそうな軽い赤土であり、乾いた「燥土」です。「辰」と「戌」は「冲」の関係にあります。「湿土」と「燥土」が交われば、土の五行が強まります。「冲」の関係は対立しがちですが、「土」の特性を持つ者同士の「冲」は「朋冲」といって、刺激し合うことで高め合っていける関係です。お互いに頑固で強情な面がありますが、恋愛関係を深める中で、粘り強くお互いを理解し合っていけるはずです。

〈日支が巳の人との恋愛〉

「火」の五行要素を強く持つ「巳」のイメージは、地上から燃え上る火です。対する「戌」のイメージは、風が吹くと舞いそうな軽い赤土であり、乾いた「燥土」です。火があらゆるものを燃やして土を生み出すように、両者は「相生」の関係にあります。「巳」と接していると「戌」は、心が落ち着いてくることに気付くでしょう。どっしり構えた「戌」が「巳」の情熱や勢いをまっすぐに受け止めることで、しっかりとした結びつきができあがってくる関係です。

〈日支が午の人との恋愛〉

「火」の五行要素を強く持つ「午」のイメージは、灼熱の炎です。対する「戌」のイメージは、風が吹くと舞いそうな軽い赤土であり、乾いた「燥土」です。「午」と「戌」は「三合」の関係にあり、「火」の五行が強まります。理想的な相性です。さらに両者は、火によって生じた灰が土となっていく「相生」の関係にもあります。「戌」は「午」のオープンでストレートな愛情を受けるほどに、自信や安定感を深めていくでしょう。

〈日支が未の人との恋愛〉

「土」の五行要素を強く持つ「未」のイメージは、カラカラに乾いた砂漠の砂です。対する「戌」のイメージは、風が吹くと舞いそうな赤土です。どちらも同じ「燥土」の特性を持つ両者は、信頼感で結びついていきます。トラブルに直面しないかぎり、安定した関係が続くはずです。両者は共に変化やハプニングを嫌うので、何か一つ問題が生じると、お互いに相手を責め合うようなことがあるかもしれません。試練を乗り越えることができれば、絆はさらに深まるでしょう。

〈日支が申の人との恋愛〉

「金」の五行要素を強く持つ「申」のイメージは、湿り気を帯びた鋼鉄です。対する「戌」のイメージは、風が吹くと舞いそうな軽い赤土であり、乾いた「燥土」です。「申」と「戌」は「方合」という「金」の要素を強める関係にあります。両者の関係を動かすときの決断は「申」が下す傾向にありますが、大事な局面では「戌」が豪胆な決断を下すことでしょう。トラブルに強い関係です。

〈日支が酉の人との恋愛〉

「金」の五行に属する「酉」のイメージは、お寺の鐘のような鉄の塊です。対する「戌」のイメージは、風が吹くと舞いそうな軽い赤土であり、乾いた「燥土」です。「酉」と「戌」は「相生」の関係にあります。また、この両者は「方合」という関係にもあり、「金」の要素を高めます。どちらの愛がより重いかということにこだわりがちな「酉」に対して、「戌」は誠実な愛情で応えてくれます。非常に安定した関係です。

〈日支が戌の人との恋愛〉

「戌」と「戌」同士の恋愛は、どちらも恋愛を通して、信頼や誠意を大切にして、安定した関係を望みます。しかし、どちらもわずかながら「火」の要素を持つ両者は、ささいなことで嫉妬や独占欲を抱き合いかねません。相手に「誠実であること」を求めるあまり、信頼関係を損ねるような言動で傷つけあう可能性もあります。お互いを「信じ合う」という学びが求められている関係です。

〈日支が亥の人との恋愛〉

「水」の五行要素を強く持つ「亥」のイメージは、植物が生息する湖水です。対する「戌」のイメージは、風が吹くと舞いそうな軽い赤土であり、乾いた「燥土」です。「亥」が持つ「水」の要素が、「燥土」を潤すことで「戌」が持つ「土」の要素は、温和な性質へと傾いていきます。恋愛においては自由を望む傾向のある「亥」を、「戌」が包容力で受け止めるような関係になっていきます。

2—12 日支が「亥」の人の恋愛

「亥」は「戊」「甲」「壬」の蔵干を持ちますが、このうちの「戊」は、「亥」が持つ強い水の属性に浸食され、ほぼ機能していません。「亥」のイメージは水生植物が生息する湖水であり、「木」「水」の五行要素を持ちます。

日支が「亥」の人は、誰と付き合っても相手や状況に合わせて変化していく傾向にあります。本来、恋愛に対するこだわりもあるのですが、常に相手に合わせるような言動をするので、それが表面に表れることはめったにありません。相手に執着することもあまりないでしょう。また、束縛や嫉妬を向けられることも苦手です。「亥」は、恋愛関係において「本音」や「将来のこと」などを問われると、どう答えてよいのか迷ってしまいます。「水」というものが形を持たず、常に流れていくように「亥」の心の中はいつも変化しています。それゆえ、本当の考えや想いを教えてほしいと求められた時、その瞬間の気持ちを答えることが正直な態度なのかと悩みがちです。

こうした変化しやすい心を持つ「亥」の人にとって、恋愛関係は常に葛藤がつきものです。けれども、その葛藤の中で、自分の心と向き合いながら、本当に相手を思いやる優しさを身に付けていくことができます。

〈日支が子の人との恋愛〉

「水」の五行に属する「子」のイメージは、厳寒の冷たい氷水です。対する「亥」のイメージは、植物が生息する湖水です。「方合」の「水」の五行を強める関係であり、「亥」にとって、同じ「水」の属性の「子」は、一緒にいても気を遣わずに済む相手です。ただ、楽な関係のままに流されてしまうと、お互いに決断できないままズルズルとした関係になってしまう恐れがあります。大切な場面では決断する勇気が必要です。

〈日支が丑の人との恋愛〉

「土」の五行要素を持つ「丑」のイメージは、真冬の水砂利です。水をたっぷり含んだ「湿土」です。対する「亥」のイメージは、植物が生息する湖水です。「丑」と「亥」は、「方合」の関係にもなり、「水」の五行が強まってくる組み合わせです。恋愛を通して、知らず知らずのうちに似たもの同士になってくる傾向があります。どちらも相手を束縛しないので、自由な付き合いが続きます。ほとんど喧嘩や衝突もなく、長い付き合いになっていく関係です。

〈日支が寅の人との恋愛〉

「木」の五行要素を強く持つ「寅」のイメージは、芽吹いたばかりの若木や発火しやすい木材です。対する「亥」のイメージは、植物が生息する湖水です。「寅」と「亥」は「支合」の関係になります。水が木を育てるように、「亥」が「寅」を成長させる関係です。「亥」は「寅」の、時に感情的になりすぎる言動を、さらりと受け流せるようになっていくでしょう。また、「寅」の率直な言葉によって、「亥」の考えがまとまってくるようなこともあるはずです。良い形で、お互いの良い部分を補い合える関係です。

〈日支が卯の人との恋愛〉

「木」の五行に属する「卯」のイメージは、春の若草です。対する「亥」のイメージは、植物が生息する湖水です。「卯」と「亥」は、「三合」の関係にあります。「木」の五行を強める関係でもあり、水が木を生育するように、「亥」が「卯」に恵みや癒しを与える理想的な関係です。「亥」の柔軟で自由な姿勢が、「卯」の成長や活躍を後押しすることでしょう。愛し愛されることで、お互い自由にのびのびと生きていけます。

〈日支が辰の人との恋愛〉

「土」の五行要素を持つ「辰」のイメージは、草が芽吹くぬかるんだ「湿土」です。対する「亥」のイメージは、植物が生息する湖水です。湿土に水が流れ込んで、栄養分がたっぷり詰まった水が流れ出すように、潜在的に「水」の五行が強まる関係にあります。お互いをしっとりと慈しみ合うような恋愛になるでしょう。この関係は、お互いの束縛や干渉とは無縁である一方で、常に周囲からの影響を受けやすい関係でもあります。共通の友人や知人との付き合い方には、気を付けた方が良いでしょう。

〈日支が巳の人との恋愛〉

「火」の五行要素を強く持つ「巳」のイメージは、地上から燃え上る火です。対する「亥」のイメージは、植物が生息する湖水です。「巳」と「亥」は、「火」と「水」の五行がぶつかり合う「冲」の関係にあります。力関係では、「亥」がやや優勢です。けれども、「巳」と「亥」は恋愛を通し、自分と正反対の他者と向き合う経験をすることによって、たくさんのことを学びます。自分とは違う相手だからこそ、対立しながらもお互いを強く求め合う相性となります。

〈日支が午の人との恋愛〉

「火」の五行要素を強く持つ「午」のイメージは、灼熱の炎です。対する「亥」のイメージは、植物が生息する湖水です。自由気ままな「亥」の振る舞いが、「午」の情熱や勢いを削いでしまう関係です。水が火を消してしまうように、折り合いをつけるのが難しい相性と言えます。行き違いが生じやすい関係であることを自覚して、相手とよく話し合うこと、相手に期待しすぎないことが重要です。

〈日支が未の人との恋愛〉

「土」の五行要素を強く持つ「未」のイメージは、砂漠の砂であり、カラカラに乾いた「燥土」です。対する「亥」のイメージは、植物が生息する湖水です。「未」と「亥」は「三合」の関係にあり、悪くない相性ですが、「燥土」によって湖水が埋められるように、「亥」は「未」に剋される関係にあります。両者の関係では、「亥」が「未」に押され気味となります。お互いの関係性に違和感を抱いたら、それを相手に上手に伝えて、改善を求めることが大切です。

〈日支が申の人との恋愛〉

「金」の五行要素を強く持つ「申」のイメージは、湿り気を帯びた鋼鉄です。対する「亥」のイメージは、植物が生息する湖水です。金（岩）から水が湧き出す「相生」の関係にあるので、「申」は「亥」の自由気ままな行動を冷静に理解しようとします。ドライな「申」とウェットな「亥」では性質が正反対であり、最初はお互いに牽制《けんせい》し合う関係となります。しかし、共に感情的になりすぎないという面が同じですので、時間が経つほどに良い形で恋愛が進む相性です。

〈日支が酉の人との恋愛〉

「金」の五行に属する「酉」のイメージは、お寺の鐘のような鉄の塊です。対する「亥」のイメージは、植物が生息する湖水です。「亥」は内面に、好戦的な一面を持っています。「酉」と一緒にいることで、金（岩）から水が湧き出すように、「亥」はさらにアグレッシブになる傾向があります。とはいえ、本気のバトルにはなりません。じゃれ合うように付き合っていく関係です。

〈日支が戌の人との恋愛〉

「土」の五行要素を持つ「戌」のイメージは、風に舞いそうな軽い赤土であり、渇いた「燥土」です。対する「亥」のイメージは、植物が生息する湖水です。出会った頃は「戌」の頑固さに悩まされることがあるかもしれませんが、関係が深まっていけば、水が乾いた土を潤すように「戌」の頑固さは影を潜めるようになっていきます。湖水に土が流れ込めば、そこに栄養分がある湿った土壌ができるように、落ち着いた恋愛が育っていく関係です。

〈日支が亥の人との恋愛〉

「亥」と「亥」同士の恋愛は、「水」の要素が高まります。どちらも自由気ままに行動する傾向があるので、友達関係のようになっていきます。また、どちらも内面には勝気な面を隠し持っているので衝突する可能性も秘めています。しかし、水と水同士がぶつかり合っても、何も壊れることがないように、わだかまりを引きずることのない関係です。

【参考2】刑・害・支破について

四柱推命の中で、「冲」や「支合」と共に取り上げられ、代表的な凶の相性の関係とされるのが、「刑」「害」「支破」です。

これらは、中国の四柱推命の原書においては、かなり古い時代から存在していたものです。歴史の上では、唐の時代のあたりから現れたと言われておりますが、これらは、十二支の持つ五行属性による関係とまるで矛盾しているものであり、これらを重要視することは、四柱推命の本質を理解する上で、マイナス面の方が大きいと言えます。

四柱推命のバイブルともいえる『滴天髄《てきてんずい》』の通神論・地支の項には「支神只以沖為重，刑與穿兮動不動（十二支の関係としては、冲を以って重きと為し、刑と害は当てにならない）」とあります。

『命理約言』の著者であり『滴天髄輯要《てきてんずいしゅうよう》』を編纂した陳素庵《ちんそあん》は、偉大な推命家であり、清の皇帝を補佐する相国《そうこく》の任についていた人物ですが「刑」や「害」などについて「このようなものは一掃すべき」と述べています。

また、清の時代の著名な推命家で『滴天髄闡微《てきてんずいせんび》』を編纂した任鐵樵《にんせつしょう》は、その中で「刑之義無所取（刑に関しては、使えるべき所あらず）」と述べ、「刑」に当たる十二支の関係を次々に挙げて、「全く刑というものは何の根拠もない妄説であり、採るに足らないものだ」と締めくくっています。

「刑」「害」「支破」は、図のように「方合」と「三合局」が次のように組み合わされて、考え出されたと言われています。

まずは、刑ですが、次の図からわかるように、

北方合×三合木局
東方合×三合水局
南方合×三合火局
西方合×三合金局

を組み合わせ、これらを縦に結んだ関係が「刑」です。刑には「礼なき刑」「勢いを頼む刑」「恩なき刑」といろいろな種類があり、それぞれに恐怖を誘うような作用が意味づけされています。

ちなみに、同じ十二支が重なる「辰と辰」「午と午」「酉と酉」「亥と亥」が「自刑」と呼ばれる関係になるのは、このような事情によるものです。

次に「害」についてですが、次の図を見てわかるように、これらは「冲」と「支合」の組み合わせによ

【刑の関係】

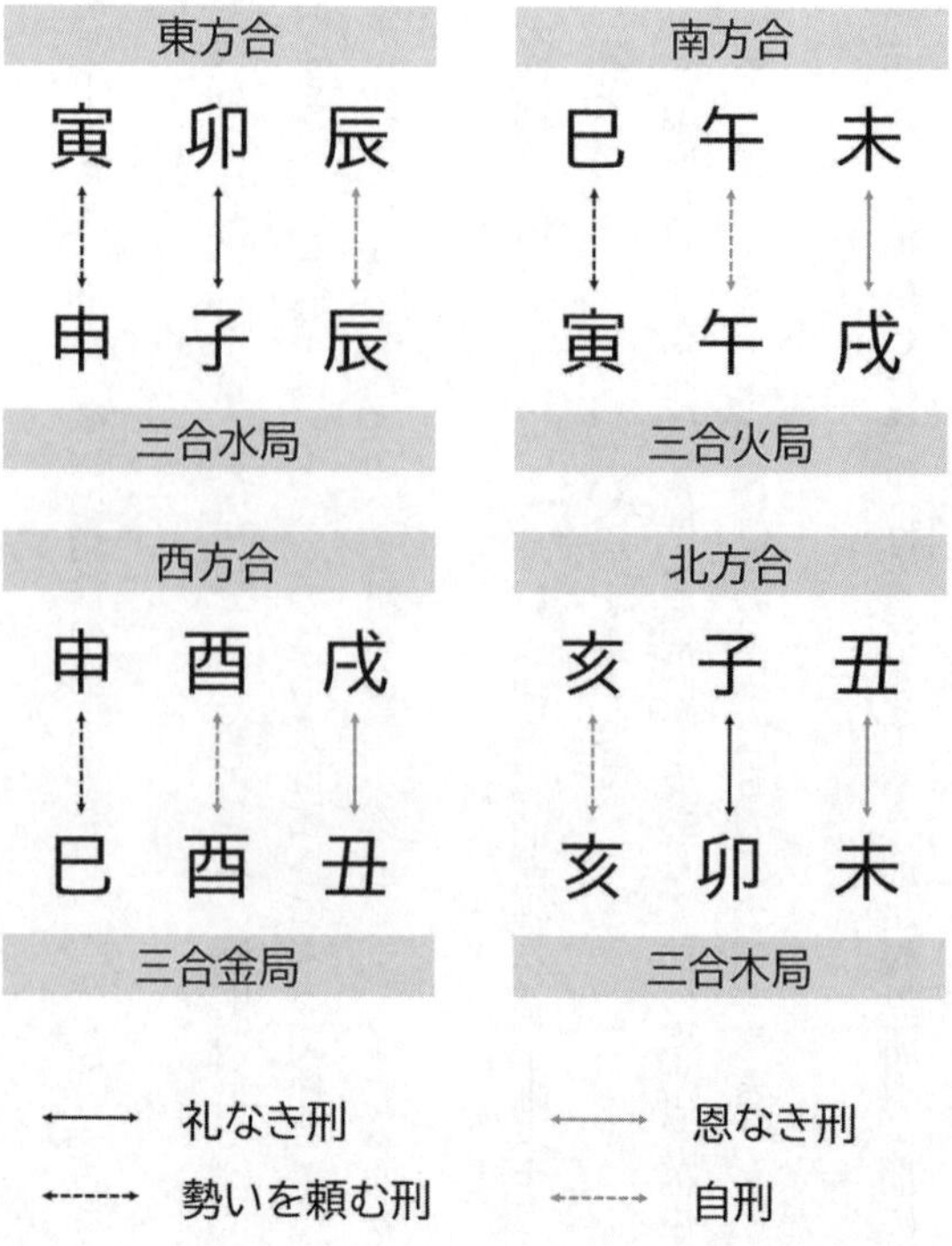

りできています。「支合」を友好関係、「冲」を敵対関係として考える時、「友人（支合の相手）の敵（冲の相手）は、害である」もしくは「敵（冲の相手）の友人（支合の相手）は、害である」という理屈ですが、こういう理屈を認めてしまうと、十二支の五行の相生・相剋に基づいた理論と矛盾が起こります。

【害の関係】

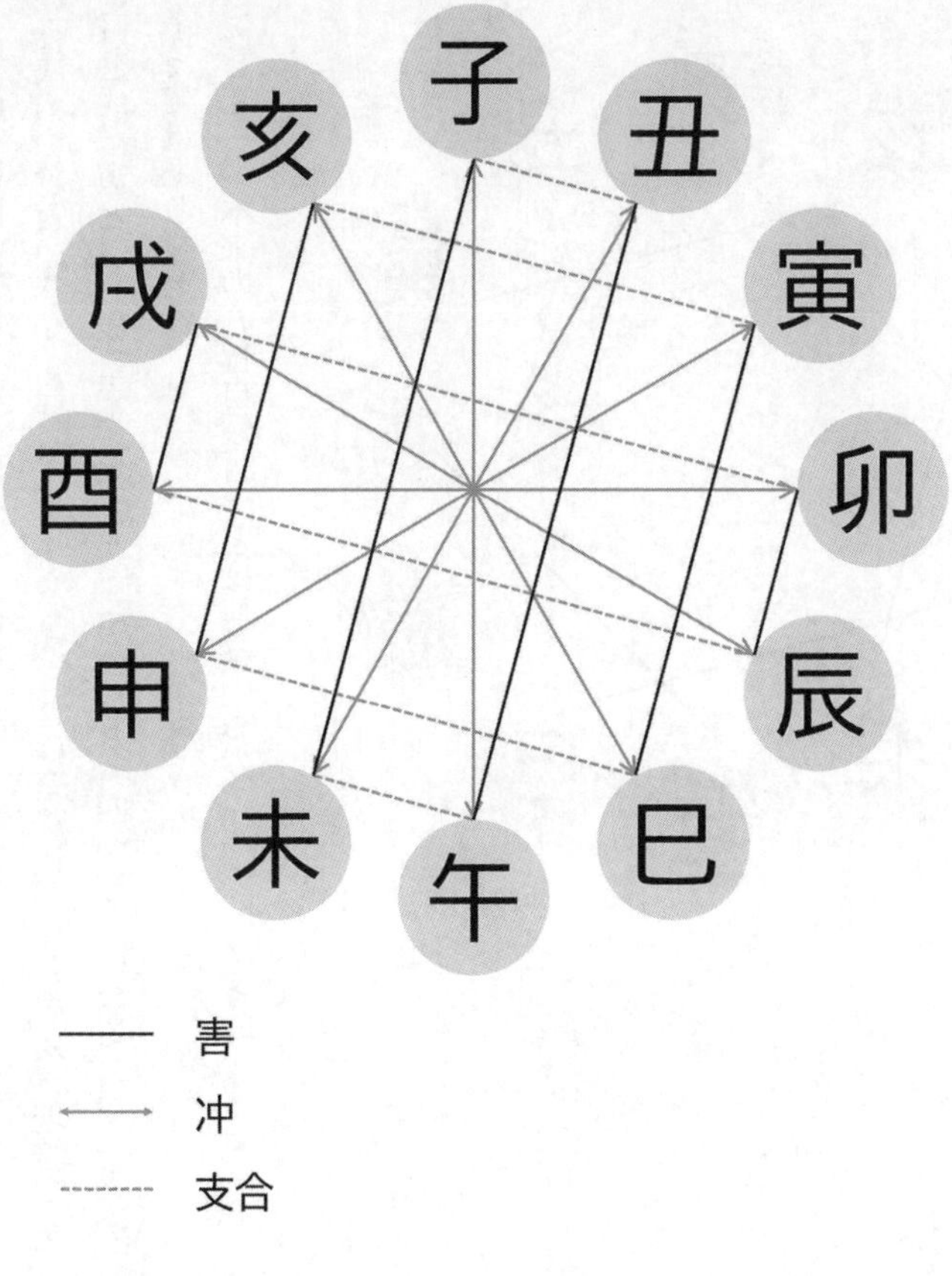

最後の「支破」に関しては、左の図のようになります。「四惑十悪（四つ違い、十違いの男女の相性が悪い）」という決めつけというか、もはや十二支の働きとは全く無関係と思える理論です。この理論でいえば、子と卯、丑と戌、寅と巳、辰と未、午と酉、申と亥も、四つ違いになるので「支破」に該当しそうなものですが、そうではありません。

どちらにしても、本来の五行自然哲学とは無縁のものです。

【支破の関係】

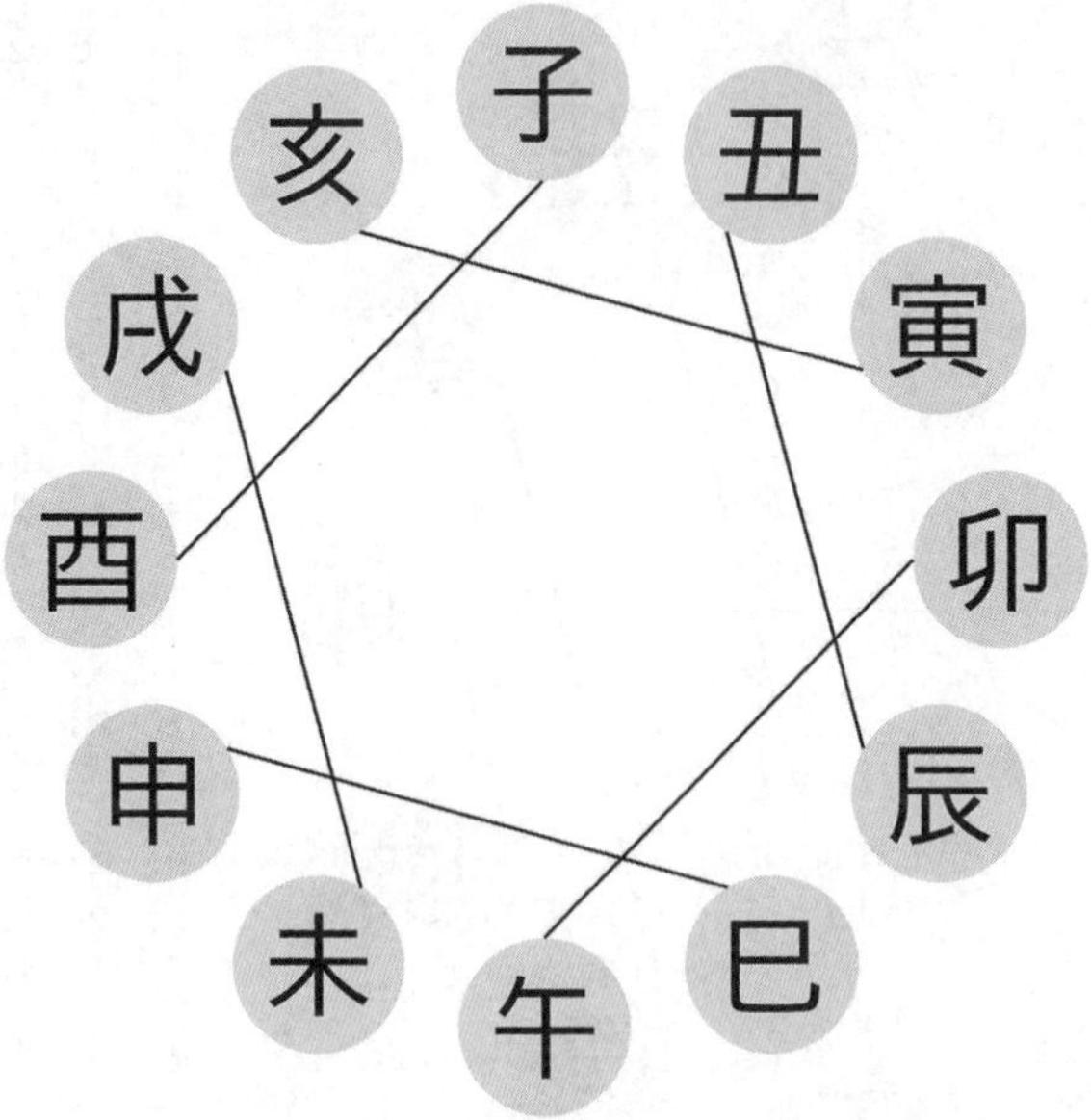

第5章　思考のパターンによる相性

人間が持つ思考パターンは、千差万別のように見えますが、四柱推命では、その人の基本的な思考のパターンを知ることができます。

まずは、自分自身の思考パターンを知り、その上で、相手の基本的な思考パターンを知れば、相手とどのような部分の価値観が異なるのか、どのように考えれば、相手のことが理解できるのかを知ることができます。

この章では、思考パターンによる相性を見ていくことにいたしましょう。

1　その人の通変タイプで思考の違いを知る

相手がどのような思考パターンを持っているかは、その人の命式の中で多い通変《つうへん》に表れます。通変とは、日主の五行を軸にした時に、相対的に決まる星の名前で、「比劫《ひごう》」（日主と同じ五行）・「食傷《しょくしょう》」（日主が生じる五行）・「財《ざい》」（日主が剋す五行）・「官《かん》」（日主を剋しにくる五行）・「印《いん》」（日主を生じてくれる五行）の五種類があります。

たとえば、日主の五行が「木」であれば、命式の中にある日主と同じ「木」の五行は「比劫」となります。木は火を生じますから、「火」の五行は「食傷」です。木がその根で土をほぐしますから、日主が剋す「土」の五行は「財」です。金は木を倒しますから、日主を剋しにくる「金」の五行は「官」です。水は木を育ててくれますから、日主を生じてくれる「水」の五行は「印」となります。

そして、命式の中で多い五行の通変が、その人の「通変タイプ」となります。その「通変タイプ」こそが、その人の基本的な思考パターンとなります。

四柱推命の通変タイプには、次の五種類があります。

- 比劫タイプ
- 食傷タイプ
- 財タイプ
- 官タイプ
- 印タイプ

【通変関係図】

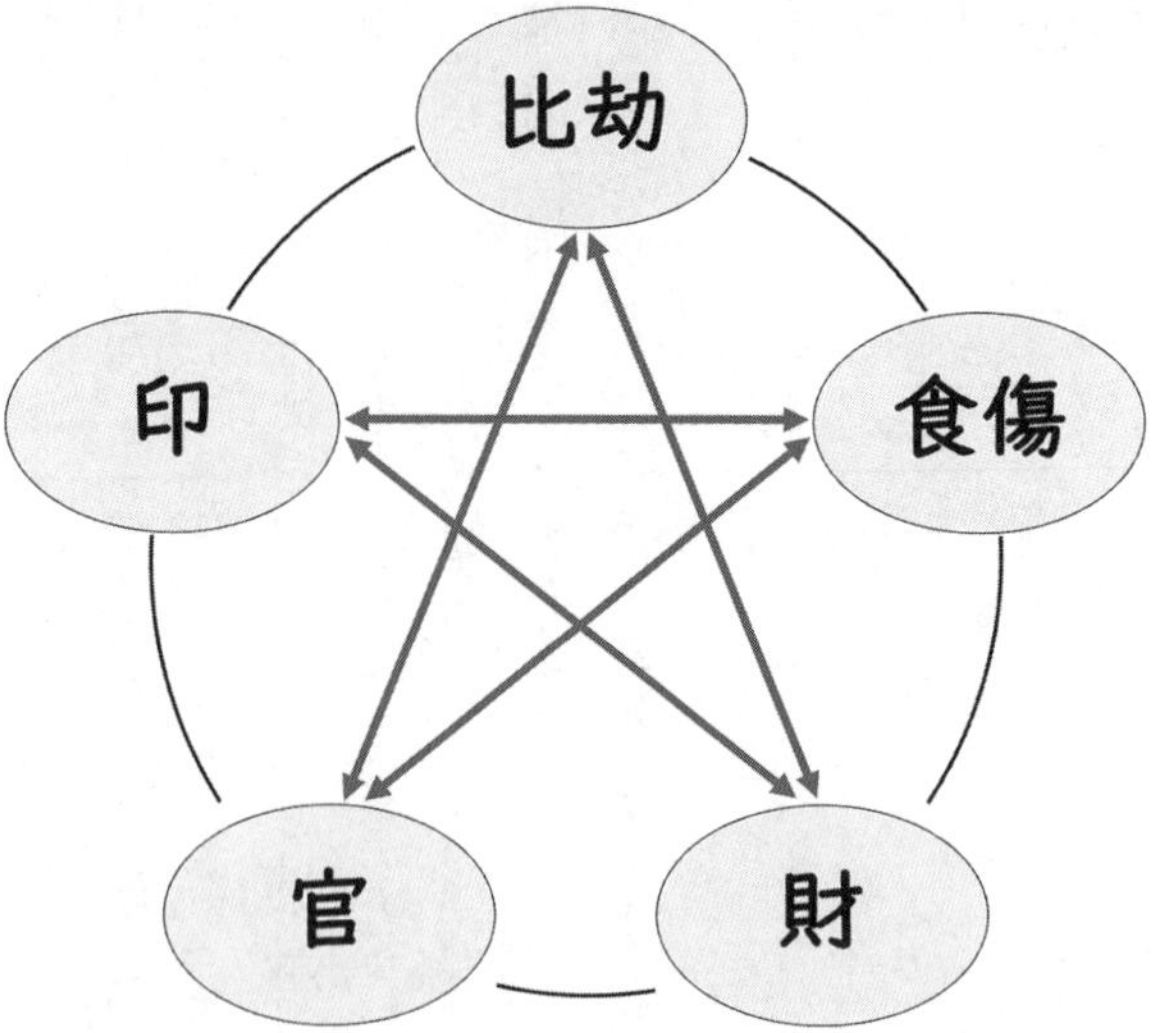

これを図にして並べると、上記のような関係となります。自分の通変タイプと隣りあう通変タイプは、相生の関係となるので、比較的理解しやすい相手であり、自分の通変タイプから、一つ飛んだ所に位置する通変タイプは、タイプ同士が相剋の関係となるので、やや理解しにくい関係となります。

ちなみに、相手と自分の通変タイプが同じ場合には、まさに一心同体の関係で、共感し合える部分も多いのですが、似ている者同士なだけに、いったん反目しあうと、修復するのが難しくなってくることもあります。

まずは、第2章で作った「人物フォーマット」の一番下の「通変タイプ」を見て、ご自分の「通変タイプ」を確認してください。

通変タイプは、その人の生年月日時が示す命式を元に算出し、通常は変化することはありません。しかし、特に五行バランスが均等に近い状態の場合は、付き合う相手との影響によって変化する場合もあります。

第7章でも後述しますが、その相手のことを意識すればするほどに、相手の持っている五行が自分の命式に流入してきます。それによって、思考パターンが変わるということも、実際にはありえます。

また、厳密な観点でいうと、人は誰もがその時に巡っている運勢の干支（大運干支・年運干支など）の影響を受けて、五行のバランスは常に微妙に変動しているのですが、それを掲載すると膨大なパターンとなり、複雑な話になるので、本書では説明を省きます。

2　比劫

その人の命式において「比劫」という通変は、日主と同じ五行を表すものです。自分のことを守ろうとするエネルギーに満ちた「防衛本能」の星でもあります。同時に、自我、独立心、バイタリティーを表す星でもあり、この星が多いと個人主義に走りがちです。

2-1　命式が「比劫」タイプの人

命式が比劫タイプの人は、命式の中に日主の五行と同一のエネルギーを持ちます。比劫エネルギーが強ければ、日主のエネルギーも強くなるので、四柱推命用語で言うところの「身旺《みおう》」となり、意志強固な性質が強くなります。行き過ぎると周囲を振り回す傾向があると言われます。ただ、これは一面的な見方で、周りとの調和を第一に考える比劫タイプもいます。

ただし、その根底には自分のテリトリーを守らなければという意識があることは確かです。おのずと自分を主体にして考える傾向が強くなります。その結果、物事への客観性が欠けてしまうことは否めません。

何事もマイペースで取り組み、他人に左右されないというのは長所でもある反面、自分勝手で人のことに無関心という欠点として見られることもあるでしょう。比劫エネルギーの強い人は、心を許した人に対しては、無関心どころか、相手の悩みも自分のことのように考えるようになります。自分が守りたい相手には、どこまでも優しく、力強い味方になろうとするのが比劫タイプの本質です。

比劫エネルギーの強い人が持つ悩みは、一般的に人が抱きやすい悩みとは少し違っています。その人だけにしか分からないようなことが多く、他人からは「どうしてそんな事に悩むのだろう」と思われ、理解されにくいでしょう。とはいえ、比劫タイプの人は、自分の悩みがわかってもらえないことを、それほどは気にしません。たった一人の孤独な世界に慣れているのです。むしろ、理路整然と「その問題は、こうして解決すればよいから、悩むだけ時間の損になるよ」などと説教じみたことを言われると、逆上してしまうはずです。

自分の世界に閉じこもりやすい比劫タイプにとって、現実世界で生じる苦悩に直面している状態こそが、本来の自分であり続けることなのです。ですから、比劫タイプの人は現実的な逆境（たとえば、赤貧の苦しみや、根性を試されるような環境）にあればあるほど、逆に生き生きとしてくるようなところがあります。

〈相手も比劫タイプの人との相性〉

基本的に、他人にあまり関心を持たないのが比劫タイプ

であり、人から干渉されることを嫌う傾向にあります。それゆえに、相手に対しても過剰な干渉は控えようとします。

比劫タイプ同士の組み合わせは、常に、相手のペースを乱さぬように配慮し合う関係となるでしょう。どちらもお互いに相手と一定の距離を保とうとするので、両者の距離感はさほど縮まりません。けれども「自分は自分、人は人」というマイペース型の比劫タイプにとって、この関係は、気を遣い合う必要がありません。一番楽な関係と言えます。

比劫タイプは、誰にも入って来てほしくないテリトリーが他のタイプよりも広いのです。そのため、お互いに何らかの事情で、心理的にも物理的にも距離が近づき過ぎたりすると、ささいなことで軋轢が生じることもあるでしょう。特に親子関係や師弟関係などで、一方が他方を支配しようとすると、根深い確執が生まれることがあります。

逆に、お互いに自立した関係を保ちながら、共通の目標を持って高め合っていけば、非常に強い絆で結ばれる関係となります。

〈相手が食傷タイプの人との相性〉

比劫タイプにとって、食傷タイプは、非常にきめ細かくデリケートな神経の持ち主に見えます。常にマイペースで、基本的に人のことにはあまり関心がない「マイペース型」の比劫タイプと人間関係をおざなりにできない「気遣い型」の食傷タイプの関係は、食傷タイプが比劫タイプに合わせていくような関係になります。

食傷タイプには、一つのことに集中して、それに没頭している「職人型」もいます。そのような状態の食傷タイプと比劫タイプは、まるで接点がありません。お互いに相手を意識することもなく、あまり深い関係とはなりませんが、かといって相手に悪いイメージを抱くこともありません。食傷タイプが、何か特定のことや目の前の人間関係に神経を注いでいたりすると、比劫タイプは干渉されることがないので、むしろ付き合いやすい相手であると感じるはずです。

時折、食傷タイプは手厳しいことを言ってきたりしますが、一定の距離を置いた関係を保っていれば、うまくやっていけることでしょう。

〈相手が財タイプの人との相性〉

比劫タイプにとって、財タイプは、人間関係に対する価値観が全く異なる相手です。それだけに新鮮な刺激を受けるものの、価値観を理解しにくい相手でもあります。

比劫タイプは自分以外の他者に関する興味が薄く、一方の財タイプは他者に対する関心が強いので、財タイプが比劫タイプの世界に飛び込んでくる形の関係性になることが多いでしょう。相手の状況に敏感な財タイプは、あなたが距離を置こうとするほど、その態度に関心を持ってしまいます。そして、あなたが何を考えているか理解しようと間合いを詰めてきたりするのです。そこが、比劫タイプにとっては、不愉快に感じられるかもしれません。

また、財タイプは、常に周囲の人間関係を重視しすぎて、自分自身のことが疎かになってしまいがちです。比劫タイプから見ると、「もっと自分のことを第一に考えればよいのに……」と理解しにくかったりするでしょう。逆に、財タイプからは、他者の気持ちに配慮をしない無神経で鈍感な人と認識されてしまうこともあります。

比劫タイプの人にとって財タイプとの付き合いは、あれこれと関心を持たれて落ち着かない気分になるものかもしれません。しかし、財タイプがあなたに敵意を抱いているわけでないことは確かなのです。愛情表現の一種だと思って接することができれば、付き合いやすい距離感がわかってくることでしょう。

〈相手が官タイプの人との相性〉

比劫タイプにとって、官タイプは、非常にストイックで生真面目な人に見えるでしょう。比劫タイプが自分中心に物事を考えていくのに対して、官タイプは社会性が強く、自分より集団や組織のルールを重んじる傾向にあります。

比劫タイプが、ストレートに自分の意見を表明すると、「もっと社会に対する責任感を持つべき」などと叱責を受けるかもしれません。そういった意味で、比劫タイプにとって官タイプは窮屈な相手となりそうです。

比劫タイプの「社会の問題より、まず自分の課題を解決しよう」という姿勢は、官タイプには身勝手な人に見えてしまうようです。そうした意見をストレートに伝えてくれれば、そこで話し合うことも可能なのですが、官タイプの中には、言いたいことがあっても沈黙して、腹の中に溜め込んでしまう人も多く、知らず知らずのうちに、比劫タイプが官タイプにストレスを与えている可能性があります。もちろん、これは社会に対する姿勢が違うというだけで、比劫タイプが責められる話ではありません。

けれども、官タイプの価値観や考え方さえ理解していれば、自分中心の思考を相手の前では少し控えることもできるはずです。そうすれば、官タイプは比劫タイプが気づいていない事情や問題など、前もって知っておいた方が良いことを教えてくれるでしょう。

〈相手が印タイプの人との相性〉

比劫タイプの人にとって、初対面の印タイプは、受動的で物事を深く考えない人や消極的で遠慮がちの人に見えるかもしれません。しかし、付き合っていくうちに、印タイプは何事もじっくりと考え、しっかりと計画を立てる緻密な人であることに気付くはずです。そして、印タイプを軍師のように頼もしく思うようになります。比劫タイプにとって、印タイプの持つ探究心や向上心は、とても魅力的に映ることでしょう。

印タイプの人も比劫タイプを深く理解してくれるようになると、この上なく素晴らしいパートナーとなるでしょう。ただし、印タイプは、思考力に対して行動力がやや弱いという傾向にあります。おのずと依存心が強く、比劫タイプに対しても多くを期待しがちです。依存心のあまりない比劫タイプにとっては、その点を理解するのが難しいかもしれません。

また、マイペースな比劫タイプは人に指図されるのが苦手なので、印タイプからどんなに有益なアイデアをもらっても、あれこれと強制されるようなことがあると、途端にこの関係性に嫌気が差してしまうでしょう。比劫タイプは、普段から印タイプに対して「意見は参考にするけれど、最終的な決断は自分がしたい」という意思を、それとなく伝えておくことです。そうすれば、賢明な印タイプは必要以上の干渉を控えてくれるはずです。

3　食傷

その人の命式において「食傷」という通変は、「漏星《ろうせい》」と言って、日主のエネルギーを吸い取る星を表すものです。また、命式の中で、表現力や自己アピールなどの「伝達」に関わるものに作用をもたらす星でもあります。ひと言で言えば、「自分のことをわかってほしい」というエネルギーを持つものです。

３−１　命式が「食傷」タイプの人

命式が食傷タイプの人は、日主の五行が力を与える五行が強くなっています。力を与えられた五行のエネルギーは強くなりますが、力を与えた日主のエネルギーは少しずつ漏れていきます。そのため、食傷が強ければ強いほどに、日主は力を吸い取られて、弱っていくので四柱推命用語の「身弱」というものになり、古典的な四柱推命では、食傷が強すぎると注意力が散漫になりやすく、飽きっぽく、集中力が続かないなどと言われてきました。

けれども、食傷の本質は、目の前の何かに我をも忘れて没頭することにあります。その結果として、それ以外のことが疎かになりやすいということなのです。「好きなものは好き、嫌いなものは嫌い」が食傷タイプの特性であり、心が動かないものに興味を持とうとすれば、ストレスを感じてしまいます。

食傷タイプの人は、人間関係において、おおよそ二つのタイプに分かれます。

一つ目のタイプは、人間関係に対して、細やかに思いを巡らせる「気遣い型」です。些細な人間関係の不協和音にも心が波立ってしまう繊細な心の持ち主です。

二つ目のタイプは、特定な物事にこだわりを持つ「職人型」です。専門分野をとことん究めていくような人も多く、そこに全ての意識が集中しているので、人に対して気を遣い過ぎることはありません。こちらの食傷タイプは、割と言いたいことをズケズケと言ったりします。

いずれにせよ、食傷タイプは頭の回転が速く、物事をすんなり理解できます。周囲よりも理解力に優れているので、それが原因で物分りが鈍い人との調和がうまく取れず苦慮することもあるでしょう。

命式の通変タイプが食傷の人は、「気遣い型」でも「職人型」でも、世間のしがらみに囚われるとその本領を発揮できません。人付き合いが苦手な食傷タイプは、人間関係を厳選するべきです。

〈相手が比劫タイプの人との相性〉

何事にもストイックに打ち込む食傷タイプの人は、他人のことなどお構いなしかというと、そのようなことはなく、むしろ常に「自分の事を分かってほしい」と願っています。ところが、比劫タイプの方は、いつもマイペースで、基本的に、他人にあまり関心がありません。

食傷タイプは、比劫タイプが自分に関心を持ってくれていないことに気付くと、自分だけが損をさせられているような気分になるかもしれません。けれども、比劫タイプに対して、食傷タイプと同じような細やかさを期待するのは難しいことです。食傷タイプが比劫タイプに合わせていくことがうまく付き合って

いく秘訣です。

もしかすると、少し親しく付き合うようになると、食傷タイプは、比劫タイプが思考の速さや深さの点では自分より劣っていることに気付くかもしれません。それどころか、繊細さにも欠けているように見えて、じれったくなる可能性があります。とはいえ、そこを突くことは賢明ではありません。比劫タイプは、いったんやる気をなくして、へそを曲げると、テコでも動かなくなってしまいます。

逆に、やる気にさせることができれば、比劫タイプはタフな精神力と根性で、たとえ時間はかかっても不可能を可能にする力を持っています。食傷タイプが比劫タイプを上手におだてながら、操縦していけば良い関係が築けます。

〈相手も食傷タイプの人との相性〉

食傷タイプ同士の組み合わせは、お互いにシンパシーを抱き合う相性となります。お互いが子供のようなピュアな感性を持っているので、相手の態度に「なんで、こんなことをするの？」というような不信感を抱くことがありません。相手を自分の思い通りに変えようという想いが芽生えることもないので、自由で束縛のない関係となります。

食傷タイプ同士は、どちらも何か関心を持ったことに対して、とことんまで打ち込むようなストイックさを持っています。そういう点でも似ている両者です。しかしこの関係性は、そのこだわりの対象が何であるかによって違いが出てきます。というのも食傷タイプは、人間関係にこだわりを持つタイプと、特定の分野や物事にこだわりを持つタイプの二種類が存在するからです。

人間関係に対しこだわりを持つ「気遣い型」の食傷タイプは、相手との距離を縮めようとしますが、特定の分野や物事にこだわりを持つ「職人型」の食傷タイプは、基本的に人に対する関心が薄くなります。そして、「職人型」の食傷タイプは人の好き嫌いが激しく、相手のアラばかり気になってしまう性質を持っています。

「好きなものは好き、嫌いなものは嫌い」というのが食傷タイプの特性なので、食傷タイプ同士の相性で一番問題になってくるのは、最初はお互いに惹かれ合っていたのに、何らかの事情でどちらか一方が相手に興味を持てなくなり、嫌いになってしまった場合です。

たとえ相手を好きになれないと感じても、食傷同士は似ている点も多いので、理解し合える面も多いのです。この味方を手放してしまうというのはもったいないことです。「嫌い」という感情にはいったん蓋をして、付かず離れずの距離を保って関係を続けましょう。他の人には理解してもらえないことも、食傷同士なら通じ合えるというようなことが、あるはずです。

〈相手が財タイプの人との相性〉

食傷タイプの人にとって、財タイプは頼もしいパートナーとなりえる存在です。食傷タイプが、どちらかというと感情を優先して物を考えるのに対し、財タイプは、きわめて現実的です。どのような時も合理的に物事を考えようとします。

食傷タイプは、物事をストイックに追究することに喜びを見出します。どちらかというと過程を重んじるタイプです。対する財タイプは、どれだけの結果を出せるかに関心があります。つまり、見ているものが違う両者です。現実的な財タイプが、目の前のことに没頭していく食傷タイプのマネージャー役を引き受けてくれれば、お互いの良さを最大限に引き出せる関係となるでしょう。

どちらも、自分から率先して動いていこうとするところは似ている両者ですから、行動力やスピード感では、お互いを認め合える関係です。その反面、お互いにこだわる部分が違うので、行動の進め方という点では、ぶつかり合うところも出てきます。

財タイプは、実現性の乏しい「絵に描いた餅」を嫌うリアリストです。ですから、食傷タイプの抱く理想の実現性が低いと感じれば、躊躇することなくストップをかけてきたりするかもしれません。食傷タイプは、財タイプの持つ価値観を理解していないと、相手の忠告や提案が、我慢できない裏切りのように思えることでしょう。

財タイプの言葉が理解できないと感じる時こそ、冷静になって相手の声に耳を傾けましょう。そうすることで、大きな失敗を避けられるようになるでしょう。

〈相手が官タイプの人との相性〉

食傷タイプの人にとって、ストイックで妥協を許さない官タイプは、自分に似ているように見えるかもしれません。しかし実際には、考え方に天と地との違いがあり、根本的には水と油の関係です。

食傷タイプも官タイプも、より完成度の高いものを追求していこうという姿勢は同じです。その違いは、食傷タイプが成果物の完成度に価値を置いているのに対し、官タイプは成果物そのものより、社会や集団に与える影響に価値を置く点にあります。

ですから、あなたが成し遂げた成果が素晴らしいものであっても、その過程で周囲に少しでも迷惑をかけたりしようものなら、官タイプの人は、あなたのやってきたことを認めようとしないかもしれません。

けれども、官タイプの人は、食傷タイプを否定するのではなく、むしろ、可能であれば、食傷タイプがよりよいゴールにたどり着くよう手を貸したいと思っているところがあります。それゆえ、物事に集中しすぎる自分の姿勢が周囲に影響を及ぼしていることに気付いたなら、そのことを相談する相手として、官タイプ以上に望ましい相手はいません。

食傷タイプが官タイプの相手とうまくやっていくには、官タイプが大事にする社会や集団への意識に対する理解を深めて、自分の足りない面について助けを求めることが大事です。

〈相手が印タイプの人との相性〉

食傷タイプの人と印タイプとは、性質が異なりすぎて理解し合うことが難しい関係です。何かに関心を持ったら、すぐに深く関わっていこうとする食傷タイプに対して、印タイプは何事にも慎重です。先のことまであれこれ心配して、なかなか行動に移せません。行動が早い食傷タイプの人から見ると、熟慮型の印タイプは、何を考えているのか分からなかったり、何も考えていないように見えたり、とにかくじれったく感じることが多いはずです。

そもそも、自分なりのやり方で物事を突き詰めていこうとする食傷タイプに対し、とにかく多くを学んでから、失敗の少ないコースを選ぼうとする印タイプは、全くその考え方が異なります。

食傷タイプは、探究の過程で生じる失敗や判断ミスについては、そのたびに見直していこうとするタイプですが、印タイプは、その逆で、失敗を避ける手段や効率といったものを重要視します。安全策を取ることで、物事に対してどっしりと構えていられるし、気分に浮き沈みがありません。そういう印タイプから見ると食傷タイプのあなたは、気まぐれな人に見えているはずです。また、せっかちゆえに詰めが甘いという評価を下しているかもしれません。

たとえて言えば、お互い相手に対して「もっとこうすればよいのに」と批判し合っている関係です。それもそのはず、食傷タイプがアウトプット重視型なら、印タイプはインプット重視型です。学びの姿勢が正反対なのです。だからこそ、お互いがその特技を活かし合えば、足りないところを補い合って強みを発揮していける相性です。

4　財

その人の命式において「財」という通変は、日主を惑わせるような「所有欲」を表している星です。この世界に存在する、ありとあらゆるもの（お金、愛情、喜び、ステータス、場合によっては、この世界の真理）を、自分の手元に引き寄せたいという衝動を持つ星です。

4−1　命式が「財」タイプの人

命式が財タイプの人は、日主の五行が剋する五行が強くなっています。日主は財を剋すことに夢中になり、その結果、日主は疲弊してエネルギーを奪われていきます。したがって、財のエネルギーが強いほどに、日主は力を奪われて、弱っていきます。

「財」とは、日主にとって狩りの対象の星であり、転じてお金や異性（特に男性にとっての異性の意味合いが強い）など、現実的な価値を表します。一般的な四柱推命では、財が強すぎて、日主が弱っている命式のことを「財旺身弱《ざいおうみじゃく》」と言って、性格は意志薄弱となり、お金や異性への興味が強すぎるあまり振り回されやすいと言われています。しかし、それはあくまでも財タイプの人の一面的な性格傾向であって、絶対にそのようになるとは限りません。「財」の衝動は、欲望や目標の実現に向けられますが、その欲望の対象が必ずしもお金や異性だけであるとは限らないからです。人によっては追求の対象が芸を究めることだったり、物事の真理を突き詰めることだったりします。そのような場合には、一般的な四柱推命で言われているような財旺身弱とは違った作用を命式にもたらします。

財タイプの人は、自分を取り巻く現実に体当たりでぶつかっていきます。現実世界で、いかに何かをつかみ取るか……それが「財」という星が持つエネルギーなのです。

常に現実と向き合おうとする財タイプは、良くも悪くも現実世界に非常に影響を受けやすいと言えるでしょう。生まれ育った環境に影響を受けやすく、それによって財タイプの性質は大きく違ってしまいます。本来は、空気を読んで社交的に振る舞うのが財タイプの本質ですが、例外的にすっかり人間嫌いになってしまっている財タイプもいます。

〈相手が比劫タイプの人との相性〉

財タイプの人にとって、比劫タイプは物事に対する見方がまるで違う相手です。

第一に、財タイプが常に現実を意識するのに対して、比劫タイプは目の前の状況を、自分の都合の良いように解釈する面があります。財タイプから見ると比劫タイプは、事実をねじ曲げているように見えるかもしれません。

第二に、他人の状況や動向に敏感で、相手の気持ちを汲み取ろうと頑張る財タイプと違って、比劫タイプは独特な世界観の中で生きています。そのため、自分のテリトリーに他人が入ってくることを嫌います。財タイプのあなたが比劫タイプに近づこうとするほど、距離を置かれてしまうこともあるでしょう。何か理由があって距離を置かれているのだろうか、と気に病んでしまうかもしれません。そうかと思うと、人の気持ちを読まない比劫タイプは、突拍子もないタイミングで、あなたの気持ちを逆なですることを言ってきたりするでしょう。

財タイプが、比劫タイプとうまくやっていくには、鈍感力を身に付けるのが近道です。比劫タイプの態度や物言いを気にするのはやめましょう。適度な距離感を保つことが大切です。深く関わらずとも、比劫タイプの意志の強さや我が道を行くスタイルに理解を示していけば、次第に比劫タイプも心を開いてくるでしょう。

〈相手が食傷タイプの人との相性〉

財タイプの人にとって、食傷タイプは新鮮なときめきや驚きを与えてくれる相手です。食傷タイプは財タイプに、物事のアイデアやヒントを与えてくれるでしょう。

財タイプは、何よりも結果を出せるかどうかに関心を持つ現実主義者です。一方、食傷タイプはどのような時も、より完全なもの、より素晴らしいものを作り出そうとする芸術家タイプです。そういった意味では、財タイプと食傷タイプは、視線の方向が違います。けれども、財タイプも食傷タイプも、自発的に行動を起こしていこうとするところは似ています。そういう点ではお互いを認め合っていける相性です。

ただ、食傷タイプには「気遣い型」と「職人型」の二種類のタイプがいて、どちらのタイプであっても、目の前のことに集中すると、現実から目を背けてしまいがちです。財タイプから見ると、実現性の乏しい夢や理想を追いかけているだけに思えるかもしれません。

財タイプと食傷タイプの関係を有意義なものにするには、財タイプが、食傷タイプの理想実現に手を貸すことが求められます。食傷タイプの思考や理想を「現実的な話かどうか」で判断してしまえば、両者の関係は平行線のままになってしまいます。財タイプにできるのは、具体的なアドバイスや手助けを差し出すことです。

〈相手も財タイプの人との相性〉

財タイプ同士の関係は、お互いを理解し合える最高のパートナーになれる可能性がある一方で、正面衝突する恐れもある相性です。財タイプは、これまでに育ってきた環境が考え方や価値観に大きく影響します。目の前の現実だけが全てである……という考えを持つ者同士は、育った環境や時代が異なると、相手の価値観が全く理解できなかったりします。そして、お互いに自分の考えや価値観こそが現実なのだと主張し合ってしまうのです。

自分と違うタイプとは距離を置こうと考えればよいのですが、財タイプの人はそれができません。というのも、財タイプは、できるだけ多くのもの、できるだけ確かなものを自分の手元に置いておきたいという欲求を持ちます。これは人間関係においても同じです。財タイプは、程度の差こそあれ、よりたくさんの相手から必要とされることによって価値ある存在になれると考えているのです。そして、目の前の相手と感情や価値観を共有することを望みます。

財タイプ同士は、どちらも相手に理解と共感を求めながら、真正面からぶつかっていこうとするので、お互いを求め合いながら対立してしまうこともあるのです。

けれども、幼少期に理解してもらいたいのに理解してもらえないというような経験をしていると、それがトラウマとなって、ものすごく引っ込み思案になってしまう財タイプもいます。

財タイプ同士は、似ている面も多いだけに、一つでも違うところがあると、そこが目立ってしまいがちです。相手に対する期待値を高くしすぎないことが良い関係を築くコツです。

〈相手が官タイプの人との相性〉

財タイプの人にとって、官タイプは非常に頼りがいのある相手です。

財タイプは、相手の心にしっかりと自分の場所を築いて、あらゆる面で相手を理解したいと考えるタイプです。それに対して、官タイプは、社会の秩序やルールを大切にするタイプです。自分が信じる特定のイデオロギーを理想に掲げていることもあります。

どちらも、物事に真正面からぶつかっていくタイプなので、その点ではウマも合いますし、共通の敵を持つことによって、より強固な関係性を築くこともできます。ただし、財タイプと官タイプの持っている価値観は、本来は対照的なものです。

財タイプは、家庭環境で身に着けた価値観や、友人と共有している感覚など、自分にとって確かなものしか信用しません。身近な人の言動に、少々問題があっても気にしないでしょう。反対に、官タイプの人は社会のルールや自分の信じるイデオロギーを重んじます。

その違いが明確になってくると、官タイプを「現実を見ない頭でっかち」と無視したくなるでしょう。官タイプからは「狭い世界で生きている」などと見下されるかもしれません。

ゆえに、財タイプが官タイプの理想やイデオロギーに少しでも共感できる場合は、良いパートナーになれるでしょう。

〈相手が印タイプの人との相性〉

財タイプの人にとって、印タイプは、つかみどころのない人に見えるでしょう。財タイプも印タイプも知識欲の強いタイプなのですが、その方向性が全く違います。

財タイプは、目の前の現実に体当たりでぶつかりながら学んでいこうとします。それに対して、印タイプは、用意周到に計画を立てるタイプです。完全に準備するまでは、前に進んでいけないようなところがあります。したがって、財タイプからすると、印タイプの言動は、現実に飛び込むのを恐れている臆病者のように見えてしまうでしょう。

また、どちらかというと印タイプは依存心の強いところがあるので、財タイプは、苛立ちを感じてしまうかもしれません。逆に、印タイプからは、せっかちで目先のことしか考えていないと思われてしまうこともあります。

この相性がうまくいくかどうかは、財タイプが印タイプの慎重さを理解できるかどうかにかかっているでしょう。印タイプの作戦や計画が遠回りに見えたとしても、それを斬って捨てる前に、話をよく聞いてみてください。結果的に、その方が効率的だったり、現実的なメリットがあると気付くかもしれません。

財タイプと印タイプが、お互いを認め合って物事を一緒に進めていけば、この上なく強力な関係を築いていくことも可能です。

５　官

その人の命式において「官」という通変は、社会の規律を守るための「攻撃性」を表す星です。自制心の強さも持つ星なので、むやみやたらに他人を攻撃するということではありません。組織への忠誠や社会への義務など、公共の精神を表す星なのです。この通変が強くなると、公共の秩序を乱す存在に立ち向かおうとする意識が強く働きます。

５−１　命式が「官」タイプの人

命式が官タイプの人は、日主を剋す五行が強くなっています。「官」のエネルギーは、全ての通変の中でも、最も日主を弱める作用をもたらします。官が多い命式は、四柱推命用語でいう「身弱」となります。

官タイプは、責任感が強く、人にも自分にも厳しくなります。常に「〜しなければならない」という思考に囚われているでしょう。結果的に自分を抑圧しすぎるのが官タイプの特徴です。社会では、自制心の強い官タイプが、ルールや秩序の下に社会や集団を形成していきます。

官タイプは、常に集団や社会を中心に考える人であり、どうしたら人が幸せに過ごせるかということを考えます。会社に就職すれば、その組織のために一生懸命尽くそうとするでしょう。会社組織の中で、組合を立ち上げてしまうような人が多いのも官タイプです。

とはいえ、常日頃から社会のルールや秩序について考えているようなガチガチの人ばかりではありません。もちろん根は真面目ですが、明るく飄々と生きているように見える人もいますし、また、本人も自由気ままに生きているつもりでいたりします。ただ、筋の通らない理不尽なことに直面すると、見てみないフリや無関心を装うことができず、すぐさま行動を起こすことでしょう。

官タイプは、普段はそれほど意識していないかもしれませんが、個人より集団を大切にします。自分だけが得をしたいという考えはありません。ただし例外もあって、社会を守る意識が強いだけに、社会に裏切られた経験があったりすると、社会に対する復讐心を抱いてしまうこともあるようです。そのような場合には、組織や集団を振り回すような行動に走ったり、会話の中で、他人をとげとげしく批判したりするようなことがあるかもしれません。

〈相手が比劫タイプの人との相性〉

官タイプの人は、比劫タイプを見ていると「もう少し、周囲のことも考えたらいいのに」と感じてしまうでしょう。

官タイプは、一個人よりも集団や社会に重きを置きます。おのずと自分の感情を抑えて行動するという傾向が出てきます。一方の比劫タイプは、社会よりも個人を優先するので官タイプとは正反対です。しかも、比劫タイ

プは他人に対して無関心な所があるので、官タイプの気持ちには気づきません。それに業を煮やした官タイプが、比劫タイプに忠告しても聞き流されてしまうでしょう。

官タイプが、周囲に不利益を与えないように行動するのに対して、比劫タイプは「まず自分が幸せであること」を第一に考えます。そもそも価値観が違いすぎるので、お互いが納得できる落としどころを見つけるのが難しい相性です。

比劫タイプの考え方や行動が許しがたいことであっても、相手を変えることはできません。この難しい相性の相手とうまく付き合っていくには、比劫タイプの特性をいったん理解した上で、気になる面に目をつぶることです。その上で、比劫タイプの良い面を探しましょう。比劫タイプは味方になってしまえば、親身になってあなたの力になってくれる相手でもあるのです。

〈相手が食傷タイプの人との相性〉

個人より社会や集団を優先する官タイプの人にとって、食傷タイプは、自由気ままに生きる放浪者のように見えるでしょう。その自由すぎる生き方に、一度は憧れを抱いたりすることがあるかもしれません。

官タイプも食傷タイプも、ストイックな面を持つという点では似ているのですが、その質は全く異なります。官タイプが何事も「周囲にとってはどうか」という観点から堅苦しく考えてしまうのに対して、食傷タイプは何事も「周囲はどうでも、自分が夢中になったことをとことんやる」という方向に突き進んでいきます。興味のないことだと、一転して根気が続きません。官タイプの目には、こうした食傷タイプが身勝手に映るかもしれません。

だからといって、官タイプが「社会や組織のルールを守るべき」とか「周囲のためにもなることを考えてほしい」などと意見しても、それは食傷タイプにとって集中力を削ぐ雑音でしかありません。また、食傷タイプは、自由を奪われることを極端に嫌いますから、永遠に歩み寄れない関係になってしまう可能性もあります。

官タイプと食傷タイプは、基本的には水と油の関係であることを忘れないでください。食傷タイプの相手とうまくやるには束縛や干渉をしないことです。何かアドバイスや助言を求められたら、その時には、意見を一つの提案として差し出しましょう。そうすれば耳を傾けてくれるかもしれません。

〈相手が財タイプの人との相性〉

官タイプの人にとって、財タイプは目の前の物事を現実的にとらえ、きちんとした結果を出してくれる頼もしい相手です。

そもそも、官タイプも財タイプも、正面から物事に向き合っていくという共通点があります。ただ、官タイプが、社会や集団にとってより良い方向に進むという理想を追求するのに対して、財タイプは現実そのものを見据えています。官タイプが持つ理想に財タイプが共感してくれる可能性もありますが、それに期待しすぎるのは危険です。

官タイプは、「集団や組織のために自分には何ができるか」ということを意識しながら行動しているでしょう。自分がそれをやりたいかどうかは二の次であり、周囲にもメリットがあるかどうかを大事にします。けれども、財タイプにはそういう意識がありません。いくら周囲が喜んでくれても、自分にとって損になることをしようとは思わないでしょう。財タイプにとって行動を起こす価値のあることとは、自分にとっても相手にとっても現実的なメリットがあることです。

この両者の関係は目的意識やゴール設定の違いから、物別れに終わることも多いでしょう。うまく付き合っていくためには、最終的な目標を共有できるようにしましょう。最終的に到達したいところが一緒であれば、協力していくことも可能なはずです。

〈相手も官タイプの人との相性〉

官タイプの人は、社会や集団をより良くしたいという信念やイデオロギーによって動いています。お互いのイデオロギーが一致しやすい関係ですから、この両者以上に、固い結束力を持つ相性はありません。官タイプは、自己中心的な人や身勝手な行動を「許せない」と常に感じていますから、そういう思いをすることがない官タイプ同士の関係は、一緒にいてストレスがなく、自分の役割に徹し続けることができます。まさに、一枚岩の関係を築いていけるでしょう。

誰もが自分の中に、信じるものを持っています。そして、それは人生経験を積む過程で変節することがあります。その結果、対立する相手とは袂を分かつようなこともあるでしょう。もちろん、長く友情や信頼関係を抱き合った相手なら、とりあえず相手に合わせたフリをすることができるかもしれません。とはいえ、お互い自分に嘘はつけないはずです。

イデオロギーや信念、それにともなう価値観や理想は多種多様です。似た者同士であっても、あらゆる面で完全に一致する相手など存在しません。また、信念や理想を他人に強要することも不可能です。ある事柄についての信念は一致しても、別の事柄については対立してしまうこともあるでしょう。

官タイプ同士がうまくやっていくにはお互いの共通意識を大事にして、対立点をスルーすることです。そのためにも、それが可能なぐらいの、ほどよい距離感を保つことも必要になります。

〈相手が印タイプの人との相性〉

官タイプの人と印タイプは、共に深い思考を重ねていける関係にあります。官タイプの心の中にある「自分は社会に対して、どのようなことができるのか」と言うような、簡単には答えの出ない問いを一緒に考えてくれるかもしれません。そうは言っても、それは、お互いの価値観や思考の方向性がある程度同じである場合に限られています。お互いの方向性が違っている場合には歩み寄るのが難しくなってくるかもしれません。

官タイプも印タイプも、基本的に自発的に考えて行動するタイプではなく、周囲や社会の状況から必要に迫られて行動を意識するタイプです。けれども、官タイプが自分の理想を実現していこうとするのに対して、印タイプは行動を起こす前に「理想の状態とは何か」を探究し続け、それだけで満足してしまうところがあります。

そもそも印タイプは、行動を起こすことより、頭を働かせて知的な探究をすることに喜びを見出すタイプなのです。官タイプの人は、望ましいと言えない社会や集団の状況を変えなければという思いが強いので、印タイプに対して「考えているだけでは何も変わらない」という反発心を抱くことでしょう。

しかし、知識や教養のある印タイプから学べることは多いはずです。迷った時、助言やアドバイスを求める相手としては、これ以上の人はいないでしょう。

6　印

その人の命式において「印」という通変は「習得本能」の星です。人生から多くのことを学び、自分を高めていきたいという思いに突き動かされる星でもあります。「印」の作用は、生存本能そのものにも直結します。「印」のエネルギーが強いことによって、人並み外れて頭脳明晰となるケースと、身体能力が高まるケースが見受けられます。また、「印」は人から愛され、恩恵を受けるような、人気を受ける星であるとも言われています。

6―1　命式が「印」タイプの人

命式が印タイプの人は、日主を生じる五行が強くなっています。日主はエネルギーを与えられて、基本的には強くなります。ただし、「比劫」のエネルギーがそれほど強くないのに、「印」のエネルギーだけが極端に強い場合には、かえって日主の活動力を奪ってしまうことにもなります。このような状態になっている命式を、四柱推命用語で「身旺の身弱」と言います。

「印」という通変は、思考のエネルギーであって、その本質は、精神的な快楽を求めていく作用です。「印」のエネルギーが適度に作用している印タイプの人は、非常に甘え上手であり、周囲が放っておけないような魅力を発することでしょう。知らず知らずのうちに、人から一目置かれるような存在になっていきます。

また、印タイプは物事の習得に長けています。知識や学問を深めることを喜びとするのです。研究者や発明家としての資質を持っているのが、印タイプの特徴と言えるでしょう。けれども、その探究心は自分自身の学びを深めることに終始しているので、そういった意味では利己主義の星といえるかもしれません。

印タイプは基本的にはポジティブ思考です。ただし、度が過ぎると、何でも自分に都合よく考えていく傾向にもあります。目上の人から叱られたりして、心の奥底では自分の非を認めていても、あれこれと屁理屈をこねくり回して反省しようとしません。それゆえに、何度も同じ失敗を繰り返すことも少なくないでしょう。

その一方で、ふとしたきっかけでネガティブな方向に振れていくと、ささいなことでも考え過ぎて、自ら悩みの深みにはまってしまうこともあります。深く思考するタイプだけに、いったん堂々巡りに陥ると抜け出すまでに時間が掛かります。

〈相手が比劫タイプの人との相性〉

印タイプの人にとって、比劫タイプは、堂々と自分らしく生きているように見える眩《まぶ》しい存在です。その半面、比劫タイプの「人に何かを任せて納得がいかない結果になるより、全て自分でやった方がいい」というような考え方に対しては、「とてつもなく要領が悪く、不合理で視野が狭い」というような否定的な意見を持ってしまうかもしれません。

印タイプも比劫タイプも、集団よりも個人を優先する傾向にあり、その点では似ているところがあります。ただし、比劫タイプは、人に煩《わずら》わされることを必要以上に嫌うところがあるようです。それに対して、印タイプは何事に取り組む時も、人に煩わされることを想定した上でそれを避ける道を模索します。

頭脳明晰な印タイプを、比劫タイプはまるで軍師のように頼りにしてくるでしょう。この関係は、印タイプが比劫タイプの知恵袋として関わることによって非常に強力なタッグを組んでいける相性なのです。

比劫タイプには、誰にも入ってきてほしくないテリトリーがあることを理解しておいた方が良いでしょう。良かれと思っての提案や忠告も、深入りしすぎると干渉として受け止められて、思わぬ形で拒絶されたりしそうです。

お互いに一定の距離を取りながら、求められれば助言を与えるという関係を続けている限りは、最高のパフォーマンスを発揮できる相性です。

〈相手が食傷タイプの人との相性〉

印タイプの人からすると食傷タイプは、自分とは異質な存在に見えるはずです。それほど親しくない関係のうちは、食傷タイプが魅力的に映ることもあるでしょう。けれども、意見を言い合うような関係になると、とたんに反目し合う可能性があります。

印タイプが、どのような時も用意周到に準備をするのに対して、食傷タイプは、何かに取り組む必要が出てくると、大して準備に時間をかけることなく、その勢いのままに飛び込んでいきます。印タイプからすると、それはまるで浅はかな自殺行為のように見えることでしょう。また、相手の本気度を疑いたくなるかもしれません。

印タイプは、あくまでも理性的にあらゆる方面から熟考して行動を起こします。ですから、食傷タイプが、その場の感情と直感だけで行動を決めることに驚かされることでしょう。この両者は物事への向き合い方が真逆なのですから、理解し合うのが難しいのも当然のことなのです。

長く付き合えば付き合うほど、お互いに相手の行動パターンに批判的になっていきます。この関係を有意義なものにするためには、まず相手を批判することを止める必要があります。食傷タイプの行動がもたらした成果や失敗を非難する前に、なぜうまくいかなかったか分析して相談に乗るという立場を意識しましょう。その経験は、印タイプにとっても学びとなるはずです。

〈相手が財タイプの人との相性〉

印タイプも財タイプも、安定性を求めるタイプです。学びに対する意欲が強いという点も似ています。しかし、その方向性は全く違います。印タイプが知識や教養が深まることに喜びを見出すのに対して、財タイプは、現実社会を生きる上で役立つ知識や学びを求めようとします。印タイプが精神性を大切にするなら、財タイプは物質性を重んじると言えるでしょう。

印タイプの目には、財タイプが何でもかんでも損得勘定で考える人に映りがちです。逆に、財タイプの目には、印タイプが知識の世界に閉じこもっているインテリに映っている可能性があります。

この両者は違いを認め合えば、協力し合える関係です。何かを始める時に最悪の事態も想定しておく印タイプは、どうしてもスタートが遅くなりがちです。その結果、杜撰《ずさん》な計画でも早く始めた人に負けてしまうこともあるでしょう。その点、ある程度の計画を立てたら、後は実体験から学ぼうとする財タイプと組めば、思いがけない冒険ができるはずです。

財タイプの現場主義ともいえる姿勢に敬意を払うようになれば、財タイプも印タイプを信頼して心を開いてくれるでしょう。

価値観も方向性も大きく違うからこそ、この両者が組めば守備範囲が広がっていきます。非常に発展的な関係となるはずです。

〈相手が官タイプの人との相性〉

印タイプと官タイプは、深い思索を重ねるという点において似ている組み合わせです。印タイプの目には、社会に自分の理想を打ち立てていこうとする官タイプの一途な姿勢は好ましく映るでしょう。官タイプも印タイプの知性や教養に惹かれていくはずです。

印タイプも官タイプも、自発的に行動を起こすタイプではありません。社会の影響を受けて動き出すという他動的な行動パターンは一緒です。何もない所から何かを生み出すことは得意ではありません。その代わり、周囲の状況や変化に対応して、その時やるべき事が何かを察知する能力を持っています。

印タイプが綿密な計画を立てて、官タイプがそれを世の中に「社会はこう変わるべきだ」と訴えていくパターンが理想的です。お互いの長所が存分に活かされる、かけがえのないパートナーとなることでしょう。

ただし、印タイプが自分自身も成長しながら物事を実現させていこうとするのに対して、官タイプは自分が所属している社会や組織をより良くすること、それが全てです。この違いが目立ってくると、両者の間で不協和音が生じてくるかもしれません。

印タイプは「理想の社会」というものに対して、時代や社会の状況によって比較的柔軟な立場を取る傾向にあります。ある程度、理想と現実を分けて考えられることでしょう。ところが、官タイプにそういった柔軟性はありません。非現実的であると言われようと「あるべき理想」を追求して妥協を許そうとはしないでしょう。

この価値観や方向性の違いが原因となって別の道を歩む可能性もあるようです。いったん対立してしまうと話し合いで解決しようにも、どちらも弁が立つので厳しい批判合戦で終わってしまうでしょう。

この関係を良好なものとして続けていくためには、お互いに方向性や価値観の違いを認識しつつ、その点については深掘りせずに避けることです。


〈相手も印タイプの人との相性〉


印タイプの人は、知的探究心が旺盛です。学ぶことが何よりの喜びであるという性質を持ちます。印タイプ同士のこの相性は、特に研究分野や学術分野において、最大のパフォーマンスを発揮することができる相性となるでしょう。

とはいえ、印タイプは自ら率先して行動するタイプではなく、物事を動かすことに関しては、他人に依存する傾向があります。自分の考えが深まったところで満足してしまうという面もあります。

印タイプ同士の関係は、お互いに相手が動いてくれることを期待したり、あるいはお互いに自分の世界に引きこもったりして、いつまでたっても先に進まないということがよく見受けられます。共に同じ分野でパートナー関係を築くなら、依存心を捨てて自分のことは自分でやるという姿勢を持つことが必要になります。

自分の関心事をオタク的に深く掘り下げていく印タイプ同士は、お互いの趣味や興味が一緒であれば、何時間一緒にいても話が尽きないほど親密な関係を築くことになるでしょう。逆に、趣味や興味が合わなければ、全く接点を持つこともなく終わってしまう可能性があります。

いずれにせよ、知的好奇心を満たすことに喜びを見出すという点において似ている両者は、理解し合えることも多いはずです。興味や関心事が近くても遠くても、交流を深めていけば、心強いパートナー関係を築いていけることでしょう。

第6章　ビジネスにおける相性

現代の社会において、誰の世話にもならず、たった一人の力で生きていくことは不可能といっても過言ではないでしょう。人はさまざまなかたちで人と関わり合い、助け合って生きています。

とりわけビジネスにおいては、相互協力や連携プレーができるビジネスパートナーがいるかどうかによって成果が変わってきてしまいます。

四柱推命の中の一部の理論は、わが国において、ドイツの心理学などがその中に取り入れられたりして、独自な形で発展をしてきました。

そして、特に経営者や人事担当者などを中心とした層に、ビジネスを円滑にしていくためのツールとして、さまざまな場面で活用されています。

1　占いは時代に合わせて進化させなければいけない

四柱推命の占術法が確立されたのは、宋の時代の中国です。当然ながら私たちが過ごしている今の日本とは、似ても似つかない社会です。

たとえば、四柱推命の原典には「僧道の命」という言葉がありますが、これはおおよそ「普通の人生を送ってはいけない」というような否定的な意味として使われていました。このとらえ方をそのまま、現代の鑑定に当てはめて「この命式は僧道の命なので、普通に就職するのは難しいです」などと鑑定しようものなら、大きな間違いを犯すことになります。

現代は、オールマイティーに何でもそつなく仕事をこなせる人よりも、一芸に秀でた人の方が有利とも言える時代ですから、命式の五行バランスが偏っていることは、むしろ武器になると考えても良いのです。

このように、四柱推命も時代に合わせて進化していくべきだと思います。

2　日柱干支の現代的活用法

日本のビジネスにおいては、四柱推命の一部を使った簡便な性格分析法が広く活用されていたりします。その多くは、日干支をベースにした分類というような方法論であり、このような場合は、たいてい命式の一部しか見ないので、本来の四柱推命の運命鑑定とは違っています。しかし、ビジネスなどにおける相性判断やタイプ分析には効果を発揮するものです。

読者の皆様の中には、「個性心理学」とか「バースデーサイエンス」などという名前を聞いたことがおありの方もいらっしゃるかもしれません。こういった日干支を基にした鑑定法には大きく分けて、十二運星の分類、同一空亡による分類があります。

十二運や空亡というものを用いて、運勢が良いとか悪いとか断じることは、決して四柱推命の正しい活用法ではありません。

「病や死があるから、出世できない」とか「空亡の時には、何もしてはいけない」などと断じることは、百害あって一利なしです。

とはいえ、こういった星を相性診断のツールとして活用するのは問題ないでしょう。なぜなら、日干支の六十干支こそが、その人の内面性を表わす60パターンの世界観を表しているからです。この部分には、その人の内面の状態が驚くほど表れてきます。そして、この六十干支をいくつかに分類することで、その人が潜在的に持つ価値観や思考回路が見えてくるのです。

日干支で見ていく六十干支の詳細につきましては、拙著『四柱推命の景色』（総和社・刊）をご覧ください。

3　十二運星による3タイプの分類法

この方法は、『五行六令帝王学《ごぎょうろくれい》』の真藤昌瑳煕《しんどうまさひろ》氏から教わったのですが、『バースデーサイエンス』などで行っている3タイプの属性によって、その人の性質や相性を知るという方法です。

真藤氏は自身が経営者であり、さらに数々のクライアントを持つ経営コンサルタントにして『任せる力』（すばる社・刊）の著者でもあります。また、筆者の四柱推命講座も受講してくださり、「四柱推命ｖｓ五行六令運命学 どっちが当たる？！」というタイアップ講座を組んだり、四柱推命講座ＤＶＤの中では、対談形式で四柱推命の解説をしていただいたりしたこともあります。
この3タイプの属性がどれに当たるかは、第2章で出した「日干支タイプ」の箇所をご覧ください。そこに書かれている「直感タイプ」「結果タイプ」「人柄タイプ」のいずれかが、あなたの3タイプの属性になります。
これは、四柱推命の「十二運星」という星によって、日柱の六十干支を三つに分けた鑑定法です。おのおの十二運星によって、次のような属性になります。

沐浴・建禄・死・絶↓直感型
長生・帝旺・病・胎↓結果型
冠帯・衰・墓・養↓人柄型

こう書いてしまうと、あまりにも手抜きの鑑定法のように思われそうですが、六十干支の性質上、陽干は陽支、陰干は陰支にしか結びつかないので、結果的に次のような法則が成り立ちます。

日支（ⓖ）の十二支が墓支属性（丑・辰・未・戌）の場合↓人柄型
それ以外は、日主の五行が木・金（甲・乙・庚・辛）か火・土・水（丙・丁・戊・己・壬・癸）に分けられます。
日主（ⓒ）の五行が木・金（甲・乙・庚・辛）の六十干支↓直感型
日主（ⓒ）の五行が火・土・水（丙・丁・戊・己・壬・癸）の六十干支↓結果型

それぞれの属性をパーセンテージにしますと、次のようになります。

結果タイプ↓40・0％
人柄タイプ↓33・3％
直感タイプ↓26・7％

この分類法は、「バースデーサイエンス」だけでなく、「個性心理学（動物占い）」の太陽・地球・月の三種類に分ける方法も同じです。そして、この三種の分類法の相性は、ビジネスのツールとして、経営者などに好んで活用されていたりします。

それでは、直感タイプ、結果タイプ、人柄タイプの順に、三つのタイプの特徴を見てまいりましょう。

3―1　直感タイプ

ピンとくる直感を大切にして、自分の感性で自由に仕事をしていきたい人です。状況に応じて、臨機応変に動くことができるタイプでもあります。周囲から持ち上げられることで、テンションが上がり、やる気を出します。自由に動きたいタイプなので、型にはめられることを苦手とします。自分自身で全体を把握して、自分の感覚で仕事をします。

ビジネスなどで人と会う時には、テンションを上げて社交的に振る舞いますが、プライベートでは必ずしも社交的とは限らないようです。その場の状況や立場に応じて、「ここは、こう立ち振る舞うべき」と直感的に理解できるのが特徴です。

非常に頭の回転が速いタイプですが、ブランド品や肩書に惑わされる面があります。直感的に判断するこのタイプは、よく目にするもの、目立つものに対しては表面だけを見て反応してしまいがちになります。

3−2　結果タイプ

結果を何よりも重視するタイプです。仕事は結果が全てであると考え、効率性を常に意識しています。締め切りをゴールと考えて、きっちりと段取りよく仕事を進めていくタイプです。ただし、そのやり方やペース配分については、マイペースに進めていくことを好みます。周囲に口出しされることを嫌うでしょう。とはいえ、どんな仕事でも結果を出せれば満足というわけではなく、自分が夢中になれる仕事なのかどうかということを気にする傾向にあります。自分を主体にして行動するタイプなので、自分の能力や経験が十分に活かせる仕事でないと努力の方向に迷ってしまうことがあるでしょう。基本的に、状況に合わせて臨機応変に動くことは苦手です。目標を達成するという明確なゴールがあれば、苦労を厭わず自分の仕事に取り組みます。

着実に結果を積み重ねていこうとするので、地に足の着いた考え方を心がけています。うまい話にだまされるようなことはありません。

3−3　人柄タイプ

文字通り人柄を重視して仕事を進めていくタイプです。どんな状況においても、相手との信頼関係を大切にします。ですから、仕事相手とのコミュニケーションには時間をかけます。多くの人が関わるチームで仕事をする場合などは、周囲の意見に耳を傾けながら、人間関係の潤滑油となるような働きをすることでしょう。行動パターンは、相手主体となる傾向があり、自分より相手のメリットを重視します。結果を出すこと以上に、その過程で相手との間に信頼関係が築けたかどうか……ということを意識する傾向があります。

ただし、チームのトップとして指揮を取る場合などには、能力そのものよりも相手の人柄に左右されやすい面が短所となるかもしれません。相手の気持ちや立場を慮《おもんばか》るあまり、厳しい指摘や指導ができず、結果的に自分が責任を負うようなこともあるでしょう。けれども、逆にそういう誠実な人柄が上司から評価されたり、部下から慕われたりして良い方向に転じることもあります。

人柄を大事にするのと同じぐらい、仕事のクオリティーを大切にします。リサーチ力が優れているので、あらゆる資料に目を通して入念に仕事を進めていこうとしますが、締め切りが二の次になる傾向があります。

3―4　3タイプの巴形主従関係で仕事の相性を見る

ここでの相性は、仕事をするパートナーや、上司と部下の相性を主に見ていきます。

同じタイプに分類されたビジネスパートナー、もしくは、上司と部下は考え方が共通しているので、相性が合うと見ます。

一方、タイプが違う相手は、それぞれ考え方が違ってきますから注意が必要とも言えますが、上司と部下の関係性では、違いがあることで理想的な関係が築かれることもあります。
それは、おおよそ次の通りです。

＜理想的な関係＞
直感タイプの上司×人柄タイプの部下
人柄タイプの上司×結果タイプの部下
結果タイプの上司×直感タイプの部下

＜注意が必要な関係＞
直感タイプの上司×結果タイプの部下
結果タイプの上司×人柄タイプの部下
人柄タイプの上司×直感タイプの部下

先ほどご紹介した「五行六令帝王学」を主宰する真藤昌瑳熙氏は、以前、会社の面接で人事の採用にあたり、自分がこれはと思う人物を、生年月日を一切見ることなく選んで、一〇〇名の採用を決めたそうです。真藤氏自身はこの3タイプの分類法で言うと「人柄型」に該当するのですが、その一〇〇名の採用決定者の生年月日を後から調べたところ、なんとそのうち七十五人が、自分と同じ「人柄型」だったそうです。確率論で言えば、全体の中の33・3％しかいない人柄型が、採用決定者の4分の3を占めてしまった計算になります。

そして比較的、真藤氏の「人柄型」と相性の良い「結果型」が二十四人で、注意が必要な相性である「直感型」は、たった一人しかいなかったそうです。

ちなみに『五行六令帝王学』において、この3タイプの分類法は、日干支だけでなく、日主と月支の組み合わせ、日主と年支の組み合わせの三つの星で見ていきます。

真藤氏は「このような結果になってしまったのは、自分の持つ三つの星の中に「直感型」を一つも持ち合わせず、「直感型」のタイプの長所を自分が理解できなかったからかもしれないとおっしゃっていました。

ちなみに筆者は、この三種の分類法でいうと「結果型」ですが、不思議と仕事を手伝ってもらおうと声をかける人は、同じく「結果型」であることが多いです。

もちろん、さらなる検証は必要になってくるでしょうが、これらの例は、人は従業員を選ぶ際に無意識に自分と同じタイプを選び、相性の悪い部下を避ける傾向にあると考えられるかもしれません。

それでは、それぞれの相性を、細かく見ていきましょう。

○　直感タイプの上司×人柄タイプの部下

全体をザッと把握したら、理屈より感覚や感性を働かせて行動を起こす直感タイプの上司と、どのような時も丁寧に仕事を進めようとする人柄タイプの部下とでは、考え方にかなりの開きがあります。しかし、人柄タイプの部下にとっては、ざっくりとした指示しか出さない直感タイプの上司は、自由に裁量を任せてくれるやりやすい相手です。直感タイプの上司にとっても、人柄タイプの部下は自分の足りない細かな所まで気が付いてくれる有能な相手といえるでしょう。

○人柄タイプの上司×結果タイプの部下

細かいところまで、丁寧な仕事をやろうとする人柄タイプの上司にとって、結果タイプは仕事のクオリティーの追求においては、やや不満な点もあるでしょう。とはいえ、全体的に及第点を取るような結果を出してくれる頼もしい部下です。仕事のやり方に細かい口出しをしなければ良い関係を築けるでしょう。また、結果タイプの部下にとっても、常に気を遣ったり、長所を褒めたりしてくれる人柄タイプの上司は、モチベーションを維持しやすい相手です。

○結果タイプの上司×直感タイプの部下

平均点80点でも必ずゴールすることを目標にするような結果タイプの上司にとって、細かい指示を出さずとも、最速なやり方でゴールを目指す直感タイプの部下は手放せない相手です。また、直感タイプの部下にとっても、最終目標を見据えて動く結果タイプの上司は、自由で動きやすい相手です。結果タイプが直感タイプのやる気を最大限に引き出すことで、素晴らしい成果を生み出していけます。

○直感タイプの上司×結果タイプの部下

思いついたらすぐに行動したい直感タイプの上司にとって、目的やゴールに合わせた計画が立たないうちは動こうとしない結果型の部下はどう扱っていいか迷う相手です。どちらかというと、やりにくい部下と言えるでしょう。また、結果タイプの部下も、感覚で行動する直感タイプの上司が何を求めているのか理解できないかもしれません。直感タイプの上司は、結果タイプの部下に対しては、目標や納期など客観的なゴールを明示して動きやすいようにしてあげる必要があります。

△　結果タイプの上司×人柄タイプの部下

期限までに結果を出すことを優先する結果タイプの上司にとって、良い仕事さえすれば少々締め切りに遅れても構わないと考える人柄タイプの部下は、だらだらと仕事をしているようにも見えて理解に苦しむ相手です。また、クオリティー重視で丁寧な仕事をしたい人柄タイプの部下にとっても、とにかく期日内で終わらせることが第一で、クオリティーが二の次の結果タイプの上司には不満を抱きがちです。お互いの価値観を理解した上で、折り合いを付けていくことが必要です。

△　人柄タイプの上司×直感タイプの部下

時間をかけてチームワークを作り上げ、仕事の一つ一つに時間をかけようとする人柄タイプの上司は、ノリとテンションだけで動いているような直感タイプの部下に困惑するかもしれません。直感タイプの部下の仕事の進め方が、チームのペースを乱すように見えるでしょう。また、スピーディーに仕事を仕上げていく直感タイプの部下にとっても、人柄タイプの上司の仕事はスローペースに感じられてやりにくいでしょう。人柄タイプの上司は、持ち前の人柄重視を発揮して、自分とは違う仕事の進め方をする部下のやり方を許容することが必要です。それができれば、確実に素晴らしい関係性を築けるようになります。

一つ例を出して、このビジネス上の相性を見てみましょう。

この相性鑑定法は、出生時間が分からなくても、見ていくことができます。そういった意味でも、実用的で扱いやすい鑑定法といえます。

近藤勇（新選組局長）天保五年十月五日生（グレゴリオ暦では、１８３４年11月5日生）

年干支　甲午
月干支　甲戌　　日干支タイプ　結果タイプ
日干支　丙申　　旬数　　第４旬

土方歳三（新選組副長）天保六年五月五日生（グレゴリオ暦では、１８３５年5月31日生）

年干支　乙未
月干支　辛巳　　日干支タイプ　結果タイプ
日干支　癸亥　　旬数　　第６旬

この二人は幕末の京都において、尊王攘夷の志士たちから非常に恐れられた新選組の局長と副長です。

どちらも「結果タイプ」の二人であり、仕事の相性が良かったことは、後世の私たちにもよく知られたところです。おそらく、情より結果を残すことを優先するシビアな面で、共通の認識を持っていたからでしょう。

4 旬数で見る相性鑑定法

この相性鑑定法は、日干支の六十干支を、第1旬〜第6旬の六つの旬の部屋に分け、それによって相性を見ていくものです。

六十干支を6種類に分類する鑑定法は、算命学などで好んで使われる鑑定法であり、少し前は、「0学占い」、最近では「六星占術」や「五星三心占い」、「五行六令運命学」などが、この分類法を用いています。

以下のように、六十干支を第1旬〜第6旬に分類します。

甲子・乙丑・丙寅・丁卯・戊辰・己巳・庚午・辛未・壬申・癸酉↓第1旬（戌亥空亡）
甲戌・乙亥・丙子・丁丑・戊寅・己卯・庚辰・辛巳・壬午・癸未↓第2旬（申酉空亡）
甲申・乙酉・丙戌・丁亥・戊子・己丑・庚寅・辛卯・壬辰・癸巳↓第3旬（午未空亡）
甲午・乙未・丙申・丁酉・戊戌・己亥・庚子・辛丑・壬寅・癸卯↓第4旬（辰巳空亡）
甲辰・乙巳・丙午・丁未・戊申・己酉・庚戌・辛亥・壬子・癸丑↓第5旬（寅卯空亡）
甲寅・乙卯・丙辰・丁巳・戊午・己未・庚申・辛酉・壬戌・癸亥↓第6旬（子丑空亡）

四柱推命において、この旬数というものは一般的に、それぞれの旬の部屋の中に含まない十二支を出して、「○○空亡」などと呼ばれます。その中に、子と丑がなければ「子丑空亡」と言うわけです。

真藤氏の「五行六令運命学」においても、そのまま四柱推命の呼称である「○○空亡」という呼び方を用いています。

ちなみに、今の日本のポピュラーな占いにおける、第1旬～第6旬までの旬数とその名称を、左記の表にまとめてみました。

旬数　名称一覧

旬数／占術	第1旬	第2旬	第3旬	第4旬	第5旬	第6旬
五行六令運命学（四柱推命）	戌亥空亡	申酉空亡	午未空亡	辰巳空亡	寅卯空亡	子丑空亡
0学占術	土王星	金王星	火王星	月王星	木王星	水王星
六星占術	土星人	金星人	火星人	天王星人	木星人	水星人
五星三心占い	羅針盤	インディアン	鳳凰	時計	カメレオン	イルカ
算命学	戌亥天中殺	申酉天中殺	午未天中殺	辰巳天中殺	寅卯天中殺	子丑天中殺

なお、本書における目的は、この旬数を基に相性を見ていくことであり、「空亡に当たる十二支がどうのこうの」という鑑定をするつもりは毛頭ありませんので、あえてこのまま、第1旬～第6旬という旬数の名前で、説明させていただきます。

お互いの旬数を、次のページにある表で見つけて、そこに書かれているマークを見てください。

次のページの下にあるのは、第1旬～第6旬の部屋の配置図です。一つの旬にはそれぞれ10個ずつの六十干支が含まれています。そして、六十干支は60の干支が一巡すると、また元の干支に戻っていきます。その旬数の部屋と部屋の配置によって、相性が決まってくると考えます。

それでは、それぞれのマークごとに、相性を見てまいりましょう。

【旬数同士の相性】

自分＼相手	第1旬	第2旬	第3旬	第4旬	第5旬	第6旬
第1旬	◎	○	△	☆	△	○
第2旬	○	◎	○	△	☆	△
第3旬	△	○	◎	○	△	☆
第4旬	☆	△	○	◎	○	△
第5旬	△	☆	△	○	◎	○
第6旬	○	△	☆	△	○	◎

【旬円グラフ】

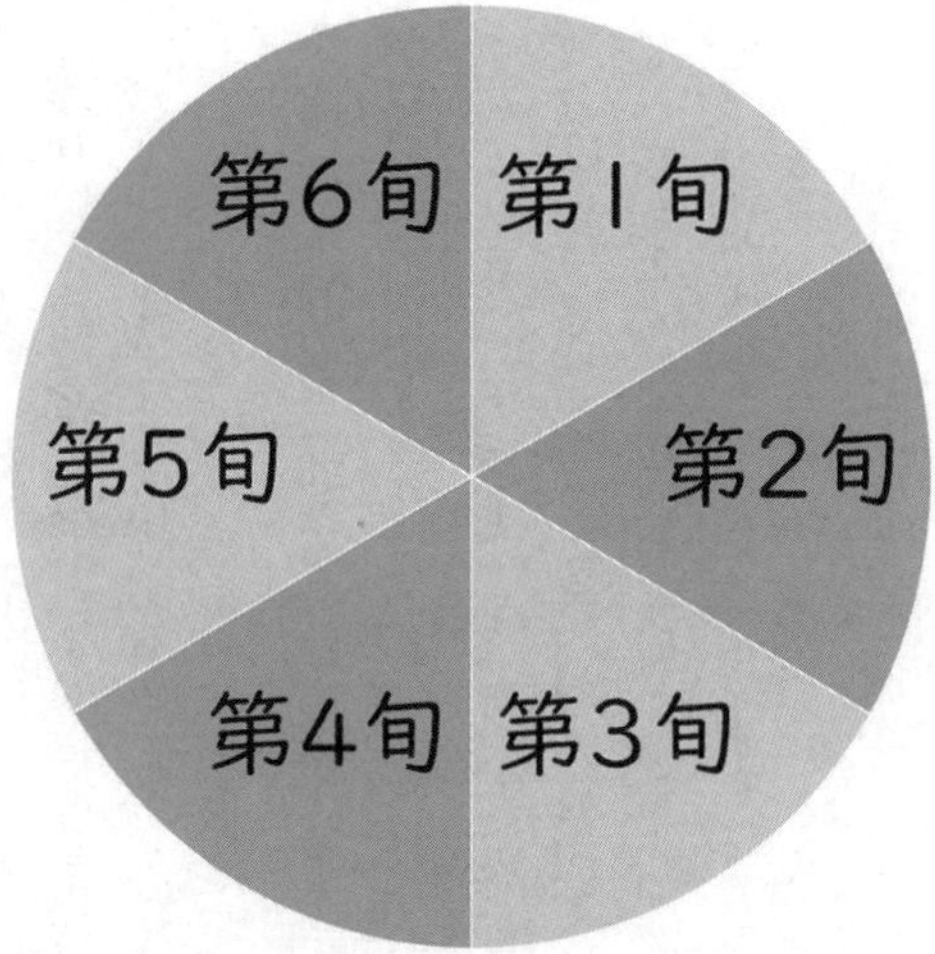

同じ部屋の関係（◎の関係）

お互いの旬数の数が同じになった相手とは、結びつきが強い関係となります。

この関係のことを四柱推命用語で、「同一空亡」と呼びます。一緒にいて緊張するようなことのない相性です。ありのままの自分でいられるので、気持ちが楽になれる関係です。お互いが同じ方向性を持って行動すれば、最強の相性となります。

この関係は、自然と運命共同体のようなものになっていきます。そのため、お互いに調子が悪いときには、それがさらに増幅されてしまいがちです。そうなってくると、二人の間に流れる空気が一変して、重苦しいものになってしまう場合があるかもしれません。

この中で、全く同一の干支の組み合わせを四柱推命では「併臨干支《へいりん》」と呼びます。特に算命学では、この関係を「律音《りっちん》」と呼んで特別視します。相手と自分の日干支が同じ六十干支であるということは、内面世界が同じということになります。相手の気持ちが手に取るように理解できる半面、似ているからこそ反目し合う場合もあるでしょう。（各々の六十干支については、「四柱推命の景色」をご参照ください）

隣り合っている部屋の関係（○の関係）

お互いの旬数の部屋が隣り合ったポジションにある相手とは、ビジネスの関係において良好な関係を築いていけます。この関係は、価値観や考え方が完全に一致しているわけではないものの共通点も多いので、話し合えば理解し合えるという関係です。相手の美点や長所に好ましさを抱きやすく、相手が年長者であれば、尊敬の眼差しを向けることも多いでしょう。相手の生き方に憧れを感じやすい相性です。

一つ飛ばした部屋の関係（△の関係）

お互いの旬数の部屋が１２０度の関係になり、一つ飛ばした隣のポジションにある相手とは、考え方の違いが目立ってしまいがちです。お互いの価値観や考え方を理解するのが難しい関係です。逆に言えば、この相手とは、お互いの足りない面を補強し合える関係となるでしょう。お互いに相手を信頼して、自分の苦手な分野を相手に任せることができれば、かけがえのないパートナーとなる可能性もあります。

この相性の中で、算命学上でいう「大半会《だいはんかい》」となる関係（十干が同じで、十二支が三合局（※1）を形成する関係で、干支番号が20番違いになる組み合わせ）であれば、最強のビジネスパートナーとなるでしょう。スケールの大きな実績を残す可能性もあります。

向かい側の部屋の関係（☆の関係）

お互いの旬数の部屋が向かい合うポジションにある相手とは、正反対の性質を持ちながら、共感し合える関係を築いていけます。お互いが相手の中に自分が持っていないものを見つけ、刺激を受け合いながら切磋琢磨していくでしょう。ビジネスにおいては、大きな可能性が期待できる相性です。

この相性の中で、算命学で「納音《なっちん》（※2）」と呼ばれている関係（同じ十干同士の組み合わせで、かつ十二支の関係が冲（※3）に当たる関係で、干支番号が30番違いになる組み合わせ）であれば、自分とは全く違う相手に違和感を抱きながらも強く惹かれ、腐れ縁が続くと言われています。

（※1）「三合局」とは、亥―卯―未（三合木局）、寅―午―戌（三合火局）、巳―酉―丑（三合金局）、申―子―辰（三合水局）の四つの組み合わせのことで、同一の局を形成する十二支は、結びつきが強くなります。

（※2）本来、納音とは、六十干支を音韻《おんいん》理論によって五行を選定し、30通りに分けた三文字の星（例えば「山頭火」「井泉水」など）のことを言います。算命学で、このようなネーミングが付けられたのは、この関係に当たる干支は、納音の理論上、必ず同じ納音五行になるからという理由ではないかと思われます。

（※3）「沖」とは、子―午、丑―未、寅―申、卯―酉、辰―戌、巳―亥の六つの組み合わせがあり、反発し合う関係と言われていますが、同時に刺激を受けて惹かれあう部分もあります。

それでは、先ほどの近藤勇と土方歳三の相性を見てみましょう。

近藤勇の旬数は「第4旬」であり、土方歳三の旬数は「第6旬」です。「第4旬」と「第6旬」を先ほどの表で調べると、△の120度の関係で必ずしも良い相性とは言えません。しかし、お互いのことを信頼し合って、相手に背中を任せられたことで、幕末最強の治安維持組織である新選組を作り上げることができたのでしょう。

これ以外に、四柱推命の日干支同士の関係で、お互いが相手の空亡を自分の日支（ⓖ）に持ち合っていることを「互換空亡《ごかん》」と呼び、非常に良くない関係だとする鑑定法があります。けれども、筆者の経験からして、これは全く当たりません。これまでにも何組か、この組み合わせに当たるカップルを見てきましたが、仲睦まじく暮らしているカップルもたくさんいます。

互換空亡というものについては、単なる迷信の域を出ない鑑定法だと思って差し支えないでしょう。

5　算命時計によるビジネス相性鑑定法

最後に、ビジネスを組む相手とどれだけ理解し合えるかを、算命時計を使った相性鑑定法で見ていきたいと思います。昨今では、四柱推命を扱う鑑定師も、相性を見るのに、好んでこの算命時計が使われているようですが、そもそもこれは、算命学という占いで生まれたものです。この六十干支を円盤に羅列した図に、相性を見たい二人それぞれの年干支・月干支・日干支を線で結んで、三角形を書き入れます。その三角形を重ね合わせ、重なり合う部分が多ければ多いほど、お互いが理解し合えるという風に鑑定します。

そして、右上を安定のポジション、右下を自由のポジション、左上を知恵のポジション、左下を挑戦のポジションとします。どの部分で重なり合うかで、二人の共感できる部分を知ることができます。

それでは、近藤勇と土方歳三の相性を、この算命時計から見ていきましょう。

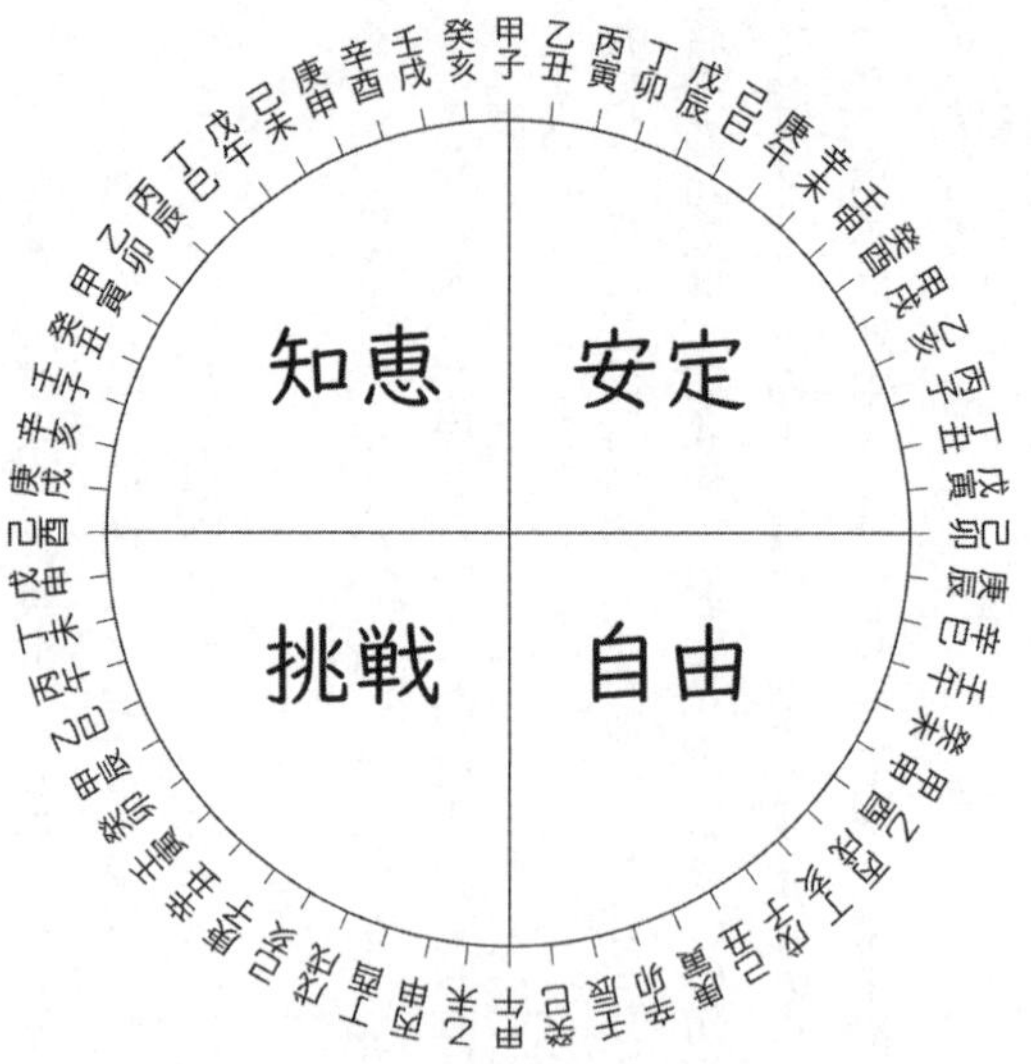

算命時計

近藤勇の年干支「甲午」、月干支「甲戌」、日干支「丙申」で三角形を作ると、自由のポジションである右下の所に大部分が入る比較的小さな三角形となります。

一方の土方歳三の年干支「乙未」、月干支「辛巳」、日干支「癸亥」で三角形を作ると、円の右側の安定と自由のポジションに、大きな三角形ができあがります。

お互いが自由で安定した気持ちで付き合える相性であることがわかります。

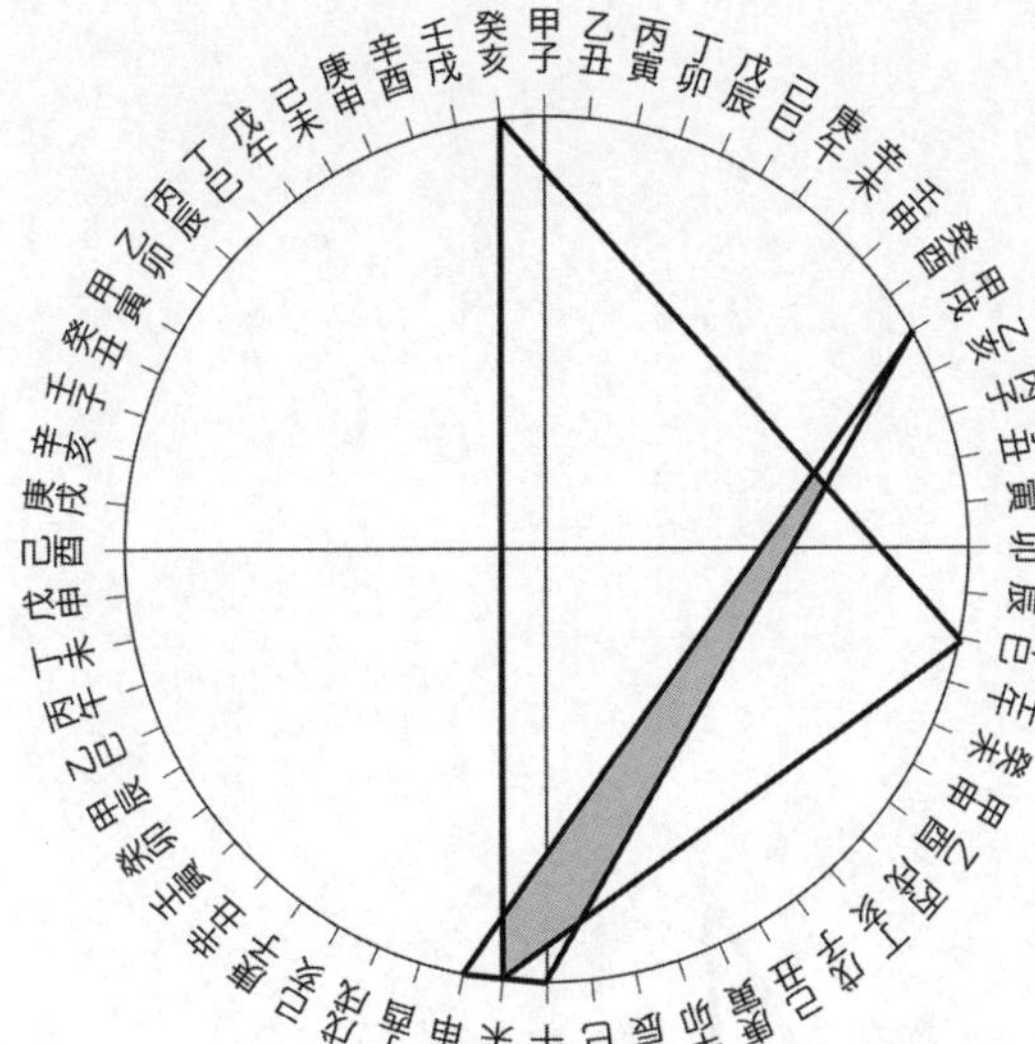

近藤勇と土方歳三の仕事上の相性

第7章　人生の共同パートナーとの相性

人生は、共同パートナーになる人と巡り会い、共に歩む時期があります。それはある程度まで、自分の意思で選択することもあるでしょう。けれども筆者には、目に見えない縁の力によって決められているようにも思えてなりません。

その縁は、あなたの人生にとって贈り物のようなもの。その相手と素晴らしい関係を築いていくことこそが、与えられた人生を実りあるものにしていく鍵となることでしょう。

ここでは、四柱推命の五行哲学理論を用いた、本格的な相性鑑定法を用いて、人生の共同パートナーとの相性を見てまいりましょう。

1　四柱推命の本格的な相性鑑定法

四柱推命は、陰陽五行による自然哲学を駆使した奥深い占術であり、本来の鑑定法は全てこれに立脚するものです。これまでに述べてきた、十干と十干の関係や、十二支と十二支の関係、もしくは通変のタイプで診断すること、日干支の十二運星を見ていくような相性鑑定法は、四柱推命の一部の星を扱った鑑定法であり、それなりの精度はあるものの、四柱推命の本質的な鑑定法ではありません。

では、四柱推命の本質的な相性鑑定法とは何かと言えば、お互いの五行バランスを見比べながらお互いの命式を自然の景色のようにとらえ、そこに存在する十干十二支が、相手の命式に与える影響を見ていくということです。

余談ですが、筆者が実践鑑定で、第3章から第6章までに示した相性鑑定を活用することは、ほとんどありません。時折、第5章の「思考のパターンによる相性」で取り上げた、強い通変による思考パターンの違いによるお相手の攻略法を伝えることがあるくらいです。

これまでに説明した相性鑑定法は、簡便に相性鑑定が楽しめるという点では、優れたものだと思っています。しかしながら、これから述べる相性鑑定法こそが、陰陽五行思想の神髄を最大限に活かした真の相性鑑定法といえます。

2　絶対に悪いという相性は存在しない

繰り返し申し上げてきましたが、絶対にうまくいかない相性は存在しません。一人一人違う人間同士なのですから、どのような相性であっても、良い面と悪い面があります。

相性鑑定の性質上、一方には比較的良い相性でも、もう一方にはしっくりこないというようなこともあります。たとえば恋愛において、お互いの想いが全く同じ重さの両想いなど少ないのではないでしょうか。たとえ相思相愛でも、どちらかがより強く相手を想っているというのが現実だと感じます。実のところ、相性というのはそういうものなのでしょう。

これから説明する相性の見方は、四柱推命の神髄とも言える鑑定法ですので、第6章までの鑑定法とは違い、わかりにくい部分があるかもしれません。なぜなら、文面だけで全てを説明するのは難しいところがあるからです。


しかし、皆様にイメージ力があれば、それを補うことができるはずです。

実は、ここで見ていく相性鑑定の方法は、全てを大自然の法則に当てはめてみようという試みです。この地球上では常に自然は変化し続け、時には干ばつや土砂崩れ、洪水といった自然災害が、常に地上のあらゆる場所で起こっています。

人間がその知恵を結集させても、大自然の脅威に抗えません。そして、これらの自然災害は、人類にとっては忌まわしきものでも、地球規模で考えれば、避けては通れない変化の一つかもしれません。見る視点によって、物事の吉凶は変わってくるものです。

少し専門的な話になりますが、一般的な四柱推命学においては、その人の命式の特徴から「内格（普通格局）」と「外格（棄命格）」の二つのどちらであるか判別することから始めます。こうした鑑定の場合、その人の命式を「内格」として取ったなら、日主を主体にした命式のバランスを取っていくような生き方を良しとする方向で鑑定を進めます。

一方、その人の命式を「外格（棄命格）」として取ったなら、日主の存在を捨てて（棄命）、自分の外側にある社会や環境などの大きな流れに翻弄されながらも、力強く自分の道を切り開いていく人生が待っている……そのように伝えることから鑑定を始めていきます。あえて大きく分けるなら「内格」の命式は「自然な生き方」、「外格（棄命格）」の命式は「異色な生き方」とか「型破りな生き方」です。ただし、筆者は「内格」の人生を選ぶか「外格（棄命格）」の人生を選ぶかは、本人が決められるという持論を持っています。

とはいえ、自分の意識一つで「内格」であるか「外格（棄命格）」であるかの好きな方を選べるというほど、簡単なものでもありません。その人のこれまで歩んできた道のり、周囲からの影響や経験から身についた考え方などに左右される面もあるでしょう。どちらの生き方をしてきたかは、大運や年運の流れを見ながら、その中で本人がした選択をヒアリングすることで浮かび上がってくるものです。

命式を見るだけでは、「内格」か「外格（棄命格）」かを決められるものではない…というのが本当のところです。筆者が過去に鑑定した経験から見て、実際に同じ命式であっても、片や「内格」で生きている人生、片や「外格（棄命格）」で生きている人生という双子の兄弟が実際に存在するからです。あえて言えば「命式の偏りが強ければ強いほど、外格になる可能性が高まる」ということは確かにあります。筆者が鑑定する場合、「内格」か「外格（棄命格）」かの判別不能の命式で、何も情報がないような場合には、「外格（棄命格）」になっている可能性の余地を残しながら、とりあえずは「内格」として見ていくようにしています。

命式をイメージ化した「運命の景色」についても、その人の命式を「内格」と見るか「外格（棄命格）」と見るかによって、同じ景色でも見え方が変わってくることでしょう。「内格」の命式を持つ人への処方箋としては「自己を中心として見えてくる運命の景色の大きな自然の中で、自分自身にとって望ましい生き方を探る」ということになります。

対する「外格（棄命格）」の命式を持つ人へは「自分自身が、運命の景色の大きな自然の中に溶け込むような、一つの存在として生きる」という道が開かれていると伝えることでしょう。

これから説明する相性鑑定法も、そういったイメージで考えていただければと思います。

3 大自然のイメージで相性を読み解く

その命式にとって勢いのある五行は、第2章で出した「外的環境の支配五行」と一致するはずです。（五行バランスの取り方について、より詳しくお知りになりたい方は、拙著である『四柱推命の景色』をお勧めいたします）

少し例を挙げてみましょう。

たとえば、日主（ⓒ）が「甲」か「乙」の「木」の五行に属する日主で、命式の中に「火」の五行が多く存在して、木が焼け焦げそうな命式があるとします。そして、相性を鑑定するお相手の命式にも、「火」の五行が多く存在しているとしましょう。

四柱推命に造詣が深い方は、もうおわかりのことと思いますが、日主が「木」で、ただでさえ「火」が多すぎる所に、さらに火が加わったら、木は燃え尽きてしまいます。「火」の五行を多く持つお相手の方にも、飛び火して、大火事になってしまうでしょう。

これは、四柱推命の本格的相性法においては、一般的に凶とされることが多い相性となります。しかし、森林の大火事は人間にとっては忌まわしき災害でも、将来、火事によって地面に堆積した灰を肥料として新たな生態系を持った森が生まれる可能性も秘めているのです。

こうしたイメージから、再度この相性について考えれば、面と向き合って過ごす相手としては望ましくなくとも、相手とタッグを組んで現状を変えるべく行動を起こそうとするならば、爆発的なエネルギーで大きなことをなし得る相性であるとポジティブにとらえることもできるのです。

4 相手の命式に与える影響を読み解くのが極意

人が人に与える影響というのは、場合によっては、相手の人生を変えてしまうほどの力を持つこともあります。四柱推命の相性鑑定においては、相手の命式が自分の命式に、または、自分の命式が相手の命式に、どういった影響を与えるのかを読み解いていきます。

とはいえ、どんなに相手がそばにいても、その相手のことを理解しようと意識するようなことがなければ、お互いの命式が影響し合うことはほとんどありません。

一緒に共同の作業を行ったり、学校や会社など同じ環境で過ごしたりすることでも、多少の影響が出ることはありますが、共に過ごす時間が長くなり、常に相手の存在を意識するようになると、お互いの持つ命式が共鳴し合って、知らず知らずのうちに相手の持っている五行の影響を直接、受けることになります。

特に男女の場合、恋人同士になったり、結婚したりして身体の関係を持つようになったりすると、相手の命式にある五行が、直接的に自分の命式に流入してくることとなり、性格や運命傾向に大きな影響を及ぼすようになります。

5　人の相性には、いろいろなタイプがある

本来、人と人との相性には、画一的な吉凶判断で判断できるようなものではなく、いろいろな相性の型（タイプ）が存在します。そして、それぞれの型によって、その相性を発展させていくアプローチが違ってきます。

これまでの四柱推命では、相手の命式の中に、自分の命式の五行バランスを安定させてくれるような五行が多くある場合を「良い相性」とし、逆に自分の命式の五行バランスを不安定にするような五行が多くあると「悪い相性」としてきました。けれども、実際にたくさんのご夫婦やカップルを鑑定させていただくと、必ずしもそうではないという結論にたどり着かざるを得ませんでした。相手の命式の中に、自分の命式のバランスを安定させる五行が見つけられないような相性であっても、幸せに過ごしている夫婦やカップルもたくさんいたからです。

次にご紹介するカップルは、かつてはゴールデンカップルと呼ばれ、今もなお、おしどり夫婦として知られる三浦友和さんと山口百恵さんの命式です。（出生時間は、インターネット上で書かれていたものを参照しています）

四柱推命は、生まれた月の十二支を「提綱《ていこう》の府《ふ》」として、その季節を重視します。

三浦友和さんも、山口百恵さんも、月支（ⓕ）は「丑（一月）」のカチカチに凍った土であり、一年で最も寒い季節の生まれです。より詳しく見ていくと、三浦友和さんは、日主が「癸」です。そして、その命式全体が「金」の五行に占められています。山口百恵さんは、日主が「己」で、一見、

三浦友和さんの命式
1952年1月28日 午前6時　山梨県生まれ

時柱	日柱	月柱	年柱
ⓓ乙	ⓒ癸	ⓑ辛	ⓐ辛
ⓗ卯	ⓖ酉	ⓕ丑	ⓔ卯

山口百恵さんの命式
1959年1月17日 午前8時　東京都生まれ

時柱	日柱	月柱	年柱
ⓓ戊	ⓒ己	ⓑ乙	ⓐ戊
ⓗ辰	ⓖ亥	ⓕ丑	ⓔ戌

「土」の五行が強いように見えますが、全体で見ると「水」の五行を多く含み、命式全体が凍った土のようになっています。

どちらの命式も「火」が五行バランスを安定させるために必要なのですが、お互いの命式を合わせても、

「火」の五行を補うことはできません。

また、日主同士の関係の相性を見ても、必ずしも理想的とはいえないでしょう。これまでの四柱推命なら、間違いなく「悪い相性」と区分されるものです。なぜなら、お互いが一緒になっても、五行のバランスを調整してくれる星が相手から全く補えず、五行バランスの偏りが助長されてしまうからです。けれども、別の視点からこの相性を見ると、そうでもないことがわかります。

極寒の地では、夏になると太陽の沈まぬ白夜の期間と、冬になると、一日中太陽の昇らぬ極夜の期間の両方があります。白夜の時期は、太陽を求めて、少しの太陽光の下で、植物や動物の生態系が賑やかになります。海中の植物プランクトンでさえ、わずかな太陽光を利用し、活発に光合成を行っています。

極夜の時期は、全てが停止された状態です。全ての植物や動物はなりを潜め、極夜の後の活動のための力を温存しているのです。そして、この両者のバランスこそが、極限の地の最大の特徴なのです。

五行バランスが偏るということは、それだけ大きなエネルギーがそこに蓄えられるということでもあります。三浦友和さんと山口百恵さんで言えば、この相性は、お互いの命式には「火」の五行がなくても、共通の人間関係や社会から「火」の五行を少しでも補えれば、それをうまく活かしながら、大きな目標に向かって共に行動していくことができるはずです。そういう形で、最強の相性を築いていく可能性も秘めているのです。

それでは、五行バランスによる相性の３つの型（ポイント）を見ていきたいと思います。

【ポイント1】相手の命式から自分の命式に欠けている五行を補う型

相手の命式の中に、自分の五行バランスを良くする五行がたくさん存在する場合、その人は、あなたにとって好ましい相性の相手である可能性があります。さらに、相手から見た場合でも、あなたの命式の中に、相手の五行バランスを整える五行が存在していたならば、両者は理想的な関係へ育っていく可能性が十分にあり、開運効果が期待できる相性です。

ただし、このような例はまれで、相手の命式に自分の命式には欠けている五行があっても、相手の命式に欠けている五行は自分の命式にはないということがほとんどです。その場合、お互いに欠けている部分を補い合う関係を結ぶのは難しくなります。

うまい具合にお互いに欠けている五行を補い合えたとしたら理想的な相性です。けれども、そこには難点もあります。お互いの命式を合わせて全体のバランスが整うというような場合、どうしても考え方や行動様式を理解し合うのに時間がかかります。もちろん、時間をかければ相互の五行が影響し合って、バランスが取れてくる可能性もあるのですが、そうなる前に、お互いの違いを受け入れられずに終わってしまう場合もあります。信頼を深めるには時間が掛かるという点を理解して関係を築いていければ、かけがえのない友人やパートナーになる可能性があります。

【ポイント2】友情型・同士型の相性

これとは逆に、お互いの命式にとって五行バランスを良くしてくれる五行が同じになることもあります。

先ほどの三浦友和さんと山口百恵さんの相性が、これに当たります。

この関係は、お互いの五行バランスの偏りを確実に助長させてしまうことになり、これまでの四柱推命では、凶の相性とされてきました。

しかしながら、これらの相性は、同じ目標に向かって頑張っていく上において、非常に力を得られる関係であり、「友情型・同士型」の相性となります。結婚の相性としても悪くありません。

【ポイント3】相手の命式に自分の日主が通根できる関係

五行	通根できる十二支
木	寅・卯 ※辰・未・亥には、通常は通根できない
火	巳・午（・未） ※寅・戌には、通常は通根できない
土	巳・午・未（・戌） ※丑・辰には、通常は通根できない
金	申・酉 ※戌・丑・巳には、通常は通根できない
水	亥・子（・丑） ※申・辰には、通常は通根できない

自分の日主と同じ五行が、相手の年・月・日・時の４つの十二支（ⓔⓕⓖⓗ）に一つでもある場合、「相手の命式に通根する」と表現します。上の表を参考にしてください。自分の日主の五行と通根できる十二支を相手の命式の年・月・日・時の四つから見つけることができれば、相手の命式に通根したことになります。ただし、カッコ内の十二支は弱いと考えます。

相手の命式に自分の日主が通根できる場合、その相手との関係は、居心地の良いものになる可能性が高いです。

特に身弱（日主のエネルギーが弱い状態のこと）で、日主が自分の命式の中に一つも通根をしていない人は、常に自分の居場所を探してさまよう旅人のような感覚を抱いています。こういう命式の人が、通根できる十二支を持った命式の人に出会うと、知り合ったばかりでも不思議と相手に心を開き、自分の居場所を見つけたような、くつろぎを感じることでしょう。あなたにとっては良い相性の相手となります。

ただし、もともと身旺（日主のエネルギーが強い状態のこと）で、そもそも通根を必要としていない命式を持っているのに、相手の命式に通根した場合には、相手の心を支配するように、我がままに振る舞ってしまう恐れがあります。相手にとっては好ましくない相性なので、知らず知らずのうちに敬遠されるようなってしまうかもしれません。自己中心的にならぬよう意識的に気を付ける必要がありそうです。

６　人の出会いや縁は運命までも変える

これまで、１万人以上の方の鑑定をさせていただいて、命式に出ている象意や運命傾向が当たっていないな……と、疑問を感じることがたびたびありました。

そのような時には、その方の配偶者やパートナーの命式を見せていただくことで、その疑問が氷解することがほとんどだったのです。つまり、その方の五行バランスと配偶者やパートナーの五行バランスがブレンドされてできた五行バランスで、その人の性格や、起こっている事象などを見ると、ズバリとその通りになっているのです。この時には、相性というものが運命に及ぼす影響の大きさを、改めて感じさせられました。

言い換えれば、相性によって、人生の可能性は無限に広がっていくのです。だからこそ、目の前の一つ一つの縁を、本当に大切にしていく必要があると考えています。

以前、筆者のもとに、あるお客様からメールで質問が来たことがありました。たまたまご縁ができた、ある占い師の鑑定を受けることになり、ご主人と自分の生年月日時を伝えたところ、相性について質問したわけでもないのに、「今のご主人とは相性が悪いので、早く別れた方がいい」と言われたというのです。その占い師に、「主人とは、とても仲良くやっている」と告げると「今はそうでも、そのうちに別れなければいけないようになるから、傷が深くならないうちに早く別れた方がいい」と重ねて言われたそうです。

ご主人のことを愛していただけに、すっかり不安になり、藁にもすがる思いで「本当にそんなことがあるのでしょうか?」と筆者にメールをくれたのでした。そのメールには、生年月日も何も書かれていませんでしたが、ハッキリと「別れなければいけないことになる相性などありませんから、その占い師の言葉を信じる必要はありません」と返信しました。

この占い師が明らかにおかしいのは、あたかも未来が決まっているかのように、関係がダメになると断定しているところです。未来というものは、自らが切り開いていくものであり、人と人との相性も自らで築いていくものなのです。

夫婦関係を始めとしたさまざまな人間関係は、もちろん、どちらか一方だけが苦労して成立するようなものではありません。つまり、どちらか一方が、二人で幸せになることを放棄したなら、もう片方が頑張っても関係を修復するのは難しくなってくるものです。

でも、お互いが相手を受け入れて、良い関係であり続けたいと願い続ける限りは、どのような生年月日時の二人であっても、良い相性を築いていける可能性はあるのです。

第8章　相性鑑定事例

私たちの長くて百年の人生の中で、何らかの接点を持つ人は三万人、社会生活の中で顔見知りの関係になるのが三千人、親しい会話ができる関係になるのが三百人、友達と呼べるのが三十人、そして、親友と呼べるのが三人…このようによくいわれます。人生というのは、多くの出会いを繰り返すことによって成り立っているといってもよいでしょう。

そして、どのような出会いにも、そこには何らかの意味があると筆者は考えています。どのような相手とでも良い関係を築けるに越したことはありませんし、相性が悪いからと切り捨てるだけでは、人生の可能性は狭いものとなってしまうでしょう。

ここでは、本格的な四柱推命を用いた相性鑑定の事例で、実際にあった人間関係の相性を読み解いてまいりましょう。

＜事例１＞　経営者とアシスタントの相性

Ｂ社長とＴさんの相性

Ｂ社長（男性）は、映像関係の会社を運営している経営者であり、Ｔさんはその会社でアシスタントとして働いている女性です。この二人の相性から、どのようなことがわかるのかを読み解いていきましょう。

お二人の命式は、次のページの通りです。

ある程度、四柱推命に知識がある方でしたら、どちらの命式も非常に個性的な八字に見えるに違いありません。特に、Ｂ社長の命式は、一見すると「従財格」という特殊な命式に違いない……と思われるかもしれません。

※従財格とは、五行バランスが偏り、通変の「財」に当たる五行が強力になった命式のことを言います。この従財格が成立した場合には、「外格」としての特別な鑑定法を用います。一般的に「従財格」の命式を持つ人は「財」の五行や、「財」に隣接する「官」や「食傷」の五行が強まる時期に運が開きます。「従財格（棄命従財格）」については、『四柱推命完全マニュアル』（総和社・刊）第６章をご参照ください。

「従財格」の命式を持つ人は、自分のエゴを捨て周囲や環境のために生きることで運が開けていきます。Ｂ社長のように経営者として成功している……などと聞けば「間違いなく、この命式は従財格だろう」と確信を深めるかもしれません。しかし、この命式を「従財格」だと決めつけてしまうのは早計です。現に、

B社長の命式
1967年5月19日 午前7時30分　栃木県生まれ

時柱	日柱	月柱	年柱
ⓓ丙	ⓒ癸	ⓑ乙	ⓐ丁
ⓗ辰	ⓖ未	ⓕ巳	ⓔ未

B社長の「運命の景色」

Tさんの命式
1989年12月18日 午前4時21分　長野県生まれ

時柱	日柱	月柱	年柱
ⓓ壬	ⓒ壬	ⓑ丙	ⓐ己
ⓗ寅	ⓖ子	ⓕ子	ⓔ巳

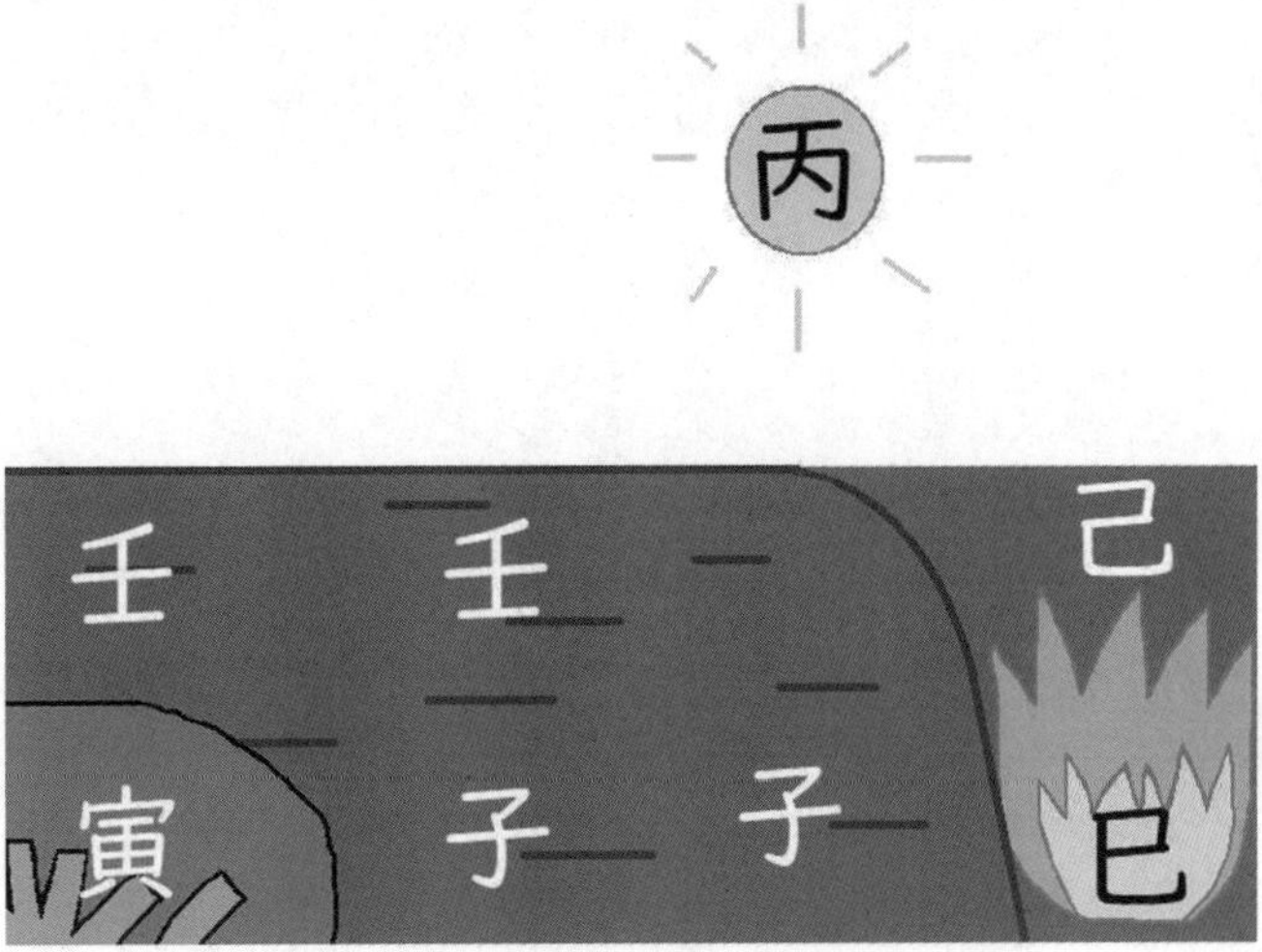

Tさんの「運命の景色」

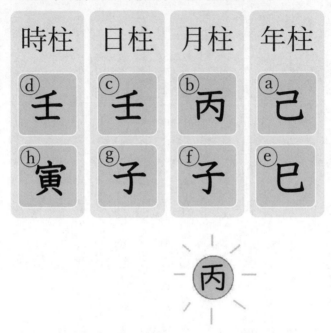

B社長は努力と持ち前の頭の良さをフルに活かして、これほどの成功をつかみ取ってこられましたし、これまでの道のりを聞く限り、この命式の「財」の五行に当たる火や、「財」に隣接する「官」や「食傷」の五行である「木」「土」が巡る時ではなく、おおよそ「金」や「水」の五行が巡ってきた時に、運が開いています。

一方のTさんは、「水」の五行があふれんばかりの命式を持っています。命式に表れている性質のままに、知恵と美貌で人生を切り開いている才色兼備の女性です。

このお二人の命式と、命式が表す「運命の景色」をイメージ化すると、前ページのようになります。第5章の「思考のパターンによる相性」で取り上げた鑑定法では、B社長は「財タイプ」で、Tさんは「比劫タイプ」ですから、考え方に開きがあることがわかります。けれども、第6章の「ビジネスにおける相性」で取り上げた鑑定法で見ると、上司にあたるB社長は「人柄タイプ」で、部下にあたるTさんは「結果タイプ」で、上司と部下の相性としては理想的なものです。

では、もっと深い部分の相性を見ていきましょう。

B社長の命式は「火」の五行と潜在的な「土」の五行が多く、雨の象意である日主「癸」は、蒸発する寸前にまで弱まってしまっています。ゆえに、日主の「癸」を強めてくれる「金」の五行と「水」の五行がB社長には必要であることがわかります。

「金」の五行が、命式中に多く存在する「火」の五行の熱を冷まし、「土」の五行を吸収しながら、ゆっくりと「水」を生じて、穏やかに日主の「癸」を助けてくれる作用をするのに対し、「水」の五行は、日主の「癸」を急激に強め、やる気とパワーの源を刺激します。ただし「水」の五行は、Ｂ社長の命式に多く存在する「火」の五行と、「水火激冲」を起こすことになるので、少しでもバランスが崩れると、周囲と反目したり、衝突したりするようなことにもなります。けれども、Ｔさんが持っている「水」の五行が、Ｂ社長には欠けていることは確かです。

一方、Ｔさんの命式は、河川を表す「壬」が日主であり、「水」の五行が満ちた勢いの強い命式ですので、「時支」にある「寅」の「木」の属性を活かし、「木」の五行と「火」の五行で、「水」を上手に流していくのがベストです。Ｂ社長の命式には、「木」の五行は「乙」が一つしかありませんが、「土」の五行が強いので、「火」の五行と「土」の五行で、Ｔさんの「水」を吸収して、上手にコントロールすることができます。つまりは、このＢ社長とＴさんの相性は、第７章の分類法で言えば、自分の命式に欠けている五行を相手の命式から補う型に準じた形となります。発展性のある相性と言えるでしょう。

Ｂ社長は、Ｔさんを部下に持つことにより、パワーとやる気を得られます。また、Ｔさんにとっては、Ｂ社長からいろいろと教わって自らを高めていくことができる相性と言えるでしょう。

Ｔさんの命式からすると、束縛されたり、上から押さえつけられたりすると、長所を活かせません。実際のところ、Ｂ社長はＴさんに対し自由に仕事をやってもらっているそうです。Ｔさんの活かし方を良くわかっているからだと思います。

＜事例2＞　生き残りを賭けた同盟者の相性

徳川家康と伊達政宗の相性

今から四百年以上前の戦国時代において、珍しく出生時間が伝わっているのが、この徳川家康と伊達政宗です。

豊臣秀吉が天下統一するより前、徳川家と伊達家は関東の雄である北条家も仲間に加えて、三国同盟を結成し、天下統一を目前とした秀吉に対抗していました。やがて、徳川家康が秀吉に懐柔されてその臣下に下った後も、伊達政宗は秀吉に屈服することなく、奥州に勢力を伸ばしていきましたが、北条氏が滅ぼされる段階になって、ついに秀吉に服従しました。

この二人の相性を読み解いていきましょう。

徳川家康の日主は「水」の五行、大河を表しています。命式をイメージ化した「運命の景色」を見てみればわかると思いますが、命式全体に「木」の五行が多く、大河の水は、あふれる木々に吸い取られそうなイメージです。このような命式の場合、「金」の五行で木々を伐採することで水に力を与え、さらに「水」の五行も補っていければ、この大河は勢いを取り戻します。（徳川家康の命式については、『四柱推命完全マニュアル』で詳しく解説しております）

一方の伊達政宗の日主は、草花を表す「乙」です。この星は、よく言えば辛抱強く、悪く言えば諦めが

徳川家康の命式
天文11年12月26日 寅の刻　愛知県岡崎市生まれ
（グレゴリオ暦 1543年2月10日 午前4時生まれ）

時柱	日柱	月柱	年柱
ⓓ 壬	ⓒ 壬	ⓑ 甲	ⓐ 癸
ⓗ 寅	ⓖ 寅	ⓕ 寅	ⓔ 卯

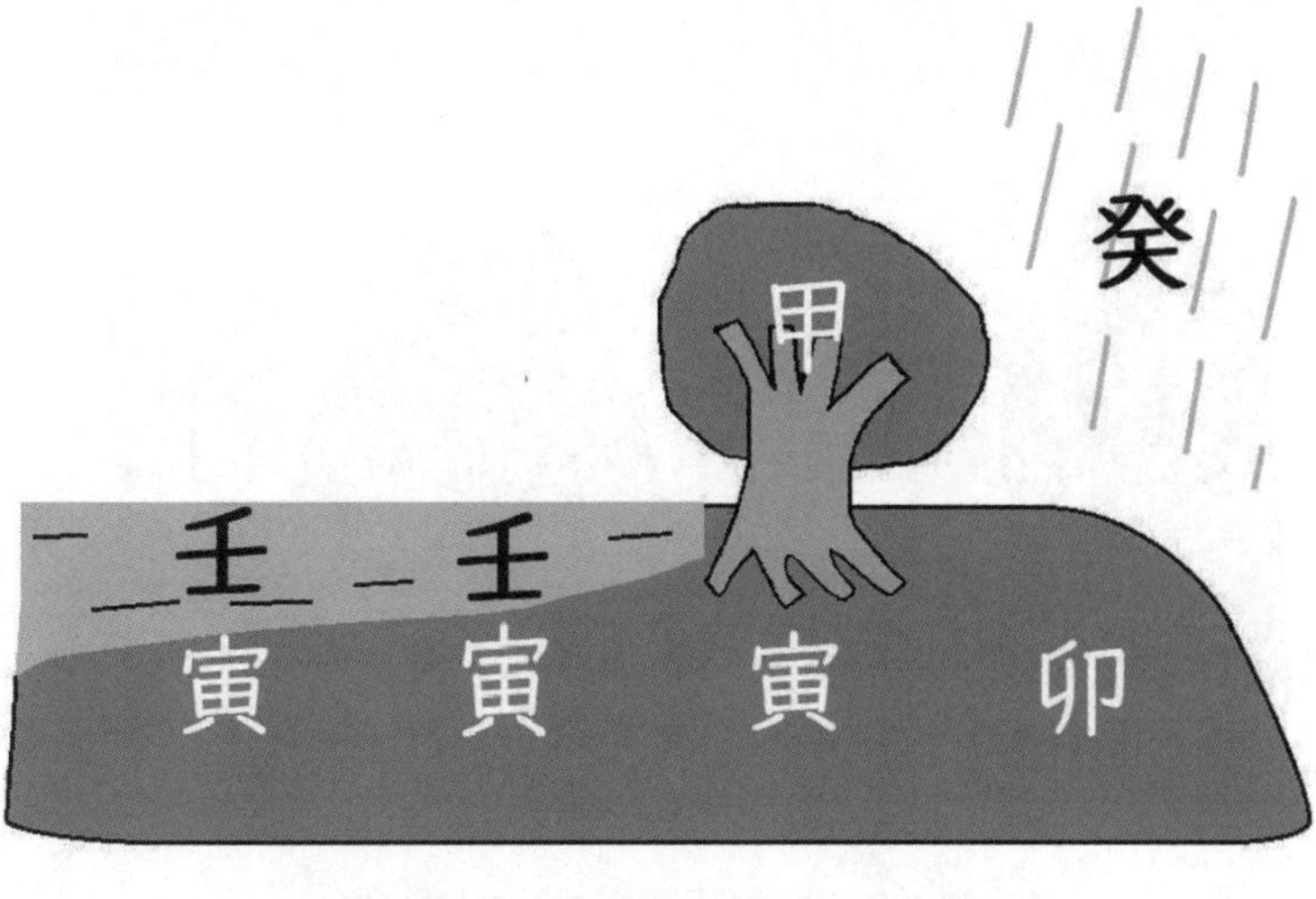

徳川家康の「運命の景色」

伊達政宗の命式
永禄10年8月3日 辰の刻　山形県米沢市生まれ
（グレゴリオ暦 1567年8月3日 午前8時生まれ）

時柱	日柱	月柱	年柱
ⓓ庚	ⓒ乙	ⓑ戊	ⓐ丁
ⓗ辰	ⓖ亥	ⓕ申	ⓔ卯

伊達政宗の「運命の景色」

悪いという面を持ちます。命式全体を見ると、「卯」と「亥」と「辰」の十二支の組み合わせは、「木」を強めるので、しっかりした強度を持つ草花なのですが、月支（ⓕ）の「申」は「金」の五行に属し、同じ「金」の五行である時干（ⓓ）の「庚」に強い力を与えています。また、「庚」と「乙」は干合し、さらに巨大な鉄塊は「乙」を脅かす存在になってしまうのです。（日主の場合、命式全体が変化する五行に満たされて「化気格」が成立しない限りは、五行変化を起こさないと考えてください）。

五行バランス的には、「木」の五行と「金」の五行が拮抗し、比較的バランスが取れているのですが、「乙」の草花は金属片で切られることを怖がる星です。「金」のエネルギーを吸い取り、「木」のエネルギーを生じてくれる「水」の五行をさらに強めたいところです。

家康と政宗の日主同士の関係を見ていきましょう。「壬」が表すのは天候によって水量や水流の勢いが増す大河です。草花を表す「乙」にとっては時として脅威になりかねない存在です。家康が良かれと思ってしたことが、政宗にとっては、ありがた迷惑になる……ということになりかねない関係と言えましょう。

それでも、日主が「乙」である政宗にとって、家康の持つ十干の「壬」「壬」「癸」は「水」の五行に属していますから魅力的です。また、家康の持つ十二支の「寅」「寅」「寅」「卯」は全て「木」の五行ですから、ここに草花の蔓《つる》をしっかり巻きつけて、その根を張ることができます。

このことから政宗が家康に対して、いつの間にか我がまま放題に振る舞ってしまっていた関係性を重ねることもできそうです。しかし別の側面から見れば、政宗の日主「乙」が、家康の治世の元で、ようやく自らの領土に根付き、仙台藩に豊かな文化を花開かせた……そう考えたい気もします。

いずれにせよ、家康が政宗の野心には気付きつつも憎からず思っていたことは確かでしょう。

秀吉の奥州仕置の時には、移封された政宗に、家康が自ら四十日滞在して改修修築した岩出山城を与えました。また、政宗と仲が良かった豊臣秀次が謀反の罪で切腹となった時も、秀吉の間に入って政宗の処遇を巡って仲裁に入っています。さらには、朝鮮出兵の時も前田利家や浅野長政・幸長親子と険悪になった政宗を救うべく仲介役を買うなど、幾度も政宗の世話を焼いています。秀吉の死後には、家康の六男・松平忠輝と政宗の長女・五郎八姫を結婚させて姻戚関係も結んでいます。

それにも関わらず、関ケ原の合戦で、政宗は百万石のお墨付きと引き換えに、家康側に付きながら、秘かにさらなる領土拡大をもくろみ、同じ東軍である南部利直の領土を部下に攻略させます。これを知った家康は、百万石の約束を反故にしましたが、政宗を冷遇することはせず、合戦の後、逆に五十八万石から六十二万石へと加増しました。

その後、大坂の陣が終わると、伊達政宗に謀反の疑いがかかりました。政宗にとって婿となった家康の六男・忠輝が、家康に義父はまだ天下を狙っていると讒言《ざんげん》したのです。

この時の家康は病が進行し、明日をも知れない命でしたが、政宗を自らの居城である駿府城へ呼び寄せて、「謀反のうわさは真ではないと思い、そなたを呼んだのだ。本当に謀反を起こす気なら、ここには来なかっただろう。今後は忠輝のことを娘婿とは思うな。わしも我が子と思わない」と伝え、さらには、「将軍の秀忠のことは、そなたに任せる。つつがなく天下が保てるかどうかは、全てそなたの計らいにかかっている。我亡き後は、そなたを親と思うように伝えておく」と述べたそうです。最期を覚悟した病床にあっても、政宗に対する特別な計らいを忘れなかったと言えるでしょう。

さて、ここまでの話だと家康と政宗の相性は、政宗に利するところの大きい相性のように見えるかもしれません。しかし、そうとも言えないのです。政宗の持つ月支（ⓕ）の「申」と時干（ⓓ）の「庚」の「金」の五行が、家康の五行バランスを整えてくれるものだという話はすでに述べました。さらに、政宗の命式を家康の命式につなぎ合わせると、疑似三合水局という「水」の五行を強める作用が働きます。その結果、家康の日主の「壬」の大河は、思う存分、勢いを得て流れていくのです（疑似三合水局については、拙著『四柱推命の景色』もしくは『四柱推命完全マニュアル』をご参照ください）。

つまり政宗の命式は、家康の五行バランスを整えるだけでなく、江戸幕府を開こうとしていた家康の運気に勢いを与えるものであったとも言えそうです。

天下統一を果たして江戸幕府の盤石な政治体制を築こうとしていた家康なら、領土拡大の野望を持つ政宗を警戒しても不思議はありませんでした。おそらく、政宗には権力者をも惹きつける根っからの人たらしという面もあったのでしょう。何といっても政宗は、秀吉に対しても裏切っては謝り、そして許されるということを繰り返している

前歴があります。けれども、よく言えば慎重、悪く言えば狡猾とも見える家康の性格からすると、政宗の振る舞いを大目に見続けた態度は不思議議です。そこには、両者の五行バランスがなせる「なぜか憎めない相性」があった……そう見ることもできるのではないでしょうか。

ビジネス相性で見ても、家康が「結果タイプ」なのに対し、政宗は「直感タイプ」であり、まさに家康が上司で政宗が部下であれば、良い関係が築ける関係なのです。

＜事例3＞　生涯のパートナーの相性

ジョン・レノンとオノ・ヨーコの相性

今から50年ほど前、世界を席巻したビートルズのリーダーであり、『イマジン』などの多数の名曲を世に送り出して、世界中から愛と平和の使者として注目を浴びたジョン・レノンの傍らには、いつもオノ・ヨーコの存在がありました。彼女の存在が無ければ、ジョン・レノンの性格も人生も、全く異なったものになっていたかもしれません。

四柱推命というツールを使うことで、この二人の目に見えない心のつながりも見えてきます。

この二人の命式は、次のページの通りです。

ジョン・レノンの命式は、日主は「木」の五行に属する草花を表しています。しかし、命式全体では「木」

ジョン・レノンの命式
1940年10月9日 午後6時10分　イギリス・リヴァプール生まれ

時柱	日柱	月柱	年柱
ⓓ乙	ⓒ乙	ⓑ丙	ⓐ庚
ⓗ酉	ⓖ酉	ⓕ戊	ⓔ辰

ジョン・レノンの「運命の景色」

オノ・ヨーコの命式
1933年2月18日 午後8時30分　東京都生まれ

時柱	日柱	月柱	年柱
ⓓ丙	ⓒ乙	ⓑ甲	ⓐ癸
ⓗ戊	ⓖ卯	ⓕ寅	ⓔ酉

オノ・ヨーコの「運命の景色」

を剋す「金」の五行が多く、命式イメージを見ても、日主の「木」は居心地が悪そうです。今にも「金」によってその茎が切られてしまいそうなのが見て取れるでしょう。

このような命式のバランスを取ろうとするなら、岩場（金）から湧き出す「水」の五行が欲しいところです。「水」の五行によって「金」のエネルギーが弱まれば、日主の「木」を助けるような働きをしてくれるでしょう。そして、ジョン・レノンの日主の「乙」は、根が断ち切れた状態なので、この植物の根となってくれる、「木」の五行属性を持っている十二支が、非常に良い作用をしてくれます。

命式で見るジョン・レノン自身の姿は、どこにも根を張ることができない「乙」の草花です。月干には、太陽を表す「丙」があります。太陽がこの草花に脚光を浴びさせて、草花が雨の降らないカンカン照りが続く環境では萎れてしまうように、力を消耗してしまいます。

この命式からイメージできるのは、孤立無援で常に自分の居場所を探してさまよう魂です。

このような命式を持つ人は、日主が通根できる十二支を持っている人と相性が良いものです。自分の命式では見つけられなかった自分の居場所を相手の命式に見い出すようになります。

日主が「木」の五行に属する「甲」か「乙」である場合、通根できる十二支は、同じ「木」の五行に属する「寅」と「卯」になります。そして、オノ・ヨーコの命式はこの条件を備えているのです。まさに、ジョン・レノンによって、オノ・ヨーコはかけがえのない存在であったのでしょう。オノ・ヨーコのそばにいることで、自分の居場所を感じられるようになっていったはずです。

一方のオノ・ヨーコの命式は、日主が「木」の五行に属する「乙」です。さらには命式全体に「木」の五行があふれています。このような命式は自然と日主のエネルギーが強くなります。ジョン・レノンの命式と比べてみても、木の仲間が多いイメージです。オノ・ヨーコの日主は、日主のエネルギーが強い状態にある「身旺」の「乙」です。こうした状態の「乙」は、社会運を表す月干の「甲」に巻き付いて合体し、まるで大樹のように振る舞います。雨を表す「癸」も太陽を表す「丙」も、命式に存在しているので、これだけで十分に生きていけるイメージが描けるでしょう。

あえて言えば、強すぎる「木」を上手にコントロールしていく五行が欲しいところでしょうか。

オノ・ヨーコの命式をイメージ化した「運命の景色」を今一度、ご覧ください。大地に金塊が埋もれているこのような命式を「埋鉄の楔《くさび》」と呼びます。地支の中に「金」の星である「酉」と「戌」が埋もれています。春月生まれの「木」(寅月生まれの甲)の特徴からして、「金」の五行を取り入れるのを、無条件で喜ぶ命式ではありません。ジョン・レノンの命式と比較すると、バランスの取れた命式ですから、「金」の五行を求めているわけではないと言えるでしょう。

オノ・ヨーコがジョン・レノンと一緒に過ごすようになると、ジョン・レノンの命式の強い「金」の五行が流入してくるので、オノ・ヨーコの命式では「金」の力を弱める「水」の五行が求められるようになります。

一方、ジョン・レノンの命式は、ガチガチに「金」の五行が強い命式で、もともと「水」の五行を欲しがっている命式です。ゆえに、この相性は、お互いが「水」の五行を欲する「友情型・同士型の相性」と見ることもできます。

オノ・ヨーコの命式そのものは、「水」の五行を強く求めるものではありませんが、ジョン・レノンと一緒にいると、ジョン・レノンの命式から影響を受けることで、オノ・ヨーコの命式にも変化が起こり、「水」の五行を求めるようになっていくのです。

「水」の五行の性質は、自由を愛し束縛を嫌います。けれども、他者に対して慈悲深い愛情を持ち、時としてその感情は激しいものへと変化していきます。「水」の五行を求めた二人は、二人で自由に生きていくことを望み、同時に「愛と平和で世界を変えていく」という共通の目標を抱いていったのでしょう。

二人は結婚すると、アメリカのニューヨークを生活の拠点にし、反戦活動などに精力的に取り組みました。当時、ベトナム戦争に躍起になっていたアメリカ政府にとって、二人の存在は目の上の瘤でした。そこで、イギリスにいた時に二人が起こした「麻薬不法所持」を理由にして、国外追放しようとしました。二人は長い時間、アメリカ政府と裁判で争っていました。その頃、オノ・ヨーコは、関係がうまくいかなくなっていたジョン・レノンに、しばらくの間、お互いのために別居をしようと提案するのです。

そう言われて、ジョン・レノンも、秘書のメイ・パンなどを引き連れ、最初は有頂天でロサンゼルスに移り住むのですが、ヨーコのいない生活に耐えられず、たった５日間で音を上げ「もう十分だ。家に帰りたいよ」とヨーコに電話して来たそうです。若い頃から、辛辣で皮肉屋だったと言われているジョン・レノンの性格が、オノ・ヨーコと共に過ごすことで、変化していった一例と言えます。

その後、アメリカ政府との裁判に勝訴し、また待望の子供を授かった二人でしたが、その５年後の１９８０年の「庚申」の干支の年、「金」の五行が強まったその年に、ジョン・レノンは自宅で待ち伏せていた男にピストルで撃たれ、4発の凶弾を浴びて、この世を去ったのでした。ジョン・レノンにとっては、大運・年運ダブルで「金（庚）」が巡っていました。

殺害される直前の取材で、ジョンは次のように語ったと言います。

「人生のうちで二回、素晴らしい選択をした。ポールとヨーコだ。それは、とても良い選択だった」

幼いころに母を亡くし、常に孤独を感じながら生きていたジョン・レノンにとって、オノ・ヨーコと出会えたことは、安心できる心の拠り所に、たどり着いたようなものかもしれません。まるで、風に舞った植物の綿毛が、やっと自分の居場所に舞い降りたように……

＜事例4＞　相手の出生時間がわからない場合の鑑定法

新垣結衣さん×星野源さん

四柱推命を用いて相性を見たくても、出生時間がわからないという方も多くいらっしゃいます。運よく、自分の出生時間はわかったとしても、相性を見たい方が、生年月日だけでなく出生時間まで即座に答えられるというのは極めてまれなことなのではないでしょうか。仮に、相手の方がご自身の出生時間を知っていたとしても、それを聞き出すことは簡単ではないでしょう。下手な聞き方をしてしまえば、不審がられて終わってしまうかもしれません。

では、相手の出生時間がわからない時は、どのようにすればよいのでしょうか。

ここでは、その例として、先日、結婚された芸能界での人気者同士のカップルである、新垣結衣さんと星野源さんの命式を例に取り、説明していきたいと思います。

新垣結衣さんの生年月日は、１９８８年6月11日、またインターネットの情報により、出生時間は午前11時40分、出生地は沖縄県だと出てきます。今回はこの情報を信頼し、命式を出して見ることにいたしましょう。

星野源さんの情報ですが、生年月日は、１９８１年1月28日で、埼玉県生まれだとわかるものの、今、執筆している現段階において、出生時間の情報は全く出てきません。

このような場合、このお二人の相性を占うとしたら、どのようにしたらよいでしょうか。

まず、星野源さんがお生まれになった日にちの全ての時柱干支の可能性を考えて、五行バランスの誤差がどれだけあるかの、おおよその見当を付けていきます。出生時間がわからないといっても、絶対に出生時間による時柱干支は存在するわけですから、時柱干支をあたかも無いもののように扱う前にやれることがあります。

生まれた日によっては、時柱干支によって五行のバランスがまるで変わってしまい、どの五行が一番強いかさえもわからないようなケースもありますが、そのようなことになるのは、まれなことです。たいていは多少五行のバランスに流動があっても、おおよその予測は付けられるものです。

それでは早速、この相性を読み解いていきましょう。

新垣結衣さんの命式の日主は、地上の灯火を表す「丁」です。ゆらゆらと揺らめくロマンチックなムードを持つ星ですが、6月の午月の推命気温の高い夏月生まれであって、相当に強い「火」の五行エネルギーを持っています。そして、年干と月干には、山の星である「戊」があり、「土」の五行も強くなっているのが特徴です。見かけよりも個性的で、自分のこだわりをしっかりと持っている人であり、結婚のお相手を選ぶにも、妥協することはないはずです。

このようなタイプの命式は、どちらかというと手に職を持って一線で活躍するキャリアウーマンに多いでしょう。命式全体が「火」の五行が強くて熱すぎるので、熱を穏やかに冷ましてくれる「金」の五行が巡ることが理想です。「金」の五行を多く持つ人との関係が、運気の向上につながります。

一方、星野源さんの命式はどうかというと、日主はキラキラと輝く太陽の星である「丙」です。新垣結衣さんの日主である灯火の星である「丁」とは兄弟星です。星野源さんは時柱不明ですので、Xページの時柱干支表で、丙の日に生まれた時の、13種類の時柱干支を全部見ておきます。「戊子」「己丑」「庚寅」「辛卯」「壬辰」「癸巳」「甲午」「乙未」「丙申」「丁酉」「戊戌」「己亥」「庚子」のいずれかになるはずです。

どれが来ても、この命式において、「木」の五行が一番強くなる可能性はゼロであることがおわかりいただけた方は、かなり四柱推命に精通していらっしゃると言えるでしょう。次に「火」が一番強くなる干支を考えてみます。それは、正午に生まれた時に出て来る干支の「甲午」です。しかしながら、この干支が巡っ

新垣結衣さんの命式
1988年6月11日 午前11時40分　沖縄県生まれ

時柱	日柱	月柱	年柱
ⓓ乙	ⓒ丁	ⓑ戊	ⓐ戊
ⓗ巳	ⓖ酉	ⓕ午	ⓔ辰

新垣結衣さんの「運命の景色」

星野源さんの命式
1981年1月28日 生時不明　埼玉県生まれ

時柱	日柱	月柱	年柱
ⓓ	ⓒ 丙	ⓑ 己	ⓐ 庚
ⓗ	ⓖ 午	ⓕ 丑	ⓔ 申

星野源さんの「運命の景色」

たとしても、「火」の五行は命式の中でさほど強くはなりません。一月丑月の推命気温が低い時期ですから、たとえ命式中に二つの「午」が揃っても、「火」の五行は、さほど強くはなりません。この命式は何時に生まれようが「身弱」という性質を持つ命式であることがわかります。

ちなみに、「水」の五行は「庚子」に生まれた時が最も強くなりますが、この出生時間では天干に「水」の五行に属する「壬」も「癸」も存在できないので、この時刻に生まれたとしても、「庚」が二つになった「金」の五行と「水」の五行の力量は拮抗しています。逆に「壬辰」「癸巳」に生まれていても、さほど「水」の五行は強くなれず、「癸巳」の場合には、疑似三合金局で、「金」の五行が非常に強くなってしまいます。一方、「土」の五行が強くなる可能性を考えてみましょう。「戊戌」が時柱干支であれば、天干に「戊」と「己」が出て、「午」「戌」の三合火局半会し、「土」が一番強くはなりそうです。同時に「申」と「戌」の西方合半会にもなりますので、相変わらず「金」の五行も強いです。しかし、「乙未」が巡れば、「土」が文句なしで一番強くなります。一方、「癸巳」「丁酉」が巡れば、「金」の五行がダントツで強くなります。

少し複雑な話を続けてきましたが、星野源さんの生まれた日から時柱干支の可能性を検討してみました。その結果、この命式は、どの時柱干支であっても、「土」の五行か「金」の五行が一番強くなることがわかってきます。そして、たとえ何時に生まれていたとしても、「金」の五行だけは絶対に弱くなることはないこともわかってきました。

四柱推命の初学の方は、本書で扱った「外的支配五行」を参考にしてください。多くの場合は、命式全体で一番強い五行と一致します。この命式の支配五行を13パターンあるすべての時柱で算出して、外的支配五行を出して見てください。五行の得点は微妙に違ってきても、常に「金」の五行が支配五行の本命になっていることがわかると思います。

新垣結衣さんが一番必要とする五行は「金」ですので、相性は間違いなく理想的なものになることがわかります。

第5章で取り上げた「思考パターンによる相性」の鑑定法では、新垣結衣さんが「食傷タイプ」であるのに対し、星野源さんは「財タイプ」ですので、考え方の相性も良いです。また、第6章で取り上げた鑑定法で見ても、新垣結衣さんも星野源さんも「結果タイプ」となり、やはり相性は理想的です。

ドラマで演じた役柄通りに、末永く続くカップルになるのではないでしょうか。

第9章　縁というものがとりなす不思議

私たちの人生は、たくさんの人とのご縁をいただいて成り立っています。人は決して一人で生きてはいけませんし、誰もが何かしら人に助けられながら生きています。

縁の中には、良縁と言われるものもあれば、悪縁と言われるものもあるでしょう。

一つの縁ですべての人生が決まってしまうわけではありませんが、ある時ある人に出会ったことで思いがけない幸運がもたらされることもあれば、反対に出会いの巡り合わせによって、先行きが不透明になってくるようなこともあるでしょう。

人生においては、楽しいことや嬉しいことがある反面、さまざまな苦しみや悲しみもあるものですが、全ては縁が起因しているのではないでしょうか。

ここでは、縁というものがとりなす不思議について見てまいりましょう。

1　縁と相性とは、また別物

縁があるとかないとか人はよく言いますが、筆者が思うに、我々の人生においては、ある程度まで出会うべき人との縁は決まっているような気がします。

世界には、約80億もの人々がいますが、現実的に考えて私たちに与えられている時間は限られているわけですから、その全ての人と出会うことは不可能です。私たちが縁を結べるのは、ほんの一握りです。その出会いには、「運命の法則」とでもいうものが働いているのではないかと思うことがあります。

筆者の四柱推命講座の受講生でもある男性のＡさんは、まだ会ったことがないけれども、紹介を通して知り合った女性とデートの約束をしました。事前に、女性の生年月日や出生時間などを聞くことができたので、早速、命式を調べてみると申し分ないような最高の相性だったそうです。このような完璧な相性の相手となら、きっとこの女性と結ばれるに違いないと、デートの日を今か今かと楽しみに待ち望んでいました。

ところが、デートの当日、約束の待ち合わせ場所で、Aさんが待てど暮らせど、その女性が現れることはありませんでした。それどころか、その後、その女性とは連絡すら取れなくなってしまったそうです。あれほど完璧な相性だと思ったのに…と、Aさんはガックリと肩を落としていました。ここからわかるのは、どのように占い上の相性が良くても、縁があるかどうかは、また別の話ということです。

人とのご縁をいただくということは、私たちが考えているよりずっと尊いことのように思います。そして、その天からいただいた一つ一つの縁を大切に育てていくことにより、我々は、本当に実りある人生を歩むことができるのではないでしょうか。

2　結婚するとお互いの運勢が平均化される

私たちの人生は、さまざまな縁の影響を受けて成り立っていると申しましたが、中でも生涯の伴侶である結婚相手との縁が人生にもたらす影響は大きいものです。中には結婚相手によって、人生そのものがガラリと変わってしまうこともあります。だからこそ、結婚相手を選ぶことに慎重になる必要があると言えましょう。

運勢の法則で言うならば、二人の男女が結婚をすると、お互いの運勢は足して2で割ったような状態になると言います。つまり元々、強い運勢を持っていた人は、さらに幸せになりたくて結婚したはずなのに、結婚によってその運に陰りが見えてきてしまうことがあります。逆に、運を味方に付けられずに悶々としていた人が、結婚することによって大きなチャンスをつかむようなことがあります。ただし、あまりにも二人の運勢に差があると結婚にまで結びつかないでしょう。そもそも出会うことさえないかもしれません。

もちろん、これには例外もあるでしょう。たとえば、強い運勢を持つ同士が結婚したのに、どちらも不幸になってしまったということがあります。芸能人同士の結婚の後などによく聞く話です。逆に、これまで運が良いとは言えなかった男女が、結婚した途端、人もうらやむような成功者になったという事例もあります。

いずれにせよ、夫婦関係の良し悪しにおいては、結婚相手の持って生まれた運勢や、人生で変化していく運気の流れが影響する部分は、相当大きいと言えます。夫婦が運命共同体というのは、まさしく言葉の通りです。

筆者が思うのは、人と人が結びつく時や別れる時には、お互いの相性が問題になるだけではなく、人と人との縁というものが大きく作用しているということです。

３　相手をコントロールしようとすること

結婚の縁だけに限らず、我々の人生はさまざまな縁によって成り立っています。時には、その人間関係によって、悶々と苦しめられることもあるでしょう。筆者が思うに、そう言った苦しみは、相手に「こうあってほしい」という過度な期待をして、それが叶えられない時に起こるのではないかという気がします。始末が悪いことに、たいていの場合、それは善意の気持ちからだったりします。

相手をコントロールしようとしても、人はそう、やすやすと自分の思い通りにはなってくれませんから、不満がたまって、イライラがこみあげてきます。もちろん、たまにはコントロールできる人もいるかもしれませんが、それは、逆にそのコントロールされている相手に、知らず知らずのうちに苦痛を与えているということなのです。

カナダの精神科医であるエリック・バーンの言葉に、次のようなものがあります。

「他人と過去は変えられないが、自分と未来は変えられる。」

著名な精神科医であっても、他人は変えられないと言い切っているのです。しかし、筆者は、自分と未来を変えることによって、他人や過去も、また、違ったものになっていくのではないかとも思います。だから、相手を自分の思い通りに支配して、無理矢理に変えようなどとしてはいけないのです。これは、たとえ相手が我が子であっても同じですし、もしも、あなたが占い師であれば、自分を慕ってくるリピーターのクライアントに対しても、同じことです。三国志に登場する呂蒙《りょもう》は「士、三日会わざれば、刮目《かつもく》して見よ」と言いましたが、人はどんな相手に対しても、敬意を払うことを忘れてはいけません。

皆さまの中には逆に、自分のことをコントロールしてこようとする相手の存在に、悩まされているという方も、いらっしゃると思います。そのような時に必要なのは、その相手の申し出に対して、きっぱりと断る勇気です。その時には、決して感情的になってはいけません。もしも、感情的になってしまったら、それは逆にその相手をこちらがコントロールしようとしているのと、変わらないからです。相手の尊厳は認めつつも、自分は自分の権利として、その申し出をただ断るというだけです。

人間関係というのは、お互いが相手に対するそういった思惑がなくなった時、初めて構築されるものではないかと、筆者は思います。逆に言うと、自分の心の中に思惑や依存心が渦巻いている時には、人間関係というものは、うまく行きにくいと言えるのです。

４　人はなぜ人間関係に苦しむのか

人生というのは喜びごともたくさんあれば、逆に辛いことや苦しいこともあります。後から振返れば、その苦しみも全て、人生の肥やしになっているものなのですが、その渦中にいる時には、それに気付く術《すべ》もありませんし、つい愚痴をこぼしたくなってしまうこともあります。誰かに悩みを聞いてもらうことで、スッキリすることもありますから、たまにはそれも良いでしょう。

とはいえ、いつも何かある度に、周りの人に愚痴をこぼしているというのは、いただけません。それでは運は開いていきませんし、それ以上に、その愚痴を聞かされる方は、たまったものではありません。

占いカウンセラーの更紗らささんが書した『「感情のごみ箱」にする人される人』は、人間関係な

どに悩む人に向けて、わかりやすい言葉で書かれた秀逸な本です。心が解放されてポジティブな気持ちになれる、是非お勧めしたい一冊です。

その本のくだりに、次のような一文があります。


「あなたの好きな人は、あなた専用の感情のごみ箱じゃない」

ドキッとされた方もいらっしゃるかもしれません。自分が悩みの渦中にいる時には、相手を思いやるという余裕も、中々出てこないものですから、ついつい愚痴を聞いてもらいたくなることもあるでしょう。でもそのような時、自分のそばにいてくれる人への感謝といたわりの気持ちを少しでも思い出すことができれば、状況は大きく変わってくるはずです。

5 ほんの些細な心掛けで、素晴らしい人間関係を築ける

筆者は子供時代から、人間関係が本当に苦手で、これまで常に、人に怯えているような人生でした。今、冷静に振り返れば、全部、自分で原因を作り出しているのですが、その頃は自分の感情をうまくコントロールすることができず、いつもいつも悩みの中で暮らしていました。

誰かと話す機会があっても、口を開けばいつも出てくるのは、愚痴と言い訳ばかりでした。自分の周りから、人が去っていくのは当然です。あの頃を思い出す度に恥ずかしくなります。

ところが今は、こうして毎日、安らかな気持ちで、優しくて素敵な人ばかりに囲まれて、幸せに暮らし

ています。本当に不思議なものです。

あの頃の自分のどこに一番の問題があったかといえば、人と会話する時の心掛けだったように思います。正確には、会話の時に、愚痴のような言葉を発する「自分の性格」そのものに問題があるのですが、残念ながら、「自分の性格」というものは、そんなに簡単には変えられません。しかしそれでも、人との会話の中で、小さな心掛けをするだけで、人間関係を非常に理想的なものにすることも、できると思うのです。

筆者がある時から心がけているのは、ルドルフ・シュタイナーの著作の中に書かれていた、次の言葉です。

よく考えないで、思いつきで発言することを避ける。

人と話す時には、自分の考えよりも、相手の意見・感情の方に敬意を払うようにする。

語る時は、自分の語ることが相手にとってどのような意味があるのかを見い出してからにする。

論破するのではなく、自分の与えるヒントによって、相手が自ら正しい認識に至ることができるようにする。

これを意識してからは、ずいぶんと口数が少なくなって寡黙になりました。（笑）

常にその瞬間において、目の前の相手の人の気持ちを意識し続けることができれば、これほど理想的なことはありません。もちろん、口で言うほどたやすいことではないのも事実ですが、その努力をし続けることが大切ではないかと思います。

このような気持ちでいると、もしも相手に何らかの下心があるときには、自然と感じられるようになったりもします。また、自分がその大切な人を、自分の愚痴のはけ口として利用するような衝動も起こらなくなるはずです。

この年になって、ようやく筆者がわかったのは、自分の目の前の状況というのは、多少の例外はあったとしても、おおよそ、自分の心次第で決まってくるということです。そして、自分の性格を善化しようとする努力をし、自ら立ち向かって行こうとする時、四柱推命は、自分自身を知る鏡として、非常に優れたツールとなるのです。

6　たくさんの出会いと別れの中で

筆者が最近思うのは、人生で出会う人の縁というものは、見えない何かの導きによって、たぐり寄せられているのではないかということです。

そしてまた、この人生には、さまざまな出会いがあるのと同時に、別れというものがあります。

この盃を受けてくれ。どうぞ、なみなみ注がしておくれ。
花に嵐の例えもあるぞ、さよならだけが人生だ。

小説家・井伏鱒二《いぶせますじ》が呼んだこの詩は、庚の時代の詩人・于武陵《うぶりょう》の作品を訳したものですが、筆者もこの年になって、この詩の言葉をしみじみと感じるようになりました。

別れの中には、「生き別れ」という別れもあれば、「死に別れ」という別れもあります。筆者はこの2～

3年の間に、親しい人との別れを三人も経験しました。しばらくの間は、悲しみはなかなか癒えることはありませんでした。しかし、時が経つと、自然とそのような感情からも解放されていくように思います。故人とのその思い出は永遠に心の中に残っていますし、何となくですが、今でも心のどこかで、今も故人とつながっているような気がするのです。

また、生きたまま、何らかの事情で別れなくてはいけなくなった人もいます。事情によっては、もう一生を通じて、二度と会うことができないということもあるでしょう。

人生における全ての出会いが素晴らしいなどと、美化するつもりはありません。幸せに満ちた出会いもあれば、不幸な出会いもあるでしょう。それでも、人生の一時期において、二人の共通の時間が存在したことだけは事実です。だから、相手を責めることなく、心の中で「ありがとう」という事ができたなら、どんなに素敵だろうと思います。

相手をだましたり陥れたりして、自分だけが得をすることを考えているような、一部の人間を除けば、ほとんどの人が、縁のある相手とは、良い関係を築きたいと願っているものだと思います。そのような時、どちらかが正しくて、どちらかが間違っていると考えている限りは、健全な人間関係を築くことは難しくなるでしょう。なぜなら、立場や考え方が違えば、何を正しいと思うかが変わってくるのは当然のことだからです。だからこそ、人間関係では、相手のことを理解することが必要となります。相手のことを理解できれば、相手を思いやるという気持ちも生まれます。また、あなたが相手を理解しようとすれば、相手もあなたを受け容れようとすることでしょう。相手のことを理解した上で、それでもうまく付き合えない相手だとわかれば、距離を置いた関係を築けばいいのです。

人を理解し、人を許すこと……最初からうまくできなくても良いのです。人はみんな不器用な生き物なのですから。

そのように、相手のことを理解したい、誰かを許せないでいる自分から自由になりたいと思った時、この四柱推命という五行自然哲学ツールが、きっとお役に立つはずです。

この本を手に取ってくださった皆様の人生が、多くの良き人との縁に恵まれた幸せなものになりますことを、心より願ってやみません。

◆参考文献

『四柱推命実践鑑定講座』緒方泰州　著　中尾書店
『四柱推命の謎と真実』波木星龍　著　八幡書店
『個性学入門』三命万象　著　洛陽書房
『子平真詮考玄評駐』上・下　武田考玄　著　日本命理学会
『実用四柱推命　養命・芸海法』マザー紅竜　著　ナツメ社
『四柱推命の完全独習』三木照山　著　日本文芸社
『基礎から最高峰を目指す四柱推命の本』上・下　小山内彰　著　shihei.com
『最新四柱推命理論』陽史明　著　日本文芸社
『任せる力』真藤昌瑳熙　著　すばる社
『天中殺算命占術　あなたの中の秘密』高尾義政　著　青春出版社
『「性格&相性」まるごとわかる動物キャラナビ』弦本将裕　著　日本文芸社
『万象算命　心観星命樹』伯耆弘徳　著　東洋書院
『「感情のごみ箱」にする人される人』更紗らさ　著　三楽舎
『変身力』西谷泰人　著　ナツメ社
『徳川家康』神坂次郎　著　成美堂出版
『ベーシック・シュタイナー』ルドルフ・シュタイナー　著　西川隆範　編訳　渋沢比呂呼　撰述
　イザラ書房
『生命の木』ジョン・マイケル・グリア　著　伊泉龍一　訳　フォーテュア

あとがき

『神社百景』というテレビ番組で、縁結びで有名な出雲大社《いずもおおやしろ》が取り上げられていました。番組の中で、出雲大社の権宮司の千家和比古《せんげよしひこ》氏が、このようなことをお話されていたのを思い出しました。

縁結びという縁、つながりというのは、決して、男性と女性と言う、そういった性別だけではありません。私どもは一人個人では生きていけないわけで、人間的つながりや縁、さらに様々な自然との関係、あるいは他の生物たちとの関係を築いて生きているのでありますから、そうした存在とのつながり、縁というものが、全てそこに含まれています。

我々は縁結びの「縁」というと、男女の縁や仕事の縁など、つい自分の人生に利益をもたらしてくれるありがたいもの、というように考えてしまいがちです。確かにそういう一面もあるのでしょうが、それだけではありません。

我々の身体は、地球上に存在する元素そのものであり、本来、自分と他者との間に明確な境界線を引くことなど、できないと思うのです。普段はあまり自覚できていませんが、我々は地上の全てのものと常に共存し、共生しているということを、決して忘れてはならないでしょう。

今から八百年前の中国で体系づけられた、四柱推命を始めとする占いは、もっぱら、己《おのれ》を利するために使われたツールでした。春秋戦国の時代から、広大な中国大陸の歴史は、常に戦いの連続でしたから、占いや呪術は、弱肉強食の世界で生き残るための目に見えない強力な武器だったのです。

現在の私たちにとっても、この四柱推命は人生を生きる上での強力な武器となることでしょう。今は何と言っても、コミュニケーション能力が必要不可欠な時代ですから。

本書は、四柱推命を用いた相性鑑定の方法をまとめたものです。これらの相性鑑定法の一部は、実際にお見合いの候補者選びや、面接などで採用者を選ぶ時などにも利用されています。

しかし、この東洋哲学の叡智を、ビジネスの一端や、自分の願望を叶えるためだけに使うのは、あまりにも、もったいない気がします。四柱推命の相性鑑定は、自分にとって都合の良い相手を選ぶだけのツールではなく、むしろ、相手を理解するためのツールとして、その真価を発揮します。

今、私たちの時代は、昔のような競争一辺倒の時代ではなく、お互いに理解し合い共生することが求められつつあります。そういう時代にこそ、四柱推命の相性鑑定を活用していただけたなら、筆者としては、とても嬉しく思います。

今回の原稿には、万全を期したつもりです。しかしながら、万一誤植がございました場合には、ホームページにて訂正をさせていただきます。

https://asano-uranai.com/correction/anthropology.html

本書『四柱推命人間学』は、『四柱推命の占い方』『四柱推命の景色』と並ぶ三部作として、最初に書き上げることができた本です。

「三冊の本を２０２１年まで書き上げる」などと宣言したのは、筆者のある思いから始まったものなのですが、こうして無事に目的を完遂したことができたのは、筆者の周りのたくさんの優しい皆さまのおかげです。

2年前のある時、小田原の占い師・朱紅さんから、「目標を忘れないように、紙に書いて、見える所に貼っておいたら、良いですよ」とアドバイスを受けました。それ以降、常にその紙を見ながら意識し、その結果、無事に目的を実現することができました。本当にありがとうございました。

その時に朱紅さんから、これは筆者が尊敬する西谷泰人先生から聞いたアドバイスであるということをお聞きしました。筆者がいただいた数々のご恩が思い出され、改めて西谷先生に対し、感謝の気持ちでいっぱいです。

そして、この高すぎる目標にどう取り組んでいいかわからない時、Kさんが具体的な計画を提示してくださり、そこから物事が動き始めました。その後、常木祐一氏に3冊の本を出版する綿密なスケジュールを立てていただき、それに沿って行動してきた結果、今があります。お二人に対し、ご尽力いただきましたことに、感謝いたします。

第6章の「五行六令運命学」の掲載を快諾してくださった、真藤昌瑳熙氏とアシスタントの永井つばささんに、拝謝申し上げます。

また、図表を手掛けてくださった「あめつちアナライズ」の赤木真理さん、筆者が作った「外的環境の支配五行」の表を見直して、条件文をきれいに整理してくださったミニヤさん、このお二人に両側から支えられて、本書を完成させることができました。多大なるご支援をいただき、感謝いたします。

そして、人物フォーマットと算命時計を自動計算できるサイトを作ってくれた我が兄、原稿の最後の仕上げを細かくチェックし、厳しく指導してくださった京都のIさん（「京都五行開運堂」の伊藤幸代さん）、お二人に対し、感謝いたします。

本書の大胆な表紙のデザインを手掛けてくださった、デザイナーの竹下武臣様、素敵な挿絵で、本書に彩りを与えてくださった森野ももさんに対し、感謝いたします。

そして、本書の基となる、貴重な四柱推命学の教えをいただきました井戸辻敬子様に、心から御礼申し上げます。

さらに、筆者の無謀な計画を寛大な心で受け止めてくださった総和社の竹下武志社長のご厚情に、御礼申し上げます。

また、執筆にかかりきりになっている筆者をサポートし、音声メルマガの管理をしてくださったくるみさんと共に「鬼滅の刃」を愛する香さんに感謝いたします。

なお、本書のプロフィール写真は、㈱セラヴィ様、表紙の写真撮影は、らかんスタジオ吉祥寺店様のご協力を賜りました。

筆者の四柱推命講座の受講生や、鑑定に来られたお客様からのたくさんの励ましの声に支えられて、この四柱推命本三冊同時出版を実現させることができました。今後は、全国で活躍する受講生の方のウェブサイトを、筆者のウェブサイトでも、少しずつご紹介させていただきたいと考えております。

https://asano-uranai.com/friend/fortune-teller.html

最後になりましたが、この本を手に取ってくださった皆様に、心から感謝を込めて、筆を置きたいと思います。

筆者の大成を信じ、ずっと応援してくれた亡き父へ捧ぐ

辛丑年 戊戌月 乙巳日
秋が深まり、少し肌寒くなりかけた東京・中野坂上のオフィスにて

付録

生時干支表

【図表1】「サマータームの実施期間」

【図表2】「日本の主要都市時差一覧」

【図表3】「一年間のおよその均時差一覧」

【図表4】「通変タイプ早見表」

木が「外的環境の支配五行」になる条件

火が「外的環境の支配五行」になる条件

土が「外的環境の支配五行」になる条件

金が「外的環境の支配五行」になる条件

水が「外的環境の支配五行」になる条件

■ 生時干支表

生時＼日干	甲・己	乙・庚	丙・辛	丁・壬	戊・癸
0:00 ~0:59	甲子	丙子	戊子	庚子	壬子
1:00 ~2:59	乙丑	丁丑	己丑	辛丑	癸丑
3:00 ~4:59	丙寅	戊寅	庚寅	壬寅	甲寅
5:00 ~6:59	丁卯	己卯	辛卯	癸卯	乙卯
7:00 ~8:59	戊辰	庚辰	壬辰	甲辰	丙辰
9:00 ~10:59	己巳	辛巳	癸巳	乙巳	丁巳
11:00 ~12:59	庚午	壬午	甲午	丙午	戊午
13:00 ~14:59	辛未	癸未	乙未	丁未	己未
15:00 ~16:59	壬申	甲申	丙申	戊申	庚申
17:00 ~18:59	癸酉	乙酉	丁酉	己酉	辛酉
19:00 ~20:59	甲戌	丙戌	戊戌	庚戌	壬戌
21:00 ~22:59	乙亥	丁亥	己亥	辛亥	癸亥
23:00 ~23:59	丙子	戊子	庚子	壬子	甲子

【図表1】サマータイムの実施期間

サマータイムの実施期間
1948年5月2日午前1時~9月11日午後11時59分
1949年4月3日午前1時~9月10日午後11時59分
1950年5月7日午前1時~9月9日午後11時59分
1951年5月6日午前1時~9月8日午後11時59分

【図表2】日本の主要都市時差一覧

根室	+42分	小笠原	+29分	明石	±0分
釧路	+37分	伊豆大島	+17分	和歌山	+1分
帯広	+33分	横浜	+19分	鳥取	-3分
旭川	+29分	小田原	+17分	岡山	-4分
稚内	+27分	新潟	+16分	高松	-4分
札幌	+25分	長野	+13分	徳島	-2分
函館	+23分	甲府	+14分	松江	-8分
青森	+23分	静岡	+14分	広島	-10分
盛岡	+25分	浜松	+11分	高知	-6分
秋田	+20分	富山	+9分	松山	-9分
気仙沼	+26分	高山	+9分	岩国	-11分
仙台	+23分	岐阜	+7分	山口	-14分
山形	+21分	豊橋	+10分	北九州	-16分
米沢	+20分	名古屋	+8分	福岡	-18分
いわき	+24分	輪島	+8分	佐賀	-19分
福島	+22分	金沢	+7分	長崎	-20分
水戸	+22分	福井	+5分	五島列島	-25分
千葉	+20分	大津	+3分	大分	-14分
銚子	+23分	四日市	+7分	熊本	-17分
宇都宮	+20分	津	+6分	宮崎	-14分
前橋	+16分	京都	+3分	鹿児島	-18分
さいたま	+19分	奈良	+3分	奄美大島	-22分
東京	+19分	大阪	+2分	那覇	-29分
八王子	+17分	神戸	+1分	石垣	-43分

【図表3】一年間のおよその均時差一覧

	1月	2月	3月	4月	5月	6月	7月	8月	9月	10月	11月	12月
1日	-3	-13	-12	-4	+3	+2	-4	-6	±0	+10	+16	+11
2日	-4	-14	-12	-4	+3	+2	-4	-6	±0	+10	+16	+11
3日	-4	-14	-12	-3	+3	+2	-4	-6	±0	+11	+16	+10
4日	-5	-14	-12	-3	+3	+2	-4	-6	+1	+11	+16	+10
5日	-5	-14	-12	-3	+3	+2	-4	-6	+1	+11	+16	+10
6日	-6	-14	-11	-3	+3	+1	-5	-6	+1	+12	+16	+9
7日	-6	-14	-11	-2	+3	+1	-5	-6	+2	+12	+16	+9
8日	-6	-14	-11	-2	+4	+1	-5	-6	+2	+12	+16	+8
9日	-7	-14	-11	-2	+4	+1	-5	-6	+2	+13	+16	+8
10日	-7	-14	-10	-1	+4	+1	-5	-5	+3	+13	+16	+7
11日	-8	-14	-10	-1	+4	+1	-5	-5	+3	+13	+16	+7
12日	-8	-14	-10	-1	+4	±0	-6	-5	+3	+13	+16	+7
13日	-8	-14	-10	-1	+4	±0	-6	-5	+4	+14	+16	+6
14日	-9	-14	-9	±0	+4	±0	-6	-5	+4	+14	+16	+6
15日	-9	-14	-9	±0	+4	±0	-6	-5	+5	+14	+15	+5
16日	-10	-14	-9	±0	+4	-1	-6	-4	+5	+14	+15	+5
17日	-10	-14	-9	±0	+4	-1	-6	-4	+5	+15	+15	+4
18日	-10	-14	-8	+1	+4	-1	-6	-4	+6	+15	+15	+4
19日	-11	-14	-8	+1	+4	-1	-6	-4	+6	+15	+15	+3
20日	-11	-14	-8	+1	+4	-1	-6	-4	+6	+15	+15	+3
21日	-11	-14	-7	+1	+3	-2	-6	-3	+7	+15	+14	+2
22日	-11	-14	-7	+1	+3	-2	-6	-3	+7	+15	+14	+2
23日	-12	-13	-7	+2	+3	-2	-6	-3	+7	+16	+14	+1
24日	-12	-13	-6	+2	+3	-2	-6	-3	+8	+16	+13	+1
25日	-12	-13	-6	+2	+3	-2	-6	-2	+8	+16	+13	±0
26日	-13	-13	-6	+2	+3	-3	-7	-2	+8	+16	+13	±0
27日	-13	-13	-6	+2	+3	-3	-7	-2	+9	+16	+13	-1
28日	-13	-13	-5	+2	+3	-3	-6	-1	+9	+16	+12	-1
29日	-13	-13	-5	+3	+3	-3	-6	-1	+9	+16	+12	-2
30日	-13		-5	+3	+3	-3	-6	-1	+10	+16	+12	-2
31日	-13		-4		+2		-6	-1		+16		-3

【図表4】通変タイプ早見表

<table>
<tr><th>日主
外的環境の支配五行</th><th>甲</th><th>乙</th><th>丙</th><th>丁</th><th>戊</th><th>己</th><th>庚</th><th>辛</th><th>壬</th><th>癸</th></tr>
<tr><td>木</td><td colspan="2">比劫
タイプ</td><td colspan="2">印
タイプ</td><td colspan="2">官
タイプ</td><td colspan="2">財
タイプ</td><td colspan="2">食傷
タイプ</td></tr>
<tr><td>火</td><td colspan="2">食傷
タイプ</td><td colspan="2">比劫
タイプ</td><td colspan="2">印
タイプ</td><td colspan="2">官
タイプ</td><td colspan="2">財
タイプ</td></tr>
<tr><td>土</td><td colspan="2">財
タイプ</td><td colspan="2">食傷
タイプ</td><td colspan="2">比劫
タイプ</td><td colspan="2">印
タイプ</td><td colspan="2">官
タイプ</td></tr>
<tr><td>金</td><td colspan="2">官
タイプ</td><td colspan="2">財
タイプ</td><td colspan="2">食傷
タイプ</td><td colspan="2">比劫
タイプ</td><td colspan="2">印
タイプ</td></tr>
<tr><td>水</td><td colspan="2">印
タイプ</td><td colspan="2">官
タイプ</td><td colspan="2">財
タイプ</td><td colspan="2">食傷
タイプ</td><td colspan="2">比劫
タイプ</td></tr>
</table>

外的環境の支配五行・成立条件（木）

	木が「外的環境の支配五行」になる条件
木㋑	ⓒⓓⓖⓗに、甲・乙・寅・卯・辰のいずれかが、たった1つでも存在した場合
木㋺	ⓒⓓⓖⓗに、甲・乙・寅・卯・辰・亥のいずれかが、たった1つでも存在した場合
木㋩	ⓖⓗに寅・卯のどちらかが、たった1つでも存在した場合 あるいは、ⓒⓓが双方とも、甲か乙のどちらかかである場合
木㋥	ⓖⓗに、寅・卯・辰のいずれかが、たった1つでも存在した場合
木㋭	ⓖⓗに、寅・卯・未のいずれかが、たった1つでも存在した場合
木㋬	ⓖが、子もしくは酉になっていない場合
木㋣	ⓖⓗに、亥がたった1つでも存在した場合 あるいは、ⓒⓓⓖⓗに、甲・乙・寅・卯のいずれかが1つ以上存在し、 かつ、その上で、ⓖが巳でも午でもない場合
木㋠	ⓖⓗに、未がたった1つでも存在した場合 あるいは、ⓒⓓⓖⓗに、甲・乙・寅・卯のいずれかが1つ以上存在し、 かつ、その上で、ⓖが子でも丑でもない場合
木㋷	[1] ⓖとⓗが、丑と巳の組み合わせ（順不同）になっていないこと、 [2] ⓖとⓗの両方が、申・酉・戌になっていないこと（片方だけなら可） 上記2つの条件が成立した上で、ⓒⓓⓖⓗに、甲・乙・寅・卯・辰のいずれかが、たった1つでも存在した場合
木㋦	ⓖが、寅もしくは卯になっている場合 あるいは、ⓒⓓが双方とも、甲・乙のどちらかである場合
木㋸	ⓖⓗに、寅・卯・亥のいずれかが1つ以上存在し、 かつ、その上で、ⓒⓓに甲・乙のどちらかが、たった1つでも存在した場合
木㋾	ⓖⓗに、寅・卯・未のいずれかが1つ以上存在し、 かつ、その上で、ⓒⓓに甲・乙のどちらかが、たった1つでも存在した場合
木㋻	ⓖⓗに、寅・卯のどちらかが、たった1つでも存在した場合
木㋕	ⓖⓗに、寅・卯・辰のいずれかが、たった1つでも存在した場合 あるいは、ⓖとⓗが、未と亥の組み合わせ（順不同）になっている場合
木㋵	ⓖⓗに、寅か卯のどちらかが、たった1つでも存在した場合 あるいは、ⓒⓓが双方とも、甲・乙のどちらかかである場合
木㋟	ⓖⓗに、卯がたった1つでも存在した場合 あるいは、ⓖⓗに寅が1つ以上存在し、かつ、ⓒⓓに甲・乙のどちらかが、たった1つでも存在した場合
木㋹	ⓖⓗが双方とも、寅か卯のどちらかである場合 あるいは、ⓖとⓗが、寅か卯のどちらかと、未の組み合わせになっている場合
木㋞	ⓖⓗが双方とも、寅か卯のどちらかである場合、 あるいは、ⓖとⓗが、寅か卯のどちらかと、亥の組み合わせになっている場合
木㋡	ⓖⓗが双方とも、寅・卯・辰のいずれかである場合、 あるいは、ⓖとⓗが、未と亥の組み合わせ（順不同）になっている場合 あるいは、ⓖとⓗが、寅・卯・辰のいずれかと、未か亥のどちらかの組み合わせになっている場合 あるいは、ⓖⓗに、寅・卯・辰のいずれかが1つ以上存在し、 かつ、その上で、ⓒⓓに甲・乙のどちらかが、たった1つでも存在した場合
木㋤	ⓖとⓗが、寅と卯の組み合わせ（順不同）になっている場合
木㋤	ⓖとⓗが、寅と卯、卯と卯、卯と辰のいずれかの組み合わせ（それぞれ順不同）になっている場合 あるいは、ⓖとⓗが、未と亥の組み合わせ（順不同）になっていて、 かつ、その上で、ⓒⓓに甲・乙のどちらかが、たった1つでも存在した場合
木㋶	ⓖとⓗが、卯と未の組み合わせ（順不同）になっている場合 あるいは、ⓖとⓗが、寅と未の組み合わせ（順不同）になっていて、 かつ、ⓒⓓに甲・乙のどちらかが、たった1つでも存在した場合
木㋰	ⓖとⓗが、卯と亥の組み合わせ（順不同）になっている場合 あるいは、ⓖとⓗが、寅と亥の組み合わせ（順不同）になっていて、 かつ、その上で、ⓒⓓに甲・乙のどちらかが、たった1つでも存在した場合
木㋒	ⓖⓗに、寅・卯のどちらかが1つ以上存在し、 かつ、その上で、ⓒⓓに甲・乙のどちらかが、たった1つでも存在した場合
木㋼	ⓖⓗが双方とも、寅か卯のどちらかになっていて、 かつ、その上で、ⓒⓓに甲・乙のどちらかが、たった1つでも存在した場合
木㋨	ⓖⓗに、卯がたった1つでも存在した場合 あるいは、ⓖとⓗが、未と亥の組み合わせ（順不同）になっていて、 かつ、その上で、ⓒⓓに甲・乙のどちらかが、たった1つでも存在した場合

外的環境の支配五行・成立条件（火）

	火が「外的環境の支配五行」になる条件
火㋑	ⓒⓓⓖⓗに、丙・丁・巳・午・未のいずれかが、たった1つでも存在した場合
火㋺	ⓒⓓⓖⓗに、丙・丁・寅・巳・午・未のいずれかが、たった1つでも存在した場合
火㋩	ⓒⓓⓖⓗに、丙・丁・巳・午・未・戌のいずれかが、たった1つでも存在した場合
火㋥	ⓖⓗに、巳・午・未・戌のいずれかが、たった1つでも存在した場合
火㋭	ⓖⓗに、巳・午・未のいずれかが、たった1つでも存在した場合
火㋬	ⓖⓗに、巳・午・未のいずれかが、たった1つでも存在した場合 あるいは、ⓖとⓗが、寅と戌の組み合わせ（順不同）になっている場合
火㋣	ⓖⓗに、巳か午のどちらかが、たった1つでも存在した場合
火㋠	ⓖⓗに、巳か午のどちらかが、たった1つでも存在した場合 あるいは、ⓒⓓが双方とも、丙か丁のどちらかかである場合
火㋷	ⓖⓗに、巳か午のどちらかが、たった1つでも存在した場合 あるいは、ⓒⓓが双方とも、丙か丁のどちらかかである場合
火㋦	ⓖⓗに、午がたった1つでも存在した場合 あるいは、ⓖⓗに巳が1つ以上存在し、かつ、ⓒⓓに丙・丁のどちらかが、たった1つでも存在した場合
火㋸	ⓖⓗに、午がたった1つでも存在した場合 あるいは、ⓖとⓗが、寅と戌の組み合わせ（順不同）になっていて、 かつ、その上で、ⓒⓓに丙・丁のどちらかが、たった1つでも存在した場合
火㋾	ⓖⓗに、寅がたった1つでも存在した場合 あるいは、ⓒⓓⓖⓗに、丙・丁・巳・午のいずれかが1つ以上存在し、 かつ、その上で、ⓖが申でも酉でもない場合
火㋻	ⓖⓗに、戌がたった1つでも存在した場合 あるいは、ⓒⓓⓖⓗに、丙・丁・巳・午のいずれかが1つ以上存在し、 かつ、その上で、ⓖが卯でも辰でもない場合
火㋕	[1] ⓖとⓗが、辰・申の組み合わせ（順不同）になっていないこと、 [2] ⓖとⓗの両方が、亥・子・丑になっていないこと（片方だけなら可） 上記2つの条件が成立した上で、ⓒⓓⓖⓗに、丙・丁・巳・午・未のいずれかが、たった1つでも存在した場合
火㋵	ⓖⓗに、寅・巳・午・未のいずれかが1つ以上存在し、 かつ、その上で、ⓒⓓに丙・丁のどちらかが、たった1つでも存在した場合
火㋟	ⓖⓗに、巳・午・未・戌のいずれかが1つ以上存在し、 かつ、その上で、ⓒⓓに丙・丁のどちらかが、たった1つでも存在した場合
火㋹	ⓖⓗに、巳・午のどちらかが1つ以上存在し、 かつ、その上で、ⓒⓓに丙・丁のどちらかが、たった1つでも存在した場合
火㋞	ⓒⓓⓖⓗに、丙・丁・巳・午のうちで、総計2つ以上存在した場合 あるいは、ⓖとⓗが、巳か午のどちらかと、戌の組み合わせになっている場合
火㋡	ⓒⓓⓖⓗに、丙・丁・巳・午のうちで、総計2つ以上存在した場合 あるいは、ⓖとⓗが、巳か午のどちらかと、寅の組み合わせになっている場合
火㋧	ⓖⓗが双方とも、巳・午・未のいずれかである場合、 あるいは、ⓖとⓗが、寅と戌の組み合わせ（順不同）になっている場合 あるいは、ⓖとⓗが、巳・午・未のいずれかと、寅か未のどちらかの組み合わせになっている場合 あるいは、ⓖⓗに、巳・午・未のいずれかが1つ以上存在し、 かつ、その上で、ⓒⓓに丙・丁のどちらかが、たった1つでも存在した場合
火㋤	ⓖⓗが双方とも、巳か午のどちらかになっていて、 かつ、その上で、ⓒⓓに丙・丁のどちらかが、たった1つでも存在した場合
火㋶	ⓖとⓗが、巳と午の組み合わせ（順不同）になっている場合
火㋰	ⓖとⓗが、巳と午、午と午、午と未のいずれかの組み合わせ（それぞれ順不同）になっている場合 あるいは、ⓖとⓗが、寅と戌の組み合わせ（順不同）になっていて、 かつ、その上で、ⓒⓓに丙・丁のどちらかが、たった1つでも存在した場合
火㋒	ⓖとⓗが、午と戌の組み合わせ（順不同）になっている場合 あるいは、ⓖとⓗが、巳と戌の組み合わせ（順不同）になっていて、 かつ、ⓒⓓに丙・丁のどちらかが、たった1つでも存在した場合
火㋼	ⓖとⓗが、午と寅の組み合わせ（順不同）になっている場合 あるいは、ⓖとⓗが、巳と寅の組み合わせ（順不同）になっていて、 かつ、その上で、ⓒⓓに丙・丁のどちらかが、たった1つでも存在した場合

外的環境の支配五行・成立条件（土）

	土が「外的環境の支配五行」になる条件
土㋑	ⓒⓓⓖⓗに、戊・己・丑・辰のいずれかが、たった1つでも存在した場合
土㋺	ⓒⓓⓖⓗに、戊・己・巳・午・未・戌のうちで、合計2つ以上存在した場合
土㋩	ⓖⓗにいずれも、子・申・酉・亥が、存在していない場合
土㋥	ⓖⓗにいずれも、子・卯・酉・亥が、存在していない場合
土㋭	ⓖⓗに、戌がたった1つでも存在した場合
土㋬	ⓖⓗに、戌が1つ以上存在し、 かつ、その上で、ⓒⓓに戊・己のどちらかが、たった1つでも存在した場合
土㋣	ⓒⓓⓖⓗに、戊・己・巳・午・未・戌のいずれかが、たった1つでも存在した場合
土㋠	ⓖⓗに、巳・午・未・戌のいずれかが、たった1つでも存在した場合
土㋷	ⓖⓗに、巳・午・未のいずれかが、たった1つでも存在した場合
土㋦	ⓖⓗに、巳・午・未・戌のいずれかが1つ以上存在し、 かつ、その上で、ⓒⓓに戊・己のどちらかが、たった1つでも存在した場合
土㋸	ⓖⓗに、巳・午・未のいずれかが、たった1つでも存在した場合 あるいは、ⓖⓗに、戌が1つ以上存在した上で、ⓒⓓに丙・丁があって疑似火局が成立した場合
土㋾	ⓖⓗに、巳・午・未のいずれかが、1つでも存在するか、あるいは、 ⓖⓗに、戌が1つ以上存在した上で、ⓒⓓに丙・丁があって疑似三合火局が成立し、 かつ、その上で、ⓒⓓに戊・己のどちらかが、たった1つでも存在した場合
土㋻	ⓖⓗに、巳・午・未のいずれかが1つ以上存在し、 かつ、その上で、ⓒⓓⓖⓗに、戊・己・辰・丑のうちで、合計2つ以上存在した場合
土㋕	ⓖⓗに、巳・午・未のいずれかが1つ以上存在し、 かつ、その上で、ⓒⓓに戊・己のどちらかが、たった1つでも存在した場合
土㋵	ⓖⓗに、巳か午のどちらかが、たった1つでも存在した場合 あるいは、ⓒⓓが双方とも、戊か己のどちらかかである場合

外的環境の支配五行・成立条件（金）

	金が「外的環境の支配五行」になる条件
金㋑	ⓒⓓⓖⓗに、庚・辛・申・酉・戌のいずれかが、たった1つでも存在した場合 あるいは、ⓖが辰となり、ⓗが寅でも卯でもない場合
金㋺	ⓒⓓⓖⓗに、庚・辛・申・酉・戌・巳のいずれかが、たった1つでも存在した場合
金㋩	ⓖが、午になっていない場合
金㋥	ⓖが、子もしくは午になっていない場合
金㋭	ⓖが、子もしくは午になっていないこと、 かつ、その上で、ⓒⓓに庚・辛のどちらかが、たった1つでも存在した場合
金㋬	ⓖとⓗが、子と申、もしくは寅と卯のどちらか（それぞれ順不同）の組み合わせになっていない場合
金㋣	[1] ⓖとⓗが、未と亥の組み合わせ（順不同）になっていないこと、 [2] ⓖとⓗの両方が、寅・卯になっていないこと（片方だけなら可） 上記2つの条件が成立した上で、ⓒⓓⓖⓗに、庚・辛・申・酉・戌のいずれかが、たった1つでも存在した場合 もしくは、上記2つの条件が成立した上で、ⓖが辰となり、ⓗが寅でも卯でもない場合
金㋠	ⓖⓗに、巳がたった1つでも存在した場合 あるいは、ⓒⓓⓖⓗに、庚・辛・申・酉のいずれかが1つ以上存在し、 かつ、その上で、ⓖが亥でも子でもない場合
金㋷	ⓖⓗに、丑がたった1つでも存在した場合 あるいは、ⓒⓓⓖⓗに、庚・辛・申・酉のいずれかが1つ以上存在し、 かつ、その上で、ⓖが午でも未でもない場合
金㋦	ⓖⓗに、酉がたった1つでも存在した場合 あるいは、ⓖⓗに申が1つ以上存在し、かつ、ⓒⓓに庚・辛のどちらかが、たった1つでも存在した場合
金㋸	ⓖⓗに、酉がたった1つでも存在した場合 あるいは、ⓖとⓗが、丑と巳の組み合わせ（順不同）になっていて、 かつ、その上で、ⓒⓓに庚・辛のどちらかが、たった1つでも存在した場合
金㋾	ⓖⓗに、申・酉・戌のいずれかが、たった1つでも存在した場合
金㋻	ⓖⓗに、申・酉・戌のいずれかが、たった1つでも存在した場合 あるいは、ⓖとⓗが、丑と巳の組み合わせ（順不同）になっている場合
金㋕	ⓖⓗに、丑・申・酉のいずれかが、たった1つでも存在した場合
金㋵	ⓖⓗに、申・酉のどちらかが、たった1つでも存在した場合
金㋟	ⓖⓗに、申・酉のどちらかが、たった1つでも存在した場合 あるいは、ⓒⓓが双方とも、庚か辛のどちらかかである場合
金㋹	ⓖⓗに、申・酉のどちらかが1つ以上存在し、 かつ、その上で、ⓒⓓに庚・辛のどちらかが、たった1つでも存在した場合
金㋞	ⓖⓗに、丑か酉のどちらかが1つ以上存在し、 かつ、その上で、ⓒⓓに庚・辛のどちらかが、たった1つでも存在した場合
金㋡	ⓖⓗに、巳・申・酉のいずれかが1つ以上存在し、 かつ、その上で、ⓒⓓに庚・辛のどちらかが、たった1つでも存在した場合
金㋧	ⓖが、申もしくは酉になっている場合、 あるいは、ⓒⓓが双方とも、庚と辛のどちらかかである場合
金㋤	ⓖが、酉になっている場合、 あるいは、ⓖが丑・辰・申のいずれかで、ⓗが酉になっている場合
金㋶	ⓖが、酉になっている場合、 あるいは、ⓖが丑・辰・申のいずれかで、ⓗが酉になっていて、 かつ、その上で、ⓒⓓに庚・辛のどちらかが、たった1つでも存在した場合
金㋰	ⓖⓗが双方とも、申か酉のどちらかである場合 あるいは、ⓖとⓗが、申か酉のどちらかと、丑の組み合わせになっている場合
金㋒	ⓖⓗが双方とも、申か酉のどちらかである場合 あるいは、ⓖとⓗが、申か酉のどちらかと、巳の組み合わせになっている場合
金㋼	ⓖⓗが双方とも、申か酉のどちらかになっていて、 かつ、その上で、ⓒⓓに庚・辛のどちらかが、たった1つでも存在した場合
金㋨	ⓖⓗが双方とも、申・酉・戌のいずれかである場合、 あるいは、ⓖとⓗが、丑と巳の組み合わせ（順不同）になっている場合 あるいは、ⓖとⓗが、申・酉・戌のいずれかと、丑か巳のどちらかの組み合わせになっている場合 あるいは、ⓖⓗに、申・酉・戌のいずれかが1つ以上存在し、 かつ、その上で、ⓒⓓに庚・辛のどちらかが、たった1つでも存在した場合
金㋔	ⓖとⓗが、申と酉の組み合わせ（順不同）になっている場合
金㋗	ⓖとⓗが、申と酉、酉と酉、酉と戌のいずれかの組み合わせ（それぞれ順不同）になっている場合 あるいは、ⓖとⓗが、丑と巳の組み合わせ（順不同）になっていて、 かつ、その上で、ⓒⓓに庚・辛のどちらかが、たった1つでも存在した場合
金㋳	ⓖとⓗが、丑と酉の組み合わせ（順不同）になっている場合 あるいは、ⓖとⓗが、丑と申の組み合わせ（順不同）になっていて、 かつ、その上で、ⓒⓓに庚・辛のどちらかが、たった1つでも存在した場合
金㋮	ⓖとⓗが、巳と酉の組み合わせ（順不同）になっている場合 あるいは、ⓖとⓗが、巳と申の組み合わせ（順不同）になっていて、 かつ、その上で、ⓒⓓに庚・辛のどちらかが、たった1つでも存在した場合

外的環境の支配五行・成立条件（水）

	水が「外的環境の支配五行」になる条件
水㋑	ⓒⓓⓖⓗに、壬・癸・亥・子・丑のいずれかが、たった1つでも存在した場合
水㋺	ⓒⓓⓖⓗに、壬・癸・亥・子・丑・申のいずれかが、たった1つでも存在した場合
水㋩	ⓒⓓⓖⓗに、壬・癸・亥・子・丑・辰のいずれかが、たった1つでも存在した場合
水㋥	ⓖⓗに、亥か子のどちらかが、たった1つでも存在した場合 あるいは、ⓒⓓが双方とも、壬か癸のどちらかかである場合
水㋭	ⓖⓗに、亥・子・丑のいずれかが、たった1つでも存在した場合
水㋬	ⓖⓗに、亥・子・辰のいずれかが、たった1つでも存在した場合
水㋣	ⓖⓗに、亥か子のどちらかが、たった1つでも存在した場合
水㋠	ⓖⓗに、亥・子・丑のいずれかが、たった1つでも存在した場合 あるいは、ⓖとⓗが、辰と申の組み合わせ（順不同）になっている場合
水㋷	ⓖⓗに、申がたった1つでも存在した場合 あるいは、ⓒⓓⓖⓗに、壬・癸・亥・子のいずれかが1つ以上存在し、 かつ、その上で、ⓖが寅でも卯でもない場合
水㋦	ⓖⓗに、辰がたった1つでも存在した場合 あるいは、ⓒⓓⓖⓗに、壬・癸・亥・子のいずれかが1つ以上存在し、 かつ、その上で、ⓖが酉でも戌でもない場合
水㋸	ⓖⓗに、亥・子・申のいずれかが1つ以上存在し、 かつ、その上で、ⓒⓓに壬・癸のどちらかが、たった1つでも存在した場合
水㋾	ⓖⓗに、亥・子・辰のいずれかが1つ以上存在し、 かつ、その上で、ⓒⓓに壬・癸のどちらかが、たった1つでも存在した場合
水㋻	[1] ⓖとⓗが、寅・戌の組み合わせ（順不同）になっていないこと、 [2] ⓖとⓗの両方が、巳・午・未になっていないこと（片方だけなら可） 上記2つの条件が成立した上で、ⓒⓓⓖⓗに、壬・癸・亥・子・丑のいずれかが、たった1つでも存在した場合
水㋕	ⓖⓗに、巳か午のどちらかが、たった1つでも存在した場合 あるいは、ⓖⓗに丑が1つ以上存在し、 かつ、その上で、ⓒⓓが双方とも、壬か癸のどちらかかである場合
水㋵	ⓒⓓⓖⓗに、壬・癸・亥・子のうちで、総計2つ以上存在した場合 あるいは、ⓖとⓗが、亥か子のどちらかと、辰の組み合わせになっている場合
水㋟	ⓒⓓⓖⓗに、壬・癸・亥・子のうちで、総計2つ以上存在した場合 あるいは、ⓖとⓗが、亥か子のどちらかと、申の組み合わせになっている場合
水㋹	ⓖⓗが双方とも、亥・子・丑のいずれかである場合、 あるいは、ⓖとⓗが、辰と申の組み合わせ（順不同）になっている場合 あるいは、ⓖとⓗが、亥・子・丑のいずれかと、辰か申のどちらかの組み合わせになっている場合 あるいは、ⓖⓗに、亥・子・丑のいずれかが1つ以上存在し、 かつ、その上で、ⓒⓓに壬・癸のどちらかが、たった1つでも存在した場合
水㋞	ⓖⓗに、亥か子のどちらかが、たった1つでも存在した場合 あるいは、ⓒⓓが双方とも、壬か癸のどちらかかである場合
水㋡	ⓖⓗに、子がたった1つでも存在した場合 あるいは、ⓖⓗに亥が1つ以上存在し、かつ、ⓒⓓに壬・癸のどちらかが、たった1つでも存在した場合
水㋧	ⓖⓗに、子がたった1つでも存在した場合 あるいは、ⓖとⓗが、辰と申の組み合わせ（順不同）になっていて、 かつ、その上で、ⓒⓓに壬・癸のどちらかが、たった1つでも存在した場合
水㋤	ⓖとⓗが、亥と子の組み合わせ（順不同）になっている場合
水㋶	ⓖとⓗが、子と亥、子と子、子と丑のいずれかの組み合わせ（それぞれ順不同）になっている場合 あるいは、ⓖとⓗが、辰と申の組み合わせ（順不同）になっていて、 かつ、その上で、ⓒⓓに壬・癸のどちらかが、たった1つでも存在した場合
水㋰	ⓖとⓗが、子と辰の組み合わせ（順不同）になっている場合 あるいは、ⓖとⓗが、亥と辰の組み合わせ（順不同）になっていて、 かつ、ⓒⓓに壬・癸のどちらかが、たった1つでも存在した場合
水㋒	ⓖとⓗが、子と申の組み合わせ（順不同）になっている場合 あるいは、ⓖとⓗが、亥と申の組み合わせ（順不同）になっていて、 かつ、その上で、ⓒⓓに壬・癸のどちらかが、たった1つでも存在した場合
水㋼	ⓖⓗに、亥・子のどちらかが1つ以上存在し、 かつ、その上で、ⓒⓓに壬・癸のどちらかが、たった1つでも存在した場合
水㋨	ⓖⓗが双方とも、亥か子のどちらかになっていて、 かつ、その上で、ⓒⓓに壬・癸のどちらかが、たった1つでも存在した場合

万年暦（1926年～2031年）

1926年（昭和元年）

その年干支の期間	2/4 22:39 ～ 12/31 23:59	1/1 0:00 ～2/4 22:38
年干支	丙寅	乙丑

その月干支の期間	12/8 5:39 ～ 12/31 23:59	11/8 13:08 ～ 12/8 5:38	10/9 10:25 ～ 11/8 13:07	9/8 19:16 ～ 10/9 10:24	8/8 16:45 ～ 9/8 19:15	7/8 7:06 ～ 8/8 16:44	6/6 20:42 ～ 7/8 7:05	5/6 16:09 ～ 6/6 20:41	4/5 22:19 ～ 5/6 16:08	3/6 17:00 ～ 4/5 22:18	2/4 22:39 ～ 3/6 16:59	1/6 10:55 ～ 2/4 22:38	1/1 0:00 ～ 1/6 10:54
月干支	庚子	己亥	戊戌	丁酉	丙申	乙未	甲午	癸巳	壬辰	辛卯	庚寅	己丑	戊子
外的環境の支配五行候補	◎ 水㋑ △ 火㋞ 木㋤	◎ 水㋑ △ 木㋾ 火㋞	◎ 火㋣ ○ 土㋷ △ 金㋧ 木㋤	◎ 金㋑ △ 火㋷ 木㋤	◎ 金㋣ △ 火㋷ 水㋰	◎ 火㋑ ◎ 土㋑ 木㋺	火 ○ 土㋑ 木㋨	火 ○ 土㋑ △ 木㋤ 金㋳	◎ 木㋬ △ 水㋟ 火㋞	木 火㋞	木 火㋞	◎ 水㋥ △ 土㋻ 金㋮	水 金㋮

	12月			11月			10月			9月			8月			7月			6月			5月			4月			3月			2月			1月			
	干支	タイプ	旬数	干支	タイプ	旬数	干支	タイプ	旬数	干支	タイプ	旬数	干支	タイプ	旬数	干支	タイプ	旬数	干支	タイプ	旬数	干支	タイプ	旬数	干支	タイプ	旬数	干支	タイプ	旬数	干支	タイプ	旬数	干支	タイプ	旬数	
1日	甲子	直	1	甲午	直	4	癸亥	結	6	癸巳	結	3	壬戌	人	6	辛卯	直	3	辛酉	直	6	庚寅	直	3	庚申	直	6	己丑	人	3	辛酉	直	6	庚寅	直	3	1
2日	乙丑	人	1	乙未	人	4	甲子	直	1	甲午	直	4	癸亥	結	6	壬辰	人	3	壬戌	人	6	辛卯	直	3	辛酉	直	6	庚寅	直	3	壬戌	人	6	辛卯	直	3	2
3日	丙寅	結	1	丙申	結	4	乙丑	人	1	乙未	人	4	甲子	直	1	癸巳	結	3	癸亥	結	6	壬辰	人	3	壬戌	人	6	辛卯	直	3	癸亥	結	6	壬辰	人	3	3
4日	丁卯	結	1	丁酉	結	4	丙寅	結	1	丙申	結	4	乙丑	人	1	甲午	直	4	甲子	直	1	癸巳	結	3	癸亥	結	6	壬辰	人	3	甲子	直	1	癸巳	結	3	4
5日	戊辰	人	1	戊戌	人	4	丁卯	結	1	丁酉	結	4	丙寅	結	1	乙未	人	4	乙丑	人	1	甲午	直	4	甲子	直	1	癸巳	結	3	乙丑	人	1	甲午	直	4	5
6日	己巳	結	1	己亥	結	4	戊辰	人	1	戊戌	人	4	丁卯	結	1	丙申	結	4	丙寅	結	1	乙未	人	4	乙丑	人	1	甲午	直	4	丙寅	結	1	乙未	人	4	6
7日	庚午	直	1	庚子	直	4	己巳	結	1	己亥	結	4	戊辰	人	1	丁酉	結	4	丁卯	結	1	丙申	結	4	丙寅	結	1	乙未	人	4	丁卯	結	1	丙申	結	4	7
8日	辛未	人	1	辛丑	人	4	庚午	直	1	庚子	直	4	己巳	結	1	戊戌	人	4	戊辰	人	1	丁酉	結	4	丁卯	結	1	丙申	結	4	戊辰	人	1	丁酉	結	4	8
9日	壬申	結	1	壬寅	結	4	辛未	人	1	辛丑	人	4	庚午	直	1	己亥	結	4	己巳	結	1	戊戌	人	4	戊辰	人	1	丁酉	結	4	己巳	結	1	戊戌	人	4	9
10日	癸酉	結	1	癸卯	結	4	壬申	結	1	壬寅	結	4	辛未	人	1	庚子	直	4	庚午	直	1	己亥	結	4	己巳	結	1	戊戌	人	4	庚午	直	1	己亥	結	4	10
11日	甲戌	人	2	甲辰	人	5	癸酉	結	1	癸卯	結	4	壬申	結	1	辛丑	人	4	辛未	人	1	庚子	直	4	庚午	直	1	己亥	結	4	辛未	人	1	庚子	直	4	11
12日	乙亥	直	2	乙巳	直	5	甲戌	人	2	甲辰	人	5	癸酉	結	1	壬寅	結	4	壬申	結	1	辛丑	人	4	辛未	人	1	庚子	直	4	壬申	結	1	辛丑	人	4	12
13日	丙子	結	2	丙午	結	5	乙亥	直	2	乙巳	直	5	甲戌	人	2	癸卯	結	4	癸酉	結	1	壬寅	結	4	壬申	結	1	辛丑	人	4	癸酉	結	1	壬寅	結	4	13
14日	丁丑	人	2	丁未	人	5	丙子	結	2	丙午	結	5	乙亥	直	2	甲辰	人	5	甲戌	人	2	癸卯	結	4	癸酉	結	1	壬寅	結	4	甲戌	人	2	癸卯	結	4	14
15日	戊寅	結	2	戊申	結	5	丁丑	人	2	丁未	人	5	丙子	結	2	乙巳	直	5	乙亥	直	2	甲辰	人	5	甲戌	人	2	癸卯	結	4	乙亥	直	2	甲辰	人	5	15
16日	己卯	結	2	己酉	結	5	戊寅	結	2	戊申	結	5	丁丑	人	2	丙午	結	5	丙子	結	2	乙巳	直	5	乙亥	直	2	甲辰	人	5	丙子	結	2	乙巳	直	5	16
17日	庚辰	人	2	庚戌	人	5	己卯	結	2	己酉	結	5	戊寅	結	2	丁未	人	5	丁丑	人	2	丙午	結	5	丙子	結	2	乙巳	直	5	丁丑	人	2	丙午	結	5	17
18日	辛巳	直	2	辛亥	直	5	庚辰	人	2	庚戌	人	5	己卯	結	2	戊申	結	5	戊寅	結	2	丁未	人	5	丁丑	人	2	丙午	結	5	戊寅	結	2	丁未	人	5	18
19日	壬午	結	2	壬子	結	5	辛巳	直	2	辛亥	直	5	庚辰	人	2	己酉	結	5	己卯	結	2	戊申	結	5	戊寅	結	2	丁未	人	5	己卯	結	2	戊申	結	5	19
20日	癸未	人	2	癸丑	人	5	壬午	結	2	壬子	結	5	辛巳	直	2	庚戌	人	5	庚辰	人	2	己酉	結	5	己卯	結	2	戊申	結	5	庚辰	人	2	己酉	結	5	20
21日	甲申	直	3	甲寅	直	6	癸未	人	2	癸丑	人	5	壬午	結	2	辛亥	直	5	辛巳	直	2	庚戌	人	5	庚辰	人	2	己酉	結	5	辛巳	直	2	庚戌	人	5	21
22日	乙酉	直	3	乙卯	直	6	甲申	直	3	甲寅	直	6	癸未	人	2	壬子	結	5	壬午	結	2	辛亥	直	5	辛巳	直	2	庚戌	人	5	壬午	結	2	辛亥	直	5	22
23日	丙戌	人	3	丙辰	人	6	乙酉	直	3	乙卯	直	6	甲申	直	3	癸丑	人	5	癸未	人	2	壬子	結	5	壬午	結	2	辛亥	直	5	癸未	人	2	壬子	結	5	23
24日	丁亥	結	3	丁巳	結	6	丙戌	人	3	丙辰	人	6	乙酉	直	3	甲寅	直	6	甲申	直	3	癸丑	人	5	癸未	人	2	壬子	結	5	甲申	直	3	癸丑	人	5	24
25日	戊子	結	3	戊午	結	6	丁亥	結	3	丁巳	結	6	丙戌	人	3	乙卯	直	6	乙酉	直	3	甲寅	直	6	甲申	直	3	癸丑	人	5	乙酉	直	3	甲寅	直	6	25
26日	己丑	人	3	己未	人	6	戊子	結	3	戊午	結	6	丁亥	結	3	丙辰	人	6	丙戌	人	3	乙卯	直	6	乙酉	直	3	甲寅	直	6	丙戌	人	3	乙卯	直	6	26
27日	庚寅	直	3	庚申	直	6	己丑	人	3	己未	人	6	戊子	結	3	丁巳	結	6	丁亥	結	3	丙辰	人	6	丙戌	人	3	乙卯	直	6	丁亥	結	3	丙辰	人	6	27
28日	辛卯	直	3	辛酉	直	6	庚寅	直	3	庚申	直	6	己丑	人	3	戊午	結	6	戊子	結	3	丁巳	結	6	丁亥	結	3	丙辰	人	6	戊子	結	3	丁巳	結	6	28
29日	壬辰	人	3	壬戌	人	6	辛卯	直	3	辛酉	直	6	庚寅	直	3	己未	人	6	己丑	人	3	戊午	結	6	戊子	結	3	丁巳	結	6				戊午	結	6	29
30日	癸巳	結	3	癸亥	結	6	壬辰	人	3	壬戌	人	6	辛卯	直	3	庚申	直	6	庚寅	直	3	己未	人	6	己丑	人	3	戊午	結	6				己未	人	6	30
31日	甲午						癸巳	結	3				壬辰	人	3	辛酉	直	6				庚申	直	6				己未	人	6				庚申	直	6	31

以下のサイトに、生年月日時を入力するだけ「人物フォーマット」が、算出できます。

https://asano-uranai.com/fpd/entrance.php

1927年（昭和2年）

その年干支の期間	2/5 4:31 ～ 12/31 23:59	1/1 0:00 ~2/5 4:30
年干支	丁卯	丙寅

その月干支の期間	12/8 11:27 ～ 12/31 23:59	11/8 18:57 ～ 12/8 11:26	10/9 16:16 ～ 11/8 18:56	9/9 1:06 ～ 10/9 16:15	8/8 22:32 ～ 9/9 1:05	7/8 12:50 ～ 8/8 22:31	6/7 2:25 ～ 7/8 12:49	5/6 21:54 ～ 6/7 2:24	4/6 4:07 ～ 5/6 21:53	3/6 22:51 ～ 4/6 4:06	2/5 4:31 ～ 3/6 22:50	1/6 16:45 ～ 2/5 4:30	1/1 0:00 ～ 1/6 16:44
月干支	壬子	辛亥	庚戌	己酉	戊申	丁未	丙午	乙巳	甲辰	癸卯	壬寅	辛丑	庚子
外的環境の支配五行候補	水 木㋡	◎ 水㋑ 木㋠	◎ 土㋺ ○ 金㋟ 木㋡ 火㋡	◎ 金㋣ 木㋡	◎ 金㋑ △ 木㋡ 水㋰	火 ○ 土㋑ 木㋣	火 ○ 土㋑ 木㋡	火 ○ 土㋑ △ 木㋕ 金㋳	木 水㋒	木	木 火㋞	◎ 水㋕ ○ 火㋞ △ 木㋤ 金㋒	◎ 水㋑ △ 火㋞ 木㋤

	12月			11月			10月			9月			8月			7月			6月			5月			4月			3月			2月			1月			
	干支	タイプ	旬数	干支	タイプ	旬数	干支	タイプ	旬数	干支	タイプ	旬数	干支	タイプ	旬数	干支	タイプ	旬数	干支	タイプ	旬数	干支	タイプ	旬数	干支	タイプ	旬数	干支	タイプ	旬数	干支	タイプ	旬数	干支	タイプ	旬数	
1日	己巳	結	1	己亥	結	4	戊辰	人	1	戊戌	人	4	丁卯	結	1	丙申	結	4	丙寅	結	1	乙未	人	4	乙丑	人	1	甲午	直	4	丙寅	結	1	乙未	人	4	1
2日	庚午	直	1	庚子	直	4	己巳	結	1	己亥	結	4	戊辰	人	1	丁酉	結	4	丁卯	結	1	丙申	結	4	丙寅	結	1	乙未	人	4	丁卯	結	1	丙申	結	4	2
3日	辛未	人	1	辛丑	人	4	庚午	直	1	庚子	直	4	己巳	結	1	戊戌	人	4	戊辰	人	1	丁酉	結	4	丁卯	結	1	丙申	結	4	戊辰	人	1	丁酉	結	4	3
4日	壬申	結	1	壬寅	結	4	辛未	人	1	辛丑	人	4	庚午	直	1	己亥	結	4	己巳	結	1	戊戌	人	4	戊辰	人	1	丁酉	結	4	己巳	結	1	戊戌	人	4	4
5日	癸酉	結	1	癸卯	結	4	壬申	結	1	壬寅	結	4	辛未	人	1	庚子	直	4	庚午	直	1	己亥	結	4	己巳	結	1	戊戌	人	4	庚午	直	1	己亥	結	4	5
6日	甲戌	人	2	甲辰	人	5	癸酉	結	1	癸卯	結	4	壬申	結	1	辛丑	人	4	辛未	人	1	庚子	直	4	庚午	直	1	己亥	結	4	辛未	人	1	庚子	直	4	6
7日	乙亥	直	2	乙巳	直	5	甲戌	人	2	甲辰	人	5	癸酉	結	1	壬寅	結	4	壬申	結	1	辛丑	人	4	辛未	人	1	庚子	直	4	壬申	結	1	辛丑	人	4	7
8日	丙子	結	2	丙午	結	5	乙亥	直	2	乙巳	直	5	甲戌	人	2	癸卯	結	4	癸酉	結	1	壬寅	結	4	壬申	結	1	辛丑	人	4	癸酉	結	1	壬寅	結	4	8
9日	丁丑	人	2	丁未	人	5	丙子	結	2	丙午	結	5	乙亥	直	2	甲辰	人	5	甲戌	人	2	癸卯	結	4	癸酉	結	1	壬寅	結	4	甲戌	人	2	癸卯	結	4	9
10日	戊寅	結	2	戊申	結	5	丁丑	人	2	丁未	人	5	丙子	結	2	乙巳	直	5	乙亥	直	2	甲辰	人	5	甲戌	人	2	癸卯	結	4	乙亥	直	2	甲辰	人	5	10
11日	己卯	結	2	己酉	結	5	戊寅	結	2	戊申	結	5	丁丑	人	2	丙午	結	5	丙子	結	2	乙巳	直	5	乙亥	直	2	甲辰	人	5	丙子	結	2	乙巳	直	5	11
12日	庚辰	人	2	庚戌	人	5	己卯	結	2	己酉	結	5	戊寅	結	2	丁未	人	5	丁丑	人	2	丙午	結	5	丙子	結	2	乙巳	直	5	丁丑	人	2	丙午	結	5	12
13日	辛巳	直	2	辛亥	直	5	庚辰	人	2	庚戌	人	5	己卯	結	2	戊申	結	5	戊寅	結	2	丁未	人	5	丁丑	人	2	丙午	結	5	戊寅	結	2	丁未	人	5	13
14日	壬午	結	2	壬子	結	5	辛巳	直	2	辛亥	直	5	庚辰	人	2	己酉	結	5	己卯	結	2	戊申	結	5	戊寅	結	2	丁未	人	5	己卯	結	2	戊申	結	5	14
15日	癸未	人	2	癸丑	人	5	壬午	結	2	壬子	結	5	辛巳	直	2	庚戌	人	5	庚辰	人	2	己酉	結	5	己卯	結	2	戊申	結	5	庚辰	人	2	己酉	結	5	15
16日	甲申	直	3	甲寅	直	6	癸未	人	2	癸丑	人	5	壬午	結	2	辛亥	直	5	辛巳	直	2	庚戌	人	5	庚辰	人	2	己酉	結	5	辛巳	直	2	庚戌	人	5	16
17日	乙酉	直	3	乙卯	直	6	甲申	直	3	甲寅	直	6	癸未	人	2	壬子	結	5	壬午	結	2	辛亥	直	5	辛巳	直	2	庚戌	人	5	壬午	結	2	辛亥	直	5	17
18日	丙戌	人	3	丙辰	人	6	乙酉	直	3	乙卯	直	6	甲申	直	3	癸丑	人	5	癸未	人	2	壬子	結	5	壬午	結	2	辛亥	直	5	癸未	人	2	壬子	結	5	18
19日	丁亥	結	3	丁巳	結	6	丙戌	人	3	丙辰	人	6	乙酉	直	3	甲寅	直	6	甲申	直	3	癸丑	人	5	癸未	人	2	壬子	結	5	甲申	直	3	癸丑	人	5	19
20日	戊子	結	3	戊午	結	6	丁亥	結	3	丁巳	結	6	丙戌	人	3	乙卯	直	6	乙酉	直	3	甲寅	直	6	甲申	直	3	癸丑	人	5	乙酉	直	3	甲寅	直	6	20
21日	己丑	人	3	己未	人	6	戊子	結	3	戊午	結	6	丁亥	結	3	丙辰	人	6	丙戌	人	3	乙卯	直	6	乙酉	直	3	甲寅	直	6	丙戌	人	3	乙卯	直	6	21
22日	庚寅	直	3	庚申	直	6	己丑	人	3	己未	人	6	戊子	結	3	丁巳	結	6	丁亥	結	3	丙辰	人	6	丙戌	人	3	乙卯	直	6	丁亥	結	3	丙辰	人	6	22
23日	辛卯	直	3	辛酉	直	6	庚寅	直	3	庚申	直	6	己丑	人	3	戊午	結	6	戊子	結	3	丁巳	結	6	丁亥	結	3	丙辰	人	6	戊子	結	3	丁巳	結	6	23
24日	壬辰	人	3	壬戌	人	6	辛卯	直	3	辛酉	直	6	庚寅	直	3	己未	人	6	己丑	人	3	戊午	結	6	戊子	結	3	丁巳	結	6	己丑	人	3	戊午	結	6	24
25日	癸巳	結	3	癸亥	結	6	壬辰	人	3	壬戌	人	6	辛卯	直	3	庚申	直	6	庚寅	直	3	己未	人	6	己丑	人	3	戊午	結	6	庚寅	直	3	己未	人	6	25
26日	甲午	直	4	甲子	直	1	癸巳	結	3	癸亥	結	6	壬辰	人	3	辛酉	直	6	辛卯	直	3	庚申	直	6	庚寅	直	3	己未	人	6	辛卯	直	3	庚申	直	6	26
27日	乙未	人	4	乙丑	人	1	甲午	直	4	甲子	直	1	癸巳	結	3	壬戌	人	6	壬辰	人	3	辛酉	直	6	辛卯	直	3	庚申	直	6	壬辰	人	3	辛酉	直	6	27
28日	丙申	結	4	丙寅	結	1	乙未	人	4	乙丑	人	1	甲午	直	4	癸亥	結	6	癸巳	結	3	壬戌	人	6	壬辰	人	3	辛酉	直	6	癸巳	結	3	壬戌	人	6	28
29日	丁酉	結	4	丁卯	結	1	丙申	結	4	丙寅	結	1	乙未	人	4	甲子	直	1	甲午	直	4	癸亥	結	6	癸巳	結	3	壬戌	人	6				癸亥	結	6	29
30日	戊戌	人	4	戊辰	人	1	丁酉	結	4	丁卯	結	1	丙申	結	4	乙丑	人	1	乙未	人	4	甲子	直	1	甲午	直	4	癸亥	結	6				甲子	直	1	30
31日	己亥	結	4				戊戌	人	4				丁酉	結	4	丙寅	結	1				乙丑	人	1				甲子	直	1				乙丑	人	1	31

以下のサイトに、生年月日時を入力するだけ「人物フォーマット」が、算出できます。

https://asano-uranai.com/fpd/entrance.php

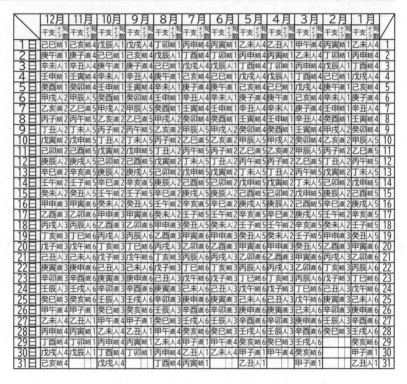

1928年（昭和3年）

その年干支の期間	2/5 10:18 ～ 12/31 23:59	1/1 0:00 ～2/5 10:17
年干支	戊辰	丁卯

その月干支の期間	12/7 17:18 ～ 12/31 23:59	11/8 0:50 ～ 12/7 17:17	10/8 22:11 ～ 11/8 0:49	9/8 7:02 ～ 10/8 22:10	8/8 4:28 ～ 9/8 7:01	7/7 18:45 ～ 8/8 4:27	6/6 8:18 ～ 7/7 18:44	5/6 3:44 ～ 6/6 8:17	4/5 9:55 ～ 5/6 3:43	3/6 4:38 ～ 4/5 9:54	2/5 10:18 ～ 3/6 4:37	1/6 22:32 ～ 2/5 10:17	1/1 0:00 ～ 1/6 22:31
月干支	甲子	癸亥	壬戌	辛酉	庚申	己未	戊午	丁巳	丙辰	乙卯	甲寅	癸丑	壬子
外的環境の支配五行候補	◎ 水㋑ △ 土㋺ 木㋒	水 △ 土㋷ 木㋶	◎ 土㋣ ○ 水㋟ △ 金㋧ □ 木㋒ 火㋖	金 ○ 土㋺ △ 木㋧ 水㋒	金 ○ 土㋷ △ 水㋡ 木㋒	土 ○ 火㋠ △ 木㋰ 水㋒	土 △ 火㋑ 木㋒ 水㋒	火・土 △ 木㋒ △ 水㋒ 金㋳	◎ 土㋷ ○ 木㋦ △ 金㋤ 水㋒	木 △ 土㋺ 水㋒	木 △ 土㋺ 火㋒ 水㋒	◎ 水㋥ △ 木㋡ 金㋮	水 木㋡

	12月			11月			10月			9月			8月			7月			6月			5月			4月			3月			2月			1月			
	干支	タイプ	旬数	干支	タイプ	旬数	干支	タイプ	旬数	干支	タイプ	旬数	干支	タイプ	旬数	干支	タイプ	旬数	干支	タイプ	旬数	干支	タイプ	旬数	干支	タイプ	旬数	干支	タイプ	旬数	干支	タイプ	旬数	干支	タイプ	旬数	
1日	乙亥	直	2	乙巳	直	5	甲戌	人	2	甲辰	人	5	癸酉	結	1	壬寅	結	4	壬申	結	1	辛丑	人	4	辛未	人	1	庚子	直	4	辛未	人	1	庚子	直	4	1
2日	丙子	結	2	丙午	結	5	乙亥	直	2	乙巳	直	5	甲戌	人	2	癸卯	結	4	癸酉	結	1	壬寅	結	4	壬申	結	1	辛丑	人	4	壬申	結	1	辛丑	人	4	2
3日	丁丑	人	2	丁未	人	5	丙子	結	2	丙午	結	5	乙亥	直	2	甲辰	人	5	甲戌	人	2	癸卯	結	4	癸酉	結	1	壬寅	結	4	癸酉	結	1	壬寅	結	4	3
4日	戊寅	結	2	戊申	結	5	丁丑	人	2	丁未	人	5	丙子	結	2	乙巳	直	5	乙亥	直	2	甲辰	人	5	甲戌	人	2	癸卯	結	4	甲戌	人	2	癸卯	結	4	4
5日	己卯	結	2	己酉	結	5	戊寅	結	2	戊申	結	5	丁丑	人	2	丙午	結	5	丙子	結	2	乙巳	直	5	乙亥	直	2	甲辰	人	5	乙亥	直	2	甲辰	人	5	5
6日	庚辰	人	2	庚戌	人	5	己卯	結	2	己酉	結	5	戊寅	結	2	丁未	人	5	丁丑	人	2	丙午	結	5	丙子	結	2	乙巳	直	5	丙子	結	2	乙巳	直	5	6
7日	辛巳	直	2	辛亥	直	5	庚辰	人	2	庚戌	人	5	己卯	結	2	戊申	結	5	戊寅	結	2	丁未	人	5	丁丑	人	2	丙午	結	5	丁丑	人	2	丙午	結	5	7
8日	壬午	結	2	壬子	結	5	辛巳	直	2	辛亥	直	5	庚辰	人	2	己酉	結	5	己卯	結	2	戊申	結	5	戊寅	結	2	丁未	人	5	戊寅	結	2	丁未	人	5	8
9日	癸未	人	2	癸丑	人	5	壬午	結	2	壬子	結	5	辛巳	直	2	庚戌	人	5	庚辰	人	2	己酉	結	5	己卯	結	2	戊申	結	5	己卯	結	2	戊申	結	5	9
10日	甲申	直	3	甲寅	直	6	癸未	人	2	癸丑	人	5	壬午	結	2	辛亥	直	5	辛巳	直	2	庚戌	人	5	庚辰	人	2	己酉	結	5	庚辰	人	2	己酉	結	5	10
11日	乙酉	直	3	乙卯	直	6	甲申	直	3	甲寅	直	6	癸未	人	2	壬子	結	5	壬午	結	2	辛亥	直	5	辛巳	直	2	庚戌	人	5	辛巳	直	2	庚戌	人	5	11
12日	丙戌	人	3	丙辰	人	6	乙酉	直	3	乙卯	直	6	甲申	直	3	癸丑	人	5	癸未	人	2	壬子	結	5	壬午	結	2	辛亥	直	5	壬午	結	2	辛亥	直	5	12
13日	丁亥	結	3	丁巳	結	6	丙戌	人	3	丙辰	人	6	乙酉	直	3	甲寅	直	6	甲申	直	3	癸丑	人	5	癸未	人	2	壬子	結	5	癸未	人	2	壬子	結	5	13
14日	戊子	結	3	戊午	結	6	丁亥	結	3	丁巳	結	6	丙戌	人	3	乙卯	直	6	乙酉	直	3	甲寅	直	6	甲申	直	3	癸丑	人	5	甲申	直	3	癸丑	人	5	14
15日	己丑	人	3	己未	人	6	戊子	結	3	戊午	結	6	丁亥	結	3	丙辰	人	6	丙戌	人	3	乙卯	直	6	乙酉	直	3	甲寅	直	6	乙酉	直	3	甲寅	直	6	15
16日	庚寅	直	3	庚申	直	6	己丑	人	3	己未	人	6	戊子	結	3	丁巳	結	6	丁亥	結	3	丙辰	人	6	丙戌	人	3	乙卯	直	6	丙戌	人	3	乙卯	直	6	16
17日	辛卯	直	3	辛酉	直	6	庚寅	直	3	庚申	直	6	己丑	人	3	戊午	結	6	戊子	結	3	丁巳	結	6	丁亥	結	3	丙辰	人	6	丁亥	結	3	丙辰	人	6	17
18日	壬辰	人	3	壬戌	人	6	辛卯	直	3	辛酉	直	6	庚寅	直	3	己未	人	6	己丑	人	3	戊午	結	6	戊子	結	3	丁巳	結	6	戊子	結	3	丁巳	結	6	18
19日	癸巳	結	3	癸亥	結	6	壬辰	人	3	壬戌	人	6	辛卯	直	3	庚申	直	6	庚寅	直	3	己未	人	6	己丑	人	3	戊午	結	6	己丑	人	3	戊午	結	6	19
20日	甲午	直	4	甲子	直	1	癸巳	結	3	癸亥	結	6	壬辰	人	3	辛酉	直	6	辛卯	直	3	庚申	直	6	庚寅	直	3	己未	人	6	庚寅	直	3	己未	人	6	20
21日	乙未	人	4	乙丑	人	1	甲午	直	4	甲子	直	1	癸巳	結	3	壬戌	人	6	壬辰	人	3	辛酉	直	6	辛卯	直	3	庚申	直	6	辛卯	直	3	庚申	直	6	21
22日	丙申	結	4	丙寅	結	1	乙未	人	4	乙丑	人	1	甲午	直	4	癸亥	結	6	癸巳	結	3	壬戌	人	6	壬辰	人	3	辛酉	直	6	壬辰	人	3	辛酉	直	6	22
23日	丁酉	結	4	丁卯	結	1	丙申	結	4	丙寅	結	1	乙未	人	4	甲子	直	1	甲午	直	4	癸亥	結	6	癸巳	結	3	壬戌	人	6	癸巳	結	3	壬戌	人	6	23
24日	戊戌	人	4	戊辰	人	1	丁酉	結	4	丁卯	結	1	丙申	結	4	乙丑	人	1	乙未	人	4	甲子	直	1	甲午	直	4	癸亥	結	6	甲午	直	4	癸亥	結	6	24
25日	己亥	結	4	己巳	結	1	戊戌	人	4	戊辰	人	1	丁酉	結	4	丙寅	結	1	丙申	結	4	乙丑	人	1	乙未	人	4	甲子	直	1	乙未	人	4	甲子	直	1	25
26日	庚子	直	4	庚午	直	1	己亥	結	4	己巳	結	1	戊戌	人	4	丁卯	結	1	丁酉	結	4	丙寅	結	1	丙申	結	4	乙丑	人	1	丙申	結	4	乙丑	人	1	26
27日	辛丑	人	4	辛未	人	1	庚子	直	4	庚午	直	1	己亥	結	4	戊辰	人	1	戊戌	人	4	丁卯	結	1	丁酉	結	4	丙寅	結	1	丁酉	結	4	丙寅	結	1	27
28日	壬寅	結	4	壬申	結	1	辛丑	人	4	辛未	人	1	庚子	直	4	己巳	結	1	己亥	結	4	戊辰	人	1	戊戌	人	4	丁卯	結	1	戊戌	人	4	丁卯	結	1	28
29日	癸卯	結	4	癸酉	結	1	壬寅	結	4	壬申	結	1	辛丑	人	4	庚午	直	1	庚子	直	4	己巳	結	1	己亥	結	4	戊辰	人	1	己亥	結	4	戊辰	人	1	29
30日	甲辰	人	5	甲戌	人	2	癸卯	結	4	癸酉	結	1	壬寅	結	4	辛未	人	1	辛丑	人	4	庚午	直	1	庚子	直	4	己巳	結	1				己巳	結	1	30
31日	乙巳	直	5				甲辰						癸卯	結	4	壬申	結	1				辛未	人	1				庚午	直	1				庚午	直	1	31

以下のサイトに、生年月日時を入力するだけ「人物フォーマット」が、算出できます。

https://asano-uranai.com/fpd/entrance.php

1929年（昭和4年）

その年干支の期間	2/4 16:09 ～ 12/31 23:59	1/1 0:00 ~2/4 16:08
年干支	己巳	戊辰

その月干支の期間	12/7 22:57 ～ 12/31 23:59	11/8 6:28 ～ 12/7 22:56	10/9 3:48 ～ 11/8 6:27	9/8 12:40 ～ 10/9 3:47	8/8 10:09 ～ 9/8 12:39	7/8 0:32 ～ 8/8 10:08	6/6 14:11 ～ 7/8 0:31	5/6 9:41 ～ 6/6 14:10	4/5 15:52 ～ 5/6 9:40	3/6 10:32 ～ 4/5 15:51	2/4 16:09 ～ 3/6 10:31	1/6 4:23 ～ 2/4 16:08	1/1 0:00 ～ 1/6 4:22
月干支	丙子	乙亥	甲戌	癸酉	壬申	辛未	庚午	己巳	戊辰	丁卯	丙寅	乙丑	甲子
外的環境の支配五行候補	◎ 水㋑ ○ 土㋺ △ 火㋬ 金㋳	◎ 土㋺ ○ 水㋻ △ 木㋹ □ 火㋰ 金㋳	土 △ 火㋵ 金㋧	◎ 金㋑ △ 土㋺ 火㋰	◎ 金㋑ △ 土㋺ □ 水㋵ 火㋰	火・土 木㋰ 金㋰	火・土 金㋰	火・土 金㋳	土 ○ 木㋦ △ 火㋰ □ 水㋒ 金㋳	◎ 木㋑ ○ 土㋺ △ 火㋬ 金㋳	◎ 木㋑ ○ 火㋥ △ 土㋭ 金㋳	◎ 土㋷ ○ 水㋕ △ 木㋵ 金㋤	◎ 水㋑ △ 土㋺ 木㋒

	12月			11月			10月			9月			8月			7月			6月			5月			4月			3月			2月			1月			
	干支	タイプ	旬数	干支	タイプ	旬数	干支	タイプ	旬数	干支	タイプ	旬数	干支	タイプ	旬数	干支	タイプ	旬数	干支	タイプ	旬数	干支	タイプ	旬数	干支	タイプ	旬数	干支	タイプ	旬数	干支	タイプ	旬数	干支	タイプ	旬数	
1日	庚辰	人	2	庚戌	人	5	己卯	結	2	己酉	結	5	戊寅	結	2	丁未	人	5	丁丑	人	2	丙午	結	5	丙子	結	2	乙巳	直	5	丁丑	人	2	丙午	結	5	1
2日	辛巳	直	2	辛亥	直	5	庚辰	人	2	庚戌	人	5	己卯	結	2	戊申	結	5	戊寅	結	2	丁未	人	5	丁丑	人	2	丙午	結	5	戊寅	結	2	丁未	人	5	2
3日	壬午	結	2	壬子	結	5	辛巳	直	2	辛亥	直	5	庚辰	人	2	己酉	結	5	己卯	結	2	戊申	結	5	戊寅	結	2	丁未	人	5	己卯	結	2	戊申	結	5	3
4日	癸未	人	2	癸丑	人	5	壬午	結	2	壬子	結	5	辛巳	直	2	庚戌	人	5	庚辰	人	2	己酉	結	5	己卯	結	2	戊申	結	5	庚辰	人	2	己酉	結	5	4
5日	甲申	直	3	甲寅	直	6	癸未	人	2	癸丑	人	5	壬午	結	2	辛亥	直	5	辛巳	直	2	庚戌	人	5	庚辰	人	2	己酉	結	5	辛巳	直	2	庚戌	人	5	5
6日	乙酉	直	3	乙卯	直	6	甲申	直	3	甲寅	直	6	癸未	人	2	壬子	結	5	壬午	結	2	辛亥	直	5	辛巳	直	2	庚戌	人	5	壬午	結	2	辛亥	直	5	6
7日	丙戌	人	3	丙辰	人	6	乙酉	直	3	乙卯	直	6	甲申	直	3	癸丑	人	5	癸未	人	2	壬子	結	5	壬午	結	2	辛亥	直	5	癸未	人	2	壬子	結	5	7
8日	丁亥	結	3	丁巳	結	6	丙戌	人	3	丙辰	人	6	乙酉	直	3	甲寅	直	6	甲申	直	3	癸丑	人	5	癸未	人	2	壬子	結	5	甲申	直	3	癸丑	人	5	8
9日	戊子	結	3	戊午	結	6	丁亥	結	3	丁巳	結	6	丙戌	人	3	乙卯	直	6	乙酉	直	3	甲寅	直	6	甲申	直	3	癸丑	人	5	乙酉	直	3	甲寅	直	6	9
10日	己丑	人	3	己未	人	6	戊子	結	3	戊午	結	6	丁亥	結	3	丙辰	人	6	丙戌	人	3	乙卯	直	6	乙酉	直	3	甲寅	直	6	丙戌	人	3	乙卯	直	6	10
11日	庚寅	直	3	庚申	直	6	己丑	人	3	己未	人	6	戊子	結	3	丁巳	結	6	丁亥	結	3	丙辰	人	6	丙戌	人	3	乙卯	直	6	丁亥	結	3	丙辰	人	6	11
12日	辛卯	直	3	辛酉	直	6	庚寅	直	3	庚申	直	6	己丑	人	3	戊午	結	6	戊子	結	3	丁巳	結	6	丁亥	結	3	丙辰	人	6	戊子	結	3	丁巳	結	6	12
13日	壬辰	人	3	壬戌	人	6	辛卯	直	3	辛酉	直	6	庚寅	直	3	己未	人	6	己丑	人	3	戊午	結	6	戊子	結	3	丁巳	結	6	己丑	人	3	戊午	結	6	13
14日	癸巳	結	3	癸亥	結	6	壬辰	人	3	壬戌	人	6	辛卯	直	3	庚申	直	6	庚寅	直	3	己未	人	6	己丑	人	3	戊午	結	6	庚寅	直	3	己未	人	6	14
15日	甲午	直	4	甲子	直	1	癸巳	結	3	癸亥	結	6	壬辰	人	3	辛酉	直	6	辛卯	直	3	庚申	直	6	庚寅	直	3	己未	人	6	辛卯	直	3	庚申	直	6	15
16日	乙未	人	4	乙丑	人	1	甲午	直	4	甲子	直	1	癸巳	結	3	壬戌	人	6	壬辰	人	3	辛酉	直	6	辛卯	直	3	庚申	直	6	壬辰	人	3	辛酉	直	6	16
17日	丙申	結	4	丙寅	結	1	乙未	人	4	乙丑	人	1	甲午	直	4	癸亥	結	6	癸巳	結	3	壬戌	人	6	壬辰	人	3	辛酉	直	6	癸巳	結	3	壬戌	人	6	17
18日	丁酉	結	4	丁卯	結	1	丙申	結	4	丙寅	結	1	乙未	人	4	甲子	直	1	甲午	直	4	癸亥	結	6	癸巳	結	3	壬戌	人	6	甲午	直	4	癸亥	結	6	18
19日	戊戌	人	4	戊辰	人	1	丁酉	結	4	丁卯	結	1	丙申	結	4	乙丑	人	1	乙未	人	4	甲子	直	1	甲午	直	4	癸亥	結	6	乙未	人	4	甲子	直	1	19
20日	己亥	結	4	己巳	結	1	戊戌	人	4	戊辰	人	1	丁酉	結	4	丙寅	結	1	丙申	結	4	乙丑	人	1	乙未	人	4	甲子	直	1	丙申	結	4	乙丑	人	1	20
21日	庚子	直	4	庚午	直	1	己亥	結	4	己巳	結	1	戊戌	人	4	丁卯	結	1	丁酉	結	4	丙寅	結	1	丙申	結	4	乙丑	人	1	丁酉	結	4	丙寅	結	1	21
22日	辛丑	人	4	辛未	人	1	庚子	直	4	庚午	直	1	己亥	結	4	戊辰	人	1	戊戌	人	4	丁卯	結	1	丁酉	結	4	丙寅	結	1	戊戌	人	4	丁卯	結	1	22
23日	壬寅	結	4	壬申	結	1	辛丑	人	4	辛未	人	1	庚子	直	4	己巳	結	1	己亥	結	4	戊辰	人	1	戊戌	人	4	丁卯	結	1	己亥	結	4	戊辰	人	1	23
24日	癸卯	結	4	癸酉	結	1	壬寅	結	4	壬申	結	1	辛丑	人	4	庚午	直	1	庚子	直	4	己巳	結	1	己亥	結	4	戊辰	人	1	庚子	直	4	己巳	結	1	24
25日	甲辰	人	5	甲戌	人	2	癸卯	結	4	癸酉	結	1	壬寅	結	4	辛未	人	1	辛丑	人	4	庚午	直	1	庚子	直	4	己巳	結	1	辛丑	人	4	庚午	直	1	25
26日	乙巳	直	5	乙亥	直	2	甲辰	人	5	甲戌	人	2	癸卯	結	4	壬申	結	1	壬寅	結	4	辛未	人	1	辛丑	人	4	庚午	直	1	壬寅	結	4	辛未	人	1	26
27日	丙午	結	5	丙子	結	2	乙巳	直	5	乙亥	直	2	甲辰	人	5	癸酉	結	1	癸卯	結	4	壬申	結	1	壬寅	結	4	辛未	人	1	癸卯	結	4	壬申	結	1	27
28日	丁未	人	5	丁丑	人	2	丙午	結	5	丙子	結	2	乙巳	直	5	甲戌	人	2	甲辰	人	5	癸酉	結	1	癸卯	結	4	壬申	結	1	甲辰	人	5	癸酉	結	1	28
29日	戊申	結	5	戊寅	結	2	丁未	人	5	丁丑	人	2	丙午	結	5	乙亥	直	2	乙巳	直	5	甲戌	人	2	甲辰	人	5	癸酉	結	1				甲戌	人	2	29
30日	己酉	結	5	己卯	結	2	戊申	結	5	戊寅	結	2	丁未	人	5	丙子	結	2	丙午	結	5	乙亥	直	2	乙巳	直	5	甲戌	人	2				乙亥	直	2	30
31日	庚戌	人	5				己酉	結	5				戊申	結	5	丁丑	人	2				丙子	結	2				乙亥	直	2				丙子	結	2	31

以下のサイトに、生年月日時を入力するだけ「人物フォーマット」が、算出できます。

https://asano-uranai.com/fpd/entrance.php

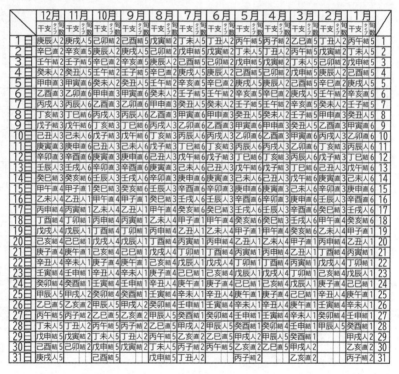

1930年（昭和5年）

その年干支の期間	2/4 21:52 ～ 12/31 23:59	1/1 0:00 ～2/4 21:51
年干支	庚午	己巳

その月干支の期間	12/8 4:51 〜 12/31 23:59	11/8 12:21 〜 12/8 4:50	10/9 9:38 〜 11/8 12:20	9/8 18:29 〜 10/9 9:37	8/8 15:58 〜 9/8 18:28	7/8 6:20 〜 8/8 15:57	6/6 19:58 〜 7/8 6:19	5/6 15:28 〜 6/6 19:57	4/5 21:38 〜 5/6 15:27	3/6 16:17 〜 4/5 21:37	2/4 21:52 〜 3/6 16:16	1/6 10:03 〜 2/4 21:51	1/1 0:00 〜 1/6 10:02
月干支	戊子	丁亥	丙戌	乙酉	甲申	癸未	壬午	辛巳	庚辰	己卯	戊寅	丁丑	丙子
外的環境の支配五行候補	◎ 土㋺ △ 水㋻ 火㋧	◎ 水㋑ ○ 火㋬ △ 土㋦ 木㋶	◎ 土㋑ △ 火㋺ 金㋧	金 ○ 土㋦ 火㋧	金 ○ 土㋦ △ 火㋧ 水㋰	火 ○ 土㋑ 木㋰	火 ○ 土㋑	火 ○ 土㋑ 金㋟	◎ 土㋥ ○ 木㋦ △ 金㋟ □ 火㋧ 水㋒	◎ 木㋑ △ 土㋺ 火㋧	◎ 木㋑ △ 土㋭ 火㋻	◎ 土㋩ ○ 火㋬ △ 金㋦ 水㋕	◎ 水㋑ ○ 土㋺ △ 火㋬ 金㋳

	12月			11月			10月			9月			8月			7月		
	干支	タイプ	旬数	干支	タイプ	旬数	干支	タイプ	旬数	干支	タイプ	旬数	干支	タイプ	旬数	干支	タイプ	旬数
1日	乙酉	直	3	乙卯	直	6	甲申	直	3	甲寅	直	6	癸未	人	2	壬子	結	5
2日	丙戌	人	3	丙辰	人	6	乙酉	直	3	乙卯	直	6	甲申	直	3	癸丑	人	5
3日	丁亥	結	3	丁巳	結	6	丙戌	人	3	丙辰	人	6	乙酉	直	3	甲寅	直	6
4日	戊子	結	3	戊午	結	6	丁亥	結	3	丁巳	結	6	丙戌	人	3	乙卯	直	6
5日	己丑	人	3	己未	人	6	戊子	結	3	戊午	結	6	丁亥	結	3	丙辰	人	6
6日	庚寅	直	3	庚申	直	6	己丑	人	3	己未	人	6	戊子	結	3	丁巳	結	6
7日	辛卯	直	3	辛酉	直	6	庚寅	直	3	庚申	直	6	己丑	人	3	戊午	結	6
8日	壬辰	人	3	壬戌	人	6	辛卯	直	3	辛酉	直	6	庚寅	直	3	己未	人	6
9日	癸巳	結	3	癸亥	結	6	壬辰	人	3	壬戌	人	6	辛卯	直	3	庚申	直	6
10日	甲午	直	4	甲子	直	1	癸巳	結	3	癸亥	結	6	壬辰	人	3	辛酉	直	6
11日	乙未	人	4	乙丑	人	1	甲午	直	4	甲子	直	1	癸巳	結	3	壬戌	人	6
12日	丙申	結	4	丙寅	結	1	乙未	人	4	乙丑	人	1	甲午	直	4	癸亥	結	6
13日	丁酉	結	4	丁卯	結	1	丙申	結	4	丙寅	結	1	乙未	人	4	甲子	直	1
14日	戊戌	人	4	戊辰	人	1	丁酉	結	4	丁卯	結	1	丙申	結	4	乙丑	人	1
15日	己亥	結	4	己巳	結	1	戊戌	人	4	戊辰	人	1	丁酉	結	4	丙寅	結	1
16日	庚子	直	4	庚午	直	1	己亥	結	4	己巳	結	1	戊戌	人	4	丁卯	結	1
17日	辛丑	人	4	辛未	人	1	庚子	直	4	庚午	直	1	己亥	結	4	戊辰	人	1
18日	壬寅	結	4	壬申	結	1	辛丑	人	4	辛未	人	1	庚子	直	4	己巳	結	1
19日	癸卯	結	4	癸酉	結	1	壬寅	結	4	壬申	結	1	辛丑	人	4	庚午	直	1
20日	甲辰	人	5	甲戌	人	2	癸卯	結	4	癸酉	結	1	壬寅	結	4	辛未	人	1
21日	乙巳	直	5	乙亥	直	2	甲辰	人	5	甲戌	人	2	癸卯	結	4	壬申	結	1
22日	丙午	結	5	丙子	結	2	乙巳	直	5	乙亥	直	2	甲辰	人	5	癸酉	結	1
23日	丁未	人	5	丁丑	人	2	丙午	結	5	丙子	結	2	乙巳	直	5	甲戌	人	2
24日	戊申	結	5	戊寅	結	2	丁未	人	5	丁丑	人	2	丙午	結	5	乙亥	直	2
25日	己酉	結	5	己卯	結	2	戊申	結	5	戊寅	結	2	丁未	人	5	丙子	結	2
26日	庚戌	人	5	庚辰	人	2	己酉	結	5	己卯	結	2	戊申	結	5	丁丑	人	2
27日	辛亥	直	5	辛巳	直	2	庚戌	人	5	庚辰	人	2	己酉	結	5	戊寅	結	2
28日	壬子	結	5	壬午	結	2	辛亥	直	5	辛巳	直	2	庚戌	人	5	己卯	結	2
29日	癸丑	人	5	癸未	人	2	壬子	結	5	壬午	結	2	辛亥	直	5	庚辰	人	2
30日	甲寅	直	6	甲申	直	3	癸丑	人	5	癸未	人	2	壬子	結	5	辛巳	直	2
31日	乙卯	直	6				甲寅	直	6				癸丑	人	5	壬午	結	2

	6月			5月			4月			3月			2月			1月			
	干支	タイプ	旬数	干支	タイプ	旬数	干支	タイプ	旬数	干支	タイプ	旬数	干支	タイプ	旬数	干支	タイプ	旬数	
1日	壬午	結	2	辛亥	直	5	辛巳	直	2	庚戌	人	5	壬午	結	2	辛亥	直	5	1
2日	癸未	人	2	壬子	結	5	壬午	結	2	辛亥	直	5	癸未	人	2	壬子	結	5	2
3日	甲申	直	3	癸丑	人	5	癸未	人	2	壬子	結	5	甲申	直	3	癸丑	人	5	3
4日	乙酉	直	3	甲寅	直	6	甲申	直	3	癸丑	人	5	乙酉	直	3	甲寅	直	6	4
5日	丙戌	人	3	乙卯	直	6	乙酉	直	3	甲寅	直	6	丙戌	人	3	乙卯	直	6	5
6日	丁亥	結	3	丙辰	人	6	丙戌	人	3	乙卯	直	6	丁亥	結	3	丙辰	人	6	6
7日	戊子	結	3	丁巳	結	6	丁亥	結	3	丙辰	人	6	戊子	結	3	丁巳	結	6	7
8日	己丑	人	3	戊午	結	6	戊子	結	3	丁巳	結	6	己丑	人	3	戊午	結	6	8
9日	庚寅	直	3	己未	人	6	己丑	人	3	戊午	結	6	庚寅	直	3	己未	人	6	9
10日	辛卯	直	3	庚申	直	6	庚寅	直	3	己未	人	6	辛卯	直	3	庚申	直	6	10
11日	壬辰	人	3	辛酉	直	6	辛卯	直	3	庚申	直	6	壬辰	人	3	辛酉	直	6	11
12日	癸巳	結	3	壬戌	人	6	壬辰	人	3	辛酉	直	6	癸巳	結	3	壬戌	人	6	12
13日	甲午	直	4	癸亥	結	6	癸巳	結	3	壬戌	人	6	甲午	直	4	癸亥	結	6	13
14日	乙未	人	4	甲子	直	1	甲午	直	4	癸亥	結	6	乙未	人	4	甲子	直	1	14
15日	丙申	結	4	乙丑	人	1	乙未	人	4	甲子	直	1	丙申	結	4	乙丑	人	1	15
16日	丁酉	結	4	丙寅	結	1	丙申	結	4	乙丑	人	1	丁酉	結	4	丙寅	結	1	16
17日	戊戌	人	4	丁卯	結	1	丁酉	結	4	丙寅	結	1	戊戌	人	4	丁卯	結	1	17
18日	己亥	結	4	戊辰	人	1	戊戌	人	4	丁卯	結	1	己亥	結	4	戊辰	人	1	18
19日	庚子	直	4	己巳	結	1	己亥	結	4	戊辰	人	1	庚子	直	4	己巳	結	1	19
20日	辛丑	人	4	庚午	直	1	庚子	直	4	己巳	結	1	辛丑	人	4	庚午	直	1	20
21日	壬寅	結	4	辛未	人	1	辛丑	人	4	庚午	直	1	壬寅	結	4	辛未	人	1	21
22日	癸卯	結	4	壬申	結	1	壬寅	結	4	辛未	人	1	癸卯	結	4	壬申	結	1	22
23日	甲辰	人	5	癸酉	結	1	癸卯	結	4	壬申	結	1	甲辰	人	5	癸酉	結	1	23
24日	乙巳	直	5	甲戌	人	2	甲辰	人	5	癸酉	結	1	乙巳	直	5	甲戌	人	2	24
25日	丙午	結	5	乙亥	直	2	乙巳	直	5	甲戌	人	2	丙午	結	5	乙亥	直	2	25
26日	丁未	人	5	丙子	結	2	丙午	結	5	乙亥	直	2	丁未	人	5	丙子	結	2	26
27日	戊申	結	5	丁丑	人	2	丁未	人	5	丙子	結	2	戊申	結	5	丁丑	人	2	27
28日	己酉	結	5	戊寅	結	2	戊申	結	5	丁丑	人	2	己酉	結	5	戊寅	結	2	28
29日	庚戌	人	5	己卯	結	2	己酉	結	5	戊寅	結	2				己卯	結	2	29
30日	辛亥	直	5	庚辰	人	2	庚戌	人	5	己卯	結	2				庚辰	人	2	30
31日				辛巳	直	2				庚辰	人	2				辛巳	直	2	31

以下のサイトに、生年月日時を入力するだけ「人物フォーマット」が、算出できます。

https://asano-uranai.com/fpd/entrance.php

1931年（昭和6年）

その年干支の期間	2/5 3:41 ～ 12/31 23:59	1/1 0:00 ～2/5 3:40
年干支	辛未	庚午

その月干支の期間	12/8 10:41 ～ 12/31 23:59	11/8 18:10 ～ 12/8 10:40	10/9 15:27 ～ 11/8 18:09	9/9 0:18 ～ 10/9 15:26	8/8 21:45 ～ 9/9 0:17	7/8 12:06 ～ 8/8 21:44	6/7 1:42 ～ 7/8 12:05	5/6 21:10 ～ 6/7 1:41	4/6 3:21 ～ 5/6 21:09	3/6 22:03 ～ 4/6 3:20	2/5 3:41 ～ 3/6 22:02	1/6 15:56 ～ 2/5 3:40	1/1 0:00 ～ 1/6 15:55
月干支	庚子	己亥	戊戌	丁酉	丙申	乙未	甲午	癸巳	壬辰	辛卯	庚寅	己丑	戊子
外的環境の支配五行候補	◎ 水㋑ ○ 土㋦ △ 金㋟ □ 火㋹ 木㋰	◎ 水㋑ ○ 土㋺ △ 木㋟ 火㋹	土 ○ 金㋟ △ 火㋹ 木㋰	金 ○ 火㋷ △ 土㋦ 木㋰	金 ○ 火㋷ △ 土㋦ 木㋰ 水㋰	土 △ 火㋠ 木㋞	火 ○ 土㋑ 木㋞	火 ○ 土㋑ 木㋰	◎ 土㋥ ○ 木㋦ △ 水㋟ □ 火㋹ 金㋶	◎ 木㋑ ○ 土㋦ △ 金㋟ 火㋶	◎ 木㋑ △ 火㋦ △ 土㋦ 金㋟	◎ 土㋩ ○ 水㋕ △ 火㋧ 金㋒	◎ 土㋺ △ 水㋻ 火㋧

	12月			11月			10月			9月			8月			7月			6月			5月			4月			3月			2月			1月			
	干支	タイプ	旬数	干支	タイプ	旬数	干支	タイプ	旬数	干支	タイプ	旬数	干支	タイプ	旬数	干支	タイプ	旬数	干支	タイプ	旬数	干支	タイプ	旬数	干支	タイプ	旬数	干支	タイプ	旬数	干支	タイプ	旬数	干支	タイプ	旬数	
1日	庚寅	直	3	庚申	直	6	己丑	人	3	己未	人	6	戊子	結	3	丁巳	結	6	丁亥	結	3	丙辰	人	6	丙戌	人	3	乙卯	直	6	丁亥	結	3	丙辰	人	6	1
2日	辛卯	直	3	辛酉	直	6	庚寅	直	3	庚申	直	6	己丑	人	3	戊午	結	6	戊子	結	3	丁巳	結	6	丁亥	結	3	丙辰	人	6	戊子	結	3	丁巳	結	6	2
3日	壬辰	人	3	壬戌	人	6	辛卯	直	3	辛酉	直	6	庚寅	直	3	己未	人	6	己丑	人	3	戊午	結	6	戊子	結	3	丁巳	結	6	己丑	人	3	戊午	結	6	3
4日	癸巳	結	3	癸亥	結	6	壬辰	人	3	壬戌	人	6	辛卯	直	3	庚申	直	6	庚寅	直	3	己未	人	6	己丑	人	3	戊午	結	6	庚寅	直	3	己未	人	6	4
5日	甲午	直	4	甲子	直	1	癸巳	結	3	癸亥	結	6	壬辰	人	3	辛酉	直	6	辛卯	直	3	庚申	直	6	庚寅	直	3	己未	人	6	辛卯	直	3	庚申	直	6	5
6日	乙未	人	4	乙丑	人	1	甲午	直	4	甲子	直	1	癸巳	結	3	壬戌	人	6	壬辰	人	3	辛酉	直	6	辛卯	直	3	庚申	直	6	壬辰	人	3	辛酉	直	6	6
7日	丙申	結	4	丙寅	結	1	乙未	人	4	乙丑	人	1	甲午	直	4	癸亥	結	6	癸巳	結	3	壬戌	人	6	壬辰	人	3	辛酉	直	6	癸巳	結	3	壬戌	人	6	7
8日	丁酉	結	4	丁卯	結	1	丙申	結	4	丙寅	結	1	乙未	人	4	甲子	直	1	甲午	直	4	癸亥	結	6	癸巳	結	3	壬戌	人	6	甲午	直	4	癸亥	結	6	8
9日	戊戌	人	4	戊辰	人	1	丁酉	結	4	丁卯	結	1	丙申	結	4	乙丑	人	1	乙未	人	4	甲子	直	1	甲午	直	4	癸亥	結	6	乙未	人	4	甲子	直	1	9
10日	己亥	結	4	己巳	結	1	戊戌	人	4	戊辰	人	1	丁酉	結	4	丙寅	結	1	丙申	結	4	乙丑	人	1	乙未	人	4	甲子	直	1	丙申	結	4	乙丑	人	1	10
11日	庚子	直	4	庚午	直	1	己亥	結	4	己巳	結	1	戊戌	人	4	丁卯	結	1	丁酉	結	4	丙寅	結	1	丙申	結	4	乙丑	人	1	丁酉	結	4	丙寅	結	1	11
12日	辛丑	人	4	辛未	人	1	庚子	直	4	庚午	直	1	己亥	結	4	戊辰	人	1	戊戌	人	4	丁卯	結	1	丁酉	結	4	丙寅	結	1	戊戌	人	4	丁卯	結	1	12
13日	壬寅	結	4	壬申	結	1	辛丑	人	4	辛未	人	1	庚子	直	4	己巳	結	1	己亥	結	4	戊辰	人	1	戊戌	人	4	丁卯	結	1	己亥	結	4	戊辰	人	1	13
14日	癸卯	結	4	癸酉	結	1	壬寅	結	4	壬申	結	1	辛丑	人	4	庚午	直	1	庚子	直	4	己巳	結	1	己亥	結	4	戊辰	人	1	庚子	直	4	己巳	結	1	14
15日	甲辰	人	5	甲戌	人	2	癸卯	結	4	癸酉	結	1	壬寅	結	4	辛未	人	1	辛丑	人	4	庚午	直	1	庚子	直	4	己巳	結	1	辛丑	人	4	庚午	直	1	15
16日	乙巳	直	5	乙亥	直	2	甲辰	人	5	甲戌	人	2	癸卯	結	4	壬申	結	1	壬寅	結	4	辛未	人	1	辛丑	人	4	庚午	直	1	壬寅	結	4	辛未	人	1	16
17日	丙午	結	5	丙子	結	2	乙巳	直	5	乙亥	直	2	甲辰	人	5	癸酉	結	1	癸卯	結	4	壬申	結	1	壬寅	結	4	辛未	人	1	癸卯	結	4	壬申	結	1	17
18日	丁未	人	5	丁丑	人	2	丙午	結	5	丙子	結	2	乙巳	直	5	甲戌	人	2	甲辰	人	5	癸酉	結	1	癸卯	結	4	壬申	結	1	甲辰	人	5	癸酉	結	1	18
19日	戊申	結	5	戊寅	結	2	丁未	人	5	丁丑	人	2	丙午	結	5	乙亥	直	2	乙巳	直	5	甲戌	人	2	甲辰	人	5	癸酉	結	1	乙巳	直	5	甲戌	人	2	19
20日	己酉	結	5	己卯	結	2	戊申	結	5	戊寅	結	2	丁未	人	5	丙子	結	2	丙午	結	5	乙亥	直	2	乙巳	直	5	甲戌	人	2	丙午	結	5	乙亥	直	2	20
21日	庚戌	人	5	庚辰	人	2	己酉	結	5	己卯	結	2	戊申	結	5	丁丑	人	2	丁未	人	5	丙子	結	2	丙午	結	5	乙亥	直	2	丁未	人	5	丙子	結	2	21
22日	辛亥	直	5	辛巳	直	2	庚戌	人	5	庚辰	人	2	己酉	結	5	戊寅	結	2	戊申	結	5	丁丑	人	2	丁未	人	5	丙子	結	2	戊申	結	5	丁丑	人	2	22
23日	壬子	結	5	壬午	結	2	辛亥	直	5	辛巳	直	2	庚戌	人	5	己卯	結	2	己酉	結	5	戊寅	結	2	戊申	結	5	丁丑	人	2	己酉	結	5	戊寅	結	2	23
24日	癸丑	人	5	癸未	人	2	壬子	結	5	壬午	結	2	辛亥	直	5	庚辰	人	2	庚戌	人	5	己卯	結	2	己酉	結	5	戊寅	結	2	庚戌	人	5	己卯	結	2	24
25日	甲寅	直	6	甲申	直	3	癸丑	人	5	癸未	人	2	壬子	結	5	辛巳	直	2	辛亥	直	5	庚辰	人	2	庚戌	人	5	己卯	結	2	辛亥	直	5	庚辰	人	2	25
26日	乙卯	直	6	乙酉	直	3	甲寅	直	6	甲申	直	3	癸丑	人	5	壬午	結	2	壬子	結	5	辛巳	直	2	辛亥	直	5	庚辰	人	2	壬子	結	5	辛巳	直	2	26
27日	丙辰	人	6	丙戌	人	3	乙卯	直	6	乙酉	直	3	甲寅	直	6	癸未	人	2	癸丑	人	5	壬午	結	2	壬子	結	5	辛巳	直	2	癸丑	人	5	壬午	結	2	27
28日	丁巳	結	6	丁亥	結	3	丙辰	人	6	丙戌	人	3	乙卯	直	6	甲申	直	3	甲寅	直	6	癸未	人	2	癸丑	人	5	壬午	結	2	甲寅	直	6	癸未	人	2	28
29日	戊午	結	6	戊子	結	3	丁巳	結	6	丁亥	結	3	丙辰	人	6	乙酉	直	3	乙卯	直	6	甲申	直	3	甲寅	直	6	癸未	人	2				甲申	直	3	29
30日	己未	人	6	己丑	人	3	戊午	結	6	戊子	結	3	丁巳	結	6	丙戌	人	3	丙辰	人	6	乙酉	直	3	乙卯	直	6	甲申	直	3				乙酉	直	3	30
31日	庚申	直	6				己未	人	6				戊午	結	6	丁亥	結	3				丙戌	人	3				乙酉	直	3				丙戌	人	3	31

以下のサイトに、生年月日時を入力するだけ「人物フォーマット」が、算出できます。

https://asano-uranai.com/fpd/entrance.php

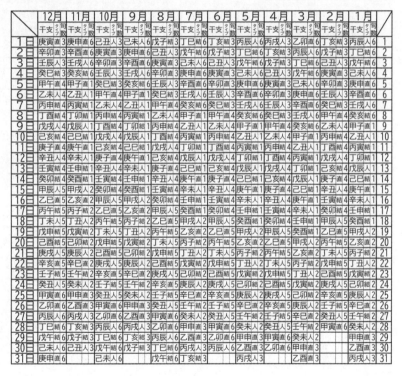

1932年（昭和7年）

その年干支の期間	2/5 9:30 ～ 12/31 23:59	1/1 0:00 ～2/5 9:29
年干支	壬申	辛未

その月干支の期間	12/7 16:19 〜 12/31 23:59	11/7 23:50 〜 12/7 16:18	10/8 21:10 〜 11/7 23:49	9/8 6:03 〜 10/8 21:09	8/8 3:32 〜 9/8 6:02	7/7 17:53 〜 8/8 3:31	6/6 7:28 〜 7/7 17:52	5/6 2:55 〜 6/6 7:27	4/5 9:07 〜 5/6 2:54	3/6 3:51 〜 4/5 9:06	2/5 9:30 〜 3/6 3:50	1/6 21:46 〜 2/5 9:29	1/1 0:00 〜 1/6 21:45
月干支	壬子	辛亥	庚戌	己酉	戊申	丁未	丙午	乙巳	甲辰	癸卯	壬寅	辛丑	庚子
外的環境の支配五行候補	水 金㋗	水 △ 金㋻ 木㋶	金 ○ 土㋺ △ 水㋵ 火㋖	金 水㋵	金 水㋵	◎ 火㋑ ◎ 土㋑ ○ 水㋵ △ 木㋰ 金㋗	火 ○ 土㋑ 水㋵	◎ 火㋑ ◎ 土㋑ △ 水㋵ 金㋞	◎ 木㋩ △ 水㋣ 金㋗	◎ 木㋑ △ 水㋵ 金㋗	◎ 木㋷ ○ 水㋵ △ 火㋒ 金㋗	◎ 土㋣ ○ 水㋕ △ 金㋟ □ 火㋹ 木㋰	◎ 水㋑ ○ 土㋦ △ 金㋟ □ 火㋹ 木㋰

	12月			11月			10月			9月			8月			7月			6月			5月			4月			3月			2月			1月			
	干支	タイプ	旬数	干支	タイプ	旬数	干支	タイプ	旬数	干支	タイプ	旬数	干支	タイプ	旬数	干支	タイプ	旬数	干支	タイプ	旬数	干支	タイプ	旬数	干支	タイプ	旬数	干支	タイプ	旬数	干支	タイプ	旬数	干支	タイプ	旬数	
1日	丙申	結	4	丙寅	結	1	乙未	人	4	乙丑	人	1	甲午	直	4	癸亥	結	6	癸巳	結	3	壬戌	人	6	壬辰	人	3	辛酉	直	6	壬辰	人	3	辛酉	直	6	1
2日	丁酉	結	4	丁卯	結	1	丙申	結	4	丙寅	結	1	乙未	人	4	甲子	直	1	甲午	直	4	癸亥	結	6	癸巳	結	3	壬戌	人	6	癸巳	結	3	壬戌	人	6	2
3日	戊戌	人	4	戊辰	人	1	丁酉	結	4	丁卯	結	1	丙申	結	4	乙丑	人	1	乙未	人	4	甲子	直	1	甲午	直	4	癸亥	結	6	甲午	直	4	癸亥	結	6	3
4日	己亥	結	4	己巳	結	1	戊戌	人	4	戊辰	人	1	丁酉	結	4	丙寅	結	1	丙申	結	4	乙丑	人	1	乙未	人	4	甲子	直	1	乙未	人	4	甲子	直	1	4
5日	庚子	直	4	庚午	直	1	己亥	結	4	己巳	結	1	戊戌	人	4	丁卯	結	1	丁酉	結	4	丙寅	結	1	丙申	結	4	乙丑	人	1	丙申	結	4	乙丑	人	1	5
6日	辛丑	人	4	辛未	人	1	庚子	直	4	庚午	直	1	己亥	結	4	戊辰	人	1	戊戌	人	4	丁卯	結	1	丁酉	結	4	丙寅	結	1	丁酉	結	4	丙寅	結	1	6
7日	壬寅	結	4	壬申	結	1	辛丑	人	4	辛未	人	1	庚子	直	4	己巳	結	1	己亥	結	4	戊辰	人	1	戊戌	人	4	丁卯	結	1	戊戌	人	4	丁卯	結	1	7
8日	癸卯	結	4	癸酉	結	1	壬寅	結	4	壬申	結	1	辛丑	人	4	庚午	直	1	庚子	直	4	己巳	結	1	己亥	結	4	戊辰	人	1	己亥	結	4	戊辰	人	1	8
9日	甲辰	人	5	甲戌	人	2	癸卯	結	4	癸酉	結	1	壬寅	結	4	辛未	人	1	辛丑	人	4	庚午	直	1	庚子	直	4	己巳	結	1	庚子	直	4	己巳	結	1	9
10日	乙巳	直	5	乙亥	直	2	甲辰	人	5	甲戌	人	2	癸卯	結	4	壬申	結	1	壬寅	結	4	辛未	人	1	辛丑	人	4	庚午	直	1	辛丑	人	4	庚午	直	1	10
11日	丙午	結	5	丙子	結	2	乙巳	直	5	乙亥	直	2	甲辰	人	5	癸酉	結	1	癸卯	結	4	壬申	結	1	壬寅	結	4	辛未	人	1	壬寅	結	4	辛未	人	1	11
12日	丁未	人	5	丁丑	人	2	丙午	結	5	丙子	結	2	乙巳	直	5	甲戌	人	2	甲辰	人	5	癸酉	結	1	癸卯	結	4	壬申	結	1	癸卯	結	4	壬申	結	1	12
13日	戊申	結	5	戊寅	結	2	丁未	人	5	丁丑	人	2	丙午	結	5	乙亥	直	2	乙巳	直	5	甲戌	人	2	甲辰	人	5	癸酉	結	1	甲辰	人	5	癸酉	結	1	13
14日	己酉	結	5	己卯	結	2	戊申	結	5	戊寅	結	2	丁未	人	5	丙子	結	2	丙午	結	5	乙亥	直	2	乙巳	直	5	甲戌	人	2	乙巳	直	5	甲戌	人	2	14
15日	庚戌	人	5	庚辰	人	2	己酉	結	5	己卯	結	2	戊申	結	5	丁丑	人	2	丁未	人	5	丙子	結	2	丙午	結	5	乙亥	直	2	丙午	結	5	乙亥	直	2	15
16日	辛亥	直	5	辛巳	直	2	庚戌	人	5	庚辰	人	2	己酉	結	5	戊寅	結	2	戊申	結	5	丁丑	人	2	丁未	人	5	丙子	結	2	丁未	人	5	丙子	結	2	16
17日	壬子	結	5	壬午	結	2	辛亥	直	5	辛巳	直	2	庚戌	人	5	己卯	結	2	己酉	結	5	戊寅	結	2	戊申	結	5	丁丑	人	2	戊申	結	5	丁丑	人	2	17
18日	癸丑	人	5	癸未	人	2	壬子	結	5	壬午	結	2	辛亥	直	5	庚辰	人	2	庚戌	人	5	己卯	結	2	己酉	結	5	戊寅	結	2	己酉	結	5	戊寅	結	2	18
19日	甲寅	直	6	甲申	直	3	癸丑	人	5	癸未	人	2	壬子	結	5	辛巳	直	2	辛亥	直	5	庚辰	人	2	庚戌	人	5	己卯	結	2	庚戌	人	5	己卯	結	2	19
20日	乙卯	直	6	乙酉	直	3	甲寅	直	6	甲申	直	3	癸丑	人	5	壬午	結	2	壬子	結	5	辛巳	直	2	辛亥	直	5	庚辰	人	2	辛亥	直	5	庚辰	人	2	20
21日	丙辰	人	6	丙戌	人	3	乙卯	直	6	乙酉	直	3	甲寅	直	6	癸未	人	2	癸丑	人	5	壬午	結	2	壬子	結	5	辛巳	直	2	壬子	結	5	辛巳	直	2	21
22日	丁巳	結	6	丁亥	結	3	丙辰	人	6	丙戌	人	3	乙卯	直	6	甲申	直	3	甲寅	直	6	癸未	人	2	癸丑	人	5	壬午	結	2	癸丑	人	5	壬午	結	2	22
23日	戊午	結	6	戊子	結	3	丁巳	結	6	丁亥	結	3	丙辰	人	6	乙酉	直	3	乙卯	直	6	甲申	直	3	甲寅	直	6	癸未	人	2	甲寅	直	6	癸未	人	2	23
24日	己未	人	6	己丑	人	3	戊午	結	6	戊子	結	3	丁巳	結	6	丙戌	人	3	丙辰	人	6	乙酉	直	3	乙卯	直	6	甲申	直	3	乙卯	直	6	甲申	直	3	24
25日	庚申	直	6	庚寅	直	3	己未	人	6	己丑	人	3	戊午	結	6	丁亥	結	3	丁巳	結	6	丙戌	人	3	丙辰	人	6	乙酉	直	3	丙辰	人	6	乙酉	直	3	25
26日	辛酉	直	6	辛卯	直	3	庚申	直	6	庚寅	直	3	己未	人	6	戊子	結	3	戊午	結	6	丁亥	結	3	丁巳	結	6	丙戌	人	3	丁巳	結	6	丙戌	人	3	26
27日	壬戌	人	6	壬辰	人	3	辛酉	直	6	辛卯	直	3	庚申	直	6	己丑	人	3	己未	人	6	戊子	結	3	戊午	結	6	丁亥	結	3	戊午	結	6	丁亥	結	3	27
28日	癸亥	結	6	癸巳	結	3	壬戌	人	6	壬辰	人	3	辛酉	直	6	庚寅	直	3	庚申	直	6	己丑	人	3	己未	人	6	戊子	結	3	己未	人	6	戊子	結	3	28
29日	甲子	直	1	甲午	直	4	癸亥	結	6	癸巳	結	3	壬戌	人	6	辛卯	直	3	辛酉	直	6	庚寅	直	3	庚申	直	6	己丑	人	3	庚申	直	6	己丑	人	3	29
30日	乙丑	人	1	乙未	人	4	甲子	直	1	甲午	直	4	癸亥	結	6	壬辰	人	3	壬戌	人	6	辛卯	直	3	辛酉	直	6	庚寅	直	3				庚寅	直	3	30
31日	丙寅	結	1				乙丑	人	1				甲子	直	1	癸巳	結	3				壬辰	人	3				辛卯	直	3				辛卯	直	3	31

以下のサイトに、生年月日時を入力するだけ「人物フォーマット」が、算出できます。

https://asano-uranai.com/fpd/entrance.php

1933年（昭和8年）

その年干支の期間	2/4 15:09 ～ 12/31 23:59	1/1 0:00 ～2/4 15:08
年干支	癸酉	壬申

その月干支の期間	12/7 22:12 ～ 12/31 23:59	11/8 5:43 ～ 12/7 22:11	10/9 3:04 ～ 11/8 5:42	9/8 11:59 ～ 10/9 3:03	8/8 9:26 ～ 9/8 11:58	7/7 23:45 ～ 8/8 9:25	6/6 13:18 ～ 7/7 23:44	5/6 8:43 ～ 6/6 13:17	4/5 14:51 ～ 5/6 8:42	3/6 9:32 ～ 4/5 14:50	2/4 15:09 ～ 3/6 9:31	1/6 3:23 ～ 2/4 15:08	1/1 0:00 ～ 1/6 3:22
月干支	甲子	癸亥	壬戌	辛酉	庚申	己未	戊午	丁巳	丙辰	乙卯	甲寅	癸丑	壬子
外的環境の支配五行候補	水 金㋨	水 △ 木㋶ 金㋨	◎ 土㋺ ○ 金㋩ △ 水㋞ 火㋖	金	金 水㋵	土 ○ 火㋠ △ 木㋰ 金㋨	土 ○ 火㋑ 金㋨	火 ○ 土㋑ 金㋷	◎ 金㋭ △ 木㋦ 水㋟	木 金㋨	木 △ 火㋒ 金㋨	◎ 水㋑ 金㋡	水 金㋗

	12月			11月			10月			9月			8月			7月			6月			5月			4月			3月			2月			1月			
	干支	タイプ	旬数	干支	タイプ	旬数	干支	タイプ	旬数	干支	タイプ	旬数	干支	タイプ	旬数	干支	タイプ	旬数	干支	タイプ	旬数	干支	タイプ	旬数	干支	タイプ	旬数	干支	タイプ	旬数	干支	タイプ	旬数	干支	タイプ	旬数	
1日	辛丑	人	4	辛未	人	1	庚子	直	4	庚午	直	1	己亥	結	4	戊辰	人	1	戊戌	人	4	丁卯	結	1	丁酉	結	4	丙寅	結	1	戊戌	人	4	丁卯	結	1	1
2日	壬寅	結	4	壬申	結	1	辛丑	人	4	辛未	人	1	庚子	直	4	己巳	結	1	己亥	結	4	戊辰	人	1	戊戌	人	4	丁卯	結	1	己亥	結	4	戊辰	人	1	2
3日	癸卯	結	4	癸酉	結	1	壬寅	結	4	壬申	結	1	辛丑	人	4	庚午	直	1	庚子	直	4	己巳	結	1	己亥	結	4	戊辰	人	1	庚子	直	4	己巳	結	1	3
4日	甲辰	人	5	甲戌	人	2	癸卯	結	4	癸酉	結	1	壬寅	結	4	辛未	人	1	辛丑	人	4	庚午	直	1	庚子	直	4	己巳	結	1	辛丑	人	4	庚午	直	1	4
5日	乙巳	直	5	乙亥	直	2	甲辰	人	5	甲戌	人	2	癸卯	結	4	壬申	結	1	壬寅	結	4	辛未	人	1	辛丑	人	4	庚午	直	1	壬寅	結	4	辛未	人	1	5
6日	丙午	結	5	丙子	結	2	乙巳	直	5	乙亥	直	2	甲辰	人	5	癸酉	結	1	癸卯	結	4	壬申	結	1	壬寅	結	4	辛未	人	1	癸卯	結	4	壬申	結	1	6
7日	丁未	人	5	丁丑	人	2	丙午	結	5	丙子	結	2	乙巳	直	5	甲戌	人	2	甲辰	人	5	癸酉	結	1	癸卯	結	4	壬申	結	1	甲辰	人	5	癸酉	結	1	7
8日	戊申	結	5	戊寅	結	2	丁未	人	5	丁丑	人	2	丙午	結	5	乙亥	直	2	乙巳	直	5	甲戌	人	2	甲辰	人	5	癸酉	結	1	乙巳	直	5	甲戌	人	2	8
9日	己酉	結	5	己卯	結	2	戊申	結	5	戊寅	結	2	丁未	人	5	丙子	結	2	丙午	結	5	乙亥	直	2	乙巳	直	5	甲戌	人	2	丙午	結	5	乙亥	直	2	9
10日	庚戌	人	5	庚辰	人	2	己酉	結	5	己卯	結	2	戊申	結	5	丁丑	人	2	丁未	人	5	丙子	結	2	丙午	結	5	乙亥	直	2	丁未	人	5	丙子	結	2	10
11日	辛亥	直	5	辛巳	直	2	庚戌	人	5	庚辰	人	2	己酉	結	5	戊寅	結	2	戊申	結	5	丁丑	人	2	丁未	人	5	丙子	結	2	戊申	結	5	丁丑	人	2	11
12日	壬子	結	5	壬午	結	2	辛亥	直	5	辛巳	直	2	庚戌	人	5	己卯	結	2	己酉	結	5	戊寅	結	2	戊申	結	5	丁丑	人	2	己酉	結	5	戊寅	結	2	12
13日	癸丑	人	5	癸未	人	2	壬子	結	5	壬午	結	2	辛亥	直	5	庚辰	人	2	庚戌	人	5	己卯	結	2	己酉	結	5	戊寅	結	2	庚戌	人	5	己卯	結	2	13
14日	甲寅	直	6	甲申	直	3	癸丑	人	5	癸未	人	2	壬子	結	5	辛巳	直	2	辛亥	直	5	庚辰	人	2	庚戌	人	5	己卯	結	2	辛亥	直	5	庚辰	人	2	14
15日	乙卯	直	6	乙酉	直	3	甲寅	直	6	甲申	直	3	癸丑	人	5	壬午	結	2	壬子	結	5	辛巳	直	2	辛亥	直	5	庚辰	人	2	壬子	結	5	辛巳	直	2	15
16日	丙辰	人	6	丙戌	人	3	乙卯	直	6	乙酉	直	3	甲寅	直	6	癸未	人	2	癸丑	人	5	壬午	結	2	壬子	結	5	辛巳	直	2	癸丑	人	5	壬午	結	2	16
17日	丁巳	結	6	丁亥	結	3	丙辰	人	6	丙戌	人	3	乙卯	直	6	甲申	直	3	甲寅	直	6	癸未	人	2	癸丑	人	5	壬午	結	2	甲寅	直	6	癸未	人	2	17
18日	戊午	結	6	戊子	結	3	丁巳	結	6	丁亥	結	3	丙辰	人	6	乙酉	直	3	乙卯	直	6	甲申	直	3	甲寅	直	6	癸未	人	2	乙卯	直	6	甲申	直	3	18
19日	己未	人	6	己丑	人	3	戊午	結	6	戊子	結	3	丁巳	結	6	丙戌	人	3	丙辰	人	6	乙酉	直	3	乙卯	直	6	甲申	直	3	丙辰	人	6	乙酉	直	3	19
20日	庚申	直	6	庚寅	直	3	己未	人	6	己丑	人	3	戊午	結	6	丁亥	結	3	丁巳	結	6	丙戌	人	3	丙辰	人	6	乙酉	直	3	丁巳	結	6	丙戌	人	3	20
21日	辛酉	直	6	辛卯	直	3	庚申	直	6	庚寅	直	3	己未	人	6	戊子	結	3	戊午	結	6	丁亥	結	3	丁巳	結	6	丙戌	人	3	戊午	結	6	丁亥	結	3	21
22日	壬戌	人	6	壬辰	人	3	辛酉	直	6	辛卯	直	3	庚申	直	6	己丑	人	3	己未	人	6	戊子	結	3	戊午	結	6	丁亥	結	3	己未	人	6	戊子	結	3	22
23日	癸亥	結	6	癸巳	結	3	壬戌	人	6	壬辰	人	3	辛酉	直	6	庚寅	直	3	庚申	直	6	己丑	人	3	己未	人	6	戊子	結	3	庚申	直	6	己丑	人	3	23
24日	甲子	直	1	甲午	直	4	癸亥	結	6	癸巳	結	3	壬戌	人	6	辛卯	直	3	辛酉	直	6	庚寅	直	3	庚申	直	6	己丑	人	3	辛酉	直	6	庚寅	直	3	24
25日	乙丑	人	1	乙未	人	4	甲子	直	1	甲午	直	4	癸亥	結	6	壬辰	人	3	壬戌	人	6	辛卯	直	3	辛酉	直	6	庚寅	直	3	壬戌	人	6	辛卯	直	3	25
26日	丙寅	結	1	丙申	結	4	乙丑	人	1	乙未	人	4	甲子	直	1	癸巳	結	3	癸亥	結	6	壬辰	人	3	壬戌	人	6	辛卯	直	3	癸亥	結	6	壬辰	人	3	26
27日	丁卯	結	1	丁酉	結	4	丙寅	結	1	丙申	結	4	乙丑	人	1	甲午	直	4	甲子	直	1	癸巳	結	3	癸亥	結	6	壬辰	人	3	甲子	直	1	癸巳	結	3	27
28日	戊辰	人	1	戊戌	人	4	丁卯	結	1	丁酉	結	4	丙寅	結	1	乙未	人	4	乙丑	人	1	甲午	直	4	甲子	直	1	癸巳	結	3	乙丑	人	1	甲午	直	4	28
29日	己巳	結	1	己亥	結	4	戊辰	人	1	戊戌	人	4	丁卯	結	1	丙申	結	4	丙寅	結	1	乙未	人	4	乙丑	人	1	甲午	直	4				乙未	人	4	29
30日	庚午	直	1	庚子	直	4	己巳	結	1	己亥	結	4	戊辰	人	1	丁酉	結	4	丁卯	結	1	丙申	結	4	丙寅	結	1	乙未	人	4				丙申	結	4	30
31日	辛未	人	1				庚午	直	1				己巳	結	1	戊戌	人	4				丁酉	結	4				丙申	結	4				丁酉	結	4	31

以下のサイトに、生年月日時を入力するだけ「人物フォーマット」が、算出できます。

https://asano-uranai.com/fpd/entrance.php

1934年（昭和9年）

その年干支の期間	2/4 21:04 ～ 12/31 23:59	1/1 0:00 ～2/4 21:03
年干支	甲戌	癸酉

その月干支の期間	12/8 3:57 ∫ 12/31 23:59	11/8 11:27 ∫ 12/8 3:56	10/9 8:46 ∫ 11/8 11:26	9/8 17:37 ∫ 10/9 8:45	8/8 15:04 ∫ 9/8 17:36	7/8 5:25 ∫ 8/8 15:03	6/6 19:02 ∫ 7/8 5:24	5/6 14:31 ∫ 6/6 19:01	4/5 20:44 ∫ 5/6 14:30	3/6 15:27 ∫ 4/5 20:43	2/4 21:04 ∫ 3/6 15:26	1/6 9:17 ∫ 2/4 21:03	1/1 0:00 ∫ 1/6 9:16
月干支	丙子	乙亥	甲戌	癸酉	壬申	辛未	庚午	己巳	戊辰	丁卯	丙寅	乙丑	甲子
外的環境の支配五行候補	◎ 水㋑ ○ 土㋕ △ 金㋹ 火㋡	◎ 水㋑ ○ 土㋕ △ 木㋵ □ 金㋹ 火㋖	◎ 土㋷ ○ 木㋵ △ 金㋹ 火㋖	金 △ 土㋕ 火㋖	金 ○ 土㋕ △ 水㋵ 火㋖	土 ○ 火㋠ △ 金㋟ 木㋡	◎ 火㋑ ◎ 土㋑ 金㋹	土 ○ 火㋑ 金㋹	◎ 木㋩ ○ 土㋣ △ 金㋹ □ 水㋒ 火㋖	木 ○ 土㋕ △ 金㋹ 火㋡	木 ○ 火㋣ △ 土㋕ 金㋹	◎ 水㋥ 金㋠	水 金㋨

	12月			11月			10月			9月			8月			7月			6月			5月			4月			3月			2月			1月			
	干支	タイプ	旬数	干支	タイプ	旬数	干支	タイプ	旬数	干支	タイプ	旬数	干支	タイプ	旬数	干支	タイプ	旬数	干支	タイプ	旬数	干支	タイプ	旬数	干支	タイプ	旬数	干支	タイプ	旬数	干支	タイプ	旬数	干支	タイプ	旬数	
1日	丙午	結	5	丙子	結	2	乙巳	直	5	乙亥	直	2	甲辰	人	5	癸酉	結	1	癸卯	結	4	壬申	結	1	壬寅	結	4	辛未	人	1	癸卯	結	4	壬申	結	1	1
2日	丁未	人	5	丁丑	人	2	丙午	結	5	丙子	結	2	乙巳	直	5	甲戌	人	2	甲辰	人	5	癸酉	結	1	癸卯	結	4	壬申	結	1	甲辰	人	5	癸酉	結	1	2
3日	戊申	結	5	戊寅	結	2	丁未	人	5	丁丑	人	2	丙午	結	5	乙亥	直	2	乙巳	直	5	甲戌	人	2	甲辰	人	5	癸酉	結	1	乙巳	直	5	甲戌	人	2	3
4日	己酉	結	5	己卯	結	2	戊申	結	5	戊寅	結	2	丁未	人	5	丙子	結	2	丙午	結	5	乙亥	直	2	乙巳	直	5	甲戌	人	2	丙午	結	5	乙亥	直	2	4
5日	庚戌	人	5	庚辰	人	2	己酉	結	5	己卯	結	2	戊申	結	5	丁丑	人	2	丁未	人	5	丙子	結	2	丙午	結	5	乙亥	直	2	丁未	人	5	丙子	結	2	5
6日	辛亥	直	5	辛巳	直	2	庚戌	人	5	庚辰	人	2	己酉	結	5	戊寅	結	2	戊申	結	5	丁丑	人	2	丁未	人	5	丙子	結	2	戊申	結	5	丁丑	人	2	6
7日	壬子	結	5	壬午	結	2	辛亥	直	5	辛巳	直	2	庚戌	人	5	己卯	結	2	己酉	結	5	戊寅	結	2	戊申	結	5	丁丑	人	2	己酉	結	5	戊寅	結	2	7
8日	癸丑	人	5	癸未	人	2	壬子	結	5	壬午	結	2	辛亥	直	5	庚辰	人	2	庚戌	人	5	己卯	結	2	己酉	結	5	戊寅	結	2	庚戌	人	5	己卯	結	2	8
9日	甲寅	直	6	甲申	直	3	癸丑	人	5	癸未	人	2	壬子	結	5	辛巳	直	2	辛亥	直	5	庚辰	人	2	庚戌	人	5	己卯	結	2	辛亥	直	5	庚辰	人	2	9
10日	乙卯	直	6	乙酉	直	3	甲寅	直	6	甲申	直	3	癸丑	人	5	壬午	結	2	壬子	結	5	辛巳	直	2	辛亥	直	5	庚辰	人	2	壬子	結	5	辛巳	直	2	10
11日	丙辰	人	6	丙戌	人	3	乙卯	直	6	乙酉	直	3	甲寅	直	6	癸未	人	2	癸丑	人	5	壬午	結	2	壬子	結	5	辛巳	直	2	癸丑	人	5	壬午	結	2	11
12日	丁巳	結	6	丁亥	結	3	丙辰	人	6	丙戌	人	3	乙卯	直	6	甲申	直	3	甲寅	直	6	癸未	人	2	癸丑	人	5	壬午	結	2	甲寅	直	6	癸未	人	2	12
13日	戊午	結	6	戊子	結	3	丁巳	結	6	丁亥	結	3	丙辰	人	6	乙酉	直	3	乙卯	直	6	甲申	直	3	甲寅	直	6	癸未	人	2	乙卯	直	6	甲申	直	3	13
14日	己未	人	6	己丑	人	3	戊午	結	6	戊子	結	3	丁巳	結	6	丙戌	人	3	丙辰	人	6	乙酉	直	3	乙卯	直	6	甲申	直	3	丙辰	人	6	乙酉	直	3	14
15日	庚申	直	6	庚寅	直	3	己未	人	6	己丑	人	3	戊午	結	6	丁亥	結	3	丁巳	結	6	丙戌	人	3	丙辰	人	6	乙酉	直	3	丁巳	結	6	丙戌	人	3	15
16日	辛酉	直	6	辛卯	直	3	庚申	直	6	庚寅	直	3	己未	人	6	戊子	結	3	戊午	結	6	丁亥	結	3	丁巳	結	6	丙戌	人	3	戊午	結	6	丁亥	結	3	16
17日	壬戌	人	6	壬辰	人	3	辛酉	直	6	辛卯	直	3	庚申	直	6	己丑	人	3	己未	人	6	戊子	結	3	戊午	結	6	丁亥	結	3	己未	人	6	戊子	結	3	17
18日	癸亥	結	6	癸巳	結	3	壬戌	人	6	壬辰	人	3	辛酉	直	6	庚寅	直	3	庚申	直	6	己丑	人	3	己未	人	6	戊子	結	3	庚申	直	6	己丑	人	3	18
19日	甲子	直	1	甲午	直	4	癸亥	結	6	癸巳	結	3	壬戌	人	6	辛卯	直	3	辛酉	直	6	庚寅	直	3	庚申	直	6	己丑	人	3	辛酉	直	6	庚寅	直	3	19
20日	乙丑	人	1	乙未	人	4	甲子	直	1	甲午	直	4	癸亥	結	6	壬辰	人	3	壬戌	人	6	辛卯	直	3	辛酉	直	6	庚寅	直	3	壬戌	人	6	辛卯	直	3	20
21日	丙寅	結	1	丙申	結	4	乙丑	人	1	乙未	人	4	甲子	直	1	癸巳	結	3	癸亥	結	6	壬辰	人	3	壬戌	人	6	辛卯	直	3	癸亥	結	6	壬辰	人	3	21
22日	丁卯	結	1	丁酉	結	4	丙寅	結	1	丙申	結	4	乙丑	人	1	甲午	直	4	甲子	直	1	癸巳	結	3	癸亥	結	6	壬辰	人	3	甲子	直	1	癸巳	結	3	22
23日	戊辰	人	1	戊戌	人	4	丁卯	結	1	丁酉	結	4	丙寅	結	1	乙未	人	4	乙丑	人	1	甲午	直	4	甲子	直	1	癸巳	結	3	乙丑	人	1	甲午	直	4	23
24日	己巳	結	1	己亥	結	4	戊辰	人	1	戊戌	人	4	丁卯	結	1	丙申	結	4	丙寅	結	1	乙未	人	4	乙丑	人	1	甲午	直	4	丙寅	結	1	乙未	人	4	24
25日	庚午	直	1	庚子	直	4	己巳	結	1	己亥	結	4	戊辰	人	1	丁酉	結	4	丁卯	結	1	丙申	結	4	丙寅	結	1	乙未	人	4	丁卯	結	1	丙申	結	4	25
26日	辛未	人	1	辛丑	人	4	庚午	直	1	庚子	直	4	己巳	結	1	戊戌	人	4	戊辰	人	1	丁酉	結	4	丁卯	結	1	丙申	結	4	戊辰	人	1	丁酉	結	4	26
27日	壬申	結	1	壬寅	結	4	辛未	人	1	辛丑	人	4	庚午	直	1	己亥	結	4	己巳	結	1	戊戌	人	4	戊辰	人	1	丁酉	結	4	己巳	結	1	戊戌	人	4	27
28日	癸酉	結	1	癸卯	結	4	壬申	結	1	壬寅	結	4	辛未	人	1	庚子	直	4	庚午	直	1	己亥	結	4	己巳	結	1	戊戌	人	4	庚午	直	1	己亥	結	4	28
29日	甲戌	人	2	甲辰	人	5	癸酉	結	1	癸卯	結	4	壬申	結	1	辛丑	人	4	辛未	人	1	庚子	直	4	庚午	直	1	己亥	結	4				庚子	直	4	29
30日	乙亥	直	2	乙巳	直	5	甲戌	人	2	甲辰	人	5	癸酉	結	1	壬寅	結	4	壬申	結	1	辛丑	人	4	辛未	人	1	庚子	直	4				辛丑	人	4	30
31日	丙子	結	2				乙亥	直	2				甲戌	人	2	癸卯	結	4				壬寅	結	4				辛丑	人	4				壬寅	結	4	31

以下のサイトに、生年月日時を入力するだけ「人物フォーマット」が、算出できます。

https://asano-uranai.com/fpd/entrance.php

1935年（昭和10年）

その年干支の期間	2/5 2:49 ～ 12/31 23:59	1/1 0:00 ～2/5 2:48
年干支	乙亥	甲戌

その月干支の期間	12/8 9:45 ～ 12/31 23:59	11/8 17:18 ～ 12/8 9:44	10/9 14:36 ～ 11/8 17:17	9/8 23:25 ～ 10/9 14:35	8/8 20:48 ～ 9/8 23:24	7/8 11:06 ～ 8/8 20:47	6/7 0:42 ～ 7/8 11:05	5/6 20:12 ～ 6/7 0:41	4/6 2:27 ～ 5/6 20:11	3/6 21:11 ～ 4/6 2:26	2/5 2:49 ～ 3/6 21:10	1/6 15:03 ～ 2/5 2:48	1/1 0:00 ～ 1/6 15:02
月干支	戊子	丁亥	丙戌	乙酉	甲申	癸未	壬午	辛巳	庚辰	己卯	戊寅	丁丑	丙子
外的環境の支配五行候補	水 木㋹	水 木㋹	◎ 土㋺ ○ 木㋹ △ 火㋡ □ 金㋧ 水㋶	◎ 金㋑ △ 木㋵ 水㋶	◎ 金㋑ △ 水㋾ 木㋵	◎ 土㋑ △ 火㋠ △ 水㋠ 木㋻	◎ 火㋑ ◎ 土㋑ △ 水㋠ 木㋹	◎ 土㋑ ○ 火㋕ △ 木㋹ 金㋰	◎ 木㋩ △ 水㋸ 金㋶	木	木 △ 水㋶ 火㋒	◎ 土㋺ ○ 水㋕ △ 金㋹ 火㋡	◎ 水㋑ ○ 土㋕ △ 金㋹ 火㋡

	12月			11月			10月			9月			8月			7月			6月			5月			4月			3月			2月			1月			
	干支	タイプ	旬数	干支	タイプ	旬数	干支	タイプ	旬数	干支	タイプ	旬数	干支	タイプ	旬数	干支	タイプ	旬数	干支	タイプ	旬数	干支	タイプ	旬数	干支	タイプ	旬数	干支	タイプ	旬数	干支	タイプ	旬数	干支	タイプ	旬数	
1日	辛亥	直	5	辛巳	直	2	庚戌	人	5	庚辰	人	2	己酉	結	5	戊寅	結	2	戊申	結	5	丁丑	人	2	丁未	人	5	丙子	結	2	戊申	結	5	丁丑	人	2	1
2日	壬子	結	5	壬午	結	2	辛亥	直	5	辛巳	直	2	庚戌	人	5	己卯	結	2	己酉	結	5	戊寅	結	2	戊申	結	5	丁丑	人	2	己酉	結	5	戊寅	結	2	2
3日	癸丑	人	5	癸未	人	2	壬子	結	5	壬午	結	2	辛亥	直	5	庚辰	人	2	庚戌	人	5	己卯	結	2	己酉	結	5	戊寅	結	2	庚戌	人	5	己卯	結	2	3
4日	甲寅	直	6	甲申	直	3	癸丑	人	5	癸未	人	2	壬子	結	5	辛巳	直	2	辛亥	直	5	庚辰	人	2	庚戌	人	5	己卯	結	2	辛亥	直	5	庚辰	人	2	4
5日	乙卯	直	6	乙酉	直	3	甲寅	直	6	甲申	直	3	癸丑	人	5	壬午	結	2	壬子	結	5	辛巳	直	2	辛亥	直	5	庚辰	人	2	壬子	結	5	辛巳	直	2	5
6日	丙辰	人	6	丙戌	人	3	乙卯	直	6	乙酉	直	3	甲寅	直	6	癸未	人	2	癸丑	人	5	壬午	結	2	壬子	結	5	辛巳	直	2	癸丑	人	5	壬午	結	2	6
7日	丁巳	結	6	丁亥	結	3	丙辰	人	6	丙戌	人	3	乙卯	直	6	甲申	直	3	甲寅	直	6	癸未	人	2	癸丑	人	5	壬午	結	2	甲寅	直	6	癸未	人	2	7
8日	戊午	結	6	戊子	結	3	丁巳	結	6	丁亥	結	3	丙辰	人	6	乙酉	直	3	乙卯	直	6	甲申	直	3	甲寅	直	6	癸未	人	2	乙卯	直	6	甲申	直	3	8
9日	己未	人	6	己丑	人	3	戊午	結	6	戊子	結	3	丁巳	結	6	丙戌	人	3	丙辰	人	6	乙酉	直	3	乙卯	直	6	甲申	直	3	丙辰	人	6	乙酉	直	3	9
10日	庚申	直	6	庚寅	直	3	己未	人	6	己丑	人	3	戊午	結	6	丁亥	結	3	丁巳	結	6	丙戌	人	3	丙辰	人	6	乙酉	直	3	丁巳	結	6	丙戌	人	3	10
11日	辛酉	直	6	辛卯	直	3	庚申	直	6	庚寅	直	3	己未	人	6	戊子	結	3	戊午	結	6	丁亥	結	3	丁巳	結	6	丙戌	人	3	戊午	結	6	丁亥	結	3	11
12日	壬戌	人	6	壬辰	人	3	辛酉	直	6	辛卯	直	3	庚申	直	6	己丑	人	3	己未	人	6	戊子	結	3	戊午	結	6	丁亥	結	3	己未	人	6	戊子	結	3	12
13日	癸亥	結	6	癸巳	結	3	壬戌	人	6	壬辰	人	3	辛酉	直	6	庚寅	直	3	庚申	直	6	己丑	人	3	己未	人	6	戊子	結	3	庚申	直	6	己丑	人	3	13
14日	甲子	直	1	甲午	直	4	癸亥	結	6	癸巳	結	3	壬戌	人	6	辛卯	直	3	辛酉	直	6	庚寅	直	3	庚申	直	6	己丑	人	3	辛酉	直	6	庚寅	直	3	14
15日	乙丑	人	1	乙未	人	4	甲子	直	1	甲午	直	4	癸亥	結	6	壬辰	人	3	壬戌	人	6	辛卯	直	3	辛酉	直	6	庚寅	直	3	壬戌	人	6	辛卯	直	3	15
16日	丙寅	結	1	丙申	結	4	乙丑	人	1	乙未	人	4	甲子	直	1	癸巳	結	3	癸亥	結	6	壬辰	人	3	壬戌	人	6	辛卯	直	3	癸亥	結	6	壬辰	人	3	16
17日	丁卯	結	1	丁酉	結	4	丙寅	結	1	丙申	結	4	乙丑	人	1	甲午	直	4	甲子	直	1	癸巳	結	3	癸亥	結	6	壬辰	人	3	甲子	直	1	癸巳	結	3	17
18日	戊辰	人	1	戊戌	人	4	丁卯	結	1	丁酉	結	4	丙寅	結	1	乙未	人	4	乙丑	人	1	甲午	直	4	甲子	直	1	癸巳	結	3	乙丑	人	1	甲午	直	4	18
19日	己巳	結	1	己亥	結	4	戊辰	人	1	戊戌	人	4	丁卯	結	1	丙申	結	4	丙寅	結	1	乙未	人	4	乙丑	人	1	甲午	直	4	丙寅	結	1	乙未	人	4	19
20日	庚午	直	1	庚子	直	4	己巳	結	1	己亥	結	4	戊辰	人	1	丁酉	結	4	丁卯	結	1	丙申	結	4	丙寅	結	1	乙未	人	4	丁卯	結	1	丙申	結	4	20
21日	辛未	人	1	辛丑	人	4	庚午	直	1	庚子	直	4	己巳	結	1	戊戌	人	4	戊辰	人	1	丁酉	結	4	丁卯	結	1	丙申	結	4	戊辰	人	1	丁酉	結	4	21
22日	壬申	結	1	壬寅	結	4	辛未	人	1	辛丑	人	4	庚午	直	1	己亥	結	4	己巳	結	1	戊戌	人	4	戊辰	人	1	丁酉	結	4	己巳	結	1	戊戌	人	4	22
23日	癸酉	結	1	癸卯	結	4	壬申	結	1	壬寅	結	4	辛未	人	1	庚子	直	4	庚午	直	1	己亥	結	4	己巳	結	1	戊戌	人	4	庚午	直	1	己亥	結	4	23
24日	甲戌	人	2	甲辰	人	5	癸酉	結	1	癸卯	結	4	壬申	結	1	辛丑	人	4	辛未	人	1	庚子	直	4	庚午	直	1	己亥	結	4	辛未	人	1	庚子	直	4	24
25日	乙亥	直	2	乙巳	直	5	甲戌	人	2	甲辰	人	5	癸酉	結	1	壬寅	結	4	壬申	結	1	辛丑	人	4	辛未	人	1	庚子	直	4	壬申	結	1	辛丑	人	4	25
26日	丙子	結	2	丙午	結	5	乙亥	直	2	乙巳	直	5	甲戌	人	2	癸卯	結	4	癸酉	結	1	壬寅	結	4	壬申	結	1	辛丑	人	4	癸酉	結	1	壬寅	結	4	26
27日	丁丑	人	2	丁未	人	5	丙子	結	2	丙午	結	5	乙亥	直	2	甲辰	人	5	甲戌	人	2	癸卯	結	4	癸酉	結	1	壬寅	結	4	甲戌	人	2	癸卯	結	4	27
28日	戊寅	結	2	戊申	結	5	丁丑	人	2	丁未	人	5	丙子	結	2	乙巳	直	5	乙亥	直	2	甲辰	人	5	甲戌	人	2	癸卯	結	4	乙亥	直	2	甲辰	人	5	28
29日	己卯	結	2	己酉	結	5	戊寅	結	2	戊申	結	5	丁丑	人	2	丙午	結	5	丙子	結	2	乙巳	直	5	乙亥	直	2	甲辰	人	5				乙巳	直	5	29
30日	庚辰	人	2	庚戌	人	5	己卯	結	2	己酉	結	5	戊寅	結	2	丁未	人	5	丁丑	人	2	丙午	結	5	丙子	結	2	乙巳	直	5				丙午	結	5	30
31日	辛巳	直	2				庚辰	人	2				己卯	結	2	戊申	結	5				丁未	人	5				丙午	結	5				丁未	人	5	31

以下のサイトに、生年月日時を入力するだけ「人物フォーマット」が、算出できます。

https://asano-uranai.com/fpd/entrance.php

1936年（昭和11年）

その年干支の期間	2/5 8:30 ～ 12/31 23:59	1/1 0:00 ～2/5 8:29
年干支	丙子	乙亥

その月干支の期間	12/7 15:43 ～ 12/31 23:59	11/7 23:15 ～ 12/7 15:42	10/8 20:33 ～ 11/7 23:14	9/8 5:21 ～ 10/8 20:32	8/8 2:44 ～ 9/8 5:20	7/7 16:59 ～ 8/8 2:43	6/6 6:31 ～ 7/7 16:58	5/6 1:57 ～ 6/6 6:30	4/5 8:07 ～ 5/6 1:56	3/6 2:50 ～ 4/5 8:06	2/5 8:30 ～ 3/6 2:49	1/6 20:47 ～ 2/5 8:29	1/1 0:00 ～ 1/6 20:46
月干支	庚子	己亥	戊戌	丁酉	丙申	乙未	甲午	癸巳	壬辰	辛卯	庚寅	己丑	戊子
外的環境の支配五行候補	水	水 木㋶	◎ 土㋷ ○ 水㋹ △ 火㋡ 金㋧	◎ 金㋑ △ 火㋷ 水㋹	◎ 金㋑ △ 火㋷ 水㋦	◎ 火㋑ ◎ 土㋑ △ 水㋹ 木㋞	火 ○ 土㋑	火 ○ 土㋑ △ 水㋠ 金㋳	◎ 水㋺ 木㋦	◎ 木㋑ 水㋹	◎ 木㋑ △ 水㋹ 火㋞	水 △ 木㋹ 金㋮	水 木㋹

	12月			11月			10月			9月			8月			7月			6月			5月			4月			3月			2月			1月			
	干支	タイプ	旬数	干支	タイプ	旬数	干支	タイプ	旬数	干支	タイプ	旬数	干支	タイプ	旬数	干支	タイプ	旬数	干支	タイプ	旬数	干支	タイプ	旬数	干支	タイプ	旬数	干支	タイプ	旬数	干支	タイプ	旬数	干支	タイプ	旬数	
1日	丁巳	結	6	丁亥	結	3	丙辰	人	6	丙戌	人	3	乙卯	直	6	甲申	直	3	甲寅	直	6	癸未	人	2	癸丑	人	5	壬午	結	2	癸丑	人	5	壬午	結	2	1
2日	戊午	結	6	戊子	結	3	丁巳	結	6	丁亥	結	3	丙辰	人	6	乙酉	直	3	乙卯	直	6	甲申	直	3	甲寅	直	6	癸未	人	2	甲寅	直	6	癸未	人	2	2
3日	己未	人	6	己丑	人	3	戊午	結	6	戊子	結	3	丁巳	結	6	丙戌	人	3	丙辰	人	6	乙酉	直	3	乙卯	直	6	甲申	直	3	乙卯	直	6	甲申	直	3	3
4日	庚申	直	6	庚寅	直	3	己未	人	6	己丑	人	3	戊午	結	6	丁亥	結	3	丁巳	結	6	丙戌	人	3	丙辰	人	6	乙酉	直	3	丙辰	人	6	乙酉	直	3	4
5日	辛酉	直	6	辛卯	直	3	庚申	直	6	庚寅	直	3	己未	人	6	戊子	結	3	戊午	結	6	丁亥	結	3	丁巳	結	6	丙戌	人	3	丁巳	結	6	丙戌	人	3	5
6日	壬戌	人	6	壬辰	人	3	辛酉	直	6	辛卯	直	3	庚申	直	6	己丑	人	3	己未	人	6	戊子	結	3	戊午	結	6	丁亥	結	3	戊午	結	6	丁亥	結	3	6
7日	癸亥	結	6	癸巳	結	3	壬戌	人	6	壬辰	人	3	辛酉	直	6	庚寅	直	3	庚申	直	6	己丑	人	3	己未	人	6	戊子	結	3	己未	人	6	戊子	結	3	7
8日	甲子	直	1	甲午	直	4	癸亥	結	6	癸巳	結	3	壬戌	人	6	辛卯	直	3	辛酉	直	6	庚寅	直	3	庚申	直	6	己丑	人	3	庚申	直	6	己丑	人	3	8
9日	乙丑	人	1	乙未	人	4	甲子	直	1	甲午	直	4	癸亥	結	6	壬辰	人	3	壬戌	人	6	辛卯	直	3	辛酉	直	6	庚寅	直	3	辛酉	直	6	庚寅	直	3	9
10日	丙寅	結	1	丙申	結	4	乙丑	人	1	乙未	人	4	甲子	直	1	癸巳	結	3	癸亥	結	6	壬辰	人	3	壬戌	人	6	辛卯	直	3	壬戌	人	6	辛卯	直	3	10
11日	丁卯	結	1	丁酉	結	4	丙寅	結	1	丙申	結	4	乙丑	人	1	甲午	直	4	甲子	直	1	癸巳	結	3	癸亥	結	6	壬辰	人	3	癸亥	結	6	壬辰	人	3	11
12日	戊辰	人	1	戊戌	人	4	丁卯	結	1	丁酉	結	4	丙寅	結	1	乙未	人	4	乙丑	人	1	甲午	直	4	甲子	直	1	癸巳	結	3	甲子	直	1	癸巳	結	3	12
13日	己巳	結	1	己亥	結	4	戊辰	人	1	戊戌	人	4	丁卯	結	1	丙申	結	4	丙寅	結	1	乙未	人	4	乙丑	人	1	甲午	直	4	乙丑	人	1	甲午	直	4	13
14日	庚午	直	1	庚子	直	4	己巳	結	1	己亥	結	4	戊辰	人	1	丁酉	結	4	丁卯	結	1	丙申	結	4	丙寅	結	1	乙未	人	4	丙寅	結	1	乙未	人	4	14
15日	辛未	人	1	辛丑	人	4	庚午	直	1	庚子	直	4	己巳	結	1	戊戌	人	4	戊辰	人	1	丁酉	結	4	丁卯	結	1	丙申	結	4	丁卯	結	1	丙申	結	4	15
16日	壬申	結	1	壬寅	結	4	辛未	人	1	辛丑	人	4	庚午	直	1	己亥	結	4	己巳	結	1	戊戌	人	4	戊辰	人	1	丁酉	結	4	戊辰	人	1	丁酉	結	4	16
17日	癸酉	結	1	癸卯	結	4	壬申	結	1	壬寅	結	4	辛未	人	1	庚子	直	4	庚午	直	1	己亥	結	4	己巳	結	1	戊戌	人	4	己巳	結	1	戊戌	人	4	17
18日	甲戌	人	2	甲辰	人	5	癸酉	結	1	癸卯	結	4	壬申	結	1	辛丑	人	4	辛未	人	1	庚子	直	4	庚午	直	1	己亥	結	4	庚午	直	1	己亥	結	4	18
19日	乙亥	直	2	乙巳	直	5	甲戌	人	2	甲辰	人	5	癸酉	結	1	壬寅	結	4	壬申	結	1	辛丑	人	4	辛未	人	1	庚子	直	4	辛未	人	1	庚子	直	4	19
20日	丙子	結	2	丙午	結	5	乙亥	直	2	乙巳	直	5	甲戌	人	2	癸卯	結	4	癸酉	結	1	壬寅	結	4	壬申	結	1	辛丑	人	4	壬申	結	1	辛丑	人	4	20
21日	丁丑	人	2	丁未	人	5	丙子	結	2	丙午	結	5	乙亥	直	2	甲辰	人	5	甲戌	人	2	癸卯	結	4	癸酉	結	1	壬寅	結	4	癸酉	結	1	壬寅	結	4	21
22日	戊寅	結	2	戊申	結	5	丁丑	人	2	丁未	人	5	丙子	結	2	乙巳	直	5	乙亥	直	2	甲辰	人	5	甲戌	人	2	癸卯	結	4	甲戌	人	2	癸卯	結	4	22
23日	己卯	結	2	己酉	結	5	戊寅	結	2	戊申	結	5	丁丑	人	2	丙午	結	5	丙子	結	2	乙巳	直	5	乙亥	直	2	甲辰	人	5	乙亥	直	2	甲辰	人	5	23
24日	庚辰	人	2	庚戌	人	5	己卯	結	2	己酉	結	5	戊寅	結	2	丁未	人	5	丁丑	人	2	丙午	結	5	丙子	結	2	乙巳	直	5	丙子	結	2	乙巳	直	5	24
25日	辛巳	直	2	辛亥	直	5	庚辰	人	2	庚戌	人	5	己卯	結	2	戊申	結	5	戊寅	結	2	丁未	人	5	丁丑	人	2	丙午	結	5	丁丑	人	2	丙午	結	5	25
26日	壬午	結	2	壬子	結	5	辛巳	直	2	辛亥	直	5	庚辰	人	2	己酉	結	5	己卯	結	2	戊申	結	5	戊寅	結	2	丁未	人	5	戊寅	結	2	丁未	人	5	26
27日	癸未	人	2	癸丑	人	5	壬午	結	2	壬子	結	5	辛巳	直	2	庚戌	人	5	庚辰	人	2	己酉	結	5	己卯	結	2	戊申	結	5	己卯	結	2	戊申	結	5	27
28日	甲申	直	3	甲寅	直	3	癸未	人	2	癸丑	人	5	壬午	結	2	辛亥	直	5	辛巳	直	2	庚戌	人	5	庚辰	人	2	己酉	結	5	庚辰	人	2	己酉	結	5	28
29日	乙酉	直	3	乙卯	直	3	甲申	直	3	甲寅	直	3	癸未	人	2	壬子	結	5	壬午	結	2	辛亥	直	5	辛巳	直	2	庚戌	人	5	辛巳	直	2	庚戌	人	5	29
30日	丙戌	人	3	丙辰	人	3	乙酉	直	3	乙卯	直	3	甲申	直	3	癸丑	人	5	癸未	人	2	壬子	結	5	壬午	結	2	辛亥	直	5				辛亥	直	5	30
31日	丁亥	結	3				丙戌	人	3				乙酉	直	3	甲寅	直	3				癸丑	人	5				壬子	結	5				壬子	結	5	31

以下のサイトに、生年月日時を入力するだけ「人物フォーマット」が、算出できます。

https://asano-uranai.com/fpd/entrance.php

1937年（昭和12年）

その年干支の期間	2/4 14:26 ～ 12/31 23:59	1/1 0:00 ～2/4 14:25
年干支	丁丑	丙子

その月干支の期間	12/7 21:27 ～ 12/31 23:59	11/8 4:56 ～ 12/7 21:26	10/9 2:11 ～ 11/8 4:55	9/8 10:00 ～ 10/9 2:10	8/8 8:26 ～ 9/8 9:59	7/7 22:46 ～ 8/8 8:25	6/6 12:23 ～ 7/7 22:45	5/6 7:41 ～ 6/6 12:22	4/5 14:02 ～ 5/6 7:40	3/6 8:45 ～ 4/5 14:01	2/4 14:26 ～ 3/6 8:44	1/6 2:44 ～ 2/4 14:25	1/1 0:00 ～ 1/6 2:43
月干支	壬子	辛亥	庚戌	己酉	戊申	丁未	丙午	乙巳	甲辰	癸卯	壬寅	辛丑	庚子
外的環境の支配五行候補	水 金㋮	水 △ 木㋶ 金㋒	◎ 土㋷ △ 金㋟ 火㋡	◎ 金㋑ 水㋤	◎ 金㋑ 水㋰	土 ○ 火㋑ △ 木㋰ □ 水㋖ 金㋮	火 ○ 土㋑ △ 水㋖ 金㋮	火 ○ 土㋑ △ 金㋦ 水㋖	◎ 木㋩ △ 土㋷ 金㋤	◎ 木㋑ △ 水㋞ 金㋮	◎ 木㋑ △ 火㋞ △ 水㋞ 金㋮	水 金㋒	水

	12月			11月			10月			9月			8月			7月			6月			5月			4月			3月			2月			1月			
	干支	タイプ	旬数	干支	タイプ	旬数	干支	タイプ	旬数	干支	タイプ	旬数	干支	タイプ	旬数	干支	タイプ	旬数	干支	タイプ	旬数	干支	タイプ	旬数	干支	タイプ	旬数	干支	タイプ	旬数	干支	タイプ	旬数	干支	タイプ	旬数	
1日	壬戌	人	6	壬辰	人	3	辛酉	直	6	辛卯	直	3	庚申	直	6	己丑	人	3	己未	人	6	戊子	結	3	戊午	結	6	丁亥	結	3	己未	人	6	戊子	結	3	1
2日	癸亥	結	6	癸巳	結	3	壬戌	人	6	壬辰	人	3	辛酉	直	6	庚寅	直	3	庚申	直	6	己丑	人	3	己未	人	6	戊子	結	3	庚申	直	6	己丑	人	3	2
3日	甲子	直	1	甲午	直	4	癸亥	結	6	癸巳	結	3	壬戌	人	6	辛卯	直	3	辛酉	直	6	庚寅	直	3	庚申	直	6	己丑	人	3	辛酉	直	6	庚寅	直	3	3
4日	乙丑	人	1	乙未	人	4	甲子	直	1	甲午	直	4	癸亥	結	6	壬辰	人	3	壬戌	人	6	辛卯	直	3	辛酉	直	6	庚寅	直	3	壬戌	人	6	辛卯	直	3	4
5日	丙寅	結	1	丙申	結	4	乙丑	人	1	乙未	人	4	甲子	直	1	癸巳	結	3	癸亥	結	6	壬辰	人	3	壬戌	人	6	辛卯	直	3	癸亥	結	6	壬辰	人	3	5
6日	丁卯	結	1	丁酉	結	4	丙寅	結	1	丙申	結	4	乙丑	人	1	甲午	直	4	甲子	直	1	癸巳	結	3	癸亥	結	6	壬辰	人	3	甲子	直	1	癸巳	結	3	6
7日	戊辰	人	1	戊戌	人	4	丁卯	結	1	丁酉	結	4	丙寅	結	1	乙未	人	4	乙丑	人	1	甲午	直	4	甲子	直	1	癸巳	結	3	乙丑	人	1	甲午	直	4	7
8日	己巳	結	1	己亥	結	4	戊辰	人	1	戊戌	人	4	丁卯	結	1	丙申	結	4	丙寅	結	1	乙未	人	4	乙丑	人	1	甲午	直	4	丙寅	結	1	乙未	人	4	8
9日	庚午	直	1	庚子	直	4	己巳	結	1	己亥	結	4	戊辰	人	1	丁酉	結	4	丁卯	結	1	丙申	結	4	丙寅	結	1	乙未	人	4	丁卯	結	1	丙申	結	4	9
10日	辛未	人	1	辛丑	人	4	庚午	直	1	庚子	直	4	己巳	結	1	戊戌	人	4	戊辰	人	1	丁酉	結	4	丁卯	結	1	丙申	結	4	戊辰	人	1	丁酉	結	4	10
11日	壬申	結	1	壬寅	結	4	辛未	人	1	辛丑	人	4	庚午	直	1	己亥	結	4	己巳	結	1	戊戌	人	4	戊辰	人	1	丁酉	結	4	己巳	結	1	戊戌	人	4	11
12日	癸酉	結	1	癸卯	結	4	壬申	結	1	壬寅	結	4	辛未	人	1	庚子	直	4	庚午	直	1	己亥	結	4	己巳	結	1	戊戌	人	4	庚午	直	1	己亥	結	4	12
13日	甲戌	人	2	甲辰	人	5	癸酉	結	1	癸卯	結	4	壬申	結	1	辛丑	人	4	辛未	人	1	庚子	直	4	庚午	直	1	己亥	結	4	辛未	人	1	庚子	直	4	13
14日	乙亥	直	2	乙巳	直	5	甲戌	人	2	甲辰	人	5	癸酉	結	1	壬寅	結	4	壬申	結	1	辛丑	人	4	辛未	人	1	庚子	直	4	壬申	結	1	辛丑	人	4	14
15日	丙子	結	2	丙午	結	5	乙亥	直	2	乙巳	直	5	甲戌	人	2	癸卯	結	4	癸酉	結	1	壬寅	結	4	壬申	結	1	辛丑	人	4	癸酉	結	1	壬寅	結	4	15
16日	丁丑	人	2	丁未	人	5	丙子	結	2	丙午	結	5	乙亥	直	2	甲辰	人	5	甲戌	人	2	癸卯	結	4	癸酉	結	1	壬寅	結	4	甲戌	人	2	癸卯	結	4	16
17日	戊寅	結	2	戊申	結	5	丁丑	人	2	丁未	人	5	丙子	結	2	乙巳	直	5	乙亥	直	2	甲辰	人	5	甲戌	人	2	癸卯	結	4	乙亥	直	2	甲辰	人	5	17
18日	己卯	結	2	己酉	結	5	戊寅	結	2	戊申	結	5	丁丑	人	2	丙午	結	5	丙子	結	2	乙巳	直	5	乙亥	直	2	甲辰	人	5	丙子	結	2	乙巳	直	5	18
19日	庚辰	人	2	庚戌	人	5	己卯	結	2	己酉	結	5	戊寅	結	2	丁未	人	5	丁丑	人	2	丙午	結	5	丙子	結	2	乙巳	直	5	丁丑	人	2	丙午	結	5	19
20日	辛巳	直	2	辛亥	直	5	庚辰	人	2	庚戌	人	5	己卯	結	2	戊申	結	5	戊寅	結	2	丁未	人	5	丁丑	人	2	丙午	結	5	戊寅	結	2	丁未	人	5	20
21日	壬午	結	2	壬子	結	5	辛巳	直	2	辛亥	直	5	庚辰	人	2	己酉	結	5	己卯	結	2	戊申	結	5	戊寅	結	2	丁未	人	5	己卯	結	2	戊申	結	5	21
22日	癸未	人	2	癸丑	人	5	壬午	結	2	壬子	結	5	辛巳	直	2	庚戌	人	5	庚辰	人	2	己酉	結	5	己卯	結	2	戊申	結	5	庚辰	人	2	己酉	結	5	22
23日	甲申	直	3	甲寅	直	6	癸未	人	2	癸丑	人	5	壬午	結	2	辛亥	直	5	辛巳	直	2	庚戌	人	5	庚辰	人	2	己酉	結	5	辛巳	直	2	庚戌	人	5	23
24日	乙酉	直	3	乙卯	直	6	甲申	直	3	甲寅	直	6	癸未	人	2	壬子	結	5	壬午	結	2	辛亥	直	5	辛巳	直	2	庚戌	人	5	壬午	結	2	辛亥	直	5	24
25日	丙戌	人	3	丙辰	人	6	乙酉	直	3	乙卯	直	6	甲申	直	3	癸丑	人	5	癸未	人	2	壬子	結	5	壬午	結	2	辛亥	直	5	癸未	人	2	壬子	結	5	25
26日	丁亥	結	3	丁巳	結	6	丙戌	人	3	丙辰	人	6	乙酉	直	3	甲寅	直	6	甲申	直	3	癸丑	人	5	癸未	人	2	壬子	結	5	甲申	直	3	癸丑	人	5	26
27日	戊子	結	3	戊午	結	6	丁亥	結	3	丁巳	結	6	丙戌	人	3	乙卯	直	6	乙酉	直	3	甲寅	直	6	甲申	直	3	癸丑	人	5	乙酉	直	3	甲寅	直	6	27
28日	己丑	人	3	己未	人	6	戊子	結	3	戊午	結	6	丁亥	結	3	丙辰	人	6	丙戌	人	3	乙卯	直	6	乙酉	直	3	甲寅	直	6	丙戌	人	3	乙卯	直	6	28
29日	庚寅	直	3	庚申	直	6	己丑	人	3	己未	人	6	戊子	結	3	丁巳	結	6	丁亥	結	3	丙辰	人	6	丙戌	人	3	乙卯	直	6				丙辰	人	6	29
30日	辛卯	直	3	辛酉	直	6	庚寅	直	3	庚申	直	6	己丑	人	3	戊午	結	6	戊子	結	3	丁巳	結	6	丁亥	結	3	丙辰	人	6				丁巳	結	6	30
31日	壬辰	人	3				辛卯	直	3				庚寅	直	3	己未	人	6				戊午	結	6		結	3	丁巳	結	6				戊午	結	6	31

以下のサイトに、生年月日時を入力するだけ「人物フォーマット」が、算出できます。

https://asano-uranai.com/fpd/entrance.php

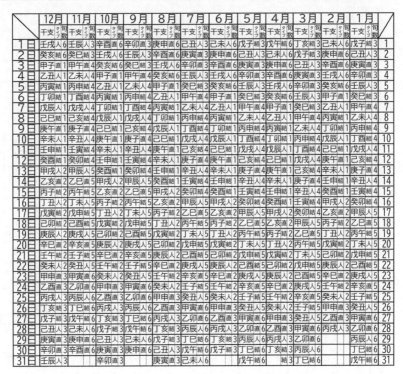

1938年（昭和１３年）

その年干支の期間	2/4 20:15 ～ 12/31 23:59	1/1 0:00 ~2/4 20:14
年干支	戊寅	丁丑

その月干支の期間	12/8 3:26 〜 12/31 23:59	11/8 10:49 〜 12/8 3:25	10/9 8:02 〜 11/8 10:48	9/8 16:49 〜 10/9 8:01	8/8 14:13 〜 9/8 16:48	7/8 4:32 〜 8/8 14:12	6/6 18:07 〜 7/8 4:31	5/6 13:35 〜 6/6 18:06	4/5 19:49 〜 5/6 13:34	3/6 14:34 〜 4/5 19:48	2/4 20:15 〜 3/6 14:33	1/6 8:32 〜 2/4 20:14	1/1 0:00 〜 1/6 8:31
月干支	甲子	癸亥	壬戌	辛酉	庚申	己未	戊午	丁巳	丙辰	乙卯	甲寅	癸丑	壬子
外的環境の支配五行候補	◎ 水㋑ △ 木㋕ 火㋒	水 △ 木㋾ 火㋒	◎ 土㋷ 〇 火㋦ △ 金㋤ 木㋤	金 △ 木㋤ 火㋒	金 △ 水㋰ 火㋒	土 △ 火㋠ 木㋸	土 〇 火㋑ 木㋤	火・土 △ 木㋤ 金㋳	◎ 木㋬ 〇 土㋠ △ 火㋞ 水㋒	木 火㋒	木 火㋒	◎ 水㋥ △ 土㋻ 金㋮	水 金㋮

	12月			11月			10月			9月			8月			7月			6月			5月			4月			3月			2月			1月			
	干支	タイプ	旬数	干支	タイプ	旬数	干支	タイプ	旬数	干支	タイプ	旬数	干支	タイプ	旬数	干支	タイプ	旬数	干支	タイプ	旬数	干支	タイプ	旬数	干支	タイプ	旬数	干支	タイプ	旬数	干支	タイプ	旬数	干支	タイプ	旬数	
1日	丁卯	結	1	丁酉	結	4	丙寅	結	1	丙申	結	4	乙丑	人	1	甲午	直	4	甲子	直	1	癸巳	結	3	癸亥	結	6	壬辰	人	3	甲子	直	1	癸巳	結	3	1
2日	戊辰	人	1	戊戌	人	4	丁卯	結	1	丁酉	結	4	丙寅	結	1	乙未	人	4	乙丑	人	1	甲午	直	4	甲子	直	1	癸巳	結	3	乙丑	人	1	甲午	直	4	2
3日	己巳	結	1	己亥	結	4	戊辰	人	1	戊戌	人	4	丁卯	結	1	丙申	結	4	丙寅	結	1	乙未	人	4	乙丑	人	1	甲午	直	4	丙寅	結	1	乙未	人	4	3
4日	庚午	直	1	庚子	直	4	己巳	結	1	己亥	結	4	戊辰	人	1	丁酉	結	4	丁卯	結	1	丙申	結	4	丙寅	結	1	乙未	人	4	丁卯	結	1	丙申	結	4	4
5日	辛未	人	1	辛丑	人	4	庚午	直	1	庚子	直	4	己巳	結	1	戊戌	人	4	戊辰	人	1	丁酉	結	4	丁卯	結	1	丙申	結	4	戊辰	人	1	丁酉	結	4	5
6日	壬申	結	1	壬寅	結	4	辛未	人	1	辛丑	人	4	庚午	直	1	己亥	結	4	己巳	結	1	戊戌	人	4	戊辰	人	1	丁酉	結	4	己巳	結	1	戊戌	人	4	6
7日	癸酉	結	1	癸卯	結	4	壬申	結	1	壬寅	結	4	辛未	人	1	庚子	直	4	庚午	直	1	己亥	結	4	己巳	結	1	戊戌	人	4	庚午	直	1	己亥	結	4	7
8日	甲戌	人	2	甲辰	結	4	癸酉	結	1	癸卯	結	4	壬申	結	1	辛丑	人	4	辛未	人	1	庚子	直	4	庚午	直	1	己亥	結	4	辛未	人	1	庚子	直	4	8
9日	乙亥	直	2	乙巳	直	5	甲戌	人	2	甲辰	人	5	癸酉	結	1	壬寅	結	4	壬申	結	1	辛丑	人	4	辛未	人	1	庚子	直	4	壬申	結	1	辛丑	人	4	9
10日	丙子	結	2	丙午	結	5	乙亥	直	2	乙巳	直	5	甲戌	人	2	癸卯	結	4	癸酉	結	1	壬寅	結	4	壬申	結	1	辛丑	人	4	癸酉	結	1	壬寅	結	4	10
11日	丁丑	人	2	丁未	人	5	丙子	結	2	丙午	結	5	乙亥	直	2	甲辰	人	5	甲戌	人	2	癸卯	結	4	癸酉	結	1	壬寅	結	4	甲戌	人	2	癸卯	結	4	11
12日	戊寅	結	2	戊申	結	5	丁丑	人	2	丁未	人	5	丙子	結	2	乙巳	直	5	乙亥	直	2	甲辰	人	5	甲戌	人	2	癸卯	結	4	乙亥	直	2	甲辰	人	5	12
13日	己卯	結	2	己酉	結	5	戊寅	結	2	戊申	結	5	丁丑	人	2	丙午	結	5	丙子	結	2	乙巳	直	5	乙亥	直	2	甲辰	人	5	丙子	結	2	乙巳	直	5	13
14日	庚辰	人	2	庚戌	人	5	己卯	結	2	己酉	結	5	戊寅	結	2	丁未	人	5	丁丑	人	2	丙午	結	5	丙子	結	2	乙巳	直	5	丁丑	人	2	丙午	結	5	14
15日	辛巳	直	2	辛亥	直	5	庚辰	人	2	庚戌	人	5	己卯	結	2	戊申	結	5	戊寅	結	2	丁未	人	5	丁丑	人	2	丙午	結	5	戊寅	結	2	丁未	人	5	15
16日	壬午	結	2	壬子	結	5	辛巳	直	2	辛亥	直	5	庚辰	人	2	己酉	結	5	己卯	結	2	戊申	結	5	戊寅	結	2	丁未	人	5	己卯	結	2	戊申	結	5	16
17日	癸未	人	2	癸丑	人	5	壬午	結	2	壬子	結	5	辛巳	直	2	庚戌	人	5	庚辰	人	2	己酉	結	5	己卯	結	2	戊申	結	5	庚辰	人	2	己酉	結	5	17
18日	甲申	直	3	甲寅	直	6	癸未	人	2	癸丑	人	5	壬午	結	2	辛亥	直	5	辛巳	直	2	庚戌	人	5	庚辰	人	2	己酉	結	5	辛巳	直	2	庚戌	人	5	18
19日	乙酉	直	3	乙卯	直	6	甲申	直	3	甲寅	直	6	癸未	人	2	壬子	結	5	壬午	結	2	辛亥	直	5	辛巳	直	2	庚戌	人	5	壬午	結	2	辛亥	直	5	19
20日	丙戌	人	3	丙辰	人	6	乙酉	直	3	乙卯	直	6	甲申	直	3	癸丑	人	5	癸未	人	2	壬子	結	5	壬午	結	2	辛亥	直	5	癸未	人	2	壬子	結	5	20
21日	丁亥	結	3	丁巳	結	6	丙戌	人	3	丙辰	人	6	乙酉	直	3	甲寅	直	6	甲申	直	3	癸丑	人	5	癸未	人	2	壬子	結	5	甲申	直	3	癸丑	人	5	21
22日	戊子	結	3	戊午	結	6	丁亥	結	3	丁巳	結	6	丙戌	人	3	乙卯	直	6	乙酉	直	3	甲寅	直	6	甲申	直	3	癸丑	人	5	乙酉	直	3	甲寅	直	6	22
23日	己丑	人	3	己未	人	6	戊子	結	3	戊午	結	6	丁亥	結	3	丙辰	人	6	丙戌	人	3	乙卯	直	6	乙酉	直	3	甲寅	直	6	丙戌	人	3	乙卯	直	6	23
24日	庚寅	直	3	庚申	直	6	己丑	人	3	己未	人	6	戊子	結	3	丁巳	結	6	丁亥	結	3	丙辰	人	6	丙戌	人	3	乙卯	直	6	丁亥	結	3	丙辰	人	6	24
25日	辛卯	直	3	辛酉	直	6	庚寅	直	3	庚申	直	6	己丑	人	3	戊午	結	6	戊子	結	3	丁巳	結	6	丁亥	結	3	丙辰	人	6	戊子	結	3	丁巳	結	6	25
26日	壬辰	人	3	壬戌	人	6	辛卯	直	3	辛酉	直	6	庚寅	直	3	己未	人	6	己丑	人	3	戊午	結	6	戊子	結	3	丁巳	結	6	己丑	人	3	戊午	結	6	26
27日	癸巳	結	3	癸亥	結	6	壬辰	人	3	壬戌	人	6	辛卯	直	3	庚申	直	6	庚寅	直	3	己未	人	6	己丑	人	3	戊午	結	6	庚寅	直	3	己未	人	6	27
28日	甲午	直	4	甲子	直	1	癸巳	結	3	癸亥	結	6	壬辰	人	3	辛酉	直	6	辛卯	直	3	庚申	直	6	庚寅	直	3	己未	人	6	辛卯	直	3	庚申	直	6	28
29日	乙未	人	4	乙丑	人	1	甲午	直	4	甲子	直	1	癸巳	結	3	壬戌	人	6	壬辰	人	3	辛酉	直	6	辛卯	直	3	庚申	直	6				辛酉	直	6	29
30日	丙申	結	4	丙寅	結	1	乙未	人	4	乙丑	人	1	甲午	直	4	癸亥	結	6	癸巳	結	3	壬戌	人	6	壬辰	人	3	辛酉	直	6				壬戌	人	6	30
31日	丁酉	結	4				丙申	結	4				乙未	人	4	甲子						癸亥	結	6				壬戌	人	6				癸亥	結	6	31

以下のサイトに、生年月日時を入力するだけ「人物フォーマット」が、算出できます。

https://asano-uranai.com/fpd/entrance.php

１９３９年（昭和１４年）

その年干支の期間	2/5 2:11 ～ 12/31 23:59	1/1 0:00 ～2/5 2:10
年干支	己卯	戊寅

その月干支の期間	12/8 9:18 ～ 12/31 23:59	11/8 16:44 ～ 12/8 9:17	10/9 13:57 ～ 11/8 16:43	9/8 22:42 ～ 10/9 13:56	8/8 20:04 ～ 9/8 22:41	7/8 10:19 ～ 8/8 20:03	6/6 23:52 ～ 7/8 10:18	5/6 19:21 ～ 6/6 23:51	4/6 1:38 ～ 5/6 19:20	3/6 20:27 ～ 4/6 1:37	2/5 2:11 ～ 3/6 20:26	1/6 14:28 ～ 2/5 2:10	1/1 0:00 ～ 1/6 14:27
月干支	丙子	乙亥	甲戌	癸酉	壬申	辛未	庚午	己巳	戊辰	丁卯	丙寅	乙丑	甲子
外的環境の支配五行候補	◎ 水㋑ 木㋡	◎ 木㋑ ◎ 水㋑	◎ 土㋷ ○ 木㋕ △ 金㋧ 火㋖	◎ 金㋣ 木㋡	◎ 金㋑ △ 水㋵ 木㋡	土 △ 木㋣ 火㋠	土 ○ 火㋑ 木㋡	土 ○ 火㋑ △ 木㋡ 金㋳	◎ 木㋬ △ 土㋠ 水㋒	木	木 火㋞	◎ 木㋕ ◎ 水㋕ △ 火㋒ 金㋮	◎ 水㋑ △ 木㋕ 火㋒

	12月			11月			10月			9月			8月			7月			6月			5月			4月			3月			2月			1月			
	干支	タイプ	旬数	干支	タイプ	旬数	干支	タイプ	旬数	干支	タイプ	旬数	干支	タイプ	旬数	干支	タイプ	旬数	干支	タイプ	旬数	干支	タイプ	旬数	干支	タイプ	旬数	干支	タイプ	旬数	干支	タイプ	旬数	干支	タイプ	旬数	
1日	壬申	結	1	壬寅	結	4	辛未	人	1	辛丑	人	4	庚午	直	1	己亥	結	4	己巳	結	1	戊戌	人	4	戊辰	人	1	丁酉	結	4	己巳	結	1	戊戌	人	4	1
2日	癸酉	結	1	癸卯	結	4	壬申	結	1	壬寅	結	4	辛未	人	1	庚子	直	4	庚午	直	1	己亥	結	4	己巳	結	1	戊戌	人	4	庚午	直	1	己亥	結	4	2
3日	甲戌	人	2	甲辰	人	5	癸酉	結	1	癸卯	結	4	壬申	結	1	辛丑	人	4	辛未	人	1	庚子	直	4	庚午	直	1	己亥	結	4	辛未	人	1	庚子	直	4	3
4日	乙亥	直	2	乙巳	直	5	甲戌	人	2	甲辰	人	5	癸酉	結	1	壬寅	結	4	壬申	結	1	辛丑	人	4	辛未	人	1	庚子	直	4	壬申	結	1	辛丑	人	4	4
5日	丙子	結	2	丙午	結	5	乙亥	直	2	乙巳	直	5	甲戌	人	2	癸卯	結	4	癸酉	結	1	壬寅	結	4	壬申	結	1	辛丑	人	4	癸酉	結	1	壬寅	結	4	5
6日	丁丑	人	2	丁未	人	5	丙子	結	2	丙午	結	5	乙亥	直	2	甲辰	人	5	甲戌	人	2	癸卯	結	4	癸酉	結	1	壬寅	結	4	甲戌	人	2	癸卯	結	4	6
7日	戊寅	結	2	戊申	結	5	丁丑	人	2	丁未	人	5	丙子	結	2	乙巳	直	5	乙亥	直	2	甲辰	人	5	甲戌	人	2	癸卯	結	4	乙亥	直	2	甲辰	人	5	7
8日	己卯	結	2	己酉	結	5	戊寅	結	2	戊申	結	5	丁丑	人	2	丙午	結	5	丙子	結	2	乙巳	直	5	乙亥	直	2	甲辰	人	5	丙子	結	2	乙巳	直	5	8
9日	庚辰	人	2	庚戌	人	5	己卯	結	2	己酉	結	5	戊寅	結	2	丁未	人	5	丁丑	人	2	丙午	結	5	丙子	結	2	乙巳	直	5	丁丑	人	2	丙午	結	5	9
10日	辛巳	直	2	辛亥	直	5	庚辰	人	2	庚戌	人	5	己卯	結	2	戊申	結	5	戊寅	結	2	丁未	人	5	丁丑	人	2	丙午	結	5	戊寅	結	2	丁未	人	5	10
11日	壬午	結	2	壬子	結	5	辛巳	直	2	辛亥	直	5	庚辰	人	2	己酉	結	5	己卯	結	2	戊申	結	5	戊寅	結	2	丁未	人	5	己卯	結	2	戊申	結	5	11
12日	癸未	人	2	癸丑	人	5	壬午	結	2	壬子	結	5	辛巳	直	2	庚戌	人	5	庚辰	人	2	己酉	結	5	己卯	結	2	戊申	結	5	庚辰	人	2	己酉	結	5	12
13日	甲申	直	3	甲寅	直	6	癸未	人	2	癸丑	人	5	壬午	結	2	辛亥	直	5	辛巳	直	2	庚戌	人	5	庚辰	人	2	己酉	結	5	辛巳	直	2	庚戌	人	5	13
14日	乙酉	直	3	乙卯	直	6	甲申	直	3	甲寅	直	6	癸未	人	2	壬子	結	5	壬午	結	2	辛亥	直	5	辛巳	直	2	庚戌	人	5	壬午	結	2	辛亥	直	5	14
15日	丙戌	人	3	丙辰	人	6	乙酉	直	3	乙卯	直	6	甲申	直	3	癸丑	人	5	癸未	人	2	壬子	結	5	壬午	結	2	辛亥	直	5	癸未	人	2	壬子	結	5	15
16日	丁亥	結	3	丁巳	結	6	丙戌	人	3	丙辰	人	6	乙酉	直	3	甲寅	直	6	甲申	直	3	癸丑	人	5	癸未	人	2	壬子	結	5	甲申	直	3	癸丑	人	5	16
17日	戊子	結	3	戊午	結	6	丁亥	結	3	丁巳	結	6	丙戌	人	3	乙卯	直	6	乙酉	直	3	甲寅	直	6	甲申	直	3	癸丑	人	5	乙酉	直	3	甲寅	直	6	17
18日	己丑	人	3	己未	人	6	戊子	結	3	戊午	結	6	丁亥	結	3	丙辰	人	6	丙戌	人	3	乙卯	直	6	乙酉	直	3	甲寅	直	6	丙戌	人	3	乙卯	直	6	18
19日	庚寅	直	3	庚申	直	6	己丑	人	3	己未	人	6	戊子	結	3	丁巳	結	6	丁亥	結	3	丙辰	人	6	丙戌	人	3	乙卯	直	6	丁亥	結	3	丙辰	人	6	19
20日	辛卯	直	3	辛酉	直	6	庚寅	直	3	庚申	直	6	己丑	人	3	戊午	結	6	戊子	結	3	丁巳	結	6	丁亥	結	3	丙辰	人	6	戊子	結	3	丁巳	結	6	20
21日	壬辰	人	3	壬戌	人	6	辛卯	直	3	辛酉	直	6	庚寅	直	3	己未	人	6	己丑	人	3	戊午	結	6	戊子	結	3	丁巳	結	6	己丑	人	3	戊午	結	6	21
22日	癸巳	結	3	癸亥	結	6	壬辰	人	3	壬戌	人	6	辛卯	直	3	庚申	直	6	庚寅	直	3	己未	人	6	己丑	人	3	戊午	結	6	庚寅	直	3	己未	人	6	22
23日	甲午	直	4	甲子	直	1	癸巳	結	3	癸亥	結	6	壬辰	人	3	辛酉	直	6	辛卯	直	3	庚申	直	6	庚寅	直	3	己未	人	6	辛卯	直	3	庚申	直	6	23
24日	乙未	人	4	乙丑	人	1	甲午	直	4	甲子	直	1	癸巳	結	3	壬戌	人	6	壬辰	人	3	辛酉	直	6	辛卯	直	3	庚申	直	6	壬辰	人	3	辛酉	直	6	24
25日	丙申	結	4	丙寅	結	1	乙未	人	4	乙丑	人	1	甲午	直	4	癸亥	結	6	癸巳	結	3	壬戌	人	6	壬辰	人	3	辛酉	直	6	癸巳	結	3	壬戌	人	6	25
26日	丁酉	結	4	丁卯	結	1	丙申	結	4	丙寅	結	1	乙未	人	4	甲子	直	1	甲午	直	4	癸亥	結	6	癸巳	結	3	壬戌	人	6	甲午	直	4	癸亥	結	6	26
27日	戊戌	人	4	戊辰	人	1	丁酉	結	4	丁卯	結	1	丙申	結	4	乙丑	人	1	乙未	人	4	甲子	直	1	甲午	直	4	癸亥	結	6	乙未	人	4	甲子	直	1	27
28日	己亥	結	4	己巳	結	1	戊戌	人	4	戊辰	人	1	丁酉	結	4	丙寅	結	1	丙申	結	4	乙丑	人	1	乙未	人	4	甲子	直	1	丙申	結	4	乙丑	人	1	28
29日	庚子	直	4	庚午	直	1	己亥	結	4	己巳	結	1	戊戌	人	4	丁卯	結	1	丁酉	結	4	丙寅	結	1	丙申	結	4	乙丑	人	1				丙寅	結	1	29
30日	辛丑	人	4	辛未	人	1	庚子	直	4	庚午	直	1	己亥	結	4	戊辰	人	1	戊戌	人	4	丁卯	結	1	丁酉	結	4	丙寅	結	1				丁卯	結	1	30
31日	壬寅	結	4				辛丑	人	4				庚子	直	4	己巳	結	1				戊辰	人	1				丁卯	結	1				戊辰	人	1	31

以下のサイトに、生年月日時を入力するだけ「人物フォーマット」が、算出できます。

https://asano-uranai.com/fpd/entrance.php

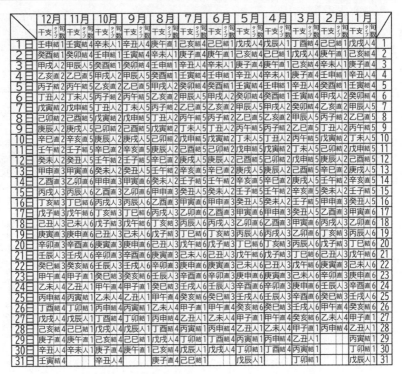

1940年（昭和15年）

その年干支の期間	2/5 8:08 ～ 12/31 23:59	1/1 0:00 ~2/5 8:07
年干支	庚辰	己卯

その月干支の期間	12/7 14:59 〜 12/31 23:59	11/7 22:27 〜 12/7 14:58	10/8 19:43 〜 11/7 22:26	9/8 4:30 〜 10/8 19:42	8/8 1:52 〜 9/8 4:29	7/7 16:08 〜 8/8 1:51	6/6 5:44 〜 7/7 16:07	5/6 1:17 〜 6/6 5:43	4/5 7:35 〜 5/6 1:16	3/6 2:24 〜 4/5 7:34	2/5 8:08 〜 3/6 2:23	1/6 20:24 〜 2/5 8:07	1/1 0:00 〜 1/6 20:23
月干支	戊子	丁亥	丙戌	乙酉	甲申	癸未	壬午	辛巳	庚辰	己卯	戊寅	丁丑	丙子
外的環境の支配五行候補	水㋑ ○土㋺ △木㋧ 金㋰	◎水㋑ △木㋶ 金㋰	◎土㋷ ○金㋟ △火㋡ 木㋒ 水㋒	金 木㋒ 水㋒	金 △木㋵ 水㋡	土 ○火㋠ △水㋟ 木㋰ 金㋰	◎火㋑ ◎土㋑ ○水㋟ △金㋰ 木㋒	◎火㋑ ◎土㋑ △金㋵ 木㋒ 水㋒	◎土㋷ ○木㋦ △金㋟ 水㋒	木 ○土㋺ △金㋰ 水㋒	木 ○土㋺ △金㋰ 火㋒ 水㋒	◎水㋕ △木㋡ 金㋮	◎水㋑ 木㋡

	12月			11月			10月			9月			8月			7月			6月			5月			4月			3月			2月			1月			
	干支	タイプ	旬数	干支	タイプ	旬数	干支	タイプ	旬数	干支	タイプ	旬数	干支	タイプ	旬数	干支	タイプ	旬数	干支	タイプ	旬数	干支	タイプ	旬数	干支	タイプ	旬数	干支	タイプ	旬数	干支	タイプ	旬数	干支	タイプ	旬数	
1日	戊寅	結	2	戊申	結	5	丁丑	人	2	丁未	人	5	丙子	結	2	乙巳	直	5	乙亥	直	2	甲辰	人	5	甲戌	人	2	癸卯	結	4	甲戌	人	2	癸卯	結	4	1
2日	己卯	結	2	己酉	結	5	戊寅	結	2	戊申	結	5	丁丑	人	2	丙午	結	5	丙子	結	2	乙巳	直	5	乙亥	直	2	甲辰	人	5	乙亥	直	2	甲辰	人	5	2
3日	庚辰	人	2	庚戌	人	5	己卯	結	2	己酉	結	5	戊寅	結	2	丁未	人	5	丁丑	人	2	丙午	結	5	丙子	結	2	乙巳	直	5	丙子	結	2	乙巳	直	5	3
4日	辛巳	直	2	辛亥	直	5	庚辰	人	2	庚戌	人	5	己卯	結	2	戊申	結	5	戊寅	結	2	丁未	人	5	丁丑	人	2	丙午	結	5	丁丑	人	2	丙午	結	5	4
5日	壬午	結	2	壬子	結	5	辛巳	直	2	辛亥	直	5	庚辰	人	2	己酉	結	5	己卯	結	2	戊申	結	5	戊寅	結	2	丁未	人	5	戊寅	結	2	丁未	人	5	5
6日	癸未	人	2	癸丑	人	5	壬午	結	2	壬子	結	5	辛巳	直	2	庚戌	人	5	庚辰	人	2	己酉	結	5	己卯	結	2	戊申	結	5	己卯	結	2	戊申	結	5	6
7日	甲申	直	3	甲寅	直	6	癸未	人	2	癸丑	人	5	壬午	結	2	辛亥	直	5	辛巳	直	2	庚戌	人	5	庚辰	人	2	己酉	結	5	庚辰	人	2	己酉	結	5	7
8日	乙酉	直	3	乙卯	直	6	甲申	直	3	甲寅	直	6	癸未	人	2	壬子	結	5	壬午	結	2	辛亥	直	5	辛巳	直	2	庚戌	人	5	辛巳	直	2	庚戌	人	5	8
9日	丙戌	人	3	丙辰	人	6	乙酉	直	3	乙卯	直	6	甲申	直	3	癸丑	人	5	癸未	人	2	壬子	結	5	壬午	結	2	辛亥	直	5	壬午	結	2	辛亥	直	5	9
10日	丁亥	結	3	丁巳	結	6	丙戌	人	3	丙辰	人	6	乙酉	直	3	甲寅	直	6	甲申	直	3	癸丑	人	5	癸未	人	2	壬子	結	5	癸未	人	2	壬子	結	5	10
11日	戊子	結	3	戊午	結	6	丁亥	結	3	丁巳	結	6	丙戌	人	3	乙卯	直	6	乙酉	直	3	甲寅	直	6	甲申	直	3	癸丑	人	5	甲申	直	3	癸丑	人	5	11
12日	己丑	人	3	己未	人	6	戊子	結	3	戊午	結	6	丁亥	結	3	丙辰	人	6	丙戌	人	3	乙卯	直	6	乙酉	直	3	甲寅	直	6	乙酉	直	3	甲寅	直	6	12
13日	庚寅	直	3	庚申	直	6	己丑	人	3	己未	人	6	戊子	結	3	丁巳	結	6	丁亥	結	3	丙辰	人	6	丙戌	人	3	乙卯	直	6	丙戌	人	3	乙卯	直	6	13
14日	辛卯	直	3	辛酉	直	6	庚寅	直	3	庚申	直	6	己丑	人	3	戊午	結	6	戊子	結	3	丁巳	結	6	丁亥	結	3	丙辰	人	6	丁亥	結	3	丙辰	人	6	14
15日	壬辰	人	3	壬戌	人	6	辛卯	直	3	辛酉	直	6	庚寅	直	3	己未	人	6	己丑	人	3	戊午	結	6	戊子	結	3	丁巳	結	6	戊子	結	3	丁巳	結	6	15
16日	癸巳	結	3	癸亥	結	6	壬辰	人	3	壬戌	人	6	辛卯	直	3	庚申	直	6	庚寅	直	3	己未	人	6	己丑	人	3	戊午	結	6	己丑	人	3	戊午	結	6	16
17日	甲午	直	4	甲子	直	1	癸巳	結	3	癸亥	結	6	壬辰	人	3	辛酉	直	6	辛卯	直	3	庚申	直	6	庚寅	直	3	己未	人	6	庚寅	直	3	己未	人	6	17
18日	乙未	人	4	乙丑	人	1	甲午	直	4	甲子	直	1	癸巳	結	3	壬戌	人	6	壬辰	人	3	辛酉	直	6	辛卯	直	3	庚申	直	6	辛卯	直	3	庚申	直	6	18
19日	丙申	結	4	丙寅	結	1	乙未	人	4	乙丑	人	1	甲午	直	4	癸亥	結	6	癸巳	結	3	壬戌	人	6	壬辰	人	3	辛酉	直	6	壬辰	人	3	辛酉	直	6	19
20日	丁酉	結	4	丁卯	結	1	丙申	結	4	丙寅	結	1	乙未	人	4	甲子	直	1	甲午	直	4	癸亥	結	6	癸巳	結	3	壬戌	人	6	癸巳	結	3	壬戌	人	6	20
21日	戊戌	人	4	戊辰	人	1	丁酉	結	4	丁卯	結	1	丙申	結	4	乙丑	人	1	乙未	人	4	甲子	直	1	甲午	直	4	癸亥	結	6	甲午	直	4	癸亥	結	6	21
22日	己亥	結	4	己巳	結	1	戊戌	人	4	戊辰	人	1	丁酉	結	4	丙寅	結	1	丙申	結	4	乙丑	人	1	乙未	人	4	甲子	直	1	乙未	人	4	甲子	直	1	22
23日	庚子	直	4	庚午	直	1	己亥	結	4	己巳	結	1	戊戌	人	4	丁卯	結	1	丁酉	結	4	丙寅	結	1	丙申	結	4	乙丑	人	1	丙申	結	4	乙丑	人	1	23
24日	辛丑	人	4	辛未	人	1	庚子	直	4	庚午	直	1	己亥	結	4	戊辰	人	1	戊戌	人	4	丁卯	結	1	丁酉	結	4	丙寅	結	1	丁酉	結	4	丙寅	結	1	24
25日	壬寅	結	4	壬申	結	1	辛丑	人	4	辛未	人	1	庚子	直	4	己巳	結	1	己亥	結	4	戊辰	人	1	戊戌	人	4	丁卯	結	1	戊戌	人	4	丁卯	結	1	25
26日	癸卯	結	4	癸酉	結	1	壬寅	結	4	壬申	結	1	辛丑	人	4	庚午	直	1	庚子	直	4	己巳	結	1	己亥	結	4	戊辰	人	1	己亥	結	4	戊辰	人	1	26
27日	甲辰	人	5	甲戌	人	2	癸卯	結	4	癸酉	結	1	壬寅	結	4	辛未	人	1	辛丑	人	4	庚午	直	1	庚子	直	4	己巳	結	1	庚子	直	4	己巳	結	1	27
28日	乙巳	直	5	乙亥	直	2	甲辰	人	5	甲戌	人	2	癸卯	結	4	壬申	結	1	壬寅	結	4	辛未	人	1	辛丑	人	4	庚午	直	1	辛丑	人	4	庚午	直	1	28
29日	丙午	結	5	丙子	結	2	乙巳	直	5	乙亥	直	2	甲辰	人	5	癸酉	結	1	癸卯	結	4	壬申	結	1	壬寅	結	4	辛未	人	1	壬寅	結	4	辛未	人	1	29
30日	丁未	人	5	丁丑	人	2	丙午	結	5	丙子	結	2	乙巳	直	5	甲戌	人	2	甲辰	人	5	癸酉	結	1	癸卯	結	4	壬申	結	1				壬申	結	1	30
31日	戊申	結	5				丁未	人	5				丙午	結	5	乙亥	直	2				甲戌	人	2				癸酉	結	1				癸酉	結	1	31

以下のサイトに、生年月日時を入力するだけ「人物フォーマット」が、算出できます。

https://asano-uranai.com/fpd/entrance.php

１９４１年（昭和１６年）

その年干支の期間	2/4 13:50 ～ 12/31 23:59	1/1 0:00 ~2/4 13:49
年干支	辛巳	庚辰

その月干支の期間	12/7 20:57 ～ 12/31 23:59	11/8 4:25 ～ 12/7 20:56	10/9 1:39 ～ 11/8 4:24	9/8 10:24 ～ 10/9 1:38	8/8 7:46 ～ 9/8 10:23	7/7 22:03 ～ 8/8 7:45	6/6 11:40 ～ 7/7 22:02	5/6 7:10 ～ 6/6 11:39	4/5 13:25 ～ 5/6 7:09	3/6 8:11 ～ 4/5 13:24	2/4 13:50 ～ 3/6 8:10	1/6 2:05 ～ 2/4 13:49	1/1 0:00 ～ 1/6 2:04
月干支	庚子	己亥	戊戌	丁酉	丙申	乙未	甲午	癸巳	壬辰	辛卯	庚寅	己丑	戊子
外的環境の支配五行候補	◎ 水㋑ ○ 土㋦ △ 金㋟ 火㋰	◎ 土㋺ ○ 水㋻ △ 木㋶ 火㋰ 金㋰	土 △ 火㋵ 金㋟	金 △ 土㋦ 火㋸	金 ○ 火㋬ △ 土㋦ 水㋰	火 ○ 土㋑ △ 木㋞ 金㋰	火 ○ 土㋑ 金㋰	火 ○ 土㋑ 金㋰	◎ 土㋥ ○ 木㋦ △ 水㋟ □ 金㋶ 火㋰	◎ 木㋑ ○ 土㋦ △ 金㋟ 火㋰	◎ 木㋑ △ 土㋾ 火㋟ 金㋟	◎ 土㋷ ○ 水㋕ △ 金㋟ 木㋒	◎ 水㋑ ○ 土㋺ △ 木㋧ 金㋰

	12月			11月			10月			9月			8月			7月			6月			5月			4月			3月			2月			1月			
	干支	タイプ	旬数	干支	タイプ	旬数	干支	タイプ	旬数	干支	タイプ	旬数	干支	タイプ	旬数	干支	タイプ	旬数	干支	タイプ	旬数	干支	タイプ	旬数	干支	タイプ	旬数	干支	タイプ	旬数	干支	タイプ	旬数	干支	タイプ	旬数	
1日	癸未	人	2	癸丑	人	5	壬午	結	2	壬子	結	5	辛巳	直	2	庚戌	人	5	庚辰	人	2	己酉	結	5	己卯	結	2	戊申	結	5	庚辰	人	2	己酉	結	5	1
2日	甲申	直	3	甲寅	直	6	癸未	人	2	癸丑	人	5	壬午	結	2	辛亥	直	5	辛巳	直	2	庚戌	人	5	庚辰	人	2	己酉	結	5	辛巳	直	2	庚戌	人	5	2
3日	乙酉	直	3	乙卯	直	6	甲申	直	3	甲寅	直	6	癸未	人	2	壬子	結	5	壬午	結	2	辛亥	直	5	辛巳	直	2	庚戌	人	5	壬午	結	2	辛亥	直	5	3
4日	丙戌	人	3	丙辰	人	6	乙酉	直	3	乙卯	直	6	甲申	直	3	癸丑	人	5	癸未	人	2	壬子	結	5	壬午	結	2	辛亥	直	5	癸未	人	2	壬子	結	5	4
5日	丁亥	結	3	丁巳	結	6	丙戌	人	3	丙辰	人	6	乙酉	直	3	甲寅	直	6	甲申	直	3	癸丑	人	5	癸未	人	2	壬子	結	5	甲申	直	3	癸丑	人	5	5
6日	戊子	結	3	戊午	結	6	丁亥	結	3	丁巳	結	6	丙戌	人	3	乙卯	直	6	乙酉	直	3	甲寅	直	6	甲申	直	3	癸丑	人	5	乙酉	直	3	甲寅	直	6	6
7日	己丑	人	3	己未	人	6	戊子	結	3	戊午	結	6	丁亥	結	3	丙辰	人	6	丙戌	人	3	乙卯	直	6	乙酉	直	3	甲寅	直	6	丙戌	人	3	乙卯	直	6	7
8日	庚寅	直	3	庚申	直	6	己丑	人	3	己未	人	6	戊子	結	3	丁巳	結	6	丁亥	結	3	丙辰	人	6	丙戌	人	3	乙卯	直	6	丁亥	結	3	丙辰	人	6	8
9日	辛卯	直	3	辛酉	直	6	庚寅	直	3	庚申	直	6	己丑	人	3	戊午	結	6	戊子	結	3	丁巳	結	6	丁亥	結	3	丙辰	人	6	戊子	結	3	丁巳	結	6	9
10日	壬辰	人	3	壬戌	人	6	辛卯	直	3	辛酉	直	6	庚寅	直	3	己未	人	6	己丑	人	3	戊午	結	6	戊子	結	3	丁巳	結	6	己丑	人	3	戊午	結	6	10
11日	癸巳	結	3	癸亥	結	6	壬辰	人	3	壬戌	人	6	辛卯	直	3	庚申	直	6	庚寅	直	3	己未	人	6	己丑	人	3	戊午	結	6	庚寅	直	3	己未	人	6	11
12日	甲午	直	4	甲子	直	1	癸巳	結	3	癸亥	結	6	壬辰	人	3	辛酉	直	6	辛卯	直	3	庚申	直	6	庚寅	直	3	己未	人	6	辛卯	直	3	庚申	直	6	12
13日	乙未	人	4	乙丑	人	1	甲午	直	4	甲子	直	1	癸巳	結	3	壬戌	人	6	壬辰	人	3	辛酉	直	6	辛卯	直	3	庚申	直	6	壬辰	人	3	辛酉	直	6	13
14日	丙申	結	4	丙寅	結	1	乙未	人	4	乙丑	人	1	甲午	直	4	癸亥	結	6	癸巳	結	3	壬戌	人	6	壬辰	人	3	辛酉	直	6	癸巳	結	3	壬戌	人	6	14
15日	丁酉	結	4	丁卯	結	1	丙申	結	4	丙寅	結	1	乙未	人	4	甲子	直	1	甲午	直	4	癸亥	結	6	癸巳	結	3	壬戌	人	6	甲午	直	4	癸亥	結	6	15
16日	戊戌	人	4	戊辰	人	1	丁酉	結	4	丁卯	結	1	丙申	結	4	乙丑	人	1	乙未	人	4	甲子	直	1	甲午	直	4	癸亥	結	6	乙未	人	4	甲子	直	1	16
17日	己亥	結	4	己巳	結	1	戊戌	人	4	戊辰	人	1	丁酉	結	4	丙寅	結	1	丙申	結	4	乙丑	人	1	乙未	人	4	甲子	直	1	丙申	結	4	乙丑	人	1	17
18日	庚子	直	4	庚午	直	1	己亥	結	4	己巳	結	1	戊戌	人	4	丁卯	結	1	丁酉	結	4	丙寅	結	1	丙申	結	4	乙丑	人	1	丁酉	結	4	丙寅	結	1	18
19日	辛丑	人	4	辛未	人	1	庚子	直	4	庚午	直	1	己亥	結	4	戊辰	人	1	戊戌	人	4	丁卯	結	1	丁酉	結	4	丙寅	結	1	戊戌	人	4	丁卯	結	1	19
20日	壬寅	結	4	壬申	結	1	辛丑	人	4	辛未	人	1	庚子	直	4	己巳	結	1	己亥	結	4	戊辰	人	1	戊戌	人	4	丁卯	結	1	己亥	結	4	戊辰	人	1	20
21日	癸卯	結	4	癸酉	結	1	壬寅	結	4	壬申	結	1	辛丑	人	4	庚午	直	1	庚子	直	4	己巳	結	1	己亥	結	4	戊辰	人	1	庚子	直	4	己巳	結	1	21
22日	甲辰	人	5	甲戌	人	2	癸卯	結	4	癸酉	結	1	壬寅	結	4	辛未	人	1	辛丑	人	4	庚午	直	1	庚子	直	4	己巳	結	1	辛丑	人	4	庚午	直	1	22
23日	乙巳	直	5	乙亥	直	2	甲辰	人	5	甲戌	人	2	癸卯	結	4	壬申	結	1	壬寅	結	4	辛未	人	1	辛丑	人	4	庚午	直	1	壬寅	結	4	辛未	人	1	23
24日	丙午	結	5	丙子	結	2	乙巳	直	5	乙亥	直	2	甲辰	人	5	癸酉	結	1	癸卯	結	4	壬申	結	1	壬寅	結	4	辛未	人	1	癸卯	結	4	壬申	結	1	24
25日	丁未	人	5	丁丑	人	2	丙午	結	5	丙子	結	2	乙巳	直	5	甲戌	人	2	甲辰	人	5	癸酉	結	1	癸卯	結	4	壬申	結	1	甲辰	人	5	癸酉	結	1	25
26日	戊申	結	5	戊寅	結	2	丁未	人	5	丁丑	人	2	丙午	結	5	乙亥	直	2	乙巳	直	5	甲戌	人	2	甲辰	人	5	癸酉	結	1	乙巳	直	5	甲戌	人	2	26
27日	己酉	結	5	己卯	結	2	戊申	結	5	戊寅	結	2	丁未	人	5	丙子	結	2	丙午	結	5	乙亥	直	2	乙巳	直	5	甲戌	人	2	丙午	結	5	乙亥	直	2	27
28日	庚戌	人	5	庚辰	人	2	己酉	結	5	己卯	結	2	戊申	結	5	丁丑	人	2	丁未	人	5	丙子	結	2	丙午	結	5	乙亥	直	2	丁未	人	5	丙子	結	2	28
29日	辛亥	直	5	辛巳	直	2	庚戌	人	5	庚辰	人	2	己酉	結	5	戊寅	結	2	戊申	結	5	丁丑	人	2	丁未	人	5	丙子	結	2				丁丑	人	2	29
30日	壬子	結	5	壬午	結	2	辛亥	直	5	辛巳	直	2	庚戌	人	5	己卯	結	2	己酉	結	5	戊寅	結	2	戊申	結	5	丁丑	人	2				戊寅	結	2	30
31日	癸丑	人	5				壬子	結	5				辛亥	直	5	庚辰	人	2				己卯	結	2				戊寅	結	2				己卯	結	2	31

以下のサイトに、生年月日時を入力するだけ「人物フォーマット」が、算出できます。

https://asano-uranai.com/fpd/entrance.php

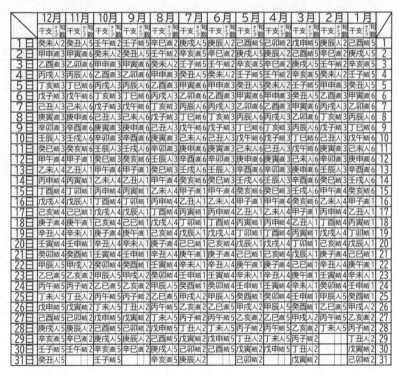

１９４２年（昭和１７年）

その年干支の期間	2/4 19:49 ～ 12/31 23:59	1/1 0:00 ～2/4 19:48
年干支	壬午	辛巳

その月干支の期間	12/8 2:47 ～ 12/31 23:59	11/8 10:12 ～ 12/8 2:46	10/9 7:22 ～ 11/8 10:11	9/8 16:07 ～ 10/9 7:21	8/8 13:31 ～ 9/8 16:06	7/8 3:52 ～ 8/8 13:30	6/6 17:33 ～ 7/8 3:51	5/6 13:07 ～ 6/6 17:32	4/5 19:24 ～ 5/6 13:06	3/6 14:10 ～ 4/5 19:23	2/4 19:49 ～ 3/6 14:09	1/6 8:03 ～ 2/4 19:48	1/1 0:00 ～ 1/6 8:02
月干支	壬子	辛亥	庚戌	己酉	戊申	丁未	丙午	乙巳	甲辰	癸卯	壬寅	辛丑	庚子
外的環境の支配五行候補	水 △ 土㋦ 火㋧	水 △ 土㋦ □ 火㋧ 木㋶	◎ 土㋑ △ 火㋾ 金㋟	◎ 金㋑ △ 土㋺ 火㋧	◎ 金㋑ ○ 土㋺ △ 水㋵ 火㋧	火 ○ 土㋑ 木㋰	火 ○ 土㋑	火 ○ 土㋑	◎ 木㋩ ○ 土㋥ △ 水㋟ 火㋧	◎ 木㋑ ○ 土㋦ △ 水㋞ 火㋧	◎ 木㋑ ○ 土㋬ △ 火㋻ 水㋞	◎ 土㋣ ○ 水㋕ △ 金㋵ 火㋰	◎ 水㋑ ○ 土㋦ △ 金㋟ 火㋰

	12月			11月			10月			9月			8月			7月			6月			5月			4月			3月			2月			1月			
	干支	タイプ	旬数	干支	タイプ	旬数	干支	タイプ	旬数	干支	タイプ	旬数	干支	タイプ	旬数	干支	タイプ	旬数	干支	タイプ	旬数	干支	タイプ	旬数	干支	タイプ	旬数	干支	タイプ	旬数	干支	タイプ	旬数	干支	タイプ	旬数	
1日	戊子	結	3	戊午	結	6	丁亥	結	3	丁巳	結	6	丙戌	人	3	乙卯	直	6	乙酉	直	3	甲寅	直	6	甲申	直	3	癸丑	人	5	乙酉	直	3	甲寅	直	6	1
2日	己丑	人	3	己未	人	6	戊子	結	3	戊午	結	6	丁亥	結	3	丙辰	人	6	丙戌	人	3	乙卯	直	6	乙酉	直	3	甲寅	直	6	丙戌	人	3	乙卯	直	6	2
3日	庚寅	直	3	庚申	直	6	己丑	人	3	己未	人	6	戊子	結	3	丁巳	結	6	丁亥	結	3	丙辰	人	6	丙戌	人	3	乙卯	直	6	丁亥	結	3	丙辰	人	6	3
4日	辛卯	直	3	辛酉	直	6	庚寅	直	3	庚申	直	6	己丑	人	3	戊午	結	6	戊子	結	3	丁巳	結	6	丁亥	結	3	丙辰	人	6	戊子	結	3	丁巳	結	6	4
5日	壬辰	人	3	壬戌	人	6	辛卯	直	3	辛酉	直	6	庚寅	直	3	己未	人	6	己丑	人	3	戊午	結	6	戊子	結	3	丁巳	結	6	己丑	人	3	戊午	結	6	5
6日	癸巳	結	3	癸亥	結	6	壬辰	人	3	壬戌	人	6	辛卯	直	3	庚申	直	6	庚寅	直	3	己未	人	6	己丑	人	3	戊午	結	6	庚寅	直	3	己未	人	6	6
7日	甲午	直	4	甲子	直	1	癸巳	結	3	癸亥	結	6	壬辰	人	3	辛酉	直	6	辛卯	直	3	庚申	直	6	庚寅	直	3	己未	人	6	辛卯	直	3	庚申	直	6	7
8日	乙未	人	4	乙丑	人	1	甲午	直	4	甲子	直	1	癸巳	結	3	壬戌	人	6	壬辰	人	3	辛酉	直	6	辛卯	直	3	庚申	直	6	壬辰	人	3	辛酉	直	6	8
9日	丙申	結	4	丙寅	結	1	乙未	人	4	乙丑	人	1	甲午	直	4	癸亥	結	6	癸巳	結	3	壬戌	人	6	壬辰	人	3	辛酉	直	6	癸巳	結	3	壬戌	人	6	9
10日	丁酉	結	4	丁卯	結	1	丙申	結	4	丙寅	結	1	乙未	人	4	甲子	直	1	甲午	直	4	癸亥	結	6	癸巳	結	3	壬戌	人	6	甲午	直	4	癸亥	結	6	10
11日	戊戌	人	4	戊辰	人	1	丁酉	結	4	丁卯	結	1	丙申	結	4	乙丑	人	1	乙未	人	4	甲子	直	1	甲午	直	4	癸亥	結	6	乙未	人	4	甲子	直	1	11
12日	己亥	結	4	己巳	結	1	戊戌	人	4	戊辰	人	1	丁酉	結	4	丙寅	結	1	丙申	結	4	乙丑	人	1	乙未	人	4	甲子	直	1	丙申	結	4	乙丑	人	1	12
13日	庚子	直	4	庚午	直	1	己亥	結	4	己巳	結	1	戊戌	人	4	丁卯	結	1	丁酉	結	4	丙寅	結	1	丙申	結	4	乙丑	人	1	丁酉	結	4	丙寅	結	1	13
14日	辛丑	人	4	辛未	人	1	庚子	直	4	庚午	直	1	己亥	結	4	戊辰	人	1	戊戌	人	4	丁卯	結	1	丁酉	結	4	丙寅	結	1	戊戌	人	4	丁卯	結	1	14
15日	壬寅	結	4	壬申	結	1	辛丑	人	4	辛未	人	1	庚子	直	4	己巳	結	1	己亥	結	4	戊辰	人	1	戊戌	人	4	丁卯	結	1	己亥	結	4	戊辰	人	1	15
16日	癸卯	結	4	癸酉	結	1	壬寅	結	4	壬申	結	1	辛丑	人	4	庚午	直	1	庚子	直	4	己巳	結	1	己亥	結	4	戊辰	人	1	庚子	直	4	己巳	結	1	16
17日	甲辰	人	5	甲戌	人	2	癸卯	結	4	癸酉	結	1	壬寅	結	4	辛未	人	1	辛丑	人	4	庚午	直	1	庚子	直	4	己巳	結	1	辛丑	人	4	庚午	直	1	17
18日	乙巳	直	5	乙亥	直	2	甲辰	人	5	甲戌	人	2	癸卯	結	4	壬申	結	1	壬寅	結	4	辛未	人	1	辛丑	人	4	庚午	直	1	壬寅	結	4	辛未	人	1	18
19日	丙午	結	5	丙子	結	2	乙巳	直	5	乙亥	直	2	甲辰	人	5	癸酉	結	1	癸卯	結	4	壬申	結	1	壬寅	結	4	辛未	人	1	癸卯	結	4	壬申	結	1	19
20日	丁未	人	5	丁丑	人	2	丙午	結	5	丙子	結	2	乙巳	直	5	甲戌	人	2	甲辰	人	5	癸酉	結	1	癸卯	結	4	壬申	結	1	甲辰	人	5	癸酉	結	1	20
21日	戊申	結	5	戊寅	結	2	丁未	人	5	丁丑	人	2	丙午	結	5	乙亥	直	2	乙巳	直	5	甲戌	人	2	甲辰	人	5	癸酉	結	1	乙巳	直	5	甲戌	人	2	21
22日	己酉	結	5	己卯	結	2	戊申	結	5	戊寅	結	2	丁未	人	5	丙子	結	2	丙午	結	5	乙亥	直	2	乙巳	直	5	甲戌	人	2	丙午	結	5	乙亥	直	2	22
23日	庚戌	人	5	庚辰	人	2	己酉	結	5	己卯	結	2	戊申	結	5	丁丑	人	2	丁未	人	5	丙子	結	2	丙午	結	5	乙亥	直	2	丁未	人	5	丙子	結	2	23
24日	辛亥	直	5	辛巳	直	2	庚戌	人	5	庚辰	人	2	己酉	結	5	戊寅	結	2	戊申	結	5	丁丑	人	2	丁未	人	5	丙子	結	2	戊申	結	5	丁丑	人	2	24
25日	壬子	結	5	壬午	結	2	辛亥	直	5	辛巳	直	2	庚戌	人	5	己卯	結	2	己酉	結	5	戊寅	結	2	戊申	結	5	丁丑	人	2	己酉	結	5	戊寅	結	2	25
26日	癸丑	人	5	癸未	人	2	壬子	結	5	壬午	結	2	辛亥	直	5	庚辰	人	2	庚戌	人	5	己卯	結	2	己酉	結	5	戊寅	結	2	庚戌	人	5	己卯	結	2	26
27日	甲寅	直	6	甲申	直	3	癸丑	人	5	癸未	人	2	壬子	結	5	辛巳	直	2	辛亥	直	5	庚辰	人	2	庚戌	人	5	己卯	結	2	辛亥	直	5	庚辰	人	2	27
28日	乙卯	直	6	乙酉	直	3	甲寅	直	6	甲申	直	3	癸丑	人	5	壬午	結	2	壬子	結	5	辛巳	直	2	辛亥	直	5	庚辰	人	2	壬子	結	5	辛巳	直	2	28
29日	丙辰	人	6	丙戌	人	3	乙卯	直	6	乙酉	直	3	甲寅	直	6	癸未	人	2	癸丑	人	5	壬午	結	2	壬子	結	5	辛巳	直	2				壬午	結	2	29
30日	丁巳	結	6	丁亥	結	3	丙辰	人	6	丙戌	人	3	乙卯	直	6	甲申	直	3	甲寅	直	6	癸未	人	2	癸丑	人	5	壬午	結	2				癸未	人	2	30
31日	戊午	結	6				丁巳	結	6				丙辰	人	6	乙酉	直	3				甲申						癸未	人	2				甲申			31

以下のサイトに、生年月日時を入力するだけ「人物フォーマット」が、算出できます。

https://asano-uranai.com/fpd/entrance.php

1943年（昭和18年）

その年干支の期間	2/5 1:41 ～ 12/31 23:59	1/1 0:00 ～2/5 1:40
年干支	癸未	壬午

その月干支の期間	12/8 8:33 ～ 12/31 23:59	11/8 15:59 ～ 12/8 8:32	10/9 13:11 ～ 11/8 15:58	9/8 21:56 ～ 10/9 13:10	8/8 19:19 ～ 9/8 21:55	7/8 9:39 ～ 8/8 19:18	6/6 23:19 ～ 7/8 9:38	5/6 18:54 ～ 6/6 23:18	4/6 1:12 ～ 5/6 18:53	3/6 19:59 ～ 4/6 1:11	2/5 1:41 ～ 3/6 19:58	1/6 13:55 ～ 2/5 1:40	1/1 0:00 ～ 1/6 13:54
月干支	甲子	癸亥	壬戌	辛酉	庚申	己未	戊午	丁巳	丙辰	乙卯	甲寅	癸丑	壬子
外的環境の支配五行候補	水 ○ 土㋦ △ 火㋹ 木㋞	水 ○ 土㋦ △ 木㋟ 火㋹	土 ○ 火㋹ △ 水㋞ □ 金㋤ 木㋰	金 ○ 土㋦ △ 火㋹ 木㋰	金 ○ 土㋦ △ 水㋵ □ 火㋹ 木㋰	土 △ 火㋠ 木㋰	火・土 木㋰	火 ○ 土㋑ 木㋰	◎ 土㋥ ○ 火㋷ △ 木㋦ 水㋟	木 △ 土㋦ 火㋶	木 火㋦ 土㋦	◎ 水㋑ ○ 土㋣ △ 火㋤ 金㋮	水 △ 土㋦ 火㋤

	12月			11月			10月			9月			8月			7月			6月			5月			4月			3月			2月			1月			
	干支	タイプ	旬数	干支	タイプ	旬数	干支	タイプ	旬数	干支	タイプ	旬数	干支	タイプ	旬数	干支	タイプ	旬数	干支	タイプ	旬数	干支	タイプ	旬数	干支	タイプ	旬数	干支	タイプ	旬数	干支	タイプ	旬数	干支	タイプ	旬数	
1日	癸巳	結	3	癸亥	結	6	壬辰	人	3	壬戌	人	6	辛卯	直	3	庚申	直	6	庚寅	直	3	己未	人	6	己丑	人	3	戊午	結	6	庚寅	直	3	己未	人	6	1
2日	甲午	直	4	甲子	直	1	癸巳	結	3	癸亥	結	6	壬辰	人	3	辛酉	直	6	辛卯	直	3	庚申	直	6	庚寅	直	3	己未	人	6	辛卯	直	3	庚申	直	6	2
3日	乙未	人	4	乙丑	人	1	甲午	直	4	甲子	直	1	癸巳	結	3	壬戌	人	6	壬辰	人	3	辛酉	直	6	辛卯	直	3	庚申	直	6	壬辰	人	3	辛酉	直	6	3
4日	丙申	結	4	丙寅	結	1	乙未	人	4	乙丑	人	1	甲午	直	4	癸亥	結	6	癸巳	結	3	壬戌	人	6	壬辰	人	3	辛酉	直	6	癸巳	結	3	壬戌	人	6	4
5日	丁酉	結	4	丁卯	結	1	丙申	結	4	丙寅	結	1	乙未	人	4	甲子	直	1	甲午	直	4	癸亥	結	6	癸巳	結	3	壬戌	人	6	甲午	直	4	癸亥	結	6	5
6日	戊戌	人	4	戊辰	人	1	丁酉	結	4	丁卯	結	1	丙申	結	4	乙丑	人	1	乙未	人	4	甲子	直	1	甲午	直	4	癸亥	結	6	乙未	人	4	甲子	直	1	6
7日	己亥	結	4	己巳	結	1	戊戌	人	4	戊辰	人	1	丁酉	結	4	丙寅	結	1	丙申	結	4	乙丑	人	1	乙未	人	4	甲子	直	1	丙申	結	4	乙丑	人	1	7
8日	庚子	直	4	庚午	直	1	己亥	結	4	己巳	結	1	戊戌	人	4	丁卯	結	1	丁酉	結	4	丙寅	結	1	丙申	結	4	乙丑	人	1	丁酉	結	4	丙寅	結	1	8
9日	辛丑	人	4	辛未	人	1	庚子	直	4	庚午	直	1	己亥	結	4	戊辰	人	1	戊戌	人	4	丁卯	結	1	丁酉	結	4	丙寅	結	1	戊戌	人	4	丁卯	結	1	9
10日	壬寅	結	4	壬申	結	1	辛丑	人	4	辛未	人	1	庚子	直	4	己巳	結	1	己亥	結	4	戊辰	人	1	戊戌	人	4	丁卯	結	1	己亥	結	4	戊辰	人	1	10
11日	癸卯	結	4	癸酉	結	1	壬寅	結	4	壬申	結	1	辛丑	人	4	庚午	直	1	庚子	直	4	己巳	結	1	己亥	結	4	戊辰	人	1	庚子	直	4	己巳	結	1	11
12日	甲辰	人	5	甲戌	人	2	癸卯	結	4	癸酉	結	1	壬寅	結	4	辛未	人	1	辛丑	人	4	庚午	直	1	庚子	直	4	己巳	結	1	辛丑	人	4	庚午	直	1	12
13日	乙巳	直	5	乙亥	直	2	甲辰	人	5	甲戌	人	2	癸卯	結	4	壬申	結	1	壬寅	結	4	辛未	人	1	辛丑	人	4	庚午	直	1	壬寅	結	4	辛未	人	1	13
14日	丙午	結	5	丙子	結	2	乙巳	直	5	乙亥	直	2	甲辰	人	5	癸酉	結	1	癸卯	結	4	壬申	結	1	壬寅	結	4	辛未	人	1	癸卯	結	4	壬申	結	1	14
15日	丁未	人	5	丁丑	人	2	丙午	結	5	丙子	結	2	乙巳	直	5	甲戌	人	2	甲辰	人	5	癸酉	結	1	癸卯	結	4	壬申	結	1	甲辰	人	5	癸酉	結	1	15
16日	戊申	結	5	戊寅	結	2	丁未	人	5	丁丑	人	2	丙午	結	5	乙亥	直	2	乙巳	直	5	甲戌	人	2	甲辰	人	5	癸酉	結	1	乙巳	直	5	甲戌	人	2	16
17日	己酉	結	5	己卯	結	2	戊申	結	5	戊寅	結	2	丁未	人	5	丙子	結	2	丙午	結	5	乙亥	直	2	乙巳	直	5	甲戌	人	2	丙午	結	5	乙亥	直	2	17
18日	庚戌	人	5	庚辰	人	2	己酉	結	5	己卯	結	2	戊申	結	5	丁丑	人	2	丁未	人	5	丙子	結	2	丙午	結	5	乙亥	直	2	丁未	人	5	丙子	結	2	18
19日	辛亥	直	5	辛巳	直	2	庚戌	人	5	庚辰	人	2	己酉	結	5	戊寅	結	2	戊申	結	5	丁丑	人	2	丁未	人	5	丙子	結	2	戊申	結	5	丁丑	人	2	19
20日	壬子	結	5	壬午	結	2	辛亥	直	5	辛巳	直	2	庚戌	人	5	己卯	結	2	己酉	結	5	戊寅	結	2	戊申	結	5	丁丑	人	2	己酉	結	5	戊寅	結	2	20
21日	癸丑	人	5	癸未	人	2	壬子	結	5	壬午	結	2	辛亥	直	5	庚辰	人	2	庚戌	人	5	己卯	結	2	己酉	結	5	戊寅	結	2	庚戌	人	5	己卯	結	2	21
22日	甲寅	直	6	甲申	直	3	癸丑	人	5	癸未	人	2	壬子	結	5	辛巳	直	2	辛亥	直	5	庚辰	人	2	庚戌	人	5	己卯	結	2	辛亥	直	5	庚辰	人	2	22
23日	乙卯	直	6	乙酉	直	3	甲寅	直	6	甲申	直	3	癸丑	人	5	壬午	結	2	壬子	結	5	辛巳	直	2	辛亥	直	5	庚辰	人	2	壬子	結	5	辛巳	直	2	23
24日	丙辰	人	6	丙戌	人	3	乙卯	直	6	乙酉	直	3	甲寅	直	6	癸未	人	2	癸丑	人	5	壬午	結	2	壬子	結	5	辛巳	直	2	癸丑	人	5	壬午	結	2	24
25日	丁巳	結	6	丁亥	結	3	丙辰	人	6	丙戌	人	3	乙卯	直	6	甲申	直	3	甲寅	直	6	癸未	人	2	癸丑	人	5	壬午	結	2	甲寅	直	6	癸未	人	2	25
26日	戊午	結	6	戊子	結	3	丁巳	結	6	丁亥	結	3	丙辰	人	6	乙酉	直	3	乙卯	直	6	甲申	直	3	甲寅	直	6	癸未	人	2	乙卯	直	6	甲申	直	3	26
27日	己未	人	6	己丑	人	3	戊午	結	6	戊子	結	3	丁巳	結	6	丙戌	人	3	丙辰	人	6	乙酉	直	3	乙卯	直	6	甲申	直	3	丙辰	人	6	乙酉	直	3	27
28日	庚申	直	6	庚寅	直	3	己未	人	6	己丑	人	3	戊午	結	6	丁亥	結	3	丁巳	結	6	丙戌	人	3	丙辰	人	6	乙酉	直	3	丁巳	結	6	丙戌	人	3	28
29日	辛酉	直	6	辛卯	直	3	庚申	直	6	庚寅	直	3	己未	人	6	戊子	結	3	戊午	結	6	丁亥	結	3	丁巳	結	6	丙戌	人	3				丁亥	結	3	29
30日	壬戌	人	6	壬辰	人	3	辛酉	直	6	辛卯	直	3	庚申	直	6	己丑	人	3	己未	人	6	戊子	結	3	戊午	結	6	丁亥	結	3				戊子	結	3	30
31日	癸亥	結	6				壬戌	人	6				辛酉	直	6	庚寅	直	3				己丑	人	3				戊子	結	3				己丑	人	3	31

以下のサイトに、生年月日時を入力するだけ「人物フォーマット」が、算出できます。

https://asano-uranai.com/fpd/entrance.php

1944年（昭和19年）

その年干支の期間	2/5 7:24 ～ 12/31 23:59	1/1 0:00 ~2/5 7:23
年干支	甲申	癸未

その月干支の期間	12/7 14:28 ～ 12/31 23:59	11/7 21:55 ～ 12/7 14:27	10/8 19:09 ～ 11/7 21:54	9/8 3:56 ～ 10/8 19:08	8/8 1:19 ～ 9/8 3:55	7/7 15:36 ～ 8/8 1:18	6/6 5:11 ～ 7/7 15:35	5/6 0:40 ～ 6/6 5:10	4/5 6:54 ～ 5/6 0:39	3/6 1:41 ～ 4/5 6:53	2/5 7:24 ～ 3/6 1:40	1/6 19:40 ～ 2/5 7:23	1/1 0:00 ～ 1/6 19:39
月干支	丙子	乙亥	甲戌	癸酉	壬申	辛未	庚午	己巳	戊辰	丁卯	丙寅	乙丑	甲子
外的環境の支配五行候補	◎ 水㋑ 金㋗	◎ 水㋑ △ 木㋵ 金㋗	◎ 土㋺ ○ 金㋩ △ 木㋵ □ 水㋰ 火㋖	金 水㋵	金 水㋵	◎ 土㋑ ○ 火㋠ △ 金㋻ □ 木㋞ 水㋰	◎ 火㋑ ◎ 土㋑ △ 金㋻ 水㋰	土 ○ 火㋑ △ 金㋞ 水㋰	◎ 木㋩ ○ 土㋠ △ 水㋡ 金㋗	木 △ 水㋰ 金㋗	木 ○ 火㋞ △ 水㋰ 金㋗	◎ 水㋥ ○ 土㋣ △ 火㋹ □ 木㋞ 金㋮	水 ○ 土㋦ △ 火㋹ 木㋞

	12月			11月			10月			9月			8月			7月			6月			5月			4月			3月			2月			1月			
	干支	タイプ	旬数	干支	タイプ	旬数	干支	タイプ	旬数	干支	タイプ	旬数	干支	タイプ	旬数	干支	タイプ	旬数	干支	タイプ	旬数	干支	タイプ	旬数	干支	タイプ	旬数	干支	タイプ	旬数	干支	タイプ	旬数	干支	タイプ	旬数	
1日	己亥	結	4	己巳	結	1	戊戌	人	4	戊辰	人	1	丁酉	結	4	丙寅	結	1	丙申	結	4	乙丑	人	1	乙未	人	4	甲子	直	1	乙未	人	4	甲子	直	1	1
2日	庚子	直	4	庚午	直	1	己亥	結	4	己巳	結	1	戊戌	人	4	丁卯	結	1	丁酉	結	4	丙寅	結	1	丙申	結	4	乙丑	人	1	丙申	結	4	乙丑	人	1	2
3日	辛丑	人	4	辛未	人	1	庚子	直	4	庚午	直	1	己亥	結	4	戊辰	人	1	戊戌	人	4	丁卯	結	1	丁酉	結	4	丙寅	結	1	丁酉	結	4	丙寅	結	1	3
4日	壬寅	結	4	壬申	結	1	辛丑	人	4	辛未	人	1	庚子	直	4	己巳	結	1	己亥	結	4	戊辰	人	1	戊戌	人	4	丁卯	結	1	戊戌	人	4	丁卯	結	1	4
5日	癸卯	結	4	癸酉	結	1	壬寅	結	4	壬申	結	1	辛丑	人	4	庚午	直	1	庚子	直	4	己巳	結	1	己亥	結	4	戊辰	人	1	己亥	結	4	戊辰	人	1	5
6日	甲辰	人	5	甲戌	人	2	癸卯	結	4	癸酉	結	1	壬寅	結	4	辛未	人	1	辛丑	人	4	庚午	直	1	庚子	直	4	己巳	結	1	庚子	直	4	己巳	結	1	6
7日	乙巳	直	5	乙亥	直	2	甲辰	人	5	甲戌	人	2	癸卯	結	4	壬申	結	1	壬寅	結	4	辛未	人	1	辛丑	人	4	庚午	直	1	辛丑	人	4	庚午	直	1	7
8日	丙午	結	5	丙子	結	2	乙巳	直	5	乙亥	直	2	甲辰	人	5	癸酉	結	1	癸卯	結	4	壬申	結	1	壬寅	結	4	辛未	人	1	壬寅	結	4	辛未	人	1	8
9日	丁未	人	5	丁丑	人	2	丙午	結	5	丙子	結	2	乙巳	直	5	甲戌	人	2	甲辰	人	5	癸酉	結	1	癸卯	結	4	壬申	結	1	癸卯	結	4	壬申	結	1	9
10日	戊申	結	5	戊寅	結	2	丁未	人	5	丁丑	人	2	丙午	結	5	乙亥	直	2	乙巳	直	5	甲戌	人	2	甲辰	人	5	癸酉	結	1	甲辰	人	5	癸酉	結	1	10
11日	己酉	結	5	己卯	結	2	戊申	結	5	戊寅	結	2	丁未	人	5	丙子	結	2	丙午	結	5	乙亥	直	2	乙巳	直	5	甲戌	人	2	乙巳	直	5	甲戌	人	2	11
12日	庚戌	人	5	庚辰	人	2	己酉	結	5	己卯	結	2	戊申	結	5	丁丑	人	2	丁未	人	5	丙子	結	2	丙午	結	5	乙亥	直	2	丙午	結	5	乙亥	直	2	12
13日	辛亥	直	5	辛巳	直	2	庚戌	人	5	庚辰	人	2	己酉	結	5	戊寅	結	2	戊申	結	5	丁丑	人	2	丁未	人	5	丙子	結	2	丁未	人	5	丙子	結	2	13
14日	壬子	結	5	壬午	結	2	辛亥	直	5	辛巳	直	2	庚戌	人	5	己卯	結	2	己酉	結	5	戊寅	結	2	戊申	結	5	丁丑	人	2	戊申	結	5	丁丑	人	2	14
15日	癸丑	人	5	癸未	人	2	壬子	結	5	壬午	結	2	辛亥	直	5	庚辰	人	2	庚戌	人	5	己卯	結	2	己酉	結	5	戊寅	結	2	己酉	結	5	戊寅	結	2	15
16日	甲寅	直	6	甲申	直	3	癸丑	人	5	癸未	人	2	壬子	結	5	辛巳	直	2	辛亥	直	5	庚辰	人	2	庚戌	人	5	己卯	結	2	庚戌	人	5	己卯	結	2	16
17日	乙卯	直	6	乙酉	直	3	甲寅	直	6	甲申	直	3	癸丑	人	5	壬午	結	2	壬子	結	5	辛巳	直	2	辛亥	直	5	庚辰	人	2	辛亥	直	5	庚辰	人	2	17
18日	丙辰	人	6	丙戌	人	3	乙卯	直	6	乙酉	直	3	甲寅	直	6	癸未	人	2	癸丑	人	5	壬午	結	2	壬子	結	5	辛巳	直	2	壬子	結	5	辛巳	直	2	18
19日	丁巳	結	6	丁亥	結	3	丙辰	人	6	丙戌	人	3	乙卯	直	6	甲申	直	3	甲寅	直	6	癸未	人	2	癸丑	人	5	壬午	結	2	癸丑	人	5	壬午	結	2	19
20日	戊午	結	6	戊子	結	3	丁巳	結	6	丁亥	結	3	丙辰	人	6	乙酉	直	3	乙卯	直	6	甲申	直	3	甲寅	直	6	癸未	人	2	甲寅	直	6	癸未	人	2	20
21日	己未	人	6	己丑	人	3	戊午	結	6	戊子	結	3	丁巳	結	6	丙戌	人	3	丙辰	人	6	乙酉	直	3	乙卯	直	6	甲申	直	3	乙卯	直	6	甲申	直	3	21
22日	庚申	直	6	庚寅	直	3	己未	人	6	己丑	人	3	戊午	結	6	丁亥	結	3	丁巳	結	6	丙戌	人	3	丙辰	人	6	乙酉	直	3	丙辰	人	6	乙酉	直	3	22
23日	辛酉	直	6	辛卯	直	3	庚申	直	6	庚寅	直	3	己未	人	6	戊子	結	3	戊午	結	6	丁亥	結	3	丁巳	結	6	丙戌	人	3	丁巳	結	6	丙戌	人	3	23
24日	壬戌	人	6	壬辰	人	3	辛酉	直	6	辛卯	直	3	庚申	直	6	己丑	人	3	己未	人	6	戊子	結	3	戊午	結	6	丁亥	結	3	戊午	結	6	丁亥	結	3	24
25日	癸亥	結	6	癸巳	結	3	壬戌	人	6	壬辰	人	3	辛酉	直	6	庚寅	直	3	庚申	直	6	己丑	人	3	己未	人	6	戊子	結	3	己未	人	6	戊子	結	3	25
26日	甲子	直	1	甲午	直	4	癸亥	結	6	癸巳	結	3	壬戌	人	6	辛卯	直	3	辛酉	直	6	庚寅	直	3	庚申	直	6	己丑	人	3	庚申	直	6	己丑	人	3	26
27日	乙丑	人	1	乙未	人	4	甲子	直	1	甲午	直	4	癸亥	結	6	壬辰	人	3	壬戌	人	6	辛卯	直	3	辛酉	直	6	庚寅	直	3	辛酉	直	6	庚寅	直	3	27
28日	丙寅	結	1	丙申	結	4	乙丑	人	1	乙未	人	4	甲子	直	1	癸巳	結	3	癸亥	結	6	壬辰	人	3	壬戌	人	6	辛卯	直	3	壬戌	人	6	辛卯	直	3	28
29日	丁卯	結	1	丁酉	結	4	丙寅	結	1	丙申	結	4	乙丑	人	1	甲午	直	4	甲子	直	1	癸巳	結	3	癸亥	結	6	壬辰	人	3	癸亥	結	6	壬辰	人	3	29
30日	戊辰	人	1	戊戌	人	4	丁卯	結	1	丁酉	結	4	丙寅	結	1	乙未	人	4	乙丑	人	1	甲午	直	4	甲子	直	1	癸巳	結	3				癸巳	結	3	30
31日	己巳	結	1				戊辰	人	1				丁卯	結	1	丙申	結	4				乙未	人	4				甲午	直	4				甲午	直	4	31

以下のサイトに、生年月日時を入力するだけ「人物フォーマット」が、算出できます。

https://asano-uranai.com/fpd/entrance.php

1945年（昭和20年）

その年干支の期間	2/4 13:20 ～ 12/31 23:59	1/1 0:00 ～2/4 13:19
年干支	乙酉	甲申

その月干支の期間	12/7 20:08 ～ 12/31 23:59	11/8 3:35 ～ 12/7 20:07	10/9 0:50 ～ 11/8 3:34	9/8 9:39 ～ 10/9 0:49	8/8 7:06 ～ 9/8 9:38	7/7 21:27 ～ 8/8 7:05	6/6 11:06 ～ 7/7 21:26	5/6 6:37 ～ 6/6 11:05	4/5 12:52 ～ 5/6 6:36	3/6 7:38 ～ 4/5 12:51	2/4 13:20 ～ 3/6 7:37	1/6 1:35 ～ 2/4 13:19	1/1 0:00 ～ 1/6 1:34
月干支	戊子	丁亥	丙戌	乙酉	甲申	癸未	壬午	辛巳	庚辰	己卯	戊寅	丁丑	丙子
外的環境の支配五行候補	◎ 水㋑ 金㋨	◎ 水㋑ △ 木㋹ 金㋨	◎ 土㋺ △ 金㋩ 火㋡	金 木㋵	金 △ 木㋵ 水㋰	◎ 土㋑ ○ 火㋠ △ 木㋞ 金㋨	◎ 火㋑ ◎ 土㋑ 金㋨	◎ 火㋑ ◎ 土㋑ 金㋩	◎ 金㋥ △ 木㋦ 水㋒	木 金㋨	木 △ 火㋒ 金㋨	◎ 水㋕ 金㋡	◎ 水㋑ 金㋗

	12月			11月			10月			9月			8月			7月			6月			5月			4月			3月			2月			1月			
	干支	タイプ	旬数	干支	タイプ	旬数	干支	タイプ	旬数	干支	タイプ	旬数	干支	タイプ	旬数	干支	タイプ	旬数	干支	タイプ	旬数	干支	タイプ	旬数	干支	タイプ	旬数	干支	タイプ	旬数	干支	タイプ	旬数	干支	タイプ	旬数	
1日	甲辰	人	5	甲戌	人	2	癸卯	結	4	癸酉	結	1	壬寅	結	4	辛未	人	1	辛丑	人	4	庚午	直	1	庚子	直	4	己巳	結	1	辛丑	人	4	庚午	直	1	1
2日	乙巳	直	5	乙亥	直	2	甲辰	人	5	甲戌	人	2	癸卯	結	4	壬申	結	1	壬寅	結	4	辛未	人	1	辛丑	人	4	庚午	直	1	壬寅	結	4	辛未	人	1	2
3日	丙午	結	5	丙子	結	2	乙巳	直	5	乙亥	直	2	甲辰	人	5	癸酉	結	1	癸卯	結	4	壬申	結	1	壬寅	結	4	辛未	人	1	癸卯	結	4	壬申	結	1	3
4日	丁未	人	5	丁丑	人	2	丙午	結	5	丙子	結	2	乙巳	直	5	甲戌	人	2	甲辰	人	5	癸酉	結	1	癸卯	結	4	壬申	結	1	甲辰	人	5	癸酉	結	1	4
5日	戊申	結	5	戊寅	結	2	丁未	人	5	丁丑	人	2	丙午	結	5	乙亥	直	2	乙巳	直	5	甲戌	人	2	甲辰	人	5	癸酉	結	1	乙巳	直	5	甲戌	人	2	5
6日	己酉	結	5	己卯	結	2	戊申	結	5	戊寅	結	2	丁未	人	5	丙子	結	2	丙午	結	5	乙亥	直	2	乙巳	直	5	甲戌	人	2	丙午	結	5	乙亥	直	2	6
7日	庚戌	人	5	庚辰	人	2	己酉	結	5	己卯	結	2	戊申	結	5	丁丑	人	2	丁未	人	5	丙子	結	2	丙午	結	5	乙亥	直	2	丁未	人	5	丙子	結	2	7
8日	辛亥	直	5	辛巳	直	2	庚戌	人	5	庚辰	人	2	己酉	結	5	戊寅	結	2	戊申	結	5	丁丑	人	2	丁未	人	5	丙子	結	2	戊申	結	5	丁丑	人	2	8
9日	壬子	結	5	壬午	結	2	辛亥	直	5	辛巳	直	2	庚戌	人	5	己卯	結	2	己酉	結	5	戊寅	結	2	戊申	結	5	丁丑	人	2	己酉	結	5	戊寅	結	2	9
10日	癸丑	人	5	癸未	人	2	壬子	結	5	壬午	結	2	辛亥	直	5	庚辰	人	2	庚戌	人	5	己卯	結	2	己酉	結	5	戊寅	結	2	庚戌	人	5	己卯	結	2	10
11日	甲寅	直	6	甲申	直	3	癸丑	人	5	癸未	人	2	壬子	結	5	辛巳	直	2	辛亥	直	5	庚辰	人	2	庚戌	人	5	己卯	結	2	辛亥	直	5	庚辰	人	2	11
12日	乙卯	直	6	乙酉	直	3	甲寅	直	6	甲申	直	3	癸丑	人	5	壬午	結	2	壬子	結	5	辛巳	直	2	辛亥	直	5	庚辰	人	2	壬子	結	5	辛巳	直	2	12
13日	丙辰	人	6	丙戌	人	3	乙卯	直	6	乙酉	直	3	甲寅	直	6	癸未	人	2	癸丑	人	5	壬午	結	2	壬子	結	5	辛巳	直	2	癸丑	人	5	壬午	結	2	13
14日	丁巳	結	6	丁亥	結	3	丙辰	人	6	丙戌	人	3	乙卯	直	6	甲申	直	3	甲寅	直	6	癸未	人	2	癸丑	人	5	壬午	結	2	甲寅	直	6	癸未	人	2	14
15日	戊午	結	6	戊子	結	3	丁巳	結	6	丁亥	結	3	丙辰	人	6	乙酉	直	3	乙卯	直	6	甲申	直	3	甲寅	直	6	癸未	人	2	乙卯	直	6	甲申	直	3	15
16日	己未	人	6	己丑	人	3	戊午	結	6	戊子	結	3	丁巳	結	6	丙戌	人	3	丙辰	人	6	乙酉	直	3	乙卯	直	6	甲申	直	3	丙辰	人	6	乙酉	直	3	16
17日	庚申	直	6	庚寅	直	3	己未	人	6	己丑	人	3	戊午	結	6	丁亥	結	3	丁巳	結	6	丙戌	人	3	丙辰	人	6	乙酉	直	3	丁巳	結	6	丙戌	人	3	17
18日	辛酉	直	6	辛卯	直	3	庚申	直	6	庚寅	直	3	己未	人	6	戊子	結	3	戊午	結	6	丁亥	結	3	丁巳	結	6	丙戌	人	3	戊午	結	6	丁亥	結	3	18
19日	壬戌	人	6	壬辰	人	3	辛酉	直	6	辛卯	直	3	庚申	直	6	己丑	人	3	己未	人	6	戊子	結	3	戊午	結	6	丁亥	結	3	己未	人	6	戊子	結	3	19
20日	癸亥	結	6	癸巳	結	3	壬戌	人	6	壬辰	人	3	辛酉	直	6	庚寅	直	3	庚申	直	6	己丑	人	3	己未	人	6	戊子	結	3	庚申	直	6	己丑	人	3	20
21日	甲子	直	1	甲午	直	4	癸亥	結	6	癸巳	結	3	壬戌	人	6	辛卯	直	3	辛酉	直	6	庚寅	直	3	庚申	直	6	己丑	人	3	辛酉	直	6	庚寅	直	3	21
22日	乙丑	人	1	乙未	人	4	甲子	直	1	甲午	直	4	癸亥	結	6	壬辰	人	3	壬戌	人	6	辛卯	直	3	辛酉	直	6	庚寅	直	3	壬戌	人	6	辛卯	直	3	22
23日	丙寅	結	1	丙申	結	4	乙丑	人	1	乙未	人	4	甲子	直	1	癸巳	結	3	癸亥	結	6	壬辰	人	3	壬戌	人	6	辛卯	直	3	癸亥	結	6	壬辰	人	3	23
24日	丁卯	結	1	丁酉	結	4	丙寅	結	1	丙申	結	4	乙丑	人	1	甲午	直	4	甲子	直	1	癸巳	結	3	癸亥	結	6	壬辰	人	3	甲子	直	1	癸巳	結	3	24
25日	戊辰	人	1	戊戌	人	4	丁卯	結	1	丁酉	結	4	丙寅	結	1	乙未	人	4	乙丑	人	1	甲午	直	4	甲子	直	1	癸巳	結	3	乙丑	人	1	甲午	直	4	25
26日	己巳	結	1	己亥	結	4	戊辰	人	1	戊戌	人	4	丁卯	結	1	丙申	結	4	丙寅	結	1	乙未	人	4	乙丑	人	1	甲午	直	4	丙寅	結	1	乙未	人	4	26
27日	庚午	直	1	庚子	直	4	己巳	結	1	己亥	結	4	戊辰	人	1	丁酉	結	4	丁卯	結	1	丙申	結	4	丙寅	結	1	乙未	人	4	丁卯	結	1	丙申	結	4	27
28日	辛未	人	1	辛丑	人	4	庚午	直	1	庚子	直	4	己巳	結	1	戊戌	人	4	戊辰	人	1	丁酉	結	4	丁卯	結	1	丙申	結	4	戊辰	人	1	丁酉	結	4	28
29日	壬申	結	1	壬寅	結	4	辛未	人	1	辛丑	人	4	庚午	直	1	己亥	結	4	己巳	結	1	戊戌	人	4	戊辰	人	1	丁酉	結	4				戊戌	人	4	29
30日	癸酉	結	1	癸卯	結	4	壬申	結	1	壬寅	結	4	辛未	人	1	庚子	直	4	庚午	直	1	己亥	結	4	己巳	結	1	戊戌	人	4				己亥	結	4	30
31日	甲戌	人	2				癸酉	結	1				壬申	結	1	辛丑	人	4				庚子	直	4				己亥	結	4				庚子	直	4	31

以下のサイトに、生年月日時を入力するだけ「人物フォーマット」が、算出できます。

https://asano-uranai.com/fpd/entrance.php

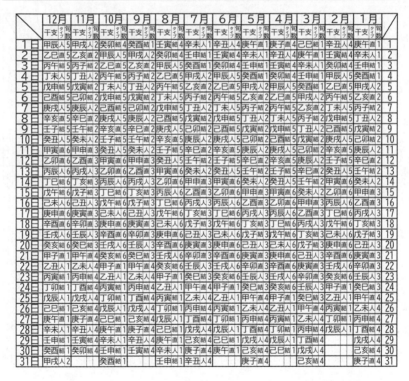

１９４６年（昭和２１年）

その年干支の期間	2/4 19:04 ～ 12/31 23:59	1/1 0:00 ～2/4 19:03
年干支	丙戌	乙酉

その月干支の期間	12/8 2:01 ～ 12/31 23:59	11/8 9:28 ～ 12/8 2:00	10/9 6:41 ～ 11/8 9:27	9/8 15:28 ～ 10/9 6:40	8/8 12:52 ～ 9/8 15:27	7/8 3:11 ～ 8/8 12:51	6/6 16:49 ～ 7/8 3:10	5/6 12:22 ～ 6/6 16:48	4/5 18:39 ～ 5/6 12:21	3/6 13:25 ～ 4/5 18:38	2/4 19:04 ～ 3/6 13:24	1/6 7:17 ～ 2/4 19:03	1/1 0:00 ～ 1/6 7:16
月干支	庚子	己亥	戊戌	丁酉	丙申	乙未	甲午	癸巳	壬辰	辛卯	庚寅	己丑	戊子
外的環境の支配五行候補	◎ 水㋑ ○ 土㋕ △ 金㋟ 火㋡	◎ 水㋑ ○ 土㋻ △ 金㋹ □ 火㋡ 木㋶	◎ 土㋣ △ 金㋹ 火㋡	金 △ 火㋷ 土㋕	金 △ 火㋷ □ 土㋕ 水㋰	土 ○ 火㋑ △ 金㋹ 木㋞	火 ○ 土㋑ 金㋔	火 ○ 土㋑ 金㋹	◎ 土㋺ ○ 木㋦ △ 水㋟ □ 金㋹ 火㋡	◎ 木㋑ ○ 土㋕ △ 金㋟ 火㋡	◎ 木㋑ ○ 火㋣ △ 土㋕ 金㋟	◎ 金㋠ 水㋕	◎ 水㋑ 金㋨

	12月			11月			10月			9月			8月			7月			6月			5月			4月			3月			2月			1月			
	干支	タイプ	旬数	干支	タイプ	旬数	干支	タイプ	旬数	干支	タイプ	旬数	干支	タイプ	旬数	干支	タイプ	旬数	干支	タイプ	旬数	干支	タイプ	旬数	干支	タイプ	旬数	干支	タイプ	旬数	干支	タイプ	旬数	干支	タイプ	旬数	
1日	己酉	結	5	己卯	結	2	戊申	結	5	戊寅	結	2	丁未	人	5	丙子	結	2	丙午	結	5	乙亥	直	2	乙巳	直	5	甲戌	人	2	丙午	結	5	乙亥	直	2	1
2日	庚戌	人	5	庚辰	人	2	己酉	結	5	己卯	結	2	戊申	結	5	丁丑	人	2	丁未	人	5	丙子	結	2	丙午	結	5	乙亥	直	2	丁未	人	5	丙子	結	2	2
3日	辛亥	直	5	辛巳	直	2	庚戌	人	5	庚辰	人	2	己酉	結	5	戊寅	結	2	戊申	結	5	丁丑	人	2	丁未	人	5	丙子	結	2	戊申	結	5	丁丑	人	2	3
4日	壬子	結	5	壬午	結	2	辛亥	直	5	辛巳	直	2	庚戌	人	5	己卯	結	2	己酉	結	5	戊寅	結	2	戊申	結	5	丁丑	人	2	己酉	結	5	戊寅	結	2	4
5日	癸丑	人	5	癸未	人	2	壬子	結	5	壬午	結	2	辛亥	直	5	庚辰	人	2	庚戌	人	5	己卯	結	2	己酉	結	5	戊寅	結	2	庚戌	人	5	己卯	結	2	5
6日	甲寅	直	6	甲申	直	3	癸丑	人	5	癸未	人	2	壬子	結	5	辛巳	直	2	辛亥	直	5	庚辰	人	2	庚戌	人	5	己卯	結	2	辛亥	直	5	庚辰	人	2	6
7日	乙卯	直	6	乙酉	直	3	甲寅	直	6	甲申	直	3	癸丑	人	5	壬午	結	2	壬子	結	5	辛巳	直	2	辛亥	直	5	庚辰	人	2	壬子	結	5	辛巳	直	2	7
8日	丙辰	人	6	丙戌	人	3	乙卯	直	6	乙酉	直	3	甲寅	直	6	癸未	人	2	癸丑	人	5	壬午	結	2	壬子	結	5	辛巳	直	2	癸丑	人	5	壬午	結	2	8
9日	丁巳	結	6	丁亥	結	3	丙辰	人	6	丙戌	人	3	乙卯	直	6	甲申	直	3	甲寅	直	6	癸未	人	2	癸丑	人	5	壬午	結	2	甲寅	直	6	癸未	人	2	9
10日	戊午	結	6	戊子	結	3	丁巳	結	6	丁亥	結	3	丙辰	人	6	乙酉	直	3	乙卯	直	6	甲申	直	3	甲寅	直	6	癸未	人	2	乙卯	直	6	甲申	直	3	10
11日	己未	人	6	己丑	人	3	戊午	結	6	戊子	結	3	丁巳	結	6	丙戌	人	3	丙辰	人	6	乙酉	直	3	乙卯	直	6	甲申	直	3	丙辰	人	6	乙酉	直	3	11
12日	庚申	直	6	庚寅	直	3	己未	人	6	己丑	人	3	戊午	結	6	丁亥	結	3	丁巳	結	6	丙戌	人	3	丙辰	人	6	乙酉	直	3	丁巳	結	6	丙戌	人	3	12
13日	辛酉	直	6	辛卯	直	3	庚申	直	6	庚寅	直	3	己未	人	6	戊子	結	3	戊午	結	6	丁亥	結	3	丁巳	結	6	丙戌	人	3	戊午	結	6	丁亥	結	3	13
14日	壬戌	人	6	壬辰	人	3	辛酉	直	6	辛卯	直	3	庚申	直	6	己丑	人	3	己未	人	6	戊子	結	3	戊午	結	6	丁亥	結	3	己未	人	6	戊子	結	3	14
15日	癸亥	結	6	癸巳	結	3	壬戌	人	6	壬辰	人	3	辛酉	直	6	庚寅	直	3	庚申	直	6	己丑	人	3	己未	人	6	戊子	結	3	庚申	直	6	己丑	人	3	15
16日	甲子	直	1	甲午	直	4	癸亥	結	6	癸巳	結	3	壬戌	人	6	辛卯	直	3	辛酉	直	6	庚寅	直	3	庚申	直	6	己丑	人	3	辛酉	直	6	庚寅	直	3	16
17日	乙丑	人	1	乙未	人	4	甲子	直	1	甲午	直	4	癸亥	結	6	壬辰	人	3	壬戌	人	6	辛卯	直	3	辛酉	直	6	庚寅	直	3	壬戌	人	6	辛卯	直	3	17
18日	丙寅	結	1	丙申	結	4	乙丑	人	1	乙未	人	4	甲子	直	1	癸巳	結	3	癸亥	結	6	壬辰	人	3	壬戌	人	6	辛卯	直	3	癸亥	結	6	壬辰	人	3	18
19日	丁卯	結	1	丁酉	結	4	丙寅	結	1	丙申	結	4	乙丑	人	1	甲午	直	4	甲子	直	1	癸巳	結	3	癸亥	結	6	壬辰	人	3	甲子	直	1	癸巳	結	3	19
20日	戊辰	人	1	戊戌	人	4	丁卯	結	1	丁酉	結	4	丙寅	結	1	乙未	人	4	乙丑	人	1	甲午	直	4	甲子	直	1	癸巳	結	3	乙丑	人	1	甲午	直	4	20
21日	己巳	結	1	己亥	結	4	戊辰	人	1	戊戌	人	4	丁卯	結	1	丙申	結	4	丙寅	結	1	乙未	人	4	乙丑	人	1	甲午	直	4	丙寅	結	1	乙未	人	4	21
22日	庚午	直	1	庚子	直	4	己巳	結	1	己亥	結	4	戊辰	人	1	丁酉	結	4	丁卯	結	1	丙申	結	4	丙寅	結	1	乙未	人	4	丁卯	結	1	丙申	結	4	22
23日	辛未	人	1	辛丑	人	4	庚午	直	1	庚子	直	4	己巳	結	1	戊戌	人	4	戊辰	人	1	丁酉	結	4	丁卯	結	1	丙申	結	4	戊辰	人	1	丁酉	結	4	23
24日	壬申	結	1	壬寅	結	4	辛未	人	1	辛丑	人	4	庚午	直	1	己亥	結	4	己巳	結	1	戊戌	人	4	戊辰	人	1	丁酉	結	4	己巳	結	1	戊戌	人	4	24
25日	癸酉	結	1	癸卯	結	4	壬申	結	1	壬寅	結	4	辛未	人	1	庚子	直	4	庚午	直	1	己亥	結	4	己巳	結	1	戊戌	人	4	庚午	直	1	己亥	結	4	25
26日	甲戌	人	2	甲辰	人	5	癸酉	結	1	癸卯	結	4	壬申	結	1	辛丑	人	4	辛未	人	1	庚子	直	4	庚午	直	1	己亥	結	4	辛未	人	1	庚子	直	4	26
27日	乙亥	直	2	乙巳	直	5	甲戌	人	2	甲辰	人	5	癸酉	結	1	壬寅	結	4	壬申	結	1	辛丑	人	4	辛未	人	1	庚子	直	4	壬申	結	1	辛丑	人	4	27
28日	丙子	結	2	丙午	結	5	乙亥	直	2	乙巳	直	5	甲戌	人	2	癸卯	結	4	癸酉	結	1	壬寅	結	4	壬申	結	1	辛丑	人	4	癸酉	結	1	壬寅	結	4	28
29日	丁丑	人	2	丁未	人	5	丙子	結	2	丙午	結	5	乙亥	直	2	甲辰	人	5	甲戌	人	2	癸卯	結	4	癸酉	結	1	壬寅	結	4				癸卯	結	4	29
30日	戊寅	結	2	戊申	結	5	丁丑	人	2	丁未	人	5	丙子	結	2	乙巳	直	5	乙亥	直	2	甲辰	人	5	甲戌	人	2	癸卯	結	4				甲辰	人	5	30
31日	己卯	結	2				戊寅	結	2				丁丑	人	2	丙午	結	5				乙巳	直	5				甲辰	人	5				乙巳	直	5	31

以下のサイトに、生年月日時を入力するだけ「人物フォーマット」が、算出できます。

https://asano-uranai.com/fpd/entrance.php

1947年（昭和22年）

その年干支の期間	2/5 0:51 ～ 12/31 23:59	1/1 0:00 ～2/5 0:50
年干支	丁亥	丙戌

その月干支の期間	12/8 7:57 ～ 12/31 23:59	11/8 15:25 ～ 12/8 7:56	10/9 12:38 ～ 11/8 15:24	9/8 21:22 ～ 10/9 12:37	8/8 18:41 ～ 9/8 21:21	7/8 8:56 ～ 8/8 18:40	6/6 22:32 ～ 7/8 8:55	5/6 18:03 ～ 6/6 22:31	4/6 0:21 ～ 5/6 18:02	3/6 19:08 ～ 4/6 0:20	2/5 0:51 ～ 3/6 19:07	1/6 13:07 ～ 2/5 0:50	1/1 0:00 ～ 1/6 13:06
月干支	壬子	辛亥	庚戌	己酉	戊申	丁未	丙午	乙巳	甲辰	癸卯	壬寅	辛丑	庚子
外的環境の支配五行候補	水 木㋶	水 木㋶	◎ 土㋺ ○ 金㋟ △ 火㋡ 木㋶ 水㋶	◎ 金㋑ 木㋶ 水㋶	◎ 金㋑ △ 水㋾ 木㋶	火 ○ 土㋑ △ 木㋟ 水㋶	火 ○ 土㋑ 木㋶ 水㋶	火 ○ 土㋑ △ 木㋹ 金㋳	◎ 木㋩ △ 水㋸	◎ 木㋑ △ 水㋧	◎ 木㋑ △ 水㋠ 火㋞	◎ 土㋺ ○ 水㋕ △ 金㋟ 火㋡	◎ 水㋑ ○ 土㋕ △ 金㋟ 火㋡

	12月			11月			10月			9月			8月			7月			6月			5月			4月			3月			2月			1月			
	干支	タイプ	旬数	干支	タイプ	旬数	干支	タイプ	旬数	干支	タイプ	旬数	干支	タイプ	旬数	干支	タイプ	旬数	干支	タイプ	旬数	干支	タイプ	旬数	干支	タイプ	旬数	干支	タイプ	旬数	干支	タイプ	旬数	干支	タイプ	旬数	
1日	甲寅	直	6	甲申	直	3	癸丑	人	5	癸未	人	2	壬子	結	5	辛巳	直	2	辛亥	直	5	庚辰	人	2	庚戌	人	5	己卯	結	2	辛亥	直	5	庚辰	人	2	1
2日	乙卯	直	6	乙酉	直	3	甲寅	直	6	甲申	直	3	癸丑	人	5	壬午	結	2	壬子	結	5	辛巳	直	2	辛亥	直	5	庚辰	人	2	壬子	結	5	辛巳	直	2	2
3日	丙辰	人	6	丙戌	人	3	乙卯	直	6	乙酉	直	3	甲寅	直	6	癸未	人	2	癸丑	人	5	壬午	結	2	壬子	結	5	辛巳	直	2	癸丑	人	5	壬午	結	2	3
4日	丁巳	結	6	丁亥	結	3	丙辰	人	6	丙戌	人	3	乙卯	直	6	甲申	直	3	甲寅	直	6	癸未	人	2	癸丑	人	5	壬午	結	2	甲寅	直	6	癸未	人	2	4
5日	戊午	結	6	戊子	結	3	丁巳	結	6	丁亥	結	3	丙辰	人	6	乙酉	直	3	乙卯	直	6	甲申	直	3	甲寅	直	6	癸未	人	2	乙卯	直	6	甲申	直	3	5
6日	己未	人	6	己丑	人	3	戊午	結	6	戊子	結	3	丁巳	結	6	丙戌	人	3	丙辰	人	6	乙酉	直	3	乙卯	直	6	甲申	直	3	丙辰	人	6	乙酉	直	3	6
7日	庚申	直	6	庚寅	直	3	己未	人	6	己丑	人	3	戊午	結	6	丁亥	結	3	丁巳	結	6	丙戌	人	3	丙辰	人	6	乙酉	直	3	丁巳	結	6	丙戌	人	3	7
8日	辛酉	直	6	辛卯	直	3	庚申	直	6	庚寅	直	3	己未	人	6	戊子	結	3	戊午	結	6	丁亥	結	3	丁巳	結	6	丙戌	人	3	戊午	結	6	丁亥	結	3	8
9日	壬戌	人	6	壬辰	人	3	辛酉	直	6	辛卯	直	3	庚申	直	6	己丑	人	3	己未	人	6	戊子	結	3	戊午	結	6	丁亥	結	3	己未	人	6	戊子	結	3	9
10日	癸亥	結	6	癸巳	結	3	壬戌	人	6	壬辰	人	3	辛酉	直	6	庚寅	直	3	庚申	直	6	己丑	人	3	己未	人	6	戊子	結	3	庚申	直	6	己丑	人	3	10
11日	甲子	直	1	甲午	直	4	癸亥	結	6	癸巳	結	3	壬戌	人	6	辛卯	直	3	辛酉	直	6	庚寅	直	3	庚申	直	6	己丑	人	3	辛酉	直	6	庚寅	直	3	11
12日	乙丑	人	1	乙未	人	4	甲子	直	1	甲午	直	4	癸亥	結	6	壬辰	人	3	壬戌	人	6	辛卯	直	3	辛酉	直	6	庚寅	直	3	壬戌	人	6	辛卯	直	3	12
13日	丙寅	結	1	丙申	結	4	乙丑	人	1	乙未	人	4	甲子	直	1	癸巳	結	3	癸亥	結	6	壬辰	人	3	壬戌	人	6	辛卯	直	3	癸亥	結	6	壬辰	人	3	13
14日	丁卯	結	1	丁酉	結	4	丙寅	結	1	丙申	結	4	乙丑	人	1	甲午	直	4	甲子	直	1	癸巳	結	3	癸亥	結	6	壬辰	人	3	甲子	直	1	癸巳	結	3	14
15日	戊辰	人	1	戊戌	人	4	丁卯	結	1	丁酉	結	4	丙寅	結	1	乙未	人	4	乙丑	人	1	甲午	直	4	甲子	直	1	癸巳	結	3	乙丑	人	1	甲午	直	4	15
16日	己巳	結	1	己亥	結	4	戊辰	人	1	戊戌	人	4	丁卯	結	1	丙申	結	4	丙寅	結	1	乙未	人	4	乙丑	人	1	甲午	直	4	丙寅	結	1	乙未	人	4	16
17日	庚午	直	1	庚子	直	4	己巳	結	1	己亥	結	4	戊辰	人	1	丁酉	結	4	丁卯	結	1	丙申	結	4	丙寅	結	1	乙未	人	4	丁卯	結	1	丙申	結	4	17
18日	辛未	人	1	辛丑	人	4	庚午	直	1	庚子	直	4	己巳	結	1	戊戌	人	4	戊辰	人	1	丁酉	結	4	丁卯	結	1	丙申	結	4	戊辰	人	1	丁酉	結	4	18
19日	壬申	結	1	壬寅	結	4	辛未	人	1	辛丑	人	4	庚午	直	1	己亥	結	4	己巳	結	1	戊戌	人	4	戊辰	人	1	丁酉	結	4	己巳	結	1	戊戌	人	4	19
20日	癸酉	結	1	癸卯	結	4	壬申	結	1	壬寅	結	4	辛未	人	1	庚子	直	4	庚午	直	1	己亥	結	4	己巳	結	1	戊戌	人	4	庚午	直	1	己亥	結	4	20
21日	甲戌	人	2	甲辰	人	5	癸酉	結	1	癸卯	結	4	壬申	結	1	辛丑	人	4	辛未	人	1	庚子	直	4	庚午	直	1	己亥	結	4	辛未	人	1	庚子	直	4	21
22日	乙亥	直	2	乙巳	直	5	甲戌	人	2	甲辰	人	5	癸酉	結	1	壬寅	結	4	壬申	結	1	辛丑	人	4	辛未	人	1	庚子	直	4	壬申	結	1	辛丑	人	4	22
23日	丙子	結	2	丙午	結	5	乙亥	直	2	乙巳	直	5	甲戌	人	2	癸卯	結	4	癸酉	結	1	壬寅	結	4	壬申	結	1	辛丑	人	4	癸酉	結	1	壬寅	結	4	23
24日	丁丑	人	2	丁未	人	5	丙子	結	2	丙午	結	5	乙亥	直	2	甲辰	人	5	甲戌	人	2	癸卯	結	4	癸酉	結	1	壬寅	結	4	甲戌	人	2	癸卯	結	4	24
25日	戊寅	結	2	戊申	結	5	丁丑	人	2	丁未	人	5	丙子	結	2	乙巳	直	5	乙亥	直	2	甲辰	人	5	甲戌	人	2	癸卯	結	4	乙亥	直	2	甲辰	人	5	25
26日	己卯	結	2	己酉	結	5	戊寅	結	2	戊申	結	5	丁丑	人	2	丙午	結	5	丙子	結	2	乙巳	直	5	乙亥	直	2	甲辰	人	5	丙子	結	2	乙巳	直	5	26
27日	庚辰	人	2	庚戌	人	5	己卯	結	2	己酉	結	5	戊寅	結	2	丁未	人	5	丁丑	人	2	丙午	結	5	丙子	結	2	乙巳	直	5	丁丑	人	2	丙午	結	5	27
28日	辛巳	直	2	辛亥	直	5	庚辰	人	2	庚戌	人	5	己卯	結	2	戊申	結	5	戊寅	結	2	丁未	人	5	丁丑	人	2	丙午	結	5	戊寅	結	2	丁未	人	5	28
29日	壬午	結	2	壬子	結	5	辛巳	直	2	辛亥	直	5	庚辰	人	2	己酉	結	5	己卯	結	2	戊申	結	5	戊寅	結	2	丁未	人	5				戊申	結	5	29
30日	癸未	人	2	癸丑	人	5	壬午	結	2	壬子	結	5	辛巳	直	2	庚戌	人	5	庚辰	人	2	己酉	結	5	己卯	結	2	戊申	結	5				己酉	結	5	30
31日	甲申	直	3				癸未	人	2				壬午	結	2	辛亥	直	5				庚戌	人	5				己酉	結	5				庚戌	人	5	31

以下のサイトに、生年月日時を入力するだけ「人物フォーマット」が、算出できます。

https://asano-uranai.com/fpd/entrance.php

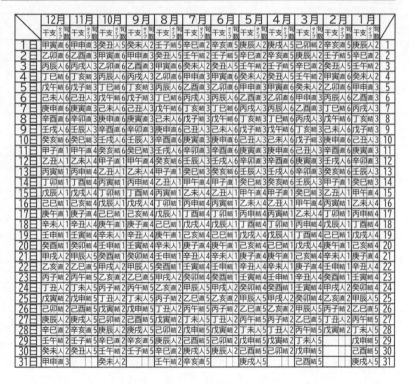

1948年（昭和23年）

その年干支の期間	2/5 6:43 〜 12/31 23:59	1/1 0:00 〜2/5 6:42
年干支	戊子	丁亥

その月干支の期間	12/7 13:38 〜 12/31 23:59	11/7 21:07 〜 12/7 13:37	10/8 18:21 〜 11/7 21:06	9/8 3:06 〜 10/8 18:20	8/8 0:27 〜 9/8 3:05	7/7 14:44 〜 8/8 0:26	6/6 4:21 〜 7/7 14:43	5/5 23:53 〜 6/6 4:20	4/5 6:10 〜 5/5 23:52	3/6 0:58 〜 4/5 6:09	2/5 6:43 〜 3/6 0:57	1/6 19:01 〜 2/5 6:42	1/1 0:00 〜 1/6 19:00
月干支	甲子	癸亥	壬戌	辛酉	庚申	己未	戊午	丁巳	丙辰	乙卯	甲寅	癸丑	壬子
外的環境の支配五行候補	水	水 木㋫	◎ 水㋠ ○ 土㋷ △ 金㋧ 火㋖	金 水㋹	金 水㋦	土 ○ 火㋠ △ 水㋹ 木㋰	土 火㋕	火・土 △ 水㋹ 金㋳	◎ 土㋠ △ 水㋷ 木㋦	木 水㋹	木 △ 水㋹ 火㋒	水 △ 木㋫ 金㋮	水 木㋫

	12月			11月			10月			9月			8月			7月			6月			5月			4月			3月			2月			1月			
	干支	タイプ	旬数	干支	タイプ	旬数	干支	タイプ	旬数	干支	タイプ	旬数	干支	タイプ	旬数	干支	タイプ	旬数	干支	タイプ	旬数	干支	タイプ	旬数	干支	タイプ	旬数	干支	タイプ	旬数	干支	タイプ	旬数	干支	タイプ	旬数	
1日	庚申	直	6	庚寅	直	3	己未	人	6	己丑	人	3	戊午	結	6	丁亥	結	3	丁巳	結	6	丙戌	人	3	丙辰	人	6	乙酉	直	3	丙辰	人	6	乙酉	直	3	1
2日	辛酉	直	6	辛卯	直	3	庚申	直	6	庚寅	直	3	己未	人	6	戊子	結	3	戊午	結	6	丁亥	結	3	丁巳	結	6	丙戌	人	3	丁巳	結	6	丙戌	人	3	2
3日	壬戌	人	6	壬辰	人	3	辛酉	直	6	辛卯	直	3	庚申	直	6	己丑	人	3	己未	人	6	戊子	結	3	戊午	結	6	丁亥	結	3	戊午	結	6	丁亥	結	3	3
4日	癸亥	結	6	癸巳	結	3	壬戌	人	6	壬辰	人	3	辛酉	直	6	庚寅	直	3	庚申	直	6	己丑	人	3	己未	人	6	戊子	結	3	己未	人	6	戊子	結	3	4
5日	甲子	直	1	甲午	直	4	癸亥	結	6	癸巳	結	3	壬戌	人	6	辛卯	直	3	辛酉	直	6	庚寅	直	3	庚申	直	6	己丑	人	3	庚申	直	6	己丑	人	3	5
6日	乙丑	人	1	乙未	人	4	甲子	直	1	甲午	直	4	癸亥	結	6	壬辰	人	3	壬戌	人	6	辛卯	直	3	辛酉	直	6	庚寅	直	3	辛酉	直	6	庚寅	直	3	6
7日	丙寅	結	1	丙申	結	4	乙丑	人	1	乙未	人	4	甲子	直	1	癸巳	結	3	癸亥	結	6	壬辰	人	3	壬戌	人	6	辛卯	直	3	壬戌	人	6	辛卯	直	3	7
8日	丁卯	結	1	丁酉	結	4	丙寅	結	1	丙申	結	4	乙丑	人	1	甲午	直	4	甲子	直	1	癸巳	結	3	癸亥	結	6	壬辰	人	3	癸亥	結	6	壬辰	人	3	8
9日	戊辰	人	1	戊戌	人	4	丁卯	結	1	丁酉	結	4	丙寅	結	1	乙未	人	4	乙丑	人	1	甲午	直	4	甲子	直	1	癸巳	結	3	甲子	直	1	癸巳	結	3	9
10日	己巳	結	1	己亥	結	4	戊辰	人	1	戊戌	人	4	丁卯	結	1	丙申	結	4	丙寅	結	1	乙未	人	4	乙丑	人	1	甲午	直	4	乙丑	人	1	甲午	直	4	10
11日	庚午	直	1	庚子	直	4	己巳	結	1	己亥	結	4	戊辰	人	1	丁酉	結	4	丁卯	結	1	丙申	結	4	丙寅	結	1	乙未	人	4	丙寅	結	1	乙未	人	4	11
12日	辛未	人	1	辛丑	人	4	庚午	直	1	庚子	直	4	己巳	結	1	戊戌	人	4	戊辰	人	1	丁酉	結	4	丁卯	結	1	丙申	結	4	丁卯	結	1	丙申	結	4	12
13日	壬申	結	1	壬寅	結	4	辛未	人	1	辛丑	人	4	庚午	直	1	己亥	結	4	己巳	結	1	戊戌	人	4	戊辰	人	1	丁酉	結	4	戊辰	人	1	丁酉	結	4	13
14日	癸酉	結	1	癸卯	結	4	壬申	結	1	壬寅	結	4	辛未	人	1	庚子	直	4	庚午	直	1	己亥	結	4	己巳	結	1	戊戌	人	4	己巳	結	1	戊戌	人	4	14
15日	甲戌	人	2	甲辰	人	5	癸酉	結	1	癸卯	結	4	壬申	結	1	辛丑	人	4	辛未	人	1	庚子	直	4	庚午	直	1	己亥	結	4	庚午	直	1	己亥	結	4	15
16日	乙亥	直	2	乙巳	直	5	甲戌	人	2	甲辰	人	5	癸酉	結	1	壬寅	結	4	壬申	結	1	辛丑	人	4	辛未	人	1	庚子	直	4	辛未	人	1	庚子	直	4	16
17日	丙子	結	2	丙午	結	5	乙亥	直	2	乙巳	直	5	甲戌	人	2	癸卯	結	4	癸酉	結	1	壬寅	結	4	壬申	結	1	辛丑	人	4	壬申	結	1	辛丑	人	4	17
18日	丁丑	人	2	丁未	人	5	丙子	結	2	丙午	結	5	乙亥	直	2	甲辰	人	5	甲戌	人	2	癸卯	結	4	癸酉	結	1	壬寅	結	4	癸酉	結	1	壬寅	結	4	18
19日	戊寅	結	2	戊申	結	5	丁丑	人	2	丁未	人	5	丙子	結	2	乙巳	直	5	乙亥	直	2	甲辰	人	5	甲戌	人	2	癸卯	結	4	甲戌	人	2	癸卯	結	4	19
20日	己卯	結	2	己酉	結	5	戊寅	結	2	戊申	結	5	丁丑	人	2	丙午	結	5	丙子	結	2	乙巳	直	5	乙亥	直	2	甲辰	人	5	乙亥	直	2	甲辰	人	5	20
21日	庚辰	人	2	庚戌	人	5	己卯	結	2	己酉	結	5	戊寅	結	2	丁未	人	5	丁丑	人	2	丙午	結	5	丙子	結	2	乙巳	直	5	丙子	結	2	乙巳	直	5	21
22日	辛巳	直	2	辛亥	直	5	庚辰	人	2	庚戌	人	5	己卯	結	2	戊申	結	5	戊寅	結	2	丁未	人	5	丁丑	人	2	丙午	結	5	丁丑	人	2	丙午	結	5	22
23日	壬午	結	2	壬子	結	5	辛巳	直	2	辛亥	直	5	庚辰	人	2	己酉	結	5	己卯	結	2	戊申	結	5	戊寅	結	2	丁未	人	5	戊寅	結	2	丁未	人	5	23
24日	癸未	人	2	癸丑	人	5	壬午	結	2	壬子	結	5	辛巳	直	2	庚戌	人	5	庚辰	人	2	己酉	結	5	己卯	結	2	戊申	結	5	己卯	結	2	戊申	結	5	24
25日	甲申	直	3	甲寅	直	6	癸未	人	2	癸丑	人	5	壬午	結	2	辛亥	直	5	辛巳	直	2	庚戌	人	5	庚辰	人	2	己酉	結	5	庚辰	人	2	己酉	結	5	25
26日	乙酉	直	3	乙卯	直	6	甲申	直	3	甲寅	直	6	癸未	人	2	壬子	結	5	壬午	結	2	辛亥	直	5	辛巳	直	2	庚戌	人	5	辛巳	直	2	庚戌	人	5	26
27日	丙戌	人	3	丙辰	人	6	乙酉	直	3	乙卯	直	6	甲申	直	3	癸丑	人	5	癸未	人	2	壬子	結	5	壬午	結	2	辛亥	直	5	壬午	結	2	辛亥	直	5	27
28日	丁亥	結	3	丁巳	結	6	丙戌	人	3	丙辰	人	6	乙酉	直	3	甲寅	直	6	甲申	直	3	癸丑	人	5	癸未	人	2	壬子	結	5	癸未	人	2	壬子	結	5	28
29日	戊子	結	3	戊午	結	6	丁亥	結	3	丁巳	結	6	丙戌	人	3	乙卯	直	6	乙酉	直	3	甲寅	直	6	甲申	直	3	癸丑	人	5	甲申	直	3	癸丑	人	5	29
30日	己丑	人	3	己未	人	6	戊子	結	3	戊午	結	6	丁亥	結	3	丙辰	人	6	丙戌	人	3	乙卯	直	6	乙酉	直	3	甲寅	直	6				甲寅			30
31日	庚寅	直	3				己丑	人	3				戊子	結	3	丁巳	結	6				丙辰	人	6				乙卯	直	6				乙卯			31

以下のサイトに、生年月日時を入力するだけ「人物フォーマット」が、算出できます。

https://asano-uranai.com/fpd/entrance.php

１９４９年（昭和２４年）

その年干支の期間	2/4 12:24 ～ 12/31 23:59	1/1 0:00 ~2/4 12:23
年干支	己丑	戊子

その月干支の期間	12/7 19:34 ～ 12/31 23:59	11/8 3:01 ～ 12/7 19:33	10/9 0:12 ～ 11/8 3:00	9/8 8:55 ～ 10/9 0:11	8/8 6:16 ～ 9/8 8:54	7/7 20:32 ～ 8/8 6:15	6/6 10:07 ～ 7/7 20:31	5/6 5:37 ～ 6/6 10:06	4/5 11:52 ～ 5/6 5:36	3/6 6:40 ～ 4/5 11:51	2/4 12:24 ～ 3/6 6:39	1/6 0:42 ～ 2/4 12:23	1/1 0:00 ～ 1/6 0:41
月干支	丙子	乙亥	甲戌	癸酉	壬申	辛未	庚午	己巳	戊辰	丁卯	丙寅	乙丑	甲子
外的環境の支配五行候補	水 金㋮	水 △木㋹ 金㋮	◎土㋣ △金㋟ 火㋖	◎金㋑ 水㋖	◎金㋑ 水㋵	土 ○火㋠ △木㋰ □金㋒ 水㋖	土 ○火㋑ △金㋒ 水㋖	土 ○火㋑ △金㋦ 水㋖	土 △木㋦ 金㋤	◎木㋑ △水㋖ 金㋮	◎木㋑ ○火㋞ △水㋖ 金㋮	水 金㋮	水

	12月			11月			10月			9月			8月			7月			6月			5月			4月			3月			2月			1月			
	干支	タイプ	旬数	干支	タイプ	旬数	干支	タイプ	旬数	干支	タイプ	旬数	干支	タイプ	旬数	干支	タイプ	旬数	干支	タイプ	旬数	干支	タイプ	旬数	干支	タイプ	旬数	干支	タイプ	旬数	干支	タイプ	旬数	干支	タイプ	旬数	
1日	乙丑	人	1	乙未	人	4	甲子	直	1	甲午	直	4	癸亥	結	6	壬辰	人	3	壬戌	人	6	辛卯	直	3	辛酉	直	6	庚寅	直	3	壬戌	人	6	辛卯	直	3	1
2日	丙寅	結	1	丙申	結	4	乙丑	人	1	乙未	人	4	甲子	直	1	癸巳	結	3	癸亥	結	6	壬辰	人	3	壬戌	人	6	辛卯	直	3	癸亥	結	6	壬辰	人	3	2
3日	丁卯	結	1	丁酉	結	4	丙寅	結	1	丙申	結	4	乙丑	人	1	甲午	直	4	甲子	直	1	癸巳	結	3	癸亥	結	6	壬辰	人	3	甲子	直	1	癸巳	結	3	3
4日	戊辰	人	1	戊戌	人	4	丁卯	結	1	丁酉	結	4	丙寅	結	1	乙未	人	4	乙丑	人	1	甲午	直	4	甲子	直	1	癸巳	結	3	乙丑	人	1	甲午	直	4	4
5日	己巳	結	1	己亥	結	4	戊辰	人	1	戊戌	人	4	丁卯	結	1	丙申	結	4	丙寅	結	1	乙未	人	4	乙丑	人	1	甲午	直	4	丙寅	結	1	乙未	人	4	5
6日	庚午	直	1	庚子	直	4	己巳	結	1	己亥	結	4	戊辰	人	1	丁酉	結	4	丁卯	結	1	丙申	結	4	丙寅	結	1	乙未	人	4	丁卯	結	1	丙申	結	4	6
7日	辛未	人	1	辛丑	人	4	庚午	直	1	庚子	直	4	己巳	結	1	戊戌	人	4	戊辰	人	1	丁酉	結	4	丁卯	結	1	丙申	結	4	戊辰	人	1	丁酉	結	4	7
8日	壬申	結	1	壬寅	結	4	辛未	人	1	辛丑	人	4	庚午	直	1	己亥	結	4	己巳	結	1	戊戌	人	4	戊辰	人	1	丁酉	結	4	己巳	結	1	戊戌	人	4	8
9日	癸酉	結	1	癸卯	結	4	壬申	結	1	壬寅	結	4	辛未	人	1	庚子	直	4	庚午	直	1	己亥	結	4	己巳	結	1	戊戌	人	4	庚午	直	1	己亥	結	4	9
10日	甲戌	人	2	甲辰	人	5	癸酉	結	1	癸卯	結	4	壬申	結	1	辛丑	人	4	辛未	人	1	庚子	直	4	庚午	直	1	己亥	結	4	辛未	人	1	庚子	直	4	10
11日	乙亥	直	2	乙巳	直	5	甲戌	人	2	甲辰	人	5	癸酉	結	1	壬寅	結	4	壬申	結	1	辛丑	人	4	辛未	人	1	庚子	直	4	壬申	結	1	辛丑	人	4	11
12日	丙子	結	2	丙午	結	5	乙亥	直	2	乙巳	直	5	甲戌	人	2	癸卯	結	4	癸酉	結	1	壬寅	結	4	壬申	結	1	辛丑	人	4	癸酉	結	1	壬寅	結	4	12
13日	丁丑	人	2	丁未	人	5	丙子	結	2	丙午	結	5	乙亥	直	2	甲辰	人	5	甲戌	人	2	癸卯	結	4	癸酉	結	1	壬寅	結	4	甲戌	人	2	癸卯	結	4	13
14日	戊寅	結	2	戊申	結	5	丁丑	人	2	丁未	人	5	丙子	結	2	乙巳	直	5	乙亥	直	2	甲辰	人	5	甲戌	人	2	癸卯	結	4	乙亥	直	2	甲辰	人	5	14
15日	己卯	結	2	己酉	結	5	戊寅	結	2	戊申	結	5	丁丑	人	2	丙午	結	5	丙子	結	2	乙巳	直	5	乙亥	直	2	甲辰	人	5	丙子	結	2	乙巳	直	5	15
16日	庚辰	人	2	庚戌	人	5	己卯	結	2	己酉	結	5	戊寅	結	2	丁未	人	5	丁丑	人	2	丙午	結	5	丙子	結	2	乙巳	直	5	丁丑	人	2	丙午	結	5	16
17日	辛巳	直	2	辛亥	直	5	庚辰	人	2	庚戌	人	5	己卯	結	2	戊申	結	5	戊寅	結	2	丁未	人	5	丁丑	人	2	丙午	結	5	戊寅	結	2	丁未	人	5	17
18日	壬午	結	2	壬子	結	5	辛巳	直	2	辛亥	直	5	庚辰	人	2	己酉	結	5	己卯	結	2	戊申	結	5	戊寅	結	2	丁未	人	5	己卯	結	2	戊申	結	5	18
19日	癸未	人	2	癸丑	人	5	壬午	結	2	壬子	結	5	辛巳	直	2	庚戌	人	5	庚辰	人	2	己酉	結	5	己卯	結	2	戊申	結	5	庚辰	人	2	己酉	結	5	19
20日	甲申	直	3	甲寅	直	6	癸未	人	2	癸丑	人	5	壬午	結	2	辛亥	直	5	辛巳	直	2	庚戌	人	5	庚辰	人	2	己酉	結	5	辛巳	直	2	庚戌	人	5	20
21日	乙酉	直	3	乙卯	直	6	甲申	直	3	甲寅	直	6	癸未	人	2	壬子	結	5	壬午	結	2	辛亥	直	5	辛巳	直	2	庚戌	人	5	壬午	結	2	辛亥	直	5	21
22日	丙戌	人	3	丙辰	人	6	乙酉	直	3	乙卯	直	6	甲申	直	3	癸丑	人	5	癸未	人	2	壬子	結	5	壬午	結	2	辛亥	直	5	癸未	人	2	壬子	結	5	22
23日	丁亥	結	3	丁巳	結	6	丙戌	人	3	丙辰	人	6	乙酉	直	3	甲寅	直	6	甲申	直	3	癸丑	人	5	癸未	人	2	壬子	結	5	甲申	直	3	癸丑	人	5	23
24日	戊子	結	3	戊午	結	6	丁亥	結	3	丁巳	結	6	丙戌	人	3	乙卯	直	6	乙酉	直	3	甲寅	直	6	甲申	直	3	癸丑	人	5	乙酉	直	3	甲寅	直	6	24
25日	己丑	人	3	己未	人	6	戊子	結	3	戊午	結	6	丁亥	結	3	丙辰	人	6	丙戌	人	3	乙卯	直	6	乙酉	直	3	甲寅	直	6	丙戌	人	3	乙卯	直	6	25
26日	庚寅	直	3	庚申	直	6	己丑	人	3	己未	人	6	戊子	結	3	丁巳	結	6	丁亥	結	3	丙辰	人	6	丙戌	人	3	乙卯	直	6	丁亥	結	3	丙辰	人	6	26
27日	辛卯	直	3	辛酉	直	6	庚寅	直	3	庚申	直	6	己丑	人	3	戊午	結	6	戊子	結	3	丁巳	結	6	丁亥	結	3	丙辰	人	6	戊子	結	3	丁巳	結	6	27
28日	壬辰	人	3	壬戌	人	6	辛卯	直	3	辛酉	直	6	庚寅	直	3	己未	人	6	己丑	人	3	戊午	結	6	戊子	結	3	丁巳	結	6	己丑	人	3	戊午	結	6	28
29日	癸巳	結	3	癸亥	結	6	壬辰	人	3	壬戌	人	6	辛卯	直	3	庚申	直	6	庚寅	直	3	己未	人	6	己丑	人	3	戊午	結	6				己未	人	6	29
30日	甲午	直	4	甲子	直	1	癸巳	結	3	癸亥	結	6	壬辰	人	3	辛酉	直	6	辛卯	直	3	庚申	直	6	庚寅	直	3	己未	人	6				庚申	直	6	30
31日	乙未	人	4				甲午	直	4				癸巳	結	3	壬戌	人	6				辛酉	直	6				庚申	直	6				辛酉	直	6	31

以下のサイトに、生年月日時を入力するだけ「人物フォーマット」が、算出できます。

https://asano-uranai.com/fpd/entrance.php

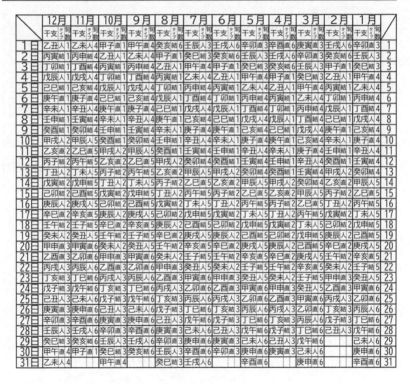

1950年（昭和25年）

その年干支の期間	2/4 18:21 ～ 12/31 23:59	1/1 0:00 ～2/4 18:20
年干支	庚寅	己丑

その月干支の期間	12/8 1:22 ～ 12/31 23:59	11/8 8:44 ～ 12/8 1:21	10/9 5:52 ～ 11/8 8:43	9/8 14:34 ～ 10/9 5:51	8/8 11:56 ～ 9/8 14:33	7/8 2:14 ～ 8/8 11:55	6/6 15:51 ～ 7/8 2:13	5/6 11:25 ～ 6/6 15:50	4/5 17:45 ～ 5/6 11:24	3/6 12:36 ～ 4/5 17:44	2/4 18:21 ～ 3/6 12:35	1/6 6:40 ～ 2/4 18:20	1/1 0:00 ～ 1/6 6:39
月干支	戊子	丁亥	丙戌	乙酉	甲申	癸未	壬午	辛巳	庚辰	己卯	戊寅	丁丑	丙子
外的環境の支配五行候補	◎ 水㋑ △ 木㋤ 火㋒	◎ 水㋑ △ 木㋾ 火㋞	◎ 土㋺ ○ 火㋣ △ 金㋟ 木㋤	金 △ 木㋕ 火㋒	金 ○ 水㋰ △ 火㋒ 木㋖	◎ 土㋑ △ 火㋠ 木㋸	◎ 火㋑ ◎ 土㋑ 木㋤	◎ 火㋑ ◎ 土㋑ △ 金㋟ 木㋤	◎ 木㋬ △ 金㋟ 火㋒ 水㋒	木 火㋒	木 火㋒	◎ 水㋥ △ 土㋻ 金㋮	水 金㋮

	12月			11月			10月			9月			8月			7月			6月			5月			4月			3月			2月			1月			
	干支	タイプ	旬数	干支	タイプ	旬数	干支	タイプ	旬数	干支	タイプ	旬数	干支	タイプ	旬数	干支	タイプ	旬数	干支	タイプ	旬数	干支	タイプ	旬数	干支	タイプ	旬数	干支	タイプ	旬数	干支	タイプ	旬数	干支	タイプ	旬数	
1日	庚午	直	1	庚子	直	1	己巳	結	1	己亥	結	4	戊辰	人	1	丁酉	結	4	丁卯	結	1	丙申	結	4	丙寅	結	1	乙未	人	4	丁卯	結	1	丙申	結	4	1
2日	辛未	人	1	辛丑	人	1	庚午	直	1	庚子	直	4	己巳	結	1	戊戌	人	4	戊辰	人	1	丁酉	結	4	丁卯	結	1	丙申	結	4	戊辰	人	1	丁酉	結	4	2
3日	壬申	結	1	壬寅	結	1	辛未	人	1	辛丑	人	4	庚午	直	1	己亥	結	4	己巳	結	1	戊戌	人	4	戊辰	人	1	丁酉	結	4	己巳	結	1	戊戌	人	4	3
4日	癸酉	結	1	癸卯	結	1	壬申	結	1	壬寅	結	4	辛未	人	1	庚子	直	4	庚午	直	1	己亥	結	4	己巳	結	1	戊戌	人	4	庚午	直	1	己亥	結	4	4
5日	甲戌	人	2	甲辰	人	5	癸酉	結	1	癸卯	結	4	壬申	結	1	辛丑	人	4	辛未	人	1	庚子	直	4	庚午	直	1	己亥	結	4	辛未	人	1	庚子	直	4	5
6日	乙亥	直	2	乙巳	直	5	甲戌	人	2	甲辰	人	5	癸酉	結	1	壬寅	結	4	壬申	結	1	辛丑	人	4	辛未	人	1	庚子	直	4	壬申	結	1	辛丑	人	4	6
7日	丙子	結	2	丙午	結	5	乙亥	直	2	乙巳	直	5	甲戌	人	2	癸卯	結	4	癸酉	結	1	壬寅	結	4	壬申	結	1	辛丑	人	4	癸酉	結	1	壬寅	結	4	7
8日	丁丑	人	2	丁未	人	5	丙子	結	2	丙午	結	5	乙亥	直	2	甲辰	人	5	甲戌	人	2	癸卯	結	4	癸酉	結	1	壬寅	結	4	甲戌	人	2	癸卯	結	4	8
9日	戊寅	結	2	戊申	結	5	丁丑	人	2	丁未	人	5	丙子	結	2	乙巳	直	5	乙亥	直	2	甲辰	人	5	甲戌	人	2	癸卯	結	4	乙亥	直	2	甲辰	人	5	9
10日	己卯	結	2	己酉	結	5	戊寅	結	2	戊申	結	5	丁丑	人	2	丙午	結	5	丙子	結	2	乙巳	直	5	乙亥	直	2	甲辰	人	5	丙子	結	2	乙巳	直	5	10
11日	庚辰	人	2	庚戌	人	5	己卯	結	2	己酉	結	5	戊寅	結	2	丁未	人	5	丁丑	人	2	丙午	結	5	丙子	結	2	乙巳	直	5	丁丑	人	2	丙午	結	5	11
12日	辛巳	直	2	辛亥	直	5	庚辰	人	2	庚戌	人	5	己卯	結	2	戊申	結	5	戊寅	結	2	丁未	人	5	丁丑	人	2	丙午	結	5	戊寅	結	2	丁未	人	5	12
13日	壬午	結	2	壬子	結	5	辛巳	直	2	辛亥	直	5	庚辰	人	2	己酉	結	5	己卯	結	2	戊申	結	5	戊寅	結	2	丁未	人	5	己卯	結	2	戊申	結	5	13
14日	癸未	人	2	癸丑	人	5	壬午	結	2	壬子	結	5	辛巳	直	2	庚戌	人	5	庚辰	人	2	己酉	結	5	己卯	結	2	戊申	結	5	庚辰	人	2	己酉	結	5	14
15日	甲申	直	3	甲寅	直	6	癸未	人	2	癸丑	人	5	壬午	結	2	辛亥	直	5	辛巳	直	2	庚戌	人	5	庚辰	人	2	己酉	結	5	辛巳	直	2	庚戌	人	5	15
16日	乙酉	直	3	乙卯	直	6	甲申	直	3	甲寅	直	6	癸未	人	2	壬子	結	5	壬午	結	2	辛亥	直	5	辛巳	直	2	庚戌	人	5	壬午	結	2	辛亥	直	5	16
17日	丙戌	人	3	丙辰	人	6	乙酉	直	3	乙卯	直	6	甲申	直	3	癸丑	人	5	癸未	人	2	壬子	結	5	壬午	結	2	辛亥	直	5	癸未	人	2	壬子	結	5	17
18日	丁亥	結	3	丁巳	結	6	丙戌	人	3	丙辰	人	6	乙酉	直	3	甲寅	直	6	甲申	直	3	癸丑	人	5	癸未	人	2	壬子	結	5	甲申	直	3	癸丑	人	5	18
19日	戊子	結	3	戊午	結	6	丁亥	結	3	丁巳	結	6	丙戌	人	3	乙卯	直	6	乙酉	直	3	甲寅	直	6	甲申	直	3	癸丑	人	5	乙酉	直	3	甲寅	直	6	19
20日	己丑	人	3	己未	人	6	戊子	結	3	戊午	結	6	丁亥	結	3	丙辰	人	6	丙戌	人	3	乙卯	直	6	乙酉	直	3	甲寅	直	6	丙戌	人	3	乙卯	直	6	20
21日	庚寅	直	3	庚申	直	6	己丑	人	3	己未	人	6	戊子	結	3	丁巳	結	6	丁亥	結	3	丙辰	人	6	丙戌	人	3	乙卯	直	6	丁亥	結	3	丙辰	人	6	21
22日	辛卯	直	3	辛酉	直	6	庚寅	直	3	庚申	直	6	己丑	人	3	戊午	結	6	戊子	結	3	丁巳	結	6	丁亥	結	3	丙辰	人	6	戊子	結	3	丁巳	結	6	22
23日	壬辰	人	3	壬戌	人	6	辛卯	直	3	辛酉	直	6	庚寅	直	3	己未	人	6	己丑	人	3	戊午	結	6	戊子	結	3	丁巳	結	6	己丑	人	3	戊午	結	6	23
24日	癸巳	結	3	癸亥	結	6	壬辰	人	3	壬戌	人	6	辛卯	直	3	庚申	直	6	庚寅	直	3	己未	人	6	己丑	人	3	戊午	結	6	庚寅	直	3	己未	人	6	24
25日	甲午	直	4	甲子	直	1	癸巳	結	3	癸亥	結	6	壬辰	人	3	辛酉	直	6	辛卯	直	3	庚申	直	6	庚寅	直	3	己未	人	6	辛卯	直	3	庚申	直	6	25
26日	乙未	人	4	乙丑	人	1	甲午	直	4	甲子	直	1	癸巳	結	3	壬戌	人	6	壬辰	人	3	辛酉	直	6	辛卯	直	3	庚申	直	6	壬辰	人	3	辛酉	直	6	26
27日	丙申	結	4	丙寅	結	1	乙未	人	4	乙丑	人	1	甲午	直	4	癸亥	結	6	癸巳	結	3	壬戌	人	6	壬辰	人	3	辛酉	直	6	癸巳	結	3	壬戌	人	6	27
28日	丁酉	結	4	丁卯	結	1	丙申	結	4	丙寅	結	1	乙未	人	4	甲子	直	1	甲午	直	4	癸亥	結	6	癸巳	結	3	壬戌	人	6	甲午	直	4	癸亥	結	6	28
29日	戊戌	人	4	戊辰	人	1	丁酉	結	4	丁卯	結	1	丙申	結	4	乙丑	人	1	乙未	人	4	甲子	直	1	甲午	直	4	癸亥	結	6				甲子	直	1	29
30日	己亥	結	4	己巳	結	1	戊戌	人	4	戊辰	人	1	丁酉	結	4	丙寅	結	1	丙申	結	4	乙丑	人	1	乙未	人	4	甲子	直	1				乙丑	人	1	30
31日	庚子	直	4				己亥	結	4				戊戌	人	4	丁卯	結	1				丙寅	結	1				乙丑	人	1				丙寅	結	1	31

以下のサイトに、生年月日時を入力するだけ「人物フォーマット」が、算出できます。

https://asano-uranai.com/fpd/entrance.php

１９５１年（昭和２６年）

その年干支の期間	2/5 0:14 ～ 12/31 23:59	1/1 0:00 ～2/5 0:13
年干支	辛卯	庚寅

その月干支の期間	12/8 7:03 ～ 12/31 23:59	11/8 14:27 ～ 12/8 7:02	10/9 11:37 ～ 11/8 14:26	9/8 20:19 ～ 10/9 11:36	8/8 17:38 ～ 9/8 20:18	7/8 7:54 ～ 8/8 17:37	6/6 21:33 ～ 7/8 7:53	5/6 17:10 ～ 6/6 21:32	4/5 23:33 ～ 5/6 17:09	3/6 18:27 ～ 4/5 23:32	2/5 0:14 ～ 3/6 18:26	1/6 12:31 ～ 2/5 0:13	1/1 0:00 ～ 1/6 12:30
月干支	庚子	己亥	戊戌	丁酉	丙申	乙未	甲午	癸巳	壬辰	辛卯	庚寅	己丑	戊子
外的環境の支配五行候補	◎ 水㋑ △ 金㋟ 木㋡	◎ 水㋑ 木㋠	◎ 土㋷ ○ 金㋟ △ 木㋡ 火㋼	金 木㋡	金 △ 木㋡ 水㋰	◎ 土㋑ △ 木㋺ 火㋠	◎ 火㋑ ◎ 土㋑ 木㋕	◎ 火㋑ ◎ 土㋑ △ 木㋡ 金㋰	◎ 木㋬ 水㋟	木 金㋟	木 △ 金㋟ 火㋒	◎ 水㋕ △ 木㋤ 火㋒ 金㋒	◎ 水㋑ △ 木㋤ 火㋒

	12月			11月			10月			9月			8月			7月			6月			5月			4月			3月			2月			1月			
	干支	タイプ	旬数	干支	タイプ	旬数	干支	タイプ	旬数	干支	タイプ	旬数	干支	タイプ	旬数	干支	タイプ	旬数	干支	タイプ	旬数	干支	タイプ	旬数	干支	タイプ	旬数	干支	タイプ	旬数	干支	タイプ	旬数	干支	タイプ	旬数	
1日	乙亥	直	2	乙巳	直	5	甲戌	人	2	甲辰	人	5	癸酉	結	1	壬寅	結	4	壬申	結	1	辛丑	人	4	辛未	人	1	庚子	直	4	壬申	結	1	辛丑	人	4	1
2日	丙子	結	2	丙午	結	5	乙亥	直	2	乙巳	直	5	甲戌	人	2	癸卯	結	4	癸酉	結	1	壬寅	結	4	壬申	結	1	辛丑	人	4	癸酉	結	1	壬寅	結	4	2
3日	丁丑	人	2	丁未	人	5	丙子	結	2	丙午	結	5	乙亥	直	2	甲辰	人	5	甲戌	人	2	癸卯	結	4	癸酉	結	1	壬寅	結	4	甲戌	人	2	癸卯	結	4	3
4日	戊寅	結	2	戊申	結	5	丁丑	人	2	丁未	人	5	丙子	結	2	乙巳	直	5	乙亥	直	2	甲辰	人	5	甲戌	人	2	癸卯	結	4	乙亥	直	2	甲辰	人	5	4
5日	己卯	結	2	己酉	結	5	戊寅	結	2	戊申	結	5	丁丑	人	2	丙午	結	5	丙子	結	2	乙巳	直	5	乙亥	直	2	甲辰	人	5	丙子	結	2	乙巳	直	5	5
6日	庚辰	人	2	庚戌	人	5	己卯	結	2	己酉	結	5	戊寅	結	2	丁未	人	5	丁丑	人	2	丙午	結	5	丙子	結	2	乙巳	直	5	丁丑	人	2	丙午	結	5	6
7日	辛巳	直	2	辛亥	直	5	庚辰	人	2	庚戌	人	5	己卯	結	2	戊申	結	5	戊寅	結	2	丁未	人	5	丁丑	人	2	丙午	結	5	戊寅	結	2	丁未	人	5	7
8日	壬午	結	2	壬子	結	5	辛巳	直	2	辛亥	直	5	庚辰	人	2	己酉	結	5	己卯	結	2	戊申	結	5	戊寅	結	2	丁未	人	5	己卯	結	2	戊申	結	5	8
9日	癸未	人	2	癸丑	人	5	壬午	結	2	壬子	結	5	辛巳	直	2	庚戌	人	5	庚辰	人	2	己酉	結	5	己卯	結	2	戊申	結	5	庚辰	人	2	己酉	結	5	9
10日	甲申	直	3	甲寅	直	6	癸未	人	2	癸丑	人	5	壬午	結	2	辛亥	直	5	辛巳	直	2	庚戌	人	5	庚辰	人	2	己酉	結	5	辛巳	直	2	庚戌	人	5	10
11日	乙酉	直	3	乙卯	直	6	甲申	直	3	甲寅	直	6	癸未	人	2	壬子	結	5	壬午	結	2	辛亥	直	5	辛巳	直	2	庚戌	人	5	壬午	結	2	辛亥	直	5	11
12日	丙戌	人	3	丙辰	人	6	乙酉	直	3	乙卯	直	6	甲申	直	3	癸丑	人	5	癸未	人	2	壬子	結	5	壬午	結	2	辛亥	直	5	癸未	人	2	壬子	結	5	12
13日	丁亥	結	3	丁巳	結	6	丙戌	人	3	丙辰	人	6	乙酉	直	3	甲寅	直	6	甲申	直	3	癸丑	人	5	癸未	人	2	壬子	結	5	甲申	直	3	癸丑	人	5	13
14日	戊子	結	3	戊午	結	6	丁亥	結	3	丁巳	結	6	丙戌	人	3	乙卯	直	6	乙酉	直	3	甲寅	直	6	甲申	直	3	癸丑	人	5	乙酉	直	3	甲寅	直	6	14
15日	己丑	人	3	己未	人	6	戊子	結	3	戊午	結	6	丁亥	結	3	丙辰	人	6	丙戌	人	3	乙卯	直	6	乙酉	直	3	甲寅	直	6	丙戌	人	3	乙卯	直	6	15
16日	庚寅	直	3	庚申	直	6	己丑	人	3	己未	人	6	戊子	結	3	丁巳	結	6	丁亥	結	3	丙辰	人	6	丙戌	人	3	乙卯	直	6	丁亥	結	3	丙辰	人	6	16
17日	辛卯	直	3	辛酉	直	6	庚寅	直	3	庚申	直	6	己丑	人	3	戊午	結	6	戊子	結	3	丁巳	結	6	丁亥	結	3	丙辰	人	6	戊子	結	3	丁巳	結	6	17
18日	壬辰	人	3	壬戌	人	6	辛卯	直	3	辛酉	直	6	庚寅	直	3	己未	人	6	己丑	人	3	戊午	結	6	戊子	結	3	丁巳	結	6	己丑	人	3	戊午	結	6	18
19日	癸巳	結	3	癸亥	結	6	壬辰	人	3	壬戌	人	6	辛卯	直	3	庚申	直	6	庚寅	直	3	己未	人	6	己丑	人	3	戊午	結	6	庚寅	直	3	己未	人	6	19
20日	甲午	直	4	甲子	直	1	癸巳	結	3	癸亥	結	6	壬辰	人	3	辛酉	直	6	辛卯	直	3	庚申	直	6	庚寅	直	3	己未	人	6	辛卯	直	3	庚申	直	6	20
21日	乙未	人	4	乙丑	人	1	甲午	直	4	甲子	直	1	癸巳	結	3	壬戌	人	6	壬辰	人	3	辛酉	直	6	辛卯	直	3	庚申	直	6	壬辰	人	3	辛酉	直	6	21
22日	丙申	結	4	丙寅	結	1	乙未	人	4	乙丑	人	1	甲午	直	4	癸亥	結	6	癸巳	結	3	壬戌	人	6	壬辰	人	3	辛酉	直	6	癸巳	結	3	壬戌	人	6	22
23日	丁酉	結	4	丁卯	結	1	丙申	結	4	丙寅	結	1	乙未	人	4	甲子	直	1	甲午	直	4	癸亥	結	6	癸巳	結	3	壬戌	人	6	甲午	直	4	癸亥	結	6	23
24日	戊戌	人	4	戊辰	人	1	丁酉	結	4	丁卯	結	1	丙申	結	4	乙丑	人	1	乙未	人	4	甲子	直	1	甲午	直	4	癸亥	結	6	乙未	人	4	甲子	直	1	24
25日	己亥	結	4	己巳	結	1	戊戌	人	4	戊辰	人	1	丁酉	結	4	丙寅	結	1	丙申	結	4	乙丑	人	1	乙未	人	4	甲子	直	1	丙申	結	4	乙丑	人	1	25
26日	庚子	直	4	庚午	直	1	己亥	結	4	己巳	結	1	戊戌	人	4	丁卯	結	1	丁酉	結	4	丙寅	結	1	丙申	結	4	乙丑	人	1	丁酉	結	4	丙寅	結	1	26
27日	辛丑	人	4	辛未	人	1	庚子	直	4	庚午	直	1	己亥	結	4	戊辰	人	1	戊戌	人	4	丁卯	結	1	丁酉	結	4	丙寅	結	1	戊戌	人	4	丁卯	結	1	27
28日	壬寅	結	4	壬申	結	1	辛丑	人	4	辛未	人	1	庚子	直	4	己巳	結	1	己亥	結	4	戊辰	人	1	戊戌	人	4	丁卯	結	1	己亥	結	4	戊辰	人	1	28
29日	癸卯	結	4	癸酉	結	1	壬寅	結	4	壬申	結	1	辛丑	人	4	庚午	直	1	庚子	直	4	己巳	結	1	己亥	結	4	戊辰	人	1				己巳	結	1	29
30日	甲辰	人	5	甲戌	人	2	癸卯	結	4	癸酉	結	1	壬寅	結	4	辛未	人	1	辛丑	人	4	庚午	直	1	庚子	直	4	己巳	結	1				庚午	直	1	30
31日	乙巳	直	5				甲辰	人	5				癸卯	結	4	壬申	結	1				辛未	人	1				庚午	直	1				辛未	人	1	31

以下のサイトに、生年月日時を入力するだけ「人物フォーマット」が、算出できます。

https://asano-uranai.com/fpd/entrance.php

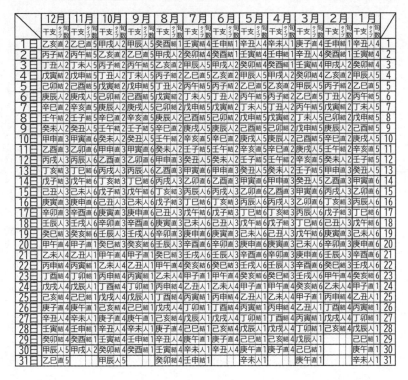

１９５２年（昭和２７年）

その年干支の期間	2/5 5:54 ～ 12/31 23:59	1/1 0:00 ～2/5 5:53
年干支	壬辰	辛卯

その月干支の期間	12/7 12:56 〜 12/31 23:59	11/7 20:22 〜 12/7 12:55	10/8 17:33 〜 11/7 20:21	9/8 2:14 〜 10/8 17:32	8/7 23:32 〜 9/8 2:13	7/7 13:45 〜 8/7 23:31	6/6 3:21 〜 7/7 13:44	5/5 22:54 〜 6/6 3:20	4/5 5:16 〜 5/5 22:53	3/6 0:08 〜 4/5 5:15	2/5 5:54 〜 3/6 0:07	1/6 18:10 〜 2/5 5:53	1/1 0:00 〜 1/6 18:09
月干支	壬子	辛亥	庚戌	己酉	戊申	丁未	丙午	乙巳	甲辰	癸卯	壬寅	辛丑	庚子
外的環境の支配五行候補	水 木㋧	水 △ 木㋶ 金㋰	◎ 土㋷ ○ 金㋟ ○ 水㋟ △ 木㋒ 火㋖	◎ 土㋺ ○ 金㋬ △ 水㋟ 木㋧	◎ 金㋑ ○ 水㋣ △ 土㋷ 木㋒	土 ○ 火㋑ △ 水㋟ 木㋰	火 ○ 土㋑ △ 水㋟ 木㋒	◎ 火㋑ ◎ 土㋑ ○ 木㋵ △ 水㋟ 金㋳	◎ 木㋩ ○ 土㋷ △ 水㋟ 金㋤	木 水㋟	木 △ 水㋟ 火㋒	◎ 水㋕ △ 金㋟ 木㋡	◎ 水㋑ △ 金㋟ 木㋡

	12月			11月			10月			9月			8月			7月			6月			5月			4月			3月			2月			1月			
	干支	タイプ	旬数	干支	タイプ	旬数	干支	タイプ	旬数	干支	タイプ	旬数	干支	タイプ	旬数	干支	タイプ	旬数	干支	タイプ	旬数	干支	タイプ	旬数	干支	タイプ	旬数	干支	タイプ	旬数	干支	タイプ	旬数	干支	タイプ	旬数	
1日	辛巳	直	2	辛亥	直	5	庚辰	人	2	庚戌	人	5	己卯	結	2	戊申	結	5	戊寅	結	2	丁未	人	5	丁丑	人	2	丙午	結	5	丁丑	人	2	丙午	結	5	1
2日	壬午	結	2	壬子	結	5	辛巳	直	2	辛亥	直	5	庚辰	人	2	己酉	結	5	己卯	結	2	戊申	結	5	戊寅	結	2	丁未	人	5	戊寅	結	2	丁未	人	5	2
3日	癸未	人	2	癸丑	人	5	壬午	結	2	壬子	結	5	辛巳	直	2	庚戌	人	5	庚辰	人	2	己酉	結	5	己卯	結	2	戊申	結	5	己卯	結	2	戊申	結	5	3
4日	甲申	直	3	甲寅	直	6	癸未	人	2	癸丑	人	5	壬午	結	2	辛亥	直	5	辛巳	直	2	庚戌	人	5	庚辰	人	2	己酉	結	5	庚辰	人	2	己酉	結	5	4
5日	乙酉	直	3	乙卯	直	6	甲申	直	3	甲寅	直	6	癸未	人	2	壬子	結	5	壬午	結	2	辛亥	直	5	辛巳	直	2	庚戌	人	5	辛巳	直	2	庚戌	人	5	5
6日	丙戌	人	3	丙辰	人	6	乙酉	直	3	乙卯	直	6	甲申	直	3	癸丑	人	5	癸未	人	2	壬子	結	5	壬午	結	2	辛亥	直	5	壬午	結	2	辛亥	直	5	6
7日	丁亥	結	3	丁巳	結	6	丙戌	人	3	丙辰	人	6	乙酉	直	3	甲寅	直	6	甲申	直	3	癸丑	人	5	癸未	人	2	壬子	結	5	癸未	人	2	壬子	結	5	7
8日	戊子	結	3	戊午	結	6	丁亥	結	3	丁巳	結	6	丙戌	人	3	乙卯	直	6	乙酉	直	3	甲寅	直	6	甲申	直	3	癸丑	人	5	甲申	直	3	癸丑	人	5	8
9日	己丑	人	3	己未	人	6	戊子	結	3	戊午	結	6	丁亥	結	3	丙辰	人	6	丙戌	人	3	乙卯	直	6	乙酉	直	3	甲寅	直	6	乙酉	直	3	甲寅	直	6	9
10日	庚寅	直	3	庚申	直	6	己丑	人	3	己未	人	6	戊子	結	3	丁巳	結	6	丁亥	結	3	丙辰	人	6	丙戌	人	3	乙卯	直	6	丙戌	人	3	乙卯	直	6	10
11日	辛卯	直	3	辛酉	直	6	庚寅	直	3	庚申	直	6	己丑	人	3	戊午	結	6	戊子	結	3	丁巳	結	6	丁亥	結	3	丙辰	人	6	丁亥	結	3	丙辰	人	6	11
12日	壬辰	人	3	壬戌	人	6	辛卯	直	3	辛酉	直	6	庚寅	直	3	己未	人	6	己丑	人	3	戊午	結	6	戊子	結	3	丁巳	結	6	戊子	結	3	丁巳	結	6	12
13日	癸巳	結	3	癸亥	結	6	壬辰	人	3	壬戌	人	6	辛卯	直	3	庚申	直	6	庚寅	直	3	己未	人	6	己丑	人	3	戊午	結	6	己丑	人	3	戊午	結	6	13
14日	甲午	直	4	甲子	直	1	癸巳	結	3	癸亥	結	6	壬辰	人	3	辛酉	直	6	辛卯	直	3	庚申	直	6	庚寅	直	3	己未	人	6	庚寅	直	3	己未	人	6	14
15日	乙未	人	4	乙丑	人	1	甲午	直	4	甲子	直	1	癸巳	結	3	壬戌	人	6	壬辰	人	3	辛酉	直	6	辛卯	直	3	庚申	直	6	辛卯	直	3	庚申	直	6	15
16日	丙申	結	4	丙寅	結	1	乙未	人	4	乙丑	人	1	甲午	直	4	癸亥	結	6	癸巳	結	3	壬戌	人	6	壬辰	人	3	辛酉	直	6	壬辰	人	3	辛酉	直	6	16
17日	丁酉	結	4	丁卯	結	1	丙申	結	4	丙寅	結	1	乙未	人	4	甲子	直	1	甲午	直	4	癸亥	結	6	癸巳	結	3	壬戌	人	6	癸巳	結	3	壬戌	人	6	17
18日	戊戌	人	4	戊辰	人	1	丁酉	結	4	丁卯	結	1	丙申	結	4	乙丑	人	1	乙未	人	4	甲子	直	1	甲午	直	4	癸亥	結	6	甲午	直	4	癸亥	結	6	18
19日	己亥	結	4	己巳	結	1	戊戌	人	4	戊辰	人	1	丁酉	結	4	丙寅	結	1	丙申	結	4	乙丑	人	1	乙未	人	4	甲子	直	1	乙未	人	4	甲子	直	1	19
20日	庚子	直	4	庚午	直	1	己亥	結	4	己巳	結	1	戊戌	人	4	丁卯	結	1	丁酉	結	4	丙寅	結	1	丙申	結	4	乙丑	人	1	丙申	結	4	乙丑	人	1	20
21日	辛丑	人	4	辛未	人	1	庚子	直	4	庚午	直	1	己亥	結	4	戊辰	人	1	戊戌	人	4	丁卯	結	1	丁酉	結	4	丙寅	結	1	丁酉	結	4	丙寅	結	1	21
22日	壬寅	結	4	壬申	結	1	辛丑	人	4	辛未	人	1	庚子	直	4	己巳	結	1	己亥	結	4	戊辰	人	1	戊戌	人	4	丁卯	結	1	戊戌	人	4	丁卯	結	1	22
23日	癸卯	結	4	癸酉	結	1	壬寅	結	4	壬申	結	1	辛丑	人	4	庚午	直	1	庚子	直	4	己巳	結	1	己亥	結	4	戊辰	人	1	己亥	結	4	戊辰	人	1	23
24日	甲辰	人	5	甲戌	人	2	癸卯	結	4	癸酉	結	1	壬寅	結	4	辛未	人	1	辛丑	人	4	庚午	直	1	庚子	直	4	己巳	結	1	庚子	直	4	己巳	結	1	24
25日	乙巳	直	5	乙亥	直	2	甲辰	人	5	甲戌	人	2	癸卯	結	4	壬申	結	1	壬寅	結	4	辛未	人	1	辛丑	人	4	庚午	直	1	辛丑	人	4	庚午	直	1	25
26日	丙午	結	5	丙子	結	2	乙巳	直	5	乙亥	直	2	甲辰	人	5	癸酉	結	1	癸卯	結	4	壬申	結	1	壬寅	結	4	辛未	人	1	壬寅	結	4	辛未	人	1	26
27日	丁未	人	5	丁丑	人	2	丙午	結	5	丙子	結	2	乙巳	直	5	甲戌	人	2	甲辰	人	5	癸酉	結	1	癸卯	結	4	壬申	結	1	癸卯	結	4	壬申	結	1	27
28日	戊申	結	5	戊寅	結	2	丁未	人	5	丁丑	人	2	丙午	結	5	乙亥	直	2	乙巳	直	5	甲戌	人	2	甲辰	人	5	癸酉	結	1	甲辰	人	5	癸酉	結	1	28
29日	己酉	結	5	己卯	結	2	戊申	結	5	戊寅	結	2	丁未	人	5	丙子	結	2	丙午	結	5	乙亥	直	2	乙巳	直	5	甲戌	人	2	乙巳	直	5	甲戌	人	2	29
30日	庚戌	人	5	庚辰	人	2	己酉	結	5	己卯	結	2	戊申	結	5	丁丑	人	2	丁未	人	5	丙子	結	2	丙午	結	5	乙亥	直	2				乙亥	直	2	30
31日	辛亥	直	5				庚戌	人	5				己酉	結	5	戊寅						丁丑	人	2				丙子	結	2				丙子	結	2	31

以下のサイトに、生年月日時を入力するだけ「人物フォーマット」が、算出できます。

https://asano-uranai.com/fpd/entrance.php

1953年（昭和28年）

その年干支の期間	2/4 11:47 ～ 12/31 23:59	1/1 0:00 ～2/4 11:46
年干支	癸巳	壬辰

その月干支の期間	12/7 18:38 〜 12/31 23:59	11/8 2:02 〜 12/7 18:37	10/8 23:11 〜 11/8 2:01	9/8 7:53 〜 10/8 23:10	8/8 5:15 〜 9/8 7:52	7/7 19:35 〜 8/8 5:14	6/6 9:17 〜 7/7 19:34	5/6 4:53 〜 6/6 9:16	4/5 11:13 〜 5/6 4:52	3/6 6:03 〜 4/5 11:12	2/4 11:47 〜 3/6 6:02	1/6 0:03 〜 2/4 11:46	1/1 0:00 〜 1/6 0:02
月干支	甲子	癸亥	壬戌	辛酉	庚申	己未	戊午	丁巳	丙辰	乙卯	甲寅	癸丑	壬子
外的環境の支配五行候補	水 ○ 土㋦ △ 火㋰ 金㋳	水 ○ 土㋦ △ 木㋶ □ 火㋰ 金㋳	◎ 土㋑ ○ 火㋵ △ 水㋞ 金㋥	金 △ 土㋦ 火㋰	金 △ 土㋦ □ 水㋵ 火㋰	火・土 △ 木㋰ 金㋳	火・土 金㋳	火 ○ 土㋑ 金㋳	◎ 土㋥ ○ 火㋬ △ 木㋦ □ 水㋟ 金㋳	木 ○ 土㋦ △ 火㋰ 金㋳	木 ○ 土㋸ △ 火㋟ 金㋳	◎ 水㋑ ○ 土㋻ △ 金㋤ 木㋒	水 木㋥

	12月			11月			10月			9月			8月			7月			6月			5月			4月			3月			2月			1月			
	干支	タイプ	旬数	干支	タイプ	旬数	干支	タイプ	旬数	干支	タイプ	旬数	干支	タイプ	旬数	干支	タイプ	旬数	干支	タイプ	旬数	干支	タイプ	旬数	干支	タイプ	旬数	干支	タイプ	旬数	干支	タイプ	旬数	干支	タイプ	旬数	
1日	丙戌	人	3	丙辰	人	6	乙酉	直	3	乙卯	直	6	甲申	直	3	癸丑	人	5	癸未	人	2	壬子	結	5	壬午	結	2	辛亥	直	5	癸未	人	2	壬子	結	5	1
2日	丁亥	結	3	丁巳	結	6	丙戌	人	3	丙辰	人	6	乙酉	直	3	甲寅	直	6	甲申	直	3	癸丑	人	5	癸未	人	2	壬子	結	5	甲申	直	3	癸丑	人	5	2
3日	戊子	結	3	戊午	結	6	丁亥	結	3	丁巳	結	6	丙戌	人	3	乙卯	直	6	乙酉	直	3	甲寅	直	6	甲申	直	3	癸丑	人	5	乙酉	直	3	甲寅	直	6	3
4日	己丑	人	3	己未	人	6	戊子	結	3	戊午	結	6	丁亥	結	3	丙辰	人	6	丙戌	人	3	乙卯	直	6	乙酉	直	3	甲寅	直	6	丙戌	人	3	乙卯	直	6	4
5日	庚寅	直	3	庚申	直	6	己丑	人	3	己未	人	6	戊子	結	3	丁巳	結	6	丁亥	結	3	丙辰	人	6	丙戌	人	3	乙卯	直	6	丁亥	結	3	丙辰	人	6	5
6日	辛卯	直	3	辛酉	直	6	庚寅	直	3	庚申	直	6	己丑	人	3	戊午	結	6	戊子	結	3	丁巳	結	6	丁亥	結	3	丙辰	人	6	戊子	結	3	丁巳	結	6	6
7日	壬辰	人	3	壬戌	人	6	辛卯	直	3	辛酉	直	6	庚寅	直	3	己未	人	6	己丑	人	3	戊午	結	6	戊子	結	3	丁巳	結	6	己丑	人	3	戊午	結	6	7
8日	癸巳	結	3	癸亥	結	6	壬辰	人	3	壬戌	人	6	辛卯	直	3	庚申	直	6	庚寅	直	3	己未	人	6	己丑	人	3	戊午	結	6	庚寅	直	3	己未	人	6	8
9日	甲午	直	4	甲子	直	1	癸巳	結	3	癸亥	結	6	壬辰	人	3	辛酉	直	6	辛卯	直	3	庚申	直	6	庚寅	直	3	己未	人	6	辛卯	直	3	庚申	直	6	9
10日	乙未	人	4	乙丑	人	1	甲午	直	4	甲子	直	1	癸巳	結	3	壬戌	人	6	壬辰	人	3	辛酉	直	6	辛卯	直	3	庚申	直	6	壬辰	人	3	辛酉	直	6	10
11日	丙申	結	4	丙寅	結	1	乙未	人	4	乙丑	人	1	甲午	直	4	癸亥	結	6	癸巳	結	3	壬戌	人	6	壬辰	人	3	辛酉	直	6	癸巳	結	3	壬戌	人	6	11
12日	丁酉	結	4	丁卯	結	1	丙申	結	4	丙寅	結	1	乙未	人	4	甲子	直	1	甲午	直	4	癸亥	結	6	癸巳	結	3	壬戌	人	6	甲午	直	4	癸亥	結	6	12
13日	戊戌	人	4	戊辰	人	1	丁酉	結	4	丁卯	結	1	丙申	結	4	乙丑	人	1	乙未	人	4	甲子	直	1	甲午	直	4	癸亥	結	6	乙未	人	4	甲子	直	1	13
14日	己亥	結	4	己巳	結	1	戊戌	人	4	戊辰	人	1	丁酉	結	4	丙寅	結	1	丙申	結	4	乙丑	人	1	乙未	人	4	甲子	直	1	丙申	結	4	乙丑	人	1	14
15日	庚子	直	4	庚午	直	1	己亥	結	4	己巳	結	1	戊戌	人	4	丁卯	結	1	丁酉	結	4	丙寅	結	1	丙申	結	4	乙丑	人	1	丁酉	結	4	丙寅	結	1	15
16日	辛丑	人	4	辛未	人	1	庚子	直	4	庚午	直	1	己亥	結	4	戊辰	人	1	戊戌	人	4	丁卯	結	1	丁酉	結	4	丙寅	結	1	戊戌	人	4	丁卯	結	1	16
17日	壬寅	結	4	壬申	結	1	辛丑	人	4	辛未	人	1	庚子	直	4	己巳	結	1	己亥	結	4	戊辰	人	1	戊戌	人	4	丁卯	結	1	己亥	結	4	戊辰	人	1	17
18日	癸卯	結	4	癸酉	結	1	壬寅	結	4	壬申	結	1	辛丑	人	4	庚午	直	1	庚子	直	4	己巳	結	1	己亥	結	4	戊辰	人	1	庚子	直	4	己巳	結	1	18
19日	甲辰	人	5	甲戌	人	2	癸卯	結	4	癸酉	結	1	壬寅	結	4	辛未	人	1	辛丑	人	4	庚午	直	1	庚子	直	4	己巳	結	1	辛丑	人	4	庚午	直	1	19
20日	乙巳	直	5	乙亥	直	2	甲辰	人	5	甲戌	人	2	癸卯	結	4	壬申	結	1	壬寅	結	4	辛未	人	1	辛丑	人	4	庚午	直	1	壬寅	結	4	辛未	人	1	20
21日	丙午	結	5	丙子	結	2	乙巳	直	5	乙亥	直	2	甲辰	人	5	癸酉	結	1	癸卯	結	4	壬申	結	1	壬寅	結	4	辛未	人	1	癸卯	結	4	壬申	結	1	21
22日	丁未	人	5	丁丑	人	2	丙午	結	5	丙子	結	2	乙巳	直	5	甲戌	人	2	甲辰	人	5	癸酉	結	1	癸卯	結	4	壬申	結	1	甲辰	人	5	癸酉	結	1	22
23日	戊申	結	5	戊寅	結	2	丁未	人	5	丁丑	人	2	丙午	結	5	乙亥	直	2	乙巳	直	5	甲戌	人	2	甲辰	人	5	癸酉	結	1	乙巳	直	5	甲戌	人	2	23
24日	己酉	結	5	己卯	結	2	戊申	結	5	戊寅	結	2	丁未	人	5	丙子	結	2	丙午	結	5	乙亥	直	2	乙巳	直	5	甲戌	人	2	丙午	結	5	乙亥	直	2	24
25日	庚戌	人	5	庚辰	人	2	己酉	結	5	己卯	結	2	戊申	結	5	丁丑	人	2	丁未	人	5	丙子	結	2	丙午	結	5	乙亥	直	2	丁未	人	5	丙子	結	2	25
26日	辛亥	直	5	辛巳	直	2	庚戌	人	5	庚辰	人	2	己酉	結	5	戊寅	結	2	戊申	結	5	丁丑	人	2	丁未	人	5	丙子	結	2	戊申	結	5	丁丑	人	2	26
27日	壬子	結	5	壬午	結	2	辛亥	直	5	辛巳	直	2	庚戌	人	5	己卯	結	2	己酉	結	5	戊寅	結	2	戊申	結	5	丁丑	人	2	己酉	結	5	戊寅	結	2	27
28日	癸丑	人	5	癸未	人	2	壬子	結	5	壬午	結	2	辛亥	直	5	庚辰	人	2	庚戌	人	5	己卯	結	2	己酉	結	5	戊寅	結	2	庚戌	人	5	己卯	結	2	28
29日	甲寅	直	6	甲申	直	3	癸丑	人	5	癸未	人	2	壬子	結	5	辛巳	直	2	辛亥	直	5	庚辰	人	2	庚戌	人	5	己卯	結	2				庚辰	人	2	29
30日	乙卯	直	6	乙酉	直	3	甲寅	直	6	甲申	直	3	癸丑	人	5	壬午	結	2	壬子	結	5	辛巳	直	2	辛亥	直	5	庚辰	人	2				辛巳	直	2	30
31日	丙辰	人	6				乙卯	直	6				甲寅	直	6	癸未	人	2				壬午	結	2				辛巳	直	2				壬午	結	2	31

以下のサイトに、生年月日時を入力するだけ「人物フォーマット」が、算出できます。

https://asano-uranai.com/fpd/entrance.php

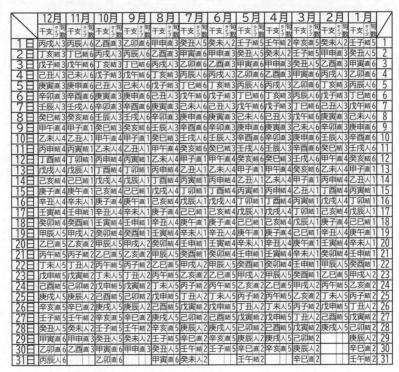

1954年（昭和29年）

その年干支の期間	2/4 17:31 ～ 12/31 23:59	1/1 0:00 ～2/4 17:30
年干支	甲午	癸巳

その月干支の期間	12/8 0:29 ～ 12/31 23:59	11/8 7:51 ～ 12/8 0:28	10/9 4:58 ～ 11/8 7:50	9/8 13:38 ～ 10/9 4:57	8/8 11:00 ～ 9/8 13:37	7/8 1:20 ～ 8/8 10:59	6/6 15:01 ～ 7/8 1:19	5/6 10:39 ～ 6/6 15:00	4/5 17:00 ～ 5/6 10:38	3/6 11:49 ～ 4/5 16:59	2/4 17:31 ～ 3/6 11:48	1/6 5:46 ～ 2/4 17:30	1/1 0:00 ～ 1/6 5:45
月干支	丙子	乙亥	甲戌	癸酉	壬申	辛未	庚午	己巳	戊辰	丁卯	丙寅	乙丑	甲子
外的環境の支配五行候補	◎ 土㋦ △ 水㋻ 火㋤	◎ 水㋑ ○ 土㋦ △ 木㋵ 火㋧	◎ 土㋑ ○ 火㋾ △ 木㋵ 金㋧	◎ 金㋑ △ 土㋦ 火㋧	◎ 金㋑ ○ 土㋦ △ 水㋵ 火㋧	火 ○ 土㋑ 木㋞	火 ○ 土㋑	火・土	土 ○ 木㋩ △ 火㋧ 水㋒	木 △ 火㋬ 土㋦	木 △ 火㋩ 土㋬	◎ 水㋥ ○ 土㋣ △ 金㋦ 火㋰	水 ○ 土㋦ △ 火㋰ 金㋳

	12月			11月			10月			9月			8月			7月			6月			5月			4月			3月			2月			1月			
	干支	タイプ	旬数	干支	タイプ	旬数	干支	タイプ	旬数	干支	タイプ	旬数	干支	タイプ	旬数	干支	タイプ	旬数	干支	タイプ	旬数	干支	タイプ	旬数	干支	タイプ	旬数	干支	タイプ	旬数	干支	タイプ	旬数	干支	タイプ	旬数	
1日	辛卯	直	3	辛酉	直	6	庚寅	直	3	庚申	直	6	己丑	人	3	戊午	結	6	戊子	結	3	丁巳	結	6	丁亥	結	3	丙辰	人	6	戊子	結	3	丁巳	結	6	1
2日	壬辰	人	3	壬戌	人	6	辛卯	直	3	辛酉	直	6	庚寅	直	3	己未	人	6	己丑	人	3	戊午	結	6	戊子	結	3	丁巳	結	6	己丑	人	3	戊午	結	6	2
3日	癸巳	結	3	癸亥	結	6	壬辰	人	3	壬戌	人	6	辛卯	直	3	庚申	直	6	庚寅	直	3	己未	人	6	己丑	人	3	戊午	結	6	庚寅	直	3	己未	人	6	3
4日	甲午	直	4	甲子	直	1	癸巳	結	3	癸亥	結	6	壬辰	人	3	辛酉	直	6	辛卯	直	3	庚申	直	6	庚寅	直	3	己未	人	6	辛卯	直	3	庚申	直	6	4
5日	乙未	人	4	乙丑	人	1	甲午	直	4	甲子	直	1	癸巳	結	3	壬戌	人	6	壬辰	人	3	辛酉	直	6	辛卯	直	3	庚申	直	6	壬辰	人	3	辛酉	直	6	5
6日	丙申	結	4	丙寅	結	1	乙未	人	4	乙丑	人	1	甲午	直	4	癸亥	結	6	癸巳	結	3	壬戌	人	6	壬辰	人	3	辛酉	直	6	癸巳	結	3	壬戌	人	6	6
7日	丁酉	結	4	丁卯	結	1	丙申	結	4	丙寅	結	1	乙未	人	4	甲子	直	1	甲午	直	4	癸亥	結	6	癸巳	結	3	壬戌	人	6	甲午	直	4	癸亥	結	6	7
8日	戊戌	人	4	戊辰	人	1	丁酉	結	4	丁卯	結	1	丙申	結	4	乙丑	人	1	乙未	人	4	甲子	直	1	甲午	直	4	癸亥	結	6	乙未	人	4	甲子	直	1	8
9日	己亥	結	4	己巳	結	1	戊戌	人	4	戊辰	人	1	丁酉	結	4	丙寅	結	1	丙申	結	4	乙丑	人	1	乙未	人	4	甲子	直	1	丙申	結	4	乙丑	人	1	9
10日	庚子	直	4	庚午	直	1	己亥	結	4	己巳	結	1	戊戌	人	4	丁卯	結	1	丁酉	結	4	丙寅	結	1	丙申	結	4	乙丑	人	1	丁酉	結	4	丙寅	結	1	10
11日	辛丑	人	4	辛未	人	1	庚子	直	4	庚午	直	1	己亥	結	4	戊辰	人	1	戊戌	人	4	丁卯	結	1	丁酉	結	4	丙寅	結	1	戊戌	人	4	丁卯	結	1	11
12日	壬寅	結	4	壬申	結	1	辛丑	人	4	辛未	人	1	庚子	直	4	己巳	結	1	己亥	結	4	戊辰	人	1	戊戌	人	4	丁卯	結	1	己亥	結	4	戊辰	人	1	12
13日	癸卯	結	4	癸酉	結	1	壬寅	結	4	壬申	結	1	辛丑	人	4	庚午	直	1	庚子	直	4	己巳	結	1	己亥	結	4	戊辰	人	1	庚子	直	4	己巳	結	1	13
14日	甲辰	人	5	甲戌	人	2	癸卯	結	4	癸酉	結	1	壬寅	結	4	辛未	人	1	辛丑	人	4	庚午	直	1	庚子	直	4	己巳	結	1	辛丑	人	4	庚午	直	1	14
15日	乙巳	直	5	乙亥	直	2	甲辰	人	5	甲戌	人	2	癸卯	結	4	壬申	結	1	壬寅	結	4	辛未	人	1	辛丑	人	4	庚午	直	1	壬寅	結	4	辛未	人	1	15
16日	丙午	結	5	丙子	結	2	乙巳	直	5	乙亥	直	2	甲辰	人	5	癸酉	結	1	癸卯	結	4	壬申	結	1	壬寅	結	4	辛未	人	1	癸卯	結	4	壬申	結	1	16
17日	丁未	人	5	丁丑	人	2	丙午	結	5	丙子	結	2	乙巳	直	5	甲戌	人	2	甲辰	人	5	癸酉	結	1	癸卯	結	4	壬申	結	1	甲辰	人	5	癸酉	結	1	17
18日	戊申	結	5	戊寅	結	2	丁未	人	5	丁丑	人	2	丙午	結	5	乙亥	直	2	乙巳	直	5	甲戌	人	2	甲辰	人	5	癸酉	結	1	乙巳	直	5	甲戌	人	2	18
19日	己酉	結	5	己卯	結	2	戊申	結	5	戊寅	結	2	丁未	人	5	丙子	結	2	丙午	結	5	乙亥	直	2	乙巳	直	5	甲戌	人	2	丙午	結	5	乙亥	直	2	19
20日	庚戌	人	5	庚辰	人	2	己酉	結	5	己卯	結	2	戊申	結	5	丁丑	人	2	丁未	人	5	丙子	結	2	丙午	結	5	乙亥	直	2	丁未	人	5	丙子	結	2	20
21日	辛亥	直	5	辛巳	直	2	庚戌	人	5	庚辰	人	2	己酉	結	5	戊寅	結	2	戊申	結	5	丁丑	人	2	丁未	人	5	丙子	結	2	戊申	結	5	丁丑	人	2	21
22日	壬子	結	5	壬午	結	2	辛亥	直	5	辛巳	直	2	庚戌	人	5	己卯	結	2	己酉	結	5	戊寅	結	2	戊申	結	5	丁丑	人	2	己酉	結	5	戊寅	結	2	22
23日	癸丑	人	5	癸未	人	2	壬子	結	5	壬午	結	2	辛亥	直	5	庚辰	人	2	庚戌	人	5	己卯	結	2	己酉	結	5	戊寅	結	2	庚戌	人	5	己卯	結	2	23
24日	甲寅	直	6	甲申	直	3	癸丑	人	5	癸未	人	2	壬子	結	5	辛巳	直	2	辛亥	直	5	庚辰	人	2	庚戌	人	5	己卯	結	2	辛亥	直	5	庚辰	人	2	24
25日	乙卯	直	6	乙酉	直	3	甲寅	直	6	甲申	直	3	癸丑	人	5	壬午	結	2	壬子	結	5	辛巳	直	2	辛亥	直	5	庚辰	人	2	壬子	結	5	辛巳	直	2	25
26日	丙辰	人	6	丙戌	人	3	乙卯	直	6	乙酉	直	3	甲寅	直	6	癸未	人	2	癸丑	人	5	壬午	結	2	壬子	結	5	辛巳	直	2	癸丑	人	5	壬午	結	2	26
27日	丁巳	結	6	丁亥	結	3	丙辰	人	6	丙戌	人	3	乙卯	直	6	甲申	直	3	甲寅	直	6	癸未	人	2	癸丑	人	5	壬午	結	2	甲寅	直	6	癸未	人	2	27
28日	戊午	結	6	戊子	結	3	丁巳	結	6	丁亥	結	3	丙辰	人	6	乙酉	直	3	乙卯	直	6	甲申	直	3	甲寅	直	6	癸未	人	2	乙卯	直	6	甲申	直	3	28
29日	己未	人	6	己丑	人	3	戊午	結	6	戊子	結	3	丁巳	結	6	丙戌	人	3	丙辰	人	6	乙酉	直	3	乙卯	直	6	甲申	直	3				乙酉	直	3	29
30日	庚申	直	6	庚寅	直	3	己未	人	6	己丑	人	3	戊午	結	6	丁亥	結	3	丁巳	結	6	丙戌	人	3	丙辰	人	6	乙酉	直	3				丙戌	人	3	30
31日	辛酉	直	6				庚申	直	6				己未	人	6	戊子	結	3				丁亥	結	3				丙戌	人	3				丁亥	結	3	31

以下のサイトに、生年月日時を入力するだけ「人物フォーマット」が、算出できます。

https://asano-uranai.com/fpd/entrance.php

１９５５年（昭和３０年）

その年干支の期間	2/4 23:18 ～ 12/31 23:59	1/1 0:00 ～2/4 23:17
年干支	乙未	甲午

その月干支の期間	12/8 6:24 ～ 12/31 23:59	11/8 13:46 ～ 12/8 6:23	10/9 10:53 ～ 11/8 13:45	9/8 19:32 ～ 10/9 10:52	8/8 16:51 ～ 9/8 19:31	7/8 7:06 ～ 8/8 16:50	6/6 20:44 ～ 7/8 7:05	5/6 16:18 ～ 6/6 20:43	4/5 22:39 ～ 5/6 16:17	3/6 17:32 ～ 4/5 22:38	2/4 23:18 ～ 3/6 17:31	1/6 11:37 ～ 2/4 23:17	1/1 0:00 ～ 1/6 11:36
月干支	戊子	丁亥	丙戌	乙酉	甲申	癸未	壬午	辛巳	庚辰	己卯	戊寅	丁丑	丙子
外的環境の支配五行候補	◎ 水㋑ ○ 土㋺ △ 火㋹ 木㋞	◎ 水㋑ ○ 火㋷ △ 土㋦ 木㋻	土 ○ 火㋷ △ 木㋞ 金㋤	◎ 金㋑ ○ 土㋦ △ 木㋵ 火㋹	◎ 金㋑ ○ 土㋦ △ 木㋵ □ 火㋹ 水㋰	土 △ 火㋠ 木㋞	火 ○ 土㋑ 木㋞	火 ○ 土㋑ 木㋞	◎ 木㋩ ○ 土㋥ △ 火㋹ □ 金㋶ 水㋒	木 △ 土㋺ 火㋶	木 △ 土㋺ 火㋦	◎ 土㋩ ○ 火㋬ △ 水㋕ 金㋮	◎ 土㋦ △ 水㋻ 火㋤

	12月			11月			10月			9月			8月			7月			6月			5月			4月			3月			2月			1月			
	干支	タイプ	旬数	干支	タイプ	旬数	干支	タイプ	旬数	干支	タイプ	旬数	干支	タイプ	旬数	干支	タイプ	旬数	干支	タイプ	旬数	干支	タイプ	旬数	干支	タイプ	旬数	干支	タイプ	旬数	干支	タイプ	旬数	干支	タイプ	旬数	
1日	丙申	結	4	丙寅	結	1	乙未	人	4	乙丑	人	1	甲午	直	4	癸亥	結	6	癸巳	結	3	壬戌	人	6	壬辰	人	3	辛酉	直	6	癸巳	結	3	壬戌	人	6	1
2日	丁酉	結	4	丁卯	結	1	丙申	結	4	丙寅	結	1	乙未	人	4	甲子	直	1	甲午	直	4	癸亥	結	6	癸巳	結	3	壬戌	人	6	甲午	直	4	癸亥	結	6	2
3日	戊戌	人	4	戊辰	人	1	丁酉	結	4	丁卯	結	1	丙申	結	4	乙丑	人	1	乙未	人	4	甲子	直	1	甲午	直	4	癸亥	結	6	乙未	人	4	甲子	直	1	3
4日	己亥	結	4	己巳	結	1	戊戌	人	4	戊辰	人	1	丁酉	結	4	丙寅	結	1	丙申	結	4	乙丑	人	1	乙未	人	4	甲子	直	1	丙申	結	4	乙丑	人	1	4
5日	庚子	直	4	庚午	直	1	己亥	結	4	己巳	結	1	戊戌	人	4	丁卯	結	1	丁酉	結	4	丙寅	結	1	丙申	結	4	乙丑	人	1	丁酉	結	4	丙寅	結	1	5
6日	辛丑	人	4	辛未	人	1	庚子	直	4	庚午	直	1	己亥	結	4	戊辰	人	1	戊戌	人	4	丁卯	結	1	丁酉	結	4	丙寅	結	1	戊戌	人	4	丁卯	結	1	6
7日	壬寅	結	4	壬申	結	1	辛丑	人	4	辛未	人	1	庚子	直	4	己巳	結	1	己亥	結	4	戊辰	人	1	戊戌	人	4	丁卯	結	1	己亥	結	4	戊辰	人	1	7
8日	癸卯	結	4	癸酉	結	1	壬寅	結	4	壬申	結	1	辛丑	人	4	庚午	直	1	庚子	直	4	己巳	結	1	己亥	結	4	戊辰	人	1	庚子	直	4	己巳	結	1	8
9日	甲辰	人	5	甲戌	人	2	癸卯	結	4	癸酉	結	1	壬寅	結	4	辛未	人	1	辛丑	人	4	庚午	直	1	庚子	直	4	己巳	結	1	辛丑	人	4	庚午	直	1	9
10日	乙巳	直	5	乙亥	直	2	甲辰	人	5	甲戌	人	2	癸卯	結	4	壬申	結	1	壬寅	結	4	辛未	人	1	辛丑	人	4	庚午	直	1	壬寅	結	4	辛未	人	1	10
11日	丙午	結	5	丙子	結	2	乙巳	直	5	乙亥	直	2	甲辰	人	5	癸酉	結	1	癸卯	結	4	壬申	結	1	壬寅	結	4	辛未	人	1	癸卯	結	4	壬申	結	1	11
12日	丁未	人	5	丁丑	人	2	丙午	結	5	丙子	結	2	乙巳	直	5	甲戌	人	2	甲辰	人	5	癸酉	結	1	癸卯	結	4	壬申	結	1	甲辰	人	5	癸酉	結	1	12
13日	戊申	結	5	戊寅	結	2	丁未	人	5	丁丑	人	2	丙午	結	5	乙亥	直	2	乙巳	直	5	甲戌	人	2	甲辰	人	5	癸酉	結	1	乙巳	直	5	甲戌	人	2	13
14日	己酉	結	5	己卯	結	2	戊申	結	5	戊寅	結	2	丁未	人	5	丙子	結	2	丙午	結	5	乙亥	直	2	乙巳	直	5	甲戌	人	2	丙午	結	5	乙亥	直	2	14
15日	庚戌	人	5	庚辰	人	2	己酉	結	5	己卯	結	2	戊申	結	5	丁丑	人	2	丁未	人	5	丙子	結	2	丙午	結	5	乙亥	直	2	丁未	人	5	丙子	結	2	15
16日	辛亥	直	5	辛巳	直	2	庚戌	人	5	庚辰	人	2	己酉	結	5	戊寅	結	2	戊申	結	5	丁丑	人	2	丁未	人	5	丙子	結	2	戊申	結	5	丁丑	人	2	16
17日	壬子	結	5	壬午	結	2	辛亥	直	5	辛巳	直	2	庚戌	人	5	己卯	結	2	己酉	結	5	戊寅	結	2	戊申	結	5	丁丑	人	2	己酉	結	5	戊寅	結	2	17
18日	癸丑	人	5	癸未	人	2	壬子	結	5	壬午	結	2	辛亥	直	5	庚辰	人	2	庚戌	人	5	己卯	結	2	己酉	結	5	戊寅	結	2	庚戌	人	5	己卯	結	2	18
19日	甲寅	直	6	甲申	直	3	癸丑	人	5	癸未	人	2	壬子	結	5	辛巳	直	2	辛亥	直	5	庚辰	人	2	庚戌	人	5	己卯	結	2	辛亥	直	5	庚辰	人	2	19
20日	乙卯	直	6	乙酉	直	3	甲寅	直	6	甲申	直	3	癸丑	人	5	壬午	結	2	壬子	結	5	辛巳	直	2	辛亥	直	5	庚辰	人	2	壬子	結	5	辛巳	直	2	20
21日	丙辰	人	6	丙戌	人	3	乙卯	直	6	乙酉	直	3	甲寅	直	6	癸未	人	2	癸丑	人	5	壬午	結	2	壬子	結	5	辛巳	直	2	癸丑	人	5	壬午	結	2	21
22日	丁巳	結	6	丁亥	結	3	丙辰	人	6	丙戌	人	3	乙卯	直	6	甲申	直	3	甲寅	直	6	癸未	人	2	癸丑	人	5	壬午	結	2	甲寅	直	6	癸未	人	2	22
23日	戊午	結	6	戊子	結	3	丁巳	結	6	丁亥	結	3	丙辰	人	6	乙酉	直	3	乙卯	直	6	甲申	直	3	甲寅	直	6	癸未	人	2	乙卯	直	6	甲申	直	3	23
24日	己未	人	6	己丑	人	3	戊午	結	6	戊子	結	3	丁巳	結	6	丙戌	人	3	丙辰	人	6	乙酉	直	3	乙卯	直	6	甲申	直	3	丙辰	人	6	乙酉	直	3	24
25日	庚申	直	6	庚寅	直	3	己未	人	6	己丑	人	3	戊午	結	6	丁亥	結	3	丁巳	結	6	丙戌	人	3	丙辰	人	6	乙酉	直	3	丁巳	結	6	丙戌	人	3	25
26日	辛酉	直	6	辛卯	直	3	庚申	直	6	庚寅	直	3	己未	人	6	戊子	結	3	戊午	結	6	丁亥	結	3	丁巳	結	6	丙戌	人	3	戊午	結	6	丁亥	結	3	26
27日	壬戌	人	6	壬辰	人	3	辛酉	直	6	辛卯	直	3	庚申	直	6	己丑	人	3	己未	人	6	戊子	結	3	戊午	結	6	丁亥	結	3	己未	人	6	戊子	結	3	27
28日	癸亥	結	6	癸巳	結	3	壬戌	人	6	壬辰	人	3	辛酉	直	6	庚寅	直	3	庚申	直	6	己丑	人	3	己未	人	6	戊子	結	3	庚申	直	6	己丑	人	3	28
29日	甲子	直	1	甲午	直	4	癸亥	結	6	癸巳	結	3	壬戌	人	6	辛卯	直	3	辛酉	直	6	庚寅	直	3	庚申	直	6	己丑	人	3				庚寅	直	3	29
30日	乙丑	人	1	乙未	人	4	甲子	直	1	甲午	直	4	癸亥	結	6	壬辰	人	3	壬戌	人	6	辛卯	直	3	辛酉	直	6	庚寅	直	3				辛卯	直	3	30
31日	丙寅	結	1				乙丑	人	1				甲子	直	1	癸巳	結	3				壬辰	人	3				辛卯	直	3				壬辰	人	3	31

以下のサイトに、生年月日時を入力するだけ「人物フォーマット」が、算出できます。

https://asano-uranai.com/fpd/entrance.php

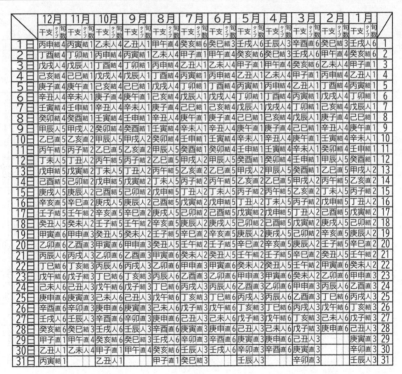

1956年（昭和31年）

その年干支の期間	2/5 5:13 ～ 12/31 23:59	1/1 0:00 ～2/5 5:12
年干支	丙申	乙未

その月干支の期間	12/7 12:03 ～ 12/31 23:59	11/7 19:27 ～ 12/7 12:02	10/8 16:37 ～ 11/7 19:26	9/8 1:20 ～ 10/8 16:36	8/7 22:41 ～ 9/8 1:19	7/7 12:59 ～ 8/7 22:40	6/6 2:36 ～ 7/7 12:58	5/5 22:10 ～ 6/6 2:35	4/5 4:32 ～ 5/5 22:09	3/5 23:25 ～ 4/5 4:31	2/5 5:13 ～ 3/5 23:24	1/6 17:31 ～ 2/5 5:12	1/1 0:00 ～ 1/6 17:30
月干支	庚子	己亥	戊戌	丁酉	丙申	乙未	甲午	癸巳	壬辰	辛卯	庚寅	己丑	戊子
外的環境の支配五行候補	◎ 水㋑ 金㋸	◎ 水㋑ △ 木㋶ 金㋗	◎ 金㋩ ○ 土㋷ △ 火㋡ 水㋰	金 △ 火㋷ 水㋰	金 △ 火㋷ 水㋰	◎ 火㋑ ◎ 土㋑ ○ 木㋞ △ 水㋰ 金㋗	火 ○ 土㋑ △ 水㋰ 金㋗	火 ○ 土㋑ △ 水㋵ 金㋞	◎ 水㋣ △ 木㋦ 金㋗	◎ 木㋑ △ 金㋻ 水㋰	◎ 木㋷ ○ 火㋞ △ 水㋰ 金㋖	◎ 土㋩ ○ 水㋕ △ 火㋹ □ 木㋞ 金㋮	◎ 水㋑ ○ 土㋺ △ 火㋹ 木㋞

	12月			11月			10月			9月			8月			7月			6月			5月			4月			3月			2月			1月			
	干支	タイプ	旬数	干支	タイプ	旬数	干支	タイプ	旬数	干支	タイプ	旬数	干支	タイプ	旬数	干支	タイプ	旬数	干支	タイプ	旬数	干支	タイプ	旬数	干支	タイプ	旬数	干支	タイプ	旬数	干支	タイプ	旬数	干支	タイプ	旬数	
1日	壬寅	結	4	壬申	結	1	辛丑	人	4	辛未	人	1	庚子	直	4	己巳	結	1	己亥	結	4	戊辰	人	1	戊戌	人	4	丁卯	結	1	戊戌	人	4	丁卯	結	1	1
2日	癸卯	結	4	癸酉	結	1	壬寅	結	4	壬申	結	1	辛丑	人	4	庚午	直	1	庚子	直	4	己巳	結	1	己亥	結	4	戊辰	人	1	己亥	結	4	戊辰	人	1	2
3日	甲辰	人	5	甲戌	人	2	癸卯	結	4	癸酉	結	1	壬寅	結	4	辛未	人	1	辛丑	人	4	庚午	直	1	庚子	直	4	己巳	結	1	庚子	直	4	己巳	結	1	3
4日	乙巳	直	5	乙亥	直	2	甲辰	人	5	甲戌	人	2	癸卯	結	4	壬申	結	1	壬寅	結	4	辛未	人	1	辛丑	人	4	庚午	直	1	辛丑	人	4	庚午	直	1	4
5日	丙午	結	5	丙子	結	2	乙巳	直	5	乙亥	直	2	甲辰	人	5	癸酉	結	1	癸卯	結	4	壬申	結	1	壬寅	結	4	辛未	人	1	壬寅	結	4	辛未	人	1	5
6日	丁未	人	5	丁丑	人	2	丙午	結	5	丙子	結	2	乙巳	直	5	甲戌	人	2	甲辰	人	5	癸酉	結	1	癸卯	結	4	壬申	結	1	癸卯	結	4	壬申	結	1	6
7日	戊申	結	5	戊寅	結	2	丁未	人	5	丁丑	人	2	丙午	結	5	乙亥	直	2	乙巳	直	5	甲戌	人	2	甲辰	人	5	癸酉	結	1	甲辰	人	5	癸酉	結	1	7
8日	己酉	結	5	己卯	結	2	戊申	結	5	戊寅	結	2	丁未	人	5	丙子	結	2	丙午	結	5	乙亥	直	2	乙巳	直	5	甲戌	人	2	乙巳	直	5	甲戌	人	2	8
9日	庚戌	人	5	庚辰	人	2	己酉	結	5	己卯	結	2	戊申	結	5	丁丑	人	2	丁未	人	5	丙子	結	2	丙午	結	5	乙亥	直	2	丙午	結	5	乙亥	直	2	9
10日	辛亥	直	5	辛巳	直	2	庚戌	人	5	庚辰	人	2	己酉	結	5	戊寅	結	2	戊申	結	5	丁丑	人	2	丁未	人	5	丙子	結	2	丁未	人	5	丙子	結	2	10
11日	壬子	結	5	壬午	結	2	辛亥	直	5	辛巳	直	2	庚戌	人	5	己卯	結	2	己酉	結	5	戊寅	結	2	戊申	結	5	丁丑	人	2	戊申	結	5	丁丑	人	2	11
12日	癸丑	人	5	癸未	人	2	壬子	結	5	壬午	結	2	辛亥	直	5	庚辰	人	2	庚戌	人	5	己卯	結	2	己酉	結	5	戊寅	結	2	己酉	結	5	戊寅	結	2	12
13日	甲寅	直	6	甲申	直	3	癸丑	人	5	癸未	人	2	壬子	結	5	辛巳	直	2	辛亥	直	5	庚辰	人	2	庚戌	人	5	己卯	結	2	庚戌	人	5	己卯	結	2	13
14日	乙卯	直	6	乙酉	直	3	甲寅	直	6	甲申	直	3	癸丑	人	5	壬午	結	2	壬子	結	5	辛巳	直	2	辛亥	直	5	庚辰	人	2	辛亥	直	5	庚辰	人	2	14
15日	丙辰	人	6	丙戌	人	3	乙卯	直	6	乙酉	直	3	甲寅	直	6	癸未	人	2	癸丑	人	5	壬午	結	2	壬子	結	5	辛巳	直	2	壬子	結	5	辛巳	直	2	15
16日	丁巳	結	6	丁亥	結	3	丙辰	人	6	丙戌	人	3	乙卯	直	6	甲申	直	3	甲寅	直	6	癸未	人	2	癸丑	人	5	壬午	結	2	癸丑	人	5	壬午	結	2	16
17日	戊午	結	6	戊子	結	3	丁巳	結	6	丁亥	結	3	丙辰	人	6	乙酉	直	3	乙卯	直	6	甲申	直	3	甲寅	直	6	癸未	人	2	甲寅	直	6	癸未	人	2	17
18日	己未	人	6	己丑	人	3	戊午	結	6	戊子	結	3	丁巳	結	6	丙戌	人	3	丙辰	人	6	乙酉	直	3	乙卯	直	6	甲申	直	3	乙卯	直	6	甲申	直	3	18
19日	庚申	直	6	庚寅	直	3	己未	人	6	己丑	人	3	戊午	結	6	丁亥	結	3	丁巳	結	6	丙戌	人	3	丙辰	人	6	乙酉	直	3	丙辰	人	6	乙酉	直	3	19
20日	辛酉	直	6	辛卯	直	3	庚申	直	6	庚寅	直	3	己未	人	6	戊子	結	3	戊午	結	6	丁亥	結	3	丁巳	結	6	丙戌	人	3	丁巳	結	6	丙戌	人	3	20
21日	壬戌	人	6	壬辰	人	3	辛酉	直	6	辛卯	直	3	庚申	直	6	己丑	人	3	己未	人	6	戊子	結	3	戊午	結	6	丁亥	結	3	戊午	結	6	丁亥	結	3	21
22日	癸亥	結	6	癸巳	結	3	壬戌	人	6	壬辰	人	3	辛酉	直	6	庚寅	直	3	庚申	直	6	己丑	人	3	己未	人	6	戊子	結	3	己未	人	6	戊子	結	3	22
23日	甲子	直	1	甲午	直	4	癸亥	結	6	癸巳	結	3	壬戌	人	6	辛卯	直	3	辛酉	直	6	庚寅	直	3	庚申	直	6	己丑	人	3	庚申	直	6	己丑	人	3	23
24日	乙丑	人	1	乙未	人	4	甲子	直	1	甲午	直	4	癸亥	結	6	壬辰	人	3	壬戌	人	6	辛卯	直	3	辛酉	直	6	庚寅	直	3	辛酉	直	6	庚寅	直	3	24
25日	丙寅	結	1	丙申	結	4	乙丑	人	1	乙未	人	4	甲子	直	1	癸巳	結	3	癸亥	結	6	壬辰	人	3	壬戌	人	6	辛卯	直	3	壬戌	人	6	辛卯	直	3	25
26日	丁卯	結	1	丁酉	結	4	丙寅	結	1	丙申	結	4	乙丑	人	1	甲午	直	4	甲子	直	1	癸巳	結	3	癸亥	結	6	壬辰	人	3	癸亥	結	6	壬辰	人	3	26
27日	戊辰	人	1	戊戌	人	4	丁卯	結	1	丁酉	結	4	丙寅	結	1	乙未	人	4	乙丑	人	1	甲午	直	4	甲子	直	1	癸巳	結	3	甲子	直	1	癸巳	結	3	27
28日	己巳	結	1	己亥	結	4	戊辰	人	1	戊戌	人	4	丁卯	結	1	丙申	結	4	丙寅	結	1	乙未	人	4	乙丑	人	1	甲午	直	4	乙丑	人	1	甲午	直	4	28
29日	庚午	直	1	庚子	直	4	己巳	結	1	己亥	結	4	戊辰	人	1	丁酉	結	4	丁卯	結	1	丙申	結	4	丙寅	結	1	乙未	人	4	丙寅	結	1	乙未	人	4	29
30日	辛未	人	1	辛丑	人	4	庚午	直	1	庚子	直	4	己巳	結	1	戊戌	人	4	戊辰	人	1	丁酉	結	4	丁卯	結	1	丙申	結	4				丙申	結	4	30
31日	壬申	結	1				辛未	人	1				庚午	直	1	己亥	結	4				戊戌	人	4				丁酉	結	4				丁酉	結	4	31

以下のサイトに、生年月日時を入力するだけ「人物フォーマット」が、算出できます。

https://asano-uranai.com/fpd/entrance.php

１９５７年（昭和３２年）

その年干支の期間	2/4 10:55 ～ 12/31 23:59	1/1 0:00 ～2/4 10:54
年干支	丁酉	丙申

その月干支の期間	12/7 17:57 ～ 12/31 23:59	11/8 1:21 ～ 12/7 17:56	10/8 22:31 ～ 11/8 1:20	9/8 7:13 ～ 10/8 22:30	8/8 4:33 ～ 9/8 7:12	7/7 18:49 ～ 8/8 4:32	6/6 8:25 ～ 7/7 18:48	5/6 3:59 ～ 6/6 8:24	4/5 10:19 ～ 5/6 3:58	3/6 5:11 ～ 4/5 10:18	2/4 10:55 ～ 3/6 5:10	1/5 23:11 ～ 2/4 10:54	1/1 0:00 ～ 1/5 23:10
月干支	壬子	辛亥	庚戌	己酉	戊申	丁未	丙午	乙巳	甲辰	癸卯	壬寅	辛丑	庚子
外的環境の支配五行候補	水 金㋨	◎ 水㋑ △ 金㋻ 木㋶	金 △ 土㋺ 火㋡	金	金 水㋰	火 ○ 土㋑ △ 木㋰ 金㋨	火 ○ 土㋑ 金㋨	火 ○ 土㋑ 金㋷	◎ 木㋩ △ 金㋭ 水㋒	◎ 木㋷ 金㋨	◎ 木㋑ △ 火㋞ 金㋨	◎ 金㋺ 水㋕	◎ 水㋑ 金㋸

	12月			11月			10月			9月			8月			7月			6月			5月			4月			3月			2月			1月			
	干支	タイプ	旬数	干支	タイプ	旬数	干支	タイプ	旬数	干支	タイプ	旬数	干支	タイプ	旬数	干支	タイプ	旬数	干支	タイプ	旬数	干支	タイプ	旬数	干支	タイプ	旬数	干支	タイプ	旬数	干支	タイプ	旬数	干支	タイプ	旬数	
1日	丁未	人	5	丁丑	人	2	丙午	結	5	丙子	結	2	乙巳	直	5	甲戌	人	2	甲辰	人	5	癸酉	結	1	癸卯	結	4	壬申	結	1	甲辰	人	5	癸酉	結	1	1
2日	戊申	結	5	戊寅	結	2	丁未	人	5	丁丑	人	2	丙午	結	5	乙亥	直	2	乙巳	直	5	甲戌	人	2	甲辰	人	5	癸酉	結	1	乙巳	直	5	甲戌	人	2	2
3日	己酉	結	5	己卯	結	2	戊申	結	5	戊寅	結	2	丁未	人	5	丙子	結	2	丙午	結	5	乙亥	直	2	乙巳	直	5	甲戌	人	2	丙午	結	5	乙亥	直	2	3
4日	庚戌	人	5	庚辰	人	2	己酉	結	5	己卯	結	2	戊申	結	5	丁丑	人	2	丁未	人	5	丙子	結	2	丙午	結	5	乙亥	直	2	丁未	人	5	丙子	結	2	4
5日	辛亥	直	5	辛巳	直	2	庚戌	人	5	庚辰	人	2	己酉	結	5	戊寅	結	2	戊申	結	5	丁丑	人	2	丁未	人	5	丙子	結	2	戊申	結	5	丁丑	人	2	5
6日	壬子	結	5	壬午	結	2	辛亥	直	5	辛巳	直	2	庚戌	人	5	己卯	結	2	己酉	結	5	戊寅	結	2	戊申	結	5	丁丑	人	2	己酉	結	5	戊寅	結	2	6
7日	癸丑	人	5	癸未	人	2	壬子	結	5	壬午	結	2	辛亥	直	5	庚辰	人	2	庚戌	人	5	己卯	結	2	己酉	結	5	戊寅	結	2	庚戌	人	5	己卯	結	2	7
8日	甲寅	直	6	甲申	直	3	癸丑	人	5	癸未	人	2	壬子	結	5	辛巳	直	2	辛亥	直	5	庚辰	人	2	庚戌	人	5	己卯	結	2	辛亥	直	5	庚辰	人	2	8
9日	乙卯	直	6	乙酉	直	3	甲寅	直	6	甲申	直	3	癸丑	人	5	壬午	結	2	壬子	結	5	辛巳	直	2	辛亥	直	5	庚辰	人	2	壬子	結	5	辛巳	直	2	9
10日	丙辰	人	6	丙戌	人	3	乙卯	直	6	乙酉	直	3	甲寅	直	6	癸未	人	2	癸丑	人	5	壬午	結	2	壬子	結	5	辛巳	直	2	癸丑	人	5	壬午	結	2	10
11日	丁巳	結	6	丁亥	結	3	丙辰	人	6	丙戌	人	3	乙卯	直	6	甲申	直	3	甲寅	直	6	癸未	人	2	癸丑	人	5	壬午	結	2	甲寅	直	6	癸未	人	2	11
12日	戊午	結	6	戊子	結	3	丁巳	結	6	丁亥	結	3	丙辰	人	6	乙酉	直	3	乙卯	直	6	甲申	直	3	甲寅	直	6	癸未	人	2	乙卯	直	6	甲申	直	3	12
13日	己未	人	6	己丑	人	3	戊午	結	6	戊子	結	3	丁巳	結	6	丙戌	人	3	丙辰	人	6	乙酉	直	3	乙卯	直	6	甲申	直	3	丙辰	人	6	乙酉	直	3	13
14日	庚申	直	6	庚寅	直	3	己未	人	6	己丑	人	3	戊午	結	6	丁亥	結	3	丁巳	結	6	丙戌	人	3	丙辰	人	6	乙酉	直	3	丁巳	結	6	丙戌	人	3	14
15日	辛酉	直	6	辛卯	直	3	庚申	直	6	庚寅	直	3	己未	人	6	戊子	結	3	戊午	結	6	丁亥	結	3	丁巳	結	6	丙戌	人	3	戊午	結	6	丁亥	結	3	15
16日	壬戌	人	6	壬辰	人	3	辛酉	直	6	辛卯	直	3	庚申	直	6	己丑	人	3	己未	人	6	戊子	結	3	戊午	結	6	丁亥	結	3	己未	人	6	戊子	結	3	16
17日	癸亥	結	6	癸巳	結	3	壬戌	人	6	壬辰	人	3	辛酉	直	6	庚寅	直	3	庚申	直	6	己丑	人	3	己未	人	6	戊子	結	3	庚申	直	6	己丑	人	3	17
18日	甲子	直	1	甲午	直	4	癸亥	結	6	癸巳	結	3	壬戌	人	6	辛卯	直	3	辛酉	直	6	庚寅	直	3	庚申	直	6	己丑	人	3	辛酉	直	6	庚寅	直	3	18
19日	乙丑	人	1	乙未	人	4	甲子	直	1	甲午	直	4	癸亥	結	6	壬辰	人	3	壬戌	人	6	辛卯	直	3	辛酉	直	6	庚寅	直	3	壬戌	人	6	辛卯	直	3	19
20日	丙寅	結	1	丙申	結	4	乙丑	人	1	乙未	人	4	甲子	直	1	癸巳	結	3	癸亥	結	6	壬辰	人	3	壬戌	人	6	辛卯	直	3	癸亥	結	6	壬辰	人	3	20
21日	丁卯	結	1	丁酉	結	4	丙寅	結	1	丙申	結	4	乙丑	人	1	甲午	直	4	甲子	直	1	癸巳	結	3	癸亥	結	6	壬辰	人	3	甲子	直	1	癸巳	結	3	21
22日	戊辰	人	1	戊戌	人	4	丁卯	結	1	丁酉	結	4	丙寅	結	1	乙未	人	4	乙丑	人	1	甲午	直	4	甲子	直	1	癸巳	結	3	乙丑	人	1	甲午	直	4	22
23日	己巳	結	1	己亥	結	4	戊辰	人	1	戊戌	人	4	丁卯	結	1	丙申	結	4	丙寅	結	1	乙未	人	4	乙丑	人	1	甲午	直	4	丙寅	結	1	乙未	人	4	23
24日	庚午	直	1	庚子	直	4	己巳	結	1	己亥	結	4	戊辰	人	1	丁酉	結	4	丁卯	結	1	丙申	結	4	丙寅	結	1	乙未	人	4	丁卯	結	1	丙申	結	4	24
25日	辛未	人	1	辛丑	人	4	庚午	直	1	庚子	直	4	己巳	結	1	戊戌	人	4	戊辰	人	1	丁酉	結	4	丁卯	結	1	丙申	結	4	戊辰	人	1	丁酉	結	4	25
26日	壬申	結	1	壬寅	結	4	辛未	人	1	辛丑	人	4	庚午	直	1	己亥	結	4	己巳	結	1	戊戌	人	4	戊辰	人	1	丁酉	結	4	己巳	結	1	戊戌	人	4	26
27日	癸酉	結	1	癸卯	結	4	壬申	結	1	壬寅	結	4	辛未	人	1	庚子	直	4	庚午	直	1	己亥	結	4	己巳	結	1	戊戌	人	4	庚午	直	1	己亥	結	4	27
28日	甲戌	人	2	甲辰	人	5	癸酉	結	1	癸卯	結	4	壬申	結	1	辛丑	人	4	辛未	人	1	庚子	直	4	庚午	直	1	己亥	結	4	辛未	人	1	庚子	直	4	28
29日	乙亥	直	2	乙巳	直	5	甲戌	人	2	甲辰	人	5	癸酉	結	1	壬寅	結	4	壬申	結	1	辛丑	人	4	辛未	人	1	庚子	直	4				辛丑	人	4	29
30日	丙子	結	2	丙午	結	5	乙亥	直	2	乙巳	直	5	甲戌	人	2	癸卯	結	4	癸酉	結	1	壬寅	結	4	壬申	結	1	辛丑	人	4				壬寅	結	4	30
31日	丁丑	人	2				丙子	結	2				乙亥	直	2	甲辰	人	5				癸卯	結	4				壬寅	結	4				癸卯	結	4	31

以下のサイトに、生年月日時を入力するだけ「人物フォーマット」が、算出できます。

https://asano-uranai.com/fpd/entrance.php

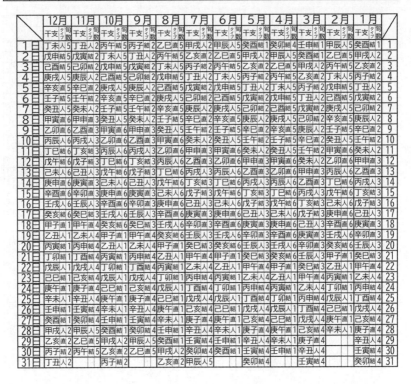

１９５８年（昭和３３年）

その年干支の期間	2/4 16:50 ～ 12/31 23:59	1/1 0:00 ～2/4 16:49
年干支	戊戌	丁酉

その月干支の期間	12/7 23:50 ～ 12/31 23:59	11/8 7:13 ～ 12/7 23:49	10/9 4:20 ～ 11/8 7:12	9/8 13:00 ～ 10/9 4:19	8/8 10:18 ～ 9/8 12:59	7/8 0:34 ～ 8/8 10:17	6/6 14:13 ～ 7/8 0:33	5/6 9:50 ～ 6/6 14:12	4/5 16:13 ～ 5/6 9:49	3/6 11:06 ～ 4/5 16:12	2/4 16:50 ～ 3/6 11:05	1/6 5:05 ～ 2/4 16:49	1/1 0:00 ～ 1/6 5:04
月干支	甲子	癸亥	壬戌	辛酉	庚申	己未	戊午	丁巳	丙辰	乙卯	甲寅	癸丑	壬子
外的環境の支配五行候補	◎ 水㋑ ○ 土㋻ △ 金㋹ 火㋼	水 ○ 土㋻ △ 金㋹ □ 木㋶ 火㋼	◎ 土㋣ △ 金㋹ 火㋼	金 △ 土㋻ 火㋼	金 △ 土㋻ □ 水㋰ 火㋼	土 ○ 火㋠ △ 金㋹ 木㋰	土 ○ 火㋑ 金㋔	火・土 金㋹	土 ○ 木㋦ △ 金㋹ □ 火㋡ 水㋒	木 ○ 土㋻ △ 金㋹ 火㋼	木 ○ 火㋦ △ 土㋻ 金㋹	◎ 水㋥ 金㋠	水 金㋨

	12月			11月			10月			9月			8月			7月			6月			5月			4月			3月			2月			1月			
	干支	タイプ	旬数	干支	タイプ	旬数	干支	タイプ	旬数	干支	タイプ	旬数	干支	タイプ	旬数	干支	タイプ	旬数	干支	タイプ	旬数	干支	タイプ	旬数	干支	タイプ	旬数	干支	タイプ	旬数	干支	タイプ	旬数	干支	タイプ	旬数	
1日	壬子	結	5	壬午	結	2	辛亥	直	5	辛巳	直	2	庚戌	人	5	己卯	結	2	己酉	結	5	戊寅	結	2	戊申	結	5	丁丑	人	2	己酉	結	5	戊寅	結	2	1
2日	癸丑	人	5	癸未	人	2	壬子	結	5	壬午	結	2	辛亥	直	5	庚辰	人	2	庚戌	人	5	己卯	結	2	己酉	結	5	戊寅	結	2	庚戌	人	5	己卯	結	2	2
3日	甲寅	直	6	甲申	直	3	癸丑	人	5	癸未	人	2	壬子	結	5	辛巳	直	2	辛亥	直	5	庚辰	人	2	庚戌	人	5	己卯	結	2	辛亥	直	5	庚辰	人	2	3
4日	乙卯	直	6	乙酉	直	3	甲寅	直	6	甲申	直	3	癸丑	人	5	壬午	結	2	壬子	結	5	辛巳	直	2	辛亥	直	5	庚辰	人	2	壬子	結	5	辛巳	直	2	4
5日	丙辰	人	6	丙戌	人	3	乙卯	直	6	乙酉	直	3	甲寅	直	6	癸未	人	2	癸丑	人	5	壬午	結	2	壬子	結	5	辛巳	直	2	癸丑	人	5	壬午	結	2	5
6日	丁巳	結	6	丁亥	結	3	丙辰	人	6	丙戌	人	3	乙卯	直	6	甲申	直	3	甲寅	直	6	癸未	人	2	癸丑	人	5	壬午	結	2	甲寅	直	6	癸未	人	2	6
7日	戊午	結	6	戊子	結	3	丁巳	結	6	丁亥	結	3	丙辰	人	6	乙酉	直	3	乙卯	直	6	甲申	直	3	甲寅	直	6	癸未	人	2	乙卯	直	6	甲申	直	3	7
8日	己未	人	6	己丑	人	3	戊午	結	6	戊子	結	3	丁巳	結	6	丙戌	人	3	丙辰	人	6	乙酉	直	3	乙卯	直	6	甲申	直	3	丙辰	人	6	乙酉	直	3	8
9日	庚申	直	6	庚寅	直	3	己未	人	6	己丑	人	3	戊午	結	6	丁亥	結	3	丁巳	結	6	丙戌	人	3	丙辰	人	6	乙酉	直	3	丁巳	結	6	丙戌	人	3	9
10日	辛酉	直	6	辛卯	直	3	庚申	直	6	庚寅	直	3	己未	人	6	戊子	結	3	戊午	結	6	丁亥	結	3	丁巳	結	6	丙戌	人	3	戊午	結	6	丁亥	結	3	10
11日	壬戌	人	6	壬辰	人	3	辛酉	直	6	辛卯	直	3	庚申	直	6	己丑	人	3	己未	人	6	戊子	結	3	戊午	結	6	丁亥	結	3	己未	人	6	戊子	結	3	11
12日	癸亥	結	6	癸巳	結	3	壬戌	人	6	壬辰	人	3	辛酉	直	6	庚寅	直	3	庚申	直	6	己丑	人	3	己未	人	6	戊子	結	3	庚申	直	6	己丑	人	3	12
13日	甲子	直	1	甲午	直	4	癸亥	結	6	癸巳	結	3	壬戌	人	6	辛卯	直	3	辛酉	直	6	庚寅	直	3	庚申	直	6	己丑	人	3	辛酉	直	6	庚寅	直	3	13
14日	乙丑	人	1	乙未	人	4	甲子	直	1	甲午	直	4	癸亥	結	6	壬辰	人	3	壬戌	人	6	辛卯	直	3	辛酉	直	6	庚寅	直	3	壬戌	人	6	辛卯	直	3	14
15日	丙寅	結	1	丙申	結	4	乙丑	人	1	乙未	人	4	甲子	直	1	癸巳	結	3	癸亥	結	6	壬辰	人	3	壬戌	人	6	辛卯	直	3	癸亥	結	6	壬辰	人	3	15
16日	丁卯	結	1	丁酉	結	4	丙寅	結	1	丙申	結	4	乙丑	人	1	甲午	直	4	甲子	直	1	癸巳	結	3	癸亥	結	6	壬辰	人	3	甲子	直	1	癸巳	結	3	16
17日	戊辰	人	1	戊戌	人	4	丁卯	結	1	丁酉	結	4	丙寅	結	1	乙未	人	4	乙丑	人	1	甲午	直	4	甲子	直	1	癸巳	結	3	乙丑	人	1	甲午	直	4	17
18日	己巳	結	1	己亥	結	4	戊辰	人	1	戊戌	人	4	丁卯	結	1	丙申	結	4	丙寅	結	1	乙未	人	4	乙丑	人	1	甲午	直	4	丙寅	結	1	乙未	人	4	18
19日	庚午	直	1	庚子	直	4	己巳	結	1	己亥	結	4	戊辰	人	1	丁酉	結	4	丁卯	結	1	丙申	結	4	丙寅	結	1	乙未	人	4	丁卯	結	1	丙申	結	4	19
20日	辛未	人	1	辛丑	人	4	庚午	直	1	庚子	直	4	己巳	結	1	戊戌	人	4	戊辰	人	1	丁酉	結	4	丁卯	結	1	丙申	結	4	戊辰	人	1	丁酉	結	4	20
21日	壬申	結	1	壬寅	結	4	辛未	人	1	辛丑	人	4	庚午	直	1	己亥	結	4	己巳	結	1	戊戌	人	4	戊辰	人	1	丁酉	結	4	己巳	結	1	戊戌	人	4	21
22日	癸酉	結	1	癸卯	結	4	壬申	結	1	壬寅	結	4	辛未	人	1	庚子	直	4	庚午	直	1	己亥	結	4	己巳	結	1	戊戌	人	4	庚午	直	1	己亥	結	4	22
23日	甲戌	人	2	甲辰	人	5	癸酉	結	1	癸卯	結	4	壬申	結	1	辛丑	人	4	辛未	人	1	庚子	直	4	庚午	直	1	己亥	結	4	辛未	人	1	庚子	直	4	23
24日	乙亥	直	2	乙巳	直	5	甲戌	人	2	甲辰	人	5	癸酉	結	1	壬寅	結	4	壬申	結	1	辛丑	人	4	辛未	人	1	庚子	直	4	壬申	結	1	辛丑	人	4	24
25日	丙子	結	2	丙午	結	5	乙亥	直	2	乙巳	直	5	甲戌	人	2	癸卯	結	4	癸酉	結	1	壬寅	結	4	壬申	結	1	辛丑	人	4	癸酉	結	1	壬寅	結	4	25
26日	丁丑	人	2	丁未	人	5	丙子	結	2	丙午	結	5	乙亥	直	2	甲辰	人	5	甲戌	人	2	癸卯	結	4	癸酉	結	1	壬寅	結	4	甲戌	人	2	癸卯	結	4	26
27日	戊寅	結	2	戊申	結	5	丁丑	人	2	丁未	人	5	丙子	結	2	乙巳	直	5	乙亥	直	2	甲辰	人	5	甲戌	人	2	癸卯	結	4	乙亥	直	2	甲辰	人	5	27
28日	己卯	結	2	己酉	結	5	戊寅	結	2	戊申	結	5	丁丑	人	2	丙午	結	5	丙子	結	2	乙巳	直	5	乙亥	直	2	甲辰	人	5	丙子	結	2	乙巳	直	5	28
29日	庚辰	人	2	庚戌	人	5	己卯	結	2	己酉	結	5	戊寅	結	2	丁未	人	5	丁丑	人	2	丙午	結	5	丙子	結	2	乙巳	直	5				丙午	結	5	29
30日	辛巳	直	2	辛亥	直	5	庚辰	人	2	庚戌	人	5	己卯	結	2	戊申	結	5	戊寅	結	2	丁未	人	5	丁丑	人	2	丙午	結	5				丁未	人	5	30
31日	壬午	結	2				辛巳	直	2				庚辰	人	2	己酉	結	5				戊申	結	5				丁未	人	5				戊申	結	5	31

以下のサイトに、生年月日時を入力するだけ「人物フォーマット」が、算出できます。

https://asano-uranai.com/fpd/entrance.php

１９５９年（昭和３４年）

その年干支の期間	2/4 22:43 ～ 12/31 23:59	1/1 0:00 ～2/4 22:42
年干支	己亥	戊戌

その月干支の期間	12/8 5:38 ～ 12/31 23:59	11/8 13:03 ～ 12/8 5:37	10/9 10:11 ～ 11/8 13:02	9/8 18:49 ～ 10/9 10:10	8/8 16:05 ～ 9/8 18:48	7/8 6:20 ～ 8/8 16:04	6/6 20:01 ～ 7/8 6:19	5/6 15:39 ～ 6/6 20:00	4/5 22:04 ～ 5/6 15:38	3/6 16:57 ～ 4/5 22:03	2/4 22:43 ～ 3/6 16:56	1/6 10:59 ～ 2/4 22:42	1/1 0:00 ～ 1/6 10:58
月干支	丙子	乙亥	甲戌	癸酉	壬申	辛未	庚午	己巳	戊辰	丁卯	丙寅	乙丑	甲子
外的環境の支配五行候補	水 木㋶	水 木㋹	◎ 土㋷ ○ 木㋹ △ 金㋧ □ 水㋶ 火㊐	◎ 金㋑ △ 水㋠ 木㋶	◎ 金㋑ △ 水㋬ 木㋶	土 ○ 火㋠ △ 木㋟ 水㋶	土 ○ 火㋑ 木㋶ 水㋶	土 ○ 火㋕ △ 木㋶ 金㋳	◎ 土㋠ △ 木㋦ 水㋸	◎ 木㋑	◎ 木㋑ △ 火㋞ 水㋶	◎ 土㋣ ○ 水㋕ △ 金㋹ 火㊐	◎ 水㋑ ○ 土㋻ △ 金㋹ 火㊐

	12月			11月			10月			9月			8月			7月			6月			5月			4月			3月			2月			1月			
	干支	タイプ	旬数	干支	タイプ	旬数	干支	タイプ	旬数	干支	タイプ	旬数	干支	タイプ	旬数	干支	タイプ	旬数	干支	タイプ	旬数	干支	タイプ	旬数	干支	タイプ	旬数	干支	タイプ	旬数	干支	タイプ	旬数	干支	タイプ	旬数	
1日	丁巳	結	6	丁亥	結	3	丙辰	人	6	丙戌	人	3	乙卯	直	6	甲申	直	3	甲寅	直	6	癸未	人	2	癸丑	人	5	壬午	結	2	甲寅	直	6	癸未	人	2	1
2日	戊午	結	6	戊子	結	3	丁巳	結	6	丁亥	結	3	丙辰	人	6	乙酉	直	3	乙卯	直	6	甲申	直	3	甲寅	直	6	癸未	人	2	乙卯	直	6	甲申	直	3	2
3日	己未	人	6	己丑	人	3	戊午	結	6	戊子	結	3	丁巳	結	6	丙戌	人	3	丙辰	人	6	乙酉	直	3	乙卯	直	6	甲申	直	3	丙辰	人	6	乙酉	直	3	3
4日	庚申	直	6	庚寅	直	3	己未	人	6	己丑	人	3	戊午	結	6	丁亥	結	3	丁巳	結	6	丙戌	人	3	丙辰	人	6	乙酉	直	3	丁巳	結	6	丙戌	人	3	4
5日	辛酉	直	6	辛卯	直	3	庚申	直	6	庚寅	直	3	己未	人	6	戊子	結	3	戊午	結	6	丁亥	結	3	丁巳	結	6	丙戌	人	3	戊午	結	6	丁亥	結	3	5
6日	壬戌	人	6	壬辰	人	3	辛酉	直	6	辛卯	直	3	庚申	直	6	己丑	人	3	己未	人	6	戊子	結	3	戊午	結	6	丁亥	結	3	己未	人	6	戊子	結	3	6
7日	癸亥	結	6	癸巳	結	3	壬戌	人	6	壬辰	人	3	辛酉	直	6	庚寅	直	3	庚申	直	6	己丑	人	3	己未	人	6	戊子	結	3	庚申	直	6	己丑	人	3	7
8日	甲子	直	1	甲午	直	4	癸亥	結	6	癸巳	結	3	壬戌	人	6	辛卯	直	3	辛酉	直	6	庚寅	直	3	庚申	直	6	己丑	人	3	辛酉	直	6	庚寅	直	3	8
9日	乙丑	人	1	乙未	人	4	甲子	直	1	甲午	直	4	癸亥	結	6	壬辰	人	3	壬戌	人	6	辛卯	直	3	辛酉	直	6	庚寅	直	3	壬戌	人	6	辛卯	直	3	9
10日	丙寅	結	1	丙申	結	4	乙丑	人	1	乙未	人	4	甲子	直	1	癸巳	結	3	癸亥	結	6	壬辰	人	3	壬戌	人	6	辛卯	直	3	癸亥	結	6	壬辰	人	3	10
11日	丁卯	結	1	丁酉	結	4	丙寅	結	1	丙申	結	4	乙丑	人	1	甲午	直	4	甲子	直	1	癸巳	結	3	癸亥	結	6	壬辰	人	3	甲子	直	1	癸巳	結	3	11
12日	戊辰	人	1	戊戌	人	4	丁卯	結	1	丁酉	結	4	丙寅	結	1	乙未	人	4	乙丑	人	1	甲午	直	4	甲子	直	1	癸巳	結	3	乙丑	人	1	甲午	直	4	12
13日	己巳	結	1	己亥	結	4	戊辰	人	1	戊戌	人	4	丁卯	結	1	丙申	結	4	丙寅	結	1	乙未	人	4	乙丑	人	1	甲午	直	4	丙寅	結	1	乙未	人	4	13
14日	庚午	直	1	庚子	直	4	己巳	結	1	己亥	結	4	戊辰	人	1	丁酉	結	4	丁卯	結	1	丙申	結	4	丙寅	結	1	乙未	人	4	丁卯	結	1	丙申	結	4	14
15日	辛未	人	1	辛丑	人	4	庚午	直	1	庚子	直	4	己巳	結	1	戊戌	人	4	戊辰	人	1	丁酉	結	4	丁卯	結	1	丙申	結	4	戊辰	人	1	丁酉	結	4	15
16日	壬申	結	1	壬寅	結	4	辛未	人	1	辛丑	人	4	庚午	直	1	己亥	結	4	己巳	結	1	戊戌	人	4	戊辰	人	1	丁酉	結	4	己巳	結	1	戊戌	人	4	16
17日	癸酉	結	1	癸卯	結	4	壬申	結	1	壬寅	結	4	辛未	人	1	庚子	直	4	庚午	直	1	己亥	結	4	己巳	結	1	戊戌	人	4	庚午	直	1	己亥	結	4	17
18日	甲戌	人	2	甲辰	人	5	癸酉	結	1	癸卯	結	4	壬申	結	1	辛丑	人	4	辛未	人	1	庚子	直	4	庚午	直	1	己亥	結	4	辛未	人	1	庚子	直	4	18
19日	乙亥	直	2	乙巳	直	5	甲戌	人	2	甲辰	人	5	癸酉	結	1	壬寅	結	4	壬申	結	1	辛丑	人	4	辛未	人	1	庚子	直	4	壬申	結	1	辛丑	人	4	19
20日	丙子	結	2	丙午	結	5	乙亥	直	2	乙巳	直	5	甲戌	人	2	癸卯	結	4	癸酉	結	1	壬寅	結	4	壬申	結	1	辛丑	人	4	癸酉	結	1	壬寅	結	4	20
21日	丁丑	人	2	丁未	人	5	丙子	結	2	丙午	結	5	乙亥	直	2	甲辰	人	5	甲戌	人	2	癸卯	結	4	癸酉	結	1	壬寅	結	4	甲戌	人	2	癸卯	結	4	21
22日	戊寅	結	2	戊申	結	5	丁丑	人	2	丁未	人	5	丙子	結	2	乙巳	直	5	乙亥	直	2	甲辰	人	5	甲戌	人	2	癸卯	結	4	乙亥	直	2	甲辰	人	5	22
23日	己卯	結	2	己酉	結	5	戊寅	結	2	戊申	結	5	丁丑	人	2	丙午	結	5	丙子	結	2	乙巳	直	5	乙亥	直	2	甲辰	人	5	丙子	結	2	乙巳	直	5	23
24日	庚辰	人	2	庚戌	人	5	己卯	結	2	己酉	結	5	戊寅	結	2	丁未	人	5	丁丑	人	2	丙午	結	5	丙子	結	2	乙巳	直	5	丁丑	人	2	丙午	結	5	24
25日	辛巳	直	2	辛亥	直	5	庚辰	人	2	庚戌	人	5	己卯	結	2	戊申	結	5	戊寅	結	2	丁未	人	5	丁丑	人	2	丙午	結	5	戊寅	結	2	丁未	人	5	25
26日	壬午	結	2	壬子	結	5	辛巳	直	2	辛亥	直	5	庚辰	人	2	己酉	結	5	己卯	結	2	戊申	結	5	戊寅	結	2	丁未	人	5	己卯	結	2	戊申	結	5	26
27日	癸未	人	2	癸丑	人	5	壬午	結	2	壬子	結	5	辛巳	直	2	庚戌	人	5	庚辰	人	2	己酉	結	5	己卯	結	2	戊申	結	5	庚辰	人	2	己酉	結	5	27
28日	甲申	直	3	甲寅	直	6	癸未	人	2	癸丑	人	5	壬午	結	2	辛亥	直	5	辛巳	直	2	庚戌	人	5	庚辰	人	2	己酉	結	5	辛巳	直	2	庚戌	人	5	28
29日	乙酉	直	3	乙卯	直	6	甲申	直	3	甲寅	直	6	癸未	人	2	壬子	結	5	壬午	結	2	辛亥	直	5	辛巳	直	2	庚戌	人	5				辛亥	直	5	29
30日	丙戌	人	3	丙辰	人	6	乙酉	直	3	乙卯	直	6	甲申	直	3	癸丑	人	5	癸未	人	2	壬子	結	5	壬午	結	2	辛亥	直	5				壬子	結	5	30
31日	丁亥	結	3				丙戌	人	3				乙酉	直	3	甲寅	直	6				癸丑	人	5				壬子	結	5				癸丑	人	5	31

以下のサイトに、生年月日時を入力するだけ「人物フォーマット」が、算出できます。

https://asano-uranai.com/fpd/entrance.php

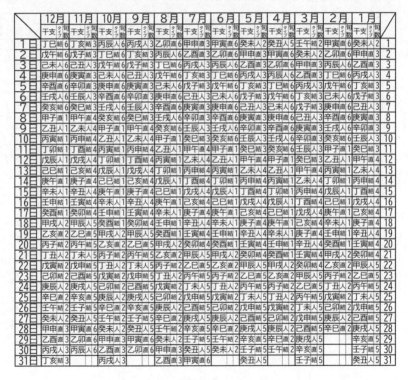

1960年（昭和35年）

その年干支の期間	2/5 4:23 ～ 12/31 23:59	1/1 0:00 ～2/5 4:22
年干支	庚子	己亥

その月干支の期間	12/7 11:38 ～ 12/31 23:59	11/7 19:02 ～ 12/7 11:37	10/8 16:09 ～ 11/7 19:01	9/8 0:46 ～ 10/8 16:08	8/7 22:00 ～ 9/8 0:45	7/7 12:13 ～ 8/7 21:59	6/6 1:48 ～ 7/7 12:12	5/5 21:23 ～ 6/6 1:47	4/5 3:44 ～ 5/5 21:22	3/5 22:36 ～ 4/5 3:43	2/5 4:23 ～ 3/5 22:35	1/6 16:43 ～ 2/5 4:22	1/1 0:00 ～ 1/6 16:42
月干支	戊子	丁亥	丙戌	乙酉	甲申	癸未	壬午	辛巳	庚辰	己卯	戊寅	丁丑	丙子
外的環境の支配五行候補	水	水 木㋶	◎ 土㋺ ○ 金㋟ △ 水㋹ 火㋡	金 水㋹	金 水㋦	◎ 土㋑ △ 火㋠ △ 水㋠ 木㋰	◎ 土㋑ △ 火㋕ 水㋨	◎ 火㋑ ◎ 土㋑ △ 金㋟ 水㋹	◎ 水㋷ △ 木㋦ 金㋟	◎ 木㋑ 水㋹	◎ 木㋑ △ 水㋹ 火㋒	水 △ 木㋶ 金㋮	水 木㋶

	12月			11月			10月			9月			8月			7月			6月			5月			4月			3月			2月			1月			
	干支	タイプ	旬数	干支	タイプ	旬数	干支	タイプ	旬数	干支	タイプ	旬数	干支	タイプ	旬数	干支	タイプ	旬数	干支	タイプ	旬数	干支	タイプ	旬数	干支	タイプ	旬数	干支	タイプ	旬数	干支	タイプ	旬数	干支	タイプ	旬数	
1日	癸亥	結	6	癸巳	結	3	壬戌	人	6	壬辰	人	3	辛酉	直	6	庚寅	直	3	庚申	直	6	己丑	人	3	己未	人	6	戊子	結	3	己未	人	6	戊子	結	3	1
2日	甲子	直	1	甲午	直	4	癸亥	結	6	癸巳	結	3	壬戌	人	6	辛卯	直	3	辛酉	直	6	庚寅	直	3	庚申	直	6	己丑	人	3	庚申	直	6	己丑	人	3	2
3日	乙丑	人	1	乙未	人	4	甲子	直	1	甲午	直	4	癸亥	結	6	壬辰	人	3	壬戌	人	6	辛卯	直	3	辛酉	直	6	庚寅	直	3	辛酉	直	6	庚寅	直	3	3
4日	丙寅	結	1	丙申	結	4	乙丑	人	1	乙未	人	4	甲子	直	1	癸巳	結	3	癸亥	結	6	壬辰	人	3	壬戌	人	6	辛卯	直	3	壬戌	人	6	辛卯	直	3	4
5日	丁卯	結	1	丁酉	結	4	丙寅	結	1	丙申	結	4	乙丑	人	1	甲午	直	4	甲子	直	1	癸巳	結	3	癸亥	結	6	壬辰	人	3	癸亥	結	6	壬辰	人	3	5
6日	戊辰	人	1	戊戌	人	4	丁卯	結	1	丁酉	結	4	丙寅	結	1	乙未	人	4	乙丑	人	1	甲午	直	4	甲子	直	1	癸巳	結	3	甲子	直	1	癸巳	結	3	6
7日	己巳	結	1	己亥	結	4	戊辰	人	1	戊戌	人	4	丁卯	結	1	丙申	結	4	丙寅	結	1	乙未	人	4	乙丑	人	1	甲午	直	4	乙丑	人	1	甲午	直	4	7
8日	庚午	直	1	庚子	直	4	己巳	結	1	己亥	結	4	戊辰	人	1	丁酉	結	4	丁卯	結	1	丙申	結	4	丙寅	結	1	乙未	人	4	丙寅	結	1	乙未	人	4	8
9日	辛未	人	1	辛丑	人	4	庚午	直	1	庚子	直	4	己巳	結	1	戊戌	人	4	戊辰	人	1	丁酉	結	4	丁卯	結	1	丙申	結	4	丁卯	結	1	丙申	結	4	9
10日	壬申	結	1	壬寅	結	4	辛未	人	1	辛丑	人	4	庚午	直	1	己亥	結	4	己巳	結	1	戊戌	人	4	戊辰	人	1	丁酉	結	4	戊辰	人	1	丁酉	結	4	10
11日	癸酉	結	1	癸卯	結	4	壬申	結	1	壬寅	結	4	辛未	人	1	庚子	直	4	庚午	直	1	己亥	結	4	己巳	結	1	戊戌	人	4	己巳	結	1	戊戌	人	4	11
12日	甲戌	人	2	甲辰	人	5	癸酉	結	1	癸卯	結	4	壬申	結	1	辛丑	人	4	辛未	人	1	庚子	直	4	庚午	直	1	己亥	結	4	庚午	直	1	己亥	結	4	12
13日	乙亥	直	2	乙巳	直	5	甲戌	人	2	甲辰	人	5	癸酉	結	1	壬寅	結	4	壬申	結	1	辛丑	人	4	辛未	人	1	庚子	直	4	辛未	人	1	庚子	直	4	13
14日	丙子	結	2	丙午	結	5	乙亥	直	2	乙巳	直	5	甲戌	人	2	癸卯	結	4	癸酉	結	1	壬寅	結	4	壬申	結	1	辛丑	人	4	壬申	結	1	辛丑	人	4	14
15日	丁丑	人	2	丁未	人	5	丙子	結	2	丙午	結	5	乙亥	直	2	甲辰	人	5	甲戌	人	2	癸卯	結	4	癸酉	結	1	壬寅	結	4	癸酉	結	1	壬寅	結	4	15
16日	戊寅	結	2	戊申	結	5	丁丑	人	2	丁未	人	5	丙子	結	2	乙巳	直	5	乙亥	直	2	甲辰	人	5	甲戌	人	2	癸卯	結	4	甲戌	人	2	癸卯	結	4	16
17日	己卯	結	2	己酉	結	5	戊寅	結	2	戊申	結	5	丁丑	人	2	丙午	結	5	丙子	結	2	乙巳	直	5	乙亥	直	2	甲辰	人	5	乙亥	直	2	甲辰	人	5	17
18日	庚辰	人	2	庚戌	人	5	己卯	結	2	己酉	結	5	戊寅	結	2	丁未	人	5	丁丑	人	2	丙午	結	5	丙子	結	2	乙巳	直	5	丙子	結	2	乙巳	直	5	18
19日	辛巳	直	2	辛亥	直	5	庚辰	人	2	庚戌	人	5	己卯	結	2	戊申	結	5	戊寅	結	2	丁未	人	5	丁丑	人	2	丙午	結	5	丁丑	人	2	丙午	結	5	19
20日	壬午	結	2	壬子	結	5	辛巳	直	2	辛亥	直	5	庚辰	人	2	己酉	結	5	己卯	結	2	戊申	結	5	戊寅	結	2	丁未	人	5	戊寅	結	2	丁未	人	5	20
21日	癸未	人	2	癸丑	人	5	壬午	結	2	壬子	結	5	辛巳	直	2	庚戌	人	5	庚辰	人	2	己酉	結	5	己卯	結	2	戊申	結	5	己卯	結	2	戊申	結	5	21
22日	甲申	直	3	甲寅	直	6	癸未	人	2	癸丑	人	5	壬午	結	2	辛亥	直	5	辛巳	直	2	庚戌	人	5	庚辰	人	2	己酉	結	5	庚辰	人	2	己酉	結	5	22
23日	乙酉	直	3	乙卯	直	6	甲申	直	3	甲寅	直	6	癸未	人	2	壬子	結	5	壬午	結	2	辛亥	直	5	辛巳	直	2	庚戌	人	5	辛巳	直	2	庚戌	人	5	23
24日	丙戌	人	3	丙辰	人	6	乙酉	直	3	乙卯	直	6	甲申	直	3	癸丑	人	5	癸未	人	2	壬子	結	5	壬午	結	2	辛亥	直	5	壬午	結	2	辛亥	直	5	24
25日	丁亥	結	3	丁巳	結	6	丙戌	人	3	丙辰	人	6	乙酉	直	3	甲寅	直	6	甲申	直	3	癸丑	人	5	癸未	人	2	壬子	結	5	癸未	人	2	壬子	結	5	25
26日	戊子	結	3	戊午	結	6	丁亥	結	3	丁巳	結	6	丙戌	人	3	乙卯	直	6	乙酉	直	3	甲寅	直	6	甲申	直	3	癸丑	人	5	甲申	直	3	癸丑	人	5	26
27日	己丑	人	3	己未	人	6	戊子	結	3	戊午	結	6	丁亥	結	3	丙辰	人	6	丙戌	人	3	乙卯	直	6	乙酉	直	3	甲寅	直	6	乙酉	直	3	甲寅	直	6	27
28日	庚寅	直	3	庚申	直	6	己丑	人	3	己未	人	6	戊子	結	3	丁巳	結	6	丁亥	結	3	丙辰	人	6	丙戌	人	3	乙卯	直	6	丙戌	人	3	乙卯	直	6	28
29日	辛卯	直	3	辛酉	直	6	庚寅	直	3	庚申	直	6	己丑	人	3	戊午	結	6	戊子	結	3	丁巳	結	6	丁亥	結	3	丙辰	人	6	丁亥	結	3	丙辰	人	6	29
30日	壬辰	人	3	壬戌	人	6	辛卯	直	3	辛酉	直	6	庚寅	直	3	己未	人	6	己丑	人	3	戊午	結	6	戊子	結	3	丁巳	結	6				丁巳	結	6	30
31日	癸巳	結	3				壬辰	人	3				辛卯	直	3	庚申	直	6				己未	人	6				戊午	結	6				戊午	結	6	31

以下のサイトに、生年月日時を入力するだけ「人物フォーマット」が、算出できます。

https://asano-uranai.com/fpd/entrance.php

1961年（昭和36年）

その年干支の期間	2/4 10:23 ～ 12/31 23:59	1/1 0:00 ～2/4 10:22
年干支	辛丑	庚子

その月干支の期間	12/7 17:26 ∫ 12/31 23:59	11/8 0:46 ∫ 12/7 17:25	10/8 21:51 ∫ 11/8 0:45	9/8 6:29 ∫ 10/8 21:50	8/8 3:48 ∫ 9/8 6:28	7/7 18:07 ∫ 8/8 3:47	6/6 7:46 ∫ 7/7 18:06	5/6 3:21 ∫ 6/6 7:45	4/5 9:42 ∫ 5/6 3:20	3/6 4:35 ∫ 4/5 9:41	2/4 10:23 ∫ 3/6 4:34	1/5 22:43 ∫ 2/4 10:22	1/1 0:00 ∫ 1/5 22:42
月干支	庚子	己亥	戊戌	丁酉	丙申	乙未	甲午	癸巳	壬辰	辛卯	庚寅	己丑	戊子
外的環境の支配五行候補	水 金㋟	水 △ 木㋶ 金㋒	◎ 土㋣ △ 金㋟ 火㋖	金 水㋤	金 水㋰	土 ○ 火㋠ △ 木㋞ □ 金㋒ 水㋖	◎ 火㋑ ◎ 土㋑ △ 金㋒ 水㋖	◎ 火㋑ ◎ 土㋑ △ 金㋵ 水㋞	◎ 水㋥ ○ 土㋷ △ 木㋦ 金㋟	◎ 木㋑ △ 金㋟ 水㋖	◎ 木㋑ △ 金㋟ □ 火㋒ 水㋖	水 金㋒	水

	12月			11月			10月			9月			8月			7月			6月			5月			4月			3月			2月			1月			
	干支	タイプ	旬数	干支	タイプ	旬数	干支	タイプ	旬数	干支	タイプ	旬数	干支	タイプ	旬数	干支	タイプ	旬数	干支	タイプ	旬数	干支	タイプ	旬数	干支	タイプ	旬数	干支	タイプ	旬数	干支	タイプ	旬数	干支	タイプ	旬数	
1日	戊辰	人	1	戊戌	人	4	丁卯	結	1	丁酉	結	4	丙寅	結	1	乙未	人	4	乙丑	人	1	甲午	直	4	甲子	直	1	癸巳	結	3	乙丑	人	1	甲午	直	4	1
2日	己巳	結	1	己亥	結	4	戊辰	人	1	戊戌	人	4	丁卯	結	1	丙申	結	4	丙寅	結	1	乙未	人	4	乙丑	人	1	甲午	直	4	丙寅	結	1	乙未	人	4	2
3日	庚午	直	1	庚子	直	4	己巳	結	1	己亥	結	4	戊辰	人	1	丁酉	結	4	丁卯	結	1	丙申	結	4	丙寅	結	1	乙未	人	4	丁卯	結	1	丙申	結	4	3
4日	辛未	人	1	辛丑	人	4	庚午	直	1	庚子	直	4	己巳	結	1	戊戌	人	4	戊辰	人	1	丁酉	結	4	丁卯	結	1	丙申	結	4	戊辰	人	1	丁酉	結	4	4
5日	壬申	結	1	壬寅	結	4	辛未	人	1	辛丑	人	4	庚午	直	1	己亥	結	4	己巳	結	1	戊戌	人	4	戊辰	人	1	丁酉	結	4	己巳	結	1	戊戌	人	4	5
6日	癸酉	結	1	癸卯	結	4	壬申	結	1	壬寅	結	4	辛未	人	1	庚子	直	4	庚午	直	1	己亥	結	4	己巳	結	1	戊戌	人	4	庚午	直	1	己亥	結	4	6
7日	甲戌	人	2	甲辰	人	5	癸酉	結	1	癸卯	結	4	壬申	結	1	辛丑	人	4	辛未	人	1	庚子	直	4	庚午	直	1	己亥	結	4	辛未	人	1	庚子	直	4	7
8日	乙亥	直	2	乙巳	直	5	甲戌	人	2	甲辰	人	5	癸酉	結	1	壬寅	結	4	壬申	結	1	辛丑	人	4	辛未	人	1	庚子	直	4	壬申	結	1	辛丑	人	4	8
9日	丙子	結	2	丙午	結	5	乙亥	直	2	乙巳	直	5	甲戌	人	2	癸卯	結	4	癸酉	結	1	壬寅	結	4	壬申	結	1	辛丑	人	4	癸酉	結	1	壬寅	結	4	9
10日	丁丑	人	2	丁未	人	5	丙子	結	2	丙午	結	5	乙亥	直	2	甲辰	人	5	甲戌	人	2	癸卯	結	4	癸酉	結	1	壬寅	結	4	甲戌	人	2	癸卯	結	4	10
11日	戊寅	結	2	戊申	結	5	丁丑	人	2	丁未	人	5	丙子	結	2	乙巳	直	5	乙亥	直	2	甲辰	人	5	甲戌	人	2	癸卯	結	4	乙亥	直	2	甲辰	人	5	11
12日	己卯	結	2	己酉	結	5	戊寅	結	2	戊申	結	5	丁丑	人	2	丙午	結	5	丙子	結	2	乙巳	直	5	乙亥	直	2	甲辰	人	5	丙子	結	2	乙巳	直	5	12
13日	庚辰	人	2	庚戌	人	5	己卯	結	2	己酉	結	5	戊寅	結	2	丁未	人	5	丁丑	人	2	丙午	結	5	丙子	結	2	乙巳	直	5	丁丑	人	2	丙午	結	5	13
14日	辛巳	直	2	辛亥	直	5	庚辰	人	2	庚戌	人	5	己卯	結	2	戊申	結	5	戊寅	結	2	丁未	人	5	丁丑	人	2	丙午	結	5	戊寅	結	2	丁未	人	5	14
15日	壬午	結	2	壬子	結	5	辛巳	直	2	辛亥	直	5	庚辰	人	2	己酉	結	5	己卯	結	2	戊申	結	5	戊寅	結	2	丁未	人	5	己卯	結	2	戊申	結	5	15
16日	癸未	人	2	癸丑	人	5	壬午	結	2	壬子	結	5	辛巳	直	2	庚戌	人	5	庚辰	人	2	己酉	結	5	己卯	結	2	戊申	結	5	庚辰	人	2	己酉	結	5	16
17日	甲申	直	3	甲寅	直	6	癸未	人	2	癸丑	人	5	壬午	結	2	辛亥	直	5	辛巳	直	2	庚戌	人	5	庚辰	人	2	己酉	結	5	辛巳	直	2	庚戌	人	5	17
18日	乙酉	直	3	乙卯	直	6	甲申	直	3	甲寅	直	6	癸未	人	2	壬子	結	5	壬午	結	2	辛亥	直	5	辛巳	直	2	庚戌	人	5	壬午	結	2	辛亥	直	5	18
19日	丙戌	人	3	丙辰	人	6	乙酉	直	3	乙卯	直	6	甲申	直	3	癸丑	人	5	癸未	人	2	壬子	結	5	壬午	結	2	辛亥	直	5	癸未	人	2	壬子	結	5	19
20日	丁亥	結	3	丁巳	結	6	丙戌	人	3	丙辰	人	6	乙酉	直	3	甲寅	直	6	甲申	直	3	癸丑	人	5	癸未	人	2	壬子	結	5	甲申	直	3	癸丑	人	5	20
21日	戊子	結	3	戊午	結	6	丁亥	結	3	丁巳	結	6	丙戌	人	3	乙卯	直	6	乙酉	直	3	甲寅	直	6	甲申	直	3	癸丑	人	5	乙酉	直	3	甲寅	直	6	21
22日	己丑	人	3	己未	人	6	戊子	結	3	戊午	結	6	丁亥	結	3	丙辰	人	6	丙戌	人	3	乙卯	直	6	乙酉	直	3	甲寅	直	6	丙戌	人	3	乙卯	直	6	22
23日	庚寅	直	3	庚申	直	6	己丑	人	3	己未	人	6	戊子	結	3	丁巳	結	6	丁亥	結	3	丙辰	人	6	丙戌	人	3	乙卯	直	6	丁亥	結	3	丙辰	人	6	23
24日	辛卯	直	3	辛酉	直	6	庚寅	直	3	庚申	直	6	己丑	人	3	戊午	結	6	戊子	結	3	丁巳	結	6	丁亥	結	3	丙辰	人	6	戊子	結	3	丁巳	結	6	24
25日	壬辰	人	3	壬戌	人	6	辛卯	直	3	辛酉	直	6	庚寅	直	3	己未	人	6	己丑	人	3	戊午	結	6	戊子	結	3	丁巳	結	6	己丑	人	3	戊午	結	6	25
26日	癸巳	結	3	癸亥	結	6	壬辰	人	3	壬戌	人	6	辛卯	直	3	庚申	直	6	庚寅	直	3	己未	人	6	己丑	人	3	戊午	結	6	庚寅	直	3	己未	人	6	26
27日	甲午	直	4	甲子	直	1	癸巳	結	3	癸亥	結	6	壬辰	人	3	辛酉	直	6	辛卯	直	3	庚申	直	6	庚寅	直	3	己未	人	6	辛卯	直	3	庚申	直	6	27
28日	乙未	人	4	乙丑	人	1	甲午	直	4	甲子	直	1	癸巳	結	3	壬戌	人	6	壬辰	人	3	辛酉	直	6	辛卯	直	3	庚申	直	6	壬辰	人	3	辛酉	直	6	28
29日	丙申	結	4	丙寅	結	1	乙未	人	4	乙丑	人	1	甲午	直	4	癸亥	結	6	癸巳	結	3	壬戌	人	6	壬辰	人	3	辛酉	直	6				壬戌	人	6	29
30日	丁酉	結	4	丁卯	結	1	丙申	結	4	丙寅	結	1	乙未	人	4	甲子	直	1	甲午	直	4	癸亥	結	6	癸巳	結	3	壬戌	人	6				癸亥	結	6	30
31日	戊戌	人	4				丁酉	結	4				丙申	結	4	乙丑	人	1				甲子	直	1				癸亥	結	6				甲子	直	1	31

以下のサイトに、生年月日時を入力するだけ「人物フォーマット」が、算出できます。

https://asano-uranai.com/fpd/entrance.php

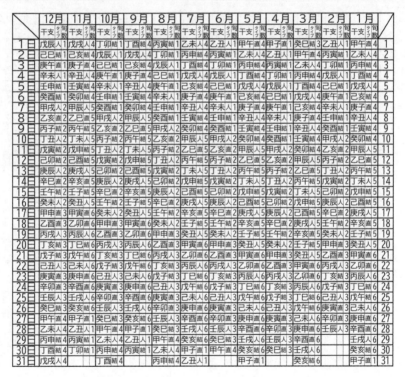

1962年（昭和37年）

その年干支の期間	2/4 16:18 ～ 12/31 23:59	1/1 0:00 ～2/4 16:17
年干支	壬寅	辛丑

その月干支の期間	12/7 23:17 〜 12/31 23:59	11/8 6:35 〜 12/7 23:16	10/9 3:38 〜 11/8 6:34	9/8 12:15 〜 10/9 3:37	8/8 9:34 〜 9/8 12:14	7/7 23:51 〜 8/8 9:33	6/6 13:31 〜 7/7 23:50	5/6 9:09 〜 6/6 13:30	4/5 15:34 〜 5/6 9:08	3/6 10:30 〜 4/5 15:33	2/4 16:18 〜 3/6 10:29	1/6 4:35 〜 2/4 16:17	1/1 0:00 〜 1/6 4:34
月干支	壬子	辛亥	庚戌	己酉	戊申	丁未	丙午	乙巳	甲辰	癸卯	壬寅	辛丑	庚子
外的環境の支配五行候補	水 △ 木㋤ 火㋒	水 △ 木㋾ 火㋒	◎ 土㋺ ○ 火㋦ △ 金㋟ 木㋤	◎ 金㋑ △ 木㋤ 火㋒	◎ 金㋣ △ 水㋵ 火㋒	◎ 火㋑ ◎ 土㋑ 木㋸	火 ○ 土㋑ 木㋤	◎ 火㋑ ◎ 土㋑ △ 木㋕ 金㋳	木 △ 水㋟ 火㋒	木 △ 水㋞ 火㋒	木 △ 水㋞ 火㋒	◎ 水㋥ △ 土㋻ 金㋟	水 金㋟

	12月			11月			10月			9月			8月			7月			6月			5月			4月			3月			2月			1月			
	干支	タイプ	旬数	干支	タイプ	旬数	干支	タイプ	旬数	干支	タイプ	旬数	干支	タイプ	旬数	干支	タイプ	旬数	干支	タイプ	旬数	干支	タイプ	旬数	干支	タイプ	旬数	干支	タイプ	旬数	干支	タイプ	旬数	干支	タイプ	旬数	
1日	癸酉	結	1	癸卯	結	4	壬申	結	1	壬寅	結	4	辛未	人	1	庚子	直	4	庚午	直	1	己亥	結	4	己巳	結	1	戊戌	人	4	庚午	直	1	己亥	結	4	1
2日	甲戌	人	2	甲辰	人	5	癸酉	結	1	癸卯	結	4	壬申	結	1	辛丑	人	4	辛未	人	1	庚子	直	4	庚午	直	1	己亥	結	4	辛未	人	1	庚子	直	4	2
3日	乙亥	直	2	乙巳	直	5	甲戌	人	2	甲辰	人	5	癸酉	結	1	壬寅	結	4	壬申	結	1	辛丑	人	4	辛未	人	1	庚子	直	4	壬申	結	1	辛丑	人	4	3
4日	丙子	結	2	丙午	結	5	乙亥	直	2	乙巳	直	5	甲戌	人	2	癸卯	結	4	癸酉	結	1	壬寅	結	4	壬申	結	1	辛丑	人	4	癸酉	結	1	壬寅	結	4	4
5日	丁丑	人	2	丁未	人	5	丙子	結	2	丙午	結	5	乙亥	直	2	甲辰	人	5	甲戌	人	2	癸卯	結	4	癸酉	結	1	壬寅	結	4	甲戌	人	2	癸卯	結	4	5
6日	戊寅	結	2	戊申	結	5	丁丑	人	2	丁未	人	5	丙子	結	2	乙巳	直	5	乙亥	直	2	甲辰	人	5	甲戌	人	2	癸卯	結	4	乙亥	直	2	甲辰	人	5	6
7日	己卯	結	2	己酉	結	5	戊寅	結	2	戊申	結	5	丁丑	人	2	丙午	結	5	丙子	結	2	乙巳	直	5	乙亥	直	2	甲辰	人	5	丙子	結	2	乙巳	直	5	7
8日	庚辰	人	2	庚戌	人	5	己卯	結	2	己酉	結	5	戊寅	結	2	丁未	人	5	丁丑	人	2	丙午	結	5	丙子	結	2	乙巳	直	5	丁丑	人	2	丙午	結	5	8
9日	辛巳	直	2	辛亥	直	5	庚辰	人	2	庚戌	人	5	己卯	結	2	戊申	結	5	戊寅	結	2	丁未	人	5	丁丑	人	2	丙午	結	5	戊寅	結	2	丁未	人	5	9
10日	壬午	結	2	壬子	結	5	辛巳	直	2	辛亥	直	5	庚辰	人	2	己酉	結	5	己卯	結	2	戊申	結	5	戊寅	結	2	丁未	人	5	己卯	結	2	戊申	結	5	10
11日	癸未	人	2	癸丑	人	5	壬午	結	2	壬子	結	5	辛巳	直	2	庚戌	人	5	庚辰	人	2	己酉	結	5	己卯	結	2	戊申	結	5	庚辰	人	2	己酉	結	5	11
12日	甲申	直	3	甲寅	直	6	癸未	人	2	癸丑	人	5	壬午	結	2	辛亥	直	5	辛巳	直	2	庚戌	人	5	庚辰	人	2	己酉	結	5	辛巳	直	2	庚戌	人	5	12
13日	乙酉	直	3	乙卯	直	6	甲申	直	3	甲寅	直	6	癸未	人	2	壬子	結	5	壬午	結	2	辛亥	直	5	辛巳	直	2	庚戌	人	5	壬午	結	2	辛亥	直	5	13
14日	丙戌	人	3	丙辰	人	6	乙酉	直	3	乙卯	直	6	甲申	直	3	癸丑	人	5	癸未	人	2	壬子	結	5	壬午	結	2	辛亥	直	5	癸未	人	2	壬子	結	5	14
15日	丁亥	結	3	丁巳	結	6	丙戌	人	3	丙辰	人	6	乙酉	直	3	甲寅	直	6	甲申	直	3	癸丑	人	5	癸未	人	2	壬子	結	5	甲申	直	3	癸丑	人	5	15
16日	戊子	結	3	戊午	結	6	丁亥	結	3	丁巳	結	6	丙戌	人	3	乙卯	直	6	乙酉	直	3	甲寅	直	6	甲申	直	3	癸丑	人	5	乙酉	直	3	甲寅	直	6	16
17日	己丑	人	3	己未	人	6	戊子	結	3	戊午	結	6	丁亥	結	3	丙辰	人	6	丙戌	人	3	乙卯	直	6	乙酉	直	3	甲寅	直	6	丙戌	人	3	乙卯	直	6	17
18日	庚寅	直	3	庚申	直	6	己丑	人	3	己未	人	6	戊子	結	3	丁巳	結	6	丁亥	結	3	丙辰	人	6	丙戌	人	3	乙卯	直	6	丁亥	結	3	丙辰	人	6	18
19日	辛卯	直	3	辛酉	直	6	庚寅	直	3	庚申	直	6	己丑	人	3	戊午	結	6	戊子	結	3	丁巳	結	6	丁亥	結	3	丙辰	人	6	戊子	結	3	丁巳	結	6	19
20日	壬辰	人	3	壬戌	人	6	辛卯	直	3	辛酉	直	6	庚寅	直	3	己未	人	6	己丑	人	3	戊午	結	6	戊子	結	3	丁巳	結	6	己丑	人	3	戊午	結	6	20
21日	癸巳	結	3	癸亥	結	6	壬辰	人	3	壬戌	人	6	辛卯	直	3	庚申	直	6	庚寅	直	3	己未	人	6	己丑	人	3	戊午	結	6	庚寅	直	3	己未	人	6	21
22日	甲午	直	4	甲子	直	1	癸巳	結	3	癸亥	結	6	壬辰	人	3	辛酉	直	6	辛卯	直	3	庚申	直	6	庚寅	直	3	己未	人	6	辛卯	直	3	庚申	直	6	22
23日	乙未	人	4	乙丑	人	1	甲午	直	4	甲子	直	1	癸巳	結	3	壬戌	人	6	壬辰	人	3	辛酉	直	6	辛卯	直	3	庚申	直	6	壬辰	人	3	辛酉	直	6	23
24日	丙申	結	4	丙寅	結	1	乙未	人	4	乙丑	人	1	甲午	直	4	癸亥	結	6	癸巳	結	3	壬戌	人	6	壬辰	人	3	辛酉	直	6	癸巳	結	3	壬戌	人	6	24
25日	丁酉	結	4	丁卯	結	1	丙申	結	4	丙寅	結	1	乙未	人	4	甲子	直	1	甲午	直	4	癸亥	結	6	癸巳	結	3	壬戌	人	6	甲午	直	4	癸亥	結	6	25
26日	戊戌	人	4	戊辰	人	1	丁酉	結	4	丁卯	結	1	丙申	結	4	乙丑	人	1	乙未	人	4	甲子	直	1	甲午	直	4	癸亥	結	6	乙未	人	4	甲子	直	1	26
27日	己亥	結	4	己巳	結	1	戊戌	人	4	戊辰	人	1	丁酉	結	4	丙寅	結	1	丙申	結	4	乙丑	人	1	乙未	人	4	甲子	直	1	丙申	結	4	乙丑	人	1	27
28日	庚子	直	4	庚午	直	1	己亥	結	4	己巳	結	1	戊戌	人	4	丁卯	結	1	丁酉	結	4	丙寅	結	1	丙申	結	4	乙丑	人	1	丁酉	結	4	丙寅	結	1	28
29日	辛丑	人	4	辛未	人	1	庚子	直	4	庚午	直	1	己亥	結	4	戊辰	人	1	戊戌	人	4	丁卯	結	1	丁酉	結	4	丙寅	結	1				丁卯	結	1	29
30日	壬寅	結	4	壬申	結	1	辛丑	人	4	辛未	人	1	庚子	直	4	己巳	結	1	己亥	結	4	戊辰	人	1	戊戌	人	4	丁卯	結	1				戊辰	人	1	30
31日	癸卯	結	4				壬寅	結	4				辛丑	人	4	庚午	直	1				己巳	結	1	己亥	結	4	戊辰	人	1				己巳	結	1	31

以下のサイトに、生年月日時を入力するだけ「人物フォーマット」が、算出できます。

https://asano-uranai.com/fpd/entrance.php

１９６３年（昭和３８年）

その年干支の期間	2/4 22:08 ～ 12/31 23:59	1/1 0:00 ~2/4 22:07
年干支	癸卯	壬寅

その月干支の期間	12/8 5:13 ～ 12/31 23:59	11/8 12:33 ～ 12/8 5:12	10/9 9:36 ～ 11/8 12:32	9/8 18:12 ～ 10/9 9:35	8/8 15:25 ～ 9/8 18:11	7/8 5:38 ～ 8/8 15:24	6/6 19:14 ～ 7/8 5:37	5/6 14:52 ～ 6/6 19:13	4/5 21:19 ～ 5/6 14:51	3/6 16:17 ～ 4/5 21:18	2/4 22:08 ～ 3/6 16:16	1/6 10:27 ～ 2/4 22:07	1/1 0:00 ～ 1/6 10:26
月干支	甲子	癸亥	壬戌	辛酉	庚申	己未	戊午	丁巳	丙辰	乙卯	甲寅	癸丑	壬子
外的環境の支配五行候補	水 木㋕	水 木㋠	◎ 土㋺ ○ 水㋞ △ 木㋡ □ 金㋤ 火㋖	金 木㋡	金 △ 水㋵ 木㋡	土 △ 木㋣ 火㋠	土 ○ 火㋑ 木㋡	火 ○ 土㋑ △ 木㋡ 金㋳	◎ 木㋬ 水㋟	木	木 火㋒	◎ 水㋑ ○ 木㋤ △ 火㋒ 金㋮	水 △ 木㋤ 火㋒

	12月			11月			10月			9月			8月			7月			6月			5月			4月			3月			2月			1月			
	干支	タイプ	旬数	干支	タイプ	旬数	干支	タイプ	旬数	干支	タイプ	旬数	干支	タイプ	旬数	干支	タイプ	旬数	干支	タイプ	旬数	干支	タイプ	旬数	干支	タイプ	旬数	干支	タイプ	旬数	干支	タイプ	旬数	干支	タイプ	旬数	
1日	戊寅	結	2	戊申	結	5	丁丑	人	2	丁未	人	5	丙子	結	2	乙巳	直	5	乙亥	直	2	甲辰	人	5	甲戌	人	2	癸卯	結	4	乙亥	直	2	甲辰	人	5	1
2日	己卯	結	2	己酉	結	5	戊寅	結	2	戊申	結	5	丁丑	人	2	丙午	結	5	丙子	結	2	乙巳	直	5	乙亥	直	2	甲辰	人	5	丙子	結	2	乙巳	直	5	2
3日	庚辰	人	2	庚戌	人	5	己卯	結	2	己酉	結	5	戊寅	結	2	丁未	人	5	丁丑	人	2	丙午	結	5	丙子	結	2	乙巳	直	5	丁丑	人	2	丙午	結	5	3
4日	辛巳	直	2	辛亥	直	5	庚辰	人	2	庚戌	人	5	己卯	結	2	戊申	結	5	戊寅	結	2	丁未	人	5	丁丑	人	2	丙午	結	5	戊寅	結	2	丁未	人	5	4
5日	壬午	結	2	壬子	結	5	辛巳	直	2	辛亥	直	5	庚辰	人	2	己酉	結	5	己卯	結	2	戊申	結	5	戊寅	結	2	丁未	人	5	己卯	結	2	戊申	結	5	5
6日	癸未	人	2	癸丑	人	5	壬午	結	2	壬子	結	5	辛巳	直	2	庚戌	人	5	庚辰	人	2	己酉	結	5	己卯	結	2	戊申	結	5	庚辰	人	2	己酉	結	5	6
7日	甲申	直	3	甲寅	直	6	癸未	人	2	癸丑	人	5	壬午	結	2	辛亥	直	5	辛巳	直	2	庚戌	人	5	庚辰	人	2	己酉	結	5	辛巳	直	2	庚戌	人	5	7
8日	乙酉	直	3	乙卯	直	6	甲申	直	3	甲寅	直	6	癸未	人	2	壬子	結	5	壬午	結	2	辛亥	直	5	辛巳	直	2	庚戌	人	5	壬午	結	2	辛亥	直	5	8
9日	丙戌	人	3	丙辰	人	6	乙酉	直	3	乙卯	直	6	甲申	直	3	癸丑	人	5	癸未	人	2	壬子	結	5	壬午	結	2	辛亥	直	5	癸未	人	2	壬子	結	5	9
10日	丁亥	結	3	丁巳	結	6	丙戌	人	3	丙辰	人	6	乙酉	直	3	甲寅	直	6	甲申	直	3	癸丑	人	5	癸未	人	2	壬子	結	5	甲申	直	3	癸丑	人	5	10
11日	戊子	結	3	戊午	結	6	丁亥	結	3	丁巳	結	6	丙戌	人	3	乙卯	直	6	乙酉	直	3	甲寅	直	6	甲申	直	3	癸丑	人	5	乙酉	直	3	甲寅	直	6	11
12日	己丑	人	3	己未	人	6	戊子	結	3	戊午	結	6	丁亥	結	3	丙辰	人	6	丙戌	人	3	乙卯	直	6	乙酉	直	3	甲寅	直	6	丙戌	人	3	乙卯	直	6	12
13日	庚寅	直	3	庚申	直	6	己丑	人	3	己未	人	6	戊子	結	3	丁巳	結	6	丁亥	結	3	丙辰	人	6	丙戌	人	3	乙卯	直	6	丁亥	結	3	丙辰	人	6	13
14日	辛卯	直	3	辛酉	直	6	庚寅	直	3	庚申	直	6	己丑	人	3	戊午	結	6	戊子	結	3	丁巳	結	6	丁亥	結	3	丙辰	人	6	戊子	結	3	丁巳	結	6	14
15日	壬辰	人	3	壬戌	人	6	辛卯	直	3	辛酉	直	6	庚寅	直	3	己未	人	6	己丑	人	3	戊午	結	6	戊子	結	3	丁巳	結	6	己丑	人	3	戊午	結	6	15
16日	癸巳	結	3	癸亥	結	6	壬辰	人	3	壬戌	人	6	辛卯	直	3	庚申	直	6	庚寅	直	3	己未	人	6	己丑	人	3	戊午	結	6	庚寅	直	3	己未	人	6	16
17日	甲午	直	4	甲子	直	1	癸巳	結	3	癸亥	結	6	壬辰	人	3	辛酉	直	6	辛卯	直	3	庚申	直	6	庚寅	直	3	己未	人	6	辛卯	直	3	庚申	直	6	17
18日	乙未	人	4	乙丑	人	1	甲午	直	4	甲子	直	1	癸巳	結	3	壬戌	人	6	壬辰	人	3	辛酉	直	6	辛卯	直	3	庚申	直	6	壬辰	人	3	辛酉	直	6	18
19日	丙申	結	4	丙寅	結	1	乙未	人	4	乙丑	人	1	甲午	直	4	癸亥	結	6	癸巳	結	3	壬戌	人	6	壬辰	人	3	辛酉	直	6	癸巳	結	3	壬戌	人	6	19
20日	丁酉	結	4	丁卯	結	1	丙申	結	4	丙寅	結	1	乙未	人	4	甲子	直	1	甲午	直	4	癸亥	結	6	癸巳	結	3	壬戌	人	6	甲午	直	4	癸亥	結	6	20
21日	戊戌	人	4	戊辰	人	1	丁酉	結	4	丁卯	結	1	丙申	結	4	乙丑	人	1	乙未	人	4	甲子	直	1	甲午	直	4	癸亥	結	6	乙未	人	4	甲子	直	1	21
22日	己亥	結	4	己巳	結	1	戊戌	人	4	戊辰	人	1	丁酉	結	4	丙寅	結	1	丙申	結	4	乙丑	人	1	乙未	人	4	甲子	直	1	丙申	結	4	乙丑	人	1	22
23日	庚子	直	4	庚午	直	1	己亥	結	4	己巳	結	1	戊戌	人	4	丁卯	結	1	丁酉	結	4	丙寅	結	1	丙申	結	4	乙丑	人	1	丁酉	結	4	丙寅	結	1	23
24日	辛丑	人	4	辛未	人	1	庚子	直	4	庚午	直	1	己亥	結	4	戊辰	人	1	戊戌	人	4	丁卯	結	1	丁酉	結	4	丙寅	結	1	戊戌	人	4	丁卯	結	1	24
25日	壬寅	結	4	壬申	結	1	辛丑	人	4	辛未	人	1	庚子	直	4	己巳	結	1	己亥	結	4	戊辰	人	1	戊戌	人	4	丁卯	結	1	己亥	結	4	戊辰	人	1	25
26日	癸卯	結	4	癸酉	結	1	壬寅	結	4	壬申	結	1	辛丑	人	4	庚午	直	1	庚子	直	4	己巳	結	1	己亥	結	4	戊辰	人	1	庚子	直	4	己巳	結	1	26
27日	甲辰	人	5	甲戌	人	2	癸卯	結	4	癸酉	結	1	壬寅	結	4	辛未	人	1	辛丑	人	4	庚午	直	1	庚子	直	4	己巳	結	1	辛丑	人	4	庚午	直	1	27
28日	乙巳	直	5	乙亥	直	2	甲辰	人	5	甲戌	人	2	癸卯	結	4	壬申	結	1	壬寅	結	4	辛未	人	1	辛丑	人	4	庚午	直	1	壬寅	結	4	辛未	人	1	28
29日	丙午	結	5	丙子	結	2	乙巳	直	5	乙亥	直	2	甲辰	人	5	癸酉	結	1	癸卯	結	4	壬申	結	1	壬寅	結	4	辛未	人	1				壬申	結	1	29
30日	丁未	人	5	丁丑	人	2	丙午	結	5	丙子	結	2	乙巳	直	5	甲戌	人	2	甲辰	人	5	癸酉	結	1	癸卯	結	4	壬申	結	1				癸酉	結	1	30
31日	戊申	結	5				丁未	人	5				丙午	結	5	乙亥	直	2				甲戌	人	2				癸酉	結	1				甲戌			31

以下のサイトに、生年月日時を入力するだけ「人物フォーマット」が、算出できます。

https://asano-uranai.com/fpd/entrance.php

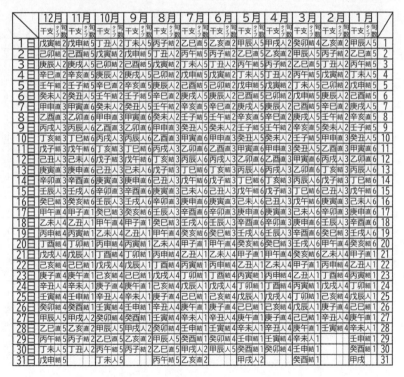

1964年（昭和39年）

その年干支の期間	2/5 4:05 ～ 12/31 23:59	1/1 0:00 ～2/5 4:04
年干支	甲辰	癸卯

その月干支の期間	12/7 10:53 ～ 12/31 23:59	11/7 18:15 ～ 12/7 10:52	10/8 15:22 ～ 11/7 18:14	9/7 23:59 ～ 10/8 15:21	8/7 21:16 ～ 9/7 23:58	7/7 11:32 ～ 8/7 21:15	6/6 1:12 ～ 7/7 11:31	5/5 20:51 ～ 6/6 1:11	4/5 3:18 ～ 5/5 20:50	3/5 22:16 ～ 4/5 3:17	2/5 4:05 ～ 3/5 22:15	1/6 16:23 ～ 2/5 4:04	1/1 0:00 ～ 1/6 16:22
月干支	丙子	乙亥	甲戌	癸酉	壬申	辛未	庚午	己巳	戊辰	丁卯	丙寅	乙丑	甲子
外的環境の支配五行候補	◎ 水㋑ 木㋒	◎ 水㋑ 木㋵	◎ 土㋷ ○ 木㋵ △ 金㋧ □ 水㋒ 火㋖	◎ 金㋬ 水㋟ 木㋒	◎ 金㋑ △ 水㋣ 木㋵	土 ○ 火㋠ △ 木㋵ □ 金㋰ 水㋒	◎ 火㋑ ◎ 土㋑ ○ 木㋵ △ 金㋰ 水㋒	土 ○ 火㋑ △ 木㋵ □ 水㋒ 金㋳	◎ 木㋩ ○ 土㋷ △ 金㋤ 水㋒	木 水㋒	木 △ 火㋞ 水㋒	◎ 水㋥ △ 木㋕ 金㋮	水 木㋕

	12月			11月			10月			9月			8月			7月			6月			5月			4月			3月			2月			1月			
	干支	タイプ	旬数	干支	タイプ	旬数	干支	タイプ	旬数	干支	タイプ	旬数	干支	タイプ	旬数	干支	タイプ	旬数	干支	タイプ	旬数	干支	タイプ	旬数	干支	タイプ	旬数	干支	タイプ	旬数	干支	タイプ	旬数	干支	タイプ	旬数	
1日	甲申	直	3	甲寅	直	6	癸未	人	2	癸丑	人	5	壬午	結	2	辛亥	直	5	辛巳	直	2	庚戌	人	5	庚辰	人	2	己酉	結	5	庚辰	人	2	己酉	結	5	1
2日	乙酉	直	3	乙卯	直	6	甲申	直	3	甲寅	直	6	癸未	人	2	壬子	結	5	壬午	結	2	辛亥	直	5	辛巳	直	2	庚戌	人	5	辛巳	直	2	庚戌	人	5	2
3日	丙戌	人	3	丙辰	人	6	乙酉	直	3	乙卯	直	6	甲申	直	3	癸丑	人	5	癸未	人	2	壬子	結	5	壬午	結	2	辛亥	直	5	壬午	結	2	辛亥	直	5	3
4日	丁亥	結	3	丁巳	結	6	丙戌	人	3	丙辰	人	6	乙酉	直	3	甲寅	直	6	甲申	直	3	癸丑	人	5	癸未	人	2	壬子	結	5	癸未	人	2	壬子	結	5	4
5日	戊子	結	3	戊午	結	6	丁亥	結	3	丁巳	結	6	丙戌	人	3	乙卯	直	6	乙酉	直	3	甲寅	直	6	甲申	直	3	癸丑	人	5	甲申	直	3	癸丑	人	5	5
6日	己丑	人	3	己未	人	6	戊子	結	3	戊午	結	6	丁亥	結	3	丙辰	人	6	丙戌	人	3	乙卯	直	6	乙酉	直	3	甲寅	直	6	乙酉	直	3	甲寅	直	6	6
7日	庚寅	直	3	庚申	直	6	己丑	人	3	己未	人	6	戊子	結	3	丁巳	結	6	丁亥	結	3	丙辰	人	6	丙戌	人	3	乙卯	直	6	丙戌	人	3	乙卯	直	6	7
8日	辛卯	直	3	辛酉	直	6	庚寅	直	3	庚申	直	6	己丑	人	3	戊午	結	6	戊子	結	3	丁巳	結	6	丁亥	結	3	丙辰	人	6	丁亥	結	3	丙辰	人	6	8
9日	壬辰	人	3	壬戌	人	6	辛卯	直	3	辛酉	直	6	庚寅	直	3	己未	人	6	己丑	人	3	戊午	結	6	戊子	結	3	丁巳	結	6	戊子	結	3	丁巳	結	6	9
10日	癸巳	結	3	癸亥	結	6	壬辰	人	3	壬戌	人	6	辛卯	直	3	庚申	直	6	庚寅	直	3	己未	人	6	己丑	人	3	戊午	結	6	己丑	人	3	戊午	結	6	10
11日	甲午	直	4	甲子	直	1	癸巳	結	3	癸亥	結	6	壬辰	人	3	辛酉	直	6	辛卯	直	3	庚申	直	6	庚寅	直	3	己未	人	6	庚寅	直	3	己未	人	6	11
12日	乙未	人	4	乙丑	人	1	甲午	直	4	甲子	直	1	癸巳	結	3	壬戌	人	6	壬辰	人	3	辛酉	直	6	辛卯	直	3	庚申	直	6	辛卯	直	3	庚申	直	6	12
13日	丙申	結	4	丙寅	結	1	乙未	人	4	乙丑	人	1	甲午	直	4	癸亥	結	6	癸巳	結	3	壬戌	人	6	壬辰	人	3	辛酉	直	6	壬辰	人	3	辛酉	直	6	13
14日	丁酉	結	4	丁卯	結	1	丙申	結	4	丙寅	結	1	乙未	人	4	甲子	直	1	甲午	直	4	癸亥	結	6	癸巳	結	3	壬戌	人	6	癸巳	結	3	壬戌	人	6	14
15日	戊戌	人	4	戊辰	人	1	丁酉	結	4	丁卯	結	1	丙申	結	4	乙丑	人	1	乙未	人	4	甲子	直	1	甲午	直	4	癸亥	結	6	甲午	直	4	癸亥	結	6	15
16日	己亥	結	4	己巳	結	1	戊戌	人	4	戊辰	人	1	丁酉	結	4	丙寅	結	1	丙申	結	4	乙丑	人	1	乙未	人	4	甲子	直	1	乙未	人	4	甲子	直	1	16
17日	庚子	直	4	庚午	直	1	己亥	結	4	己巳	結	1	戊戌	人	4	丁卯	結	1	丁酉	結	4	丙寅	結	1	丙申	結	4	乙丑	人	1	丙申	結	4	乙丑	人	1	17
18日	辛丑	人	4	辛未	人	1	庚子	直	4	庚午	直	1	己亥	結	4	戊辰	人	1	戊戌	人	4	丁卯	結	1	丁酉	結	4	丙寅	結	1	丁酉	結	4	丙寅	結	1	18
19日	壬寅	結	4	壬申	結	1	辛丑	人	4	辛未	人	1	庚子	直	4	己巳	結	1	己亥	結	4	戊辰	人	1	戊戌	人	4	丁卯	結	1	戊戌	人	4	丁卯	結	1	19
20日	癸卯	結	4	癸酉	結	1	壬寅	結	4	壬申	結	1	辛丑	人	4	庚午	直	1	庚子	直	4	己巳	結	1	己亥	結	4	戊辰	人	1	己亥	結	4	戊辰	人	1	20
21日	甲辰	人	5	甲戌	人	2	癸卯	結	4	癸酉	結	1	壬寅	結	4	辛未	人	1	辛丑	人	4	庚午	直	1	庚子	直	4	己巳	結	1	庚子	直	4	己巳	結	1	21
22日	乙巳	直	5	乙亥	直	2	甲辰	人	5	甲戌	人	2	癸卯	結	4	壬申	結	1	壬寅	結	4	辛未	人	1	辛丑	人	4	庚午	直	1	辛丑	人	4	庚午	直	1	22
23日	丙午	結	5	丙子	結	2	乙巳	直	5	乙亥	直	2	甲辰	人	5	癸酉	結	1	癸卯	結	4	壬申	結	1	壬寅	結	4	辛未	人	1	壬寅	結	4	辛未	人	1	23
24日	丁未	人	5	丁丑	人	2	丙午	結	5	丙子	結	2	乙巳	直	5	甲戌	人	2	甲辰	人	5	癸酉	結	1	癸卯	結	4	壬申	結	1	癸卯	結	4	壬申	結	1	24
25日	戊申	結	5	戊寅	結	2	丁未	人	5	丁丑	人	2	丙午	結	5	乙亥	直	2	乙巳	直	5	甲戌	人	2	甲辰	人	5	癸酉	結	1	甲辰	人	5	癸酉	結	1	25
26日	己酉	結	5	己卯	結	2	戊申	結	5	戊寅	結	2	丁未	人	5	丙子	結	2	丙午	結	5	乙亥	直	2	乙巳	直	5	甲戌	人	2	乙巳	直	5	甲戌	人	2	26
27日	庚戌	人	5	庚辰	人	2	己酉	結	5	己卯	結	2	戊申	結	5	丁丑	人	2	丁未	人	5	丙子	結	2	丙午	結	5	乙亥	直	2	丙午	結	5	乙亥	直	2	27
28日	辛亥	直	5	辛巳	直	2	庚戌	人	5	庚辰	人	2	己酉	結	5	戊寅	結	2	戊申	結	5	丁丑	人	2	丁未	人	5	丙子	結	2	丁未	人	5	丙子	結	2	28
29日	壬子	結	5	壬午	結	2	辛亥	直	5	辛巳	直	2	庚戌	人	5	己卯	結	2	己酉	結	5	戊寅	結	2	戊申	結	5	丁丑	人	2	戊申	結	5	丁丑	人	2	29
30日	癸丑	人	5	癸未	人	2	壬子	結	5	壬午	結	2	辛亥	直	5	庚辰	人	2	庚戌	人	5	己卯	結	2	己酉	結	5	戊寅	結	2				戊寅	結	2	30
31日	甲寅	直	6				癸丑	人	5				壬子	結	5	辛巳	直	2				庚辰	人	2				己卯	結	2				己卯	結	2	31

以下のサイトに、生年月日時を入力するだけ「人物フォーマット」が、算出できます。

https://asano-uranai.com/fpd/entrance.php

1965年（昭和40年）

その年干支の期間	2/4 9:46 ～ 12/31 23:59	1/1 0:00 ～2/4 9:45
年干支	乙巳	甲辰

その月干支の期間	12/7 16:46 ～ 12/31 23:59	11/8 0:07 ～ 12/7 16:45	10/8 21:11 ～ 11/8 0:06	9/8 5:48 ～ 10/8 21:10	8/8 3:05 ～ 9/8 5:47	7/7 17:21 ～ 8/8 3:04	6/6 7:02 ～ 7/7 17:20	5/6 2:41 ～ 6/6 7:01	4/5 9:07 ～ 5/6 2:40	3/6 4:01 ～ 4/5 9:06	2/4 9:46 ～ 3/6 4:00	1/5 22:02 ～ 2/4 9:45	1/1 0:00 ～ 1/5 22:01
月干支	戊子	丁亥	丙戌	乙酉	甲申	癸未	壬午	辛巳	庚辰	己卯	戊寅	丁丑	丙子
外的環境の支配五行候補	◎ 水㋑ ○ 土㋺ △ 火㋰ 金㋳	◎ 土㋦ ○ 水㋻ △ 木㋹ □ 火㋤ 金㋳	◎ 土㋑ △ 火㋺ 金㋧	◎ 金㋑ ○ 土㋦ △ 木㋵ 火㋰	◎ 金㋑ ○ 土㋦ △ 木㋵ 火㋰ 水㋰	火 ○ 土㋑ △ 木㋞ 金㋳	火 ○ 土㋑ 金㋳	火 ○ 土㋑ 金㋰	◎ 木㋩ ○ 土㋥ △ 金㋶ □ 火㋰ 水㋒	木 ○ 土㋺ △ 火㋰ 金㋳	木 ○ 土㋸ △ 火㋟ 金㋳	◎ 土㋻ ○ 水㋕ △ 木㋵ 金㋤	◎ 水㋑ 木㋒

	12月			11月			10月			9月			8月			7月			6月			5月			4月			3月			2月			1月			
	干支	タイプ	旬数	干支	タイプ	旬数	干支	タイプ	旬数	干支	タイプ	旬数	干支	タイプ	旬数	干支	タイプ	旬数	干支	タイプ	旬数	干支	タイプ	旬数	干支	タイプ	旬数	干支	タイプ	旬数	干支	タイプ	旬数	干支	タイプ	旬数	
1日	己丑	人	3	己未	人	6	戊子	結	3	戊午	結	6	丁亥	結	3	丙辰	人	6	丙戌	人	3	乙卯	直	6	乙酉	直	3	甲寅	直	6	丙戌	人	3	乙卯	直	6	1
2日	庚寅	直	3	庚申	直	6	己丑	人	3	己未	人	6	戊子	結	3	丁巳	結	6	丁亥	結	3	丙辰	人	6	丙戌	人	3	乙卯	直	6	丁亥	結	3	丙辰	人	6	2
3日	辛卯	直	3	辛酉	直	6	庚寅	直	3	庚申	直	6	己丑	人	3	戊午	結	6	戊子	結	3	丁巳	結	6	丁亥	結	3	丙辰	人	6	戊子	結	3	丁巳	結	6	3
4日	壬辰	人	3	壬戌	人	6	辛卯	直	3	辛酉	直	6	庚寅	直	3	己未	人	6	己丑	人	3	戊午	結	6	戊子	結	3	丁巳	結	6	己丑	人	3	戊午	結	6	4
5日	癸巳	結	3	癸亥	結	6	壬辰	人	3	壬戌	人	6	辛卯	直	3	庚申	直	6	庚寅	直	3	己未	人	6	己丑	人	3	戊午	結	6	庚寅	直	3	己未	人	6	5
6日	甲午	直	4	甲子	直	1	癸巳	結	3	癸亥	結	6	壬辰	人	3	辛酉	直	6	辛卯	直	3	庚申	直	6	庚寅	直	3	己未	人	6	辛卯	直	3	庚申	直	6	6
7日	乙未	人	4	乙丑	人	1	甲午	直	4	甲子	直	1	癸巳	結	3	壬戌	人	6	壬辰	人	3	辛酉	直	6	辛卯	直	3	庚申	直	6	壬辰	人	3	辛酉	直	6	7
8日	丙申	結	4	丙寅	結	1	乙未	人	4	乙丑	人	1	甲午	直	4	癸亥	結	6	癸巳	結	3	壬戌	人	6	壬辰	人	3	辛酉	直	6	癸巳	結	3	壬戌	人	6	8
9日	丁酉	結	4	丁卯	結	1	丙申	結	4	丙寅	結	1	乙未	人	4	甲子	直	1	甲午	直	4	癸亥	結	6	癸巳	結	3	壬戌	人	6	甲午	直	4	癸亥	結	6	9
10日	戊戌	人	4	戊辰	人	1	丁酉	結	4	丁卯	結	1	丙申	結	4	乙丑	人	1	乙未	人	4	甲子	直	1	甲午	直	4	癸亥	結	6	乙未	人	4	甲子	直	1	10
11日	己亥	結	4	己巳	結	1	戊戌	人	4	戊辰	人	1	丁酉	結	4	丙寅	結	1	丙申	結	4	乙丑	人	1	乙未	人	4	甲子	直	1	丙申	結	4	乙丑	人	1	11
12日	庚子	直	4	庚午	直	1	己亥	結	4	己巳	結	1	戊戌	人	4	丁卯	結	1	丁酉	結	4	丙寅	結	1	丙申	結	4	乙丑	人	1	丁酉	結	4	丙寅	結	1	12
13日	辛丑	人	4	辛未	人	1	庚子	直	4	庚午	直	1	己亥	結	4	戊辰	人	1	戊戌	人	4	丁卯	結	1	丁酉	結	4	丙寅	結	1	戊戌	人	4	丁卯	結	1	13
14日	壬寅	結	4	壬申	結	1	辛丑	人	4	辛未	人	1	庚子	直	4	己巳	結	1	己亥	結	4	戊辰	人	1	戊戌	人	4	丁卯	結	1	己亥	結	4	戊辰	人	1	14
15日	癸卯	結	4	癸酉	結	1	壬寅	結	4	壬申	結	1	辛丑	人	4	庚午	直	1	庚子	直	4	己巳	結	1	己亥	結	4	戊辰	人	1	庚子	直	4	己巳	結	1	15
16日	甲辰	人	5	甲戌	人	2	癸卯	結	4	癸酉	結	1	壬寅	結	4	辛未	人	1	辛丑	人	4	庚午	直	1	庚子	直	4	己巳	結	1	辛丑	人	4	庚午	直	1	16
17日	乙巳	直	5	乙亥	直	2	甲辰	人	5	甲戌	人	2	癸卯	結	4	壬申	結	1	壬寅	結	4	辛未	人	1	辛丑	人	4	庚午	直	1	壬寅	結	4	辛未	人	1	17
18日	丙午	結	5	丙子	結	2	乙巳	直	5	乙亥	直	2	甲辰	人	5	癸酉	結	1	癸卯	結	4	壬申	結	1	壬寅	結	4	辛未	人	1	癸卯	結	4	壬申	結	1	18
19日	丁未	人	5	丁丑	人	2	丙午	結	5	丙子	結	2	乙巳	直	5	甲戌	人	2	甲辰	人	5	癸酉	結	1	癸卯	結	4	壬申	結	1	甲辰	人	5	癸酉	結	1	19
20日	戊申	結	5	戊寅	結	2	丁未	人	5	丁丑	人	2	丙午	結	5	乙亥	直	2	乙巳	直	5	甲戌	人	2	甲辰	人	5	癸酉	結	1	乙巳	直	5	甲戌	人	2	20
21日	己酉	結	5	己卯	結	2	戊申	結	5	戊寅	結	2	丁未	人	5	丙子	結	2	丙午	結	5	乙亥	直	2	乙巳	直	5	甲戌	人	2	丙午	結	5	乙亥	直	2	21
22日	庚戌	人	5	庚辰	人	2	己酉	結	5	己卯	結	2	戊申	結	5	丁丑	人	2	丁未	人	5	丙子	結	2	丙午	結	5	乙亥	直	2	丁未	人	5	丙子	結	2	22
23日	辛亥	直	5	辛巳	直	2	庚戌	人	5	庚辰	人	2	己酉	結	5	戊寅	結	2	戊申	結	5	丁丑	人	2	丁未	人	5	丙子	結	2	戊申	結	5	丁丑	人	2	23
24日	壬子	結	5	壬午	結	2	辛亥	直	5	辛巳	直	2	庚戌	人	5	己卯	結	2	己酉	結	5	戊寅	結	2	戊申	結	5	丁丑	人	2	己酉	結	5	戊寅	結	2	24
25日	癸丑	人	5	癸未	人	2	壬子	結	5	壬午	結	2	辛亥	直	5	庚辰	人	2	庚戌	人	5	己卯	結	2	己酉	結	5	戊寅	結	2	庚戌	人	5	己卯	結	2	25
26日	甲寅	直	6	甲申	直	3	癸丑	人	5	癸未	人	2	壬子	結	5	辛巳	直	2	辛亥	直	5	庚辰	人	2	庚戌	人	5	己卯	結	2	辛亥	直	5	庚辰	人	2	26
27日	乙卯	直	6	乙酉	直	3	甲寅	直	6	甲申	直	3	癸丑	人	5	壬午	結	2	壬子	結	5	辛巳	直	2	辛亥	直	5	庚辰	人	2	壬子	結	5	辛巳	直	2	27
28日	丙辰	人	6	丙戌	人	3	乙卯	直	6	乙酉	直	3	甲寅	直	6	癸未	人	2	癸丑	人	5	壬午	結	2	壬子	結	5	辛巳	直	2	癸丑	人	5	壬午	結	2	28
29日	丁巳	結	6	丁亥	結	3	丙辰	人	6	丙戌	人	3	乙卯	直	6	甲申	直	3	甲寅	直	6	癸未	人	2	癸丑	人	5	壬午	結	2				癸未	人	2	29
30日	戊午	結	6	戊子	結	3	丁巳	結	6	丁亥	結	3	丙辰	人	6	乙酉	直	3	乙卯	直	6	甲申	直	3	甲寅	直	6	癸未	人	2				甲申	直	3	30
31日	己未	人	6				戊午	結	6				丁巳	結	6	丙戌	人	3				乙酉	直	3				甲申	直	3				乙酉	直	3	31

以下のサイトに、生年月日時を入力するだけ「人物フォーマット」が、算出できます。

https://asano-uranai.com/fpd/entrance.php

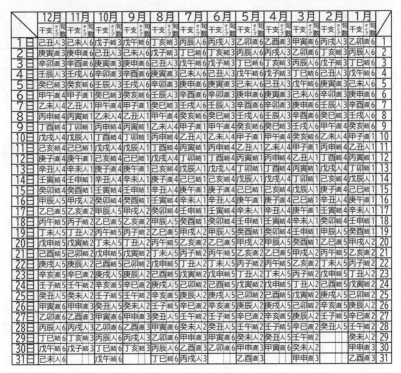

１９６６年（昭和４１年）

その年干支の期間	2/4 15:38 ～ 12/31 23:59	1/1 0:00 ～2/4 15:37
年干支	丙午	乙巳

その月干支の期間	12/7 22:38 ～ 12/31 23:59	11/8 5:56 ～ 12/7 22:37	10/9 2:57 ～ 11/8 5:55	9/8 11:32 ～ 10/9 2:56	8/8 8:49 ～ 9/8 11:31	7/7 23:07 ～ 8/8 8:48	6/6 12:50 ～ 7/7 23:06	5/6 8:30 ～ 6/6 12:49	4/5 14:57 ～ 5/6 8:29	3/6 9:52 ～ 4/5 14:56	2/4 15:38 ～ 3/6 9:51	1/6 3:55 ～ 2/4 15:37	1/1 0:00 ～ 1/6 3:54
月干支	庚子	己亥	戊戌	丁酉	丙申	乙未	甲午	癸巳	壬辰	辛卯	庚寅	己丑	戊子
外的環境の支配五行候補	◎ 土㋦ △ 水㋻ 火㋨	◎ 水㋑ ○ 土㋺ △ 火㋬ 木㋶	土 △ 火㋺ 金㋧	◎ 金㋑ △ 火㋺ 土㋦	◎ 金㋑ ○ 火㋺ △ 土㋦ 水㋰	火 ○ 土㋑ 木㋞	火 ○ 土㋑	火 ○ 土㋑	◎ 土㋥ ○ 火㋬ △ 木㋦ 水㋟	◎ 木㋑ △ 火㋬ 土㋦	◎ 木㋑ △ 火㋩ 土㋬	◎ 土㋩ ○ 金㋦ △ 水㋕ 火㋰	◎ 水㋑ ○ 土㋺ △ 火㋰ 金㋳

	12月			11月			10月			9月			8月			7月			6月			5月			4月			3月			2月			1月			
	干支	タイプ	旬数	干支	タイプ	旬数	干支	タイプ	旬数	干支	タイプ	旬数	干支	タイプ	旬数	干支	タイプ	旬数	干支	タイプ	旬数	干支	タイプ	旬数	干支	タイプ	旬数	干支	タイプ	旬数	干支	タイプ	旬数	干支	タイプ	旬数	
1日	甲午	直	4	甲子	直	1	癸巳	結	3	癸亥	結	6	壬辰	人	3	辛酉	直	6	辛卯	直	3	庚申	直	6	庚寅	直	3	己未	人	6	辛卯	直	3	庚申	直	6	1
2日	乙未	人	4	乙丑	人	1	甲午	直	4	甲子	直	1	癸巳	結	3	壬戌	人	6	壬辰	人	3	辛酉	直	6	辛卯	直	3	庚申	直	6	壬辰	人	3	辛酉	直	6	2
3日	丙申	結	4	丙寅	結	1	乙未	人	4	乙丑	人	1	甲午	直	4	癸亥	結	6	癸巳	結	3	壬戌	人	6	壬辰	人	3	辛酉	直	6	癸巳	結	3	壬戌	人	6	3
4日	丁酉	結	4	丁卯	結	1	丙申	結	4	丙寅	結	1	乙未	人	4	甲子	直	1	甲午	直	4	癸亥	結	6	癸巳	結	3	壬戌	人	6	甲午	直	4	癸亥	結	6	4
5日	戊戌	人	4	戊辰	人	1	丁酉	結	4	丁卯	結	1	丙申	結	4	乙丑	人	1	乙未	人	4	甲子	直	1	甲午	直	4	癸亥	結	6	乙未	人	4	甲子	直	1	5
6日	己亥	結	4	己巳	結	1	戊戌	人	4	戊辰	人	1	丁酉	結	4	丙寅	結	1	丙申	結	4	乙丑	人	1	乙未	人	4	甲子	直	1	丙申	結	4	乙丑	人	1	6
7日	庚子	直	4	庚午	直	1	己亥	結	4	己巳	結	1	戊戌	人	4	丁卯	結	1	丁酉	結	4	丙寅	結	1	丙申	結	4	乙丑	人	1	丁酉	結	4	丙寅	結	1	7
8日	辛丑	人	4	辛未	人	1	庚子	直	4	庚午	直	1	己亥	結	4	戊辰	人	1	戊戌	人	4	丁卯	結	1	丁酉	結	4	丙寅	結	1	戊戌	人	4	丁卯	結	1	8
9日	壬寅	結	4	壬申	結	1	辛丑	人	4	辛未	人	1	庚子	直	4	己巳	結	1	己亥	結	4	戊辰	人	1	戊戌	人	4	丁卯	結	1	己亥	結	4	戊辰	人	1	9
10日	癸卯	結	4	癸酉	結	1	壬寅	結	4	壬申	結	1	辛丑	人	4	庚午	直	1	庚子	直	4	己巳	結	1	己亥	結	4	戊辰	人	1	庚子	直	4	己巳	結	1	10
11日	甲辰	人	5	甲戌	人	2	癸卯	結	4	癸酉	結	1	壬寅	結	4	辛未	人	1	辛丑	人	4	庚午	直	1	庚子	直	4	己巳	結	1	辛丑	人	4	庚午	直	1	11
12日	乙巳	直	5	乙亥	直	2	甲辰	人	5	甲戌	人	2	癸卯	結	4	壬申	結	1	壬寅	結	4	辛未	人	1	辛丑	人	4	庚午	直	1	壬寅	結	4	辛未	人	1	12
13日	丙午	結	5	丙子	結	2	乙巳	直	5	乙亥	直	2	甲辰	人	5	癸酉	結	1	癸卯	結	4	壬申	結	1	壬寅	結	4	辛未	人	1	癸卯	結	4	壬申	結	1	13
14日	丁未	人	5	丁丑	人	2	丙午	結	5	丙子	結	2	乙巳	直	5	甲戌	人	2	甲辰	人	5	癸酉	結	1	癸卯	結	4	壬申	結	1	甲辰	人	5	癸酉	結	1	14
15日	戊申	結	5	戊寅	結	2	丁未	人	5	丁丑	人	2	丙午	結	5	乙亥	直	2	乙巳	直	5	甲戌	人	2	甲辰	人	5	癸酉	結	1	乙巳	直	5	甲戌	人	2	15
16日	己酉	結	5	己卯	結	2	戊申	結	5	戊寅	結	2	丁未	人	5	丙子	結	2	丙午	結	5	乙亥	直	2	乙巳	直	5	甲戌	人	2	丙午	結	5	乙亥	直	2	16
17日	庚戌	人	5	庚辰	人	2	己酉	結	5	己卯	結	2	戊申	結	5	丁丑	人	2	丁未	人	5	丙子	結	2	丙午	結	5	乙亥	直	2	丁未	人	5	丙子	結	2	17
18日	辛亥	直	5	辛巳	直	2	庚戌	人	5	庚辰	人	2	己酉	結	5	戊寅	結	2	戊申	結	5	丁丑	人	2	丁未	人	5	丙子	結	2	戊申	結	5	丁丑	人	2	18
19日	壬子	結	5	壬午	結	2	辛亥	直	5	辛巳	直	2	庚戌	人	5	己卯	結	2	己酉	結	5	戊寅	結	2	戊申	結	5	丁丑	人	2	己酉	結	5	戊寅	結	2	19
20日	癸丑	人	5	癸未	人	2	壬子	結	5	壬午	結	2	辛亥	直	5	庚辰	人	2	庚戌	人	5	己卯	結	2	己酉	結	5	戊寅	結	2	庚戌	人	5	己卯	結	2	20
21日	甲寅	直	6	甲申	直	3	癸丑	人	5	癸未	人	2	壬子	結	5	辛巳	直	2	辛亥	直	5	庚辰	人	2	庚戌	人	5	己卯	結	2	辛亥	直	5	庚辰	人	2	21
22日	乙卯	直	6	乙酉	直	3	甲寅	直	6	甲申	直	3	癸丑	人	5	壬午	結	2	壬子	結	5	辛巳	直	2	辛亥	直	5	庚辰	人	2	壬子	結	5	辛巳	直	2	22
23日	丙辰	人	6	丙戌	人	3	乙卯	直	6	乙酉	直	3	甲寅	直	6	癸未	人	2	癸丑	人	5	壬午	結	2	壬子	結	5	辛巳	直	2	癸丑	人	5	壬午	結	2	23
24日	丁巳	結	6	丁亥	結	3	丙辰	人	6	丙戌	人	3	乙卯	直	6	甲申	直	3	甲寅	直	6	癸未	人	2	癸丑	人	5	壬午	結	2	甲寅	直	6	癸未	人	2	24
25日	戊午	結	6	戊子	結	3	丁巳	結	6	丁亥	結	3	丙辰	人	6	乙酉	直	3	乙卯	直	6	甲申	直	3	甲寅	直	6	癸未	人	2	乙卯	直	6	甲申	直	3	25
26日	己未	人	6	己丑	人	3	戊午	結	6	戊子	結	3	丁巳	結	6	丙戌	人	3	丙辰	人	6	乙酉	直	3	乙卯	直	6	甲申	直	3	丙辰	人	6	乙酉	直	3	26
27日	庚申	直	6	庚寅	直	3	己未	人	6	己丑	人	3	戊午	結	6	丁亥	結	3	丁巳	結	6	丙戌	人	3	丙辰	人	6	乙酉	直	3	丁巳	結	6	丙戌	人	3	27
28日	辛酉	直	6	辛卯	直	3	庚申	直	6	庚寅	直	3	己未	人	6	戊子	結	3	戊午	結	6	丁亥	結	3	丁巳	結	6	丙戌	人	3	戊午	結	6	丁亥	結	3	28
29日	壬戌	人	6	壬辰	人	3	辛酉	直	6	辛卯	直	3	庚申	直	6	己丑	人	3	己未	人	6	戊子	結	3	戊午	結	6	丁亥	結	3				戊子	結	3	29
30日	癸亥	結	6	癸巳	結	3	壬戌	人	6	壬辰	人	3	辛酉	直	6	庚寅	直	3	庚申	直	6	己丑	人	3	己未	人	6	戊子	結	3				己丑	人	3	30
31日	甲子	直	1				癸亥	結	6				壬戌	人	6	辛卯	直	3				庚寅	直	3				己丑	人	3				庚寅	直	3	31

以下のサイトに、生年月日時を入力するだけ「人物フォーマット」が、算出できます。

https://asano-uranai.com/fpd/entrance.php

１９６７年（昭和４２年）

その年干支の期間	2/4 21:31 ～ 12/31 23:59	1/1 0:00 ～2/4 21:30
年干支	丁未	丙午

その月干支の期間	12/8 4:18 ～ 12/31 23:59	11/8 11:38 ～ 12/8 4:17	10/9 8:41 ～ 11/8 11:37	9/8 17:18 ～ 10/9 8:40	8/8 14:35 ～ 9/8 17:17	7/8 4:53 ～ 8/8 14:34	6/6 18:36 ～ 7/8 4:52	5/6 14:17 ～ 6/6 18:35	4/5 20:45 ～ 5/6 14:16	3/6 15:42 ～ 4/5 20:44	2/4 21:31 ～ 3/6 15:41	1/6 9:49 ～ 2/4 21:30	1/1 0:00 ～ 1/6 9:48
月干支	壬子	辛亥	庚戌	己酉	戊申	丁未	丙午	乙巳	甲辰	癸卯	壬寅	辛丑	庚子
外的環境の支配五行候補	水 ○ 火Ⓡ △ 土Ⓝ 木Ⓜ	◎ 水Ⓘ ○ 火Ⓡ △ 土Ⓝ 木Ⓣ	土 ○ 火Ⓡ △ 金Ⓣ 木Ⓜ	◎ 金Ⓘ ○ 土Ⓡ △ 火Ⓡ 木Ⓜ	◎ 金Ⓘ ○ 土Ⓡ △ 火Ⓡ 木Ⓜ 水Ⓜ	火・土 木Ⓜ	火 ○ 土Ⓘ 木Ⓜ	火 ○ 土Ⓘ 木Ⓢ	◎ 木Ⓗ ○ 土Ⓝ △ 火Ⓡ 水Ⓤ	◎ 木Ⓘ △ 土Ⓝ 火Ⓡ	◎ 木Ⓘ △ 火Ⓣ 土Ⓝ	◎ 土Ⓗ ○ 火Ⓗ △ 水Ⓚ 金Ⓤ	◎ 土Ⓝ △ 水Ⓦ 火Ⓝ

	12月			11月			10月			9月			8月			7月			6月			5月			4月			3月			2月			1月			
	干支	タイプ	旬数	干支	タイプ	旬数	干支	タイプ	旬数	干支	タイプ	旬数	干支	タイプ	旬数	干支	タイプ	旬数	干支	タイプ	旬数	干支	タイプ	旬数	干支	タイプ	旬数	干支	タイプ	旬数	干支	タイプ	旬数	干支	タイプ	旬数	
1日	己亥	結	4	己巳	結	1	戊戌	人	4	戊辰	人	1	丁酉	結	4	丙寅	結	1	丙申	結	4	乙丑	人	1	乙未	人	4	甲子	直	1	丙申	結	4	乙丑	人	1	1
2日	庚子	直	4	庚午	直	1	己亥	結	4	己巳	結	1	戊戌	人	4	丁卯	結	1	丁酉	結	4	丙寅	結	1	丙申	結	4	乙丑	人	1	丁酉	結	4	丙寅	結	1	2
3日	辛丑	人	4	辛未	人	1	庚子	直	4	庚午	直	1	己亥	結	4	戊辰	人	1	戊戌	人	4	丁卯	結	1	丁酉	結	4	丙寅	結	1	戊戌	人	4	丁卯	結	1	3
4日	壬寅	結	4	壬申	結	1	辛丑	人	4	辛未	人	1	庚子	直	4	己巳	結	1	己亥	結	4	戊辰	人	1	戊戌	人	4	丁卯	結	1	己亥	結	4	戊辰	人	1	4
5日	癸卯	結	4	癸酉	結	1	壬寅	結	4	壬申	結	1	辛丑	人	4	庚午	直	1	庚子	直	4	己巳	結	1	己亥	結	4	戊辰	人	1	庚子	直	4	己巳	結	1	5
6日	甲辰	人	5	甲戌	人	2	癸卯	結	4	癸酉	結	1	壬寅	結	4	辛未	人	1	辛丑	人	4	庚午	直	1	庚子	直	4	己巳	結	1	辛丑	人	4	庚午	直	1	6
7日	乙巳	直	5	乙亥	直	2	甲辰	人	5	甲戌	人	2	癸卯	結	4	壬申	結	1	壬寅	結	4	辛未	人	1	辛丑	人	4	庚午	直	1	壬寅	結	4	辛未	人	1	7
8日	丙午	結	5	丙子	結	2	乙巳	直	5	乙亥	直	2	甲辰	人	5	癸酉	結	1	癸卯	結	4	壬申	結	1	壬寅	結	4	辛未	人	1	癸卯	結	4	壬申	結	1	8
9日	丁未	人	5	丁丑	人	2	丙午	結	5	丙子	結	2	乙巳	直	5	甲戌	人	2	甲辰	人	5	癸酉	結	1	癸卯	結	4	壬申	結	1	甲辰	人	5	癸酉	結	1	9
10日	戊申	結	5	戊寅	結	2	丁未	人	5	丁丑	人	2	丙午	結	5	乙亥	直	2	乙巳	直	5	甲戌	人	2	甲辰	人	5	癸酉	結	1	乙巳	直	5	甲戌	人	2	10
11日	己酉	結	5	己卯	結	2	戊申	結	5	戊寅	結	2	丁未	人	5	丙子	結	2	丙午	結	5	乙亥	直	2	乙巳	直	5	甲戌	人	2	丙午	結	5	乙亥	直	2	11
12日	庚戌	人	5	庚辰	人	2	己酉	結	5	己卯	結	2	戊申	結	5	丁丑	人	2	丁未	人	5	丙子	結	2	丙午	結	5	乙亥	直	2	丁未	人	5	丙子	結	2	12
13日	辛亥	直	5	辛巳	直	2	庚戌	人	5	庚辰	人	2	己酉	結	5	戊寅	結	2	戊申	結	5	丁丑	人	2	丁未	人	5	丙子	結	2	戊申	結	5	丁丑	人	2	13
14日	壬子	結	5	壬午	結	2	辛亥	直	5	辛巳	直	2	庚戌	人	5	己卯	結	2	己酉	結	5	戊寅	結	2	戊申	結	5	丁丑	人	2	己酉	結	5	戊寅	結	2	14
15日	癸丑	人	5	癸未	人	2	壬子	結	5	壬午	結	2	辛亥	直	5	庚辰	人	2	庚戌	人	5	己卯	結	2	己酉	結	5	戊寅	結	2	庚戌	人	5	己卯	結	2	15
16日	甲寅	直	6	甲申	直	3	癸丑	人	5	癸未	人	2	壬子	結	5	辛巳	直	2	辛亥	直	5	庚辰	人	2	庚戌	人	5	己卯	結	2	辛亥	直	5	庚辰	人	2	16
17日	乙卯	直	6	乙酉	直	3	甲寅	直	6	甲申	直	3	癸丑	人	5	壬午	結	2	壬子	結	5	辛巳	直	2	辛亥	直	5	庚辰	人	2	壬子	結	5	辛巳	直	2	17
18日	丙辰	人	6	丙戌	人	3	乙卯	直	6	乙酉	直	3	甲寅	直	6	癸未	人	2	癸丑	人	5	壬午	結	2	壬子	結	5	辛巳	直	2	癸丑	人	5	壬午	結	2	18
19日	丁巳	結	6	丁亥	結	3	丙辰	人	6	丙戌	人	3	乙卯	直	6	甲申	直	3	甲寅	直	6	癸未	人	2	癸丑	人	5	壬午	結	2	甲寅	直	6	癸未	人	2	19
20日	戊午	結	6	戊子	結	3	丁巳	結	6	丁亥	結	3	丙辰	人	6	乙酉	直	3	乙卯	直	6	甲申	直	3	甲寅	直	6	癸未	人	2	乙卯	直	6	甲申	直	3	20
21日	己未	人	6	己丑	人	3	戊午	結	6	戊子	結	3	丁巳	結	6	丙戌	人	3	丙辰	人	6	乙酉	直	3	乙卯	直	6	甲申	直	3	丙辰	人	6	乙酉	直	3	21
22日	庚申	直	6	庚寅	直	3	己未	人	6	己丑	人	3	戊午	結	6	丁亥	結	3	丁巳	結	6	丙戌	人	3	丙辰	人	6	乙酉	直	3	丁巳	結	6	丙戌	人	3	22
23日	辛酉	直	6	辛卯	直	3	庚申	直	6	庚寅	直	3	己未	人	6	戊子	結	3	戊午	結	6	丁亥	結	3	丁巳	結	6	丙戌	人	3	戊午	結	6	丁亥	結	3	23
24日	壬戌	人	6	壬辰	人	3	辛酉	直	6	辛卯	直	3	庚申	直	6	己丑	人	3	己未	人	6	戊子	結	3	戊午	結	6	丁亥	結	3	己未	人	6	戊子	結	3	24
25日	癸亥	結	6	癸巳	結	3	壬戌	人	6	壬辰	人	3	辛酉	直	6	庚寅	直	3	庚申	直	6	己丑	人	3	己未	人	6	戊子	結	3	庚申	直	6	己丑	人	3	25
26日	甲子	直	1	甲午	直	4	癸亥	結	6	癸巳	結	3	壬戌	人	6	辛卯	直	3	辛酉	直	6	庚寅	直	3	庚申	直	6	己丑	人	3	辛酉	直	6	庚寅	直	3	26
27日	乙丑	人	1	乙未	人	4	甲子	直	1	甲午	直	4	癸亥	結	6	壬辰	人	3	壬戌	人	6	辛卯	直	3	辛酉	直	6	庚寅	直	3	壬戌	人	6	辛卯	直	3	27
28日	丙寅	結	1	丙申	結	4	乙丑	人	1	乙未	人	4	甲子	直	1	癸巳	結	3	癸亥	結	6	壬辰	人	3	壬戌	人	6	辛卯	直	3	癸亥	結	6	壬辰	人	3	28
29日	丁卯	結	1	丁酉	結	4	丙寅	結	1	丙申	結	4	乙丑	人	1	甲午	直	4	甲子	直	1	癸巳	結	3	癸亥	結	6	壬辰	人	3				癸巳	結	3	29
30日	戊辰	人	1	戊戌	人	4	丁卯	結	1	丁酉	結	4	丙寅	結	1	乙未	人	4	乙丑	人	1	甲午	直	4	甲子	直	1	癸巳	結	3				甲午	直	4	30
31日	己巳	結	1				戊辰	人	1				丁卯	結	1	丙申	結	4				乙未	人	4				甲午	直	4				乙未	人	4	31

以下のサイトに、生年月日時を入力するだけ「人物フォーマット」が、算出できます。

https://asano-uranai.com/fpd/entrance.php

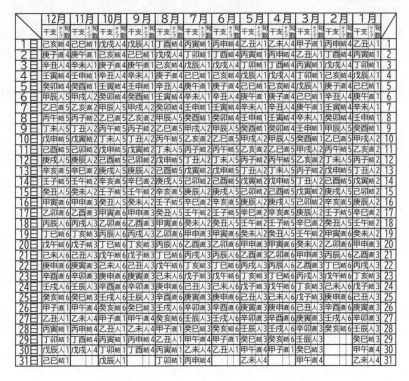

１９６８年（昭和４３年）

その年干支の期間	2/5 15:08 ～ 12/31 23:59	1/1 0:00 ～2/5 15:07
年干支	戊申	丁未

その月干支の期間	12/7 10:09 ～ 12/31 23:59	11/7 17:30 ～ 12/7 10:08	10/8 14:35 ～ 11/7 17:29	9/7 23:12 ～ 10/8 14:34	8/7 20:27 ～ 9/7 23:11	7/7 10:42 ～ 8/7 20:26	6/6 0:19 ～ 7/7 10:41	5/5 19:56 ～ 6/6 0:18	4/5 2:21 ～ 5/5 19:55	3/5 21:18 ～ 4/5 2:20	2/5 3:08 ～ 3/5 21:17	1/6 15:27 ～ 2/5 3:07	1/1 0:00 ～ 1/6 15:26
月干支	甲子	癸亥	壬戌	辛酉	庚申	己未	戊午	丁巳	丙辰	乙卯	甲寅	癸丑	壬子
外的環境の支配五行候補	◎ 水㋑ 金㋗	水 △ 木㋶ 金㋗	◎ 金㋩ ○ 土㋷ △ 水㋵ 火㋖	金 水㋰	金 水㋰	土 ○ 火㋠ △ 木㋰ △ 水㋰ 金㋗	土 ○ 火㋑ △ 水㋰ 金㋗	火・土 △ 金㋞ 水㋰	◎ 土㋠ ○ 木㋦ △ 水㋡ 金㋗	木 △ 水㋰ 金㋗	木 ○ 水㋰ △ 火㋒ 金㋗	◎ 土㋩ ○ 水㋥ △ 火㋷ □ 木㋰ 金㋮	水 ○ 火㋷ △ 土㋦ 木㋰

	12月			11月			10月			9月			8月			7月			6月			5月			4月			3月			2月			1月			
	干支	タイプ	旬数	干支	タイプ	旬数	干支	タイプ	旬数	干支	タイプ	旬数	干支	タイプ	旬数	干支	タイプ	旬数	干支	タイプ	旬数	干支	タイプ	旬数	干支	タイプ	旬数	干支	タイプ	旬数	干支	タイプ	旬数	干支	タイプ	旬数	
1日	乙巳	直	5	乙亥	直	2	甲辰	人	5	甲戌	人	2	癸卯	結	4	壬申	結	1	壬寅	結	4	辛未	人	1	辛丑	人	4	庚午	直	1	辛丑	人	4	庚午	直	1	1
2日	丙午	結	5	丙子	結	2	乙巳	直	5	乙亥	直	2	甲辰	人	5	癸酉	結	1	癸卯	結	4	壬申	結	1	壬寅	結	4	辛未	人	1	壬寅	結	4	辛未	人	1	2
3日	丁未	人	5	丁丑	人	2	丙午	結	5	丙子	結	2	乙巳	直	5	甲戌	人	2	甲辰	人	5	癸酉	結	1	癸卯	結	4	壬申	結	1	癸卯	結	4	壬申	結	1	3
4日	戊申	結	5	戊寅	結	2	丁未	人	5	丁丑	人	2	丙午	結	5	乙亥	直	2	乙巳	直	5	甲戌	人	2	甲辰	人	5	癸酉	結	1	甲辰	人	5	癸酉	結	1	4
5日	己酉	結	5	己卯	結	2	戊申	結	5	戊寅	結	2	丁未	人	5	丙子	結	2	丙午	結	5	乙亥	直	2	乙巳	直	5	甲戌	人	2	乙巳	直	5	甲戌	人	2	5
6日	庚戌	人	5	庚辰	人	2	己酉	結	5	己卯	結	2	戊申	結	5	丁丑	人	2	丁未	人	5	丙子	結	2	丙午	結	5	乙亥	直	2	丙午	結	5	乙亥	直	2	6
7日	辛亥	直	5	辛巳	直	2	庚戌	人	5	庚辰	人	2	己酉	結	5	戊寅	結	2	戊申	結	5	丁丑	人	2	丁未	人	5	丙子	結	2	丁未	人	5	丙子	結	2	7
8日	壬子	結	5	壬午	結	2	辛亥	直	5	辛巳	直	2	庚戌	人	5	己卯	結	2	己酉	結	5	戊寅	結	2	戊申	結	5	丁丑	人	2	戊申	結	5	丁丑	人	2	8
9日	癸丑	人	5	癸未	人	2	壬子	結	5	壬午	結	2	辛亥	直	5	庚辰	人	2	庚戌	人	5	己卯	結	2	己酉	結	5	戊寅	結	2	己酉	結	5	戊寅	結	2	9
10日	甲寅	直	6	甲申	直	3	癸丑	人	5	癸未	人	2	壬子	結	5	辛巳	直	2	辛亥	直	5	庚辰	人	2	庚戌	人	5	己卯	結	2	庚戌	人	5	己卯	結	2	10
11日	乙卯	直	6	乙酉	直	3	甲寅	直	6	甲申	直	3	癸丑	人	5	壬午	結	2	壬子	結	5	辛巳	直	2	辛亥	直	5	庚辰	人	2	辛亥	直	5	庚辰	人	2	11
12日	丙辰	人	6	丙戌	人	3	乙卯	直	6	乙酉	直	3	甲寅	直	6	癸未	人	2	癸丑	人	5	壬午	結	2	壬子	結	5	辛巳	直	2	壬子	結	5	辛巳	直	2	12
13日	丁巳	結	6	丁亥	結	3	丙辰	人	6	丙戌	人	3	乙卯	直	6	甲申	直	3	甲寅	直	6	癸未	人	2	癸丑	人	5	壬午	結	2	癸丑	人	5	壬午	結	2	13
14日	戊午	結	6	戊子	結	3	丁巳	結	6	丁亥	結	3	丙辰	人	6	乙酉	直	3	乙卯	直	6	甲申	直	3	甲寅	直	6	癸未	人	2	甲寅	直	6	癸未	人	2	14
15日	己未	人	6	己丑	人	3	戊午	結	6	戊子	結	3	丁巳	結	6	丙戌	人	3	丙辰	人	6	乙酉	直	3	乙卯	直	6	甲申	直	3	乙卯	直	6	甲申	直	3	15
16日	庚申	直	6	庚寅	直	3	己未	人	6	己丑	人	3	戊午	結	6	丁亥	結	3	丁巳	結	6	丙戌	人	3	丙辰	人	6	乙酉	直	3	丙辰	人	6	乙酉	直	3	16
17日	辛酉	直	6	辛卯	直	3	庚申	直	6	庚寅	直	3	己未	人	6	戊子	結	3	戊午	結	6	丁亥	結	3	丁巳	結	6	丙戌	人	3	丁巳	結	6	丙戌	人	3	17
18日	壬戌	人	6	壬辰	人	3	辛酉	直	6	辛卯	直	3	庚申	直	6	己丑	人	3	己未	人	6	戊子	結	3	戊午	結	6	丁亥	結	3	戊午	結	6	丁亥	結	3	18
19日	癸亥	結	6	癸巳	結	3	壬戌	人	6	壬辰	人	3	辛酉	直	6	庚寅	直	3	庚申	直	6	己丑	人	3	己未	人	6	戊子	結	3	己未	人	6	戊子	結	3	19
20日	甲子	直	1	甲午	直	4	癸亥	結	6	癸巳	結	3	壬戌	人	6	辛卯	直	3	辛酉	直	6	庚寅	直	3	庚申	直	6	己丑	人	3	庚申	直	6	己丑	人	3	20
21日	乙丑	人	1	乙未	人	4	甲子	直	1	甲午	直	4	癸亥	結	6	壬辰	人	3	壬戌	人	6	辛卯	直	3	辛酉	直	6	庚寅	直	3	辛酉	直	6	庚寅	直	3	21
22日	丙寅	結	1	丙申	結	4	乙丑	人	1	乙未	人	4	甲子	直	1	癸巳	結	3	癸亥	結	6	壬辰	人	3	壬戌	人	6	辛卯	直	3	壬戌	人	6	辛卯	直	3	22
23日	丁卯	結	1	丁酉	結	4	丙寅	結	1	丙申	結	4	乙丑	人	1	甲午	直	4	甲子	直	1	癸巳	結	3	癸亥	結	6	壬辰	人	3	癸亥	結	6	壬辰	人	3	23
24日	戊辰	人	1	戊戌	人	4	丁卯	結	1	丁酉	結	4	丙寅	結	1	乙未	人	4	乙丑	人	1	甲午	直	4	甲子	直	1	癸巳	結	3	甲子	直	1	癸巳	結	3	24
25日	己巳	結	1	己亥	結	4	戊辰	人	1	戊戌	人	4	丁卯	結	1	丙申	結	4	丙寅	結	1	乙未	人	4	乙丑	人	1	甲午	直	4	乙丑	人	1	甲午	直	4	25
26日	庚午	直	1	庚子	直	4	己巳	結	1	己亥	結	4	戊辰	人	1	丁酉	結	4	丁卯	結	1	丙申	結	4	丙寅	結	1	乙未	人	4	丙寅	結	1	乙未	人	4	26
27日	辛未	人	1	辛丑	人	4	庚午	直	1	庚子	直	4	己巳	結	1	戊戌	人	4	戊辰	人	1	丁酉	結	4	丁卯	結	1	丙申	結	4	丁卯	結	1	丙申	結	4	27
28日	壬申	結	1	壬寅	結	4	辛未	人	1	辛丑	人	4	庚午	直	1	己亥	結	4	己巳	結	1	戊戌	人	4	戊辰	人	1	丁酉	結	4	戊辰	人	1	丁酉	結	4	28
29日	癸酉	結	1	癸卯	結	4	壬申	結	1	壬寅	結	4	辛未	人	1	庚子	直	4	庚午	直	1	己亥	結	4	己巳	結	1	戊戌	人	4	己巳	結	1	戊戌	人	4	29
30日	甲戌	人	2	甲辰	人	5	癸酉	結	1	癸卯	結	4	壬申	結	1	辛丑	人	4	辛未	人	1	庚子	直	4	庚午	直	1	己亥	結	4				己亥	結	4	30
31日	乙亥	直	2				甲戌	人	2				癸酉	結	1	壬寅	結	4				辛丑	人	4				庚子	直	4				庚子	直	4	31

以下のサイトに、生年月日時を入力するだけ「人物フォーマット」が、算出できます。

https://asano-uranai.com/fpd/entrance.php

１９６９年（昭和４４年）

その年干支の期間	2/4 8:59 ～ 12/31 23:59	1/1 0:00 ～2/4 8:58
年干支	己酉	戊申

その月干支の期間	12/7 15:52 ～ 12/31 23:59	11/7 23:12 ～ 12/7 15:51	10/8 20:17 ～ 11/7 23:11	9/8 4:56 ～ 10/8 20:16	8/8 2:14 ～ 9/8 4:55	7/7 16:32 ～ 8/8 2:13	6/6 6:12 ～ 7/7 16:31	5/6 1:50 ～ 6/6 6:11	4/5 8:15 ～ 5/6 1:49	3/6 3:11 ～ 4/5 8:14	2/4 8:59 ～ 3/6 3:10	1/5 21:17 ～ 2/4 8:58	1/1 0:00 ～ 1/5 21:16
月干支	丙子	乙亥	甲戌	癸酉	壬申	辛未	庚午	己巳	戊辰	丁卯	丙寅	乙丑	甲子
外的環境の支配五行候補	◎ 水㋑ 金㋨	◎ 水㋑ △ 木㋹ 金㋨	◎ 金㋩ △ 土㋷ 火㋖	金	金 水㋵	土 ○ 火㋠ △ 金㋻ 木㋰	土 ○ 火㋑ 金㋻	土 ○ 火㋑ 金㋷	◎ 金㋭ ○ 土㋠ △ 木㋤ 水㋒	◎ 木㋷ 金㋨	◎ 木㋑ △ 火㋞ 金㋨	◎ 水㋕ 金㋡	◎ 水㋑ 金㋗

	12月			11月			10月			9月			8月			7月		
	干支	タイプ	旬数	干支	タイプ	旬数	干支	タイプ	旬数	干支	タイプ	旬数	干支	タイプ	旬数	干支	タイプ	旬数
1日	庚戌	人	5	庚辰	人	2	己酉	結	5	己卯	結	2	戊申	結	5	丁丑	人	2
2日	辛亥	直	5	辛巳	直	2	庚戌	人	5	庚辰	人	2	己酉	結	5	戊寅	結	2
3日	壬子	結	5	壬午	結	2	辛亥	直	5	辛巳	直	2	庚戌	人	5	己卯	結	2
4日	癸丑	人	5	癸未	人	2	壬子	結	5	壬午	結	2	辛亥	直	5	庚辰	人	2
5日	甲寅	直	6	甲申	直	3	癸丑	人	5	癸未	人	2	壬子	結	5	辛巳	直	2
6日	乙卯	直	6	乙酉	直	3	甲寅	直	6	甲申	直	3	癸丑	人	5	壬午	結	2
7日	丙辰	人	6	丙戌	人	3	乙卯	直	6	乙酉	直	3	甲寅	直	6	癸未	人	2
8日	丁巳	結	6	丁亥	結	3	丙辰	人	6	丙戌	人	3	乙卯	直	6	甲申	直	3
9日	戊午	結	6	戊子	結	3	丁巳	結	6	丁亥	結	3	丙辰	人	6	乙酉	直	3
10日	己未	人	6	己丑	人	3	戊午	結	6	戊子	結	3	丁巳	結	6	丙戌	人	3
11日	庚申	直	6	庚寅	直	3	己未	人	6	己丑	人	3	戊午	結	6	丁亥	結	3
12日	辛酉	直	6	辛卯	直	3	庚申	直	6	庚寅	直	3	己未	人	6	戊子	結	3
13日	壬戌	人	6	壬辰	人	3	辛酉	直	6	辛卯	直	3	庚申	直	6	己丑	人	3
14日	癸亥	結	6	癸巳	結	3	壬戌	人	6	壬辰	人	3	辛酉	直	6	庚寅	直	3
15日	甲子	直	1	甲午	直	4	癸亥	結	6	癸巳	結	3	壬戌	人	6	辛卯	直	3
16日	乙丑	人	1	乙未	人	4	甲子	直	1	甲午	直	4	癸亥	結	6	壬辰	人	3
17日	丙寅	結	1	丙申	結	4	乙丑	人	1	乙未	人	4	甲子	直	1	癸巳	結	3
18日	丁卯	結	1	丁酉	結	4	丙寅	結	1	丙申	結	4	乙丑	人	1	甲午	直	4
19日	戊辰	人	1	戊戌	人	4	丁卯	結	1	丁酉	結	4	丙寅	結	1	乙未	人	4
20日	己巳	結	1	己亥	結	4	戊辰	人	1	戊戌	人	4	丁卯	結	1	丙申	結	4
21日	庚午	直	1	庚子	直	4	己巳	結	1	己亥	結	4	戊辰	人	1	丁酉	結	4
22日	辛未	人	1	辛丑	人	4	庚午	直	1	庚子	直	4	己巳	結	1	戊戌	人	4
23日	壬申	結	1	壬寅	結	4	辛未	人	1	辛丑	人	4	庚午	直	1	己亥	結	4
24日	癸酉	結	1	癸卯	結	4	壬申	結	1	壬寅	結	4	辛未	人	1	庚子	直	4
25日	甲戌	人	2	甲辰	人	5	癸酉	結	1	癸卯	結	4	壬申	結	1	辛丑	人	4
26日	乙亥	直	2	乙巳	直	5	甲戌	人	2	甲辰	人	5	癸酉	結	1	壬寅	結	4
27日	丙子	結	2	丙午	結	5	乙亥	直	2	乙巳	直	5	甲戌	人	2	癸卯	結	4
28日	丁丑	人	2	丁未	人	5	丙子	結	2	丙午	結	5	乙亥	直	2	甲辰	人	5
29日	戊寅	結	2	戊申	結	5	丁丑	人	2	丁未	人	5	丙子	結	2	乙巳	直	5
30日	己卯	結	2	己酉	結	5	戊寅	結	2	戊申	結	5	丁丑	人	2	丙午	結	5
31日	庚辰	人	2				己卯	結	2				戊寅	結	2	丁未	人	5

	6月			5月			4月			3月			2月			1月			
	干支	タイプ	旬数	干支	タイプ	旬数	干支	タイプ	旬数	干支	タイプ	旬数	干支	タイプ	旬数	干支	タイプ	旬数	
1日	丁未	人	5	丙子	結	2	丙午	結	5	乙亥	直	2	丁未	人	5	丙子	結	2	1
2日	戊申	結	5	丁丑	人	2	丁未	人	5	丙子	結	2	戊申	結	5	丁丑	人	2	2
3日	己酉	結	5	戊寅	結	2	戊申	結	5	丁丑	人	2	己酉	結	5	戊寅	結	2	3
4日	庚戌	人	5	己卯	結	2	己酉	結	5	戊寅	結	2	庚戌	人	5	己卯	結	2	4
5日	辛亥	直	5	庚辰	人	2	庚戌	人	5	己卯	結	2	辛亥	直	5	庚辰	人	2	5
6日	壬子	結	5	辛巳	直	2	辛亥	直	5	庚辰	人	2	壬子	結	5	辛巳	直	2	6
7日	癸丑	人	5	壬午	結	2	壬子	結	5	辛巳	直	2	癸丑	人	5	壬午	結	2	7
8日	甲寅	直	6	癸未	人	2	癸丑	人	5	壬午	結	2	甲寅	直	6	癸未	人	2	8
9日	乙卯	直	6	甲申	直	3	甲寅	直	6	癸未	人	2	乙卯	直	6	甲申	直	3	9
10日	丙辰	人	6	乙酉	直	3	乙卯	直	6	甲申	直	3	丙辰	人	6	乙酉	直	3	10
11日	丁巳	結	6	丙戌	人	3	丙辰	人	6	乙酉	直	3	丁巳	結	6	丙戌	人	3	11
12日	戊午	結	6	丁亥	結	3	丁巳	結	6	丙戌	人	3	戊午	結	6	丁亥	結	3	12
13日	己未	人	6	戊子	結	3	戊午	結	6	丁亥	結	3	己未	人	6	戊子	結	3	13
14日	庚申	直	6	己丑	人	3	己未	人	6	戊子	結	3	庚申	直	6	己丑	人	3	14
15日	辛酉	直	6	庚寅	直	3	庚申	直	6	己丑	人	3	辛酉	直	6	庚寅	直	3	15
16日	壬戌	人	6	辛卯	直	3	辛酉	直	6	庚寅	直	3	壬戌	人	6	辛卯	直	3	16
17日	癸亥	結	6	壬辰	人	3	壬戌	人	6	辛卯	直	3	癸亥	結	6	壬辰	人	3	17
18日	甲子	直	1	癸巳	結	3	癸亥	結	6	壬辰	人	3	甲子	直	1	癸巳	結	3	18
19日	乙丑	人	1	甲午	直	4	甲子	直	1	癸巳	結	3	乙丑	人	1	甲午	直	4	19
20日	丙寅	結	1	乙未	人	4	乙丑	人	1	甲午	直	4	丙寅	結	1	乙未	人	4	20
21日	丁卯	結	1	丙申	結	4	丙寅	結	1	乙未	人	4	丁卯	結	1	丙申	結	4	21
22日	戊辰	人	1	丁酉	結	4	丁卯	結	1	丙申	結	4	戊辰	人	1	丁酉	結	4	22
23日	己巳	結	1	戊戌	人	4	戊辰	人	1	丁酉	結	4	己巳	結	1	戊戌	人	4	23
24日	庚午	直	1	己亥	結	4	己巳	結	1	戊戌	人	4	庚午	直	1	己亥	結	4	24
25日	辛未	人	1	庚子	直	4	庚午	直	1	己亥	結	4	辛未	人	1	庚子	直	4	25
26日	壬申	結	1	辛丑	人	4	辛未	人	1	庚子	直	4	壬申	結	1	辛丑	人	4	26
27日	癸酉	結	1	壬寅	結	4	壬申	結	1	辛丑	人	4	癸酉	結	1	壬寅	結	4	27
28日	甲戌	人	2	癸卯	結	4	癸酉	結	1	壬寅	結	4	甲戌	人	2	癸卯	結	4	28
29日	乙亥	直	2	甲辰	人	5	甲戌	人	2	癸卯	結	4				甲辰	人	5	29
30日	丙子	結	2	乙巳	直	5	乙亥	直	2	甲辰	人	5				乙巳	直	5	30
31日				丙午	結	5				乙巳	直	5				丙午	結	5	31

以下のサイトに、生年月日時を入力するだけ「人物フォーマット」が、算出できます。

https://asano-uranai.com/fpd/entrance.php

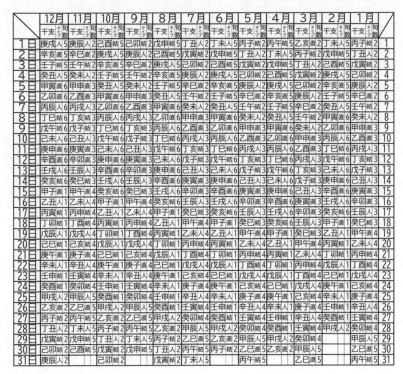

１９７０年（昭和４５年）

その年干支の期間	2/4 14:46 ～ 12/31 23:59	1/1 0:00 ～2/4 14:45
年干支	庚戌	己酉

その月干支の期間	12/7 21:38 ～ 12/31 23:59	11/8 4:58 ～ 12/7 21:37	10/9 2:02 ～ 11/8 4:57	9/8 10:38 ～ 10/9 2:01	8/8 7:54 ～ 9/8 10:37	7/7 22:11 ～ 8/8 7:53	6/6 11:52 ～ 7/7 22:10	5/6 7:34 ～ 6/6 11:51	4/5 14:02 ～ 5/6 7:33	3/6 8:59 ～ 4/5 14:01	2/4 14:46 ～ 3/6 8:58	1/6 3:02 ～ 2/4 14:45	1/1 0:00 ～ 1/6 3:01
月干支	戊子	丁亥	丙戌	乙酉	甲申	癸未	壬午	辛巳	庚辰	己卯	戊寅	丁丑	丙子
外的環境の支配五行候補	◎ 水㋑ ○ 土㋻ △ 金㋟ 火㋖	◎ 水㋑ ○ 土㋕ △ 金㋟ □ 火㋡ 木㋶	◎ 土㋷ △ 金㋟ 火㋡	金 △ 土㋕ 火㋖	金 △ 土㋕ □ 水㋰ 火㋖	土 ○ 火㋠ △ 金㋟ 木㋰	◎ 火㋑ ◎ 土㋑ 金㋹	◎ 火㋑ ◎ 土㋑ 金㋟	◎ 土㋺ ○ 木㋦ △ 金㋟ □ 水㋒ 火㋖	◎ 木㋑ ○ 土㋻ △ 金㋟ 火㋖	◎ 木㋑ ○ 火㋦ △ 土㋻ 金㋟	◎ 金㋠ 水㋕	◎ 水㋑ 金㋨

	12月			11月			10月			9月			8月			7月			6月			5月			4月			3月			2月			1月			
	干支	タイプ	旬数	干支	タイプ	旬数	干支	タイプ	旬数	干支	タイプ	旬数	干支	タイプ	旬数	干支	タイプ	旬数	干支	タイプ	旬数	干支	タイプ	旬数	干支	タイプ	旬数	干支	タイプ	旬数	干支	タイプ	旬数	干支	タイプ	旬数	
1日	乙卯	直	6	乙酉	直	3	甲寅	直	6	甲申	直	3	癸丑	人	5	壬午	結	2	壬子	結	5	辛巳	直	2	辛亥	直	5	庚辰	人	2	壬子	結	5	辛巳	直	2	1
2日	丙辰	人	6	丙戌	人	3	乙卯	直	6	乙酉	直	3	甲寅	直	6	癸未	人	2	癸丑	人	5	壬午	結	2	壬子	結	5	辛巳	直	2	癸丑	人	5	壬午	結	2	2
3日	丁巳	結	6	丁亥	結	3	丙辰	人	6	丙戌	人	3	乙卯	直	6	甲申	直	3	甲寅	直	6	癸未	人	2	癸丑	人	5	壬午	結	2	甲寅	直	6	癸未	人	2	3
4日	戊午	結	6	戊子	結	3	丁巳	結	6	丁亥	結	3	丙辰	人	6	乙酉	直	3	乙卯	直	6	甲申	直	3	甲寅	直	6	癸未	人	2	乙卯	直	6	甲申	直	3	4
5日	己未	人	6	己丑	人	3	戊午	結	6	戊子	結	3	丁巳	結	6	丙戌	人	3	丙辰	人	6	乙酉	直	3	乙卯	直	6	甲申	直	3	丙辰	人	6	乙酉	直	3	5
6日	庚申	直	6	庚寅	直	3	己未	人	6	己丑	人	3	戊午	結	6	丁亥	結	3	丁巳	結	6	丙戌	人	3	丙辰	人	6	乙酉	直	3	丁巳	結	6	丙戌	人	3	6
7日	辛酉	直	6	辛卯	直	3	庚申	直	6	庚寅	直	3	己未	人	6	戊子	結	3	戊午	結	6	丁亥	結	3	丁巳	結	6	丙戌	人	3	戊午	結	6	丁亥	結	3	7
8日	壬戌	人	6	壬辰	人	3	辛酉	直	6	辛卯	直	3	庚申	直	6	己丑	人	3	己未	人	6	戊子	結	3	戊午	結	6	丁亥	結	3	己未	人	6	戊子	結	3	8
9日	癸亥	結	6	癸巳	結	3	壬戌	人	6	壬辰	人	3	辛酉	直	6	庚寅	直	3	庚申	直	6	己丑	人	3	己未	人	6	戊子	結	3	庚申	直	6	己丑	人	3	9
10日	甲子	直	1	甲午	直	4	癸亥	結	6	癸巳	結	3	壬戌	人	6	辛卯	直	3	辛酉	直	6	庚寅	直	3	庚申	直	6	己丑	人	3	辛酉	直	6	庚寅	直	3	10
11日	乙丑	人	1	乙未	人	4	甲子	直	1	甲午	直	4	癸亥	結	6	壬辰	人	3	壬戌	人	6	辛卯	直	3	辛酉	直	6	庚寅	直	3	壬戌	人	6	辛卯	直	3	11
12日	丙寅	結	1	丙申	結	4	乙丑	人	1	乙未	人	4	甲子	直	1	癸巳	結	3	癸亥	結	6	壬辰	人	3	壬戌	人	6	辛卯	直	3	癸亥	結	6	壬辰	人	3	12
13日	丁卯	結	1	丁酉	結	4	丙寅	結	1	丙申	結	4	乙丑	人	1	甲午	直	4	甲子	直	1	癸巳	結	3	癸亥	結	6	壬辰	人	3	甲子	直	1	癸巳	結	3	13
14日	戊辰	人	1	戊戌	人	4	丁卯	結	1	丁酉	結	4	丙寅	結	1	乙未	人	4	乙丑	人	1	甲午	直	4	甲子	直	1	癸巳	結	3	乙丑	人	1	甲午	直	4	14
15日	己巳	結	1	己亥	結	4	戊辰	人	1	戊戌	人	4	丁卯	結	1	丙申	結	4	丙寅	結	1	乙未	人	4	乙丑	人	1	甲午	直	4	丙寅	結	1	乙未	人	4	15
16日	庚午	直	1	庚子	直	4	己巳	結	1	己亥	結	4	戊辰	人	1	丁酉	結	4	丁卯	結	1	丙申	結	4	丙寅	結	1	乙未	人	4	丁卯	結	1	丙申	結	4	16
17日	辛未	人	1	辛丑	人	4	庚午	直	1	庚子	直	4	己巳	結	1	戊戌	人	4	戊辰	人	1	丁酉	結	4	丁卯	結	1	丙申	結	4	戊辰	人	1	丁酉	結	4	17
18日	壬申	結	1	壬寅	結	4	辛未	人	1	辛丑	人	4	庚午	直	1	己亥	結	4	己巳	結	1	戊戌	人	4	戊辰	人	1	丁酉	結	4	己巳	結	1	戊戌	人	4	18
19日	癸酉	結	1	癸卯	結	4	壬申	結	1	壬寅	結	4	辛未	人	1	庚子	直	4	庚午	直	1	己亥	結	4	己巳	結	1	戊戌	人	4	庚午	直	1	己亥	結	4	19
20日	甲戌	人	2	甲辰	人	5	癸酉	結	1	癸卯	結	4	壬申	結	1	辛丑	人	4	辛未	人	1	庚子	直	4	庚午	直	1	己亥	結	4	辛未	人	1	庚子	直	4	20
21日	乙亥	直	2	乙巳	直	5	甲戌	人	2	甲辰	人	5	癸酉	結	1	壬寅	結	4	壬申	結	1	辛丑	人	4	辛未	人	1	庚子	直	4	壬申	結	1	辛丑	人	4	21
22日	丙子	結	2	丙午	結	5	乙亥	直	2	乙巳	直	5	甲戌	人	2	癸卯	結	4	癸酉	結	1	壬寅	結	4	壬申	結	1	辛丑	人	4	癸酉	結	1	壬寅	結	4	22
23日	丁丑	人	2	丁未	人	5	丙子	結	2	丙午	結	5	乙亥	直	2	甲辰	人	5	甲戌	人	2	癸卯	結	4	癸酉	結	1	壬寅	結	4	甲戌	人	2	癸卯	結	4	23
24日	戊寅	結	2	戊申	結	5	丁丑	人	2	丁未	人	5	丙子	結	2	乙巳	直	5	乙亥	直	2	甲辰	人	5	甲戌	人	2	癸卯	結	4	乙亥	直	2	甲辰	人	5	24
25日	己卯	結	2	己酉	結	5	戊寅	結	2	戊申	結	5	丁丑	人	2	丙午	結	5	丙子	結	2	乙巳	直	5	乙亥	直	2	甲辰	人	5	丙子	結	2	乙巳	直	5	25
26日	庚辰	人	2	庚戌	人	5	己卯	結	2	己酉	結	5	戊寅	結	2	丁未	人	5	丁丑	人	2	丙午	結	5	丙子	結	2	乙巳	直	5	丁丑	人	2	丙午	結	5	26
27日	辛巳	直	2	辛亥	直	5	庚辰	人	2	庚戌	人	5	己卯	結	2	戊申	結	5	戊寅	結	2	丁未	人	5	丁丑	人	2	丙午	結	5	戊寅	結	2	丁未	人	5	27
28日	壬午	結	2	壬子	結	5	辛巳	直	2	辛亥	直	5	庚辰	人	2	己酉	結	5	己卯	結	2	戊申	結	5	戊寅	結	2	丁未	人	5	己卯	結	2	戊申	結	5	28
29日	癸未	人	2	癸丑	人	5	壬午	結	2	壬子	結	5	辛巳	直	2	庚戌	人	5	庚辰	人	2	己酉	結	5	己卯	結	2	戊申	結	5				己酉	結	5	29
30日	甲申	直	3	甲寅	直	6	癸未	人	2	癸丑	人	5	壬午	結	2	辛亥	直	5	辛巳	直	2	庚戌	人	5	庚辰	人	2	己酉	結	5				庚戌	人	5	30
31日	乙酉	直	3				甲申	直	3				癸未	人	2	壬子	結	5				辛亥	直	5				庚戌	人	5				辛亥	直	5	31

以下のサイトに、生年月日時を入力するだけ「人物フォーマット」が、算出できます。

https://asano-uranai.com/fpd/entrance.php

１９７１年（昭和４６年）

その年干支の期間	2/4 20:26 ～ 12/31 23:59	1/1 0:00 ～2/4 20:25
年干支	辛亥	庚戌

その月干支の期間	12/8 3:36 ～ 12/31 23:59	11/8 10:57 ～ 12/8 3:35	10/9 7:59 ～ 11/8 10:56	9/8 16:30 ～ 10/9 7:58	8/8 13:40 ～ 9/8 16:29	7/8 3:51 ～ 8/8 13:39	6/6 17:29 ～ 7/8 3:50	5/6 13:08 ～ 6/6 17:28	4/5 19:36 ～ 5/6 13:07	3/6 14:35 ～ 4/5 19:35	2/4 20:26 ～ 3/6 14:34	1/6 8:45 ～ 2/4 20:25	1/1 0:00 ～ 1/6 8:44
月干支	庚子	己亥	戊戌	丁酉	丙申	乙未	甲午	癸巳	壬辰	辛卯	庚寅	己丑	戊子
外的環境の支配五行候補	水 △ 金㋟ 木㋶	水 木㋶	◎ 土㋷ ○ 金㋟ △ 木㋶ △ 水㋶ 火㋖	金 木㋶ 水㋶	金 △ 水㋫ 木㋶	◎ 土㋑ ○ 火㋠ △ 木㋻ 水㋶	◎ 火㋑ ◎ 土㋑ △ 木㋹ 水㋶	◎ 土㋑ ○ 火㋕ △ 木㋶ □ 金㋰ 水㋨	◎ 水㋺ △ 木㋦ 金㋶	◎ 木㋑ 金㋟	◎ 木㋑ ○ 金㋟ △ 水㋶ 火㋒	◎ 土㋣ ○ 水㋕ △ 金㋟ 火㋖	◎ 水㋑ ○ 土㋻ △ 金㋟ 火㋖

	12月			11月			10月			9月			8月			7月			6月			5月			4月			3月			2月			1月			
	干支	タイプ	旬数	干支	タイプ	旬数	干支	タイプ	旬数	干支	タイプ	旬数	干支	タイプ	旬数	干支	タイプ	旬数	干支	タイプ	旬数	干支	タイプ	旬数	干支	タイプ	旬数	干支	タイプ	旬数	干支	タイプ	旬数	干支	タイプ	旬数	
1日	庚申	直	6	庚寅	直	3	己未	人	6	己丑	人	3	戊午	結	6	丁亥	結	3	丁巳	結	6	丙戌	人	3	丙辰	人	6	乙酉	直	3	丁巳	結	6	丙戌	人	3	1
2日	辛酉	直	6	辛卯	直	3	庚申	直	6	庚寅	直	3	己未	人	6	戊子	結	3	戊午	結	6	丁亥	結	3	丁巳	結	6	丙戌	人	3	戊午	結	6	丁亥	結	3	2
3日	壬戌	人	6	壬辰	人	3	辛酉	直	6	辛卯	直	3	庚申	直	6	己丑	人	3	己未	人	6	戊子	結	3	戊午	結	6	丁亥	結	3	己未	人	6	戊子	結	3	3
4日	癸亥	結	6	癸巳	結	3	壬戌	人	6	壬辰	人	3	辛酉	直	6	庚寅	直	3	庚申	直	6	己丑	人	3	己未	人	6	戊子	結	3	庚申	直	6	己丑	人	3	4
5日	甲子	直	1	甲午	直	4	癸亥	結	6	癸巳	結	3	壬戌	人	6	辛卯	直	3	辛酉	直	6	庚寅	直	3	庚申	直	6	己丑	人	3	辛酉	直	6	庚寅	直	3	5
6日	乙丑	人	1	乙未	人	4	甲子	直	1	甲午	直	4	癸亥	結	6	壬辰	人	3	壬戌	人	6	辛卯	直	3	辛酉	直	6	庚寅	直	3	壬戌	人	6	辛卯	直	3	6
7日	丙寅	結	1	丙申	結	4	乙丑	人	1	乙未	人	4	甲子	直	1	癸巳	結	3	癸亥	結	6	壬辰	人	3	壬戌	人	6	辛卯	直	3	癸亥	結	6	壬辰	人	3	7
8日	丁卯	結	1	丁酉	結	4	丙寅	結	1	丙申	結	4	乙丑	人	1	甲午	直	4	甲子	直	1	癸巳	結	3	癸亥	結	6	壬辰	人	3	甲子	直	1	癸巳	結	3	8
9日	戊辰	人	1	戊戌	人	4	丁卯	結	1	丁酉	結	4	丙寅	結	1	乙未	人	4	乙丑	人	1	甲午	直	4	甲子	直	1	癸巳	結	3	乙丑	人	1	甲午	直	4	9
10日	己巳	結	1	己亥	結	4	戊辰	人	1	戊戌	人	4	丁卯	結	1	丙申	結	4	丙寅	結	1	乙未	人	4	乙丑	人	1	甲午	直	4	丙寅	結	1	乙未	人	4	10
11日	庚午	直	1	庚子	直	4	己巳	結	1	己亥	結	4	戊辰	人	1	丁酉	結	4	丁卯	結	1	丙申	結	4	丙寅	結	1	乙未	人	4	丁卯	結	1	丙申	結	4	11
12日	辛未	人	1	辛丑	人	4	庚午	直	1	庚子	直	4	己巳	結	1	戊戌	人	4	戊辰	人	1	丁酉	結	4	丁卯	結	1	丙申	結	4	戊辰	人	1	丁酉	結	4	12
13日	壬申	結	1	壬寅	結	4	辛未	人	1	辛丑	人	4	庚午	直	1	己亥	結	4	己巳	結	1	戊戌	人	4	戊辰	人	1	丁酉	結	4	己巳	結	1	戊戌	人	4	13
14日	癸酉	結	1	癸卯	結	4	壬申	結	1	壬寅	結	4	辛未	人	1	庚子	直	4	庚午	直	1	己亥	結	4	己巳	結	1	戊戌	人	4	庚午	直	1	己亥	結	4	14
15日	甲戌	人	2	甲辰	人	5	癸酉	結	1	癸卯	結	4	壬申	結	1	辛丑	人	4	辛未	人	1	庚子	直	4	庚午	直	1	己亥	結	4	辛未	人	1	庚子	直	4	15
16日	乙亥	直	2	乙巳	直	5	甲戌	人	2	甲辰	人	5	癸酉	結	1	壬寅	結	4	壬申	結	1	辛丑	人	4	辛未	人	1	庚子	直	4	壬申	結	1	辛丑	人	4	16
17日	丙子	結	2	丙午	結	5	乙亥	直	2	乙巳	直	5	甲戌	人	2	癸卯	結	4	癸酉	結	1	壬寅	結	4	壬申	結	1	辛丑	人	4	癸酉	結	1	壬寅	結	4	17
18日	丁丑	人	2	丁未	人	5	丙子	結	2	丙午	結	5	乙亥	直	2	甲辰	人	5	甲戌	人	2	癸卯	結	4	癸酉	結	1	壬寅	結	4	甲戌	人	2	癸卯	結	4	18
19日	戊寅	結	2	戊申	結	5	丁丑	人	2	丁未	人	5	丙子	結	2	乙巳	直	5	乙亥	直	2	甲辰	人	5	甲戌	人	2	癸卯	結	4	乙亥	直	2	甲辰	人	5	19
20日	己卯	結	2	己酉	結	5	戊寅	結	2	戊申	結	5	丁丑	人	2	丙午	結	5	丙子	結	2	乙巳	直	5	乙亥	直	2	甲辰	人	5	丙子	結	2	乙巳	直	5	20
21日	庚辰	人	2	庚戌	人	5	己卯	結	2	己酉	結	5	戊寅	結	2	丁未	人	5	丁丑	人	2	丙午	結	5	丙子	結	2	乙巳	直	5	丁丑	人	2	丙午	結	5	21
22日	辛巳	直	2	辛亥	直	5	庚辰	人	2	庚戌	人	5	己卯	結	2	戊申	結	5	戊寅	結	2	丁未	人	5	丁丑	人	2	丙午	結	5	戊寅	結	2	丁未	人	5	22
23日	壬午	結	2	壬子	結	5	辛巳	直	2	辛亥	直	5	庚辰	人	2	己酉	結	5	己卯	結	2	戊申	結	5	戊寅	結	2	丁未	人	5	己卯	結	2	戊申	結	5	23
24日	癸未	人	2	癸丑	人	5	壬午	結	2	壬子	結	5	辛巳	直	2	庚戌	人	5	庚辰	人	2	己酉	結	5	己卯	結	2	戊申	結	5	庚辰	人	2	己酉	結	5	24
25日	甲申	直	3	甲寅	直	6	癸未	人	2	癸丑	人	5	壬午	結	2	辛亥	直	5	辛巳	直	2	庚戌	人	5	庚辰	人	2	己酉	結	5	辛巳	直	2	庚戌	人	5	25
26日	乙酉	直	3	乙卯	直	6	甲申	直	3	甲寅	直	6	癸未	人	2	壬子	結	5	壬午	結	2	辛亥	直	5	辛巳	直	2	庚戌	人	5	壬午	結	2	辛亥	直	5	26
27日	丙戌	人	3	丙辰	人	6	乙酉	直	3	乙卯	直	6	甲申	直	3	癸丑	人	5	癸未	人	2	壬子	結	5	壬午	結	2	辛亥	直	5	癸未	人	2	壬子	結	5	27
28日	丁亥	結	3	丁巳	結	6	丙戌	人	3	丙辰	人	6	乙酉	直	3	甲寅	直	6	甲申	直	3	癸丑	人	5	癸未	人	2	壬子	結	5	甲申	直	3	癸丑	人	5	28
29日	戊子	結	3	戊午	結	6	丁亥	結	3	丁巳	結	6	丙戌	人	3	乙卯	直	6	乙酉	直	3	甲寅	直	6	甲申	直	3	癸丑	人	5				甲寅	直	6	29
30日	己丑	人	3	己未	人	6	戊子	結	3	戊午	結	6	丁亥	結	3	丙辰	人	6	丙戌	人	3	乙卯	直	6	乙酉	直	3	甲寅	直	6				乙卯	直	6	30
31日	庚寅	直	3				己丑	人	3				戊子	結	3	丁巳	結	6				丙辰	人	6				乙卯	直	6				丙辰	人	6	31

以下のサイトに、生年月日時を入力するだけ「人物フォーマット」が、算出できます。

https://asano-uranai.com/fpd/entrance.php

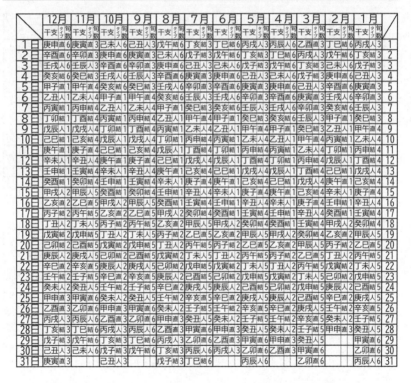

1972年（昭和47年）

その年干支の期間	2/5 2:20 ～ 12/31 23:59	1/1 0:00 ～2/5 2:19
年干支	壬子	辛亥

その月干支の期間	12/7 9:19 ～ 12/31 23:59	11/7 16:40 ～ 12/7 9:18	10/8 13:42 ～ 11/7 16:39	9/7 22:15 ～ 10/8 13:41	8/7 19:29 ～ 9/7 22:14	7/7 9:43 ～ 8/7 19:28	6/5 23:22 ～ 7/7 9:42	5/5 19:01 ～ 6/5 23:21	4/5 1:29 ～ 5/5 19:00	3/5 20:28 ～ 4/5 1:28	2/5 2:20 ～ 3/5 20:27	1/6 14:42 ～ 2/5 2:19	1/1 0:00 ～ 1/6 14:41
月干支	壬子	辛亥	庚戌	己酉	戊申	丁未	丙午	乙巳	甲辰	癸卯	壬寅	辛丑	庚子
外的環境の支配五行候補	水	水 木㋶	◎ 土㋺ ○ 水㋠ △ 金㋟ 火㋖	◎ 金㋑ 水㋠	◎ 金㋑ 水㋩	◎ 火㋑ ◎ 土㋑ △ 水㋠ 木㋰	火 ○ 土㋑ 水㋨	◎ 火㋑ ◎ 土㋑ △ 水㋠ 金㋳	◎ 水㋺ 木㋩	◎ 木㋑ 水㋺	◎ 木㋑ △ 水㋺ 火㋒	水 △ 金㋟ 木㋶	水 △ 金㋟ 木㋶

	12月			11月			10月			9月			8月			7月			6月			5月			4月			3月			2月			1月			
	干支	タイプ	旬数	干支	タイプ	旬数	干支	タイプ	旬数	干支	タイプ	旬数	干支	タイプ	旬数	干支	タイプ	旬数	干支	タイプ	旬数	干支	タイプ	旬数	干支	タイプ	旬数	干支	タイプ	旬数	干支	タイプ	旬数	干支	タイプ	旬数	
1日	丙寅	結	1	丙申	結	4	乙丑	人	1	乙未	人	4	甲子	直	1	癸巳	結	3	癸亥	結	6	壬辰	人	3	壬戌	人	6	辛卯	直	3	壬戌	人	6	辛卯	直	3	1
2日	丁卯	結	1	丁酉	結	4	丙寅	結	1	丙申	結	4	乙丑	人	1	甲午	直	4	甲子	直	1	癸巳	結	3	癸亥	結	6	壬辰	人	3	癸亥	結	6	壬辰	人	3	2
3日	戊辰	人	1	戊戌	人	4	丁卯	結	1	丁酉	結	4	丙寅	結	1	乙未	人	4	乙丑	人	1	甲午	直	4	甲子	直	1	癸巳	結	3	甲子	直	1	癸巳	結	3	3
4日	己巳	結	1	己亥	結	4	戊辰	人	1	戊戌	人	4	丁卯	結	1	丙申	結	4	丙寅	結	1	乙未	人	4	乙丑	人	1	甲午	直	4	乙丑	人	1	甲午	直	4	4
5日	庚午	直	1	庚子	直	4	己巳	結	1	己亥	結	4	戊辰	人	1	丁酉	結	4	丁卯	結	1	丙申	結	4	丙寅	結	1	乙未	人	4	丙寅	結	1	乙未	人	4	5
6日	辛未	人	1	辛丑	人	4	庚午	直	1	庚子	直	4	己巳	結	1	戊戌	人	4	戊辰	人	1	丁酉	結	4	丁卯	結	1	丙申	結	4	丁卯	結	1	丙申	結	4	6
7日	壬申	結	1	壬寅	結	4	辛未	人	1	辛丑	人	4	庚午	直	1	己亥	結	4	己巳	結	1	戊戌	人	4	戊辰	人	1	丁酉	結	4	戊辰	人	1	丁酉	結	4	7
8日	癸酉	結	1	癸卯	結	4	壬申	結	1	壬寅	結	4	辛未	人	1	庚子	直	4	庚午	直	1	己亥	結	4	己巳	結	1	戊戌	人	4	己巳	結	1	戊戌	人	4	8
9日	甲戌	人	2	甲辰	人	5	癸酉	結	1	癸卯	結	4	壬申	結	1	辛丑	人	4	辛未	人	1	庚子	直	4	庚午	直	1	己亥	結	4	庚午	直	1	己亥	結	4	9
10日	乙亥	直	2	乙巳	直	5	甲戌	人	2	甲辰	人	5	癸酉	結	1	壬寅	結	4	壬申	結	1	辛丑	人	4	辛未	人	1	庚子	直	4	辛未	人	1	庚子	直	4	10
11日	丙子	結	2	丙午	結	5	乙亥	直	2	乙巳	直	5	甲戌	人	2	癸卯	結	4	癸酉	結	1	壬寅	結	4	壬申	結	1	辛丑	人	4	壬申	結	1	辛丑	人	4	11
12日	丁丑	人	2	丁未	人	5	丙子	結	2	丙午	結	5	乙亥	直	2	甲辰	人	5	甲戌	人	2	癸卯	結	4	癸酉	結	1	壬寅	結	4	癸酉	結	1	壬寅	結	4	12
13日	戊寅	結	2	戊申	結	5	丁丑	人	2	丁未	人	5	丙子	結	2	乙巳	直	5	乙亥	直	2	甲辰	人	5	甲戌	人	2	癸卯	結	4	甲戌	人	2	癸卯	結	4	13
14日	己卯	結	2	己酉	結	5	戊寅	結	2	戊申	結	5	丁丑	人	2	丙午	結	5	丙子	結	2	乙巳	直	5	乙亥	直	2	甲辰	人	5	乙亥	直	2	甲辰	人	5	14
15日	庚辰	人	2	庚戌	人	5	己卯	結	2	己酉	結	5	戊寅	結	2	丁未	人	5	丁丑	人	2	丙午	結	5	丙子	結	2	乙巳	直	5	丙子	結	2	乙巳	直	5	15
16日	辛巳	直	2	辛亥	直	5	庚辰	人	2	庚戌	人	5	己卯	結	2	戊申	結	5	戊寅	結	2	丁未	人	5	丁丑	人	2	丙午	結	5	丁丑	人	2	丙午	結	5	16
17日	壬午	結	2	壬子	結	5	辛巳	直	2	辛亥	直	5	庚辰	人	2	己酉	結	5	己卯	結	2	戊申	結	5	戊寅	結	2	丁未	人	5	戊寅	結	2	丁未	人	5	17
18日	癸未	人	2	癸丑	人	5	壬午	結	2	壬子	結	5	辛巳	直	2	庚戌	人	5	庚辰	人	2	己酉	結	5	己卯	結	2	戊申	結	5	己卯	結	2	戊申	結	5	18
19日	甲申	直	3	甲寅	直	6	癸未	人	2	癸丑	人	5	壬午	結	2	辛亥	直	5	辛巳	直	2	庚戌	人	5	庚辰	人	2	己酉	結	5	庚辰	人	2	己酉	結	5	19
20日	乙酉	直	3	乙卯	直	6	甲申	直	3	甲寅	直	6	癸未	人	2	壬子	結	5	壬午	結	2	辛亥	直	5	辛巳	直	2	庚戌	人	5	辛巳	直	2	庚戌	人	5	20
21日	丙戌	人	3	丙辰	人	6	乙酉	直	3	乙卯	直	6	甲申	直	3	癸丑	人	5	癸未	人	2	壬子	結	5	壬午	結	2	辛亥	直	5	壬午	結	2	辛亥	直	5	21
22日	丁亥	結	3	丁巳	結	6	丙戌	人	3	丙辰	人	6	乙酉	直	3	甲寅	直	6	甲申	直	3	癸丑	人	5	癸未	人	2	壬子	結	5	癸未	人	2	壬子	結	5	22
23日	戊子	結	3	戊午	結	6	丁亥	結	3	丁巳	結	6	丙戌	人	3	乙卯	直	6	乙酉	直	3	甲寅	直	6	甲申	直	3	癸丑	人	5	甲申	直	3	癸丑	人	5	23
24日	己丑	人	3	己未	人	6	戊子	結	3	戊午	結	6	丁亥	結	3	丙辰	人	6	丙戌	人	3	乙卯	直	6	乙酉	直	3	甲寅	直	6	乙酉	直	3	甲寅	直	6	24
25日	庚寅	直	3	庚申	直	6	己丑	人	3	己未	人	6	戊子	結	3	丁巳	結	6	丁亥	結	3	丙辰	人	6	丙戌	人	3	乙卯	直	6	丙戌	人	3	乙卯	直	6	25
26日	辛卯	直	3	辛酉	直	6	庚寅	直	3	庚申	直	6	己丑	人	3	戊午	結	6	戊子	結	3	丁巳	結	6	丁亥	結	3	丙辰	人	6	丁亥	結	3	丙辰	人	6	26
27日	壬辰	人	3	壬戌	人	6	辛卯	直	3	辛酉	直	6	庚寅	直	3	己未	人	6	己丑	人	3	戊午	結	6	戊子	結	3	丁巳	結	6	戊子	結	3	丁巳	結	6	27
28日	癸巳	結	3	癸亥	結	6	壬辰	人	3	壬戌	人	6	辛卯	直	3	庚申	直	6	庚寅	直	3	己未	人	6	己丑	人	3	戊午	結	6	己丑	人	3	戊午	結	6	28
29日	甲午	直	4	甲子	直	1	癸巳	結	3	癸亥	結	6	壬辰	人	3	辛酉	直	6	辛卯	直	3	庚申	直	6	庚寅	直	3	己未	人	6	庚寅	直	3	己未	人	6	29
30日	乙未	人	4	乙丑	人	1	甲午	直	4	甲子	直	1	癸巳	結	3	壬戌	人	6	壬辰	人	3	辛酉	直	6	辛卯	直	3	庚申	直	6				庚申	直	6	30
31日	丙申	結	4				乙未	人	4				甲午	直	4	癸亥	結	6				壬戌	人	6				辛酉	直	6				辛酉	直	6	31

以下のサイトに、生年月日時を入力するだけ「人物フォーマット」が、算出できます。

https://asano-uranai.com/fpd/entrance.php

1973年（昭和48年）

その年干支の期間	2/4 8:04 ～ 12/31 23:59	1/1 0:00 ～2/4 8:03
年干支	癸丑	壬子

その月干支の期間	12/7 15:11 ～ 12/31 23:59	11/7 22:28 ～ 12/7 15:10	10/8 19:28 ～ 11/7 22:27	9/8 4:00 ～ 10/8 19:27	8/8 1:13 ～ 9/8 3:59	7/7 15:27 ～ 8/8 1:12	6/6 5:07 ～ 7/7 15:26	5/6 0:46 ～ 6/6 5:06	4/5 7:14 ～ 5/6 0:45	3/6 2:13 ～ 4/5 7:13	2/4 8:04 ～ 3/6 2:12	1/5 20:26 ～ 2/4 8:03	1/1 0:00 ～ 1/5 20:25
月干支	甲子	癸亥	壬戌	辛酉	庚申	己未	戊午	丁巳	丙辰	乙卯	甲寅	癸丑	壬子
外的環境の支配五行候補	水 金㋮	水 △ 木㋶ 金㋮	◎ 水㋥ ○ 土㋷ △ 金㋟ 火㋖	金 水㋖	金 水㋵	土 ○ 火㋠ △ 水㋞ □ 木㋰ 金㋮	土 ○ 火㋑ △ 水㋞ 金㋮	火 ○ 土㋑ △ 金㋦ 水㋞	◎ 水㋥ ○ 土㋷ △ 木㋦ 金㋤	木 △ 水㋞ 金㋮	木 △ 水㋞ □ 火㋒ 金㋮	水 金㋮	水

	12月			11月			10月			9月			8月			7月			6月			5月			4月			3月			2月			1月			
	干支	タイプ	旬数	干支	タイプ	旬数	干支	タイプ	旬数	干支	タイプ	旬数	干支	タイプ	旬数	干支	タイプ	旬数	干支	タイプ	旬数	干支	タイプ	旬数	干支	タイプ	旬数	干支	タイプ	旬数	干支	タイプ	旬数	干支	タイプ	旬数	
1日	辛未	人	1	辛丑	人	4	庚午	直	1	庚子	直	4	己巳	結	1	戊戌	人	4	戊辰	人	1	丁酉	結	4	丁卯	結	1	丙申	結	4	戊辰	人	1	丁酉	結	4	1
2日	壬申	結	1	壬寅	結	4	辛未	人	1	辛丑	人	4	庚午	直	1	己亥	結	4	己巳	結	1	戊戌	人	4	戊辰	人	1	丁酉	結	4	己巳	結	1	戊戌	人	4	2
3日	癸酉	結	1	癸卯	結	4	壬申	結	1	壬寅	結	4	辛未	人	1	庚子	直	4	庚午	直	1	己亥	結	4	己巳	結	1	戊戌	人	4	庚午	直	1	己亥	結	4	3
4日	甲戌	人	2	甲辰	人	5	癸酉	結	1	癸卯	結	4	壬申	結	1	辛丑	人	4	辛未	人	1	庚子	直	4	庚午	直	1	己亥	結	4	辛未	人	1	庚子	直	4	4
5日	乙亥	直	2	乙巳	直	5	甲戌	人	2	甲辰	人	5	癸酉	結	1	壬寅	結	4	壬申	結	1	辛丑	人	4	辛未	人	1	庚子	直	4	壬申	結	1	辛丑	人	4	5
6日	丙子	結	2	丙午	結	5	乙亥	直	2	乙巳	直	5	甲戌	人	2	癸卯	結	4	癸酉	結	1	壬寅	結	4	壬申	結	1	辛丑	人	4	癸酉	結	1	壬寅	結	4	6
7日	丁丑	人	2	丁未	人	5	丙子	結	2	丙午	結	5	乙亥	直	2	甲辰	人	5	甲戌	人	2	癸卯	結	4	癸酉	結	1	壬寅	結	4	甲戌	人	2	癸卯	結	4	7
8日	戊寅	結	2	戊申	結	5	丁丑	人	2	丁未	人	5	丙子	結	2	乙巳	直	5	乙亥	直	2	甲辰	人	5	甲戌	人	2	癸卯	結	4	乙亥	直	2	甲辰	人	5	8
9日	己卯	結	2	己酉	結	5	戊寅	結	2	戊申	結	5	丁丑	人	2	丙午	結	5	丙子	結	2	乙巳	直	5	乙亥	直	2	甲辰	人	5	丙子	結	2	乙巳	直	5	9
10日	庚辰	人	2	庚戌	人	5	己卯	結	2	己酉	結	5	戊寅	結	2	丁未	人	5	丁丑	人	2	丙午	結	5	丙子	結	2	乙巳	直	5	丁丑	人	2	丙午	結	5	10
11日	辛巳	直	2	辛亥	直	5	庚辰	人	2	庚戌	人	5	己卯	結	2	戊申	結	5	戊寅	結	2	丁未	人	5	丁丑	人	2	丙午	結	5	戊寅	結	2	丁未	人	5	11
12日	壬午	結	2	壬子	結	5	辛巳	直	2	辛亥	直	5	庚辰	人	2	己酉	結	5	己卯	結	2	戊申	結	5	戊寅	結	2	丁未	人	5	己卯	結	2	戊申	結	5	12
13日	癸未	人	2	癸丑	人	5	壬午	結	2	壬子	結	5	辛巳	直	2	庚戌	人	5	庚辰	人	2	己酉	結	5	己卯	結	2	戊申	結	5	庚辰	人	2	己酉	結	5	13
14日	甲申	直	3	甲寅	直	6	癸未	人	2	癸丑	人	5	壬午	結	2	辛亥	直	5	辛巳	直	2	庚戌	人	5	庚辰	人	2	己酉	結	5	辛巳	直	2	庚戌	人	5	14
15日	乙酉	直	3	乙卯	直	6	甲申	直	3	甲寅	直	6	癸未	人	2	壬子	結	5	壬午	結	2	辛亥	直	5	辛巳	直	2	庚戌	人	5	壬午	結	2	辛亥	直	5	15
16日	丙戌	人	3	丙辰	人	6	乙酉	直	3	乙卯	直	6	甲申	直	3	癸丑	人	5	癸未	人	2	壬子	結	5	壬午	結	2	辛亥	直	5	癸未	人	2	壬子	結	5	16
17日	丁亥	結	3	丁巳	結	6	丙戌	人	3	丙辰	人	6	乙酉	直	3	甲寅	直	6	甲申	直	3	癸丑	人	5	癸未	人	2	壬子	結	5	甲申	直	3	癸丑	人	5	17
18日	戊子	結	3	戊午	結	6	丁亥	結	3	丁巳	結	6	丙戌	人	3	乙卯	直	6	乙酉	直	3	甲寅	直	6	甲申	直	3	癸丑	人	5	乙酉	直	3	甲寅	直	6	18
19日	己丑	人	3	己未	人	6	戊子	結	3	戊午	結	6	丁亥	結	3	丙辰	人	6	丙戌	人	3	乙卯	直	6	乙酉	直	3	甲寅	直	6	丙戌	人	3	乙卯	直	6	19
20日	庚寅	直	3	庚申	直	6	己丑	人	3	己未	人	6	戊子	結	3	丁巳	結	6	丁亥	結	3	丙辰	人	6	丙戌	人	3	乙卯	直	6	丁亥	結	3	丙辰	人	6	20
21日	辛卯	直	3	辛酉	直	6	庚寅	直	3	庚申	直	6	己丑	人	3	戊午	結	6	戊子	結	3	丁巳	結	6	丁亥	結	3	丙辰	人	6	戊子	結	3	丁巳	結	6	21
22日	壬辰	人	3	壬戌	人	6	辛卯	直	3	辛酉	直	6	庚寅	直	3	己未	人	6	己丑	人	3	戊午	結	6	戊子	結	3	丁巳	結	6	己丑	人	3	戊午	結	6	22
23日	癸巳	結	3	癸亥	結	6	壬辰	人	3	壬戌	人	6	辛卯	直	3	庚申	直	6	庚寅	直	3	己未	人	6	己丑	人	3	戊午	結	6	庚寅	直	3	己未	人	6	23
24日	甲午	直	4	甲子	直	1	癸巳	結	3	癸亥	結	6	壬辰	人	3	辛酉	直	6	辛卯	直	3	庚申	直	6	庚寅	直	3	己未	人	6	辛卯	直	3	庚申	直	6	24
25日	乙未	人	4	乙丑	人	1	甲午	直	4	甲子	直	1	癸巳	結	3	壬戌	人	6	壬辰	人	3	辛酉	直	6	辛卯	直	3	庚申	直	6	壬辰	人	3	辛酉	直	6	25
26日	丙申	結	4	丙寅	結	1	乙未	人	4	乙丑	人	1	甲午	直	4	癸亥	結	6	癸巳	結	3	壬戌	人	6	壬辰	人	3	辛酉	直	6	癸巳	結	3	壬戌	人	6	26
27日	丁酉	結	4	丁卯	結	1	丙申	結	4	丙寅	結	1	乙未	人	4	甲子	直	1	甲午	直	4	癸亥	結	6	癸巳	結	3	壬戌	人	6	甲午	直	4	癸亥	結	6	27
28日	戊戌	人	4	戊辰	人	1	丁酉	結	4	丁卯	結	1	丙申	結	4	乙丑	人	1	乙未	人	4	甲子	直	1	甲午	直	4	癸亥	結	6	乙未	人	4	甲子	直	1	28
29日	己亥	結	4	己巳	結	1	戊戌	人	4	戊辰	人	1	丁酉	結	4	丙寅	結	1	丙申	結	4	乙丑	人	1	乙未	人	4	甲子	直	1				乙丑	人	1	29
30日	庚子	直	4	庚午	直	1	己亥	結	4	己巳	結	1	戊戌	人	4	丁卯	結	1	丁酉	結	4	丙寅	結	1	丙申	結	4	乙丑	人	1				丙寅	結	1	30
31日	辛丑	人	4				庚子	直	4				己亥	結	4	戊辰	人	1				丁卯	結	1				丙寅	結	1				丁卯	結	1	31

以下のサイトに、生年月日時を入力するだけ「人物フォーマット」が、算出できます。

https://asano-uranai.com/fpd/entrance.php

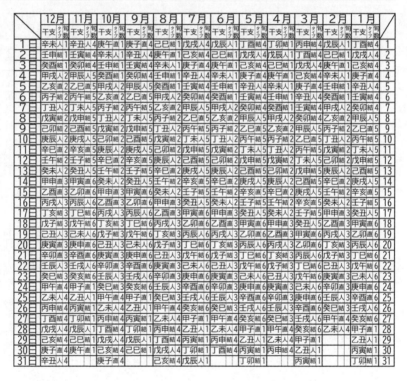

１９７４年（昭和４９年）

その年干支の期間	2/4 14:00 ～ 12/31 23:59	1/1 0:00 ～2/4 13:59
年干支	甲寅	癸丑

その月干支の期間	12/7 21:05 ～ 12/31 23:59	11/8 4:18 ～ 12/7 21:04	10/9 1:15 ～ 11/8 4:17	9/8 9:45 ～ 10/9 1:14	8/8 6:57 ～ 9/8 9:44	7/7 21:11 ～ 8/8 6:56	6/6 10:52 ～ 7/7 21:10	5/6 6:34 ～ 6/6 10:51	4/5 13:05 ～ 5/6 6:33	3/6 8:07 ～ 4/5 13:04	2/4 14:00 ～ 3/6 8:06	1/6 2:20 ～ 2/4 13:59	1/1 0:00 ～ 1/6 2:19
月干支	丙子	乙亥	甲戌	癸酉	壬申	辛未	庚午	己巳	戊辰	丁卯	丙寅	乙丑	甲子
外的環境の支配五行候補	◎ 水㋑ △ 木㋕ 火㋞	木 ○ 水㋑ 火㋒	◎ 土㋺ ○ 木㋥ △ 火㋦ 金㋧	◎ 金㋑ △ 木㋕ 火㋒	◎ 金㋣ ○ 水㋵ △ 火㋒ 木㋖	◎ 土㋑ △ 木㋺ 火㋠	◎ 火㋑ ◎ 土㋑ 木㋨	土 ○ 火㋑ △ 木㋕ 金㋳	木 ○ 土㋠ △ 火㋒ 水㋒	木 火㋞	木 火㋞	◎ 水㋥ △ 土㋻ 金㋮	水 金㋮

	12月			11月			10月			9月			8月			7月			6月			5月			4月			3月			2月			1月			
	干支	タイプ	旬数	干支	タイプ	旬数	干支	タイプ	旬数	干支	タイプ	旬数	干支	タイプ	旬数	干支	タイプ	旬数	干支	タイプ	旬数	干支	タイプ	旬数	干支	タイプ	旬数	干支	タイプ	旬数	干支	タイプ	旬数	干支	タイプ	旬数	
1日	丙子	結	2	丙午	結	5	乙亥	直	2	乙巳	直	5	甲戌	人	2	癸卯	結	4	癸酉	結	1	壬寅	結	4	壬申	結	1	辛丑	人	4	癸酉	結	1	壬寅	結	4	1
2日	丁丑	人	2	丁未	人	5	丙子	結	2	丙午	結	5	乙亥	直	2	甲辰	人	5	甲戌	人	2	癸卯	結	4	癸酉	結	1	壬寅	結	4	甲戌	人	2	癸卯	結	4	2
3日	戊寅	結	2	戊申	結	5	丁丑	人	2	丁未	人	5	丙子	結	2	乙巳	直	5	乙亥	直	2	甲辰	人	5	甲戌	人	2	癸卯	結	4	乙亥	直	2	甲辰	人	5	3
4日	己卯	結	2	己酉	結	5	戊寅	結	2	戊申	結	5	丁丑	人	2	丙午	結	5	丙子	結	2	乙巳	直	5	乙亥	直	2	甲辰	人	5	丙子	結	2	乙巳	直	5	4
5日	庚辰	人	2	庚戌	人	5	己卯	結	2	己酉	結	5	戊寅	結	2	丁未	人	5	丁丑	人	2	丙午	結	5	丙子	結	2	乙巳	直	5	丁丑	人	2	丙午	結	5	5
6日	辛巳	直	2	辛亥	直	5	庚辰	人	2	庚戌	人	5	己卯	結	2	戊申	結	5	戊寅	結	2	丁未	人	5	丁丑	人	2	丙午	結	5	戊寅	結	2	丁未	人	5	6
7日	壬午	結	2	壬子	結	5	辛巳	直	2	辛亥	直	5	庚辰	人	2	己酉	結	5	己卯	結	2	戊申	結	5	戊寅	結	2	丁未	人	5	己卯	結	2	戊申	結	5	7
8日	癸未	人	2	癸丑	人	5	壬午	結	2	壬子	結	5	辛巳	直	2	庚戌	人	5	庚辰	人	2	己酉	結	5	己卯	結	2	戊申	結	5	庚辰	人	2	己酉	結	5	8
9日	甲申	直	3	甲寅	直	6	癸未	人	2	癸丑	人	5	壬午	結	2	辛亥	直	5	辛巳	直	2	庚戌	人	5	庚辰	人	2	己酉	結	5	辛巳	直	2	庚戌	人	5	9
10日	乙酉	直	3	乙卯	直	6	甲申	直	3	甲寅	直	6	癸未	人	2	壬子	結	5	壬午	結	2	辛亥	直	5	辛巳	直	2	庚戌	人	5	壬午	結	2	辛亥	直	5	10
11日	丙戌	人	3	丙辰	人	6	乙酉	直	3	乙卯	直	6	甲申	直	3	癸丑	人	5	癸未	人	2	壬子	結	5	壬午	結	2	辛亥	直	5	癸未	人	2	壬子	結	5	11
12日	丁亥	結	3	丁巳	結	6	丙戌	人	3	丙辰	人	6	乙酉	直	3	甲寅	直	6	甲申	直	3	癸丑	人	5	癸未	人	2	壬子	結	5	甲申	直	3	癸丑	人	5	12
13日	戊子	結	3	戊午	結	6	丁亥	結	3	丁巳	結	6	丙戌	人	3	乙卯	直	6	乙酉	直	3	甲寅	直	6	甲申	直	3	癸丑	人	5	乙酉	直	3	甲寅	直	6	13
14日	己丑	人	3	己未	人	6	戊子	結	3	戊午	結	6	丁亥	結	3	丙辰	人	6	丙戌	人	3	乙卯	直	6	乙酉	直	3	甲寅	直	6	丙戌	人	3	乙卯	直	6	14
15日	庚寅	直	3	庚申	直	6	己丑	人	3	己未	人	6	戊子	結	3	丁巳	結	6	丁亥	結	3	丙辰	人	6	丙戌	人	3	乙卯	直	6	丁亥	結	3	丙辰	人	6	15
16日	辛卯	直	3	辛酉	直	6	庚寅	直	3	庚申	直	6	己丑	人	3	戊午	結	6	戊子	結	3	丁巳	結	6	丁亥	結	3	丙辰	人	6	戊子	結	3	丁巳	結	6	16
17日	壬辰	人	3	壬戌	人	6	辛卯	直	3	辛酉	直	6	庚寅	直	3	己未	人	6	己丑	人	3	戊午	結	6	戊子	結	3	丁巳	結	6	己丑	人	3	戊午	結	6	17
18日	癸巳	結	3	癸亥	結	6	壬辰	人	3	壬戌	人	6	辛卯	直	3	庚申	直	6	庚寅	直	3	己未	人	6	己丑	人	3	戊午	結	6	庚寅	直	3	己未	人	6	18
19日	甲午	直	4	甲子	直	1	癸巳	結	3	癸亥	結	6	壬辰	人	3	辛酉	直	6	辛卯	直	3	庚申	直	6	庚寅	直	3	己未	人	6	辛卯	直	3	庚申	直	6	19
20日	乙未	人	4	乙丑	人	1	甲午	直	4	甲子	直	1	癸巳	結	3	壬戌	人	6	壬辰	人	3	辛酉	直	6	辛卯	直	3	庚申	直	6	壬辰	人	3	辛酉	直	6	20
21日	丙申	結	4	丙寅	結	1	乙未	人	4	乙丑	人	1	甲午	直	4	癸亥	結	6	癸巳	結	3	壬戌	人	6	壬辰	人	3	辛酉	直	6	癸巳	結	3	壬戌	人	6	21
22日	丁酉	結	4	丁卯	結	1	丙申	結	4	丙寅	結	1	乙未	人	4	甲子	直	1	甲午	直	4	癸亥	結	6	癸巳	結	3	壬戌	人	6	甲午	直	4	癸亥	結	6	22
23日	戊戌	人	4	戊辰	人	1	丁酉	結	4	丁卯	結	1	丙申	結	4	乙丑	人	1	乙未	人	4	甲子	直	1	甲午	直	4	癸亥	結	6	乙未	人	4	甲子	直	1	23
24日	己亥	結	4	己巳	結	1	戊戌	人	4	戊辰	人	1	丁酉	結	4	丙寅	結	1	丙申	結	4	乙丑	人	1	乙未	人	4	甲子	直	1	丙申	結	4	乙丑	人	1	24
25日	庚子	直	4	庚午	直	1	己亥	結	4	己巳	結	1	戊戌	人	4	丁卯	結	1	丁酉	結	4	丙寅	結	1	丙申	結	4	乙丑	人	1	丁酉	結	4	丙寅	結	1	25
26日	辛丑	人	4	辛未	人	1	庚子	直	4	庚午	直	1	己亥	結	4	戊辰	人	1	戊戌	人	4	丁卯	結	1	丁酉	結	4	丙寅	結	1	戊戌	人	4	丁卯	結	1	26
27日	壬寅	結	4	壬申	結	1	辛丑	人	4	辛未	人	1	庚子	直	4	己巳	結	1	己亥	結	4	戊辰	人	1	戊戌	人	4	丁卯	結	1	己亥	結	4	戊辰	人	1	27
28日	癸卯	結	4	癸酉	結	1	壬寅	結	4	壬申	結	1	辛丑	人	4	庚午	直	1	庚子	直	4	己巳	結	1	己亥	結	4	戊辰	人	1	庚子	直	4	己巳	結	1	28
29日	甲辰	人	5	甲戌	人	2	癸卯	結	4	癸酉	結	1	壬寅	結	4	辛未	人	1	辛丑	人	4	庚午	直	1	庚子	直	4	己巳	結	1				庚午	直	1	29
30日	乙巳	直	5	乙亥	直	2	甲辰	人	5	甲戌	人	2	癸卯	結	4	壬申	結	1	壬寅	結	4	辛未	人	1	辛丑	人	4	庚午	直	1				辛未	人	1	30
31日	丙午	結	5				乙巳	直	5				甲辰	人	5	癸酉	結	1				壬申	結	1				辛未	人	1				壬申	結	1	31

以下のサイトに、生年月日時を入力するだけ「人物フォーマット」が、算出できます。

https://asano-uranai.com/fpd/entrance.php

１９７５年（昭和５０年）

その年干支の期間	2/4 19:59 ～ 12/31 23:59	1/1 0:00 ～2/4 19:58
年干支	乙卯	甲寅

その月干支の期間	12/8 2:47 ～ 12/31 23:59	11/8 10:03 ～ 12/8 2:46	10/9 7:02 ～ 11/8 10:02	9/8 15:33 ～ 10/9 7:01	8/8 12:45 ～ 9/8 15:32	7/8 2:59 ～ 8/8 12:44	6/6 16:42 ～ 7/8 2:58	5/6 12:27 ～ 6/6 16:41	4/5 19:02 ～ 5/6 12:26	3/6 14:06 ～ 4/5 19:01	2/4 19:59 ～ 3/6 14:05	1/6 8:18 ～ 2/4 19:58	1/1 0:00 ～ 1/6 8:17
月干支	戊子	丁亥	丙戌	乙酉	甲申	癸未	壬午	辛巳	庚辰	己卯	戊寅	丁丑	丙子
外的環境の支配五行候補	◎ 水㋑ 木㋕	◎ 木㋑ 水㋑	◎ 土㋺ ○ 木㋕ △ 火㋡ 金㋧	◎ 金㋣ 木㋵	◎ 金㋑ △ 木㋺ 水㋰	◎ 土㋑ △ 木㋺ 火㋠	◎ 火㋑ ◎ 土㋑ 木㋕	◎ 火㋑ ◎ 土㋑ △ 木㋕ 金㋰	木 水㋒	木	木 火㋒	◎ 木㋕ ◎ 水㋕ △ 火㋞ 金㋮	◎ 水㋑ △ 木㋕ 火㋞

	12月			11月			10月			9月			8月			7月			6月			5月			4月			3月			2月			1月			
	干支	タイプ	旬数	干支	タイプ	旬数	干支	タイプ	旬数	干支	タイプ	旬数	干支	タイプ	旬数	干支	タイプ	旬数	干支	タイプ	旬数	干支	タイプ	旬数	干支	タイプ	旬数	干支	タイプ	旬数	干支	タイプ	旬数	干支	タイプ	旬数	
1日	辛巳	直	2	辛亥	直	5	庚辰	人	2	庚戌	人	5	己卯	結	2	戊申	結	5	戊寅	結	2	丁未	人	5	丁丑	人	2	丙午	結	5	戊寅	結	2	丁未	人	5	1
2日	壬午	結	2	壬子	結	5	辛巳	直	2	辛亥	直	5	庚辰	人	2	己酉	結	5	己卯	結	2	戊申	結	5	戊寅	結	2	丁未	人	5	己卯	結	2	戊申	結	5	2
3日	癸未	人	2	癸丑	人	5	壬午	結	2	壬子	結	5	辛巳	直	2	庚戌	人	5	庚辰	人	2	己酉	結	5	己卯	結	2	戊申	結	5	庚辰	人	2	己酉	結	5	3
4日	甲申	直	3	甲寅	直	6	癸未	人	2	癸丑	人	5	壬午	結	2	辛亥	直	5	辛巳	直	2	庚戌	人	5	庚辰	人	2	己酉	結	5	辛巳	直	2	庚戌	人	5	4
5日	乙酉	直	3	乙卯	直	6	甲申	直	3	甲寅	直	6	癸未	人	2	壬子	結	5	壬午	結	2	辛亥	直	5	辛巳	直	2	庚戌	人	5	壬午	結	2	辛亥	直	5	5
6日	丙戌	人	3	丙辰	人	6	乙酉	直	3	乙卯	直	6	甲申	直	3	癸丑	人	5	癸未	人	2	壬子	結	5	壬午	結	2	辛亥	直	5	癸未	人	2	壬子	結	5	6
7日	丁亥	結	3	丁巳	結	6	丙戌	人	3	丙辰	人	6	乙酉	直	3	甲寅	直	6	甲申	直	3	癸丑	人	5	癸未	人	2	壬子	結	5	甲申	直	3	癸丑	人	5	7
8日	戊子	結	3	戊午	結	6	丁亥	結	3	丁巳	結	6	丙戌	人	3	乙卯	直	6	乙酉	直	3	甲寅	直	6	甲申	直	3	癸丑	人	5	乙酉	直	3	甲寅	直	6	8
9日	己丑	人	3	己未	人	6	戊子	結	3	戊午	結	6	丁亥	結	3	丙辰	人	6	丙戌	人	3	乙卯	直	6	乙酉	直	3	甲寅	直	6	丙戌	人	3	乙卯	直	6	9
10日	庚寅	直	3	庚申	直	6	己丑	人	3	己未	人	6	戊子	結	3	丁巳	結	6	丁亥	結	3	丙辰	人	6	丙戌	人	3	乙卯	直	6	丁亥	結	3	丙辰	人	6	10
11日	辛卯	直	3	辛酉	直	6	庚寅	直	3	庚申	直	6	己丑	人	3	戊午	結	6	戊子	結	3	丁巳	結	6	丁亥	結	3	丙辰	人	6	戊子	結	3	丁巳	結	6	11
12日	壬辰	人	3	壬戌	人	6	辛卯	直	3	辛酉	直	6	庚寅	直	3	己未	人	6	己丑	人	3	戊午	結	6	戊子	結	3	丁巳	結	6	己丑	人	3	戊午	結	6	12
13日	癸巳	結	3	癸亥	結	6	壬辰	人	3	壬戌	人	6	辛卯	直	3	庚申	直	6	庚寅	直	3	己未	人	6	己丑	人	3	戊午	結	6	庚寅	直	3	己未	人	6	13
14日	甲午	直	4	甲子	直	1	癸巳	結	3	癸亥	結	6	壬辰	人	3	辛酉	直	6	辛卯	直	3	庚申	直	6	庚寅	直	3	己未	人	6	辛卯	直	3	庚申	直	6	14
15日	乙未	人	4	乙丑	人	1	甲午	直	4	甲子	直	1	癸巳	結	3	壬戌	人	6	壬辰	人	3	辛酉	直	6	辛卯	直	3	庚申	直	6	壬辰	人	3	辛酉	直	6	15
16日	丙申	結	4	丙寅	結	1	乙未	人	4	乙丑	人	1	甲午	直	4	癸亥	結	6	癸巳	結	3	壬戌	人	6	壬辰	人	3	辛酉	直	6	癸巳	結	3	壬戌	人	6	16
17日	丁酉	結	4	丁卯	結	1	丙申	結	4	丙寅	結	1	乙未	人	4	甲子	直	1	甲午	直	4	癸亥	結	6	癸巳	結	3	壬戌	人	6	甲午	直	4	癸亥	結	6	17
18日	戊戌	人	4	戊辰	人	1	丁酉	結	4	丁卯	結	1	丙申	結	4	乙丑	人	1	乙未	人	4	甲子	直	1	甲午	直	4	癸亥	結	6	乙未	人	4	甲子	直	1	18
19日	己亥	結	4	己巳	結	1	戊戌	人	4	戊辰	人	1	丁酉	結	4	丙寅	結	1	丙申	結	4	乙丑	人	1	乙未	人	4	甲子	直	1	丙申	結	4	乙丑	人	1	19
20日	庚子	直	4	庚午	直	1	己亥	結	4	己巳	結	1	戊戌	人	4	丁卯	結	1	丁酉	結	4	丙寅	結	1	丙申	結	4	乙丑	人	1	丁酉	結	4	丙寅	結	1	20
21日	辛丑	人	4	辛未	人	1	庚子	直	4	庚午	直	1	己亥	結	4	戊辰	人	1	戊戌	人	4	丁卯	結	1	丁酉	結	4	丙寅	結	1	戊戌	人	4	丁卯	結	1	21
22日	壬寅	結	4	壬申	結	1	辛丑	人	4	辛未	人	1	庚子	直	4	己巳	結	1	己亥	結	4	戊辰	人	1	戊戌	人	4	丁卯	結	1	己亥	結	4	戊辰	人	1	22
23日	癸卯	結	4	癸酉	結	1	壬寅	結	4	壬申	結	1	辛丑	人	4	庚午	直	1	庚子	直	4	己巳	結	1	己亥	結	4	戊辰	人	1	庚子	直	4	己巳	結	1	23
24日	甲辰	人	5	甲戌	人	2	癸卯	結	4	癸酉	結	1	壬寅	結	4	辛未	人	1	辛丑	人	4	庚午	直	1	庚子	直	4	己巳	結	1	辛丑	人	4	庚午	直	1	24
25日	乙巳	直	5	乙亥	直	2	甲辰	人	5	甲戌	人	2	癸卯	結	4	壬申	結	1	壬寅	結	4	辛未	人	1	辛丑	人	4	庚午	直	1	壬寅	結	4	辛未	人	1	25
26日	丙午	結	5	丙子	結	2	乙巳	直	5	乙亥	直	2	甲辰	人	5	癸酉	結	1	癸卯	結	4	壬申	結	1	壬寅	結	4	辛未	人	1	癸卯	結	4	壬申	結	1	26
27日	丁未	人	5	丁丑	人	2	丙午	結	5	丙子	結	2	乙巳	直	5	甲戌	人	2	甲辰	人	5	癸酉	結	1	癸卯	結	4	壬申	結	1	甲辰	人	5	癸酉	結	1	27
28日	戊申	結	5	戊寅	結	2	丁未	人	5	丁丑	人	2	丙午	結	5	乙亥	直	2	乙巳	直	5	甲戌	人	2	甲辰	人	5	癸酉	結	1	乙巳	直	5	甲戌	人	2	28
29日	己酉	結	5	己卯	結	2	戊申	結	5	戊寅	結	2	丁未	人	5	丙子	結	2	丙午	結	5	乙亥	直	2	乙巳	直	5	甲戌	人	2				乙亥	直	2	29
30日	庚戌	人	5	庚辰	人	2	己酉	結	5	己卯	結	2	戊申	結	5	丁丑	人	2	丁未	人	5	丙子	結	2	丙午	結	5	乙亥	直	2				丙子	結	2	30
31日	辛亥	直	5				庚戌	人	5				己酉	結	5	戊寅	結	2				丁丑	人	2				丙子	結	2				丁丑	人	2	31

以下のサイトに、生年月日時を入力するだけ「人物フォーマット」が、算出できます。

https://asano-uranai.com/fpd/entrance.php

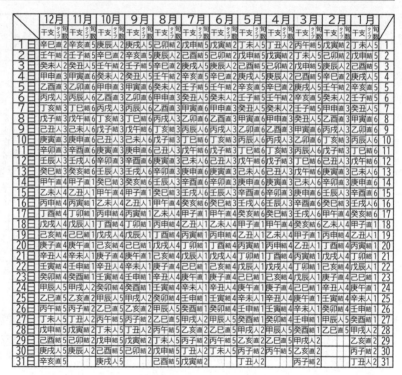

１９７６年（昭和５１年）

その年干支の期間	2/5 1:40 ～ 12/31 23:59	1/1 0:00 ～2/5 1:39
年干支	丙辰	乙卯

その月干支の期間	12/7 8:41 ～ 12/31 23:59	11/7 15:59 ～ 12/7 8:40	10/8 12:58 ～ 11/7 15:58	9/7 21:28 ～ 10/8 12:57	8/7 18:39 ～ 9/7 21:27	7/7 8:51 ～ 8/7 18:38	6/5 22:31 ～ 7/7 8:50	5/5 18:14 ～ 6/5 22:30	4/5 0:47 ～ 5/5 18:13	3/5 19:48 ～ 4/5 0:46	2/5 1:40 ～ 3/5 19:47	1/6 13:58 ～ 2/5 1:39	1/1 0:00 ～ 1/6 13:57
月干支	庚子	己亥	戊戌	丁酉	丙申	乙未	甲午	癸巳	壬辰	辛卯	庚寅	己丑	戊子
外的環境の支配五行候補	◎ 水㋑ △ 木㋧ 金㋰	◎ 水㋑ △ 土㋷ 木㋶	土 ○ 火㋡ △ 金㋧ 木㋒ 水㋒	◎ 金㋬ ○ 火㋷ △ 木㋧ 水㋒	◎ 金㋑ ○ 火㋷ △ 水㋡ 木㋒	土 ○ 火㋑ △ 木㋵ 水㋒	火 ○ 土㋑ △ 木㋵ 水㋒	火 ○ 土㋑ △ 水㋟ □ 木㋒ 金㋳	◎ 土㋷ ○ 木㋦ △ 水㋟ 金㋤	木 △ 金㋰ 水㋒	木 ○ 火㋞ △ 金㋰ 水㋒	◎ 木㋕ ◎ 水㋕ 金㋮	◎ 水㋑ 木㋕

	12月			11月			10月			9月			8月			7月			6月			5月			4月			3月			2月			1月			
	干支	タイプ	旬数	干支	タイプ	旬数	干支	タイプ	旬数	干支	タイプ	旬数	干支	タイプ	旬数	干支	タイプ	旬数	干支	タイプ	旬数	干支	タイプ	旬数	干支	タイプ	旬数	干支	タイプ	旬数	干支	タイプ	旬数	干支	タイプ	旬数	
1日	丁亥	結	3	丁巳	結	6	丙戌	人	3	丙辰	人	6	乙酉	直	3	甲寅	直	6	甲申	直	3	癸丑	人	5	癸未	人	2	壬子	結	5	癸未	人	2	壬子	結	5	1
2日	戊子	結	3	戊午	結	6	丁亥	結	3	丁巳	結	6	丙戌	人	3	乙卯	直	6	乙酉	直	3	甲寅	直	6	甲申	直	3	癸丑	人	5	甲申	直	3	癸丑	人	5	2
3日	己丑	人	3	己未	人	6	戊子	結	3	戊午	結	6	丁亥	結	3	丙辰	人	6	丙戌	人	3	乙卯	直	6	乙酉	直	3	甲寅	直	6	乙酉	直	3	甲寅	直	6	3
4日	庚寅	直	3	庚申	直	6	己丑	人	3	己未	人	6	戊子	結	3	丁巳	結	6	丁亥	結	3	丙辰	人	6	丙戌	人	3	乙卯	直	6	丙戌	人	3	乙卯	直	6	4
5日	辛卯	直	3	辛酉	直	6	庚寅	直	3	庚申	直	6	己丑	人	3	戊午	結	6	戊子	結	3	丁巳	結	6	丁亥	結	3	丙辰	人	6	丁亥	結	3	丙辰	人	6	5
6日	壬辰	人	3	壬戌	人	6	辛卯	直	3	辛酉	直	6	庚寅	直	3	己未	人	6	己丑	人	3	戊午	結	6	戊子	結	3	丁巳	結	6	戊子	結	3	丁巳	結	6	6
7日	癸巳	結	3	癸亥	結	6	壬辰	人	3	壬戌	人	6	辛卯	直	3	庚申	直	6	庚寅	直	3	己未	人	6	己丑	人	3	戊午	結	6	己丑	人	3	戊午	結	6	7
8日	甲午	直	4	甲子	直	1	癸巳	結	3	癸亥	結	6	壬辰	人	3	辛酉	直	6	辛卯	直	3	庚申	直	6	庚寅	直	3	己未	人	6	庚寅	直	3	己未	人	6	8
9日	乙未	人	4	乙丑	人	1	甲午	直	4	甲子	直	1	癸巳	結	3	壬戌	人	6	壬辰	人	3	辛酉	直	6	辛卯	直	3	庚申	直	6	辛卯	直	3	庚申	直	6	9
10日	丙申	結	4	丙寅	結	1	乙未	人	4	乙丑	人	1	甲午	直	4	癸亥	結	6	癸巳	結	3	壬戌	人	6	壬辰	人	3	辛酉	直	6	壬辰	人	3	辛酉	直	6	10
11日	丁酉	結	4	丁卯	結	1	丙申	結	4	丙寅	結	1	乙未	人	4	甲子	直	1	甲午	直	4	癸亥	結	6	癸巳	結	3	壬戌	人	6	癸巳	結	3	壬戌	人	6	11
12日	戊戌	人	4	戊辰	人	1	丁酉	結	4	丁卯	結	1	丙申	結	4	乙丑	人	1	乙未	人	4	甲子	直	1	甲午	直	4	癸亥	結	6	甲午	直	4	癸亥	結	6	12
13日	己亥	結	4	己巳	結	1	戊戌	人	4	戊辰	人	1	丁酉	結	4	丙寅	結	1	丙申	結	4	乙丑	人	1	乙未	人	4	甲子	直	1	乙未	人	4	甲子	直	1	13
14日	庚子	直	4	庚午	直	1	己亥	結	4	己巳	結	1	戊戌	人	4	丁卯	結	1	丁酉	結	4	丙寅	結	1	丙申	結	4	乙丑	人	1	丙申	結	4	乙丑	人	1	14
15日	辛丑	人	4	辛未	人	1	庚子	直	4	庚午	直	1	己亥	結	4	戊辰	人	1	戊戌	人	4	丁卯	結	1	丁酉	結	4	丙寅	結	1	丁酉	結	4	丙寅	結	1	15
16日	壬寅	結	4	壬申	結	1	辛丑	人	4	辛未	人	1	庚子	直	4	己巳	結	1	己亥	結	4	戊辰	人	1	戊戌	人	4	丁卯	結	1	戊戌	人	4	丁卯	結	1	16
17日	癸卯	結	4	癸酉	結	1	壬寅	結	4	壬申	結	1	辛丑	人	4	庚午	直	1	庚子	直	4	己巳	結	1	己亥	結	4	戊辰	人	1	己亥	結	4	戊辰	人	1	17
18日	甲辰	人	5	甲戌	人	2	癸卯	結	4	癸酉	結	1	壬寅	結	4	辛未	人	1	辛丑	人	4	庚午	直	1	庚子	直	4	己巳	結	1	庚子	直	4	己巳	結	1	18
19日	乙巳	直	5	乙亥	直	2	甲辰	人	5	甲戌	人	2	癸卯	結	4	壬申	結	1	壬寅	結	4	辛未	人	1	辛丑	人	4	庚午	直	1	辛丑	人	4	庚午	直	1	19
20日	丙午	結	5	丙子	結	2	乙巳	直	5	乙亥	直	2	甲辰	人	5	癸酉	結	1	癸卯	結	4	壬申	結	1	壬寅	結	4	辛未	人	1	壬寅	結	4	辛未	人	1	20
21日	丁未	人	5	丁丑	人	2	丙午	結	5	丙子	結	2	乙巳	直	5	甲戌	人	2	甲辰	人	5	癸酉	結	1	癸卯	結	4	壬申	結	1	癸卯	結	4	壬申	結	1	21
22日	戊申	結	5	戊寅	結	2	丁未	人	5	丁丑	人	2	丙午	結	5	乙亥	直	2	乙巳	直	5	甲戌	人	2	甲辰	人	5	癸酉	結	1	甲辰	人	5	癸酉	結	1	22
23日	己酉	結	5	己卯	結	2	戊申	結	5	戊寅	結	2	丁未	人	5	丙子	結	2	丙午	結	5	乙亥	直	2	乙巳	直	5	甲戌	人	2	乙巳	直	5	甲戌	人	2	23
24日	庚戌	人	5	庚辰	人	2	己酉	結	5	己卯	結	2	戊申	結	5	丁丑	人	2	丁未	人	5	丙子	結	2	丙午	結	5	乙亥	直	2	丙午	結	5	乙亥	直	2	24
25日	辛亥	直	5	辛巳	直	2	庚戌	人	5	庚辰	人	2	己酉	結	5	戊寅	結	2	戊申	結	5	丁丑	人	2	丁未	人	5	丙子	結	2	丁未	人	5	丙子	結	2	25
26日	壬子	結	5	壬午	結	2	辛亥	直	5	辛巳	直	2	庚戌	人	5	己卯	結	2	己酉	結	5	戊寅	結	2	戊申	結	5	丁丑	人	2	戊申	結	5	丁丑	人	2	26
27日	癸丑	人	5	癸未	人	2	壬子	結	5	壬午	結	2	辛亥	直	5	庚辰	人	2	庚戌	人	5	己卯	結	2	己酉	結	5	戊寅	結	2	己酉	結	5	戊寅	結	2	27
28日	甲寅	直	6	甲申	直	3	癸丑	人	5	癸未	人	2	壬子	結	5	辛巳	直	2	辛亥	直	5	庚辰	人	2	庚戌	人	5	己卯	結	2	庚戌	人	5	己卯	結	2	28
29日	乙卯	直	6	乙酉	直	3	甲寅	直	6	甲申	直	3	癸丑	人	5	壬午	結	2	壬子	結	5	辛巳	直	2	辛亥	直	5	庚辰	人	2	辛亥	直	5	庚辰	人	2	29
30日	丙辰	人	6	丙戌	人	3	乙卯	直	6	乙酉	直	3	甲寅	直	6	癸未	人	2	癸丑	人	5	壬午	結	2	壬子	結	5	辛巳	直	2				辛巳	直	2	30
31日	丁巳	結	6				丙辰	人	6				乙卯	直	6	甲申						癸未	人	2				壬午	結	2				壬午	結	2	31

以下のサイトに、生年月日時を入力するだけ「人物フォーマット」が、算出できます。

https://asano-uranai.com/fpd/entrance.php

１９７７年（昭和５２年）

その年干支の期間	2/4 7:34 ～ 12/31 23:59	1/1 0:00 ～2/4 7:33
年干支	丁巳	丙辰

その月干支の期間	12/7 14:31 ～ 12/31 23:59	11/7 21:46 ～ 12/7 14:30	10/8 18:44 ～ 11/7 21:45	9/8 3:16 ～ 10/8 18:43	8/8 0:30 ～ 9/8 3:15	7/7 14:48 ～ 8/8 0:29	6/6 4:32 ～ 7/7 14:47	5/6 0:16 ～ 6/6 4:31	4/5 6:46 ～ 5/6 0:15	3/6 1:44 ～ 4/5 6:45	2/4 7:34 ～ 3/6 1:43	1/5 19:51 ～ 2/4 7:33	1/1 0:00 ～ 1/5 19:50
月干支	壬子	辛亥	庚戌	己酉	戊申	丁未	丙午	乙巳	甲辰	癸卯	壬寅	辛丑	庚子
外的環境の支配五行候補	水 ○ 火㋬ △ 土㋦ 金㋳	◎ 土㋦ ○ 水㋻ △ 火㋤ □ 木㋶ 金㋰	◎ 土㋑ △ 火㋺ 金㋟	◎ 金㋑ △ 土㋺ 火㋸	◎ 金㋑ △ 土㋺ □ 火㋬ 水㋰	火 ○ 土㋑ △ 木㋰ 金㋳	火 ○ 土㋑ 金㋳	火 ○ 土㋑ 金㋳	◎ 木㋩ ○ 土㋥ △ 火㋬ □ 水㋒ 金㋳	◎ 木㋑ ○ 火㋬ △ 土㋦ 金㋳	◎ 木㋑ ○ 火㋥ △ 土㋬ 金㋳	◎ 土㋻ ○ 水㋕ △ 金㋟ 木㋒	◎ 水㋑ △ 木㋧ 金㋰

	12月			11月			10月			9月			8月			7月			6月			5月			4月			3月			2月			1月			
	干支	タイプ	旬数	干支	タイプ	旬数	干支	タイプ	旬数	干支	タイプ	旬数	干支	タイプ	旬数	干支	タイプ	旬数	干支	タイプ	旬数	干支	タイプ	旬数	干支	タイプ	旬数	干支	タイプ	旬数	干支	タイプ	旬数	干支	タイプ	旬数	
1日	壬辰	人	3	壬戌	人	6	辛卯	直	3	辛酉	直	6	庚寅	直	3	己未	人	6	己丑	人	3	戊午	結	6	戊子	結	3	丁巳	結	6	己丑	人	3	戊午	結	6	1
2日	癸巳	結	3	癸亥	結	6	壬辰	人	3	壬戌	人	6	辛卯	直	3	庚申	直	6	庚寅	直	3	己未	人	6	己丑	人	3	戊午	結	6	庚寅	直	3	己未	人	6	2
3日	甲午	直	4	甲子	直	1	癸巳	結	3	癸亥	結	6	壬辰	人	3	辛酉	直	6	辛卯	直	3	庚申	直	6	庚寅	直	3	己未	人	6	辛卯	直	3	庚申	直	6	3
4日	乙未	人	4	乙丑	人	1	甲午	直	4	甲子	直	1	癸巳	結	3	壬戌	人	6	壬辰	人	3	辛酉	直	6	辛卯	直	3	庚申	直	6	壬辰	人	3	辛酉	直	6	4
5日	丙申	結	4	丙寅	結	1	乙未	人	4	乙丑	人	1	甲午	直	4	癸亥	結	6	癸巳	結	3	壬戌	人	6	壬辰	人	3	辛酉	直	6	癸巳	結	3	壬戌	人	6	5
6日	丁酉	結	4	丁卯	結	1	丙申	結	4	丙寅	結	1	乙未	人	4	甲子	直	1	甲午	直	4	癸亥	結	6	癸巳	結	3	壬戌	人	6	甲午	直	4	癸亥	結	6	6
7日	戊戌	人	4	戊辰	人	1	丁酉	結	4	丁卯	結	1	丙申	結	4	乙丑	人	1	乙未	人	4	甲子	直	1	甲午	直	4	癸亥	結	6	乙未	人	4	甲子	直	1	7
8日	己亥	結	4	己巳	結	1	戊戌	人	4	戊辰	人	1	丁酉	結	4	丙寅	結	1	丙申	結	4	乙丑	人	1	乙未	人	4	甲子	直	1	丙申	結	4	乙丑	人	1	8
9日	庚子	直	4	庚午	直	1	己亥	結	4	己巳	結	1	戊戌	人	4	丁卯	結	1	丁酉	結	4	丙寅	結	1	丙申	結	4	乙丑	人	1	丁酉	結	4	丙寅	結	1	9
10日	辛丑	人	4	辛未	人	1	庚子	直	4	庚午	直	1	己亥	結	4	戊辰	人	1	戊戌	人	4	丁卯	結	1	丁酉	結	4	丙寅	結	1	戊戌	人	4	丁卯	結	1	10
11日	壬寅	結	4	壬申	結	1	辛丑	人	4	辛未	人	1	庚子	直	4	己巳	結	1	己亥	結	4	戊辰	人	1	戊戌	人	4	丁卯	結	1	己亥	結	4	戊辰	人	1	11
12日	癸卯	結	4	癸酉	結	1	壬寅	結	4	壬申	結	1	辛丑	人	4	庚午	直	1	庚子	直	4	己巳	結	1	己亥	結	4	戊辰	人	1	庚子	直	4	己巳	結	1	12
13日	甲辰	人	5	甲戌	人	2	癸卯	結	4	癸酉	結	1	壬寅	結	4	辛未	人	1	辛丑	人	4	庚午	直	1	庚子	直	4	己巳	結	1	辛丑	人	4	庚午	直	1	13
14日	乙巳	直	5	乙亥	直	2	甲辰	人	5	甲戌	人	2	癸卯	結	4	壬申	結	1	壬寅	結	4	辛未	人	1	辛丑	人	4	庚午	直	1	壬寅	結	4	辛未	人	1	14
15日	丙午	結	5	丙子	結	2	乙巳	直	5	乙亥	直	2	甲辰	人	5	癸酉	結	1	癸卯	結	4	壬申	結	1	壬寅	結	4	辛未	人	1	癸卯	結	4	壬申	結	1	15
16日	丁未	人	5	丁丑	人	2	丙午	結	5	丙子	結	2	乙巳	直	5	甲戌	人	2	甲辰	人	5	癸酉	結	1	癸卯	結	4	壬申	結	1	甲辰	人	5	癸酉	結	1	16
17日	戊申	結	5	戊寅	結	2	丁未	人	5	丁丑	人	2	丙午	結	5	乙亥	直	2	乙巳	直	5	甲戌	人	2	甲辰	人	5	癸酉	結	1	乙巳	直	5	甲戌	人	2	17
18日	己酉	結	5	己卯	結	2	戊申	結	5	戊寅	結	2	丁未	人	5	丙子	結	2	丙午	結	5	乙亥	直	2	乙巳	直	5	甲戌	人	2	丙午	結	5	乙亥	直	2	18
19日	庚戌	人	5	庚辰	人	2	己酉	結	5	己卯	結	2	戊申	結	5	丁丑	人	2	丁未	人	5	丙子	結	2	丙午	結	5	乙亥	直	2	丁未	人	5	丙子	結	2	19
20日	辛亥	直	5	辛巳	直	2	庚戌	人	5	庚辰	人	2	己酉	結	5	戊寅	結	2	戊申	結	5	丁丑	人	2	丁未	人	5	丙子	結	2	戊申	結	5	丁丑	人	2	20
21日	壬子	結	5	壬午	結	2	辛亥	直	5	辛巳	直	2	庚戌	人	5	己卯	結	2	己酉	結	5	戊寅	結	2	戊申	結	5	丁丑	人	2	己酉	結	5	戊寅	結	2	21
22日	癸丑	人	5	癸未	人	2	壬子	結	5	壬午	結	2	辛亥	直	5	庚辰	人	2	庚戌	人	5	己卯	結	2	己酉	結	5	戊寅	結	2	庚戌	人	5	己卯	結	2	22
23日	甲寅	直	6	甲申	直	3	癸丑	人	5	癸未	人	2	壬子	結	5	辛巳	直	2	辛亥	直	5	庚辰	人	2	庚戌	人	5	己卯	結	2	辛亥	直	5	庚辰	人	2	23
24日	乙卯	直	6	乙酉	直	3	甲寅	直	6	甲申	直	3	癸丑	人	5	壬午	結	2	壬子	結	5	辛巳	直	2	辛亥	直	5	庚辰	人	2	壬子	結	5	辛巳	直	2	24
25日	丙辰	人	6	丙戌	人	3	乙卯	直	6	乙酉	直	3	甲寅	直	6	癸未	人	2	癸丑	人	5	壬午	結	2	壬子	結	5	辛巳	直	2	癸丑	人	5	壬午	結	2	25
26日	丁巳	結	6	丁亥	結	3	丙辰	人	6	丙戌	人	3	乙卯	直	6	甲申	直	3	甲寅	直	6	癸未	人	2	癸丑	人	5	壬午	結	2	甲寅	直	6	癸未	人	2	26
27日	戊午	結	6	戊子	結	3	丁巳	結	6	丁亥	結	3	丙辰	人	6	乙酉	直	3	乙卯	直	6	甲申	直	3	甲寅	直	6	癸未	人	2	乙卯	直	6	甲申	直	3	27
28日	己未	人	6	己丑	人	3	戊午	結	6	戊子	結	3	丁巳	結	6	丙戌	人	3	丙辰	人	6	乙酉	直	3	乙卯	直	6	甲申	直	3	丙辰	人	6	乙酉	直	3	28
29日	庚申	直	6	庚寅	直	3	己未	人	6	己丑	人	3	戊午	結	6	丁亥	結	3	丁巳	結	6	丙戌	人	3	丙辰	人	6	乙酉	直	3				丙戌	人	3	29
30日	辛酉	直	6	辛卯	直	3	庚申	直	6	庚寅	直	3	己未	人	6	戊子	結	3	戊午	結	6	丁亥	結	3	丁巳	結	6	丙戌	人	3				丁亥	結	3	30
31日	壬戌	人	6				辛酉	直	6				庚申	直	6	己丑	人	3				戊子	結	3				丁亥	結	3				戊子	結	3	31

以下のサイトに、生年月日時を入力するだけ「人物フォーマット」が、算出できます。

https://asano-uranai.com/fpd/entrance.php

1978年（昭和53年）

その年干支の期間	2/4 13:27 ～ 12/31 23:59	1/1 0:00 ～2/4 13:26
年干支	戊午	丁巳

その月干支の期間	12/7 20:20 ～ 12/31 23:59	11/8 3:34 ～ 12/7 20:19	10/9 0:31 ～ 11/8 3:33	9/8 9:03 ～ 10/9 0:30	8/8 6:18 ～ 9/8 9:02	7/7 20:37 ～ 8/8 6:17	6/6 10:23 ～ 7/7 20:36	5/6 6:09 ～ 6/6 10:22	4/5 12:39 ～ 5/6 6:08	3/6 7:38 ～ 4/5 12:38	2/4 13:27 ～ 3/6 7:37	1/6 1:44 ～ 2/4 13:26	1/1 0:00 ～ 1/6 1:43
月干支	甲子	癸亥	壬戌	辛酉	庚申	己未	戊午	丁巳	丙辰	乙卯	甲寅	癸丑	壬子
外的環境の支配五行候補	◎ 土㋺ △ 水㋻ 火㋤	水 ○ 土㋺ △ 火㋤ 木㋶	土 △ 火㋾ 金㋤	金 △ 土㋺ 火㋤	金 △ 土㋺ □ 火㋤ 水㋰	火・土 木㋰	火・土	火・土	土 ○ 火㋬ △ 木㋦ 水㋒	木 △ 土㋺ 火㋤	木 △ 土㋭ 火㋻	◎ 土㋩ ○ 水㋥ △ 火㋬ 金㋦	水 ○ 火㋬ △ 土㋦ 金㋳

	12月			11月			10月			9月			8月			7月			6月			5月			4月			3月			2月			1月			
	干支	タイプ	旬数	干支	タイプ	旬数	干支	タイプ	旬数	干支	タイプ	旬数	干支	タイプ	旬数	干支	タイプ	旬数	干支	タイプ	旬数	干支	タイプ	旬数	干支	タイプ	旬数	干支	タイプ	旬数	干支	タイプ	旬数	干支	タイプ	旬数	
1日	丁酉	結	4	丁卯	結	1	丙申	結	4	丙寅	結	1	乙未	人	4	甲子	直	1	甲午	直	4	癸亥	結	6	癸巳	結	3	壬戌	人	6	甲午	直	4	癸亥	結	6	1
2日	戊戌	人	4	戊辰	人	1	丁酉	結	4	丁卯	結	1	丙申	結	4	乙丑	人	1	乙未	人	4	甲子	直	1	甲午	直	4	癸亥	結	6	乙未	人	4	甲子	直	1	2
3日	己亥	結	4	己巳	結	1	戊戌	人	4	戊辰	人	1	丁酉	結	4	丙寅	結	1	丙申	結	4	乙丑	人	1	乙未	人	4	甲子	直	1	丙申	結	4	乙丑	人	1	3
4日	庚子	直	4	庚午	直	1	己亥	結	4	己巳	結	1	戊戌	人	4	丁卯	結	1	丁酉	結	4	丙寅	結	1	丙申	結	4	乙丑	人	1	丁酉	結	4	丙寅	結	1	4
5日	辛丑	人	4	辛未	人	1	庚子	直	4	庚午	直	1	己亥	結	4	戊辰	人	1	戊戌	人	4	丁卯	結	1	丁酉	結	4	丙寅	結	1	戊戌	人	4	丁卯	結	1	5
6日	壬寅	結	4	壬申	結	1	辛丑	人	4	辛未	人	1	庚子	直	4	己巳	結	1	己亥	結	4	戊辰	人	1	戊戌	人	4	丁卯	結	1	己亥	結	4	戊辰	人	1	6
7日	癸卯	結	4	癸酉	結	1	壬寅	結	4	壬申	結	1	辛丑	人	4	庚午	直	1	庚子	直	4	己巳	結	1	己亥	結	4	戊辰	人	1	庚子	直	4	己巳	結	1	7
8日	甲辰	人	5	甲戌	人	2	癸卯	結	4	癸酉	結	1	壬寅	結	4	辛未	人	1	辛丑	人	4	庚午	直	1	庚子	直	4	己巳	結	1	辛丑	人	4	庚午	直	1	8
9日	乙巳	直	5	乙亥	直	2	甲辰	人	5	甲戌	人	2	癸卯	結	4	壬申	結	1	壬寅	結	4	辛未	人	1	辛丑	人	4	庚午	直	1	壬寅	結	4	辛未	人	1	9
10日	丙午	結	5	丙子	結	2	乙巳	直	5	乙亥	直	2	甲辰	人	5	癸酉	結	1	癸卯	結	4	壬申	結	1	壬寅	結	4	辛未	人	1	癸卯	結	4	壬申	結	1	10
11日	丁未	人	5	丁丑	人	2	丙午	結	5	丙子	結	2	乙巳	直	5	甲戌	人	2	甲辰	人	5	癸酉	結	1	癸卯	結	4	壬申	結	1	甲辰	人	5	癸酉	結	1	11
12日	戊申	結	5	戊寅	結	2	丁未	人	5	丁丑	人	2	丙午	結	5	乙亥	直	2	乙巳	直	5	甲戌	人	2	甲辰	人	5	癸酉	結	1	乙巳	直	5	甲戌	人	2	12
13日	己酉	結	5	己卯	結	2	戊申	結	5	戊寅	結	2	丁未	人	5	丙子	結	2	丙午	結	5	乙亥	直	2	乙巳	直	5	甲戌	人	2	丙午	結	5	乙亥	直	2	13
14日	庚戌	人	5	庚辰	人	2	己酉	結	5	己卯	結	2	戊申	結	5	丁丑	人	2	丁未	人	5	丙子	結	2	丙午	結	5	乙亥	直	2	丁未	人	5	丙子	結	2	14
15日	辛亥	直	5	辛巳	直	2	庚戌	人	5	庚辰	人	2	己酉	結	5	戊寅	結	2	戊申	結	5	丁丑	人	2	丁未	人	5	丙子	結	2	戊申	結	5	丁丑	人	2	15
16日	壬子	結	5	壬午	結	2	辛亥	直	5	辛巳	直	2	庚戌	人	5	己卯	結	2	己酉	結	5	戊寅	結	2	戊申	結	5	丁丑	人	2	己酉	結	5	戊寅	結	2	16
17日	癸丑	人	5	癸未	人	2	壬子	結	5	壬午	結	2	辛亥	直	5	庚辰	人	2	庚戌	人	5	己卯	結	2	己酉	結	5	戊寅	結	2	庚戌	人	5	己卯	結	2	17
18日	甲寅	直	6	甲申	直	3	癸丑	人	5	癸未	人	2	壬子	結	5	辛巳	直	2	辛亥	直	5	庚辰	人	2	庚戌	人	5	己卯	結	2	辛亥	直	5	庚辰	人	2	18
19日	乙卯	直	6	乙酉	直	3	甲寅	直	6	甲申	直	3	癸丑	人	5	壬午	結	2	壬子	結	5	辛巳	直	2	辛亥	直	5	庚辰	人	2	壬子	結	5	辛巳	直	2	19
20日	丙辰	人	6	丙戌	人	3	乙卯	直	6	乙酉	直	3	甲寅	直	6	癸未	人	2	癸丑	人	5	壬午	結	2	壬子	結	5	辛巳	直	2	癸丑	人	5	壬午	結	2	20
21日	丁巳	結	6	丁亥	結	3	丙辰	人	6	丙戌	人	3	乙卯	直	6	甲申	直	3	甲寅	直	6	癸未	人	2	癸丑	人	5	壬午	結	2	甲寅	直	6	癸未	人	2	21
22日	戊午	結	6	戊子	結	3	丁巳	結	6	丁亥	結	3	丙辰	人	6	乙酉	直	3	乙卯	直	6	甲申	直	3	甲寅	直	6	癸未	人	2	乙卯	直	6	甲申	直	3	22
23日	己未	人	6	己丑	人	3	戊午	結	6	戊子	結	3	丁巳	結	6	丙戌	人	3	丙辰	人	6	乙酉	直	3	乙卯	直	6	甲申	直	3	丙辰	人	6	乙酉	直	3	23
24日	庚申	直	6	庚寅	直	3	己未	人	6	己丑	人	3	戊午	結	6	丁亥	結	3	丁巳	結	6	丙戌	人	3	丙辰	人	6	乙酉	直	3	丁巳	結	6	丙戌	人	3	24
25日	辛酉	直	6	辛卯	直	3	庚申	直	6	庚寅	直	3	己未	人	6	戊子	結	3	戊午	結	6	丁亥	結	3	丁巳	結	6	丙戌	人	3	戊午	結	6	丁亥	結	3	25
26日	壬戌	人	6	壬辰	人	3	辛酉	直	6	辛卯	直	3	庚申	直	6	己丑	人	3	己未	人	6	戊子	結	3	戊午	結	6	丁亥	結	3	己未	人	6	戊子	結	3	26
27日	癸亥	結	6	癸巳	結	3	壬戌	人	6	壬辰	人	3	辛酉	直	6	庚寅	直	3	庚申	直	6	己丑	人	3	己未	人	6	戊子	結	3	庚申	直	6	己丑	人	3	27
28日	甲子	直	1	甲午	直	4	癸亥	結	6	癸巳	結	3	壬戌	人	6	辛卯	直	3	辛酉	直	6	庚寅	直	3	庚申	直	6	己丑	人	3	辛酉	直	6	庚寅	直	3	28
29日	乙丑	人	1	乙未	人	4	甲子	直	1	甲午	直	4	癸亥	結	6	壬辰	人	3	壬戌	人	6	辛卯	直	3	辛酉	直	6	庚寅	直	3				辛卯	直	3	29
30日	丙寅	結	1	丙申	結	4	乙丑	人	1	乙未	人	4	甲子	直	1	癸巳	結	3	癸亥	結	6	壬辰	人	3	壬戌	人	6	辛卯	直	3				壬辰	人	3	30
31日	丁卯	結	1				丙寅	結	1				乙丑	人	1	甲午	直	4				癸巳	結	3				壬辰	人	3				癸巳	結	3	31

以下のサイトに、生年月日時を入力するだけ「人物フォーマット」が、算出できます。

https://asano-uranai.com/fpd/entrance.php

１９７９年（昭和５４年）

その年干支の期間	2/4 19:13 ～ 12/31 23:59	1/1 0:00 ～2/4 19:12
年干支	己未	戊午

その月干支の期間	12/8 2:18 ～ 12/31 23:59	11/8 9:33 ～ 12/8 2:17	10/9 6:30 ～ 11/8 9:32	9/8 15:00 ～ 10/9 6:29	8/8 12:11 ～ 9/8 14:59	7/8 2:25 ～ 8/8 12:10	6/6 16:05 ～ 7/8 2:24	5/6 11:47 ～ 6/6 16:04	4/5 18:18 ～ 5/6 11:46	3/6 13:20 ～ 4/5 18:17	2/4 19:13 ～ 3/6 13:19	1/6 7:32 ～ 2/4 19:12	1/1 0:00 ～ 1/6 7:31
月干支	丙子	乙亥	甲戌	癸酉	壬申	辛未	庚午	己巳	戊辰	丁卯	丙寅	乙丑	甲子
外的環境の支配五行候補	◎ 水㋑ ○ 土㋺ △ 火㋷ 木㋰	◎ 水㋑ ○ 土㋺ △ 木㋻ 火㋹	土 ○ 火㋹ △ 木㋞ 金㋧	◎ 金㋑ ○ 土㋺ △ 火㋹ 木㋰	◎ 金㋑ ○ 土㋺ △ 水㋵ □ 火㋹ 木㋰	土 △ 火㋠ 木㋰	火・土 木㋰	火・土 木㋰	土 ○ 木㋦ △ 火㋹ 水㋒	◎ 木㋑ △ 土㋺ 火㋹	◎ 木㋑ △ 土㋺ 火㋣	◎ 土㋩ ○ 水㋕ △ 火㋧ 金㋮	◎ 土㋺ △ 水㋻ 火㋧

	12月			11月			10月			9月			8月			7月			6月			5月			4月			3月			2月			1月			
	干支	タイプ	旬数	干支	タイプ	旬数	干支	タイプ	旬数	干支	タイプ	旬数	干支	タイプ	旬数	干支	タイプ	旬数	干支	タイプ	旬数	干支	タイプ	旬数	干支	タイプ	旬数	干支	タイプ	旬数	干支	タイプ	旬数	干支	タイプ	旬数	
1日	壬寅	結	4	壬申	結	1	辛丑	人	4	辛未	人	1	庚子	直	4	己巳	結	1	己亥	結	4	戊辰	人	1	戊戌	人	4	丁卯	結	1	己亥	結	4	戊辰	人	1	1
2日	癸卯	結	4	癸酉	結	1	壬寅	結	4	壬申	結	1	辛丑	人	4	庚午	直	1	庚子	直	4	己巳	結	1	己亥	結	4	戊辰	人	1	庚子	直	4	己巳	結	1	2
3日	甲辰	人	5	甲戌	人	2	癸卯	結	4	癸酉	結	1	壬寅	結	4	辛未	人	1	辛丑	人	4	庚午	直	1	庚子	直	4	己巳	結	1	辛丑	人	4	庚午	直	1	3
4日	乙巳	直	5	乙亥	直	2	甲辰	人	5	甲戌	人	2	癸卯	結	4	壬申	結	1	壬寅	結	4	辛未	人	1	辛丑	人	4	庚午	直	1	壬寅	結	4	辛未	人	1	4
5日	丙午	結	5	丙子	結	2	乙巳	直	5	乙亥	直	2	甲辰	人	5	癸酉	結	1	癸卯	結	4	壬申	結	1	壬寅	結	4	辛未	人	1	癸卯	結	4	壬申	結	1	5
6日	丁未	人	5	丁丑	人	2	丙午	結	5	丙子	結	2	乙巳	直	5	甲戌	人	2	甲辰	人	5	癸酉	結	1	癸卯	結	4	壬申	結	1	甲辰	人	5	癸酉	結	1	6
7日	戊申	結	5	戊寅	結	2	丁未	人	5	丁丑	人	2	丙午	結	5	乙亥	直	2	乙巳	直	5	甲戌	人	2	甲辰	人	5	癸酉	結	1	乙巳	直	5	甲戌	人	2	7
8日	己酉	結	5	己卯	結	2	戊申	結	5	戊寅	結	2	丁未	人	5	丙子	結	2	丙午	結	5	乙亥	直	2	乙巳	直	5	甲戌	人	2	丙午	結	5	乙亥	直	2	8
9日	庚戌	人	5	庚辰	人	2	己酉	結	5	己卯	結	2	戊申	結	5	丁丑	人	2	丁未	人	5	丙子	結	2	丙午	結	5	乙亥	直	2	丁未	人	5	丙子	結	2	9
10日	辛亥	直	5	辛巳	直	2	庚戌	人	5	庚辰	人	2	己酉	結	5	戊寅	結	2	戊申	結	5	丁丑	人	2	丁未	人	5	丙子	結	2	戊申	結	5	丁丑	人	2	10
11日	壬子	結	5	壬午	結	2	辛亥	直	5	辛巳	直	2	庚戌	人	5	己卯	結	2	己酉	結	5	戊寅	結	2	戊申	結	5	丁丑	人	2	己酉	結	5	戊寅	結	2	11
12日	癸丑	人	5	癸未	人	2	壬子	結	5	壬午	結	2	辛亥	直	5	庚辰	人	2	庚戌	人	5	己卯	結	2	己酉	結	5	戊寅	結	2	庚戌	人	5	己卯	結	2	12
13日	甲寅	直	6	甲申	直	3	癸丑	人	5	癸未	人	2	壬子	結	5	辛巳	直	2	辛亥	直	5	庚辰	人	2	庚戌	人	5	己卯	結	2	辛亥	直	5	庚辰	人	2	13
14日	乙卯	直	6	乙酉	直	3	甲寅	直	6	甲申	直	3	癸丑	人	5	壬午	結	2	壬子	結	5	辛巳	直	2	辛亥	直	5	庚辰	人	2	壬子	結	5	辛巳	直	2	14
15日	丙辰	人	6	丙戌	人	3	乙卯	直	6	乙酉	直	3	甲寅	直	6	癸未	人	2	癸丑	人	5	壬午	結	2	壬子	結	5	辛巳	直	2	癸丑	人	5	壬午	結	2	15
16日	丁巳	結	6	丁亥	結	3	丙辰	人	6	丙戌	人	3	乙卯	直	6	甲申	直	3	甲寅	直	6	癸未	人	2	癸丑	人	5	壬午	結	2	甲寅	直	6	癸未	人	2	16
17日	戊午	結	6	戊子	結	3	丁巳	結	6	丁亥	結	3	丙辰	人	6	乙酉	直	3	乙卯	直	6	甲申	直	3	甲寅	直	6	癸未	人	2	乙卯	直	6	甲申	直	3	17
18日	己未	人	6	己丑	人	3	戊午	結	6	戊子	結	3	丁巳	結	6	丙戌	人	3	丙辰	人	6	乙酉	直	3	乙卯	直	6	甲申	直	3	丙辰	人	6	乙酉	直	3	18
19日	庚申	直	6	庚寅	直	3	己未	人	6	己丑	人	3	戊午	結	6	丁亥	結	3	丁巳	結	6	丙戌	人	3	丙辰	人	6	乙酉	直	3	丁巳	結	6	丙戌	人	3	19
20日	辛酉	直	6	辛卯	直	3	庚申	直	6	庚寅	直	3	己未	人	6	戊子	結	3	戊午	結	6	丁亥	結	3	丁巳	結	6	丙戌	人	3	戊午	結	6	丁亥	結	3	20
21日	壬戌	人	6	壬辰	人	3	辛酉	直	6	辛卯	直	3	庚申	直	6	己丑	人	3	己未	人	6	戊子	結	3	戊午	結	6	丁亥	結	3	己未	人	6	戊子	結	3	21
22日	癸亥	結	6	癸巳	結	3	壬戌	人	6	壬辰	人	3	辛酉	直	6	庚寅	直	3	庚申	直	6	己丑	人	3	己未	人	6	戊子	結	3	庚申	直	6	己丑	人	3	22
23日	甲子	直	1	甲午	直	4	癸亥	結	6	癸巳	結	3	壬戌	人	6	辛卯	直	3	辛酉	直	6	庚寅	直	3	庚申	直	6	己丑	人	3	辛酉	直	6	庚寅	直	3	23
24日	乙丑	人	1	乙未	人	4	甲子	直	1	甲午	直	4	癸亥	結	6	壬辰	人	3	壬戌	人	6	辛卯	直	3	辛酉	直	6	庚寅	直	3	壬戌	人	6	辛卯	直	3	24
25日	丙寅	結	1	丙申	結	4	乙丑	人	1	乙未	人	4	甲子	直	1	癸巳	結	3	癸亥	結	6	壬辰	人	3	壬戌	人	6	辛卯	直	3	癸亥	結	6	壬辰	人	3	25
26日	丁卯	結	1	丁酉	結	4	丙寅	結	1	丙申	結	4	乙丑	人	1	甲午	直	4	甲子	直	1	癸巳	結	3	癸亥	結	6	壬辰	人	3	甲子	直	1	癸巳	結	3	26
27日	戊辰	人	1	戊戌	人	4	丁卯	結	1	丁酉	結	4	丙寅	結	1	乙未	人	4	乙丑	人	1	甲午	直	4	甲子	直	1	癸巳	結	3	乙丑	人	1	甲午	直	4	27
28日	己巳	結	1	己亥	結	4	戊辰	人	1	戊戌	人	4	丁卯	結	1	丙申	結	4	丙寅	結	1	乙未	人	4	乙丑	人	1	甲午	直	4	丙寅	結	1	乙未	人	4	28
29日	庚午	直	1	庚子	直	4	己巳	結	1	己亥	結	4	戊辰	人	1	丁酉	結	4	丁卯	結	1	丙申	結	4	丙寅	結	1	乙未	人	4				丙申	結	4	29
30日	辛未	人	1	辛丑	人	4	庚午	直	1	庚子	直	4	己巳	結	1	戊戌	人	4	戊辰	人	1	丁酉	結	4	丁卯	結	1	丙申	結	4				丁酉	結	4	30
31日	壬申	結	1				辛未	人	1				庚午	直	1	己亥	結	4				戊戌	人	4				丁酉	結	4				戊戌	人	4	31

以下のサイトに、生年月日時を入力するだけ「人物フォーマット」が、算出できます。

https://asano-uranai.com/fpd/entrance.php

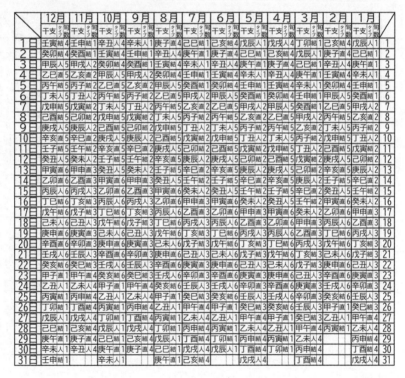

1980年（昭和55年）

その年干支の期間	2/5 1:10 ～ 12/31 23:59	1/1 0:00 ～2/5 1:09
年干支	庚申	己未

その月干支の期間	12/7 8:02 ≀ 12/31 23:59	11/7 15:19 ≀ 12/7 8:01	10/8 12:20 ≀ 11/7 15:18	9/7 20:54 ≀ 10/8 12:19	8/7 18:09 ≀ 9/7 20:53	7/7 8:24 ≀ 8/7 18:08	6/5 22:04 ≀ 7/7 8:23	5/5 17:45 ≀ 6/5 22:03	4/5 0:15 ≀ 5/5 17:44	3/5 19:17 ≀ 4/5 0:14	2/5 1:10 ≀ 3/5 19:16	1/6 13:29 ≀ 2/5 1:09	1/1 0:00 ≀ 1/6 13:28
月干支	戊子	丁亥	丙戌	乙酉	甲申	癸未	壬午	辛巳	庚辰	己卯	戊寅	丁丑	丙子
外的環境の支配五行候補	◎ 水㋑ 金㋸	◎ 水㋑ △ 金㋻ 木㋶	金 ○ 土㋺ △ 火㋡ 水㋰	金 水㋰	金 水㋰	◎ 土㋑ ○ 火㋠ △ 金㋻ □ 水㋵ 木㋰	◎ 火㋑ ◎ 土㋑ △ 金㋻ 水㋵	◎ 火㋑ ◎ 土㋑ △ 金㋾ 水㋰	金 △ 木㋦ 水㋡	◎ 木㋑ △ 金㋻ 水㋰	◎ 木㋷ ○ 水㋰ △ 火㋒ 金㋖	◎ 土㋩ ○ 火㋷ △ 水㋕ ◎ 木㋰ 金㋮	◎ 水㋑ ○ 土㋺ △ 火㋷ 木㋰

	12月			11月			10月			9月			8月			7月			6月			5月			4月			3月			2月			1月			
	干支	タイプ	旬数	干支	タイプ	旬数	干支	タイプ	旬数	干支	タイプ	旬数	干支	タイプ	旬数	干支	タイプ	旬数	干支	タイプ	旬数	干支	タイプ	旬数	干支	タイプ	旬数	干支	タイプ	旬数	干支	タイプ	旬数	干支	タイプ	旬数	
1日	戊申	結	5	戊寅	結	2	丁未	人	5	丁丑	人	2	丙午	結	5	乙亥	直	2	乙巳	直	5	甲戌	人	2	甲辰	人	5	癸酉	結	1	甲辰	人	5	癸酉	結	1	1
2日	己酉	結	5	己卯	結	2	戊申	結	5	戊寅	結	2	丁未	人	5	丙子	結	2	丙午	結	5	乙亥	直	2	乙巳	直	5	甲戌	人	2	乙巳	直	5	甲戌	人	2	2
3日	庚戌	人	5	庚辰	人	2	己酉	結	5	己卯	結	2	戊申	結	5	丁丑	人	2	丁未	人	5	丙子	結	2	丙午	結	5	乙亥	直	2	丙午	結	5	乙亥	直	2	3
4日	辛亥	直	5	辛巳	直	2	庚戌	人	5	庚辰	人	2	己酉	結	5	戊寅	結	2	戊申	結	5	丁丑	人	2	丁未	人	5	丙子	結	2	丁未	人	5	丙子	結	2	4
5日	壬子	結	5	壬午	結	2	辛亥	直	5	辛巳	直	2	庚戌	人	5	己卯	結	2	己酉	結	5	戊寅	結	2	戊申	結	5	丁丑	人	2	戊申	結	5	丁丑	人	2	5
6日	癸丑	人	5	癸未	人	2	壬子	結	5	壬午	結	2	辛亥	直	5	庚辰	人	2	庚戌	人	5	己卯	結	2	己酉	結	5	戊寅	結	2	己酉	結	5	戊寅	結	2	6
7日	甲寅	直	6	甲申	直	3	癸丑	人	5	癸未	人	2	壬子	結	5	辛巳	直	2	辛亥	直	5	庚辰	人	2	庚戌	人	5	己卯	結	2	庚戌	人	5	己卯	結	2	7
8日	乙卯	直	6	乙酉	直	3	甲寅	直	6	甲申	直	3	癸丑	人	5	壬午	結	2	壬子	結	5	辛巳	直	2	辛亥	直	5	庚辰	人	2	辛亥	直	5	庚辰	人	2	8
9日	丙辰	人	6	丙戌	人	3	乙卯	直	6	乙酉	直	3	甲寅	直	6	癸未	人	2	癸丑	人	5	壬午	結	2	壬子	結	5	辛巳	直	2	壬子	結	5	辛巳	直	2	9
10日	丁巳	結	6	丁亥	結	3	丙辰	人	6	丙戌	人	3	乙卯	直	6	甲申	直	3	甲寅	直	6	癸未	人	2	癸丑	人	5	壬午	結	2	癸丑	人	5	壬午	結	2	10
11日	戊午	結	6	戊子	結	3	丁巳	結	6	丁亥	結	3	丙辰	人	6	乙酉	直	3	乙卯	直	6	甲申	直	3	甲寅	直	6	癸未	人	2	甲寅	直	6	癸未	人	2	11
12日	己未	人	6	己丑	人	3	戊午	結	6	戊子	結	3	丁巳	結	6	丙戌	人	3	丙辰	人	6	乙酉	直	3	乙卯	直	6	甲申	直	3	乙卯	直	6	甲申	直	3	12
13日	庚申	直	6	庚寅	直	3	己未	人	6	己丑	人	3	戊午	結	6	丁亥	結	3	丁巳	結	6	丙戌	人	3	丙辰	人	6	乙酉	直	3	丙辰	人	6	乙酉	直	3	13
14日	辛酉	直	6	辛卯	直	3	庚申	直	6	庚寅	直	3	己未	人	6	戊子	結	3	戊午	結	6	丁亥	結	3	丁巳	結	6	丙戌	人	3	丁巳	結	6	丙戌	人	3	14
15日	壬戌	人	6	壬辰	人	3	辛酉	直	6	辛卯	直	3	庚申	直	6	己丑	人	3	己未	人	6	戊子	結	3	戊午	結	6	丁亥	結	3	戊午	結	6	丁亥	結	3	15
16日	癸亥	結	6	癸巳	結	3	壬戌	人	6	壬辰	人	3	辛酉	直	6	庚寅	直	3	庚申	直	6	己丑	人	3	己未	人	6	戊子	結	3	己未	人	6	戊子	結	3	16
17日	甲子	直	1	甲午	直	4	癸亥	結	6	癸巳	結	3	壬戌	人	6	辛卯	直	3	辛酉	直	6	庚寅	直	3	庚申	直	6	己丑	人	3	庚申	直	6	己丑	人	3	17
18日	乙丑	人	1	乙未	人	4	甲子	直	1	甲午	直	4	癸亥	結	6	壬辰	人	3	壬戌	人	6	辛卯	直	3	辛酉	直	6	庚寅	直	3	辛酉	直	6	庚寅	直	3	18
19日	丙寅	結	1	丙申	結	4	乙丑	人	1	乙未	人	4	甲子	直	1	癸巳	結	3	癸亥	結	6	壬辰	人	3	壬戌	人	6	辛卯	直	3	壬戌	人	6	辛卯	直	3	19
20日	丁卯	結	1	丁酉	結	4	丙寅	結	1	丙申	結	4	乙丑	人	1	甲午	直	4	甲子	直	1	癸巳	結	3	癸亥	結	6	壬辰	人	3	癸亥	結	6	壬辰	人	3	20
21日	戊辰	人	1	戊戌	人	4	丁卯	結	1	丁酉	結	4	丙寅	結	1	乙未	人	4	乙丑	人	1	甲午	直	4	甲子	直	1	癸巳	結	3	甲子	直	1	癸巳	結	3	21
22日	己巳	結	1	己亥	結	4	戊辰	人	1	戊戌	人	4	丁卯	結	1	丙申	結	4	丙寅	結	1	乙未	人	4	乙丑	人	1	甲午	直	4	乙丑	人	1	甲午	直	4	22
23日	庚午	直	1	庚子	直	4	己巳	結	1	己亥	結	4	戊辰	人	1	丁酉	結	4	丁卯	結	1	丙申	結	4	丙寅	結	1	乙未	人	4	丙寅	結	1	乙未	人	4	23
24日	辛未	人	1	辛丑	人	4	庚午	直	1	庚子	直	4	己巳	結	1	戊戌	人	4	戊辰	人	1	丁酉	結	4	丁卯	結	1	丙申	結	4	丁卯	結	1	丙申	結	4	24
25日	壬申	結	1	壬寅	結	4	辛未	人	1	辛丑	人	4	庚午	直	1	己亥	結	4	己巳	結	1	戊戌	人	4	戊辰	人	1	丁酉	結	4	戊辰	人	1	丁酉	結	4	25
26日	癸酉	結	1	癸卯	結	4	壬申	結	1	壬寅	結	4	辛未	人	1	庚子	直	4	庚午	直	1	己亥	結	4	己巳	結	1	戊戌	人	4	己巳	結	1	戊戌	人	4	26
27日	甲戌	人	2	甲辰	人	5	癸酉	結	1	癸卯	結	4	壬申	結	1	辛丑	人	4	辛未	人	1	庚子	直	4	庚午	直	1	己亥	結	4	庚午	直	1	己亥	結	4	27
28日	乙亥	直	2	乙巳	直	5	甲戌	人	2	甲辰	人	5	癸酉	結	1	壬寅	結	4	壬申	結	1	辛丑	人	4	辛未	人	1	庚子	直	4	辛未	人	1	庚子	直	4	28
29日	丙子	結	2	丙午	結	5	乙亥	直	2	乙巳	直	5	甲戌	人	2	癸卯	結	4	癸酉	結	1	壬寅	結	4	壬申	結	1	辛丑	人	4	壬申	結	1	辛丑	人	4	29
30日	丁丑	人	2	丁未	人	5	丙子	結	2	丙午	結	5	乙亥	直	2	甲辰	人	5	甲戌	人	2	癸卯	結	4	癸酉	結	1	壬寅	結	4				壬寅	結	4	30
31日	戊寅	結	2				丁丑	人	2				丙子	結	2	乙巳	直	5				甲辰	人	5				癸卯	結	4				癸卯	結	4	31

以下のサイトに、生年月日時を入力するだけ「人物フォーマット」が、算出できます。

https://asano-uranai.com/fpd/entrance.php

1981年（昭和56年）

その年干支の期間	2/4 6:56 ～ 12/31 23:59	1/1 0:00 ~2/4 6:55
年干支	辛酉	庚申

その月干支の期間	12/7 13:52 ～ 12/31 23:59	11/7 21:09 ～ 12/7 13:51	10/8 18:10 ～ 11/7 21:08	9/8 2:43 ～ 10/8 18:09	8/7 23:57 ～ 9/8 2:42	7/7 14:12 ～ 8/7 23:56	6/6 3:53 ～ 7/7 14:11	5/5 23:35 ～ 6/6 3:52	4/5 6:05 ～ 5/5 23:34	3/6 1:05 ～ 4/5 6:04	2/4 6:56 ～ 3/6 1:04	1/5 19:13 ～ 2/4 6:55	1/1 0:00 ～ 1/5 19:12
月干支	庚子	己亥	戊戌	丁酉	丙申	乙未	甲午	癸巳	壬辰	辛卯	庚寅	己丑	戊子
外的環境の支配五行候補	◎ 水㋑ 金㋺	◎ 水㋑ △ 金㋻ 木㋶	金 △ 土㋷ 火㋖	金	金 水㋰	◎ 土㋑ ○ 火㋠ △ 金㋻ 木㋞	◎ 火㋑ ◎ 土㋑ 金㋻	◎ 火㋑ ◎ 土㋑ 金㋩	◎ 金㋥ △ 木㋦ 水㋟	◎ 木㋷ 金㋟	◎ 金㋺ △ 木㋷ 火㋒	◎ 金㋺ 水㋕	◎ 水㋑ 金㋸

	12月			11月			10月			9月			8月			7月			6月			5月			4月			3月			2月			1月			
	干支	タイプ	旬数	干支	タイプ	旬数	干支	タイプ	旬数	干支	タイプ	旬数	干支	タイプ	旬数	干支	タイプ	旬数	干支	タイプ	旬数	干支	タイプ	旬数	干支	タイプ	旬数	干支	タイプ	旬数	干支	タイプ	旬数	干支	タイプ	旬数	
1日	癸丑	人	5	癸未	人	2	壬子	結	5	壬午	結	2	辛亥	直	5	庚辰	人	2	庚戌	人	5	己卯	結	2	己酉	結	5	戊寅	結	2	庚戌	人	5	己卯	結	2	1
2日	甲寅	直	6	甲申	直	3	癸丑	人	5	癸未	人	2	壬子	結	5	辛巳	直	2	辛亥	直	5	庚辰	人	2	庚戌	人	5	己卯	結	2	辛亥	直	5	庚辰	人	2	2
3日	乙卯	直	6	乙酉	直	3	甲寅	直	6	甲申	直	3	癸丑	人	5	壬午	結	2	壬子	結	5	辛巳	直	2	辛亥	直	5	庚辰	人	2	壬子	結	5	辛巳	直	2	3
4日	丙辰	人	6	丙戌	人	3	乙卯	直	6	乙酉	直	3	甲寅	直	6	癸未	人	2	癸丑	人	5	壬午	結	2	壬子	結	5	辛巳	直	2	癸丑	人	5	壬午	結	2	4
5日	丁巳	結	6	丁亥	結	3	丙辰	人	6	丙戌	人	3	乙卯	直	6	甲申	直	3	甲寅	直	6	癸未	人	2	癸丑	人	5	壬午	結	2	甲寅	直	6	癸未	人	2	5
6日	戊午	結	6	戊子	結	3	丁巳	結	6	丁亥	結	3	丙辰	人	6	乙酉	直	3	乙卯	直	6	甲申	直	3	甲寅	直	6	癸未	人	2	乙卯	直	6	甲申	直	3	6
7日	己未	人	6	己丑	人	3	戊午	結	6	戊子	結	3	丁巳	結	6	丙戌	人	3	丙辰	人	6	乙酉	直	3	乙卯	直	6	甲申	直	3	丙辰	人	6	乙酉	直	3	7
8日	庚申	直	6	庚寅	直	3	己未	人	6	己丑	人	3	戊午	結	6	丁亥	結	3	丁巳	結	6	丙戌	人	3	丙辰	人	6	乙酉	直	3	丁巳	結	6	丙戌	人	3	8
9日	辛酉	直	6	辛卯	直	3	庚申	直	6	庚寅	直	3	己未	人	6	戊子	結	3	戊午	結	6	丁亥	結	3	丁巳	結	6	丙戌	人	3	戊午	結	6	丁亥	結	3	9
10日	壬戌	人	6	壬辰	人	3	辛酉	直	6	辛卯	直	3	庚申	直	6	己丑	人	3	己未	人	6	戊子	結	3	戊午	結	6	丁亥	結	3	己未	人	6	戊子	結	3	10
11日	癸亥	結	6	癸巳	結	3	壬戌	人	6	壬辰	人	3	辛酉	直	6	庚寅	直	3	庚申	直	6	己丑	人	3	己未	人	6	戊子	結	3	庚申	直	6	己丑	人	3	11
12日	甲子	直	1	甲午	直	4	癸亥	結	6	癸巳	結	3	壬戌	人	6	辛卯	直	3	辛酉	直	6	庚寅	直	3	庚申	直	6	己丑	人	3	辛酉	直	6	庚寅	直	3	12
13日	乙丑	人	1	乙未	人	4	甲子	直	1	甲午	直	4	癸亥	結	6	壬辰	人	3	壬戌	人	6	辛卯	直	3	辛酉	直	6	庚寅	直	3	壬戌	人	6	辛卯	直	3	13
14日	丙寅	結	1	丙申	結	4	乙丑	人	1	乙未	人	4	甲子	直	1	癸巳	結	3	癸亥	結	6	壬辰	人	3	壬戌	人	6	辛卯	直	3	癸亥	結	6	壬辰	人	3	14
15日	丁卯	結	1	丁酉	結	4	丙寅	結	1	丙申	結	4	乙丑	人	1	甲午	直	4	甲子	直	1	癸巳	結	3	癸亥	結	6	壬辰	人	3	甲子	直	1	癸巳	結	3	15
16日	戊辰	人	1	戊戌	人	4	丁卯	結	1	丁酉	結	4	丙寅	結	1	乙未	人	4	乙丑	人	1	甲午	直	4	甲子	直	1	癸巳	結	3	乙丑	人	1	甲午	直	4	16
17日	己巳	結	1	己亥	結	4	戊辰	人	1	戊戌	人	4	丁卯	結	1	丙申	結	4	丙寅	結	1	乙未	人	4	乙丑	人	1	甲午	直	4	丙寅	結	1	乙未	人	4	17
18日	庚午	直	1	庚子	直	4	己巳	結	1	己亥	結	4	戊辰	人	1	丁酉	結	4	丁卯	結	1	丙申	結	4	丙寅	結	1	乙未	人	4	丁卯	結	1	丙申	結	4	18
19日	辛未	人	1	辛丑	人	4	庚午	直	1	庚子	直	4	己巳	結	1	戊戌	人	4	戊辰	人	1	丁酉	結	4	丁卯	結	1	丙申	結	4	戊辰	人	1	丁酉	結	4	19
20日	壬申	結	1	壬寅	結	4	辛未	人	1	辛丑	人	4	庚午	直	1	己亥	結	4	己巳	結	1	戊戌	人	4	戊辰	人	1	丁酉	結	4	己巳	結	1	戊戌	人	4	20
21日	癸酉	結	1	癸卯	結	4	壬申	結	1	壬寅	結	4	辛未	人	1	庚子	直	4	庚午	直	1	己亥	結	4	己巳	結	1	戊戌	人	4	庚午	直	1	己亥	結	4	21
22日	甲戌	人	2	甲辰	人	5	癸酉	結	1	癸卯	結	4	壬申	結	1	辛丑	人	4	辛未	人	1	庚子	直	4	庚午	直	1	己亥	結	4	辛未	人	1	庚子	直	4	22
23日	乙亥	直	2	乙巳	直	5	甲戌	人	2	甲辰	人	5	癸酉	結	1	壬寅	結	4	壬申	結	1	辛丑	人	4	辛未	人	1	庚子	直	4	壬申	結	1	辛丑	人	4	23
24日	丙子	結	2	丙午	結	5	乙亥	直	2	乙巳	直	5	甲戌	人	2	癸卯	結	4	癸酉	結	1	壬寅	結	4	壬申	結	1	辛丑	人	4	癸酉	結	1	壬寅	結	4	24
25日	丁丑	人	2	丁未	人	5	丙子	結	2	丙午	結	5	乙亥	直	2	甲辰	人	5	甲戌	人	2	癸卯	結	4	癸酉	結	1	壬寅	結	4	甲戌	人	2	癸卯	結	4	25
26日	戊寅	結	2	戊申	結	5	丁丑	人	2	丁未	人	5	丙子	結	2	乙巳	直	5	乙亥	直	2	甲辰	人	5	甲戌	人	2	癸卯	結	4	乙亥	直	2	甲辰	人	5	26
27日	己卯	結	2	己酉	結	5	戊寅	結	2	戊申	結	5	丁丑	人	2	丙午	結	5	丙子	結	2	乙巳	直	5	乙亥	直	2	甲辰	人	5	丙子	結	2	乙巳	直	5	27
28日	庚辰	人	2	庚戌	人	5	己卯	結	2	己酉	結	5	戊寅	結	2	丁未	人	5	丁丑	人	2	丙午	結	5	丙子	結	2	乙巳	直	5	丁丑	人	2	丙午	結	5	28
29日	辛巳	直	2	辛亥	直	5	庚辰	人	2	庚戌	人	5	己卯	結	2	戊申	結	5	戊寅	結	2	丁未	人	5	丁丑	人	2	丙午	結	5				丁未	人	5	29
30日	壬午	結	2	壬子	結	5	辛巳	直	2	辛亥	直	5	庚辰	人	2	己酉	結	5	己卯	結	2	戊申	結	5	戊寅	結	2	丁未	人	5				戊申	結	5	30
31日	癸未	人	2				壬午	結	2				辛巳	直	2	庚戌	人	5				己酉	結	5				戊申	結	5				己酉	結	5	31

以下のサイトに、生年月日時を入力するだけ「人物フォーマット」が、算出できます。

https://asano-uranai.com/fpd/entrance.php

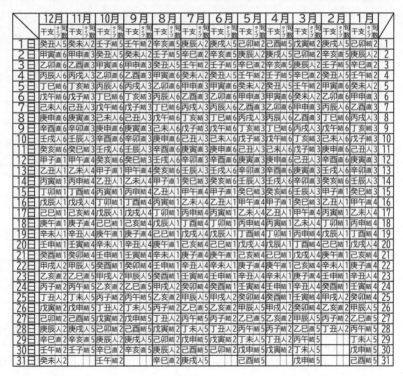

1982年（昭和57年）

その年干支の期間	2/4 12:46 ～ 12/31 23:59	1/1 0:00 ～2/4 12:45
年干支	壬戌	辛酉

その月干支の期間	12/7 19:48 ～ 12/31 23:59	11/8 3:04 ～ 12/7 19:47	10/9 0:02 ～ 11/8 3:03	9/8 8:32 ～ 10/9 0:01	8/8 5:42 ～ 9/8 8:31	7/7 19:55 ～ 8/8 5:41	6/6 9:36 ～ 7/7 19:54	5/6 5:20 ～ 6/6 9:35	4/5 11:53 ～ 5/6 5:19	3/6 6:55 ～ 4/5 11:52	2/4 12:46 ～ 3/6 6:54	1/6 1:03 ～ 2/4 12:45	1/1 0:00 ～ 1/5 1:02
月干支	壬子	辛亥	庚戌	己酉	戊申	丁未	丙午	乙巳	甲辰	癸卯	壬寅	辛丑	庚子
外的環境の支配五行候補	水 ○ 土㋕ △ 金㋹ 火㋖	水 ○ 土㋕ △ 金㋟ □ 木㋶ 火㋖	◎ 土㋷ △ 金㋟ 火㋖	金 △ 土㋻ 火㋖	金 △ 土㋻ □ 水㋵ 火㋖	土 ○ 火㋑ △ 金㋹ 木㋰	火 ○ 土㋑ 金㋔	◎ 火㋑ ◎ 土㋑ 金㋹	◎ 土㋺ ○ 木㋩ △ 水㋟ □ 金㋹ 火㋖	◎ 木㋑ ○ 土㋕ △ 金㋹ □ 水㋞ 火㋖	◎ 木㋑ ○ 火㋦ △ 土㋕ □ 金㋹ 水㋞	金 水㋕	◎ 水㋑ 金㋺

	12月			11月			10月			9月			8月			7月		
	干支	タイプ	旬数	干支	タイプ	旬数	干支	タイプ	旬数	干支	タイプ	旬数	干支	タイプ	旬数	干支	タイプ	旬数
1日	戊午	結	6	戊子	結	3	丁巳	結	6	丁亥	結	3	丙辰	人	6	乙酉	直	3
2日	己未	人	6	己丑	人	3	戊午	結	6	戊子	結	3	丁巳	結	6	丙戌	人	3
3日	庚申	直	6	庚寅	直	3	己未	人	6	己丑	人	3	戊午	結	6	丁亥	結	3
4日	辛酉	直	6	辛卯	直	3	庚申	直	6	庚寅	直	3	己未	人	6	戊子	結	3
5日	壬戌	人	6	壬辰	人	3	辛酉	直	6	辛卯	直	3	庚申	直	6	己丑	人	3
6日	癸亥	結	6	癸巳	結	3	壬戌	人	6	壬辰	人	3	辛酉	直	6	庚寅	直	3
7日	甲子	直	1	甲午	直	4	癸亥	結	6	癸巳	結	3	壬戌	人	6	辛卯	直	3
8日	乙丑	人	1	乙未	人	4	甲子	直	1	甲午	直	4	癸亥	結	6	壬辰	人	3
9日	丙寅	結	1	丙申	結	4	乙丑	人	1	乙未	人	4	甲子	直	1	癸巳	結	3
10日	丁卯	結	1	丁酉	結	4	丙寅	結	1	丙申	結	4	乙丑	人	1	甲午	直	4
11日	戊辰	人	1	戊戌	人	4	丁卯	結	1	丁酉	結	4	丙寅	結	1	乙未	人	4
12日	己巳	結	1	己亥	結	4	戊辰	人	1	戊戌	人	4	丁卯	結	1	丙申	結	4
13日	庚午	直	1	庚子	直	4	己巳	結	1	己亥	結	4	戊辰	人	1	丁酉	結	4
14日	辛未	人	1	辛丑	人	4	庚午	直	1	庚子	直	4	己巳	結	1	戊戌	人	4
15日	壬申	結	1	壬寅	結	4	辛未	人	1	辛丑	人	4	庚午	直	1	己亥	結	4
16日	癸酉	結	1	癸卯	結	4	壬申	結	1	壬寅	結	4	辛未	人	1	庚子	直	4
17日	甲戌	人	2	甲辰	人	5	癸酉	結	1	癸卯	結	4	壬申	結	1	辛丑	人	4
18日	乙亥	直	2	乙巳	直	5	甲戌	人	2	甲辰	人	5	癸酉	結	1	壬寅	結	4
19日	丙子	結	2	丙午	結	5	乙亥	直	2	乙巳	直	5	甲戌	人	2	癸卯	結	4
20日	丁丑	人	2	丁未	人	5	丙子	結	2	丙午	結	5	乙亥	直	2	甲辰	人	5
21日	戊寅	結	2	戊申	結	5	丁丑	人	2	丁未	人	5	丙子	結	2	乙巳	直	5
22日	己卯	結	2	己酉	結	5	戊寅	結	2	戊申	結	5	丁丑	人	2	丙午	結	5
23日	庚辰	人	2	庚戌	人	5	己卯	結	2	己酉	結	5	戊寅	結	2	丁未	人	5
24日	辛巳	直	2	辛亥	直	5	庚辰	人	2	庚戌	人	5	己卯	結	2	戊申	結	5
25日	壬午	結	2	壬子	結	5	辛巳	直	2	辛亥	直	5	庚辰	人	2	己酉	結	5
26日	癸未	人	2	癸丑	人	5	壬午	結	2	壬子	結	5	辛巳	直	2	庚戌	人	5
27日	甲申	直	3	甲寅	直	6	癸未	人	2	癸丑	人	5	壬午	結	2	辛亥	直	5
28日	乙酉	直	3	乙卯	直	6	甲申	直	3	甲寅	直	6	癸未	人	2	壬子	結	5
29日	丙戌	人	3	丙辰	人	6	乙酉	直	3	乙卯	直	6	甲申	直	3	癸丑	人	5
30日	丁亥	結	3	丁巳	結	6	丙戌	人	3	丙辰	人	6	乙酉	直	3	甲寅	直	6
31日	戊子	結	3				丁亥	結	3				丙戌	人	3	乙卯	直	6

	6月			5月			4月			3月			2月			1月			
	干支	タイプ	旬数	干支	タイプ	旬数	干支	タイプ	旬数	干支	タイプ	旬数	干支	タイプ	旬数	干支	タイプ	旬数	
1日	乙卯	直	6	甲申	直	3	甲寅	直	6	癸未	人	2	乙卯	直	6	甲申	直	3	1
2日	丙辰	人	6	乙酉	直	3	乙卯	直	6	甲申	直	3	丙辰	人	6	乙酉	直	3	2
3日	丁巳	結	6	丙戌	人	3	丙辰	人	6	乙酉	直	3	丁巳	結	6	丙戌	人	3	3
4日	戊午	結	6	丁亥	結	3	丁巳	結	6	丙戌	人	3	戊午	結	6	丁亥	結	3	4
5日	己未	人	6	戊子	結	3	戊午	結	6	丁亥	結	3	己未	人	6	戊子	結	3	5
6日	庚申	直	6	己丑	人	3	己未	人	6	戊子	結	3	庚申	直	6	己丑	人	3	6
7日	辛酉	直	6	庚寅	直	3	庚申	直	6	己丑	人	3	辛酉	直	6	庚寅	直	3	7
8日	壬戌	人	6	辛卯	直	3	辛酉	直	6	庚寅	直	3	壬戌	人	6	辛卯	直	3	8
9日	癸亥	結	6	壬辰	人	3	壬戌	人	6	辛卯	直	3	癸亥	結	6	壬辰	人	3	9
10日	甲子	直	1	癸巳	結	3	癸亥	結	6	壬辰	人	3	甲子	直	1	癸巳	結	3	10
11日	乙丑	人	1	甲午	直	4	甲子	直	1	癸巳	結	3	乙丑	人	1	甲午	直	4	11
12日	丙寅	結	1	乙未	人	4	乙丑	人	1	甲午	直	4	丙寅	結	1	乙未	人	4	12
13日	丁卯	結	1	丙申	結	4	丙寅	結	1	乙未	人	4	丁卯	結	1	丙申	結	4	13
14日	戊辰	人	1	丁酉	結	4	丁卯	結	1	丙申	結	4	戊辰	人	1	丁酉	結	4	14
15日	己巳	結	1	戊戌	人	4	戊辰	人	1	丁酉	結	4	己巳	結	1	戊戌	人	4	15
16日	庚午	直	1	己亥	結	4	己巳	結	1	戊戌	人	4	庚午	直	1	己亥	結	4	16
17日	辛未	人	1	庚子	直	4	庚午	直	1	己亥	結	4	辛未	人	1	庚子	直	4	17
18日	壬申	結	1	辛丑	人	4	辛未	人	1	庚子	直	4	壬申	結	1	辛丑	人	4	18
19日	癸酉	結	1	壬寅	結	4	壬申	結	1	辛丑	人	4	癸酉	結	1	壬寅	結	4	19
20日	甲戌	人	2	癸卯	結	4	癸酉	結	1	壬寅	結	4	甲戌	人	2	癸卯	結	4	20
21日	乙亥	直	2	甲辰	人	5	甲戌	人	2	癸卯	結	4	乙亥	直	2	甲辰	人	5	21
22日	丙子	結	2	乙巳	直	5	乙亥	直	2	甲辰	人	5	丙子	結	2	乙巳	直	5	22
23日	丁丑	人	2	丙午	結	5	丙子	結	2	乙巳	直	5	丁丑	人	2	丙午	結	5	23
24日	戊寅	結	2	丁未	人	5	丁丑	人	2	丙午	結	5	戊寅	結	2	丁未	人	5	24
25日	己卯	結	2	戊申	結	5	戊寅	結	2	丁未	人	5	己卯	結	2	戊申	結	5	25
26日	庚辰	人	2	己酉	結	5	己卯	結	2	戊申	結	5	庚辰	人	2	己酉	結	5	26
27日	辛巳	直	2	庚戌	人	5	庚辰	人	2	己酉	結	5	辛巳	直	2	庚戌	人	5	27
28日	壬午	結	2	辛亥	直	5	辛巳	直	2	庚戌	人	5	壬午	結	2	辛亥	直	5	28
29日	癸未	人	2	壬子	結	5	壬午	結	2	辛亥	直	5				壬子	結	5	29
30日	甲申	直	3	癸丑	人	5	癸未	人	2	壬子	結	5				癸丑	人	5	30
31日				甲寅	直	6				癸丑	人	5				甲寅	直	6	31

以下のサイトに、生年月日時を入力するだけ「人物フォーマット」が、算出できます。

https://asano-uranai.com/fpd/entrance.php

1983年（昭和58年）

その年干支の期間	2/4 18:40 ～ 12/31 23:59	1/1 0:00 ～2/4 18:39
年干支	癸亥	壬戌

その月干支の期間	12/8 1:34 ～ 12/31 23:59	11/8 8:53 ～ 12/8 1:33	10/9 5:51 ～ 11/8 8:52	9/8 14:20 ～ 10/9 5:50	8/8 11:30 ～ 9/8 14:19	7/8 1:43 ～ 8/8 11:29	6/6 15:26 ～ 7/8 1:42	5/6 11:11 ～ 6/6 15:25	4/5 17:44 ～ 5/6 11:10	3/6 12:47 ～ 4/5 17:43	2/4 18:40 ～ 3/6 12:46	1/6 6:59 ～ 2/4 18:39	1/1 0:00 ～ 1/6 6:58
月干支	甲子	癸亥	壬戌	辛酉	庚申	己未	戊午	丁巳	丙辰	乙卯	甲寅	癸丑	壬子
外的環境の支配五行候補	水 木㋹	水 木㋶	◎ 土㋺ ○ 水㋭ △ 金㋧ □ 木㋶ 火㊎	金 △ 水㋠ 木㋶	金 △ 水㋬ 木㋶	土 △ 火㋠ △ 水㋠ 木㋟	土 ○ 火㋑ △ 水㋠ 木㋶	火 ○ 土㋑ △ 木㋶ □ 水㋨ 金㋳	◎ 水㋺ 木㋦	木 水㋧	木 △ 水㋠ 火㋒	◎ 水㋑ ○ 土㋺ △ 金㋹ 火㊎	水 ○ 土㋕ △ 金㋹ 火㊎

	12月			11月			10月			9月			8月			7月			6月			5月			4月			3月			2月			1月			
	干支	タイプ	旬数	干支	タイプ	旬数	干支	タイプ	旬数	干支	タイプ	旬数	干支	タイプ	旬数	干支	タイプ	旬数	干支	タイプ	旬数	干支	タイプ	旬数	干支	タイプ	旬数	干支	タイプ	旬数	干支	タイプ	旬数	干支	タイプ	旬数	
1日	癸亥	結	6	癸巳	結	3	壬戌	人	6	壬辰	人	3	辛酉	直	6	庚寅	直	3	庚申	直	6	己丑	人	3	己未	人	6	戊子	結	3	庚申	直	6	己丑	人	3	1
2日	甲子	直	1	甲午	直	4	癸亥	結	6	癸巳	結	3	壬戌	人	6	辛卯	直	3	辛酉	直	6	庚寅	直	3	庚申	直	6	己丑	人	3	辛酉	直	6	庚寅	直	3	2
3日	乙丑	人	1	乙未	人	4	甲子	直	1	甲午	直	4	癸亥	結	6	壬辰	人	3	壬戌	人	6	辛卯	直	3	辛酉	直	6	庚寅	直	3	壬戌	人	6	辛卯	直	3	3
4日	丙寅	結	1	丙申	結	4	乙丑	人	1	乙未	人	4	甲子	直	1	癸巳	結	3	癸亥	結	6	壬辰	人	3	壬戌	人	6	辛卯	直	3	癸亥	結	6	壬辰	人	3	4
5日	丁卯	結	1	丁酉	結	4	丙寅	結	1	丙申	結	4	乙丑	人	1	甲午	直	4	甲子	直	1	癸巳	結	3	癸亥	結	6	壬辰	人	3	甲子	直	1	癸巳	結	3	5
6日	戊辰	人	1	戊戌	人	4	丁卯	結	1	丁酉	結	4	丙寅	結	1	乙未	人	4	乙丑	人	1	甲午	直	4	甲子	直	1	癸巳	結	3	乙丑	人	1	甲午	直	4	6
7日	己巳	結	1	己亥	結	4	戊辰	人	1	戊戌	人	4	丁卯	結	1	丙申	結	4	丙寅	結	1	乙未	人	4	乙丑	人	1	甲午	直	4	丙寅	結	1	乙未	人	4	7
8日	庚午	直	1	庚子	直	4	己巳	結	1	己亥	結	4	戊辰	人	1	丁酉	結	4	丁卯	結	1	丙申	結	4	丙寅	結	1	乙未	人	4	丁卯	結	1	丙申	結	4	8
9日	辛未	人	1	辛丑	人	4	庚午	直	1	庚子	直	4	己巳	結	1	戊戌	人	4	戊辰	人	1	丁酉	結	4	丁卯	結	1	丙申	結	4	戊辰	人	1	丁酉	結	4	9
10日	壬申	結	1	壬寅	結	4	辛未	人	1	辛丑	人	4	庚午	直	1	己亥	結	4	己巳	結	1	戊戌	人	4	戊辰	人	1	丁酉	結	4	己巳	結	1	戊戌	人	4	10
11日	癸酉	結	1	癸卯	結	4	壬申	結	1	壬寅	結	4	辛未	人	1	庚子	直	4	庚午	直	1	己亥	結	4	己巳	結	1	戊戌	人	4	庚午	直	1	己亥	結	4	11
12日	甲戌	人	2	甲辰	人	5	癸酉	結	1	癸卯	結	4	壬申	結	1	辛丑	人	4	辛未	人	1	庚子	直	4	庚午	直	1	己亥	結	4	辛未	人	1	庚子	直	4	12
13日	乙亥	直	2	乙巳	直	5	甲戌	人	2	甲辰	人	5	癸酉	結	1	壬寅	結	4	壬申	結	1	辛丑	人	4	辛未	人	1	庚子	直	4	壬申	結	1	辛丑	人	4	13
14日	丙子	結	2	丙午	結	5	乙亥	直	2	乙巳	直	5	甲戌	人	2	癸卯	結	4	癸酉	結	1	壬寅	結	4	壬申	結	1	辛丑	人	4	癸酉	結	1	壬寅	結	4	14
15日	丁丑	人	2	丁未	人	5	丙子	結	2	丙午	結	5	乙亥	直	2	甲辰	人	5	甲戌	人	2	癸卯	結	4	癸酉	結	1	壬寅	結	4	甲戌	人	2	癸卯	結	4	15
16日	戊寅	結	2	戊申	結	5	丁丑	人	2	丁未	人	5	丙子	結	2	乙巳	直	5	乙亥	直	2	甲辰	人	5	甲戌	人	2	癸卯	結	4	乙亥	直	2	甲辰	人	5	16
17日	己卯	結	2	己酉	結	5	戊寅	結	2	戊申	結	5	丁丑	人	2	丙午	結	5	丙子	結	2	乙巳	直	5	乙亥	直	2	甲辰	人	5	丙子	結	2	乙巳	直	5	17
18日	庚辰	人	2	庚戌	人	5	己卯	結	2	己酉	結	5	戊寅	結	2	丁未	人	5	丁丑	人	2	丙午	結	5	丙子	結	2	乙巳	直	5	丁丑	人	2	丙午	結	5	18
19日	辛巳	直	2	辛亥	直	5	庚辰	人	2	庚戌	人	5	己卯	結	2	戊申	結	5	戊寅	結	2	丁未	人	5	丁丑	人	2	丙午	結	5	戊寅	結	2	丁未	人	5	19
20日	壬午	結	2	壬子	結	5	辛巳	直	2	辛亥	直	5	庚辰	人	2	己酉	結	5	己卯	結	2	戊申	結	5	戊寅	結	2	丁未	人	5	己卯	結	2	戊申	結	5	20
21日	癸未	人	2	癸丑	人	5	壬午	結	2	壬子	結	5	辛巳	直	2	庚戌	人	5	庚辰	人	2	己酉	結	5	己卯	結	2	戊申	結	5	庚辰	人	2	己酉	結	5	21
22日	甲申	直	3	甲寅	直	6	癸未	人	2	癸丑	人	5	壬午	結	2	辛亥	直	5	辛巳	直	2	庚戌	人	5	庚辰	人	2	己酉	結	5	辛巳	直	2	庚戌	人	5	22
23日	乙酉	直	3	乙卯	直	6	甲申	直	3	甲寅	直	6	癸未	人	2	壬子	結	5	壬午	結	2	辛亥	直	5	辛巳	直	2	庚戌	人	5	壬午	結	2	辛亥	直	5	23
24日	丙戌	人	3	丙辰	人	6	乙酉	直	3	乙卯	直	6	甲申	直	3	癸丑	人	5	癸未	人	2	壬子	結	5	壬午	結	2	辛亥	直	5	癸未	人	2	壬子	結	5	24
25日	丁亥	結	3	丁巳	結	6	丙戌	人	3	丙辰	人	6	乙酉	直	3	甲寅	直	6	甲申	直	3	癸丑	人	5	癸未	人	2	壬子	結	5	甲申	直	3	癸丑	人	5	25
26日	戊子	結	3	戊午	結	6	丁亥	結	3	丁巳	結	6	丙戌	人	3	乙卯	直	6	乙酉	直	3	甲寅	直	6	甲申	直	3	癸丑	人	5	乙酉	直	3	甲寅	直	6	26
27日	己丑	人	3	己未	人	6	戊子	結	3	戊午	結	6	丁亥	結	3	丙辰	人	6	丙戌	人	3	乙卯	直	6	乙酉	直	3	甲寅	直	6	丙戌	人	3	乙卯	直	6	27
28日	庚寅	直	3	庚申	直	6	己丑	人	3	己未	人	6	戊子	結	3	丁巳	結	6	丁亥	結	3	丙辰	人	6	丙戌	人	3	乙卯	直	6	丁亥	結	3	丙辰	人	6	28
29日	辛卯	直	3	辛酉	直	6	庚寅	直	3	庚申	直	6	己丑	人	3	戊午	結	6	戊子	結	3	丁巳	結	6	丁亥	結	3	丙辰	人	6	戊子	結	3	丁巳	結	6	29
30日	壬辰	人	3	壬戌	人	6	辛卯	直	3	辛酉	直	6	庚寅	直	3	己未	人	6	己丑	人	3	戊午	結	6	戊子	結	3	丁巳	結	6				戊午	結	6	30
31日	癸巳	結	3				壬辰	人	3				辛卯	直	3	庚申	直	6				己未	人	6				戊午	結	6				己未	人	6	31

以下のサイトに、生年月日時を入力するだけ「人物フォーマット」が、算出できます。

https://asano-uranai.com/fpd/entrance.php

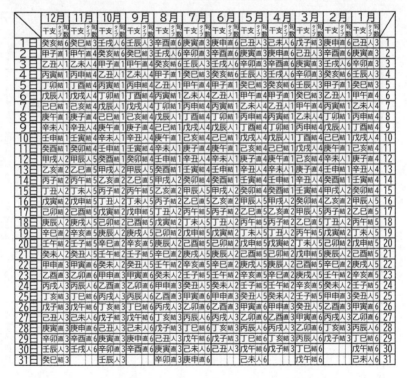

１９８４年（昭和５９年）

その年干支の期間	2/5 0:19 ～ 12/31 23:59	1/1 0:00 ～2/5 0:18
年干支	甲子	癸亥

その月干支の期間	12/7 7:28 〜 12/31 23:59	11/7 14:46 〜 12/7 7:27	10/8 11:43 〜 11/7 14:45	9/7 20:10 〜 10/8 11:42	8/7 17:18 〜 9/7 20:09	7/7 7:29 〜 8/7 17:17	6/5 21:09 〜 7/7 7:28	5/5 16:51 〜 6/5 21:08	4/4 23:22 〜 5/5 16:50	3/5 18:25 〜 4/4 23:21	2/5 0:19 〜 3/5 18:24	1/6 12:41 〜 2/5 0:18	1/1 0:00 〜 1/6 12:40
月干支	丙子	乙亥	甲戌	癸酉	壬申	辛未	庚午	己巳	戊辰	丁卯	丙寅	乙丑	甲子
外的環境の支配五行候補	水	水 木㋵	◎ 土㋺ ○ 木㋵ △ 水㋹ □ 金㋤ 火㋖	◎ 金㋑ 水㋠	◎ 金㋑ 水㋩	◎ 土㋑ ○ 火㋠ △ 水㋹ 木㋞	◎ 土㋑ 火㋕	土 ○ 火㋑ △ 水㋹ 金㋳	◎ 木㋩ △ 土㋠ 水㋷	木 水㋹	木 △ 水㋹ 火㋞	水 △ 木㋹ 金㋮	水 木㋹

	12月			11月			10月			9月			8月			7月			6月			5月			4月			3月			2月			1月			
	干支	タイプ	旬数	干支	タイプ	旬数	干支	タイプ	旬数	干支	タイプ	旬数	干支	タイプ	旬数	干支	タイプ	旬数	干支	タイプ	旬数	干支	タイプ	旬数	干支	タイプ	旬数	干支	タイプ	旬数	干支	タイプ	旬数	干支	タイプ	旬数	
1日	己巳	結	1	己亥	結	4	戊辰	人	1	戊戌	人	4	丁卯	結	1	丙申	結	4	丙寅	結	1	乙未	人	4	乙丑	人	1	甲午	直	4	乙丑	人	1	甲午	直	4	1
2日	庚午	直	1	庚子	直	4	己巳	結	1	己亥	結	4	戊辰	人	1	丁酉	結	4	丁卯	結	1	丙申	結	4	丙寅	結	1	乙未	人	4	丙寅	結	1	乙未	人	4	2
3日	辛未	人	1	辛丑	人	4	庚午	直	1	庚子	直	4	己巳	結	1	戊戌	人	4	戊辰	人	1	丁酉	結	4	丁卯	結	1	丙申	結	4	丁卯	結	1	丙申	結	4	3
4日	壬申	結	1	壬寅	結	4	辛未	人	1	辛丑	人	4	庚午	直	1	己亥	結	4	己巳	結	1	戊戌	人	4	戊辰	人	1	丁酉	結	4	戊辰	人	1	丁酉	結	4	4
5日	癸酉	結	1	癸卯	結	4	壬申	結	1	壬寅	結	4	辛未	人	1	庚子	直	4	庚午	直	1	己亥	結	4	己巳	結	1	戊戌	人	4	己巳	結	1	戊戌	人	4	5
6日	甲戌	人	2	甲辰	人	5	癸酉	結	1	癸卯	結	4	壬申	結	1	辛丑	人	4	辛未	人	1	庚子	直	4	庚午	直	1	己亥	結	4	庚午	直	1	己亥	結	4	6
7日	乙亥	直	2	乙巳	直	5	甲戌	人	2	甲辰	人	5	癸酉	結	1	壬寅	結	4	壬申	結	1	辛丑	人	4	辛未	人	1	庚子	直	4	辛未	人	1	庚子	直	4	7
8日	丙子	結	2	丙午	結	5	乙亥	直	2	乙巳	直	5	甲戌	人	2	癸卯	結	4	癸酉	結	1	壬寅	結	4	壬申	結	1	辛丑	人	4	壬申	結	1	辛丑	人	4	8
9日	丁丑	人	2	丁未	人	5	丙子	結	2	丙午	結	5	乙亥	直	2	甲辰	人	5	甲戌	人	2	癸卯	結	4	癸酉	結	1	壬寅	結	4	癸酉	結	1	壬寅	結	4	9
10日	戊寅	結	2	戊申	結	5	丁丑	人	2	丁未	人	5	丙子	結	2	乙巳	直	5	乙亥	直	2	甲辰	人	5	甲戌	人	2	癸卯	結	4	甲戌	人	2	癸卯	結	4	10
11日	己卯	結	2	己酉	結	5	戊寅	結	2	戊申	結	5	丁丑	人	2	丙午	結	5	丙子	結	2	乙巳	直	5	乙亥	直	2	甲辰	人	5	乙亥	直	2	甲辰	人	5	11
12日	庚辰	人	2	庚戌	人	5	己卯	結	2	己酉	結	5	戊寅	結	2	丁未	人	5	丁丑	人	2	丙午	結	5	丙子	結	2	乙巳	直	5	丙子	結	2	乙巳	直	5	12
13日	辛巳	直	2	辛亥	直	5	庚辰	人	2	庚戌	人	5	己卯	結	2	戊申	結	5	戊寅	結	2	丁未	人	5	丁丑	人	2	丙午	結	5	丁丑	人	2	丙午	結	5	13
14日	壬午	結	2	壬子	結	5	辛巳	直	2	辛亥	直	5	庚辰	人	2	己酉	結	5	己卯	結	2	戊申	結	5	戊寅	結	2	丁未	人	5	戊寅	結	2	丁未	人	5	14
15日	癸未	人	2	癸丑	人	5	壬午	結	2	壬子	結	5	辛巳	直	2	庚戌	人	5	庚辰	人	2	己酉	結	5	己卯	結	2	戊申	結	5	己卯	結	2	戊申	結	5	15
16日	甲申	直	3	甲寅	直	6	癸未	人	2	癸丑	人	5	壬午	結	2	辛亥	直	5	辛巳	直	2	庚戌	人	5	庚辰	人	2	己酉	結	5	庚辰	人	2	己酉	結	5	16
17日	乙酉	直	3	乙卯	直	6	甲申	直	3	甲寅	直	6	癸未	人	2	壬子	結	5	壬午	結	2	辛亥	直	5	辛巳	直	2	庚戌	人	5	辛巳	直	2	庚戌	人	5	17
18日	丙戌	人	3	丙辰	人	6	乙酉	直	3	乙卯	直	6	甲申	直	3	癸丑	人	5	癸未	人	2	壬子	結	5	壬午	結	2	辛亥	直	5	壬午	結	2	辛亥	直	5	18
19日	丁亥	結	3	丁巳	結	6	丙戌	人	3	丙辰	人	6	乙酉	直	3	甲寅	直	6	甲申	直	3	癸丑	人	5	癸未	人	2	壬子	結	5	癸未	人	2	壬子	結	5	19
20日	戊子	結	3	戊午	結	6	丁亥	結	3	丁巳	結	6	丙戌	人	3	乙卯	直	6	乙酉	直	3	甲寅	直	6	甲申	直	3	癸丑	人	5	甲申	直	3	癸丑	人	5	20
21日	己丑	人	3	己未	人	6	戊子	結	3	戊午	結	6	丁亥	結	3	丙辰	人	6	丙戌	人	3	乙卯	直	6	乙酉	直	3	甲寅	直	6	乙酉	直	3	甲寅	直	6	21
22日	庚寅	直	3	庚申	直	6	己丑	人	3	己未	人	6	戊子	結	3	丁巳	結	6	丁亥	結	3	丙辰	人	6	丙戌	人	3	乙卯	直	6	丙戌	人	3	乙卯	直	6	22
23日	辛卯	直	3	辛酉	直	6	庚寅	直	3	庚申	直	6	己丑	人	3	戊午	結	6	戊子	結	3	丁巳	結	6	丁亥	結	3	丙辰	人	6	丁亥	結	3	丙辰	人	6	23
24日	壬辰	人	3	壬戌	人	6	辛卯	直	3	辛酉	直	6	庚寅	直	3	己未	人	6	己丑	人	3	戊午	結	6	戊子	結	3	丁巳	結	6	戊子	結	3	丁巳	結	6	24
25日	癸巳	結	3	癸亥	結	6	壬辰	人	3	壬戌	人	6	辛卯	直	3	庚申	直	6	庚寅	直	3	己未	人	6	己丑	人	3	戊午	結	6	己丑	人	3	戊午	結	6	25
26日	甲午	直	4	甲子	直	1	癸巳	結	3	癸亥	結	6	壬辰	人	3	辛酉	直	6	辛卯	直	3	庚申	直	6	庚寅	直	3	己未	人	6	庚寅	直	3	己未	人	6	26
27日	乙未	人	4	乙丑	人	1	甲午	直	4	甲子	直	1	癸巳	結	3	壬戌	人	6	壬辰	人	3	辛酉	直	6	辛卯	直	3	庚申	直	6	辛卯	直	3	庚申	直	6	27
28日	丙申	結	4	丙寅	結	1	乙未	人	4	乙丑	人	1	甲午	直	4	癸亥	結	6	癸巳	結	3	壬戌	人	6	壬辰	人	3	辛酉	直	6	壬辰	人	3	辛酉	直	6	28
29日	丁酉	結	4	丁卯	結	1	丙申	結	4	丙寅	結	1	乙未	人	4	甲子	直	1	甲午	直	4	癸亥	結	6	癸巳	結	3	壬戌	人	6	癸巳	結	3	壬戌	人	6	29
30日	戊戌	人	4	戊辰	人	1	丁酉	結	4	丁卯	結	1	丙申	結	4	乙丑	人	1	乙未	人	4	甲子	直	1	甲午	直	4	癸亥	結	6				癸亥	結	6	30
31日	己亥	結	4				戊戌	人	4				丁酉	結	4	丙寅	結	1				乙丑	人	1				甲子	直	1				甲子	直	4	31

以下のサイトに、生年月日時を入力するだけ「人物フォーマット」が、算出できます。

https://asano-uranai.com/fpd/entrance.php

1985年（昭和60年）

その年干支の期間	2/4 6:12 ～ 12/31 23:59	1/1 0:00 ～2/4 6:11
年干支	乙丑	甲子

その月干支の期間	12/7 13:16 ～ 12/31 23:59	11/7 20:29 ～ 12/7 13:15	10/8 17:25 ～ 11/7 20:28	9/8 1:53 ～ 10/8 17:24	8/7 23:04 ～ 9/8 1:52	7/7 13:19 ～ 8/7 23:03	6/6 3:00 ～ 7/7 13:18	5/5 22:43 ～ 6/6 2:59	4/5 5:14 ～ 5/5 22:42	3/6 0:16 ～ 4/5 5:13	2/4 6:12 ～ 3/6 0:15	1/5 18:35 ～ 2/4 6:11	1/1 0:00 ～ 1/5 18:34
月干支	戊子	丁亥	丙戌	乙酉	甲申	癸未	壬午	辛巳	庚辰	己卯	戊寅	丁丑	丙子
外的環境の支配五行候補	水 金㋮	水 △木㋹ 金㋮	◎土㋷ △金㋟ 火㋡	◎金㋑ △木㋵ 水㋤	◎金㋑ △木㋵ 水㋰	土 ○火㋠ △木㋞ △水㋞ 金㋮	◎火㋑ ◎土㋑ △水㋞ 金㋮	◎火㋑ ◎土㋑ △金㋵ 水㋖	◎木㋩ △土㋷ 金㋟	木 △水㋖ 金㋮	木 ○火㋒ △水㋖ 金㋮	水 金㋮	水

	12月			11月			10月			9月			8月			7月			6月			5月			4月			3月			2月			1月			
	干支	タイプ	旬数	干支	タイプ	旬数	干支	タイプ	旬数	干支	タイプ	旬数	干支	タイプ	旬数	干支	タイプ	旬数	干支	タイプ	旬数	干支	タイプ	旬数	干支	タイプ	旬数	干支	タイプ	旬数	干支	タイプ	旬数	干支	タイプ	旬数	
1日	甲戌	人	2	甲辰	人	5	癸酉	結	1	癸卯	結	4	壬申	結	1	辛丑	人	4	辛未	人	1	庚子	直	4	庚午	直	1	己亥	結	4	辛未	人	1	庚子	直	4	1
2日	乙亥	直	2	乙巳	直	5	甲戌	人	2	甲辰	人	5	癸酉	結	1	壬寅	結	4	壬申	結	1	辛丑	人	4	辛未	人	1	庚子	直	4	壬申	結	1	辛丑	人	4	2
3日	丙子	結	2	丙午	結	5	乙亥	直	2	乙巳	直	5	甲戌	人	2	癸卯	結	4	癸酉	結	1	壬寅	結	4	壬申	結	1	辛丑	人	4	癸酉	結	1	壬寅	結	4	3
4日	丁丑	人	2	丁未	人	5	丙子	結	2	丙午	結	5	乙亥	直	2	甲辰	人	5	甲戌	人	2	癸卯	結	4	癸酉	結	1	壬寅	結	4	甲戌	人	2	癸卯	結	4	4
5日	戊寅	結	2	戊申	結	5	丁丑	人	2	丁未	人	5	丙子	結	2	乙巳	直	5	乙亥	直	2	甲辰	人	5	甲戌	人	2	癸卯	結	4	乙亥	直	2	甲辰	人	5	5
6日	己卯	結	2	己酉	結	5	戊寅	結	2	戊申	結	5	丁丑	人	2	丙午	結	5	丙子	結	2	乙巳	直	5	乙亥	直	2	甲辰	人	5	丙子	結	2	乙巳	直	5	6
7日	庚辰	人	2	庚戌	人	5	己卯	結	2	己酉	結	5	戊寅	結	2	丁未	人	5	丁丑	人	2	丙午	結	5	丙子	結	2	乙巳	直	5	丁丑	人	2	丙午	結	5	7
8日	辛巳	直	2	辛亥	直	5	庚辰	人	2	庚戌	人	5	己卯	結	2	戊申	結	5	戊寅	結	2	丁未	人	5	丁丑	人	2	丙午	結	5	戊寅	結	2	丁未	人	5	8
9日	壬午	結	2	壬子	結	5	辛巳	直	2	辛亥	直	5	庚辰	人	2	己酉	結	5	己卯	結	2	戊申	結	5	戊寅	結	2	丁未	人	5	己卯	結	2	戊申	結	5	9
10日	癸未	人	2	癸丑	人	5	壬午	結	2	壬子	結	5	辛巳	直	2	庚戌	人	5	庚辰	人	2	己酉	結	5	己卯	結	2	戊申	結	5	庚辰	人	2	己酉	結	5	10
11日	甲申	直	3	甲寅	直	6	癸未	人	2	癸丑	人	5	壬午	結	2	辛亥	直	5	辛巳	直	2	庚戌	人	5	庚辰	人	2	己酉	結	5	辛巳	直	2	庚戌	人	5	11
12日	乙酉	直	3	乙卯	直	6	甲申	直	3	甲寅	直	6	癸未	人	2	壬子	結	5	壬午	結	2	辛亥	直	5	辛巳	直	2	庚戌	人	5	壬午	結	2	辛亥	直	5	12
13日	丙戌	人	3	丙辰	人	6	乙酉	直	3	乙卯	直	6	甲申	直	3	癸丑	人	5	癸未	人	2	壬子	結	5	壬午	結	2	辛亥	直	5	癸未	人	2	壬子	結	5	13
14日	丁亥	結	3	丁巳	結	6	丙戌	人	3	丙辰	人	6	乙酉	直	3	甲寅	直	6	甲申	直	3	癸丑	人	5	癸未	人	2	壬子	結	5	甲申	直	3	癸丑	人	5	14
15日	戊子	結	3	戊午	結	6	丁亥	結	3	丁巳	結	6	丙戌	人	3	乙卯	直	6	乙酉	直	3	甲寅	直	6	甲申	直	3	癸丑	人	5	乙酉	直	3	甲寅	直	6	15
16日	己丑	人	3	己未	人	6	戊子	結	3	戊午	結	6	丁亥	結	3	丙辰	人	6	丙戌	人	3	乙卯	直	6	乙酉	直	3	甲寅	直	6	丙戌	人	3	乙卯	直	6	16
17日	庚寅	直	3	庚申	直	6	己丑	人	3	己未	人	6	戊子	結	3	丁巳	結	6	丁亥	結	3	丙辰	人	6	丙戌	人	3	乙卯	直	6	丁亥	結	3	丙辰	人	6	17
18日	辛卯	直	3	辛酉	直	6	庚寅	直	3	庚申	直	6	己丑	人	3	戊午	結	6	戊子	結	3	丁巳	結	6	丁亥	結	3	丙辰	人	6	戊子	結	3	丁巳	結	6	18
19日	壬辰	人	3	壬戌	人	6	辛卯	直	3	辛酉	直	6	庚寅	直	3	己未	人	6	己丑	人	3	戊午	結	6	戊子	結	3	丁巳	結	6	己丑	人	3	戊午	結	6	19
20日	癸巳	結	3	癸亥	結	6	壬辰	人	3	壬戌	人	6	辛卯	直	3	庚申	直	6	庚寅	直	3	己未	人	6	己丑	人	3	戊午	結	6	庚寅	直	3	己未	人	6	20
21日	甲午	直	4	甲子	直	1	癸巳	結	3	癸亥	結	6	壬辰	人	3	辛酉	直	6	辛卯	直	3	庚申	直	6	庚寅	直	3	己未	人	6	辛卯	直	3	庚申	直	6	21
22日	乙未	人	4	乙丑	人	1	甲午	直	4	甲子	直	1	癸巳	結	3	壬戌	人	6	壬辰	人	3	辛酉	直	6	辛卯	直	3	庚申	直	6	壬辰	人	3	辛酉	直	6	22
23日	丙申	結	4	丙寅	結	1	乙未	人	4	乙丑	人	1	甲午	直	4	癸亥	結	6	癸巳	結	3	壬戌	人	6	壬辰	人	3	辛酉	直	6	癸巳	結	3	壬戌	人	6	23
24日	丁酉	結	4	丁卯	結	1	丙申	結	4	丙寅	結	1	乙未	人	4	甲子	直	1	甲午	直	4	癸亥	結	6	癸巳	結	3	壬戌	人	6	甲午	直	4	癸亥	結	6	24
25日	戊戌	人	4	戊辰	人	1	丁酉	結	4	丁卯	結	1	丙申	結	4	乙丑	人	1	乙未	人	4	甲子	直	1	甲午	直	4	癸亥	結	6	乙未	人	4	甲子	直	1	25
26日	己亥	結	4	己巳	結	1	戊戌	人	4	戊辰	人	1	丁酉	結	4	丙寅	結	1	丙申	結	4	乙丑	人	1	乙未	人	4	甲子	直	1	丙申	結	4	乙丑	人	1	26
27日	庚子	直	4	庚午	直	1	己亥	結	4	己巳	結	1	戊戌	人	4	丁卯	結	1	丁酉	結	4	丙寅	結	1	丙申	結	4	乙丑	人	1	丁酉	結	4	丙寅	結	1	27
28日	辛丑	人	4	辛未	人	1	庚子	直	4	庚午	直	1	己亥	結	4	戊辰	人	1	戊戌	人	4	丁卯	結	1	丁酉	結	4	丙寅	結	1	戊戌	人	4	丁卯	結	1	28
29日	壬寅	結	4	壬申	結	1	辛丑	人	4	辛未	人	1	庚子	直	4	己巳	結	1	己亥	結	4	戊辰	人	1	戊戌	人	4	丁卯	結	1				戊辰	人	1	29
30日	癸卯	結	4	癸酉	結	1	壬寅	結	4	壬申	結	1	辛丑	人	4	庚午	直	1	庚子	直	4	己巳	結	1	己亥	結	4	戊辰	人	1				己巳	結	1	30
31日	甲辰	人	5				癸卯	結	4				壬寅	結	4	辛未	人	1				庚午	直	1				己巳	結	1				庚午	直	1	31

以下のサイトに、生年月日時を入力するだけ「人物フォーマット」が、算出できます。

https://asano-uranai.com/fpd/entrance.php

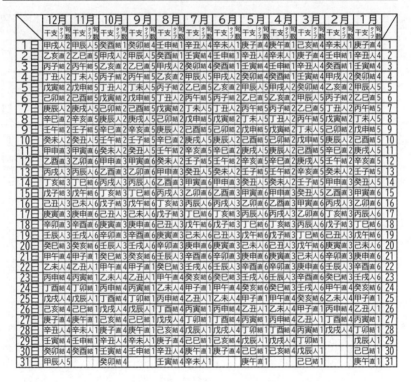

１９８６年（昭和６１年）

その年干支の期間	2/4 12:08 ～ 12/31 23:59	1/1 0:00 ～2/4 12:07
年干支	丙寅	乙丑

その月干支の期間	12/7 19:01 〜 12/31 23:59	11/8 2:13 〜 12/7 19:00	10/8 23:07 〜 11/8 2:12	9/8 7:35 〜 10/8 23:06	8/8 4:46 〜 9/8 7:34	7/7 19:01 〜 8/8 4:45	6/6 8:44 〜 7/7 19:00	5/6 4:31 〜 6/6 8:43	4/5 11:06 〜 5/6 4:30	3/6 6:12 〜 4/5 11:05	2/4 12:08 〜 3/6 6:11	1/6 0:28 〜 2/4 12:07	1/1 0:00 〜 1/6 0:27
月干支	庚子	己亥	戊戌	丁酉	丙申	乙未	甲午	癸巳	壬辰	辛卯	庚寅	己丑	戊子
外的環境の支配五行候補	◎ 水㋑ △ 火㋞ 木㋤	◎ 水㋑ △ 木㋾ 火㋞	◎ 火㋣ ○ 土㋷ △ 金㋧ 木㋤	◎ 金㋑ △ 火㋷ 木㋤	◎ 金㋣ △ 火㋷ 水㋰	◎ 火㋑ ◎ 土㋑ 木㋺	火 ○ 土㋑ 木㋨	火 ○ 土㋑ △ 木㋤ 金㋳	◎ 木㋬ △ 水㋟ 火㋞	木 火㋞	木 火㋞	◎ 水㋥ △ 土㋻ 金㋮	水 金㋮

	12月			11月			10月			9月			8月			7月			6月			5月			4月			3月			2月			1月			
	干支	タイプ	旬数	干支	タイプ	旬数	干支	タイプ	旬数	干支	タイプ	旬数	干支	タイプ	旬数	干支	タイプ	旬数	干支	タイプ	旬数	干支	タイプ	旬数	干支	タイプ	旬数	干支	タイプ	旬数	干支	タイプ	旬数	干支	タイプ	旬数	
1日	己卯	結	2	己酉	結	5	戊寅	結	2	戊申	結	5	丁丑	人	2	丙午	結	5	丙子	結	2	乙巳	直	5	乙亥	直	2	甲辰	人	5	丙子	結	2	乙巳	直	5	1
2日	庚辰	人	2	庚戌	人	5	己卯	結	2	己酉	結	5	戊寅	結	2	丁未	人	5	丁丑	人	2	丙午	結	5	丙子	結	2	乙巳	直	5	丁丑	人	2	丙午	結	5	2
3日	辛巳	直	2	辛亥	直	5	庚辰	人	2	庚戌	人	5	己卯	結	2	戊申	結	5	戊寅	結	2	丁未	人	5	丁丑	人	2	丙午	結	5	戊寅	結	2	丁未	人	5	3
4日	壬午	結	2	壬子	結	5	辛巳	直	2	辛亥	直	5	庚辰	人	2	己酉	結	5	己卯	結	2	戊申	結	5	戊寅	結	2	丁未	人	5	己卯	結	2	戊申	結	5	4
5日	癸未	人	2	癸丑	人	5	壬午	結	2	壬子	結	5	辛巳	直	2	庚戌	人	5	庚辰	人	2	己酉	結	5	己卯	結	2	戊申	結	5	庚辰	人	2	己酉	結	5	5
6日	甲申	直	3	甲寅	直	6	癸未	人	2	癸丑	人	5	壬午	結	2	辛亥	直	5	辛巳	直	2	庚戌	人	5	庚辰	人	2	己酉	結	5	辛巳	直	2	庚戌	人	5	6
7日	乙酉	直	3	乙卯	直	6	甲申	直	3	甲寅	直	6	癸未	人	2	壬子	結	5	壬午	結	2	辛亥	直	5	辛巳	直	2	庚戌	人	5	壬午	結	2	辛亥	直	5	7
8日	丙戌	人	3	丙辰	人	6	乙酉	直	3	乙卯	直	6	甲申	直	3	癸丑	人	5	癸未	人	2	壬子	結	5	壬午	結	2	辛亥	直	5	癸未	人	2	壬子	結	5	8
9日	丁亥	結	3	丁巳	結	6	丙戌	人	3	丙辰	人	6	乙酉	直	3	甲寅	直	6	甲申	直	3	癸丑	人	5	癸未	人	2	壬子	結	5	甲申	直	3	癸丑	人	5	9
10日	戊子	結	3	戊午	結	6	丁亥	結	3	丁巳	結	6	丙戌	人	3	乙卯	直	6	乙酉	直	3	甲寅	直	6	甲申	直	3	癸丑	人	5	乙酉	直	3	甲寅	直	6	10
11日	己丑	人	3	己未	人	6	戊子	結	3	戊午	結	6	丁亥	結	3	丙辰	人	6	丙戌	人	3	乙卯	直	6	乙酉	直	3	甲寅	直	6	丙戌	人	3	乙卯	直	6	11
12日	庚寅	直	3	庚申	直	6	己丑	人	3	己未	人	6	戊子	結	3	丁巳	結	6	丁亥	結	3	丙辰	人	6	丙戌	人	3	乙卯	直	6	丁亥	結	3	丙辰	人	6	12
13日	辛卯	直	3	辛酉	直	6	庚寅	直	3	庚申	直	6	己丑	人	3	戊午	結	6	戊子	結	3	丁巳	結	6	丁亥	結	3	丙辰	人	6	戊子	結	3	丁巳	結	6	13
14日	壬辰	人	3	壬戌	人	6	辛卯	直	3	辛酉	直	6	庚寅	直	3	己未	人	6	己丑	人	3	戊午	結	6	戊子	結	3	丁巳	結	6	己丑	人	3	戊午	結	6	14
15日	癸巳	結	3	癸亥	結	6	壬辰	人	3	壬戌	人	6	辛卯	直	3	庚申	直	6	庚寅	直	3	己未	人	6	己丑	人	3	戊午	結	6	庚寅	直	3	己未	人	6	15
16日	甲午	直	4	甲子	直	1	癸巳	結	3	癸亥	結	6	壬辰	人	3	辛酉	直	6	辛卯	直	3	庚申	直	6	庚寅	直	3	己未	人	6	辛卯	直	3	庚申	直	6	16
17日	乙未	人	4	乙丑	人	1	甲午	直	4	甲子	直	1	癸巳	結	3	壬戌	人	6	壬辰	人	3	辛酉	直	6	辛卯	直	3	庚申	直	6	壬辰	人	3	辛酉	直	6	17
18日	丙申	結	4	丙寅	結	1	乙未	人	4	乙丑	人	1	甲午	直	4	癸亥	結	6	癸巳	結	3	壬戌	人	6	壬辰	人	3	辛酉	直	6	癸巳	結	3	壬戌	人	6	18
19日	丁酉	結	4	丁卯	結	1	丙申	結	4	丙寅	結	1	乙未	人	4	甲子	直	1	甲午	直	4	癸亥	結	6	癸巳	結	3	壬戌	人	6	甲午	直	4	癸亥	結	6	19
20日	戊戌	人	4	戊辰	人	1	丁酉	結	4	丁卯	結	1	丙申	結	4	乙丑	人	1	乙未	人	4	甲子	直	1	甲午	直	4	癸亥	結	6	乙未	人	4	甲子	直	1	20
21日	己亥	結	4	己巳	結	1	戊戌	人	4	戊辰	人	1	丁酉	結	4	丙寅	結	1	丙申	結	4	乙丑	人	1	乙未	人	4	甲子	直	1	丙申	結	4	乙丑	人	1	21
22日	庚子	直	4	庚午	直	1	己亥	結	4	己巳	結	1	戊戌	人	4	丁卯	結	1	丁酉	結	4	丙寅	結	1	丙申	結	4	乙丑	人	1	丁酉	結	4	丙寅	結	1	22
23日	辛丑	人	4	辛未	人	1	庚子	直	4	庚午	直	1	己亥	結	4	戊辰	人	1	戊戌	人	4	丁卯	結	1	丁酉	結	4	丙寅	結	1	戊戌	人	4	丁卯	結	1	23
24日	壬寅	結	4	壬申	結	1	辛丑	人	4	辛未	人	1	庚子	直	4	己巳	結	1	己亥	結	4	戊辰	人	1	戊戌	人	4	丁卯	結	1	己亥	結	4	戊辰	人	1	24
25日	癸卯	結	4	癸酉	結	1	壬寅	結	4	壬申	結	1	辛丑	人	4	庚午	直	1	庚子	直	4	己巳	結	1	己亥	結	4	戊辰	人	1	庚子	直	4	己巳	結	1	25
26日	甲辰	人	5	甲戌	人	2	癸卯	結	4	癸酉	結	1	壬寅	結	4	辛未	人	1	辛丑	人	4	庚午	直	1	庚子	直	4	己巳	結	1	辛丑	人	4	庚午	直	1	26
27日	乙巳	直	5	乙亥	直	2	甲辰	人	5	甲戌	人	2	癸卯	結	4	壬申	結	1	壬寅	結	4	辛未	人	1	辛丑	人	4	庚午	直	1	壬寅	結	4	辛未	人	1	27
28日	丙午	結	5	丙子	結	2	乙巳	直	5	乙亥	直	2	甲辰	人	5	癸酉	結	1	癸卯	結	4	壬申	結	1	壬寅	結	4	辛未	人	1	癸卯	結	4	壬申	結	1	28
29日	丁未	人	5	丁丑	人	2	丙午	結	5	丙子	結	2	乙巳	直	5	甲戌	人	2	甲辰	人	5	癸酉	結	1	癸卯	結	4	壬申	結	1				癸酉	結	1	29
30日	戊申	結	5	戊寅	結	2	丁未	人	5	丁丑	人	2	丙午	結	5	乙亥	直	2	乙巳	直	5	甲戌	人	2	甲辰	人	5	癸酉	結	1				甲戌	人	2	30
31日	己酉	結	5				戊申	結	5				丁未	人	5	丙子	結	2				乙亥	直	2				甲戌	人	2				乙亥	直	2	31

以下のサイトに、生年月日時を入力するだけ「人物フォーマット」が、算出できます。

https://asano-uranai.com/fpd/entrance.php

１９８７年（昭和６２年）

その年干支の期間	2/4 17:52 ～ 12/31 23:59	1/1 0:00 ~2/4 17:51
年干支	丁卯	丙寅

その月干支の期間	12/8 0:52 ～ 12/31 23:59	11/8 8:06 ～ 12/8 0:51	10/9 5:00 ～ 11/8 8:05	9/8 13:24 ～ 10/9 4:59	8/8 10:29 ～ 9/8 13:23	7/8 0:39 ～ 8/8 10:28	6/6 14:19 ～ 7/8 0:38	5/6 10:06 ～ 6/6 14:18	4/5 16:44 ～ 5/6 10:05	3/6 11:54 ～ 4/5 16:43	2/4 17:52 ～ 3/6 11:53	1/6 6:13 ～ 2/4 17:51	1/1 0:00 ～ 1/6 6:12
月干支	壬子	辛亥	庚戌	己酉	戊申	丁未	丙午	乙巳	甲辰	癸卯	壬寅	辛丑	庚子
外的環境の支配五行候補	水 木㋡	◎水㋑ 木㋠	◎土㋺ ○金㋟ 木㋡ 火㋡	◎金㋣ 木㋡	◎金㋑ △木㋡ 水㋰	火 ○土㋑ 木㋣	火 ○土㋑ 木㋡	火 ○土㋑ △木㋕ 金㋳	木 水㋒	木	木 火㋞	◎水㋕ ○火㋞ △木㋤ 金㋒	◎水㋑ △火㋞ 木㋤

	12月			11月			10月			9月			8月			7月			6月			5月			4月			3月			2月			1月			
	干支	タイプ	旬数	干支	タイプ	旬数	干支	タイプ	旬数	干支	タイプ	旬数	干支	タイプ	旬数	干支	タイプ	旬数	干支	タイプ	旬数	干支	タイプ	旬数	干支	タイプ	旬数	干支	タイプ	旬数	干支	タイプ	旬数	干支	タイプ	旬数	
1日	甲申	直	3	甲寅	直	6	癸未	人	2	癸丑	人	5	壬午	結	2	辛亥	直	5	辛巳	直	2	庚戌	人	5	庚辰	人	2	己酉	結	5	辛巳	直	2	庚戌	人	5	1
2日	乙酉	直	3	乙卯	直	6	甲申	直	3	甲寅	直	6	癸未	人	2	壬子	結	5	壬午	結	2	辛亥	直	5	辛巳	直	2	庚戌	人	5	壬午	結	2	辛亥	直	5	2
3日	丙戌	人	3	丙辰	人	6	乙酉	直	3	乙卯	直	6	甲申	直	3	癸丑	人	5	癸未	人	2	壬子	結	5	壬午	結	2	辛亥	直	5	癸未	人	2	壬子	結	5	3
4日	丁亥	結	3	丁巳	結	6	丙戌	人	3	丙辰	人	6	乙酉	直	3	甲寅	直	6	甲申	直	3	癸丑	人	5	癸未	人	2	壬子	結	5	甲申	直	3	癸丑	人	5	4
5日	戊子	結	3	戊午	結	6	丁亥	結	3	丁巳	結	6	丙戌	人	3	乙卯	直	6	乙酉	直	3	甲寅	直	6	甲申	直	3	癸丑	人	5	乙酉	直	3	甲寅	直	6	5
6日	己丑	人	3	己未	人	6	戊子	結	3	戊午	結	6	丁亥	結	3	丙辰	人	6	丙戌	人	3	乙卯	直	6	乙酉	直	3	甲寅	直	6	丙戌	人	3	乙卯	直	6	6
7日	庚寅	直	3	庚申	直	6	己丑	人	3	己未	人	6	戊子	結	3	丁巳	結	6	丁亥	結	3	丙辰	人	6	丙戌	人	3	乙卯	直	6	丁亥	結	3	丙辰	人	6	7
8日	辛卯	直	3	辛酉	直	6	庚寅	直	3	庚申	直	6	己丑	人	3	戊午	結	6	戊子	結	3	丁巳	結	6	丁亥	結	3	丙辰	人	6	戊子	結	3	丁巳	結	6	8
9日	壬辰	人	3	壬戌	人	6	辛卯	直	3	辛酉	直	6	庚寅	直	3	己未	人	6	己丑	人	3	戊午	結	6	戊子	結	3	丁巳	結	6	己丑	人	3	戊午	結	6	9
10日	癸巳	結	3	癸亥	結	6	壬辰	人	3	壬戌	人	6	辛卯	直	3	庚申	直	6	庚寅	直	3	己未	人	6	己丑	人	3	戊午	結	6	庚寅	直	3	己未	人	6	10
11日	甲午	直	4	甲子	直	1	癸巳	結	3	癸亥	結	6	壬辰	人	3	辛酉	直	6	辛卯	直	3	庚申	直	6	庚寅	直	3	己未	人	6	辛卯	直	3	庚申	直	6	11
12日	乙未	人	4	乙丑	人	1	甲午	直	4	甲子	直	1	癸巳	結	3	壬戌	人	6	壬辰	人	3	辛酉	直	6	辛卯	直	3	庚申	直	6	壬辰	人	3	辛酉	直	6	12
13日	丙申	結	4	丙寅	結	1	乙未	人	4	乙丑	人	1	甲午	直	4	癸亥	結	6	癸巳	結	3	壬戌	人	6	壬辰	人	3	辛酉	直	6	癸巳	結	3	壬戌	人	6	13
14日	丁酉	結	4	丁卯	結	1	丙申	結	4	丙寅	結	1	乙未	人	4	甲子	直	1	甲午	直	4	癸亥	結	6	癸巳	結	3	壬戌	人	6	甲午	直	4	癸亥	結	6	14
15日	戊戌	人	4	戊辰	人	1	丁酉	結	4	丁卯	結	1	丙申	結	4	乙丑	人	1	乙未	人	4	甲子	直	1	甲午	直	4	癸亥	結	6	乙未	人	4	甲子	直	1	15
16日	己亥	結	4	己巳	結	1	戊戌	人	4	戊辰	人	1	丁酉	結	4	丙寅	結	1	丙申	結	4	乙丑	人	1	乙未	人	4	甲子	直	1	丙申	結	4	乙丑	人	1	16
17日	庚子	直	4	庚午	直	1	己亥	結	4	己巳	結	1	戊戌	人	4	丁卯	結	1	丁酉	結	4	丙寅	結	1	丙申	結	4	乙丑	人	1	丁酉	結	4	丙寅	結	1	17
18日	辛丑	人	4	辛未	人	1	庚子	直	4	庚午	直	1	己亥	結	4	戊辰	人	1	戊戌	人	4	丁卯	結	1	丁酉	結	4	丙寅	結	1	戊戌	人	4	丁卯	結	1	18
19日	壬寅	結	4	壬申	結	1	辛丑	人	4	辛未	人	1	庚子	直	4	己巳	結	1	己亥	結	4	戊辰	人	1	戊戌	人	4	丁卯	結	1	己亥	結	4	戊辰	人	1	19
20日	癸卯	結	4	癸酉	結	1	壬寅	結	4	壬申	結	1	辛丑	人	4	庚午	直	1	庚子	直	4	己巳	結	1	己亥	結	4	戊辰	人	1	庚子	直	4	己巳	結	1	20
21日	甲辰	人	5	甲戌	人	2	癸卯	結	4	癸酉	結	1	壬寅	結	4	辛未	人	1	辛丑	人	4	庚午	直	1	庚子	直	4	己巳	結	1	辛丑	人	4	庚午	直	1	21
22日	乙巳	直	5	乙亥	直	2	甲辰	人	5	甲戌	人	2	癸卯	結	4	壬申	結	1	壬寅	結	4	辛未	人	1	辛丑	人	4	庚午	直	1	壬寅	結	4	辛未	人	1	22
23日	丙午	結	5	丙子	結	2	乙巳	直	5	乙亥	直	2	甲辰	人	5	癸酉	結	1	癸卯	結	4	壬申	結	1	壬寅	結	4	辛未	人	1	癸卯	結	4	壬申	結	1	23
24日	丁未	人	5	丁丑	人	2	丙午	結	5	丙子	結	2	乙巳	直	5	甲戌	人	2	甲辰	人	5	癸酉	結	1	癸卯	結	4	壬申	結	1	甲辰	人	5	癸酉	結	1	24
25日	戊申	結	5	戊寅	結	2	丁未	人	5	丁丑	人	2	丙午	結	5	乙亥	直	2	乙巳	直	5	甲戌	人	2	甲辰	人	5	癸酉	結	1	乙巳	直	5	甲戌	人	2	25
26日	己酉	結	5	己卯	結	2	戊申	結	5	戊寅	結	2	丁未	人	5	丙子	結	2	丙午	結	5	乙亥	直	2	乙巳	直	5	甲戌	人	2	丙午	結	5	乙亥	直	2	26
27日	庚戌	人	5	庚辰	人	2	己酉	結	5	己卯	結	2	戊申	結	5	丁丑	人	2	丁未	人	5	丙子	結	2	丙午	結	5	乙亥	直	2	丁未	人	5	丙子	結	2	27
28日	辛亥	直	5	辛巳	直	2	庚戌	人	5	庚辰	人	2	己酉	結	5	戊寅	結	2	戊申	結	5	丁丑	人	2	丁未	人	5	丙子	結	2	戊申	結	5	丁丑	人	2	28
29日	壬子	結	5	壬午	結	2	辛亥	直	5	辛巳	直	2	庚戌	人	5	己卯	結	2	己酉	結	5	戊寅	結	2	戊申	結	5	丁丑	人	2				戊寅	結	2	29
30日	癸丑	人	5	癸未	人	2	壬子	結	5	壬午	結	2	辛亥	直	5	庚辰	人	2	庚戌	人	5	己卯	結	2	己酉	結	5	戊寅	結	2				己卯	結	2	30
31日	甲寅	直	6				癸丑	人	5				壬子	結	5	辛巳	直	2				庚辰	人	2				己卯	結	2				庚辰	人	2	31

以下のサイトに、生年月日時を入力するだけ「人物フォーマット」が、算出できます。

https://asano-uranai.com/fpd/entrance.php

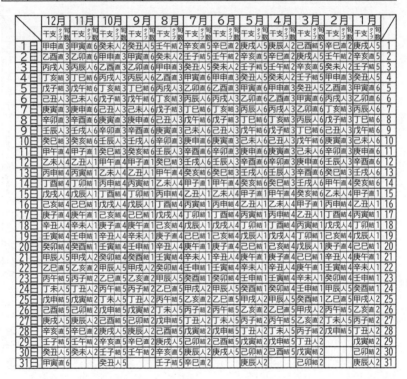

1988年（昭和63年）

その年干支の期間	2/4 23:43 ～ 12/31 23:59	1/1 0:00 ～2/4 23:42
年干支	戊辰	丁卯

その月干支の期間	12/7 6:34 ～ 12/31 23:59	11/7 13:49 ～ 12/7 6:33	10/8 10:45 ～ 11/7 13:48	9/7 19:12 ～ 10/8 10:44	8/7 16:20 ～ 9/7 19:11	7/7 6:33 ～ 8/7 16:19	6/5 20:15 ～ 7/7 6:32	5/5 16:02 ～ 6/5 20:14	4/4 22:39 ～ 5/5 16:01	3/5 17:47 ～ 4/4 22:38	2/4 23:43 ～ 3/5 17:46	1/6 12:04 ～ 2/4 23:42	1/1 0:00 ～ 1/6 12:03
月干支	甲子	癸亥	壬戌	辛酉	庚申	己未	戊午	丁巳	丙辰	乙卯	甲寅	癸丑	壬子
外的環境の支配五行候補	◎ 水㋑ △ 土㋺ 木㋒	水 △ 土㋷ 木㋶	◎ 土㋣ ○ 水㋟ △ 金㋧ □ 木㋒ 火㋖	金 ○ 土㋺ △ 木㋧ 水㋒	金 ○ 土㋷ △ 水㋡ 木㋒	土 ○ 火㋠ △ 木㋰ 水㋒	土 △ 火㋑ 木㋒ 水㋒	火・土 △ 木㋒ △ 水㋒ 金㋳	◎ 土㋷ ○ 木㋦ △ 金㋤ 水㋒	木 △ 土㋺ 水㋒	木 △ 土㋺ 火㋒ 水㋒	◎ 水㋥ △ 木㋡ 金㋮	水 木㋡

	12月			11月			10月			9月			8月			7月			6月			5月			4月			3月			2月			1月			
	干支	タイプ	旬数	干支	タイプ	旬数	干支	タイプ	旬数	干支	タイプ	旬数	干支	タイプ	旬数	干支	タイプ	旬数	干支	タイプ	旬数	干支	タイプ	旬数	干支	タイプ	旬数	干支	タイプ	旬数	干支	タイプ	旬数	干支	タイプ	旬数	
1日	庚寅	直	3	庚申	直	6	己丑	人	3	己未	人	6	戊子	結	3	丁巳	結	6	丁亥	結	3	丙辰	人	6	丙戌	人	3	乙卯	直	6	丙戌	人	3	乙卯	直	6	1
2日	辛卯	直	3	辛酉	直	6	庚寅	直	3	庚申	直	6	己丑	人	3	戊午	結	6	戊子	結	3	丁巳	結	6	丁亥	結	3	丙辰	人	6	丁亥	結	3	丙辰	人	6	2
3日	壬辰	人	3	壬戌	人	6	辛卯	直	3	辛酉	直	6	庚寅	直	3	己未	人	6	己丑	人	3	戊午	結	6	戊子	結	3	丁巳	結	6	戊子	結	3	丁巳	結	6	3
4日	癸巳	結	3	癸亥	結	6	壬辰	人	3	壬戌	人	6	辛卯	直	3	庚申	直	6	庚寅	直	3	己未	人	6	己丑	人	3	戊午	結	6	己丑	人	3	戊午	結	6	4
5日	甲午	直	4	甲子	直	1	癸巳	結	3	癸亥	結	6	壬辰	人	3	辛酉	直	6	辛卯	直	3	庚申	直	6	庚寅	直	3	己未	人	6	庚寅	直	3	己未	人	6	5
6日	乙未	人	4	乙丑	人	1	甲午	直	4	甲子	直	1	癸巳	結	3	壬戌	人	6	壬辰	人	3	辛酉	直	6	辛卯	直	3	庚申	直	6	辛卯	直	3	庚申	直	6	6
7日	丙申	結	4	丙寅	結	1	乙未	人	4	乙丑	人	1	甲午	直	4	癸亥	結	6	癸巳	結	3	壬戌	人	6	壬辰	人	3	辛酉	直	6	壬辰	人	3	辛酉	直	6	7
8日	丁酉	結	4	丁卯	結	1	丙申	結	4	丙寅	結	1	乙未	人	4	甲子	直	1	甲午	直	4	癸亥	結	6	癸巳	結	3	壬戌	人	6	癸巳	結	3	壬戌	人	6	8
9日	戊戌	人	4	戊辰	人	1	丁酉	結	4	丁卯	結	1	丙申	結	4	乙丑	人	1	乙未	人	4	甲子	直	1	甲午	直	4	癸亥	結	6	甲午	直	4	癸亥	結	6	9
10日	己亥	結	4	己巳	結	1	戊戌	人	4	戊辰	人	1	丁酉	結	4	丙寅	結	1	丙申	結	4	乙丑	人	1	乙未	人	4	甲子	直	1	乙未	人	4	甲子	直	1	10
11日	庚子	直	4	庚午	直	1	己亥	結	4	己巳	結	1	戊戌	人	4	丁卯	結	1	丁酉	結	4	丙寅	結	1	丙申	結	4	乙丑	人	1	丙申	結	4	乙丑	人	1	11
12日	辛丑	人	4	辛未	人	1	庚子	直	4	庚午	直	1	己亥	結	4	戊辰	人	1	戊戌	人	4	丁卯	結	1	丁酉	結	4	丙寅	結	1	丁酉	結	4	丙寅	結	1	12
13日	壬寅	結	4	壬申	結	1	辛丑	人	4	辛未	人	1	庚子	直	4	己巳	結	1	己亥	結	4	戊辰	人	1	戊戌	人	4	丁卯	結	1	戊戌	人	4	丁卯	結	1	13
14日	癸卯	結	4	癸酉	結	1	壬寅	結	4	壬申	結	1	辛丑	人	4	庚午	直	1	庚子	直	4	己巳	結	1	己亥	結	4	戊辰	人	1	己亥	結	4	戊辰	人	1	14
15日	甲辰	人	5	甲戌	人	2	癸卯	結	4	癸酉	結	1	壬寅	結	4	辛未	人	1	辛丑	人	4	庚午	直	1	庚子	直	4	己巳	結	1	庚子	直	4	己巳	結	1	15
16日	乙巳	直	5	乙亥	直	2	甲辰	人	5	甲戌	人	2	癸卯	結	4	壬申	結	1	壬寅	結	4	辛未	人	1	辛丑	人	4	庚午	直	1	辛丑	人	4	庚午	直	1	16
17日	丙午	結	5	丙子	結	2	乙巳	直	5	乙亥	直	2	甲辰	人	5	癸酉	結	1	癸卯	結	4	壬申	結	1	壬寅	結	4	辛未	人	1	壬寅	結	4	辛未	人	1	17
18日	丁未	人	5	丁丑	人	2	丙午	結	5	丙子	結	2	乙巳	直	5	甲戌	人	2	甲辰	人	5	癸酉	結	1	癸卯	結	4	壬申	結	1	癸卯	結	4	壬申	結	1	18
19日	戊申	結	5	戊寅	結	2	丁未	人	5	丁丑	人	2	丙午	結	5	乙亥	直	2	乙巳	直	5	甲戌	人	2	甲辰	人	5	癸酉	結	1	甲辰	人	5	癸酉	結	1	19
20日	己酉	結	5	己卯	結	2	戊申	結	5	戊寅	結	2	丁未	人	5	丙子	結	2	丙午	結	5	乙亥	直	2	乙巳	直	5	甲戌	人	2	乙巳	直	5	甲戌	人	2	20
21日	庚戌	人	5	庚辰	人	2	己酉	結	5	己卯	結	2	戊申	結	5	丁丑	人	2	丁未	人	5	丙子	結	2	丙午	結	5	乙亥	直	2	丙午	結	5	乙亥	直	2	21
22日	辛亥	直	5	辛巳	直	2	庚戌	人	5	庚辰	人	2	己酉	結	5	戊寅	結	2	戊申	結	5	丁丑	人	2	丁未	人	5	丙子	結	2	丁未	人	5	丙子	結	2	22
23日	壬子	結	5	壬午	結	2	辛亥	直	5	辛巳	直	2	庚戌	人	5	己卯	結	2	己酉	結	5	戊寅	結	2	戊申	結	5	丁丑	人	2	戊申	結	5	丁丑	人	2	23
24日	癸丑	人	5	癸未	人	2	壬子	結	5	壬午	結	2	辛亥	直	5	庚辰	人	2	庚戌	人	5	己卯	結	2	己酉	結	5	戊寅	結	2	己酉	結	5	戊寅	結	2	24
25日	甲寅	直	6	甲申	直	3	癸丑	人	5	癸未	人	2	壬子	結	5	辛巳	直	2	辛亥	直	5	庚辰	人	2	庚戌	人	5	己卯	結	2	庚戌	人	5	己卯	結	2	25
26日	乙卯	直	6	乙酉	直	3	甲寅	直	6	甲申	直	3	癸丑	人	5	壬午	結	2	壬子	結	5	辛巳	直	2	辛亥	直	5	庚辰	人	2	辛亥	直	5	庚辰	人	2	26
27日	丙辰	人	6	丙戌	人	3	乙卯	直	6	乙酉	直	3	甲寅	直	6	癸未	人	2	癸丑	人	5	壬午	結	2	壬子	結	5	辛巳	直	2	壬子	結	5	辛巳	直	2	27
28日	丁巳	結	6	丁亥	結	3	丙辰	人	6	丙戌	人	3	乙卯	直	6	甲申	直	3	甲寅	直	6	癸未	人	2	癸丑	人	5	壬午	結	2	癸丑	人	5	壬午	結	2	28
29日	戊午	結	6	戊子	結	3	丁巳	結	6	丁亥	結	3	丙辰	人	6	乙酉	直	3	乙卯	直	6	甲申	直	3	甲寅	直	6	癸未	人	2	甲寅	直	6	癸未	人	2	29
30日	己未	人	6	己丑	人	3	戊午	結	6	戊子	結	3	丁巳	結	6	丙戌	人	3	丙辰	人	6	乙酉	直	3	乙卯	直	6	甲申	直	3				甲申			30
31日	庚申	直	6				己未	人	6				戊午	結	6	丁亥	結	3				丙戌	人	3				乙酉	直	3				乙酉			31

以下のサイトに、生年月日時を入力するだけ「人物フォーマット」が、算出できます。

https://asano-uranai.com/fpd/entrance.php

１９８９年（平成元年）

その年干支の期間	2/4 5:27 ～ 12/31 23:59	1/1 0:00 ～2/4 5:26
年干支	己巳	戊辰

その月干支の期間	12/7 12:21 ～ 12/31 23:59	11/7 19:34 ～ 12/7 12:20	10/8 16:27 ～ 11/7 19:33	9/8 0:54 ～ 10/8 16:26	8/7 22:04 ～ 9/8 0:53	7/7 12:19 ～ 8/7 22:03	6/6 2:05 ～ 7/7 12:18	5/5 21:54 ～ 6/6 2:04	4/5 4:30 ～ 5/5 21:53	3/5 23:34 ～ 4/5 4:29	2/4 5:27 ～ 3/5 23:33	1/5 17:46 ～ 2/4 5:26	1/1 0:00 ～ 1/5 17:45
月干支	丙子	乙亥	甲戌	癸酉	壬申	辛未	庚午	己巳	戊辰	丁卯	丙寅	乙丑	甲子
外的環境の支配五行候補	◎ 水㋑ ○ 土㋺ △ 火㋬ 金㋳	◎ 土㋺ ○ 水㋻ △ 木㋹ □ 火㋰ 金㋳	土 △ 火㋵ 金㋧	◎ 金㋑ △ 土㋺ 火㋰	◎ 金㋑ △ 土㋺ □ 水㋵ 火㋰	火・土 木㋰ 金㋰	火・土 金㋰	火・土 金㋳	土 ○ 木㋦ △ 火㋰ □ 水㋒ 金㋳	◎ 木㋑ ○ 土㋺ △ 火㋬ 金㋳	◎ 木㋑ ○ 火㋥ △ 土㋭ 金㋳	◎ 土㋷ ○ 水㋕ △ 木㋵ 金㋤	◎ 水㋑ △ 土㋺ 木㋒

	12月			11月			10月			9月			8月			7月			6月			5月			4月			3月			2月			1月			
	干支	タイプ	旬数	干支	タイプ	旬数	干支	タイプ	旬数	干支	タイプ	旬数	干支	タイプ	旬数	干支	タイプ	旬数	干支	タイプ	旬数	干支	タイプ	旬数	干支	タイプ	旬数	干支	タイプ	旬数	干支	タイプ	旬数	干支	タイプ	旬数	
1日	乙未	人	4	乙丑	人	1	甲午	直	4	甲子	直	1	癸巳	結	3	壬戌	人	6	壬辰	人	3	辛酉	直	6	辛卯	直	3	庚申	直	6	壬辰	人	3	辛酉	直	6	1
2日	丙申	結	4	丙寅	結	1	乙未	人	4	乙丑	人	1	甲午	直	4	癸亥	結	6	癸巳	結	3	壬戌	人	6	壬辰	人	3	辛酉	直	6	癸巳	結	3	壬戌	人	6	2
3日	丁酉	結	4	丁卯	結	1	丙申	結	4	丙寅	結	1	乙未	人	4	甲子	直	1	甲午	直	4	癸亥	結	6	癸巳	結	3	壬戌	人	6	甲午	直	4	癸亥	結	6	3
4日	戊戌	人	4	戊辰	人	1	丁酉	結	4	丁卯	結	1	丙申	結	4	乙丑	人	1	乙未	人	4	甲子	直	1	甲午	直	4	癸亥	結	6	乙未	人	4	甲子	直	1	4
5日	己亥	結	4	己巳	結	1	戊戌	人	4	戊辰	人	1	丁酉	結	4	丙寅	結	1	丙申	結	4	乙丑	人	1	乙未	人	4	甲子	直	1	丙申	結	4	乙丑	人	1	5
6日	庚子	直	4	庚午	直	1	己亥	結	4	己巳	結	1	戊戌	人	4	丁卯	結	1	丁酉	結	4	丙寅	結	1	丙申	結	4	乙丑	人	1	丁酉	結	4	丙寅	結	1	6
7日	辛丑	人	4	辛未	人	1	庚子	直	4	庚午	直	1	己亥	結	4	戊辰	人	1	戊戌	人	4	丁卯	結	1	丁酉	結	4	丙寅	結	1	戊戌	人	4	丁卯	結	1	7
8日	壬寅	結	4	壬申	結	1	辛丑	人	4	辛未	人	1	庚子	直	4	己巳	結	1	己亥	結	4	戊辰	人	1	戊戌	人	4	丁卯	結	1	己亥	結	4	戊辰	人	1	8
9日	癸卯	結	4	癸酉	結	1	壬寅	結	4	壬申	結	1	辛丑	人	4	庚午	直	1	庚子	直	4	己巳	結	1	己亥	結	4	戊辰	人	1	庚子	直	4	己巳	結	1	9
10日	甲辰	人	5	甲戌	人	2	癸卯	結	4	癸酉	結	1	壬寅	結	4	辛未	人	1	辛丑	人	4	庚午	直	1	庚子	直	4	己巳	結	1	辛丑	人	4	庚午	直	1	10
11日	乙巳	直	5	乙亥	直	2	甲辰	人	5	甲戌	人	2	癸卯	結	4	壬申	結	1	壬寅	結	4	辛未	人	1	辛丑	人	4	庚午	直	1	壬寅	結	4	辛未	人	1	11
12日	丙午	結	5	丙子	結	2	乙巳	直	5	乙亥	直	2	甲辰	人	5	癸酉	結	1	癸卯	結	4	壬申	結	1	壬寅	結	4	辛未	人	1	癸卯	結	4	壬申	結	1	12
13日	丁未	人	5	丁丑	人	2	丙午	結	5	丙子	結	2	乙巳	直	5	甲戌	人	2	甲辰	人	5	癸酉	結	1	癸卯	結	4	壬申	結	1	甲辰	人	5	癸酉	結	1	13
14日	戊申	結	5	戊寅	結	2	丁未	人	5	丁丑	人	2	丙午	結	5	乙亥	直	2	乙巳	直	5	甲戌	人	2	甲辰	人	5	癸酉	結	1	乙巳	直	5	甲戌	人	2	14
15日	己酉	結	5	己卯	結	2	戊申	結	5	戊寅	結	2	丁未	人	5	丙子	結	2	丙午	結	5	乙亥	直	2	乙巳	直	5	甲戌	人	2	丙午	結	5	乙亥	直	2	15
16日	庚戌	人	5	庚辰	人	2	己酉	結	5	己卯	結	2	戊申	結	5	丁丑	人	2	丁未	人	5	丙子	結	2	丙午	結	5	乙亥	直	2	丁未	人	5	丙子	結	2	16
17日	辛亥	直	5	辛巳	直	2	庚戌	人	5	庚辰	人	2	己酉	結	5	戊寅	結	2	戊申	結	5	丁丑	人	2	丁未	人	5	丙子	結	2	戊申	結	5	丁丑	人	2	17
18日	壬子	結	5	壬午	結	2	辛亥	直	5	辛巳	直	2	庚戌	人	5	己卯	結	2	己酉	結	5	戊寅	結	2	戊申	結	5	丁丑	人	2	己酉	結	5	戊寅	結	2	18
19日	癸丑	人	5	癸未	人	2	壬子	結	5	壬午	結	2	辛亥	直	5	庚辰	人	2	庚戌	人	5	己卯	結	2	己酉	結	5	戊寅	結	2	庚戌	人	5	己卯	結	2	19
20日	甲寅	直	6	甲申	直	3	癸丑	人	5	癸未	人	2	壬子	結	5	辛巳	直	2	辛亥	直	5	庚辰	人	2	庚戌	人	5	己卯	結	2	辛亥	直	5	庚辰	人	2	20
21日	乙卯	直	6	乙酉	直	3	甲寅	直	6	甲申	直	3	癸丑	人	5	壬午	結	2	壬子	結	5	辛巳	直	2	辛亥	直	5	庚辰	人	2	壬子	結	5	辛巳	直	2	21
22日	丙辰	人	6	丙戌	人	3	乙卯	直	6	乙酉	直	3	甲寅	直	6	癸未	人	2	癸丑	人	5	壬午	結	2	壬子	結	5	辛巳	直	2	癸丑	人	5	壬午	結	2	22
23日	丁巳	結	6	丁亥	結	3	丙辰	人	6	丙戌	人	3	乙卯	直	6	甲申	直	3	甲寅	直	6	癸未	人	2	癸丑	人	5	壬午	結	2	甲寅	直	6	癸未	人	2	23
24日	戊午	結	6	戊子	結	3	丁巳	結	6	丁亥	結	3	丙辰	人	6	乙酉	直	3	乙卯	直	6	甲申	直	3	甲寅	直	6	癸未	人	2	乙卯	直	6	甲申	直	3	24
25日	己未	人	6	己丑	人	3	戊午	結	6	戊子	結	3	丁巳	結	6	丙戌	人	3	丙辰	人	6	乙酉	直	3	乙卯	直	6	甲申	直	3	丙辰	人	6	乙酉	直	3	25
26日	庚申	直	6	庚寅	直	3	己未	人	6	己丑	人	3	戊午	結	6	丁亥	結	3	丁巳	結	6	丙戌	人	3	丙辰	人	6	乙酉	直	3	丁巳	結	6	丙戌	人	3	26
27日	辛酉	直	6	辛卯	直	3	庚申	直	6	庚寅	直	3	己未	人	6	戊子	結	3	戊午	結	6	丁亥	結	3	丁巳	結	6	丙戌	人	3	戊午	結	6	丁亥	結	3	27
28日	壬戌	人	6	壬辰	人	3	辛酉	直	6	辛卯	直	3	庚申	直	6	己丑	人	3	己未	人	6	戊子	結	3	戊午	結	6	丁亥	結	3	己未	人	6	戊子	結	3	28
29日	癸亥	結	6	癸巳	結	3	壬戌	人	6	壬辰	人	3	辛酉	直	6	庚寅	直	3	庚申	直	6	己丑	人	3	己未	人	6	戊子	結	3				己丑	人	3	29
30日	甲子	直	1	甲午	直	4	癸亥	結	6	癸巳	結	3	壬戌	人	6	辛卯	直	3	辛酉	直	6	庚寅	直	3	庚申	直	6	己丑	人	3				庚寅	直	3	30
31日	乙丑	人	1				甲子	直	1				癸亥	結	6	壬辰	人	3				辛卯	直	3				庚寅	直	3				辛卯	直	3	31

以下のサイトに、生年月日時を入力するだけ「人物フォーマット」が、算出できます。

https://asano-uranai.com/fpd/entrance.php

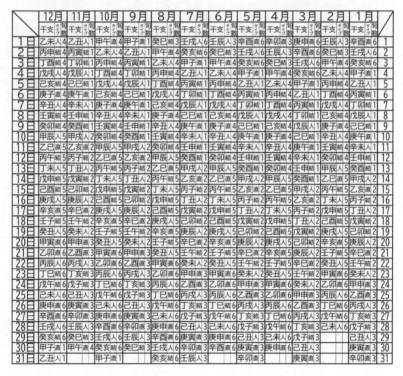

１９９０年（平成２年）

その年干支の期間	2/4 11:14 ～ 12/31 23:59	1/1 0:00 ~2/4 11:13
年干支	庚午	己巳

その月干支の期間	12/7 18:14 ～ 12/31 23:59	11/8 1:23 ～ 12/7 18:13	10/8 22:14 ～ 11/8 1:22	9/8 6:37 ～ 10/8 22:13	8/8 3:46 ～ 9/8 6:36	7/7 18:00 ～ 8/8 3:45	6/6 7:46 ～ 7/7 17:59	5/6 3:35 ～ 6/6 7:45	4/5 10:13 ～ 5/6 3:34	3/6 5:19 ～ 4/5 10:12	2/4 11:14 ～ 3/6 5:18	1/5 23:33 ～ 2/4 11:13	1/1 0:00 ～ 1/5 23:32
月干支	戊子	丁亥	丙戌	乙酉	甲申	癸未	壬午	辛巳	庚辰	己卯	戊寅	丁丑	丙子
外的環境の支配五行候補	◎ 土㋺ △ 水㋻ 火㋧	◎ 水㋑ ○ 火㋬ △ 土㋦ 木㋶	◎ 土㋑ △ 火㋺ 金㋧	金 ○ 土㋦ 火㋧	金 ○ 土㋦ △ 火㋧ 水㋰	火 ○ 土㋑ 木㋰	火 ○ 土㋑	火 ○ 土㋑ 金㋟	◎ 土㋥ ○ 木㋦ △ 金㋟ □ 火㋧ 水㋒	◎ 木㋑ △ 土㋺ 火㋧	◎ 木㋑ △ 土㋭ 火㋻	◎ 土㋩ ○ 火㋬ △ 金㋦ 水㋕	◎ 水㋑ ○ 土㋺ △ 火㋬ 金㋳

	12月			11月			10月			9月			8月			7月			6月			5月			4月			3月			2月			1月			
	干支	タイプ	旬数	干支	タイプ	旬数	干支	タイプ	旬数	干支	タイプ	旬数	干支	タイプ	旬数	干支	タイプ	旬数	干支	タイプ	旬数	干支	タイプ	旬数	干支	タイプ	旬数	干支	タイプ	旬数	干支	タイプ	旬数	干支	タイプ	旬数	
1日	庚子	直	4	庚午	直	1	己亥	結	4	己巳	結	1	戊戌	人	4	丁卯	結	1	丁酉	結	4	丙寅	結	1	丙申	結	4	乙丑	人	1	丁酉	結	4	丙寅	結	1	1
2日	辛丑	人	4	辛未	人	1	庚子	直	4	庚午	直	1	己亥	結	4	戊辰	人	1	戊戌	人	4	丁卯	結	1	丁酉	結	4	丙寅	結	1	戊戌	人	4	丁卯	結	1	2
3日	壬寅	結	4	壬申	結	1	辛丑	人	4	辛未	人	1	庚子	直	4	己巳	結	1	己亥	結	4	戊辰	人	1	戊戌	人	4	丁卯	結	1	己亥	結	4	戊辰	人	1	3
4日	癸卯	結	4	癸酉	結	1	壬寅	結	4	壬申	結	1	辛丑	人	4	庚午	直	1	庚子	直	4	己巳	結	1	己亥	結	4	戊辰	人	1	庚子	直	4	己巳	結	1	4
5日	甲辰	人	5	甲戌	人	2	癸卯	結	4	癸酉	結	1	壬寅	結	4	辛未	人	1	辛丑	人	4	庚午	直	1	庚子	直	4	己巳	結	1	辛丑	人	4	庚午	直	1	5
6日	乙巳	直	5	乙亥	直	2	甲辰	人	5	甲戌	人	2	癸卯	結	4	壬申	結	1	壬寅	結	4	辛未	人	1	辛丑	人	4	庚午	直	1	壬寅	結	4	辛未	人	1	6
7日	丙午	結	5	丙子	結	2	乙巳	直	5	乙亥	直	2	甲辰	人	5	癸酉	結	1	癸卯	結	4	壬申	結	1	壬寅	結	4	辛未	人	1	癸卯	結	4	壬申	結	1	7
8日	丁未	人	5	丁丑	人	2	丙午	結	5	丙子	結	2	乙巳	直	5	甲戌	人	2	甲辰	人	5	癸酉	結	1	癸卯	結	4	壬申	結	1	甲辰	人	5	癸酉	結	1	8
9日	戊申	結	5	戊寅	結	2	丁未	人	5	丁丑	人	2	丙午	結	5	乙亥	直	2	乙巳	直	5	甲戌	人	2	甲辰	人	5	癸酉	結	1	乙巳	直	5	甲戌	人	2	9
10日	己酉	結	5	己卯	結	2	戊申	結	5	戊寅	結	2	丁未	人	5	丙子	結	2	丙午	結	5	乙亥	直	2	乙巳	直	5	甲戌	人	2	丙午	結	5	乙亥	直	2	10
11日	庚戌	人	5	庚辰	人	2	己酉	結	5	己卯	結	2	戊申	結	5	丁丑	人	2	丁未	人	5	丙子	結	2	丙午	結	5	乙亥	直	2	丁未	人	5	丙子	結	2	11
12日	辛亥	直	5	辛巳	直	2	庚戌	人	5	庚辰	人	2	己酉	結	5	戊寅	結	2	戊申	結	5	丁丑	人	2	丁未	人	5	丙子	結	2	戊申	結	5	丁丑	人	2	12
13日	壬子	結	5	壬午	結	2	辛亥	直	5	辛巳	直	2	庚戌	人	5	己卯	結	2	己酉	結	5	戊寅	結	2	戊申	結	5	丁丑	人	2	己酉	結	5	戊寅	結	2	13
14日	癸丑	人	5	癸未	人	2	壬子	結	5	壬午	結	2	辛亥	直	5	庚辰	人	2	庚戌	人	5	己卯	結	2	己酉	結	5	戊寅	結	2	庚戌	人	5	己卯	結	2	14
15日	甲寅	直	6	甲申	直	3	癸丑	人	5	癸未	人	2	壬子	結	5	辛巳	直	2	辛亥	直	5	庚辰	人	2	庚戌	人	5	己卯	結	2	辛亥	直	5	庚辰	人	2	15
16日	乙卯	直	6	乙酉	直	3	甲寅	直	6	甲申	直	3	癸丑	人	5	壬午	結	2	壬子	結	5	辛巳	直	2	辛亥	直	5	庚辰	人	2	壬子	結	5	辛巳	直	2	16
17日	丙辰	人	6	丙戌	人	3	乙卯	直	6	乙酉	直	3	甲寅	直	6	癸未	人	2	癸丑	人	5	壬午	結	2	壬子	結	5	辛巳	直	2	癸丑	人	5	壬午	結	2	17
18日	丁巳	結	6	丁亥	結	3	丙辰	人	6	丙戌	人	3	乙卯	直	6	甲申	直	3	甲寅	直	6	癸未	人	2	癸丑	人	5	壬午	結	2	甲寅	直	6	癸未	人	2	18
19日	戊午	結	6	戊子	結	3	丁巳	結	6	丁亥	結	3	丙辰	人	6	乙酉	直	3	乙卯	直	6	甲申	直	3	甲寅	直	6	癸未	人	2	乙卯	直	6	甲申	直	3	19
20日	己未	人	6	己丑	人	3	戊午	結	6	戊子	結	3	丁巳	結	6	丙戌	人	3	丙辰	人	6	乙酉	直	3	乙卯	直	6	甲申	直	3	丙辰	人	6	乙酉	直	3	20
21日	庚申	直	6	庚寅	直	3	己未	人	6	己丑	人	3	戊午	結	6	丁亥	結	3	丁巳	結	6	丙戌	人	3	丙辰	人	6	乙酉	直	3	丁巳	結	6	丙戌	人	3	21
22日	辛酉	直	6	辛卯	直	3	庚申	直	6	庚寅	直	3	己未	人	6	戊子	結	3	戊午	結	6	丁亥	結	3	丁巳	結	6	丙戌	人	3	戊午	結	6	丁亥	結	3	22
23日	壬戌	人	6	壬辰	人	3	辛酉	直	6	辛卯	直	3	庚申	直	6	己丑	人	3	己未	人	6	戊子	結	3	戊午	結	6	丁亥	結	3	己未	人	6	戊子	結	3	23
24日	癸亥	結	6	癸巳	結	3	壬戌	人	6	壬辰	人	3	辛酉	直	6	庚寅	直	3	庚申	直	6	己丑	人	3	己未	人	6	戊子	結	3	庚申	直	6	己丑	人	3	24
25日	甲子	直	1	甲午	直	4	癸亥	結	6	癸巳	結	3	壬戌	人	6	辛卯	直	3	辛酉	直	6	庚寅	直	3	庚申	直	6	己丑	人	3	辛酉	直	6	庚寅	直	3	25
26日	乙丑	人	1	乙未	人	4	甲子	直	1	甲午	直	4	癸亥	結	6	壬辰	人	3	壬戌	人	6	辛卯	直	3	辛酉	直	6	庚寅	直	3	壬戌	人	6	辛卯	直	3	26
27日	丙寅	結	1	丙申	結	4	乙丑	人	1	乙未	人	4	甲子	直	1	癸巳	結	3	癸亥	結	6	壬辰	人	3	壬戌	人	6	辛卯	直	3	癸亥	結	6	壬辰	人	3	27
28日	丁卯	結	1	丁酉	結	4	丙寅	結	1	丙申	結	4	乙丑	人	1	甲午	直	4	甲子	直	1	癸巳	結	3	癸亥	結	6	壬辰	人	3	甲子	直	1	癸巳	結	3	28
29日	戊辰	人	1	戊戌	人	4	丁卯	結	1	丁酉	結	4	丙寅	結	1	乙未	人	4	乙丑	人	1	甲午	直	4	甲子	直	1	癸巳	結	3				甲午	直	4	29
30日	己巳	結	1	己亥	結	4	戊辰	人	1	戊戌	人	4	丁卯	結	1	丙申	結	4	丙寅	結	1	乙未	人	4	乙丑	人	1	甲午	直	4				乙未	人	4	30
31日	庚午	直	1				己巳	結	1				戊辰	人	1	丁酉	結	4				丙申	結	4				乙未	人	4				丙申	結	4	31

以下のサイトに、生年月日時を入力するだけ「人物フォーマット」が、算出できます。

https://asano-uranai.com/fpd/entrance.php

1991年（平成3年）

その年干支の期間	2/4 17:08 ～ 12/31 23:59	1/1 0:00 ～2/4 17:07
年干支	辛未	庚午

その月干支の期間	12/8 5:39 ～ 12/31 23:59	11/8 13:08 ～ 12/8 5:38	10/9 10:25 ～ 11/8 13:07	9/8 19:16 ～ 10/9 10:24	8/8 16:44 ～ 9/8 19:15	7/8 7:05 ～ 8/8 16:43	6/6 20:41 ～ 7/8 7:04	5/6 16:08 ～ 6/6 20:40	4/5 22:18 ～ 5/6 16:07	3/6 17:00 ～ 4/5 22:17	2/4 22:38 ～ 3/6 16:59	1/6 10:54 ～ 2/4 22:37	1/1 0:00 ～ 1/6 10:53
月干支	庚子	己亥	戊戌	丁酉	丙申	乙未	甲午	癸巳	壬辰	辛卯	庚寅	己丑	戊子
外的環境の支配五行候補	◎ 水㋑ ○ 土㋦ △ 金㋟ □ 火㋹ 木㋰	◎ 水㋑ ○ 土㋺ △ 木㋟ 火㋹	土 ○ 金㋟ △ 火㋹ 木㋰	金 ○ 火㋷ △ 土㋦ 木㋰	金 ○ 火㋷ △ 土㋦ 木㋰ 水㋰	土 △ 火㋠ 木㋞	火 ○ 土㋑ 木㋞	火 ○ 土㋑ 木㋰	◎ 土㋥ ○ 木㋦ △ 水㋟ □ 火㋹ 金㋶	◎ 木㋑ ○ 土㋦ △ 金㋟ 火㋶	◎ 木㋑ △ 火㋦ △ 土㋦ 金㋟	◎ 土㋩ ○ 水㋕ △ 火㋧ 金㋒	◎ 土㋺ △ 水㋻ 火㋧

	12月			11月			10月			9月			8月			7月			6月			5月			4月			3月			2月			1月			
	干支	タイプ	旬数	干支	タイプ	旬数	干支	タイプ	旬数	干支	タイプ	旬数	干支	タイプ	旬数	干支	タイプ	旬数	干支	タイプ	旬数	干支	タイプ	旬数	干支	タイプ	旬数	干支	タイプ	旬数	干支	タイプ	旬数	干支	タイプ	旬数	
1日	乙巳	直	5	乙亥	直	2	甲辰	人	5	甲戌	人	2	癸卯	結	4	壬申	結	1	壬寅	結	4	辛未	人	1	辛丑	人	4	庚午	直	1	壬寅	結	4	辛未	人	1	1
2日	丙午	結	5	丙子	結	2	乙巳	直	5	乙亥	直	2	甲辰	人	5	癸酉	結	1	癸卯	結	4	壬申	結	1	壬寅	結	4	辛未	人	1	癸卯	結	4	壬申	結	1	2
3日	丁未	人	5	丁丑	人	2	丙午	結	5	丙子	結	2	乙巳	直	5	甲戌	人	2	甲辰	人	5	癸酉	結	1	癸卯	結	4	壬申	結	1	甲辰	人	5	癸酉	結	1	3
4日	戊申	結	5	戊寅	結	2	丁未	人	5	丁丑	人	2	丙午	結	5	乙亥	直	2	乙巳	直	5	甲戌	人	2	甲辰	人	5	癸酉	結	1	乙巳	直	5	甲戌	人	2	4
5日	己酉	結	5	己卯	結	2	戊申	結	5	戊寅	結	2	丁未	人	5	丙子	結	2	丙午	結	5	乙亥	直	2	乙巳	直	5	甲戌	人	2	丙午	結	5	乙亥	直	2	5
6日	庚戌	人	5	庚辰	人	2	己酉	結	5	己卯	結	2	戊申	結	5	丁丑	人	2	丁未	人	5	丙子	結	2	丙午	結	5	乙亥	直	2	丁未	人	5	丙子	結	2	6
7日	辛亥	直	5	辛巳	直	2	庚戌	人	5	庚辰	人	2	己酉	結	5	戊寅	結	2	戊申	結	5	丁丑	人	2	丁未	人	5	丙子	結	2	戊申	結	5	丁丑	人	2	7
8日	壬子	結	5	壬午	結	2	辛亥	直	5	辛巳	直	2	庚戌	人	5	己卯	結	2	己酉	結	5	戊寅	結	2	戊申	結	5	丁丑	人	2	己酉	結	5	戊寅	結	2	8
9日	癸丑	人	5	癸未	人	2	壬子	結	5	壬午	結	2	辛亥	直	5	庚辰	人	2	庚戌	人	5	己卯	結	2	己酉	結	5	戊寅	結	2	庚戌	人	5	己卯	結	2	9
10日	甲寅	直	6	甲申	直	3	癸丑	人	5	癸未	人	2	壬子	結	5	辛巳	直	2	辛亥	直	5	庚辰	人	2	庚戌	人	5	己卯	結	2	辛亥	直	5	庚辰	人	2	10
11日	乙卯	直	6	乙酉	直	3	甲寅	直	6	甲申	直	3	癸丑	人	5	壬午	結	2	壬子	結	5	辛巳	直	2	辛亥	直	5	庚辰	人	2	壬子	結	5	辛巳	直	2	11
12日	丙辰	人	6	丙戌	人	3	乙卯	直	6	乙酉	直	3	甲寅	直	6	癸未	人	2	癸丑	人	5	壬午	結	2	壬子	結	5	辛巳	直	2	癸丑	人	5	壬午	結	2	12
13日	丁巳	結	6	丁亥	結	3	丙辰	人	6	丙戌	人	3	乙卯	直	6	甲申	直	3	甲寅	直	6	癸未	人	2	癸丑	人	5	壬午	結	2	甲寅	直	6	癸未	人	2	13
14日	戊午	結	6	戊子	結	3	丁巳	結	6	丁亥	結	3	丙辰	人	6	乙酉	直	3	乙卯	直	6	甲申	直	3	甲寅	直	6	癸未	人	2	乙卯	直	6	甲申	直	3	14
15日	己未	人	6	己丑	人	3	戊午	結	6	戊子	結	3	丁巳	結	6	丙戌	人	3	丙辰	人	6	乙酉	直	3	乙卯	直	6	甲申	直	3	丙辰	人	6	乙酉	直	3	15
16日	庚申	直	6	庚寅	直	3	己未	人	6	己丑	人	3	戊午	結	6	丁亥	結	3	丁巳	結	6	丙戌	人	3	丙辰	人	6	乙酉	直	3	丁巳	結	6	丙戌	人	3	16
17日	辛酉	直	6	辛卯	直	3	庚申	直	6	庚寅	直	3	己未	人	6	戊子	結	3	戊午	結	6	丁亥	結	3	丁巳	結	6	丙戌	人	3	戊午	結	6	丁亥	結	3	17
18日	壬戌	人	6	壬辰	人	3	辛酉	直	6	辛卯	直	3	庚申	直	6	己丑	人	3	己未	人	6	戊子	結	3	戊午	結	6	丁亥	結	3	己未	人	6	戊子	結	3	18
19日	癸亥	結	6	癸巳	結	3	壬戌	人	6	壬辰	人	3	辛酉	直	6	庚寅	直	3	庚申	直	6	己丑	人	3	己未	人	6	戊子	結	3	庚申	直	6	己丑	人	3	19
20日	甲子	直	1	甲午	直	4	癸亥	結	6	癸巳	結	3	壬戌	人	6	辛卯	直	3	辛酉	直	6	庚寅	直	3	庚申	直	6	己丑	人	3	辛酉	直	6	庚寅	直	3	20
21日	乙丑	人	1	乙未	人	4	甲子	直	1	甲午	直	4	癸亥	結	6	壬辰	人	3	壬戌	人	6	辛卯	直	3	辛酉	直	6	庚寅	直	3	壬戌	人	6	辛卯	直	3	21
22日	丙寅	結	1	丙申	結	4	乙丑	人	1	乙未	人	4	甲子	直	1	癸巳	結	3	癸亥	結	6	壬辰	人	3	壬戌	人	6	辛卯	直	3	癸亥	結	6	壬辰	人	3	22
23日	丁卯	結	1	丁酉	結	4	丙寅	結	1	丙申	結	4	乙丑	人	1	甲午	直	4	甲子	直	1	癸巳	結	3	癸亥	結	6	壬辰	人	3	甲子	直	1	癸巳	結	3	23
24日	戊辰	人	1	戊戌	人	4	丁卯	結	1	丁酉	結	4	丙寅	結	1	乙未	人	4	乙丑	人	1	甲午	直	4	甲子	直	1	癸巳	結	3	乙丑	人	1	甲午	直	4	24
25日	己巳	結	1	己亥	結	4	戊辰	人	1	戊戌	人	4	丁卯	結	1	丙申	結	4	丙寅	結	1	乙未	人	4	乙丑	人	1	甲午	直	4	丙寅	結	1	乙未	人	4	25
26日	庚午	直	1	庚子	直	4	己巳	結	1	己亥	結	4	戊辰	人	1	丁酉	結	4	丁卯	結	1	丙申	結	4	丙寅	結	1	乙未	人	4	丁卯	結	1	丙申	結	4	26
27日	辛未	人	1	辛丑	人	4	庚午	直	1	庚子	直	4	己巳	結	1	戊戌	人	4	戊辰	人	1	丁酉	結	4	丁卯	結	1	丙申	結	4	戊辰	人	1	丁酉	結	4	27
28日	壬申	結	1	壬寅	結	4	辛未	人	1	辛丑	人	4	庚午	直	1	己亥	結	4	己巳	結	1	戊戌	人	4	戊辰	人	1	丁酉	結	4	己巳	結	1	戊戌	人	4	28
29日	癸酉	結	1	癸卯	結	4	壬申	結	1	壬寅	結	4	辛未	人	1	庚子	直	4	庚午	直	1	己亥	結	4	己巳	結	1	戊戌	人	4				己亥	結	4	29
30日	甲戌	人	2	甲辰	人	5	癸酉	結	1	癸卯	結	4	壬申	結	1	辛丑	人	4	辛未	人	1	庚子	直	4	庚午	直	1	己亥	結	4				庚子	直	4	30
31日	乙亥	直	2				甲戌	人	2				癸酉	結	1	壬寅	結	4				辛丑	人	4				庚子	直	4				辛丑	人	4	31

以下のサイトに、生年月日時を入力するだけ「人物フォーマット」が、算出できます。

https://asano-uranai.com/fpd/entrance.php

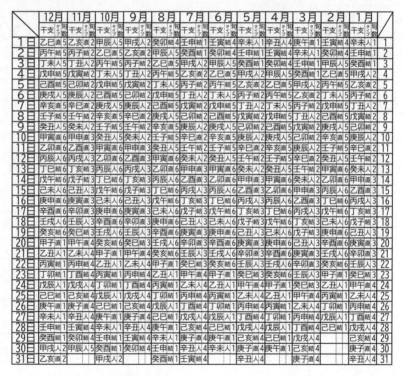

1992年（平成4年）

その年干支の期間	2/4 22:48 ～ 12/31 23:59	1/1 0:00 ～2/4 22:47
年干支	壬申	辛未

その月干支の期間	12/7 5:44 ～ 12/31 23:59	11/7 12:57 ～ 12/7 5:43	10/8 9:52 ～ 11/7 12:56	9/7 18:18 ～ 10/8 9:51	8/7 15:27 ～ 9/7 18:17	7/7 5:40 ～ 8/7 15:26	6/5 19:22 ～ 7/7 5:39	5/5 15:09 ～ 6/5 19:21	4/4 21:45 ～ 5/5 15:08	3/5 16:52 ～ 4/4 21:44	2/4 22:48 ～ 3/5 16:51	1/6 11:09 ～ 2/4 22:47	1/1 0:00 ～ 1/6 11:08
月干支	壬子	辛亥	庚戌	己酉	戊申	丁未	丙午	乙巳	甲辰	癸卯	壬寅	辛丑	庚子
外的環境の支配五行候補	水 金㋗	水 △ 金㋻ 木㋶	金 ○ 土㋺ △ 水㋵ 火㋖	金 水㋵	金 水㋵	◎ 火㋑ ◎ 土㋑ ○ 水㋵ △ 木㋰ 金㋗	火 ○ 土㋑ 水㋵	◎ 火㋑ ◎ 土㋑ △ 水㋵ 金㋞	◎ 木㋩ △ 水㋣ 金㋗	◎ 木㋑ △ 水㋵ 金㋗	◎ 木㋷ ○ 水㋵ △ 火㋒ 金㋗	◎ 土㋣ ○ 水㋕ △ 金㋟ □ 火㋹ 木㋰	◎ 水㋑ ○ 土㋦ △ 金㋟ □ 火㋹ 木㋰

	12月			11月			10月			9月			8月			7月			6月			5月			4月			3月			2月			1月			
	干支	タイプ	旬数	干支	タイプ	旬数	干支	タイプ	旬数	干支	タイプ	旬数	干支	タイプ	旬数	干支	タイプ	旬数	干支	タイプ	旬数	干支	タイプ	旬数	干支	タイプ	旬数	干支	タイプ	旬数	干支	タイプ	旬数	干支	タイプ	旬数	
1日	辛亥	直	5	辛巳	直	2	庚戌	人	5	庚辰	人	2	己酉	結	5	戊寅	結	2	戊申	結	5	丁丑	人	2	丁未	人	5	丙子	結	2	丁未	人	5	丙子	結	2	1
2日	壬子	結	5	壬午	結	2	辛亥	直	5	辛巳	直	2	庚戌	人	5	己卯	結	2	己酉	結	5	戊寅	結	2	戊申	結	5	丁丑	人	2	戊申	結	5	丁丑	人	2	2
3日	癸丑	人	5	癸未	人	2	壬子	結	5	壬午	結	2	辛亥	直	5	庚辰	人	2	庚戌	人	5	己卯	結	2	己酉	結	5	戊寅	結	2	己酉	結	5	戊寅	結	2	3
4日	甲寅	直	6	甲申	直	3	癸丑	人	5	癸未	人	2	壬子	結	5	辛巳	直	2	辛亥	直	5	庚辰	人	2	庚戌	人	5	己卯	結	2	庚戌	人	5	己卯	結	2	4
5日	乙卯	直	6	乙酉	直	3	甲寅	直	6	甲申	直	3	癸丑	人	5	壬午	結	2	壬子	結	5	辛巳	直	2	辛亥	直	5	庚辰	人	2	辛亥	直	5	庚辰	人	2	5
6日	丙辰	人	6	丙戌	人	3	乙卯	直	6	乙酉	直	3	甲寅	直	6	癸未	人	2	癸丑	人	5	壬午	結	2	壬子	結	5	辛巳	直	2	壬子	結	5	辛巳	直	2	6
7日	丁巳	結	6	丁亥	結	3	丙辰	人	6	丙戌	人	3	乙卯	直	6	甲申	直	3	甲寅	直	6	癸未	人	2	癸丑	人	5	壬午	結	2	癸丑	人	5	壬午	結	2	7
8日	戊午	結	6	戊子	結	3	丁巳	結	6	丁亥	結	3	丙辰	人	6	乙酉	直	3	乙卯	直	6	甲申	直	3	甲寅	直	6	癸未	人	2	甲寅	直	6	癸未	人	2	8
9日	己未	人	6	己丑	人	3	戊午	結	6	戊子	結	3	丁巳	結	6	丙戌	人	3	丙辰	人	6	乙酉	直	3	乙卯	直	6	甲申	直	3	乙卯	直	6	甲申	直	3	9
10日	庚申	直	6	庚寅	直	3	己未	人	6	己丑	人	3	戊午	結	6	丁亥	結	3	丁巳	結	6	丙戌	人	3	丙辰	人	6	乙酉	直	3	丙辰	人	6	乙酉	直	3	10
11日	辛酉	直	6	辛卯	直	3	庚申	直	6	庚寅	直	3	己未	人	6	戊子	結	3	戊午	結	6	丁亥	結	3	丁巳	結	6	丙戌	人	3	丁巳	結	6	丙戌	人	3	11
12日	壬戌	人	6	壬辰	人	3	辛酉	直	6	辛卯	直	3	庚申	直	6	己丑	人	3	己未	人	6	戊子	結	3	戊午	結	6	丁亥	結	3	戊午	結	6	丁亥	結	3	12
13日	癸亥	結	6	癸巳	結	3	壬戌	人	6	壬辰	人	3	辛酉	直	6	庚寅	直	3	庚申	直	6	己丑	人	3	己未	人	6	戊子	結	3	己未	人	6	戊子	結	3	13
14日	甲子	直	1	甲午	直	4	癸亥	結	6	癸巳	結	3	壬戌	人	6	辛卯	直	3	辛酉	直	6	庚寅	直	3	庚申	直	6	己丑	人	3	庚申	直	6	己丑	人	3	14
15日	乙丑	人	1	乙未	人	4	甲子	直	1	甲午	直	4	癸亥	結	6	壬辰	人	3	壬戌	人	6	辛卯	直	3	辛酉	直	6	庚寅	直	3	辛酉	直	6	庚寅	直	3	15
16日	丙寅	結	1	丙申	結	4	乙丑	人	1	乙未	人	4	甲子	直	1	癸巳	結	3	癸亥	結	6	壬辰	人	3	壬戌	人	6	辛卯	直	3	壬戌	人	6	辛卯	直	3	16
17日	丁卯	結	1	丁酉	結	4	丙寅	結	1	丙申	結	4	乙丑	人	1	甲午	直	4	甲子	直	1	癸巳	結	3	癸亥	結	6	壬辰	人	3	癸亥	結	6	壬辰	人	3	17
18日	戊辰	人	1	戊戌	人	4	丁卯	結	1	丁酉	結	4	丙寅	結	1	乙未	人	4	乙丑	人	1	甲午	直	4	甲子	直	1	癸巳	結	3	甲子	直	1	癸巳	結	3	18
19日	己巳	結	1	己亥	結	4	戊辰	人	1	戊戌	人	4	丁卯	結	1	丙申	結	4	丙寅	結	1	乙未	人	4	乙丑	人	1	甲午	直	4	乙丑	人	1	甲午	直	4	19
20日	庚午	直	1	庚子	直	4	己巳	結	1	己亥	結	4	戊辰	人	1	丁酉	結	4	丁卯	結	1	丙申	結	4	丙寅	結	1	乙未	人	4	丙寅	結	1	乙未	人	4	20
21日	辛未	人	1	辛丑	人	4	庚午	直	1	庚子	直	4	己巳	結	1	戊戌	人	4	戊辰	人	1	丁酉	結	4	丁卯	結	1	丙申	結	4	丁卯	結	1	丙申	結	4	21
22日	壬申	結	1	壬寅	結	4	辛未	人	1	辛丑	人	4	庚午	直	1	己亥	結	4	己巳	結	1	戊戌	人	4	戊辰	人	1	丁酉	結	4	戊辰	人	1	丁酉	結	4	22
23日	癸酉	結	1	癸卯	結	4	壬申	結	1	壬寅	結	4	辛未	人	1	庚子	直	4	庚午	直	1	己亥	結	4	己巳	結	1	戊戌	人	4	己巳	結	1	戊戌	人	4	23
24日	甲戌	人	2	甲辰	人	5	癸酉	結	1	癸卯	結	4	壬申	結	1	辛丑	人	4	辛未	人	1	庚子	直	4	庚午	直	1	己亥	結	4	庚午	直	1	己亥	結	4	24
25日	乙亥	直	2	乙巳	直	5	甲戌	人	2	甲辰	人	5	癸酉	結	1	壬寅	結	4	壬申	結	1	辛丑	人	4	辛未	人	1	庚子	直	4	辛未	人	1	庚子	直	4	25
26日	丙子	結	2	丙午	結	5	乙亥	直	2	乙巳	直	5	甲戌	人	2	癸卯	結	4	癸酉	結	1	壬寅	結	4	壬申	結	1	辛丑	人	4	壬申	結	1	辛丑	人	4	26
27日	丁丑	人	2	丁未	人	5	丙子	結	2	丙午	結	5	乙亥	直	2	甲辰	人	5	甲戌	人	2	癸卯	結	4	癸酉	結	1	壬寅	結	4	癸酉	結	1	壬寅	結	4	27
28日	戊寅	結	2	戊申	結	5	丁丑	人	2	丁未	人	5	丙子	結	2	乙巳	直	5	乙亥	直	2	甲辰	人	5	甲戌	人	2	癸卯	結	4	甲戌	人	2	癸卯	結	4	28
29日	己卯	結	2	己酉	結	5	戊寅	結	2	戊申	結	5	丁丑	人	2	丙午	結	5	丙子	結	2	乙巳	直	5	乙亥	直	2	甲辰	人	5	乙亥	直	2	甲辰	人	5	29
30日	庚辰	人	2	庚戌	人	5	己卯	結	2	己酉	結	5	戊寅	結	2	丁未	人	5	丁丑	人	2	丙午	結	5	丙子	結	2	乙巳	直	5				乙巳	直	5	30
31日	辛巳	直	2				庚辰	人	2				己卯	結	2	戊申	結	5				丁未	人	5				丙午	結	5				丙午	結	5	31

以下のサイトに、生年月日時を入力するだけ「人物フォーマット」が、算出できます。

https://asano-uranai.com/fpd/entrance.php

1993年（平成5年）

その年干支の期間	2/4 4:37 ～ 12/31 23:59	1/1 0:00 ～2/4 4:36
年干支	癸酉	壬申

その月干支の期間	12/7 11:34 ～ 12/31 23:59	11/7 18:46 ～ 12/7 11:33	10/8 15:40 ～ 11/7 18:45	9/8 0:08 ～ 10/8 15:39	8/7 21:18 ～ 9/8 0:07	7/7 11:32 ～ 8/7 21:17	6/6 1:15 ～ 7/7 11:31	5/5 21:02 ～ 6/6 1:14	4/5 3:37 ～ 5/5 21:01	3/5 22:43 ～ 4/5 3:36	2/4 4:37 ～ 3/5 22:42	1/5 16:57 ～ 2/4 4:36	1/1 0:00 ～ 1/5 16:56
月干支	甲子	癸亥	壬戌	辛酉	庚申	己未	戊午	丁巳	丙辰	乙卯	甲寅	癸丑	壬子
外的環境の支配五行候補	水 金㊉	水 △ 木㋶ 金㊉	◎ 土㋺ ○ 金㋩ △ 水㋡ 火㋖	金	金 水㋵	土 ○ 火㋠ △ 木㋰ 金㊉	土 ○ 火㋑ 金㊉	火 ○ 土㋑ 金㋷	◎ 金㋭ △ 木㋦ 水㋟	木 金㊉	木 △ 火㋒ 金㊉	◎ 水㋑ 金㋡	水 金㋗

	12月			11月			10月			9月			8月			7月			6月			5月			4月			3月			2月			1月			
	干支	タイプ	旬数	干支	タイプ	旬数	干支	タイプ	旬数	干支	タイプ	旬数	干支	タイプ	旬数	干支	タイプ	旬数	干支	タイプ	旬数	干支	タイプ	旬数	干支	タイプ	旬数	干支	タイプ	旬数	干支	タイプ	旬数	干支	タイプ	旬数	
1日	丙辰	人	6	丙戌	人	3	乙卯	直	6	乙酉	直	3	甲寅	直	6	癸未	人	2	癸丑	人	5	壬午	結	2	壬子	結	5	辛巳	直	2	癸丑	人	5	壬午	結	2	1
2日	丁巳	結	6	丁亥	結	3	丙辰	人	6	丙戌	人	3	乙卯	直	6	甲申	直	3	甲寅	直	6	癸未	人	2	癸丑	人	5	壬午	結	2	甲寅	直	6	癸未	人	2	2
3日	戊午	結	6	戊子	結	3	丁巳	結	6	丁亥	結	3	丙辰	人	6	乙酉	直	3	乙卯	直	6	甲申	直	3	甲寅	直	6	癸未	人	2	乙卯	直	6	甲申	直	3	3
4日	己未	人	6	己丑	人	3	戊午	結	6	戊子	結	3	丁巳	結	6	丙戌	人	3	丙辰	人	6	乙酉	直	3	乙卯	直	6	甲申	直	3	丙辰	人	6	乙酉	直	3	4
5日	庚申	直	6	庚寅	直	3	己未	人	6	己丑	人	3	戊午	結	6	丁亥	結	3	丁巳	結	6	丙戌	人	3	丙辰	人	6	乙酉	直	3	丁巳	結	6	丙戌	人	3	5
6日	辛酉	直	6	辛卯	直	3	庚申	直	6	庚寅	直	3	己未	人	6	戊子	結	3	戊午	結	6	丁亥	結	3	丁巳	結	6	丙戌	人	3	戊午	結	6	丁亥	結	3	6
7日	壬戌	人	6	壬辰	人	3	辛酉	直	6	辛卯	直	3	庚申	直	6	己丑	人	3	己未	人	6	戊子	結	3	戊午	結	6	丁亥	結	3	己未	人	6	戊子	結	3	7
8日	癸亥	結	6	癸巳	結	3	壬戌	人	6	壬辰	人	3	辛酉	直	6	庚寅	直	3	庚申	直	6	己丑	人	3	己未	人	6	戊子	結	3	庚申	直	6	己丑	人	3	8
9日	甲子	直	1	甲午	直	4	癸亥	結	6	癸巳	結	3	壬戌	人	6	辛卯	直	3	辛酉	直	6	庚寅	直	3	庚申	直	6	己丑	人	3	辛酉	直	6	庚寅	直	3	9
10日	乙丑	人	1	乙未	人	4	甲子	直	1	甲午	直	4	癸亥	結	6	壬辰	人	3	壬戌	人	6	辛卯	直	3	辛酉	直	6	庚寅	直	3	壬戌	人	6	辛卯	直	3	10
11日	丙寅	結	1	丙申	結	4	乙丑	人	1	乙未	人	4	甲子	直	1	癸巳	結	3	癸亥	結	6	壬辰	人	3	壬戌	人	6	辛卯	直	3	癸亥	結	6	壬辰	人	3	11
12日	丁卯	結	1	丁酉	結	4	丙寅	結	1	丙申	結	4	乙丑	人	1	甲午	直	4	甲子	直	1	癸巳	結	3	癸亥	結	6	壬辰	人	3	甲子	直	1	癸巳	結	3	12
13日	戊辰	人	1	戊戌	人	4	丁卯	結	1	丁酉	結	4	丙寅	結	1	乙未	人	4	乙丑	人	1	甲午	直	4	甲子	直	1	癸巳	結	3	乙丑	人	1	甲午	直	4	13
14日	己巳	結	1	己亥	結	4	戊辰	人	1	戊戌	人	4	丁卯	結	1	丙申	結	4	丙寅	結	1	乙未	人	4	乙丑	人	1	甲午	直	4	丙寅	結	1	乙未	人	4	14
15日	庚午	直	1	庚子	直	4	己巳	結	1	己亥	結	4	戊辰	人	1	丁酉	結	4	丁卯	結	1	丙申	結	4	丙寅	結	1	乙未	人	4	丁卯	結	1	丙申	結	4	15
16日	辛未	人	1	辛丑	人	4	庚午	直	1	庚子	直	4	己巳	結	1	戊戌	人	4	戊辰	人	1	丁酉	結	4	丁卯	結	1	丙申	結	4	戊辰	人	1	丁酉	結	4	16
17日	壬申	結	1	壬寅	結	4	辛未	人	1	辛丑	人	4	庚午	直	1	己亥	結	4	己巳	結	1	戊戌	人	4	戊辰	人	1	丁酉	結	4	己巳	結	1	戊戌	人	4	17
18日	癸酉	結	1	癸卯	結	4	壬申	結	1	壬寅	結	4	辛未	人	1	庚子	直	4	庚午	直	1	己亥	結	4	己巳	結	1	戊戌	人	4	庚午	直	1	己亥	結	4	18
19日	甲戌	人	2	甲辰	人	5	癸酉	結	1	癸卯	結	4	壬申	結	1	辛丑	人	4	辛未	人	1	庚子	直	4	庚午	直	1	己亥	結	4	辛未	人	1	庚子	直	4	19
20日	乙亥	直	2	乙巳	直	5	甲戌	人	2	甲辰	人	5	癸酉	結	1	壬寅	結	4	壬申	結	1	辛丑	人	4	辛未	人	1	庚子	直	4	壬申	結	1	辛丑	人	4	20
21日	丙子	結	2	丙午	結	5	乙亥	直	2	乙巳	直	5	甲戌	人	2	癸卯	結	4	癸酉	結	1	壬寅	結	4	壬申	結	1	辛丑	人	4	癸酉	結	1	壬寅	結	4	21
22日	丁丑	人	2	丁未	人	5	丙子	結	2	丙午	結	5	乙亥	直	2	甲辰	人	5	甲戌	人	2	癸卯	結	4	癸酉	結	1	壬寅	結	4	甲戌	人	2	癸卯	結	4	22
23日	戊寅	結	2	戊申	結	5	丁丑	人	2	丁未	人	5	丙子	結	2	乙巳	直	5	乙亥	直	2	甲辰	人	5	甲戌	人	2	癸卯	結	4	乙亥	直	2	甲辰	人	5	23
24日	己卯	結	2	己酉	結	5	戊寅	結	2	戊申	結	5	丁丑	人	2	丙午	結	5	丙子	結	2	乙巳	直	5	乙亥	直	2	甲辰	人	5	丙子	結	2	乙巳	直	5	24
25日	庚辰	人	2	庚戌	人	5	己卯	結	2	己酉	結	5	戊寅	結	2	丁未	人	5	丁丑	人	2	丙午	結	5	丙子	結	2	乙巳	直	5	丁丑	人	2	丙午	結	5	25
26日	辛巳	直	2	辛亥	直	5	庚辰	人	2	庚戌	人	5	己卯	結	2	戊申	結	5	戊寅	結	2	丁未	人	5	丁丑	人	2	丙午	結	5	戊寅	結	2	丁未	人	5	26
27日	壬午	結	2	壬子	結	5	辛巳	直	2	辛亥	直	5	庚辰	人	2	己酉	結	5	己卯	結	2	戊申	結	5	戊寅	結	2	丁未	人	5	己卯	結	2	戊申	結	5	27
28日	癸未	人	2	癸丑	人	5	壬午	結	2	壬子	結	5	辛巳	直	2	庚戌	人	5	庚辰	人	2	己酉	結	5	己卯	結	2	戊申	結	5	庚辰	人	2	己酉	結	5	28
29日	甲申	直	3	甲寅	直	6	癸未	人	2	癸丑	人	5	壬午	結	2	辛亥	直	5	辛巳	直	2	庚戌	人	5	庚辰	人	2	己酉	結	5				庚戌	人	5	29
30日	乙酉	直	3	乙卯	直	6	甲申	直	3	甲寅	直	6	癸未	人	2	壬子	結	5	壬午	結	2	辛亥	直	5	辛巳	直	2	庚戌	人	5				辛亥	直	5	30
31日	丙戌	人	3				乙酉	直	3				甲申	直	3	癸丑	人	5				壬子	結	5				辛亥	直	5				壬子	結	5	31

以下のサイトに、生年月日時を入力するだけ「人物フォーマット」が、算出できます。

https://asano-uranai.com/fpd/entrance.php

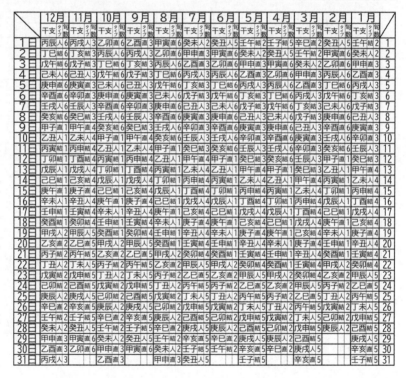

1994年（平成6年）

その年干支の期間	2/4 10:31 ～ 12/31 23:59	1/1 0:00 ～2/4 10:30
年干支	甲戌	癸酉

その月干支の期間	12/7 17:23 ～ 12/31 23:59	11/8 0:36 ～ 12/7 17:22	10/8 21:29 ～ 11/8 0:35	9/8 5:55 ～ 10/8 21:28	8/8 3:04 ～ 9/8 5:54	7/7 17:19 ～ 8/8 3:03	6/6 7:05 ～ 7/7 17:18	5/6 2:54 ～ 6/6 7:04	4/5 9:32 ～ 5/6 2:53	3/6 4:38 ～ 4/5 9:31	2/4 10:31 ～ 3/6 4:37	1/5 22:48 ～ 2/4 10:30	1/1 0:00 ～ 1/5 22:47
月干支	丙子	乙亥	甲戌	癸酉	壬申	辛未	庚午	己巳	戊辰	丁卯	丙寅	乙丑	甲子
外的環境の支配五行候補	◎ 水㋑ ○ 土㋕ △ 金㋹ 火㋡	◎ 水㋑ ○ 土㋕ △ 木㋵ □ 金㋹ 火㋖	◎ 土㋷ ○ 木㋵ △ 金㋹ 火㋖	金 △ 土㋕ 火㋖	金 ○ 土㋕ △ 水㋵ 火㋖	土 ○ 火㋠ △ 金㋟ 木㋞	◎ 火㋑ ◎ 土㋑ 金㋹	土 ○ 火㋑ 金㋹	◎ 木㋩ ○ 土㋣ △ 金㋹ □ 水㋒ 火㋖	木 ○ 土㋕ △ 金㋹ 火㋡	木 ○ 火㋣ △ 土㋕ 金㋹	◎ 水㋥ 金㋠	水 金㋨

	12月			11月			10月			9月			8月			7月			6月			5月			4月			3月			2月			1月			
	干支	タイプ	旬数	干支	タイプ	旬数	干支	タイプ	旬数	干支	タイプ	旬数	干支	タイプ	旬数	干支	タイプ	旬数	干支	タイプ	旬数	干支	タイプ	旬数	干支	タイプ	旬数	干支	タイプ	旬数	干支	タイプ	旬数	干支	タイプ	旬数	
1日	辛酉	直	6	辛卯	直	3	庚申	直	6	庚寅	直	3	己未	人	6	戊子	結	3	戊午	結	6	丁亥	結	3	丁巳	結	6	丙戌	人	3	戊午	結	6	丁亥	結	3	1
2日	壬戌	人	6	壬辰	人	3	辛酉	直	6	辛卯	直	3	庚申	直	6	己丑	人	3	己未	人	6	戊子	結	3	戊午	結	6	丁亥	結	3	己未	人	6	戊子	結	3	2
3日	癸亥	結	6	癸巳	結	3	壬戌	人	6	壬辰	人	3	辛酉	直	6	庚寅	直	3	庚申	直	6	己丑	人	3	己未	人	6	戊子	結	3	庚申	直	6	己丑	人	3	3
4日	甲子	直	1	甲午	直	4	癸亥	結	6	癸巳	結	3	壬戌	人	6	辛卯	直	3	辛酉	直	6	庚寅	直	3	庚申	直	6	己丑	人	3	辛酉	直	6	庚寅	直	3	4
5日	乙丑	人	1	乙未	人	4	甲子	直	1	甲午	直	4	癸亥	結	6	壬辰	人	3	壬戌	人	6	辛卯	直	3	辛酉	直	6	庚寅	直	3	壬戌	人	6	辛卯	直	3	5
6日	丙寅	結	1	丙申	結	4	乙丑	人	1	乙未	人	4	甲子	直	1	癸巳	結	3	癸亥	結	6	壬辰	人	3	壬戌	人	6	辛卯	直	3	癸亥	結	6	壬辰	人	3	6
7日	丁卯	結	1	丁酉	結	4	丙寅	結	1	丙申	結	4	乙丑	人	1	甲午	直	4	甲子	直	1	癸巳	結	3	癸亥	結	6	壬辰	人	3	甲子	直	1	癸巳	結	3	7
8日	戊辰	人	1	戊戌	人	4	丁卯	結	1	丁酉	結	4	丙寅	結	1	乙未	人	4	乙丑	人	1	甲午	直	4	甲子	直	1	癸巳	結	3	乙丑	人	1	甲午	直	4	8
9日	己巳	結	1	己亥	結	4	戊辰	人	1	戊戌	人	4	丁卯	結	1	丙申	結	4	丙寅	結	1	乙未	人	4	乙丑	人	1	甲午	直	4	丙寅	結	1	乙未	人	4	9
10日	庚午	直	1	庚子	直	4	己巳	結	1	己亥	結	4	戊辰	人	1	丁酉	結	4	丁卯	結	1	丙申	結	4	丙寅	結	1	乙未	人	4	丁卯	結	1	丙申	結	4	10
11日	辛未	人	1	辛丑	人	4	庚午	直	1	庚子	直	4	己巳	結	1	戊戌	人	4	戊辰	人	1	丁酉	結	4	丁卯	結	1	丙申	結	4	戊辰	人	1	丁酉	結	4	11
12日	壬申	結	1	壬寅	結	4	辛未	人	1	辛丑	人	4	庚午	直	1	己亥	結	4	己巳	結	1	戊戌	人	4	戊辰	人	1	丁酉	結	4	己巳	結	1	戊戌	人	4	12
13日	癸酉	結	1	癸卯	結	4	壬申	結	1	壬寅	結	4	辛未	人	1	庚子	直	4	庚午	直	1	己亥	結	4	己巳	結	1	戊戌	人	4	庚午	直	1	己亥	結	4	13
14日	甲戌	人	2	甲辰	人	5	癸酉	結	1	癸卯	結	4	壬申	結	1	辛丑	人	4	辛未	人	1	庚子	直	4	庚午	直	1	己亥	結	4	辛未	人	1	庚子	直	4	14
15日	乙亥	直	2	乙巳	直	5	甲戌	人	2	甲辰	人	5	癸酉	結	1	壬寅	結	4	壬申	結	1	辛丑	人	4	辛未	人	1	庚子	直	4	壬申	結	1	辛丑	人	4	15
16日	丙子	結	2	丙午	結	5	乙亥	直	2	乙巳	直	5	甲戌	人	2	癸卯	結	4	癸酉	結	1	壬寅	結	4	壬申	結	1	辛丑	人	4	癸酉	結	1	壬寅	結	4	16
17日	丁丑	人	2	丁未	人	5	丙子	結	2	丙午	結	5	乙亥	直	2	甲辰	人	5	甲戌	人	2	癸卯	結	4	癸酉	結	1	壬寅	結	4	甲戌	人	2	癸卯	結	4	17
18日	戊寅	結	2	戊申	結	5	丁丑	人	2	丁未	人	5	丙子	結	2	乙巳	直	5	乙亥	直	2	甲辰	人	5	甲戌	人	2	癸卯	結	4	乙亥	直	2	甲辰	人	5	18
19日	己卯	結	2	己酉	結	5	戊寅	結	2	戊申	結	5	丁丑	人	2	丙午	結	5	丙子	結	2	乙巳	直	5	乙亥	直	2	甲辰	人	5	丙子	結	2	乙巳	直	5	19
20日	庚辰	人	2	庚戌	人	5	己卯	結	2	己酉	結	5	戊寅	結	2	丁未	人	5	丁丑	人	2	丙午	結	5	丙子	結	2	乙巳	直	5	丁丑	人	2	丙午	結	5	20
21日	辛巳	直	2	辛亥	直	5	庚辰	人	2	庚戌	人	5	己卯	結	2	戊申	結	5	戊寅	結	2	丁未	人	5	丁丑	人	2	丙午	結	5	戊寅	結	2	丁未	人	5	21
22日	壬午	結	2	壬子	結	5	辛巳	直	2	辛亥	直	5	庚辰	人	2	己酉	結	5	己卯	結	2	戊申	結	5	戊寅	結	2	丁未	人	5	己卯	結	2	戊申	結	5	22
23日	癸未	人	2	癸丑	人	5	壬午	結	2	壬子	結	5	辛巳	直	2	庚戌	人	5	庚辰	人	2	己酉	結	5	己卯	結	2	戊申	結	5	庚辰	人	2	己酉	結	5	23
24日	甲申	直	3	甲寅	直	6	癸未	人	2	癸丑	人	5	壬午	結	2	辛亥	直	5	辛巳	直	2	庚戌	人	5	庚辰	人	2	己酉	結	5	辛巳	直	2	庚戌	人	5	24
25日	乙酉	直	3	乙卯	直	6	甲申	直	3	甲寅	直	6	癸未	人	2	壬子	結	5	壬午	結	2	辛亥	直	5	辛巳	直	2	庚戌	人	5	壬午	結	2	辛亥	直	5	25
26日	丙戌	人	3	丙辰	人	6	乙酉	直	3	乙卯	直	6	甲申	直	3	癸丑	人	5	癸未	人	2	壬子	結	5	壬午	結	2	辛亥	直	5	癸未	人	2	壬子	結	5	26
27日	丁亥	結	3	丁巳	結	6	丙戌	人	3	丙辰	人	6	乙酉	直	3	甲寅	直	6	甲申	直	3	癸丑	人	5	癸未	人	2	壬子	結	5	甲申	直	3	癸丑	人	5	27
28日	戊子	結	3	戊午	結	6	丁亥	結	3	丁巳	結	6	丙戌	人	3	乙卯	直	6	乙酉	直	3	甲寅	直	6	甲申	直	3	癸丑	人	5	乙酉	直	3	甲寅	直	6	28
29日	己丑	人	3	己未	人	6	戊子	結	3	戊午	結	6	丁亥	結	3	丙辰	人	6	丙戌	人	3	乙卯	直	6	乙酉	直	3	甲寅	直	6				乙卯	直	6	29
30日	庚寅	直	3	庚申	直	6	己丑	人	3	己未	人	6	戊子	結	3	丁巳	結	6	丁亥	結	3	丙辰	人	6	丙戌	人	3	乙卯	直	6				丙辰	人	6	30
31日	辛卯	直	3				庚寅	直	3				己丑	人	3	戊午	結	6				丁巳	結	6				丙辰	人	6				丁巳	結	6	31

以下のサイトに、生年月日時を入力するだけ「人物フォーマット」が、算出できます。

https://asano-uranai.com/fpd/entrance.php

１９９５年（平成7年）

その年干支の期間	2/4 16:13 ～ 12/31 23:59	1/1 0:00 ～2/4 16:12
年干支	乙亥	甲戌

その月干支の期間	12/7 23:22 ～ 12/31 23:59	11/8 6:36 ～ 12/7 23:21	10/9 3:27 ～ 11/8 6:35	9/8 11:49 ～ 10/9 3:26	8/8 8:52 ～ 9/8 11:48	7/7 23:01 ～ 8/8 8:51	6/6 12:42 ～ 7/7 23:00	5/6 8:30 ～ 6/6 12:41	4/5 15:08 ～ 5/6 8:29	3/6 10:16 ～ 4/5 15:07	2/4 16:13 ～ 3/6 10:15	1/6 4:34 ～ 2/4 16:12	1/1 0:00 ～ 1/6 4:33
月干支	戊子	丁亥	丙戌	乙酉	甲申	癸未	壬午	辛巳	庚辰	己卯	戊寅	丁丑	丙子
外的環境の支配五行候補	水 木㋹	水 木㋹	◎ 土㋺ ○ 木㋹ △ 火㋡ □ 金㋤ 水㋶	◎ 金㋑ △ 木㋵ 水㋶	◎ 金㋑ △ 水㋾ 木㋵	◎ 土㋑ △ 火㋠ △ 水㋠ 木㋻	◎ 火㋑ ◎ 土㋑ △ 水㋠ 木㋹	◎ 土㋑ ○ 火㋕ △ 木㋹ 金㋰	◎ 木㋩ △ 水㋸ 金㋶	木	木 △ 水㋶ 火㋒	◎ 土㋺ ○ 水㋕ △ 金㋹ 火㋡	◎ 水㋑ ○ 土㋕ △ 金㋹ 火㋡

	12月			11月			10月			9月			8月			7月			6月			5月			4月			3月			2月			1月			
	干支	タイプ	旬数	干支	タイプ	旬数	干支	タイプ	旬数	干支	タイプ	旬数	干支	タイプ	旬数	干支	タイプ	旬数	干支	タイプ	旬数	干支	タイプ	旬数	干支	タイプ	旬数	干支	タイプ	旬数	干支	タイプ	旬数	干支	タイプ	旬数	
1日	丙寅	結	1	丙申	結	4	乙丑	人	1	乙未	人	4	甲子	直	1	癸巳	結	3	癸亥	結	6	壬辰	人	3	壬戌	人	6	辛卯	直	3	癸亥	結	6	壬辰	人	3	1
2日	丁卯	結	1	丁酉	結	4	丙寅	結	1	丙申	結	4	乙丑	人	1	甲午	直	4	甲子	直	1	癸巳	結	3	癸亥	結	6	壬辰	人	3	甲子	直	1	癸巳	結	3	2
3日	戊辰	人	1	戊戌	人	4	丁卯	結	1	丁酉	結	4	丙寅	結	1	乙未	人	4	乙丑	人	1	甲午	直	4	甲子	直	1	癸巳	結	3	乙丑	人	1	甲午	直	4	3
4日	己巳	結	1	己亥	結	4	戊辰	人	1	戊戌	人	4	丁卯	結	1	丙申	結	4	丙寅	結	1	乙未	人	4	乙丑	人	1	甲午	直	4	丙寅	結	1	乙未	人	4	4
5日	庚午	直	1	庚子	直	4	己巳	結	1	己亥	結	4	戊辰	人	1	丁酉	結	4	丁卯	結	1	丙申	結	4	丙寅	結	1	乙未	人	4	丁卯	結	1	丙申	結	4	5
6日	辛未	人	1	辛丑	人	4	庚午	直	1	庚子	直	4	己巳	結	1	戊戌	人	4	戊辰	人	1	丁酉	結	4	丁卯	結	1	丙申	結	4	戊辰	人	1	丁酉	結	4	6
7日	壬申	結	1	壬寅	結	4	辛未	人	1	辛丑	人	4	庚午	直	1	己亥	結	4	己巳	結	1	戊戌	人	4	戊辰	人	1	丁酉	結	4	己巳	結	1	戊戌	人	4	7
8日	癸酉	結	1	癸卯	結	4	壬申	結	1	壬寅	結	4	辛未	人	1	庚子	直	4	庚午	直	1	己亥	結	4	己巳	結	1	戊戌	人	4	庚午	直	1	己亥	結	4	8
9日	甲戌	人	2	甲辰	人	5	癸酉	結	1	癸卯	結	4	壬申	結	1	辛丑	人	4	辛未	人	1	庚子	直	4	庚午	直	1	己亥	結	4	辛未	人	1	庚子	直	4	9
10日	乙亥	直	2	乙巳	直	5	甲戌	人	2	甲辰	人	5	癸酉	結	1	壬寅	結	4	壬申	結	1	辛丑	人	4	辛未	人	1	庚子	直	4	壬申	結	1	辛丑	人	4	10
11日	丙子	結	2	丙午	結	5	乙亥	直	2	乙巳	直	5	甲戌	人	2	癸卯	結	4	癸酉	結	1	壬寅	結	4	壬申	結	1	辛丑	人	4	癸酉	結	1	壬寅	結	4	11
12日	丁丑	人	2	丁未	人	5	丙子	結	2	丙午	結	5	乙亥	直	2	甲辰	人	5	甲戌	人	2	癸卯	結	4	癸酉	結	1	壬寅	結	4	甲戌	人	2	癸卯	結	4	12
13日	戊寅	結	2	戊申	結	5	丁丑	人	2	丁未	人	5	丙子	結	2	乙巳	直	5	乙亥	直	2	甲辰	人	5	甲戌	人	2	癸卯	結	4	乙亥	直	2	甲辰	人	5	13
14日	己卯	結	2	己酉	結	5	戊寅	結	2	戊申	結	5	丁丑	人	2	丙午	結	5	丙子	結	2	乙巳	直	5	乙亥	直	2	甲辰	人	5	丙子	結	2	乙巳	直	5	14
15日	庚辰	人	2	庚戌	人	5	己卯	結	2	己酉	結	5	戊寅	結	2	丁未	人	5	丁丑	人	2	丙午	結	5	丙子	結	2	乙巳	直	5	丁丑	人	2	丙午	結	5	15
16日	辛巳	直	2	辛亥	直	5	庚辰	人	2	庚戌	人	5	己卯	結	2	戊申	結	5	戊寅	結	2	丁未	人	5	丁丑	人	2	丙午	結	5	戊寅	結	2	丁未	人	5	16
17日	壬午	結	2	壬子	結	5	辛巳	直	2	辛亥	直	5	庚辰	人	2	己酉	結	5	己卯	結	2	戊申	結	5	戊寅	結	2	丁未	人	5	己卯	結	2	戊申	結	5	17
18日	癸未	人	2	癸丑	人	5	壬午	結	2	壬子	結	5	辛巳	直	2	庚戌	人	5	庚辰	人	2	己酉	結	5	己卯	結	2	戊申	結	5	庚辰	人	2	己酉	結	5	18
19日	甲申	直	3	甲寅	直	6	癸未	人	2	癸丑	人	5	壬午	結	2	辛亥	直	5	辛巳	直	2	庚戌	人	5	庚辰	人	2	己酉	結	5	辛巳	直	2	庚戌	人	5	19
20日	乙酉	直	3	乙卯	直	6	甲申	直	3	甲寅	直	6	癸未	人	2	壬子	結	5	壬午	結	2	辛亥	直	5	辛巳	直	2	庚戌	人	5	壬午	結	2	辛亥	直	5	20
21日	丙戌	人	3	丙辰	人	6	乙酉	直	3	乙卯	直	6	甲申	直	3	癸丑	人	5	癸未	人	2	壬子	結	5	壬午	結	2	辛亥	直	5	癸未	人	2	壬子	結	5	21
22日	丁亥	結	3	丁巳	結	6	丙戌	人	3	丙辰	人	6	乙酉	直	3	甲寅	直	6	甲申	直	3	癸丑	人	5	癸未	人	2	壬子	結	5	甲申	直	3	癸丑	人	5	22
23日	戊子	結	3	戊午	結	6	丁亥	結	3	丁巳	結	6	丙戌	人	3	乙卯	直	6	乙酉	直	3	甲寅	直	6	甲申	直	3	癸丑	人	5	乙酉	直	3	甲寅	直	6	23
24日	己丑	人	3	己未	人	6	戊子	結	3	戊午	結	6	丁亥	結	3	丙辰	人	6	丙戌	人	3	乙卯	直	6	乙酉	直	3	甲寅	直	6	丙戌	人	3	乙卯	直	6	24
25日	庚寅	直	3	庚申	直	6	己丑	人	3	己未	人	6	戊子	結	3	丁巳	結	6	丁亥	結	3	丙辰	人	6	丙戌	人	3	乙卯	直	6	丁亥	結	3	丙辰	人	6	25
26日	辛卯	直	3	辛酉	直	6	庚寅	直	3	庚申	直	6	己丑	人	3	戊午	結	6	戊子	結	3	丁巳	結	6	丁亥	結	3	丙辰	人	6	戊子	結	3	丁巳	結	6	26
27日	壬辰	人	3	壬戌	人	6	辛卯	直	3	辛酉	直	6	庚寅	直	3	己未	人	6	己丑	人	3	戊午	結	6	戊子	結	3	丁巳	結	6	己丑	人	3	戊午	結	6	27
28日	癸巳	結	3	癸亥	結	6	壬辰	人	3	壬戌	人	6	辛卯	直	3	庚申	直	6	庚寅	直	3	己未	人	6	己丑	人	3	戊午	結	6	庚寅	直	3	己未	人	6	28
29日	甲午	直	4	甲子	直	1	癸巳	結	3	癸亥	結	6	壬辰	人	3	辛酉	直	6	辛卯	直	3	庚申	直	6	庚寅	直	3	己未	人	6				庚申	直	6	29
30日	乙未	人	4	乙丑	人	1	甲午	直	4	甲子	直	1	癸巳	結	3	壬戌	人	6	壬辰	人	3	辛酉	直	6	辛卯	直	3	庚申	直	6				辛酉	直	6	30
31日	丙申	結	4				乙未	人	4				甲午	直	4	癸亥	結	6				壬戌	人	6				辛酉	直	6				壬戌	人	6	31

以下のサイトに、生年月日時を入力するだけ「人物フォーマット」が、算出できます。

https://asano-uranai.com/fpd/entrance.php

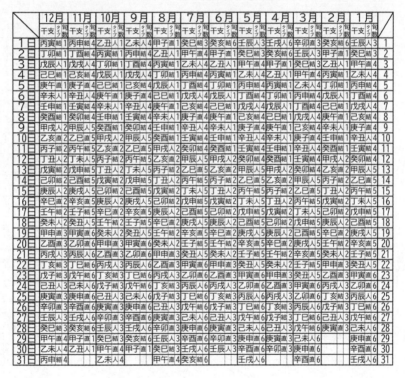

１９９６年（平成８年）

その年干支の期間	2/4 22:08 ～ 12/31 23:59	1/1 0:00 ～2/4 22:07
年干支	丙子	乙亥

その月干支の期間	12/7 5:14 ～ 12/31 23:59	11/7 12:27 ～ 12/7 5:13	10/8 9:19 ～ 11/7 12:26	9/7 17:42 ～ 10/8 9:18	8/7 14:49 ～ 9/7 17:41	7/7 5:00 ～ 8/7 14:48	6/5 18:41 ～ 7/7 4:59	5/5 14:26 ～ 6/5 18:40	4/4 21:02 ～ 5/5 14:25	3/5 16:10 ～ 4/4 21:01	2/4 22:08 ～ 3/5 16:09	1/6 10:31 ～ 2/4 22:07	1/1 0:00 ～ 1/6 10:30
月干支	庚子	己亥	戊戌	丁酉	丙申	乙未	甲午	癸巳	壬辰	辛卯	庚寅	己丑	戊子
外的環境の支配五行候補	水	水 木㋶	◎ 土㋷ ○ 水㋹ △ 火㋡ 金㋧	◎ 金㋑ △ 火㋷ 水㋹	◎ 金㋑ △ 火㋷ 水㋦	◎ 火㋑ ◎ 土㋑ △ 水㋹ 木㋞	火 ○ 土㋑	火 ○ 土㋑ △ 水㋠ 金㋳	◎ 水㋺ 木㋦	◎ 木㋑ 水㋹	◎ 木㋑ △ 水㋹ 火㋞	水 △ 木㋹ 金㋮	水 木㋹

	12月			11月			10月			9月			8月			7月			6月			5月			4月			3月			2月			1月			
	干支	タイプ	旬数	干支	タイプ	旬数	干支	タイプ	旬数	干支	タイプ	旬数	干支	タイプ	旬数	干支	タイプ	旬数	干支	タイプ	旬数	干支	タイプ	旬数	干支	タイプ	旬数	干支	タイプ	旬数	干支	タイプ	旬数	干支	タイプ	旬数	
1日	壬申	結	1	壬寅	結	4	辛未	人	1	辛丑	人	4	庚午	直	1	己亥	結	4	己巳	結	1	戊戌	人	4	戊辰	人	1	丁酉	結	4	戊辰	人	1	丁酉	結	4	1
2日	癸酉	結	1	癸卯	結	4	壬申	結	1	壬寅	結	4	辛未	人	1	庚子	直	4	庚午	直	1	己亥	結	4	己巳	結	1	戊戌	人	4	己巳	結	1	戊戌	人	4	2
3日	甲戌	人	2	甲辰	人	5	癸酉	結	1	癸卯	結	4	壬申	結	1	辛丑	人	4	辛未	人	1	庚子	直	4	庚午	直	1	己亥	結	4	庚午	直	1	己亥	結	4	3
4日	乙亥	直	2	乙巳	直	5	甲戌	人	2	甲辰	人	5	癸酉	結	1	壬寅	結	4	壬申	結	1	辛丑	人	4	辛未	人	1	庚子	直	4	辛未	人	1	庚子	直	4	4
5日	丙子	結	2	丙午	結	5	乙亥	直	2	乙巳	直	5	甲戌	人	2	癸卯	結	4	癸酉	結	1	壬寅	結	4	壬申	結	1	辛丑	人	4	壬申	結	1	辛丑	人	4	5
6日	丁丑	人	2	丁未	人	5	丙子	結	2	丙午	結	5	乙亥	直	2	甲辰	人	5	甲戌	人	2	癸卯	結	4	癸酉	結	1	壬寅	結	4	癸酉	結	1	壬寅	結	4	6
7日	戊寅	結	2	戊申	結	5	丁丑	人	2	丁未	人	5	丙子	結	2	乙巳	直	5	乙亥	直	2	甲辰	人	5	甲戌	人	2	癸卯	結	4	甲戌	人	2	癸卯	結	4	7
8日	己卯	結	2	己酉	結	5	戊寅	結	2	戊申	結	5	丁丑	人	2	丙午	結	5	丙子	結	2	乙巳	直	5	乙亥	直	2	甲辰	人	5	乙亥	直	2	甲辰	人	5	8
9日	庚辰	人	2	庚戌	人	5	己卯	結	2	己酉	結	5	戊寅	結	2	丁未	人	5	丁丑	人	2	丙午	結	5	丙子	結	2	乙巳	直	5	丙子	結	2	乙巳	直	5	9
10日	辛巳	直	2	辛亥	直	5	庚辰	人	2	庚戌	人	5	己卯	結	2	戊申	結	5	戊寅	結	2	丁未	人	5	丁丑	人	2	丙午	結	5	丁丑	人	2	丙午	結	5	10
11日	壬午	結	2	壬子	結	5	辛巳	直	2	辛亥	直	5	庚辰	人	2	己酉	結	5	己卯	結	2	戊申	結	5	戊寅	結	2	丁未	人	5	戊寅	結	2	丁未	人	5	11
12日	癸未	人	2	癸丑	人	5	壬午	結	2	壬子	結	5	辛巳	直	2	庚戌	人	5	庚辰	人	2	己酉	結	5	己卯	結	2	戊申	結	5	己卯	結	2	戊申	結	5	12
13日	甲申	直	3	甲寅	直	6	癸未	人	2	癸丑	人	5	壬午	結	2	辛亥	直	5	辛巳	直	2	庚戌	人	5	庚辰	人	2	己酉	結	5	庚辰	人	2	己酉	結	5	13
14日	乙酉	直	3	乙卯	直	6	甲申	直	3	甲寅	直	6	癸未	人	2	壬子	結	5	壬午	結	2	辛亥	直	5	辛巳	直	2	庚戌	人	5	辛巳	直	2	庚戌	人	5	14
15日	丙戌	人	3	丙辰	人	6	乙酉	直	3	乙卯	直	6	甲申	直	3	癸丑	人	5	癸未	人	2	壬子	結	5	壬午	結	2	辛亥	直	5	壬午	結	2	辛亥	直	5	15
16日	丁亥	結	3	丁巳	結	6	丙戌	人	3	丙辰	人	6	乙酉	直	3	甲寅	直	6	甲申	直	3	癸丑	人	5	癸未	人	2	壬子	結	5	癸未	人	2	壬子	結	5	16
17日	戊子	結	3	戊午	結	6	丁亥	結	3	丁巳	結	6	丙戌	人	3	乙卯	直	6	乙酉	直	3	甲寅	直	6	甲申	直	3	癸丑	人	5	甲申	直	3	癸丑	人	5	17
18日	己丑	人	3	己未	人	6	戊子	結	3	戊午	結	6	丁亥	結	3	丙辰	人	6	丙戌	人	3	乙卯	直	6	乙酉	直	3	甲寅	直	6	乙酉	直	3	甲寅	直	6	18
19日	庚寅	直	3	庚申	直	6	己丑	人	3	己未	人	6	戊子	結	3	丁巳	結	6	丁亥	結	3	丙辰	人	6	丙戌	人	3	乙卯	直	6	丙戌	人	3	乙卯	直	6	19
20日	辛卯	直	3	辛酉	直	6	庚寅	直	3	庚申	直	6	己丑	人	3	戊午	結	6	戊子	結	3	丁巳	結	6	丁亥	結	3	丙辰	人	6	丁亥	結	3	丙辰	人	6	20
21日	壬辰	人	3	壬戌	人	6	辛卯	直	3	辛酉	直	6	庚寅	直	3	己未	人	6	己丑	人	3	戊午	結	6	戊子	結	3	丁巳	結	6	戊子	結	3	丁巳	結	6	21
22日	癸巳	結	3	癸亥	結	6	壬辰	人	3	壬戌	人	6	辛卯	直	3	庚申	直	6	庚寅	直	3	己未	人	6	己丑	人	3	戊午	結	6	己丑	人	3	戊午	結	6	22
23日	甲午	直	4	甲子	直	1	癸巳	結	3	癸亥	結	6	壬辰	人	3	辛酉	直	6	辛卯	直	3	庚申	直	6	庚寅	直	3	己未	人	6	庚寅	直	3	己未	人	6	23
24日	乙未	人	4	乙丑	人	1	甲午	直	4	甲子	直	1	癸巳	結	3	壬戌	人	6	壬辰	人	3	辛酉	直	6	辛卯	直	3	庚申	直	6	辛卯	直	3	庚申	直	6	24
25日	丙申	結	4	丙寅	結	1	乙未	人	4	乙丑	人	1	甲午	直	4	癸亥	結	6	癸巳	結	3	壬戌	人	6	壬辰	人	3	辛酉	直	6	壬辰	人	3	辛酉	直	6	25
26日	丁酉	結	4	丁卯	結	1	丙申	結	4	丙寅	結	1	乙未	人	4	甲子	直	1	甲午	直	4	癸亥	結	6	癸巳	結	3	壬戌	人	6	癸巳	結	3	壬戌	人	6	26
27日	戊戌	人	4	戊辰	人	1	丁酉	結	4	丁卯	結	1	丙申	結	4	乙丑	人	1	乙未	人	4	甲子	直	1	甲午	直	4	癸亥	結	6	甲午	直	4	癸亥	結	6	27
28日	己亥	結	4	己巳	結	1	戊戌	人	4	戊辰	人	1	丁酉	結	4	丙寅	結	1	丙申	結	4	乙丑	人	1	乙未	人	4	甲子	直	1	乙未	人	4	甲子	直	1	28
29日	庚子	直	4	庚午	直	1	己亥	結	4	己巳	結	1	戊戌	人	4	丁卯	結	1	丁酉	結	4	丙寅	結	1	丙申	結	4	乙丑	人	1	丙申	結	4	乙丑	人	1	29
30日	辛丑	人	4	辛未	人	1	庚子	直	4	庚午	直	1	己亥	結	4	戊辰	人	1	戊戌	人	4	丁卯	結	1	丁酉	結	4	丙寅	結	1				丙寅	結	1	30
31日	壬寅	結	4				辛丑	人	4				庚子	直	4	己巳	結	1				戊辰	人	1				丁卯	結	1				丁卯	結	1	31

以下のサイトに、生年月日時を入力するだけ「人物フォーマット」が、算出できます。

https://asano-uranai.com/fpd/entrance.php

1997年（平成9年）

その年干支の期間	2/4 4:02 ～ 12/31 23:59	1/1 0:00 ～2/4 4:01
年干支	丁丑	丙子

その月干支の期間	12/7 11:05 ～ 12/31 23:59	11/7 18:15 ～ 12/7 11:04	10/8 15:05 ～ 11/7 18:14	9/7 23:29 ～ 10/8 15:04	8/7 20:36 ～ 9/7 23:28	7/7 10:49 ～ 8/7 20:35	6/6 0:33 ～ 7/7 10:48	5/5 20:19 ～ 6/6 0:32	4/5 2:56 ～ 5/5 20:18	3/5 22:04 ～ 4/5 2:55	2/4 4:02 ～ 3/5 22:03	1/5 16:24 ～ 2/4 4:01	1/1 0:00 ～ 1/5 16:23
月干支	壬子	辛亥	庚戌	己酉	戊申	丁未	丙午	乙巳	甲辰	癸卯	壬寅	辛丑	庚子
外的環境の支配五行候補	水 金㋮	水 △木㋶ 金㋒	◎土㋷ △金㋟ 火㋡	◎金㋑ 水㋤	◎金㋑ 水㋰	土 ○火㋑ △木㋰ □水㋼ 金㋮	火 ○土㋑ △水㋼ 金㋮	火 ○土㋑ △金㋦ 水㋼	◎木㋩ △土㋷ 金㋤	◎木㋑ △水㋞ 金㋮	◎木㋑ △火㋞ △水㋞ 金㋮	水 金㋒	水

	12月			11月			10月			9月			8月			7月			6月			5月			4月			3月			2月			1月			
	干支	タイプ	旬数	干支	タイプ	旬数	干支	タイプ	旬数	干支	タイプ	旬数	干支	タイプ	旬数	干支	タイプ	旬数	干支	タイプ	旬数	干支	タイプ	旬数	干支	タイプ	旬数	干支	タイプ	旬数	干支	タイプ	旬数	干支	タイプ	旬数	
1日	丁丑	人	2	丁未	人	5	丙子	結	2	丙午	結	5	乙亥	直	2	甲辰	人	5	甲戌	人	2	癸卯	結	4	癸酉	結	1	壬寅	結	4	甲戌	人	2	癸卯	結	4	1
2日	戊寅	結	2	戊申	結	5	丁丑	人	2	丁未	人	5	丙子	結	2	乙巳	直	5	乙亥	直	2	甲辰	人	5	甲戌	人	2	癸卯	結	4	乙亥	直	2	甲辰	人	5	2
3日	己卯	結	2	己酉	結	5	戊寅	結	2	戊申	結	5	丁丑	人	2	丙午	結	5	丙子	結	2	乙巳	直	5	乙亥	直	2	甲辰	人	5	丙子	結	2	乙巳	直	5	3
4日	庚辰	人	2	庚戌	人	5	己卯	結	2	己酉	結	5	戊寅	結	2	丁未	人	5	丁丑	人	2	丙午	結	5	丙子	結	2	乙巳	直	5	丁丑	人	2	丙午	結	5	4
5日	辛巳	直	2	辛亥	直	5	庚辰	人	2	庚戌	人	5	己卯	結	2	戊申	結	5	戊寅	結	2	丁未	人	5	丁丑	人	2	丙午	結	5	戊寅	結	2	丁未	人	5	5
6日	壬午	結	2	壬子	結	5	辛巳	直	2	辛亥	直	5	庚辰	人	2	己酉	結	5	己卯	結	2	戊申	結	5	戊寅	結	2	丁未	人	5	己卯	結	2	戊申	結	5	6
7日	癸未	人	2	癸丑	人	5	壬午	結	2	壬子	結	5	辛巳	直	2	庚戌	人	5	庚辰	人	2	己酉	結	5	己卯	結	2	戊申	結	5	庚辰	人	2	己酉	結	5	7
8日	甲申	直	3	甲寅	直	6	癸未	人	2	癸丑	人	5	壬午	結	2	辛亥	直	5	辛巳	直	2	庚戌	人	5	庚辰	人	2	己酉	結	5	辛巳	直	2	庚戌	人	5	8
9日	乙酉	直	3	乙卯	直	6	甲申	直	3	甲寅	直	6	癸未	人	2	壬子	結	5	壬午	結	2	辛亥	直	5	辛巳	直	2	庚戌	人	5	壬午	結	2	辛亥	直	5	9
10日	丙戌	人	3	丙辰	人	6	乙酉	直	3	乙卯	直	6	甲申	直	3	癸丑	人	5	癸未	人	2	壬子	結	5	壬午	結	2	辛亥	直	5	癸未	人	2	壬子	結	5	10
11日	丁亥	結	3	丁巳	結	6	丙戌	人	3	丙辰	人	6	乙酉	直	3	甲寅	直	6	甲申	直	3	癸丑	人	5	癸未	人	2	壬子	結	5	甲申	直	3	癸丑	人	5	11
12日	戊子	結	3	戊午	結	6	丁亥	結	3	丁巳	結	6	丙戌	人	3	乙卯	直	6	乙酉	直	3	甲寅	直	6	甲申	直	3	癸丑	人	5	乙酉	直	3	甲寅	直	6	12
13日	己丑	人	3	己未	人	6	戊子	結	3	戊午	結	6	丁亥	結	3	丙辰	人	6	丙戌	人	3	乙卯	直	6	乙酉	直	3	甲寅	直	6	丙戌	人	3	乙卯	直	6	13
14日	庚寅	直	3	庚申	直	6	己丑	人	3	己未	人	6	戊子	結	3	丁巳	結	6	丁亥	結	3	丙辰	人	6	丙戌	人	3	乙卯	直	6	丁亥	結	3	丙辰	人	6	14
15日	辛卯	直	3	辛酉	直	6	庚寅	直	3	庚申	直	6	己丑	人	3	戊午	結	6	戊子	結	3	丁巳	結	6	丁亥	結	3	丙辰	人	6	戊子	結	3	丁巳	結	6	15
16日	壬辰	人	3	壬戌	人	6	辛卯	直	3	辛酉	直	6	庚寅	直	3	己未	人	6	己丑	人	3	戊午	結	6	戊子	結	3	丁巳	結	6	己丑	人	3	戊午	結	6	16
17日	癸巳	結	3	癸亥	結	6	壬辰	人	3	壬戌	人	6	辛卯	直	3	庚申	直	6	庚寅	直	3	己未	人	6	己丑	人	3	戊午	結	6	庚寅	直	3	己未	人	6	17
18日	甲午	直	4	甲子	直	1	癸巳	結	3	癸亥	結	6	壬辰	人	3	辛酉	直	6	辛卯	直	3	庚申	直	6	庚寅	直	3	己未	人	6	辛卯	直	3	庚申	直	6	18
19日	乙未	人	4	乙丑	人	1	甲午	直	4	甲子	直	1	癸巳	結	3	壬戌	人	6	壬辰	人	3	辛酉	直	6	辛卯	直	3	庚申	直	6	壬辰	人	3	辛酉	直	6	19
20日	丙申	結	4	丙寅	結	1	乙未	人	4	乙丑	人	1	甲午	直	4	癸亥	結	6	癸巳	結	3	壬戌	人	6	壬辰	人	3	辛酉	直	6	癸巳	結	3	壬戌	人	6	20
21日	丁酉	結	4	丁卯	結	1	丙申	結	4	丙寅	結	1	乙未	人	4	甲子	直	1	甲午	直	4	癸亥	結	6	癸巳	結	3	壬戌	人	6	甲午	直	4	癸亥	結	6	21
22日	戊戌	人	4	戊辰	人	1	丁酉	結	4	丁卯	結	1	丙申	結	4	乙丑	人	1	乙未	人	4	甲子	直	1	甲午	直	4	癸亥	結	6	乙未	人	4	甲子	直	1	22
23日	己亥	結	4	己巳	結	1	戊戌	人	4	戊辰	人	1	丁酉	結	4	丙寅	結	1	丙申	結	4	乙丑	人	1	乙未	人	4	甲子	直	1	丙申	結	4	乙丑	人	1	23
24日	庚子	直	4	庚午	直	1	己亥	結	4	己巳	結	1	戊戌	人	4	丁卯	結	1	丁酉	結	4	丙寅	結	1	丙申	結	4	乙丑	人	1	丁酉	結	4	丙寅	結	1	24
25日	辛丑	人	4	辛未	人	1	庚子	直	4	庚午	直	1	己亥	結	4	戊辰	人	1	戊戌	人	4	丁卯	結	1	丁酉	結	4	丙寅	結	1	戊戌	人	4	丁卯	結	1	25
26日	壬寅	結	4	壬申	結	1	辛丑	人	4	辛未	人	1	庚子	直	4	己巳	結	1	己亥	結	4	戊辰	人	1	戊戌	人	4	丁卯	結	1	己亥	結	4	戊辰	人	1	26
27日	癸卯	結	4	癸酉	結	1	壬寅	結	4	壬申	結	1	辛丑	人	4	庚午	直	1	庚子	直	4	己巳	結	1	己亥	結	4	戊辰	人	1	庚子	直	4	己巳	結	1	27
28日	甲辰	人	5	甲戌	人	2	癸卯	結	4	癸酉	結	1	壬寅	結	4	辛未	人	1	辛丑	人	4	庚午	直	1	庚子	直	4	己巳	結	1	辛丑	人	4	庚午	直	1	28
29日	乙巳	直	5	乙亥	直	2	甲辰	人	5	甲戌	人	2	癸卯	結	4	壬申	結	1	壬寅	結	4	辛未	人	1	辛丑	人	4	庚午	直	1				辛未	人	1	29
30日	丙午	結	5	丙子	結	2	乙巳	直	5	乙亥	直	2	甲辰	人	5	癸酉	結	1	癸卯	結	4	壬申	結	1	壬寅	結	4	辛未	人	1				壬申	結	1	30
31日	丁未	人	5				丙午	結	5				乙巳	直	5	甲戌	人	2				癸酉	結	1				壬申	結	1				癸酉	結	1	31

以下のサイトに、生年月日時を入力するだけ「人物フォーマット」が、算出できます。

https://asano-uranai.com/fpd/entrance.php

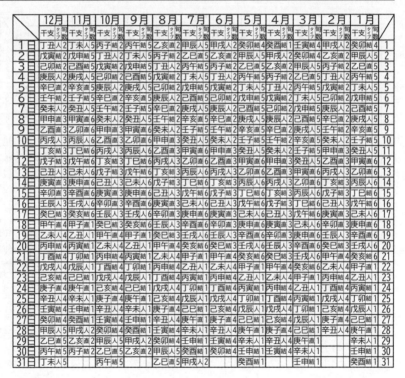

1998年（平成10年）

その年干支の期間	2/4 9:57 ～ 12/31 23:59	1/1 0:00 ～2/4 9:56
年干支	戊寅	丁丑

その月干支の期間	12/7 17:02 ～ 12/31 23:59	11/8 0:08 ～ 12/7 17:01	10/8 20:56 ～ 11/8 0:07	9/8 5:16 ～ 10/8 20:55	8/8 2:20 ～ 9/8 5:15	7/7 16:30 ～ 8/8 2:19	6/6 6:13 ～ 7/7 16:29	5/6 2:03 ～ 6/6 6:12	4/5 8:45 ～ 5/6 2:02	3/6 3:57 ～ 4/5 8:44	2/4 9:57 ～ 3/6 3:56	1/5 22:18 ～ 2/4 9:56	1/1 0:00 ～ 1/5 22:17
月干支	甲子	癸亥	壬戌	辛酉	庚申	己未	戊午	丁巳	丙辰	乙卯	甲寅	癸丑	壬子
外的環境の支配五行候補	◎ 水㋑ △ 木㋕ 火㋒	水 △ 木㋾ 火㋒	◎ 土㋷ ○ 火㋦ △ 金㋧ 木㋤	金 △ 木㋤ 火㋒	金 △ 水㋰ 火㋒	土 △ 火㋠ 木㋸	土 ○ 火㋑ 木㋤	火・土 △ 木㋤ 金㋳	◎ 木㋬ ○ 土㋠ △ 火㋞ 水㋒	木 火㋒	木 火㋒	◎ 水㋥ △ 土㋻ 金㋮	水 金㋮

	12月			11月			10月			9月			8月			7月			6月			5月			4月			3月			2月			1月			
	干支	タイプ	旬数	干支	タイプ	旬数	干支	タイプ	旬数	干支	タイプ	旬数	干支	タイプ	旬数	干支	タイプ	旬数	干支	タイプ	旬数	干支	タイプ	旬数	干支	タイプ	旬数	干支	タイプ	旬数	干支	タイプ	旬数	干支	タイプ	旬数	
1日	壬午	結	2	壬子	結	5	辛巳	直	2	辛亥	直	5	庚辰	人	2	己酉	結	5	己卯	結	2	戊申	結	5	戊寅	結	2	丁未	人	5	己卯	結	2	戊申	結	5	1
2日	癸未	人	2	癸丑	人	5	壬午	結	2	壬子	結	5	辛巳	直	2	庚戌	人	5	庚辰	人	2	己酉	結	5	己卯	結	2	戊申	結	5	庚辰	人	2	己酉	結	5	2
3日	甲申	直	3	甲寅	直	6	癸未	人	2	癸丑	人	5	壬午	結	2	辛亥	直	5	辛巳	直	2	庚戌	人	5	庚辰	人	2	己酉	結	5	辛巳	直	2	庚戌	人	5	3
4日	乙酉	直	3	乙卯	直	6	甲申	直	3	甲寅	直	6	癸未	人	2	壬子	結	5	壬午	結	2	辛亥	直	5	辛巳	直	2	庚戌	人	5	壬午	結	2	辛亥	直	5	4
5日	丙戌	人	3	丙辰	人	6	乙酉	直	3	乙卯	直	6	甲申	直	3	癸丑	人	5	癸未	人	2	壬子	結	5	壬午	結	2	辛亥	直	5	癸未	人	2	壬子	結	5	5
6日	丁亥	結	3	丁巳	結	6	丙戌	人	3	丙辰	人	6	乙酉	直	3	甲寅	直	6	甲申	直	3	癸丑	人	5	癸未	人	2	壬子	結	5	甲申	直	3	癸丑	人	5	6
7日	戊子	結	3	戊午	結	6	丁亥	結	3	丁巳	結	6	丙戌	人	3	乙卯	直	6	乙酉	直	3	甲寅	直	6	甲申	直	3	癸丑	人	5	乙酉	直	3	甲寅	直	6	7
8日	己丑	人	3	己未	人	6	戊子	結	3	戊午	結	6	丁亥	結	3	丙辰	人	6	丙戌	人	3	乙卯	直	6	乙酉	直	3	甲寅	直	6	丙戌	人	3	乙卯	直	6	8
9日	庚寅	直	3	庚申	直	6	己丑	人	3	己未	人	6	戊子	結	3	丁巳	結	6	丁亥	結	3	丙辰	人	6	丙戌	人	3	乙卯	直	6	丁亥	結	3	丙辰	人	6	9
10日	辛卯	直	3	辛酉	直	6	庚寅	直	3	庚申	直	6	己丑	人	3	戊午	結	6	戊子	結	3	丁巳	結	6	丁亥	結	3	丙辰	人	6	戊子	結	3	丁巳	結	6	10
11日	壬辰	人	3	壬戌	人	6	辛卯	直	3	辛酉	直	6	庚寅	直	3	己未	人	6	己丑	人	3	戊午	結	6	戊子	結	3	丁巳	結	6	己丑	人	3	戊午	結	6	11
12日	癸巳	結	3	癸亥	結	6	壬辰	人	3	壬戌	人	6	辛卯	直	3	庚申	直	6	庚寅	直	3	己未	人	6	己丑	人	3	戊午	結	6	庚寅	直	3	己未	人	6	12
13日	甲午	直	4	甲子	直	1	癸巳	結	3	癸亥	結	6	壬辰	人	3	辛酉	直	6	辛卯	直	3	庚申	直	6	庚寅	直	3	己未	人	6	辛卯	直	3	庚申	直	6	13
14日	乙未	人	4	乙丑	人	1	甲午	直	4	甲子	直	1	癸巳	結	3	壬戌	人	6	壬辰	人	3	辛酉	直	6	辛卯	直	3	庚申	直	6	壬辰	人	3	辛酉	直	6	14
15日	丙申	結	4	丙寅	結	1	乙未	人	4	乙丑	人	1	甲午	直	4	癸亥	結	6	癸巳	結	3	壬戌	人	6	壬辰	人	3	辛酉	直	6	癸巳	結	3	壬戌	人	6	15
16日	丁酉	結	4	丁卯	結	1	丙申	結	4	丙寅	結	1	乙未	人	4	甲子	直	1	甲午	直	4	癸亥	結	6	癸巳	結	3	壬戌	人	6	甲午	直	4	癸亥	結	6	16
17日	戊戌	人	4	戊辰	人	1	丁酉	結	4	丁卯	結	1	丙申	結	4	乙丑	人	1	乙未	人	4	甲子	直	1	甲午	直	4	癸亥	結	6	乙未	人	4	甲子	直	1	17
18日	己亥	結	4	己巳	結	1	戊戌	人	4	戊辰	人	1	丁酉	結	4	丙寅	結	1	丙申	結	4	乙丑	人	1	乙未	人	4	甲子	直	1	丙申	結	4	乙丑	人	1	18
19日	庚子	直	4	庚午	直	1	己亥	結	4	己巳	結	1	戊戌	人	4	丁卯	結	1	丁酉	結	4	丙寅	結	1	丙申	結	4	乙丑	人	1	丁酉	結	4	丙寅	結	1	19
20日	辛丑	人	4	辛未	人	1	庚子	直	4	庚午	直	1	己亥	結	4	戊辰	人	1	戊戌	人	4	丁卯	結	1	丁酉	結	4	丙寅	結	1	戊戌	人	4	丁卯	結	1	20
21日	壬寅	結	4	壬申	結	1	辛丑	人	4	辛未	人	1	庚子	直	4	己巳	結	1	己亥	結	4	戊辰	人	1	戊戌	人	4	丁卯	結	1	己亥	結	4	戊辰	人	1	21
22日	癸卯	結	4	癸酉	結	1	壬寅	結	4	壬申	結	1	辛丑	人	4	庚午	直	1	庚子	直	4	己巳	結	1	己亥	結	4	戊辰	人	1	庚子	直	4	己巳	結	1	22
23日	甲辰	人	5	甲戌	人	2	癸卯	結	4	癸酉	結	1	壬寅	結	4	辛未	人	1	辛丑	人	4	庚午	直	1	庚子	直	4	己巳	結	1	辛丑	人	4	庚午	直	1	23
24日	乙巳	直	5	乙亥	直	2	甲辰	人	5	甲戌	人	2	癸卯	結	4	壬申	結	1	壬寅	結	4	辛未	人	1	辛丑	人	4	庚午	直	1	壬寅	結	4	辛未	人	1	24
25日	丙午	結	5	丙子	結	2	乙巳	直	5	乙亥	直	2	甲辰	人	5	癸酉	結	1	癸卯	結	4	壬申	結	1	壬寅	結	4	辛未	人	1	癸卯	結	4	壬申	結	1	25
26日	丁未	人	5	丁丑	人	2	丙午	結	5	丙子	結	2	乙巳	直	5	甲戌	人	2	甲辰	人	5	癸酉	結	1	癸卯	結	4	壬申	結	1	甲辰	人	5	癸酉	結	1	26
27日	戊申	結	5	戊寅	結	2	丁未	人	5	丁丑	人	2	丙午	結	5	乙亥	直	2	乙巳	直	5	甲戌	人	2	甲辰	人	5	癸酉	結	1	乙巳	直	5	甲戌	人	2	27
28日	己酉	結	5	己卯	結	2	戊申	結	5	戊寅	結	2	丁未	人	5	丙子	結	2	丙午	結	5	乙亥	直	2	乙巳	直	5	甲戌	人	2	丙午	結	5	乙亥	直	2	28
29日	庚戌	人	5	庚辰	人	2	己酉	結	5	己卯	結	2	戊申	結	5	丁丑	人	2	丁未	人	5	丙子	結	2	丙午	結	5	乙亥	直	2				丙子	結	2	29
30日	辛亥	直	5	辛巳	直	2	庚戌	人	5	庚辰	人	2	己酉	結	5	戊寅	結	2	戊申	結	5	丁丑	人	2	丁未	人	5	丙子	結	2				丁丑	人	2	30
31日	壬子	結	5				辛亥	直	5				庚戌	人	5	己卯	結	2				戊寅	結	2				丁丑	人	2				戊寅	結	2	31

以下のサイトに、生年月日時を入力するだけ「人物フォーマット」が、算出できます。

https://asano-uranai.com/fpd/entrance.php

1999年（平成11年）

その年干支の期間	2/4 15:57 ～ 12/31 23:59	1/1 0:00 ～2/4 15:56
年干支	己卯	戊寅

その月干支の期間	12/7 22:47 〜 12/31 23:59	11/8 5:58 〜 12/7 22:46	10/9 2:48 〜 11/8 5:57	9/8 11:10 〜 10/9 2:47	8/8 8:14 〜 9/8 11:09	7/7 22:25 〜 8/8 8:13	6/6 12:09 〜 7/7 22:24	5/6 8:01 〜 6/6 12:08	4/5 14:45 〜 5/6 8:00	3/6 9:58 〜 4/5 14:44	2/4 15:57 〜 3/6 9:57	1/6 4:17 〜 2/4 15:56	1/1 0:00 〜 1/6 4:16
月干支	丙子	乙亥	甲戌	癸酉	壬申	辛未	庚午	己巳	戊辰	丁卯	丙寅	乙丑	甲子
外的環境の支配五行候補	◎ 水㋑ 木㋡	◎ 木㋑ ◎ 水㋑	◎ 土㋷ ○ 木㋕ △ 金㋧ 火㋖	◎ 金㋣ 木㋡	◎ 金㋑ △ 水㋵ 木㋡	土 △ 木㋣ 火㋠	土 ○ 火㋑ 木㋡	土 ○ 火㋑ △ 木㋡ 金㋳	◎ 木㋬ △ 土㋠ 水㋒	木	木 火㋞	◎ 木㋕ ◎ 水㋕ △ 火㋒ 金㋮	◎ 水㋑ △ 木㋕ 火㋒

	12月			11月			10月			9月			8月			7月			6月			5月			4月			3月			2月			1月			
	干支	タイプ	旬数	干支	タイプ	旬数	干支	タイプ	旬数	干支	タイプ	旬数	干支	タイプ	旬数	干支	タイプ	旬数	干支	タイプ	旬数	干支	タイプ	旬数	干支	タイプ	旬数	干支	タイプ	旬数	干支	タイプ	旬数	干支	タイプ	旬数	
1日	丁亥	結	3	丁巳	結	6	丙戌	人	3	丙辰	人	6	乙酉	直	3	甲寅	直	6	甲申	直	3	癸丑	人	5	癸未	人	2	壬子	結	5	甲申	直	3	癸丑	人	5	1
2日	戊子	結	3	戊午	結	6	丁亥	結	3	丁巳	結	6	丙戌	人	3	乙卯	直	6	乙酉	直	3	甲寅	直	6	甲申	直	3	癸丑	人	5	乙酉	直	3	甲寅	直	6	2
3日	己丑	人	3	己未	人	6	戊子	結	3	戊午	結	6	丁亥	結	3	丙辰	人	6	丙戌	人	3	乙卯	直	6	乙酉	直	3	甲寅	直	6	丙戌	人	3	乙卯	直	6	3
4日	庚寅	直	3	庚申	直	6	己丑	人	3	己未	人	6	戊子	結	3	丁巳	結	6	丁亥	結	3	丙辰	人	6	丙戌	人	3	乙卯	直	6	丁亥	結	3	丙辰	人	6	4
5日	辛卯	直	3	辛酉	直	6	庚寅	直	3	庚申	直	6	己丑	人	3	戊午	結	6	戊子	結	3	丁巳	結	6	丁亥	結	3	丙辰	人	6	戊子	結	3	丁巳	結	6	5
6日	壬辰	人	3	壬戌	人	6	辛卯	直	3	辛酉	直	6	庚寅	直	3	己未	人	6	己丑	人	3	戊午	結	6	戊子	結	3	丁巳	結	6	己丑	人	3	戊午	結	6	6
7日	癸巳	結	3	癸亥	結	6	壬辰	人	3	壬戌	人	6	辛卯	直	3	庚申	直	6	庚寅	直	3	己未	人	6	己丑	人	3	戊午	結	6	庚寅	直	3	己未	人	6	7
8日	甲午	直	4	甲子	直	1	癸巳	結	3	癸亥	結	6	壬辰	人	3	辛酉	直	6	辛卯	直	3	庚申	直	6	庚寅	直	3	己未	人	6	辛卯	直	3	庚申	直	6	8
9日	乙未	人	4	乙丑	人	1	甲午	直	4	甲子	直	1	癸巳	結	3	壬戌	人	6	壬辰	人	3	辛酉	直	6	辛卯	直	3	庚申	直	6	壬辰	人	3	辛酉	直	6	9
10日	丙申	結	4	丙寅	結	1	乙未	人	4	乙丑	人	1	甲午	直	4	癸亥	結	6	癸巳	結	3	壬戌	人	6	壬辰	人	3	辛酉	直	6	癸巳	結	3	壬戌	人	6	10
11日	丁酉	結	4	丁卯	結	1	丙申	結	4	丙寅	結	1	乙未	人	4	甲子	直	1	甲午	直	4	癸亥	結	6	癸巳	結	3	壬戌	人	6	甲午	直	4	癸亥	結	6	11
12日	戊戌	人	4	戊辰	人	1	丁酉	結	4	丁卯	結	1	丙申	結	4	乙丑	人	1	乙未	人	4	甲子	直	1	甲午	直	4	癸亥	結	6	乙未	人	4	甲子	直	1	12
13日	己亥	結	4	己巳	結	1	戊戌	人	4	戊辰	人	1	丁酉	結	4	丙寅	結	1	丙申	結	4	乙丑	人	1	乙未	人	4	甲子	直	1	丙申	結	4	乙丑	人	1	13
14日	庚子	直	4	庚午	直	1	己亥	結	4	己巳	結	1	戊戌	人	4	丁卯	結	1	丁酉	結	4	丙寅	結	1	丙申	結	4	乙丑	人	1	丁酉	結	4	丙寅	結	1	14
15日	辛丑	人	4	辛未	人	1	庚子	直	4	庚午	直	1	己亥	結	4	戊辰	人	1	戊戌	人	4	丁卯	結	1	丁酉	結	4	丙寅	結	1	戊戌	人	4	丁卯	結	1	15
16日	壬寅	結	4	壬申	結	1	辛丑	人	4	辛未	人	1	庚子	直	4	己巳	結	1	己亥	結	4	戊辰	人	1	戊戌	人	4	丁卯	結	1	己亥	結	4	戊辰	人	1	16
17日	癸卯	結	4	癸酉	結	1	壬寅	結	4	壬申	結	1	辛丑	人	4	庚午	直	1	庚子	直	4	己巳	結	1	己亥	結	4	戊辰	人	1	庚子	直	4	己巳	結	1	17
18日	甲辰	人	5	甲戌	人	2	癸卯	結	4	癸酉	結	1	壬寅	結	4	辛未	人	1	辛丑	人	4	庚午	直	1	庚子	直	4	己巳	結	1	辛丑	人	4	庚午	直	1	18
19日	乙巳	直	5	乙亥	直	2	甲辰	人	5	甲戌	人	2	癸卯	結	4	壬申	結	1	壬寅	結	4	辛未	人	1	辛丑	人	4	庚午	直	1	壬寅	結	4	辛未	人	1	19
20日	丙午	結	5	丙子	結	2	乙巳	直	5	乙亥	直	2	甲辰	人	5	癸酉	結	1	癸卯	結	4	壬申	結	1	壬寅	結	4	辛未	人	1	癸卯	結	4	壬申	結	1	20
21日	丁未	人	5	丁丑	人	2	丙午	結	5	丙子	結	2	乙巳	直	5	甲戌	人	2	甲辰	人	5	癸酉	結	1	癸卯	結	4	壬申	結	1	甲辰	人	5	癸酉	結	1	21
22日	戊申	結	5	戊寅	結	2	丁未	人	5	丁丑	人	2	丙午	結	5	乙亥	直	2	乙巳	直	5	甲戌	人	2	甲辰	人	5	癸酉	結	1	乙巳	直	5	甲戌	人	2	22
23日	己酉	結	5	己卯	結	2	戊申	結	5	戊寅	結	2	丁未	人	5	丙子	結	2	丙午	結	5	乙亥	直	2	乙巳	直	5	甲戌	人	2	丙午	結	5	乙亥	直	2	23
24日	庚戌	人	5	庚辰	人	2	己酉	結	5	己卯	結	2	戊申	結	5	丁丑	人	2	丁未	人	5	丙子	結	2	丙午	結	5	乙亥	直	2	丁未	人	5	丙子	結	2	24
25日	辛亥	直	5	辛巳	直	2	庚戌	人	5	庚辰	人	2	己酉	結	5	戊寅	結	2	戊申	結	5	丁丑	人	2	丁未	人	5	丙子	結	2	戊申	結	5	丁丑	人	2	25
26日	壬子	結	5	壬午	結	2	辛亥	直	5	辛巳	直	2	庚戌	人	5	己卯	結	2	己酉	結	5	戊寅	結	2	戊申	結	5	丁丑	人	2	己酉	結	5	戊寅	結	2	26
27日	癸丑	人	5	癸未	人	2	壬子	結	5	壬午	結	2	辛亥	直	5	庚辰	人	2	庚戌	人	5	己卯	結	2	己酉	結	5	戊寅	結	2	庚戌	人	5	己卯	結	2	27
28日	甲寅	直	6	甲申	直	3	癸丑	人	5	癸未	人	2	壬子	結	5	辛巳	直	2	辛亥	直	5	庚辰	人	2	庚戌	人	5	己卯	結	2	辛亥	直	5	庚辰	人	2	28
29日	乙卯	直	6	乙酉	直	3	甲寅	直	6	甲申	直	3	癸丑	人	5	壬午	結	2	壬子	結	5	辛巳	直	2	辛亥	直	5	庚辰	人	2				辛巳	直	2	29
30日	丙辰	人	6	丙戌	人	3	乙卯	直	6	乙酉	直	3	甲寅	直	6	癸未	人	2	癸丑	人	5	壬午	結	2	壬子	結	5	辛巳	直	2				壬午	結	2	30
31日	丁巳	結	6				丙辰	人	6				乙卯	直	6	甲申	直	3				癸未	人	2				壬午	結	2				癸未	人	2	31

以下のサイトに、生年月日時を入力するだけ「人物フォーマット」が、算出できます。

https://asano-uranai.com/fpd/entrance.php

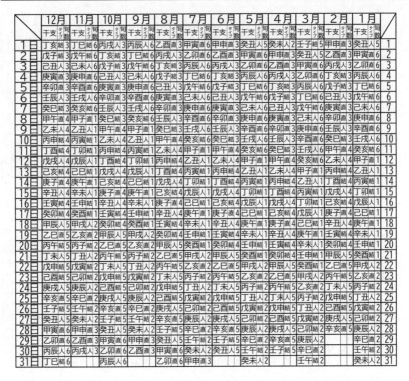

２０００年（平成１２年）

その年干支の期間	2/4 21:42 ～ 12/31 23:59	1/1 0:00 ～2/4 21:41
年干支	庚辰	己卯

その月干支の期間	12/7 4:37 ～ 12/31 23:59	11/7 11:48 ～ 12/7 4:36	10/8 8:38 ～ 11/7 11:47	9/7 16:59 ～ 10/8 8:37	8/7 14:03 ～ 9/7 16:58	7/7 4:14 ～ 8/7 14:02	6/5 17:59 ～ 7/7 4:13	5/5 13:50 ～ 6/5 17:58	4/4 20:32 ～ 5/5 13:49	3/5 15:43 ～ 4/4 20:31	2/4 21:40 ～ 3/5 15:42	1/6 10:01 ～ 2/4 21:39	1/1 0:00 ～ 1/6 10:00
月干支	戊子	丁亥	丙戌	乙酉	甲申	癸未	壬午	辛巳	庚辰	己卯	戊寅	丁丑	丙子
外的環境の支配五行候補	水㋑ ○ 土㋺ △ 木㋧ 金㋰	◎ 水㋑ △ 木㋶ 金㋰	◎ 土㋷ ○ 金㋟ △ 火㋡ 木㋒ 水㋒	金 木㋒ 水㋒	金 △ 木㋵ 水㋡	土 ○ 火㋠ △ 水㋟ 木㋰ 金㋰	◎ 火㋑ ◎ 土㋑ ○ 水㋟ △ 金㋰ 木㋒	◎ 火㋑ ◎ 土㋑ △ 金㋵ 木㋒ 水㋒	◎ 土㋷ ○ 木㋦ △ 金㋟ 水㋒	木 ○ 土㋺ △ 金㋰ 水㋒	木 ○ 土㋺ △ 金㋰ 火㋒ 水㋒	◎ 水㋕ △ 木㋡ 金㋮	◎ 水㋑ 木㋡

	12月			11月			10月			9月			8月			7月			6月			5月			4月			3月			2月			1月			
	干支	タイプ	旬数	干支	タイプ	旬数	干支	タイプ	旬数	干支	タイプ	旬数	干支	タイプ	旬数	干支	タイプ	旬数	干支	タイプ	旬数	干支	タイプ	旬数	干支	タイプ	旬数	干支	タイプ	旬数	干支	タイプ	旬数	干支	タイプ	旬数	
1日	癸巳	結	3	癸亥	結	6	壬辰	人	3	壬戌	人	6	辛卯	直	3	庚申	直	6	庚寅	直	3	己未	人	6	己丑	人	3	戊午	結	6	己丑	人	3	戊午	結	6	1
2日	甲午	直	4	甲子	直	1	癸巳	結	3	癸亥	結	6	壬辰	人	3	辛酉	直	6	辛卯	直	3	庚申	直	6	庚寅	直	3	己未	人	6	庚寅	直	3	己未	人	6	2
3日	乙未	人	4	乙丑	人	1	甲午	直	4	甲子	直	1	癸巳	結	3	壬戌	人	6	壬辰	人	3	辛酉	直	6	辛卯	直	3	庚申	直	6	辛卯	直	3	庚申	直	6	3
4日	丙申	結	4	丙寅	結	1	乙未	人	4	乙丑	人	1	甲午	直	4	癸亥	結	6	癸巳	結	3	壬戌	人	6	壬辰	人	3	辛酉	直	6	壬辰	人	3	辛酉	直	6	4
5日	丁酉	結	4	丁卯	結	1	丙申	結	4	丙寅	結	1	乙未	人	4	甲子	直	1	甲午	直	4	癸亥	結	6	癸巳	結	3	壬戌	人	6	癸巳	結	3	壬戌	人	6	5
6日	戊戌	人	4	戊辰	人	1	丁酉	結	4	丁卯	結	1	丙申	結	4	乙丑	人	1	乙未	人	4	甲子	直	1	甲午	直	4	癸亥	結	6	甲午	直	4	癸亥	結	6	6
7日	己亥	結	4	己巳	結	1	戊戌	人	4	戊辰	人	1	丁酉	結	4	丙寅	結	1	丙申	結	4	乙丑	人	1	乙未	人	4	甲子	直	1	乙未	人	4	甲子	直	1	7
8日	庚子	直	4	庚午	直	1	己亥	結	4	己巳	結	1	戊戌	人	4	丁卯	結	1	丁酉	結	4	丙寅	結	1	丙申	結	4	乙丑	人	1	丙申	結	4	乙丑	人	1	8
9日	辛丑	人	4	辛未	人	1	庚子	直	4	庚午	直	1	己亥	結	4	戊辰	人	1	戊戌	人	4	丁卯	結	1	丁酉	結	4	丙寅	結	1	丁酉	結	4	丙寅	結	1	9
10日	壬寅	結	4	壬申	結	1	辛丑	人	4	辛未	人	1	庚子	直	4	己巳	結	1	己亥	結	4	戊辰	人	1	戊戌	人	4	丁卯	結	1	戊戌	人	4	丁卯	結	1	10
11日	癸卯	結	4	癸酉	結	1	壬寅	結	4	壬申	結	1	辛丑	人	4	庚午	直	1	庚子	直	4	己巳	結	1	己亥	結	4	戊辰	人	1	己亥	結	4	戊辰	人	1	11
12日	甲辰	人	5	甲戌	人	2	癸卯	結	4	癸酉	結	1	壬寅	結	4	辛未	人	1	辛丑	人	4	庚午	直	1	庚子	直	4	己巳	結	1	庚子	直	4	己巳	結	1	12
13日	乙巳	直	5	乙亥	直	2	甲辰	人	5	甲戌	人	2	癸卯	結	4	壬申	結	1	壬寅	結	4	辛未	人	1	辛丑	人	4	庚午	直	1	辛丑	人	4	庚午	直	1	13
14日	丙午	結	5	丙子	結	2	乙巳	直	5	乙亥	直	2	甲辰	人	5	癸酉	結	1	癸卯	結	4	壬申	結	1	壬寅	結	4	辛未	人	1	壬寅	結	4	辛未	人	1	14
15日	丁未	人	5	丁丑	人	2	丙午	結	5	丙子	結	2	乙巳	直	5	甲戌	人	2	甲辰	人	5	癸酉	結	1	癸卯	結	4	壬申	結	1	癸卯	結	4	壬申	結	1	15
16日	戊申	結	5	戊寅	結	2	丁未	人	5	丁丑	人	2	丙午	結	5	乙亥	直	2	乙巳	直	5	甲戌	人	2	甲辰	人	5	癸酉	結	1	甲辰	人	5	癸酉	結	1	16
17日	己酉	結	5	己卯	結	2	戊申	結	5	戊寅	結	2	丁未	人	5	丙子	結	2	丙午	結	5	乙亥	直	2	乙巳	直	5	甲戌	人	2	乙巳	直	5	甲戌	人	2	17
18日	庚戌	人	5	庚辰	人	2	己酉	結	5	己卯	結	2	戊申	結	5	丁丑	人	2	丁未	人	5	丙子	結	2	丙午	結	5	乙亥	直	2	丙午	結	5	乙亥	直	2	18
19日	辛亥	直	5	辛巳	直	2	庚戌	人	5	庚辰	人	2	己酉	結	5	戊寅	結	2	戊申	結	5	丁丑	人	2	丁未	人	5	丙子	結	2	丁未	人	5	丙子	結	2	19
20日	壬子	結	5	壬午	結	2	辛亥	直	5	辛巳	直	2	庚戌	人	5	己卯	結	2	己酉	結	5	戊寅	結	2	戊申	結	5	丁丑	人	2	戊申	結	5	丁丑	人	2	20
21日	癸丑	人	5	癸未	人	2	壬子	結	5	壬午	結	2	辛亥	直	5	庚辰	人	2	庚戌	人	5	己卯	結	2	己酉	結	5	戊寅	結	2	己酉	結	5	戊寅	結	2	21
22日	甲寅	直	6	甲申	直	3	癸丑	人	5	癸未	人	2	壬子	結	5	辛巳	直	2	辛亥	直	5	庚辰	人	2	庚戌	人	5	己卯	結	2	庚戌	人	5	己卯	結	2	22
23日	乙卯	直	6	乙酉	直	3	甲寅	直	6	甲申	直	3	癸丑	人	5	壬午	結	2	壬子	結	5	辛巳	直	2	辛亥	直	5	庚辰	人	2	辛亥	直	5	庚辰	人	2	23
24日	丙辰	人	6	丙戌	人	3	乙卯	直	6	乙酉	直	3	甲寅	直	6	癸未	人	2	癸丑	人	5	壬午	結	2	壬子	結	5	辛巳	直	2	壬子	結	5	辛巳	直	2	24
25日	丁巳	結	6	丁亥	結	3	丙辰	人	6	丙戌	人	3	乙卯	直	6	甲申	直	3	甲寅	直	6	癸未	人	2	癸丑	人	5	壬午	結	2	癸丑	人	5	壬午	結	2	25
26日	戊午	結	6	戊子	結	3	丁巳	結	6	丁亥	結	3	丙辰	人	6	乙酉	直	3	乙卯	直	6	甲申	直	3	甲寅	直	6	癸未	人	2	甲寅	直	6	癸未	人	2	26
27日	己未	人	6	己丑	人	3	戊午	結	6	戊子	結	3	丁巳	結	6	丙戌	人	3	丙辰	人	6	乙酉	直	3	乙卯	直	6	甲申	直	3	乙卯	直	6	甲申	直	3	27
28日	庚申	直	6	庚寅	直	3	己未	人	6	己丑	人	3	戊午	結	6	丁亥	結	3	丁巳	結	6	丙戌	人	3	丙辰	人	6	乙酉	直	3	丙辰	人	6	乙酉	直	3	28
29日	辛酉	直	6	辛卯	直	3	庚申	直	6	庚寅	直	3	己未	人	6	戊子	結	3	戊午	結	6	丁亥	結	3	丁巳	結	6	丙戌	人	3	丁巳	結	6	丙戌	人	3	29
30日	壬戌	人	6	壬辰	人	3	辛酉	直	6	辛卯	直	3	庚申	直	6	己丑	人	3	己未	人	6	戊子	結	3	戊午	結	6	丁亥	結	3				丁亥	結	3	30
31日	癸亥	結	6				壬戌	人	6				辛酉	直	6	庚寅	直	3				己丑	人	3				戊子	結	3				戊子	結	3	31

以下のサイトに、生年月日時を入力するだけ「人物フォーマット」が、算出できます。

https://asano-uranai.com/fpd/entrance.php

2001年（平成13年）

その年干支の期間	2/4 3:28 ～ 12/31 23:59	1/1 0:00 ～2/4 3:27
年干支	辛巳	庚辰

その月干支の期間	12/7 10:29 ～ 12/31 23:59	11/7 17:37 ～ 12/7 10:28	10/8 14:25 ～ 11/7 17:36	9/7 22:46 ～ 10/8 14:24	8/7 19:52 ～ 9/7 22:45	7/7 10:07 ～ 8/7 19:51	6/5 23:54 ～ 7/7 10:06	5/5 19:45 ～ 6/5 23:53	4/5 2:24 ～ 5/5 19:44	3/5 21:32 ～ 4/5 2:23	2/4 3:29 ～ 3/5 21:31	1/5 15:49 ～ 2/4 3:28	1/1 0:00 ～ 1/5 15:48
月干支	庚子	己亥	戊戌	丁酉	丙申	乙未	甲午	癸巳	壬辰	辛卯	庚寅	己丑	戊子
外的環境の支配五行候補	◎ 水㋑ ○ 土㋦ △ 金㋟ 火㋰	◎ 土㋺ ○ 水㋻ △ 木㋶ 火㋰ 金㋰	土 △ 火㋵ 金㋟	金 △ 土㋦ 火㋸	金 ○ 火㋬ △ 土㋦ 水㋰	火 ○ 土㋑ △ 木㋡ 金㋰	火 ○ 土㋑ 金㋰	火 ○ 土㋑ 金㋰	◎ 土㋥ ○ 木㋦ △ 水㋟ □ 金㋶ 火㋰	◎ 木㋑ ○ 土㋦ △ 金㋟ 火㋰	◎ 木㋑ △ 土㋾ 火㋟ 金㋟	◎ 土㋷ ○ 水㋕ △ 金㋟ 木㋒	◎ 水㋑ ○ 土㋺ △ 木㋸ 金㋰

	12月			11月			10月			9月			8月			7月			6月			5月			4月			3月			2月			1月			
	干支	タイプ	旬数	干支	タイプ	旬数	干支	タイプ	旬数	干支	タイプ	旬数	干支	タイプ	旬数	干支	タイプ	旬数	干支	タイプ	旬数	干支	タイプ	旬数	干支	タイプ	旬数	干支	タイプ	旬数	干支	タイプ	旬数	干支	タイプ	旬数	
1日	戊戌	人	4	戊辰	人	1	丁酉	結	4	丁卯	結	1	丙申	結	4	乙丑	人	1	乙未	人	4	甲子	直	1	甲午	直	4	癸亥	結	6	乙未	人	4	甲子	直	1	1
2日	己亥	結	4	己巳	結	1	戊戌	人	4	戊辰	人	1	丁酉	結	4	丙寅	結	1	丙申	結	4	乙丑	人	1	乙未	人	4	甲子	直	1	丙申	結	4	乙丑	人	1	2
3日	庚子	直	4	庚午	直	1	己亥	結	4	己巳	結	1	戊戌	人	4	丁卯	結	1	丁酉	結	4	丙寅	結	1	丙申	結	4	乙丑	人	1	丁酉	結	4	丙寅	結	1	3
4日	辛丑	人	4	辛未	人	1	庚子	直	4	庚午	直	1	己亥	結	4	戊辰	人	1	戊戌	人	4	丁卯	結	1	丁酉	結	4	丙寅	結	1	戊戌	人	4	丁卯	結	1	4
5日	壬寅	結	4	壬申	結	1	辛丑	人	4	辛未	人	1	庚子	直	4	己巳	結	1	己亥	結	4	戊辰	人	1	戊戌	人	4	丁卯	結	1	己亥	結	4	戊辰	人	1	5
6日	癸卯	結	4	癸酉	結	1	壬寅	結	4	壬申	結	1	辛丑	人	4	庚午	直	1	庚子	直	4	己巳	結	1	己亥	結	4	戊辰	人	1	庚子	直	4	己巳	結	1	6
7日	甲辰	人	5	甲戌	人	2	癸卯	結	4	癸酉	結	1	壬寅	結	4	辛未	人	1	辛丑	人	4	庚午	直	1	庚子	直	4	己巳	結	1	辛丑	人	4	庚午	直	1	7
8日	乙巳	直	5	乙亥	直	2	甲辰	人	5	甲戌	人	2	癸卯	結	4	壬申	結	1	壬寅	結	4	辛未	人	1	辛丑	人	4	庚午	直	1	壬寅	結	4	辛未	人	1	8
9日	丙午	結	5	丙子	結	2	乙巳	直	5	乙亥	直	2	甲辰	人	5	癸酉	結	1	癸卯	結	4	壬申	結	1	壬寅	結	4	辛未	人	1	癸卯	結	4	壬申	結	1	9
10日	丁未	人	5	丁丑	人	2	丙午	結	5	丙子	結	2	乙巳	直	5	甲戌	人	2	甲辰	人	5	癸酉	結	1	癸卯	結	4	壬申	結	1	甲辰	人	5	癸酉	結	1	10
11日	戊申	結	5	戊寅	結	2	丁未	人	5	丁丑	人	2	丙午	結	5	乙亥	直	2	乙巳	直	5	甲戌	人	2	甲辰	人	5	癸酉	結	1	乙巳	直	5	甲戌	人	2	11
12日	己酉	結	5	己卯	結	2	戊申	結	5	戊寅	結	2	丁未	人	5	丙子	結	2	丙午	結	5	乙亥	直	2	乙巳	直	5	甲戌	人	2	丙午	結	5	乙亥	直	2	12
13日	庚戌	人	5	庚辰	人	2	己酉	結	5	己卯	結	2	戊申	結	5	丁丑	人	2	丁未	人	5	丙子	結	2	丙午	結	5	乙亥	直	2	丁未	人	5	丙子	結	2	13
14日	辛亥	直	5	辛巳	直	2	庚戌	人	5	庚辰	人	2	己酉	結	5	戊寅	結	2	戊申	結	5	丁丑	人	2	丁未	人	5	丙子	結	2	戊申	結	5	丁丑	人	2	14
15日	壬子	結	5	壬午	結	2	辛亥	直	5	辛巳	直	2	庚戌	人	5	己卯	結	2	己酉	結	5	戊寅	結	2	戊申	結	5	丁丑	人	2	己酉	結	5	戊寅	結	2	15
16日	癸丑	人	5	癸未	人	2	壬子	結	5	壬午	結	2	辛亥	直	5	庚辰	人	2	庚戌	人	5	己卯	結	2	己酉	結	5	戊寅	結	2	庚戌	人	5	己卯	結	2	16
17日	甲寅	直	6	甲申	直	3	癸丑	人	5	癸未	人	2	壬子	結	5	辛巳	直	2	辛亥	直	5	庚辰	人	2	庚戌	人	5	己卯	結	2	辛亥	直	5	庚辰	人	2	17
18日	乙卯	直	6	乙酉	直	3	甲寅	直	6	甲申	直	3	癸丑	人	5	壬午	結	2	壬子	結	5	辛巳	直	2	辛亥	直	5	庚辰	人	2	壬子	結	5	辛巳	直	2	18
19日	丙辰	人	6	丙戌	人	3	乙卯	直	6	乙酉	直	3	甲寅	直	6	癸未	人	2	癸丑	人	5	壬午	結	2	壬子	結	5	辛巳	直	2	癸丑	人	5	壬午	結	2	19
20日	丁巳	結	6	丁亥	結	3	丙辰	人	6	丙戌	人	3	乙卯	直	6	甲申	直	3	甲寅	直	6	癸未	人	2	癸丑	人	5	壬午	結	2	甲寅	直	6	癸未	人	2	20
21日	戊午	結	6	戊子	結	3	丁巳	結	6	丁亥	結	3	丙辰	人	6	乙酉	直	3	乙卯	直	6	甲申	直	3	甲寅	直	6	癸未	人	2	乙卯	直	6	甲申	直	3	21
22日	己未	人	6	己丑	人	3	戊午	結	6	戊子	結	3	丁巳	結	6	丙戌	人	3	丙辰	人	6	乙酉	直	3	乙卯	直	6	甲申	直	3	丙辰	人	6	乙酉	直	3	22
23日	庚申	直	6	庚寅	直	3	己未	人	6	己丑	人	3	戊午	結	6	丁亥	結	3	丁巳	結	6	丙戌	人	3	丙辰	人	6	乙酉	直	3	丁巳	結	6	丙戌	人	3	23
24日	辛酉	直	6	辛卯	直	3	庚申	直	6	庚寅	直	3	己未	人	6	戊子	結	3	戊午	結	6	丁亥	結	3	丁巳	結	6	丙戌	人	3	戊午	結	6	丁亥	結	3	24
25日	壬戌	人	6	壬辰	人	3	辛酉	直	6	辛卯	直	3	庚申	直	6	己丑	人	3	己未	人	6	戊子	結	3	戊午	結	6	丁亥	結	3	己未	人	6	戊子	結	3	25
26日	癸亥	結	6	癸巳	結	3	壬戌	人	6	壬辰	人	3	辛酉	直	6	庚寅	直	3	庚申	直	6	己丑	人	3	己未	人	6	戊子	結	3	庚申	直	6	己丑	人	3	26
27日	甲子	直	1	甲午	直	4	癸亥	結	6	癸巳	結	3	壬戌	人	6	辛卯	直	3	辛酉	直	6	庚寅	直	3	庚申	直	6	己丑	人	3	辛酉	直	6	庚寅	直	3	27
28日	乙丑	人	1	乙未	人	4	甲子	直	1	甲午	直	4	癸亥	結	6	壬辰	人	3	壬戌	人	6	辛卯	直	3	辛酉	直	6	庚寅	直	3	壬戌	人	6	辛卯	直	3	28
29日	丙寅	結	1	丙申	結	4	乙丑	人	1	乙未	人	4	甲子	直	1	癸巳	結	3	癸亥	結	6	壬辰	人	3	壬戌	人	6	辛卯	直	3				壬辰	人	3	29
30日	丁卯	結	1	丁酉	結	4	丙寅	結	1	丙申	結	4	乙丑	人	1	甲午	直	4	甲子	直	1	癸巳	結	3	癸亥	結	6	壬辰	人	3				癸巳	結	3	30
31日	戊辰	人	1				丁卯	結	1				丙寅	結	1	乙未	人	4				甲午	直	4				癸巳	結	3				甲午	直	4	31

以下のサイトに、生年月日時を入力するだけ「人物フォーマット」が、算出できます。

https://asano-uranai.com/fpd/entrance.php

2002年（平成14年）

その年干支の期間	2/4 9:22 ～ 12/31 23:59	1/1 0:00 ～2/4 9:21
年干支	壬午	辛巳

その月干支の期間	12/7 16:14 ～ 12/31 23:59	11/7 23:22 ～ 12/7 16:13	10/8 20:09 ～ 11/7 23:21	9/8 4:31 ～ 10/8 20:08	8/8 1:39 ～ 9/8 4:30	7/7 15:56 ～ 8/8 1:38	6/6 5:45 ～ 7/7 15:55	5/6 1:37 ～ 6/6 5:44	4/5 8:18 ～ 5/6 1:36	3/6 3:28 ～ 4/5 8:17	2/4 9:24 ～ 3/6 3:27	1/5 21:44 ～ 2/4 9:23	1/1 0:00 ～ 1/5 21:43
月干支	壬子	辛亥	庚戌	己酉	戊申	丁未	丙午	乙巳	甲辰	癸卯	壬寅	辛丑	庚子
外的環境の支配五行候補	水 △ 土㋦ 火㋧	水 △ 土㋦ □ 火㋧ 木㋶	◎ 土㋑ △ 火㋻ 金㋟	◎ 金㋑ △ 土㋺ 火㋧	◎ 金㋑ ○ 土㋺ △ 水㋵ 火㋧	火 ○ 土㋑ 木㋰	火 ○ 土㋑	火 ○ 土㋑	◎ 木㋩ ○ 土㋥ △ 水㋟ 火㋧	◎ 木㋑ ○ 土㋦ △ 水㋞ 火㋧	◎ 木㋑ ○ 土㋬ △ 火㋻ 水㋞	◎ 土㋣ ○ 水㋕ △ 金㋵ 火㋰	◎ 水㋑ ○ 土㋦ △ 金㋟ 火㋰

	12月			11月			10月			9月			8月			7月			6月			5月			4月			3月			2月			1月			
	干支	タイプ	旬数	干支	タイプ	旬数	干支	タイプ	旬数	干支	タイプ	旬数	干支	タイプ	旬数	干支	タイプ	旬数	干支	タイプ	旬数	干支	タイプ	旬数	干支	タイプ	旬数	干支	タイプ	旬数	干支	タイプ	旬数	干支	タイプ	旬数	
1日	癸卯	結	4	癸酉	結	1	壬寅	結	4	壬申	結	1	辛丑	人	4	庚午	直	1	庚子	直	4	己巳	結	1	己亥	結	4	戊辰	人	1	庚子	直	4	己巳	結	1	1
2日	甲辰	人	5	甲戌	人	2	癸卯	結	4	癸酉	結	1	壬寅	結	4	辛未	人	1	辛丑	人	4	庚午	直	1	庚子	直	4	己巳	結	1	辛丑	人	4	庚午	直	1	2
3日	乙巳	直	5	乙亥	直	2	甲辰	人	5	甲戌	人	2	癸卯	結	4	壬申	結	1	壬寅	結	4	辛未	人	1	辛丑	人	4	庚午	直	1	壬寅	結	4	辛未	人	1	3
4日	丙午	結	5	丙子	結	2	乙巳	直	5	乙亥	直	2	甲辰	人	5	癸酉	結	1	癸卯	結	4	壬申	結	1	壬寅	結	4	辛未	人	1	癸卯	結	4	壬申	結	1	4
5日	丁未	人	5	丁丑	人	2	丙午	結	5	丙子	結	2	乙巳	直	5	甲戌	人	2	甲辰	人	5	癸酉	結	1	癸卯	結	4	壬申	結	1	甲辰	人	5	癸酉	結	1	5
6日	戊申	結	5	戊寅	結	2	丁未	人	5	丁丑	人	2	丙午	結	5	乙亥	直	2	乙巳	直	5	甲戌	人	2	甲辰	人	5	癸酉	結	1	乙巳	直	5	甲戌	人	2	6
7日	己酉	結	5	己卯	結	2	戊申	結	5	戊寅	結	2	丁未	人	5	丙子	結	2	丙午	結	5	乙亥	直	2	乙巳	直	5	甲戌	人	2	丙午	結	5	乙亥	直	2	7
8日	庚戌	人	5	庚辰	人	2	己酉	結	5	己卯	結	2	戊申	結	5	丁丑	人	2	丁未	人	5	丙子	結	2	丙午	結	5	乙亥	直	2	丁未	人	5	丙子	結	2	8
9日	辛亥	直	5	辛巳	直	2	庚戌	人	5	庚辰	人	2	己酉	結	5	戊寅	結	2	戊申	結	5	丁丑	人	2	丁未	人	5	丙子	結	2	戊申	結	5	丁丑	人	2	9
10日	壬子	結	5	壬午	結	2	辛亥	直	5	辛巳	直	2	庚戌	人	5	己卯	結	2	己酉	結	5	戊寅	結	2	戊申	結	5	丁丑	人	2	己酉	結	5	戊寅	結	2	10
11日	癸丑	人	5	癸未	人	2	壬子	結	5	壬午	結	2	辛亥	直	5	庚辰	人	2	庚戌	人	5	己卯	結	2	己酉	結	5	戊寅	結	2	庚戌	人	5	己卯	結	2	11
12日	甲寅	直	6	甲申	直	3	癸丑	人	5	癸未	人	2	壬子	結	5	辛巳	直	2	辛亥	直	5	庚辰	人	2	庚戌	人	5	己卯	結	2	辛亥	直	5	庚辰	人	2	12
13日	乙卯	直	6	乙酉	直	3	甲寅	直	6	甲申	直	3	癸丑	人	5	壬午	結	2	壬子	結	5	辛巳	直	2	辛亥	直	5	庚辰	人	2	壬子	結	5	辛巳	直	2	13
14日	丙辰	人	6	丙戌	人	3	乙卯	直	6	乙酉	直	3	甲寅	直	6	癸未	人	2	癸丑	人	5	壬午	結	2	壬子	結	5	辛巳	直	2	癸丑	人	5	壬午	結	2	14
15日	丁巳	結	6	丁亥	結	3	丙辰	人	6	丙戌	人	3	乙卯	直	6	甲申	直	3	甲寅	直	6	癸未	人	2	癸丑	人	5	壬午	結	2	甲寅	直	6	癸未	人	2	15
16日	戊午	結	6	戊子	結	3	丁巳	結	6	丁亥	結	3	丙辰	人	6	乙酉	直	3	乙卯	直	6	甲申	直	3	甲寅	直	6	癸未	人	2	乙卯	直	6	甲申	直	3	16
17日	己未	人	6	己丑	人	3	戊午	結	6	戊子	結	3	丁巳	結	6	丙戌	人	3	丙辰	人	6	乙酉	直	3	乙卯	直	6	甲申	直	3	丙辰	人	6	乙酉	直	3	17
18日	庚申	直	6	庚寅	直	3	己未	人	6	己丑	人	3	戊午	結	6	丁亥	結	3	丁巳	結	6	丙戌	人	3	丙辰	人	6	乙酉	直	3	丁巳	結	6	丙戌	人	3	18
19日	辛酉	直	6	辛卯	直	3	庚申	直	6	庚寅	直	3	己未	人	6	戊子	結	3	戊午	結	6	丁亥	結	3	丁巳	結	6	丙戌	人	3	戊午	結	6	丁亥	結	3	19
20日	壬戌	人	6	壬辰	人	3	辛酉	直	6	辛卯	直	3	庚申	直	6	己丑	人	3	己未	人	6	戊子	結	3	戊午	結	6	丁亥	結	3	己未	人	6	戊子	結	3	20
21日	癸亥	結	6	癸巳	結	3	壬戌	人	6	壬辰	人	3	辛酉	直	6	庚寅	直	3	庚申	直	6	己丑	人	3	己未	人	6	戊子	結	3	庚申	直	6	己丑	人	3	21
22日	甲子	直	1	甲午	直	4	癸亥	結	6	癸巳	結	3	壬戌	人	6	辛卯	直	3	辛酉	直	6	庚寅	直	3	庚申	直	6	己丑	人	3	辛酉	直	6	庚寅	直	3	22
23日	乙丑	人	1	乙未	人	4	甲子	直	1	甲午	直	4	癸亥	結	6	壬辰	人	3	壬戌	人	6	辛卯	直	3	辛酉	直	6	庚寅	直	3	壬戌	人	6	辛卯	直	3	23
24日	丙寅	結	1	丙申	結	4	乙丑	人	1	乙未	人	4	甲子	直	1	癸巳	結	3	癸亥	結	6	壬辰	人	3	壬戌	人	6	辛卯	直	3	癸亥	結	6	壬辰	人	3	24
25日	丁卯	結	1	丁酉	結	4	丙寅	結	1	丙申	結	4	乙丑	人	1	甲午	直	4	甲子	直	1	癸巳	結	3	癸亥	結	6	壬辰	人	3	甲子	直	1	癸巳	結	3	25
26日	戊辰	人	1	戊戌	人	4	丁卯	結	1	丁酉	結	4	丙寅	結	1	乙未	人	4	乙丑	人	1	甲午	直	4	甲子	直	1	癸巳	結	3	乙丑	人	1	甲午	直	4	26
27日	己巳	結	1	己亥	結	4	戊辰	人	1	戊戌	人	4	丁卯	結	1	丙申	結	4	丙寅	結	1	乙未	人	4	乙丑	人	1	甲午	直	4	丙寅	結	1	乙未	人	4	27
28日	庚午	直	1	庚子	直	4	己巳	結	1	己亥	結	4	戊辰	人	1	丁酉	結	4	丁卯	結	1	丙申	結	4	丙寅	結	1	乙未	人	4	丁卯	結	1	丙申	結	4	28
29日	辛未	人	1	辛丑	人	4	庚午	直	1	庚子	直	4	己巳	結	1	戊戌	人	4	戊辰	人	1	丁酉	結	4	丁卯	結	1	丙申	結	4				丁酉	結	4	29
30日	壬申	結	1	壬寅	結	4	辛未	人	1	辛丑	人	4	庚午	直	1	己亥	結	4	己巳	結	1	戊戌	人	4	戊辰	人	1	丁酉	結	4				戊戌	人	4	30
31日	癸酉	結	1				壬申	結	1				辛未	人	1	庚子	直	4				己亥	結	4				戊戌	人	4				己亥	結	4	31

以下のサイトに、生年月日時を入力するだけ「人物フォーマット」が、算出できます。

https://asano-uranai.com/fpd/entrance.php

2003年（平成15年）

その年干支の期間	2/4 15:10 ～ 12/31 23:59	1/1 0:00 ～2/4 15:09
年干支	癸未	壬午

その月干支の期間	12/7 22:05 ～ 12/31 23:59	11/8 5:13 ～ 12/7 22:04	10/9 2:01 ～ 11/8 5:12	9/8 10:20 ～ 10/9 2:00	8/8 7:24 ～ 9/8 10:19	7/7 21:36 ～ 8/8 7:23	6/6 11:20 ～ 7/7 21:35	5/6 7:10 ～ 6/6 11:19	4/5 13:52 ～ 5/6 7:09	3/6 9:05 ～ 4/5 13:51	2/4 15:05 ～ 3/6 9:04	1/6 3:28 ～ 2/4 15:04	1/1 0:00 ～ 1/6 3:27
月干支	甲子	癸亥	壬戌	辛酉	庚申	己未	戊午	丁巳	丙辰	乙卯	甲寅	癸丑	壬子
外的環境の支配五行候補	水 ○ 土㋦ △ 火㋹ 木㋞	水 ○ 土㋦ △ 木㋟ 火㋹	土 ○ 火㋹ △ 水㋞ □ 金㋧ 木㋰	金 ○ 土㋦ △ 火㋹ 木㋰	金 ○ 土㋦ △ 水㋵ □ 火㋹ 木㋰	土 △ 火㋠ 木㋰	火・土 木㋰	火 ○ 土㋑ 木㋰	◎ 土㋥ ○ 火㋷ △ 木㋦ 水㋟	木 △ 土㋦ 火㋶	木 火㋦ 土㋦	◎ 水㋑ ○ 土㋣ △ 火㋧ 金㋮	水 △ 土㋦ 火㋧

	12月			11月			10月			9月			8月			7月			6月			5月			4月			3月			2月			1月			
	干支	タイプ	旬数	干支	タイプ	旬数	干支	タイプ	旬数	干支	タイプ	旬数	干支	タイプ	旬数	干支	タイプ	旬数	干支	タイプ	旬数	干支	タイプ	旬数	干支	タイプ	旬数	干支	タイプ	旬数	干支	タイプ	旬数	干支	タイプ	旬数	
1日	戊申	結	5	戊寅	結	2	丁未	人	5	丁丑	人	2	丙午	結	5	乙亥	直	2	乙巳	直	5	甲戌	人	2	甲辰	人	5	癸酉	結	1	乙巳	直	5	甲戌	人	2	1
2日	己酉	結	5	己卯	結	2	戊申	結	5	戊寅	結	2	丁未	人	5	丙子	結	2	丙午	結	5	乙亥	直	2	乙巳	直	5	甲戌	人	2	丙午	結	5	乙亥	直	2	2
3日	庚戌	人	5	庚辰	人	2	己酉	結	5	己卯	結	2	戊申	結	5	丁丑	人	2	丁未	人	5	丙子	結	2	丙午	結	5	乙亥	直	2	丁未	人	5	丙子	結	2	3
4日	辛亥	直	5	辛巳	直	2	庚戌	人	5	庚辰	人	2	己酉	結	5	戊寅	結	2	戊申	結	5	丁丑	人	2	丁未	人	5	丙子	結	2	戊申	結	5	丁丑	人	2	4
5日	壬子	結	5	壬午	結	2	辛亥	直	5	辛巳	直	2	庚戌	人	5	己卯	結	2	己酉	結	5	戊寅	結	2	戊申	結	5	丁丑	人	2	己酉	結	5	戊寅	結	2	5
6日	癸丑	人	5	癸未	人	2	壬子	結	5	壬午	結	2	辛亥	直	5	庚辰	人	2	庚戌	人	5	己卯	結	2	己酉	結	5	戊寅	結	2	庚戌	人	5	己卯	結	2	6
7日	甲寅	直	6	甲申	直	3	癸丑	人	5	癸未	人	2	壬子	結	5	辛巳	直	2	辛亥	直	5	庚辰	人	2	庚戌	人	5	己卯	結	2	辛亥	直	5	庚辰	人	2	7
8日	乙卯	直	6	乙酉	直	3	甲寅	直	6	甲申	直	3	癸丑	人	5	壬午	結	2	壬子	結	5	辛巳	直	2	辛亥	直	5	庚辰	人	2	壬子	結	5	辛巳	直	2	8
9日	丙辰	人	6	丙戌	人	3	乙卯	直	6	乙酉	直	3	甲寅	直	6	癸未	人	2	癸丑	人	5	壬午	結	2	壬子	結	5	辛巳	直	2	癸丑	人	5	壬午	結	2	9
10日	丁巳	結	6	丁亥	結	3	丙辰	人	6	丙戌	人	3	乙卯	直	6	甲申	直	3	甲寅	直	6	癸未	人	2	癸丑	人	5	壬午	結	2	甲寅	直	6	癸未	人	2	10
11日	戊午	結	6	戊子	結	3	丁巳	結	6	丁亥	結	3	丙辰	人	6	乙酉	直	3	乙卯	直	6	甲申	直	3	甲寅	直	6	癸未	人	2	乙卯	直	6	甲申	直	3	11
12日	己未	人	6	己丑	人	3	戊午	結	6	戊子	結	3	丁巳	結	6	丙戌	人	3	丙辰	人	6	乙酉	直	3	乙卯	直	6	甲申	直	3	丙辰	人	6	乙酉	直	3	12
13日	庚申	直	6	庚寅	直	3	己未	人	6	己丑	人	3	戊午	結	6	丁亥	結	3	丁巳	結	6	丙戌	人	3	丙辰	人	6	乙酉	直	3	丁巳	結	6	丙戌	人	3	13
14日	辛酉	直	6	辛卯	直	3	庚申	直	6	庚寅	直	3	己未	人	6	戊子	結	3	戊午	結	6	丁亥	結	3	丁巳	結	6	丙戌	人	3	戊午	結	6	丁亥	結	3	14
15日	壬戌	人	6	壬辰	人	3	辛酉	直	6	辛卯	直	3	庚申	直	6	己丑	人	3	己未	人	6	戊子	結	3	戊午	結	6	丁亥	結	3	己未	人	6	戊子	結	3	15
16日	癸亥	結	6	癸巳	結	3	壬戌	人	6	壬辰	人	3	辛酉	直	6	庚寅	直	3	庚申	直	6	己丑	人	3	己未	人	6	戊子	結	3	庚申	直	6	己丑	人	3	16
17日	甲子	直	1	甲午	直	4	癸亥	結	6	癸巳	結	3	壬戌	人	6	辛卯	直	3	辛酉	直	6	庚寅	直	3	庚申	直	6	己丑	人	3	辛酉	直	6	庚寅	直	3	17
18日	乙丑	人	1	乙未	人	4	甲子	直	1	甲午	直	4	癸亥	結	6	壬辰	人	3	壬戌	人	6	辛卯	直	3	辛酉	直	6	庚寅	直	3	壬戌	人	6	辛卯	直	3	18
19日	丙寅	結	1	丙申	結	4	乙丑	人	1	乙未	人	4	甲子	直	1	癸巳	結	3	癸亥	結	6	壬辰	人	3	壬戌	人	6	辛卯	直	3	癸亥	結	6	壬辰	人	3	19
20日	丁卯	結	1	丁酉	結	4	丙寅	結	1	丙申	結	4	乙丑	人	1	甲午	直	4	甲子	直	1	癸巳	結	3	癸亥	結	6	壬辰	人	3	甲子	直	1	癸巳	結	3	20
21日	戊辰	人	1	戊戌	人	4	丁卯	結	1	丁酉	結	4	丙寅	結	1	乙未	人	4	乙丑	人	1	甲午	直	4	甲子	直	1	癸巳	結	3	乙丑	人	1	甲午	直	4	21
22日	己巳	結	1	己亥	結	4	戊辰	人	1	戊戌	人	4	丁卯	結	1	丙申	結	4	丙寅	結	1	乙未	人	4	乙丑	人	1	甲午	直	4	丙寅	結	1	乙未	人	4	22
23日	庚午	直	1	庚子	直	4	己巳	結	1	己亥	結	4	戊辰	人	1	丁酉	結	4	丁卯	結	1	丙申	結	4	丙寅	結	1	乙未	人	4	丁卯	結	1	丙申	結	4	23
24日	辛未	人	1	辛丑	人	4	庚午	直	1	庚子	直	4	己巳	結	1	戊戌	人	4	戊辰	人	1	丁酉	結	4	丁卯	結	1	丙申	結	4	戊辰	人	1	丁酉	結	4	24
25日	壬申	結	1	壬寅	結	4	辛未	人	1	辛丑	人	4	庚午	直	1	己亥	結	4	己巳	結	1	戊戌	人	4	戊辰	人	1	丁酉	結	4	己巳	結	1	戊戌	人	4	25
26日	癸酉	結	1	癸卯	結	4	壬申	結	1	壬寅	結	4	辛未	人	1	庚子	直	4	庚午	直	1	己亥	結	4	己巳	結	1	戊戌	人	4	庚午	直	1	己亥	結	4	26
27日	甲戌	人	2	甲辰	人	5	癸酉	結	1	癸卯	結	4	壬申	結	1	辛丑	人	4	辛未	人	1	庚子	直	4	庚午	直	1	己亥	結	4	辛未	人	1	庚子	直	4	27
28日	乙亥	直	2	乙巳	直	5	甲戌	人	2	甲辰	人	5	癸酉	結	1	壬寅	結	4	壬申	結	1	辛丑	人	4	辛未	人	1	庚子	直	4	壬申	結	1	辛丑	人	4	28
29日	丙子	結	2	丙午	結	5	乙亥	直	2	乙巳	直	5	甲戌	人	2	癸卯	結	4	癸酉	結	1	壬寅	結	4	壬申	結	1	辛丑	人	4				壬寅	結	4	29
30日	丁丑	人	2	丁未	人	5	丙子	結	2	丙午	結	5	乙亥	直	2	甲辰	人	5	甲戌	人	2	癸卯	結	4	癸酉	結	1	壬寅	結	4				癸卯	結	4	30
31日	戊寅	結	2				丁丑	人	2				丙子	結	2	乙巳	直	5				甲辰	人	5				癸卯	結	4				甲辰	人	5	31

以下のサイトに、生年月日時を入力するだけ「人物フォーマット」が、算出できます。

https://asano-uranai.com/fpd/entrance.php

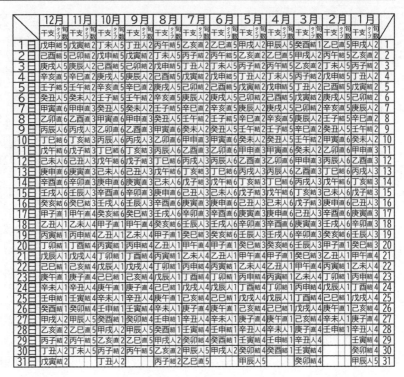

2004年（平成16年）

その年干支の期間	2/4 21:00 ～ 12/31 23:59	1/1 0:00 ~2/4 20:59
年干支	甲申	癸未

その月干支の期間	12/7 3:49 ～ 12/31 23:59	11/7 10:59 ～ 12/7 3:48	10/8 7:49 ～ 11/7 10:58	9/7 16:13 ～ 10/8 7:48	8/7 13:20 ～ 9/7 16:12	7/7 3:31 ～ 8/7 13:19	6/5 17:14 ～ 7/7 3:30	5/5 13:02 ～ 6/5 17:13	4/4 19:43 ～ 5/5 13:01	3/5 14:56 ～ 4/4 19:42	2/4 20:56 ～ 3/5 14:55	1/6 9:19 ～ 2/4 20:55	1/1 0:00 ～ 1/6 9:18
月干支	丙子	乙亥	甲戌	癸酉	壬申	辛未	庚午	己巳	戊辰	丁卯	丙寅	乙丑	甲子
外的環境の支配五行候補	◎ 水㋑ 金㋗	◎ 水㋑ △ 木㋵ 金㋗	◎ 土㋺ ○ 金㋩ △ 木㋵ □ 水㋰ 火㋼	金 水㋵	金 水㋵	◎ 土㋑ ○ 火㋠ △ 金㋻ □ 木㋞ 水㋰	◎ 火㋑ ◎ 土㋑ △ 金㋻ 水㋰	土 ○ 火㋑ △ 金㋞ 水㋰	◎ 木㋩ ○ 土㋠ △ 水㋡ 金㋗	木 △ 水㋰ 金㋗	木 ○ 火㋞ △ 水㋰ 金㋗	◎ 水㋥ ○ 土㋣ △ 火㋹ □ 木㋞ 金㋮	水 ○ 土㋦ △ 火㋹ 木㋞

	12月			11月			10月			9月			8月			7月			6月			5月			4月			3月			2月			1月			
	干支	タイプ	旬数	干支	タイプ	旬数	干支	タイプ	旬数	干支	タイプ	旬数	干支	タイプ	旬数	干支	タイプ	旬数	干支	タイプ	旬数	干支	タイプ	旬数	干支	タイプ	旬数	干支	タイプ	旬数	干支	タイプ	旬数	干支	タイプ	旬数	
1日	甲寅	直	6	甲申	直	3	癸丑	人	5	癸未	人	2	壬子	結	5	辛巳	直	2	辛亥	直	5	庚辰	人	2	庚戌	人	5	己卯	結	2	庚戌	人	5	己卯	結	2	1
2日	乙卯	直	6	乙酉	直	3	甲寅	直	6	甲申	直	3	癸丑	人	5	壬午	結	2	壬子	結	5	辛巳	直	2	辛亥	直	5	庚辰	人	2	辛亥	直	5	庚辰	人	2	2
3日	丙辰	人	6	丙戌	人	3	乙卯	直	6	乙酉	直	3	甲寅	直	6	癸未	人	2	癸丑	人	5	壬午	結	2	壬子	結	5	辛巳	直	2	壬子	結	5	辛巳	直	2	3
4日	丁巳	結	6	丁亥	結	3	丙辰	人	6	丙戌	人	3	乙卯	直	6	甲申	直	3	甲寅	直	6	癸未	人	2	癸丑	人	5	壬午	結	2	癸丑	人	5	壬午	結	2	4
5日	戊午	結	6	戊子	結	3	丁巳	結	6	丁亥	結	3	丙辰	人	6	乙酉	直	3	乙卯	直	6	甲申	直	3	甲寅	直	6	癸未	人	2	甲寅	直	6	癸未	人	2	5
6日	己未	人	6	己丑	人	3	戊午	結	6	戊子	結	3	丁巳	結	6	丙戌	人	3	丙辰	人	6	乙酉	直	3	乙卯	直	6	甲申	直	3	乙卯	直	6	甲申	直	3	6
7日	庚申	直	6	庚寅	直	3	己未	人	6	己丑	人	3	戊午	結	6	丁亥	結	3	丁巳	結	6	丙戌	人	3	丙辰	人	6	乙酉	直	3	丙辰	人	6	乙酉	直	3	7
8日	辛酉	直	6	辛卯	直	3	庚申	直	6	庚寅	直	3	己未	人	6	戊子	結	3	戊午	結	6	丁亥	結	3	丁巳	結	6	丙戌	人	3	丁巳	結	6	丙戌	人	3	8
9日	壬戌	人	6	壬辰	人	3	辛酉	直	6	辛卯	直	3	庚申	直	6	己丑	人	3	己未	人	6	戊子	結	3	戊午	結	6	丁亥	結	3	戊午	結	6	丁亥	結	3	9
10日	癸亥	結	6	癸巳	結	3	壬戌	人	6	壬辰	人	3	辛酉	直	6	庚寅	直	3	庚申	直	6	己丑	人	3	己未	人	6	戊子	結	3	己未	人	6	戊子	結	3	10
11日	甲子	直	1	甲午	直	4	癸亥	結	6	癸巳	結	3	壬戌	人	6	辛卯	直	3	辛酉	直	6	庚寅	直	3	庚申	直	6	己丑	人	3	庚申	直	6	己丑	人	3	11
12日	乙丑	人	1	乙未	人	4	甲子	直	1	甲午	直	4	癸亥	結	6	壬辰	人	3	壬戌	人	6	辛卯	直	3	辛酉	直	6	庚寅	直	3	辛酉	直	6	庚寅	直	3	12
13日	丙寅	結	1	丙申	結	4	乙丑	人	1	乙未	人	4	甲子	直	1	癸巳	結	3	癸亥	結	6	壬辰	人	3	壬戌	人	6	辛卯	直	3	壬戌	人	6	辛卯	直	3	13
14日	丁卯	結	1	丁酉	結	4	丙寅	結	1	丙申	結	4	乙丑	人	1	甲午	直	4	甲子	直	1	癸巳	結	3	癸亥	結	6	壬辰	人	3	癸亥	結	6	壬辰	人	3	14
15日	戊辰	人	1	戊戌	人	4	丁卯	結	1	丁酉	結	4	丙寅	結	1	乙未	人	4	乙丑	人	1	甲午	直	4	甲子	直	1	癸巳	結	3	甲子	直	1	癸巳	結	3	15
16日	己巳	結	1	己亥	結	4	戊辰	人	1	戊戌	人	4	丁卯	結	1	丙申	結	4	丙寅	結	1	乙未	人	4	乙丑	人	1	甲午	直	4	乙丑	人	1	甲午	直	4	16
17日	庚午	直	1	庚子	直	4	己巳	結	1	己亥	結	4	戊辰	人	1	丁酉	結	4	丁卯	結	1	丙申	結	4	丙寅	結	1	乙未	人	4	丙寅	結	1	乙未	人	4	17
18日	辛未	人	1	辛丑	人	4	庚午	直	1	庚子	直	4	己巳	結	1	戊戌	人	4	戊辰	人	1	丁酉	結	4	丁卯	結	1	丙申	結	4	丁卯	結	1	丙申	結	4	18
19日	壬申	結	1	壬寅	結	4	辛未	人	1	辛丑	人	4	庚午	直	1	己亥	結	4	己巳	結	1	戊戌	人	4	戊辰	人	1	丁酉	結	4	戊辰	人	1	丁酉	結	4	19
20日	癸酉	結	1	癸卯	結	4	壬申	結	1	壬寅	結	4	辛未	人	1	庚子	直	4	庚午	直	1	己亥	結	4	己巳	結	1	戊戌	人	4	己巳	結	1	戊戌	人	4	20
21日	甲戌	人	2	甲辰	人	5	癸酉	結	1	癸卯	結	4	壬申	結	1	辛丑	人	4	辛未	人	1	庚子	直	4	庚午	直	1	己亥	結	4	庚午	直	1	己亥	結	4	21
22日	乙亥	直	2	乙巳	直	5	甲戌	人	2	甲辰	人	5	癸酉	結	1	壬寅	結	4	壬申	結	1	辛丑	人	4	辛未	人	1	庚子	直	4	辛未	人	1	庚子	直	4	22
23日	丙子	結	2	丙午	結	5	乙亥	直	2	乙巳	直	5	甲戌	人	2	癸卯	結	4	癸酉	結	1	壬寅	結	4	壬申	結	1	辛丑	人	4	壬申	結	1	辛丑	人	4	23
24日	丁丑	人	2	丁未	人	5	丙子	結	2	丙午	結	5	乙亥	直	2	甲辰	人	5	甲戌	人	2	癸卯	結	4	癸酉	結	1	壬寅	結	4	癸酉	結	1	壬寅	結	4	24
25日	戊寅	結	2	戊申	結	5	丁丑	人	2	丁未	人	5	丙子	結	2	乙巳	直	5	乙亥	直	2	甲辰	人	5	甲戌	人	2	癸卯	結	4	甲戌	人	2	癸卯	結	4	25
26日	己卯	結	2	己酉	結	5	戊寅	結	2	戊申	結	5	丁丑	人	2	丙午	結	5	丙子	結	2	乙巳	直	5	乙亥	直	2	甲辰	人	5	乙亥	直	2	甲辰	人	5	26
27日	庚辰	人	2	庚戌	人	5	己卯	結	2	己酉	結	5	戊寅	結	2	丁未	人	5	丁丑	人	2	丙午	結	5	丙子	結	2	乙巳	直	5	丙子	結	2	乙巳	直	5	27
28日	辛巳	直	2	辛亥	直	5	庚辰	人	2	庚戌	人	5	己卯	結	2	戊申	結	5	戊寅	結	2	丁未	人	5	丁丑	人	2	丙午	結	5	丁丑	人	2	丙午	結	5	28
29日	壬午	結	2	壬子	結	5	辛巳	直	2	辛亥	直	5	庚辰	人	2	己酉	結	5	己卯	結	2	戊申	結	5	戊寅	結	2	丁未	人	5	戊寅	結	2	丁未	人	5	29
30日	癸未	人	2	癸丑	人	5	壬午	結	2	壬子	結	5	辛巳	直	2	庚戌	人	5	庚辰	人	2	己酉	結	5	己卯	結	2	戊申	結	5				戊申	結	5	30
31日	甲申	直	3				癸未	人	2				壬午	結	2	辛亥	直	5				庚戌	人	5				己酉	結	5				己酉	結	5	31

以下のサイトに、生年月日時を入力するだけ「人物フォーマット」が、算出できます。

https://asano-uranai.com/fpd/entrance.php

２００５年（平成１７年）

その年干支の期間	2/4 2:44 ～ 12/31 23:59	1/1 0:00 ～2/4 2:43
年干支	乙酉	甲申

その月干支の期間	12/7 9:33 〳 12/31 23:59	11/7 16:42 〳 12/7 9:32	10/8 13:33 〳 11/7 16:41	9/7 21:57 〳 10/8 13:32	8/7 19:03 〳 9/7 21:56	7/7 9:17 〳 8/7 19:02	6/5 23:02 〳 7/7 9:16	5/5 18:53 〳 6/5 23:01	4/5 1:34 〳 5/5 18:52	3/5 20:45 〳 4/5 1:33	2/4 2:43 〳 3/5 20:44	1/5 15:03 〳 2/4 2:42	1/1 0:00 〳 1/5 15:02
月干支	戊子	丁亥	丙戌	乙酉	甲申	癸未	壬午	辛巳	庚辰	己卯	戊寅	丁丑	丙子
外的環境の支配五行候補	◎ 水㋑ 金㋨	◎ 水㋑ △ 木㋹ 金㋨	◎ 土㋺ △ 金㋩ 火㋡	金 木㋵	金 △ 木㋵ 水㋰	◎ 土㋑ ○ 火㋠ △ 木㋞ 金㋨	◎ 火㋑ ◎ 土㋑ 金㋨	◎ 火㋑ ◎ 土㋑ 金㋩	◎ 金㋥ △ 木㋦ 水㋒	木 金㋨	木 △ 火㋒ 金㋨	◎ 水㋕ 金㋡	◎ 水㋑ 金㋗

	12月			11月			10月			9月			8月			7月			6月			5月			4月			3月			2月			1月			
	干支	タイプ	旬数	干支	タイプ	旬数	干支	タイプ	旬数	干支	タイプ	旬数	干支	タイプ	旬数	干支	タイプ	旬数	干支	タイプ	旬数	干支	タイプ	旬数	干支	タイプ	旬数	干支	タイプ	旬数	干支	タイプ	旬数	干支	タイプ	旬数	
1日	己未	人	6	己丑	人	3	戊午	結	6	戊子	結	3	丁巳	結	6	丙戌	人	3	丙辰	人	6	乙酉	直	3	乙卯	直	6	甲申	直	3	丙辰	人	6	乙酉	直	3	1
2日	庚申	直	6	庚寅	直	3	己未	人	6	己丑	人	3	戊午	結	6	丁亥	結	3	丁巳	結	6	丙戌	人	3	丙辰	人	6	乙酉	直	3	丁巳	結	6	丙戌	人	3	2
3日	辛酉	直	6	辛卯	直	3	庚申	直	6	庚寅	直	3	己未	人	6	戊子	結	3	戊午	結	6	丁亥	結	3	丁巳	結	6	丙戌	人	3	戊午	結	6	丁亥	結	3	3
4日	壬戌	人	6	壬辰	人	3	辛酉	直	6	辛卯	直	3	庚申	直	6	己丑	人	3	己未	人	6	戊子	結	3	戊午	結	6	丁亥	結	3	己未	人	6	戊子	結	3	4
5日	癸亥	結	6	癸巳	結	3	壬戌	人	6	壬辰	人	3	辛酉	直	6	庚寅	直	3	庚申	直	6	己丑	人	3	己未	人	6	戊子	結	3	庚申	直	6	己丑	人	3	5
6日	甲子	直	1	甲午	直	4	癸亥	結	6	癸巳	結	3	壬戌	人	6	辛卯	直	3	辛酉	直	6	庚寅	直	3	庚申	直	6	己丑	人	3	辛酉	直	6	庚寅	直	3	6
7日	乙丑	人	1	乙未	人	4	甲子	直	1	甲午	直	4	癸亥	結	6	壬辰	人	3	壬戌	人	6	辛卯	直	3	辛酉	直	6	庚寅	直	3	壬戌	人	6	辛卯	直	3	7
8日	丙寅	結	1	丙申	結	4	乙丑	人	1	乙未	人	4	甲子	直	1	癸巳	結	3	癸亥	結	6	壬辰	人	3	壬戌	人	6	辛卯	直	3	癸亥	結	6	壬辰	人	3	8
9日	丁卯	結	1	丁酉	結	4	丙寅	結	1	丙申	結	4	乙丑	人	1	甲午	直	4	甲子	直	1	癸巳	結	3	癸亥	結	6	壬辰	人	3	甲子	直	1	癸巳	結	3	9
10日	戊辰	人	1	戊戌	人	4	丁卯	結	1	丁酉	結	4	丙寅	結	1	乙未	人	4	乙丑	人	1	甲午	直	4	甲子	直	1	癸巳	結	3	乙丑	人	1	甲午	直	4	10
11日	己巳	結	1	己亥	結	4	戊辰	人	1	戊戌	人	4	丁卯	結	1	丙申	結	4	丙寅	結	1	乙未	人	4	乙丑	人	1	甲午	直	4	丙寅	結	1	乙未	人	4	11
12日	庚午	直	1	庚子	直	4	己巳	結	1	己亥	結	4	戊辰	人	1	丁酉	結	4	丁卯	結	1	丙申	結	4	丙寅	結	1	乙未	人	4	丁卯	結	1	丙申	結	4	12
13日	辛未	人	1	辛丑	人	4	庚午	直	1	庚子	直	4	己巳	結	1	戊戌	人	4	戊辰	人	1	丁酉	結	4	丁卯	結	1	丙申	結	4	戊辰	人	1	丁酉	結	4	13
14日	壬申	結	1	壬寅	結	4	辛未	人	1	辛丑	人	4	庚午	直	1	己亥	結	4	己巳	結	1	戊戌	人	4	戊辰	人	1	丁酉	結	4	己巳	結	1	戊戌	人	4	14
15日	癸酉	結	1	癸卯	結	4	壬申	結	1	壬寅	結	4	辛未	人	1	庚子	直	4	庚午	直	1	己亥	結	4	己巳	結	1	戊戌	人	4	庚午	直	1	己亥	結	4	15
16日	甲戌	人	2	甲辰	人	5	癸酉	結	1	癸卯	結	4	壬申	結	1	辛丑	人	4	辛未	人	1	庚子	直	4	庚午	直	1	己亥	結	4	辛未	人	1	庚子	直	4	16
17日	乙亥	直	2	乙巳	直	5	甲戌	人	2	甲辰	人	5	癸酉	結	1	壬寅	結	4	壬申	結	1	辛丑	人	4	辛未	人	1	庚子	直	4	壬申	結	1	辛丑	人	4	17
18日	丙子	結	2	丙午	結	5	乙亥	直	2	乙巳	直	5	甲戌	人	2	癸卯	結	4	癸酉	結	1	壬寅	結	4	壬申	結	1	辛丑	人	4	癸酉	結	1	壬寅	結	4	18
19日	丁丑	人	2	丁未	人	5	丙子	結	2	丙午	結	5	乙亥	直	2	甲辰	人	5	甲戌	人	2	癸卯	結	4	癸酉	結	1	壬寅	結	4	甲戌	人	2	癸卯	結	4	19
20日	戊寅	結	2	戊申	結	5	丁丑	人	2	丁未	人	5	丙子	結	2	乙巳	直	5	乙亥	直	2	甲辰	人	5	甲戌	人	2	癸卯	結	4	乙亥	直	2	甲辰	人	5	20
21日	己卯	結	2	己酉	結	5	戊寅	結	2	戊申	結	5	丁丑	人	2	丙午	結	5	丙子	結	2	乙巳	直	5	乙亥	直	2	甲辰	人	5	丙子	結	2	乙巳	直	5	21
22日	庚辰	人	2	庚戌	人	5	己卯	結	2	己酉	結	5	戊寅	結	2	丁未	人	5	丁丑	人	2	丙午	結	5	丙子	結	2	乙巳	直	5	丁丑	人	2	丙午	結	5	22
23日	辛巳	直	2	辛亥	直	5	庚辰	人	2	庚戌	人	5	己卯	結	2	戊申	結	5	戊寅	結	2	丁未	人	5	丁丑	人	2	丙午	結	5	戊寅	結	2	丁未	人	5	23
24日	壬午	結	2	壬子	結	5	辛巳	直	2	辛亥	直	5	庚辰	人	2	己酉	結	5	己卯	結	2	戊申	結	5	戊寅	結	2	丁未	人	5	己卯	結	2	戊申	結	5	24
25日	癸未	人	2	癸丑	人	5	壬午	結	2	壬子	結	5	辛巳	直	2	庚戌	人	5	庚辰	人	2	己酉	結	5	己卯	結	2	戊申	結	5	庚辰	人	2	己酉	結	5	25
26日	甲申	直	3	甲寅	直	6	癸未	人	2	癸丑	人	5	壬午	結	2	辛亥	直	5	辛巳	直	2	庚戌	人	5	庚辰	人	2	己酉	結	5	辛巳	直	2	庚戌	人	5	26
27日	乙酉	直	3	乙卯	直	6	甲申	直	3	甲寅	直	6	癸未	人	2	壬子	結	5	壬午	結	2	辛亥	直	5	辛巳	直	2	庚戌	人	5	壬午	結	2	辛亥	直	5	27
28日	丙戌	人	3	丙辰	人	6	乙酉	直	3	乙卯	直	6	甲申	直	3	癸丑	人	5	癸未	人	2	壬子	結	5	壬午	結	2	辛亥	直	5	癸未	人	2	壬子	結	5	28
29日	丁亥	結	3	丁巳	結	6	丙戌	人	3	丙辰	人	6	乙酉	直	3	甲寅	直	6	甲申	直	3	癸丑	人	5	癸未	人	2	壬子	結	5				癸丑	人	5	29
30日	戊子	結	3	戊午	結	6	丁亥	結	3	丁巳	結	6	丙戌	人	3	乙卯	直	6	乙酉	直	3	甲寅	直	6	甲申	直	3	癸丑	人	5				甲寅	直	6	30
31日	己丑	人	3				戊子	結	3				丁亥	結	3	丙辰	人	6				乙卯	直	6				甲寅	直	6				乙卯	直	6	31

以下のサイトに、生年月日時を入力するだけ「人物フォーマット」が、算出できます。

https://asano-uranai.com/fpd/entrance.php

2006年（平成18年）

その年干支の期間	2/4 8:35 ～ 12/31 23:59	1/1 0:00 ～2/4 8:34
年干支	丙戌	乙酉

その月干支の期間	12/7 15:27 ～ 12/31 23:59	11/7 22:35 ～ 12/7 15:26	10/8 19:21 ～ 11/7 22:34	9/8 3:39 ～ 10/8 19:20	8/8 0:41 ～ 9/8 3:38	7/7 14:51 ～ 8/8 0:40	6/6 4:37 ～ 7/7 14:50	5/6 0:31 ～ 6/6 4:36	4/5 7:15 ～ 5/6 0:30	3/6 2:29 ～ 4/5 7:14	2/4 8:27 ～ 3/6 2:28	1/5 20:47 ～ 2/4 8:26	1/1 0:00 ～ 1/5 20:46
月干支	庚子	己亥	戊戌	丁酉	丙申	乙未	甲午	癸巳	壬辰	辛卯	庚寅	己丑	戊子
外的環境の支配五行候補	◎ 水㋑ ○ 土㋕ △ 金㋟ 火㋡	◎ 水㋑ ○ 土㋻ △ 金㋹ □ 火㋡ 木㋶	◎ 土㋣ △ 金㋹ 火㋡	金 △ 火㋷ 土㋕	金 △ 火㋷ □ 土㋕ 水㋰	土 ○ 火㋑ △ 金㋹ 木㋞	火 ○ 土㋑ 金㋔	火 ○ 土㋑ 金㋹	◎ 土㋺ ○ 木㋦ △ 水㋟ □ 金㋹ 火㋡	◎ 木㋑ ○ 土㋕ △ 金㋟ 火㋡	◎ 木㋑ ○ 火㋣ △ 土㋕ 金㋟	◎ 金㋠ 水㋕	◎ 水㋑ 金㋨

	12月			11月			10月			9月			8月			7月			6月			5月			4月			3月			2月			1月			
	干支	タイプ	旬数	干支	タイプ	旬数	干支	タイプ	旬数	干支	タイプ	旬数	干支	タイプ	旬数	干支	タイプ	旬数	干支	タイプ	旬数	干支	タイプ	旬数	干支	タイプ	旬数	干支	タイプ	旬数	干支	タイプ	旬数	干支	タイプ	旬数	
1日	甲子	直	1	甲午	直	4	癸亥	結	6	癸巳	結	3	壬戌	人	6	辛卯	直	3	辛酉	直	6	庚寅	直	3	庚申	直	6	己丑	人	3	辛酉	直	6	庚寅	直	3	1
2日	乙丑	人	1	乙未	人	4	甲子	直	1	甲午	直	4	癸亥	結	6	壬辰	人	3	壬戌	人	6	辛卯	直	3	辛酉	直	6	庚寅	直	3	壬戌	人	6	辛卯	直	3	2
3日	丙寅	結	1	丙申	結	4	乙丑	人	1	乙未	人	4	甲子	直	1	癸巳	結	3	癸亥	結	6	壬辰	人	3	壬戌	人	6	辛卯	直	3	癸亥	結	6	壬辰	人	3	3
4日	丁卯	結	1	丁酉	結	4	丙寅	結	1	丙申	結	4	乙丑	人	1	甲午	直	4	甲子	直	1	癸巳	結	3	癸亥	結	6	壬辰	人	3	甲子	直	1	癸巳	結	3	4
5日	戊辰	人	1	戊戌	人	4	丁卯	結	1	丁酉	結	4	丙寅	結	1	乙未	人	4	乙丑	人	1	甲午	直	4	甲子	直	1	癸巳	結	3	乙丑	人	1	甲午	直	4	5
6日	己巳	結	1	己亥	結	4	戊辰	人	1	戊戌	人	4	丁卯	結	1	丙申	結	4	丙寅	結	1	乙未	人	4	乙丑	人	1	甲午	直	4	丙寅	結	1	乙未	人	4	6
7日	庚午	直	1	庚子	直	4	己巳	結	1	己亥	結	4	戊辰	人	1	丁酉	結	4	丁卯	結	1	丙申	結	4	丙寅	結	1	乙未	人	4	丁卯	結	1	丙申	結	4	7
8日	辛未	人	1	辛丑	人	4	庚午	直	1	庚子	直	4	己巳	結	1	戊戌	人	4	戊辰	人	1	丁酉	結	4	丁卯	結	1	丙申	結	4	戊辰	人	1	丁酉	結	4	8
9日	壬申	結	1	壬寅	結	4	辛未	人	1	辛丑	人	4	庚午	直	1	己亥	結	4	己巳	結	1	戊戌	人	4	戊辰	人	1	丁酉	結	4	己巳	結	1	戊戌	人	4	9
10日	癸酉	結	1	癸卯	結	4	壬申	結	1	壬寅	結	4	辛未	人	1	庚子	直	4	庚午	直	1	己亥	結	4	己巳	結	1	戊戌	人	4	庚午	直	1	己亥	結	4	10
11日	甲戌	人	2	甲辰	人	5	癸酉	結	1	癸卯	結	4	壬申	結	1	辛丑	人	4	辛未	人	1	庚子	直	4	庚午	直	1	己亥	結	4	辛未	人	1	庚子	直	4	11
12日	乙亥	直	2	乙巳	直	5	甲戌	人	2	甲辰	人	5	癸酉	結	1	壬寅	結	4	壬申	結	1	辛丑	人	4	辛未	人	1	庚子	直	4	壬申	結	1	辛丑	人	4	12
13日	丙子	結	2	丙午	結	5	乙亥	直	2	乙巳	直	5	甲戌	人	2	癸卯	結	4	癸酉	結	1	壬寅	結	4	壬申	結	1	辛丑	人	4	癸酉	結	1	壬寅	結	4	13
14日	丁丑	人	2	丁未	人	5	丙子	結	2	丙午	結	5	乙亥	直	2	甲辰	人	5	甲戌	人	2	癸卯	結	4	癸酉	結	1	壬寅	結	4	甲戌	人	2	癸卯	結	4	14
15日	戊寅	結	2	戊申	結	5	丁丑	人	2	丁未	人	5	丙子	結	2	乙巳	直	5	乙亥	直	2	甲辰	人	5	甲戌	人	2	癸卯	結	4	乙亥	直	2	甲辰	人	5	15
16日	己卯	結	2	己酉	結	5	戊寅	結	2	戊申	結	5	丁丑	人	2	丙午	結	5	丙子	結	2	乙巳	直	5	乙亥	直	2	甲辰	人	5	丙子	結	2	乙巳	直	5	16
17日	庚辰	人	2	庚戌	人	5	己卯	結	2	己酉	結	5	戊寅	結	2	丁未	人	5	丁丑	人	2	丙午	結	5	丙子	結	2	乙巳	直	5	丁丑	人	2	丙午	結	5	17
18日	辛巳	直	2	辛亥	直	5	庚辰	人	2	庚戌	人	5	己卯	結	2	戊申	結	5	戊寅	結	2	丁未	人	5	丁丑	人	2	丙午	結	5	戊寅	結	2	丁未	人	5	18
19日	壬午	結	2	壬子	結	5	辛巳	直	2	辛亥	直	5	庚辰	人	2	己酉	結	5	己卯	結	2	戊申	結	5	戊寅	結	2	丁未	人	5	己卯	結	2	戊申	結	5	19
20日	癸未	人	2	癸丑	人	5	壬午	結	2	壬子	結	5	辛巳	直	2	庚戌	人	5	庚辰	人	2	己酉	結	5	己卯	結	2	戊申	結	5	庚辰	人	2	己酉	結	5	20
21日	甲申	直	3	甲寅	直	6	癸未	人	2	癸丑	人	5	壬午	結	2	辛亥	直	5	辛巳	直	2	庚戌	人	5	庚辰	人	2	己酉	結	5	辛巳	直	2	庚戌	人	5	21
22日	乙酉	直	3	乙卯	直	6	甲申	直	3	甲寅	直	6	癸未	人	2	壬子	結	5	壬午	結	2	辛亥	直	5	辛巳	直	2	庚戌	人	5	壬午	結	2	辛亥	直	5	22
23日	丙戌	人	3	丙辰	人	6	乙酉	直	3	乙卯	直	6	甲申	直	3	癸丑	人	5	癸未	人	2	壬子	結	5	壬午	結	2	辛亥	直	5	癸未	人	2	壬子	結	5	23
24日	丁亥	結	3	丁巳	結	6	丙戌	人	3	丙辰	人	6	乙酉	直	3	甲寅	直	6	甲申	直	3	癸丑	人	5	癸未	人	2	壬子	結	5	甲申	直	3	癸丑	人	5	24
25日	戊子	結	3	戊午	結	6	丁亥	結	3	丁巳	結	6	丙戌	人	3	乙卯	直	6	乙酉	直	3	甲寅	直	6	甲申	直	3	癸丑	人	5	乙酉	直	3	甲寅	直	6	25
26日	己丑	人	3	己未	人	6	戊子	結	3	戊午	結	6	丁亥	結	3	丙辰	人	6	丙戌	人	3	乙卯	直	6	乙酉	直	3	甲寅	直	6	丙戌	人	3	乙卯	直	6	26
27日	庚寅	直	3	庚申	直	6	己丑	人	3	己未	人	6	戊子	結	3	丁巳	結	6	丁亥	結	3	丙辰	人	6	丙戌	人	3	乙卯	直	6	丁亥	結	3	丙辰	人	6	27
28日	辛卯	直	3	辛酉	直	6	庚寅	直	3	庚申	直	6	己丑	人	3	戊午	結	6	戊子	結	3	丁巳	結	6	丁亥	結	3	丙辰	人	6	戊子	結	3	丁巳	結	6	28
29日	壬辰	人	3	壬戌	人	6	辛卯	直	3	辛酉	直	6	庚寅	直	3	己未	人	6	己丑	人	3	戊午	結	6	戊子	結	3	丁巳	結	6				戊午	結	6	29
30日	癸巳	結	3	癸亥	結	6	壬辰	人	3	壬戌	人	6	辛卯	直	3	庚申	直	6	庚寅	直	3	己未	人	6	己丑	人	3	戊午	結	6				己未	人	6	30
31日	甲午	直	4				癸巳	結	3				壬辰	人	3	辛酉	直	6				庚申	直	6				己未	人	6				庚申	直	6	31

以下のサイトに、生年月日時を入力するだけ「人物フォーマット」が、算出できます。

https://asano-uranai.com/fpd/entrance.php

2007年（平成19年）

その年干支の期間	2/4 14:20 ～ 12/31 23:59	1/1 0:00 ～2/4 14:19
年干支	丁亥	丙戌

その月干支の期間	12/7 21:14 ～ 12/31 23:59	11/8 4:24 ～ 12/7 21:13	10/9 1:11 ～ 11/8 4:23	9/8 9:29 ～ 10/9 1:10	8/8 6:31 ～ 9/8 9:28	7/7 20:42 ～ 8/8 6:30	6/6 10:27 ～ 7/7 20:41	5/6 6:20 ～ 6/6 10:26	4/5 13:05 ～ 5/6 6:19	3/6 8:18 ～ 4/5 13:04	2/4 14:18 ～ 3/6 8:17	1/6 2:40 ～ 2/4 14:17	1/1 0:00 ～ 1/6 2:39
月干支	壬子	辛亥	庚戌	己酉	戊申	丁未	丙午	乙巳	甲辰	癸卯	壬寅	辛丑	庚子
外的環境の支配五行候補	水 木㋶	水 木㋶	◎ 土㋺ ○ 金㋟ △ 火㋡ 木㋶ 水㋶	◎ 金㋑ 木㋶ 水㋶	◎ 金㋑ △ 水㋾ 木㋶	火 ○ 土㋑ △ 木㋟ 水㋶	火 ○ 土㋑ 木㋶ 水㋶	火 ○ 土㋑ △ 木㋹ 金㋳	◎ 木㋩ △ 水㋸	◎ 木㋑ △ 水㋧	◎ 木㋑ △ 水㋠ 火㋞	◎ 土㋺ ○ 水㋕ △ 金㋟ 火㋡	◎ 水㋑ ○ 土㋕ △ 金㋟ 火㋡

	12月			11月			10月			9月			8月			7月			6月			5月			4月			3月			2月			1月			
	干支	タイプ	旬数	干支	タイプ	旬数	干支	タイプ	旬数	干支	タイプ	旬数	干支	タイプ	旬数	干支	タイプ	旬数	干支	タイプ	旬数	干支	タイプ	旬数	干支	タイプ	旬数	干支	タイプ	旬数	干支	タイプ	旬数	干支	タイプ	旬数	
1日	己巳	結	1	己亥	結	4	戊辰	人	1	戊戌	人	4	丁卯	結	1	丙申	結	4	丙寅	結	1	乙未	人	4	乙丑	人	1	甲午	直	4	丙寅	結	1	乙未	人	4	1
2日	庚午	直	1	庚子	直	4	己巳	結	1	己亥	結	4	戊辰	人	1	丁酉	結	4	丁卯	結	1	丙申	結	4	丙寅	結	1	乙未	人	4	丁卯	結	1	丙申	結	4	2
3日	辛未	人	1	辛丑	人	4	庚午	直	1	庚子	直	4	己巳	結	1	戊戌	人	4	戊辰	人	1	丁酉	結	4	丁卯	結	1	丙申	結	4	戊辰	人	1	丁酉	結	4	3
4日	壬申	結	1	壬寅	結	4	辛未	人	1	辛丑	人	4	庚午	直	1	己亥	結	4	己巳	結	1	戊戌	人	4	戊辰	人	1	丁酉	結	4	己巳	結	1	戊戌	人	4	4
5日	癸酉	結	1	癸卯	結	4	壬申	結	1	壬寅	結	4	辛未	人	1	庚子	直	4	庚午	直	1	己亥	結	4	己巳	結	1	戊戌	人	4	庚午	直	1	己亥	結	4	5
6日	甲戌	人	2	甲辰	人	5	癸酉	結	1	癸卯	結	4	壬申	結	1	辛丑	人	4	辛未	人	1	庚子	直	4	庚午	直	1	己亥	結	4	辛未	人	1	庚子	直	4	6
7日	乙亥	直	2	乙巳	直	5	甲戌	人	2	甲辰	人	5	癸酉	結	1	壬寅	結	4	壬申	結	1	辛丑	人	4	辛未	人	1	庚子	直	4	壬申	結	1	辛丑	人	4	7
8日	丙子	結	2	丙午	結	5	乙亥	直	2	乙巳	直	5	甲戌	人	2	癸卯	結	4	癸酉	結	1	壬寅	結	4	壬申	結	1	辛丑	人	4	癸酉	結	1	壬寅	結	4	8
9日	丁丑	人	2	丁未	人	5	丙子	結	2	丙午	結	5	乙亥	直	2	甲辰	人	5	甲戌	人	2	癸卯	結	4	癸酉	結	1	壬寅	結	4	甲戌	人	2	癸卯	結	4	9
10日	戊寅	結	2	戊申	結	5	丁丑	人	2	丁未	人	5	丙子	結	2	乙巳	直	5	乙亥	直	2	甲辰	人	5	甲戌	人	2	癸卯	結	4	乙亥	直	2	甲辰	人	5	10
11日	己卯	結	2	己酉	結	5	戊寅	結	2	戊申	結	5	丁丑	人	2	丙午	結	5	丙子	結	2	乙巳	直	5	乙亥	直	2	甲辰	人	5	丙子	結	2	乙巳	直	5	11
12日	庚辰	人	2	庚戌	人	5	己卯	結	2	己酉	結	5	戊寅	結	2	丁未	人	5	丁丑	人	2	丙午	結	5	丙子	結	2	乙巳	直	5	丁丑	人	2	丙午	結	5	12
13日	辛巳	直	2	辛亥	直	5	庚辰	人	2	庚戌	人	5	己卯	結	2	戊申	結	5	戊寅	結	2	丁未	人	5	丁丑	人	2	丙午	結	5	戊寅	結	2	丁未	人	5	13
14日	壬午	結	2	壬子	結	5	辛巳	直	2	辛亥	直	5	庚辰	人	2	己酉	結	5	己卯	結	2	戊申	結	5	戊寅	結	2	丁未	人	5	己卯	結	2	戊申	結	5	14
15日	癸未	人	2	癸丑	人	5	壬午	結	2	壬子	結	5	辛巳	直	2	庚戌	人	5	庚辰	人	2	己酉	結	5	己卯	結	2	戊申	結	5	庚辰	人	2	己酉	結	5	15
16日	甲申	直	3	甲寅	直	6	癸未	人	2	癸丑	人	5	壬午	結	2	辛亥	直	5	辛巳	直	2	庚戌	人	5	庚辰	人	2	己酉	結	5	辛巳	直	2	庚戌	人	5	16
17日	乙酉	直	3	乙卯	直	6	甲申	直	3	甲寅	直	6	癸未	人	2	壬子	結	5	壬午	結	2	辛亥	直	5	辛巳	直	2	庚戌	人	5	壬午	結	2	辛亥	直	5	17
18日	丙戌	人	3	丙辰	人	6	乙酉	直	3	乙卯	直	6	甲申	直	3	癸丑	人	5	癸未	人	2	壬子	結	5	壬午	結	2	辛亥	直	5	癸未	人	2	壬子	結	5	18
19日	丁亥	結	3	丁巳	結	6	丙戌	人	3	丙辰	人	6	乙酉	直	3	甲寅	直	6	甲申	直	3	癸丑	人	5	癸未	人	2	壬子	結	5	甲申	直	3	癸丑	人	5	19
20日	戊子	結	3	戊午	結	6	丁亥	結	3	丁巳	結	6	丙戌	人	3	乙卯	直	6	乙酉	直	3	甲寅	直	6	甲申	直	3	癸丑	人	5	乙酉	直	3	甲寅	直	6	20
21日	己丑	人	3	己未	人	6	戊子	結	3	戊午	結	6	丁亥	結	3	丙辰	人	6	丙戌	人	3	乙卯	直	6	乙酉	直	3	甲寅	直	6	丙戌	人	3	乙卯	直	6	21
22日	庚寅	直	3	庚申	直	6	己丑	人	3	己未	人	6	戊子	結	3	丁巳	結	6	丁亥	結	3	丙辰	人	6	丙戌	人	3	乙卯	直	6	丁亥	結	3	丙辰	人	6	22
23日	辛卯	直	3	辛酉	直	6	庚寅	直	3	庚申	直	6	己丑	人	3	戊午	結	6	戊子	結	3	丁巳	結	6	丁亥	結	3	丙辰	人	6	戊子	結	3	丁巳	結	6	23
24日	壬辰	人	3	壬戌	人	6	辛卯	直	3	辛酉	直	6	庚寅	直	3	己未	人	6	己丑	人	3	戊午	結	6	戊子	結	3	丁巳	結	6	己丑	人	3	戊午	結	6	24
25日	癸巳	結	3	癸亥	結	6	壬辰	人	3	壬戌	人	6	辛卯	直	3	庚申	直	6	庚寅	直	3	己未	人	6	己丑	人	3	戊午	結	6	庚寅	直	3	己未	人	6	25
26日	甲午	直	4	甲子	直	1	癸巳	結	3	癸亥	結	6	壬辰	人	3	辛酉	直	6	辛卯	直	3	庚申	直	6	庚寅	直	3	己未	人	6	辛卯	直	3	庚申	直	6	26
27日	乙未	人	4	乙丑	人	1	甲午	直	4	甲子	直	1	癸巳	結	3	壬戌	人	6	壬辰	人	3	辛酉	直	6	辛卯	直	3	庚申	直	6	壬辰	人	3	辛酉	直	6	27
28日	丙申	結	4	丙寅	結	1	乙未	人	4	乙丑	人	1	甲午	直	4	癸亥	結	6	癸巳	結	3	壬戌	人	6	壬辰	人	3	辛酉	直	6	癸巳	結	3	壬戌	人	6	28
29日	丁酉	結	4	丁卯	結	1	丙申	結	4	丙寅	結	1	乙未	人	4	甲子	直	1	甲午	直	4	癸亥	結	6	癸巳	結	3	壬戌	人	6				癸亥	結	6	29
30日	戊戌	人	4	戊辰	人	1	丁酉	結	4	丁卯	結	1	丙申	結	4	乙丑	人	1	乙未	人	4	甲子	直	1	甲午	直	4	癸亥	結	6				甲子	直	1	30
31日	己亥	結	4				戊戌	人	4				丁酉	結	4	丙寅	結	1				乙丑	人	1				甲子	直	1				乙丑	人	1	31

以下のサイトに、生年月日時を入力するだけ「人物フォーマット」が、算出できます。

https://asano-uranai.com/fpd/entrance.php

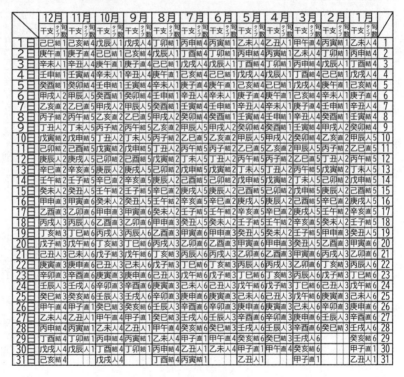

2008年（平成20年）

その年干支の期間	2/4 20:10 ～ 12/31 23:59	1/1 0:00 ～2/4 20:09
年干支	戊子	丁亥

その月干支の期間	12/7 3:02 ～ 12/31 23:59	11/7 10:11 ～ 12/7 3:01	10/8 6:57 ～ 11/7 10:10	9/7 15:14 ～ 10/8 6:56	8/7 12:16 ～ 9/7 15:13	7/7 2:27 ～ 8/7 12:15	6/5 16:12 ～ 7/7 2:26	5/5 12:03 ～ 6/5 16:11	4/4 18:46 ～ 5/5 12:02	3/5 13:59 ～ 4/4 18:45	2/4 20:00 ～ 3/5 13:58	1/6 8:25 ～ 2/4 19:59	1/1 0:00 ～ 1/6 8:24
月干支	甲子	癸亥	壬戌	辛酉	庚申	己未	戊午	丁巳	丙辰	乙卯	甲寅	癸丑	壬子
外的環境の支配五行候補	水	水 木㋶	◎ 水㋠ ○ 土㋷ △ 金㋧ 火㋖	金 水㋹	金 水㋦	土 ○ 火㋠ △ 水㋹ 木㋰	土 火㋕	火・土 △ 水㋹ 金㋳	◎ 土㋠ △ 水㋷ 木㋦	木 水㋹	木 △ 水㋹ 火㋒	水 △ 木㋶ 金㋮	水 木㋶

	12月			11月			10月			9月			8月			7月			6月			5月			4月			3月			2月			1月			
	干支	タイプ	旬数	干支	タイプ	旬数	干支	タイプ	旬数	干支	タイプ	旬数	干支	タイプ	旬数	干支	タイプ	旬数	干支	タイプ	旬数	干支	タイプ	旬数	干支	タイプ	旬数	干支	タイプ	旬数	干支	タイプ	旬数	干支	タイプ	旬数	
1日	乙亥	直	2	乙巳	直	5	甲戌	人	2	甲辰	人	5	癸酉	結	1	壬寅	結	4	壬申	結	1	辛丑	人	4	辛未	人	1	庚子	直	4	辛未	人	1	庚子	直	4	1
2日	丙子	結	2	丙午	結	5	乙亥	直	2	乙巳	直	5	甲戌	人	2	癸卯	結	4	癸酉	結	1	壬寅	結	4	壬申	結	1	辛丑	人	4	壬申	結	1	辛丑	人	4	2
3日	丁丑	人	2	丁未	人	5	丙子	結	2	丙午	結	5	乙亥	直	2	甲辰	人	5	甲戌	人	2	癸卯	結	4	癸酉	結	1	壬寅	結	4	癸酉	結	1	壬寅	結	4	3
4日	戊寅	結	2	戊申	結	5	丁丑	人	2	丁未	人	5	丙子	結	2	乙巳	直	5	乙亥	直	2	甲辰	人	5	甲戌	人	2	癸卯	結	4	甲戌	人	2	癸卯	結	4	4
5日	己卯	結	2	己酉	結	5	戊寅	結	2	戊申	結	5	丁丑	人	2	丙午	結	5	丙子	結	2	乙巳	直	5	乙亥	直	2	甲辰	人	5	乙亥	直	2	甲辰	人	5	5
6日	庚辰	人	2	庚戌	人	5	己卯	結	2	己酉	結	5	戊寅	結	2	丁未	人	5	丁丑	人	2	丙午	結	5	丙子	結	2	乙巳	直	5	丙子	結	2	乙巳	直	5	6
7日	辛巳	直	2	辛亥	直	5	庚辰	人	2	庚戌	人	5	己卯	結	2	戊申	結	5	戊寅	結	2	丁未	人	5	丁丑	人	2	丙午	結	5	丁丑	人	2	丙午	結	5	7
8日	壬午	結	2	壬子	結	5	辛巳	直	2	辛亥	直	5	庚辰	人	2	己酉	結	5	己卯	結	2	戊申	結	5	戊寅	結	2	丁未	人	5	戊寅	結	2	丁未	人	5	8
9日	癸未	人	2	癸丑	人	5	壬午	結	2	壬子	結	5	辛巳	直	2	庚戌	人	5	庚辰	人	2	己酉	結	5	己卯	結	2	戊申	結	5	己卯	結	2	戊申	結	5	9
10日	甲申	直	3	甲寅	直	6	癸未	人	2	癸丑	人	5	壬午	結	2	辛亥	直	5	辛巳	直	2	庚戌	人	5	庚辰	人	2	己酉	結	5	庚辰	人	2	己酉	結	5	10
11日	乙酉	直	3	乙卯	直	6	甲申	直	3	甲寅	直	6	癸未	人	2	壬子	結	5	壬午	結	2	辛亥	直	5	辛巳	直	2	庚戌	人	5	辛巳	直	2	庚戌	人	5	11
12日	丙戌	人	3	丙辰	人	6	乙酉	直	3	乙卯	直	6	甲申	直	3	癸丑	人	5	癸未	人	2	壬子	結	5	壬午	結	2	辛亥	直	5	壬午	結	2	辛亥	直	5	12
13日	丁亥	結	3	丁巳	結	6	丙戌	人	3	丙辰	人	6	乙酉	直	3	甲寅	直	6	甲申	直	3	癸丑	人	5	癸未	人	2	壬子	結	5	癸未	人	2	壬子	結	5	13
14日	戊子	結	3	戊午	結	6	丁亥	結	3	丁巳	結	6	丙戌	人	3	乙卯	直	6	乙酉	直	3	甲寅	直	6	甲申	直	3	癸丑	人	5	甲申	直	3	癸丑	人	5	14
15日	己丑	人	3	己未	人	6	戊子	結	3	戊午	結	6	丁亥	結	3	丙辰	人	6	丙戌	人	3	乙卯	直	6	乙酉	直	3	甲寅	直	6	乙酉	直	3	甲寅	直	6	15
16日	庚寅	直	3	庚申	直	6	己丑	人	3	己未	人	6	戊子	結	3	丁巳	結	6	丁亥	結	3	丙辰	人	6	丙戌	人	3	乙卯	直	6	丙戌	人	3	乙卯	直	6	16
17日	辛卯	直	3	辛酉	直	6	庚寅	直	3	庚申	直	6	己丑	人	3	戊午	結	6	戊子	結	3	丁巳	結	6	丁亥	結	3	丙辰	人	6	丁亥	結	3	丙辰	人	6	17
18日	壬辰	人	3	壬戌	人	6	辛卯	直	3	辛酉	直	6	庚寅	直	3	己未	人	6	己丑	人	3	戊午	結	6	戊子	結	3	丁巳	結	6	戊子	結	3	丁巳	結	6	18
19日	癸巳	結	3	癸亥	結	6	壬辰	人	3	壬戌	人	6	辛卯	直	3	庚申	直	6	庚寅	直	3	己未	人	6	己丑	人	3	戊午	結	6	己丑	人	3	戊午	結	6	19
20日	甲午	直	4	甲子	直	1	癸巳	結	3	癸亥	結	6	壬辰	人	3	辛酉	直	6	辛卯	直	3	庚申	直	6	庚寅	直	3	己未	人	6	庚寅	直	3	己未	人	6	20
21日	乙未	人	4	乙丑	人	1	甲午	直	4	甲子	直	1	癸巳	結	3	壬戌	人	6	壬辰	人	3	辛酉	直	6	辛卯	直	3	庚申	直	6	辛卯	直	3	庚申	直	6	21
22日	丙申	結	4	丙寅	結	1	乙未	人	4	乙丑	人	1	甲午	直	4	癸亥	結	6	癸巳	結	3	壬戌	人	6	壬辰	人	3	辛酉	直	6	壬辰	人	3	辛酉	直	6	22
23日	丁酉	結	4	丁卯	結	1	丙申	結	4	丙寅	結	1	乙未	人	4	甲子	直	1	甲午	直	4	癸亥	結	6	癸巳	結	3	壬戌	人	6	癸巳	結	3	壬戌	人	6	23
24日	戊戌	人	4	戊辰	人	1	丁酉	結	4	丁卯	結	1	丙申	結	4	乙丑	人	1	乙未	人	4	甲子	直	1	甲午	直	4	癸亥	結	6	甲午	直	4	癸亥	結	6	24
25日	己亥	結	4	己巳	結	1	戊戌	人	4	戊辰	人	1	丁酉	結	4	丙寅	結	1	丙申	結	4	乙丑	人	1	乙未	人	4	甲子	直	1	乙未	人	4	甲子	直	1	25
26日	庚子	直	4	庚午	直	1	己亥	結	4	己巳	結	1	戊戌	人	4	丁卯	結	1	丁酉	結	4	丙寅	結	1	丙申	結	4	乙丑	人	1	丙申	結	4	乙丑	人	1	26
27日	辛丑	人	4	辛未	人	1	庚子	直	4	庚午	直	1	己亥	結	4	戊辰	人	1	戊戌	人	4	丁卯	結	1	丁酉	結	4	丙寅	結	1	丁酉	結	4	丙寅	結	1	27
28日	壬寅	結	4	壬申	結	1	辛丑	人	4	辛未	人	1	庚子	直	4	己巳	結	1	己亥	結	4	戊辰	人	1	戊戌	人	4	丁卯	結	1	戊戌	人	4	丁卯	結	1	28
29日	癸卯	結	4	癸酉	結	1	壬寅	結	4	壬申	結	1	辛丑	人	4	庚午	直	1	庚子	直	4	己巳	結	1	己亥	結	4	戊辰	人	1	己亥	結	4	戊辰	人	1	29
30日	甲辰	人	5	甲戌	人	2	癸卯	結	4	癸酉	結	1	壬寅	結	4	辛未	人	1	辛丑	人	4	庚午	直	1	庚子	直	4	己巳	結	1				己巳	結	1	30
31日	乙巳	直	5				甲辰						癸卯	結	4	壬申	結	1				辛未	人	1				庚午	直	1				庚午	直	1	31

以下のサイトに、生年月日時を入力するだけ「人物フォーマット」が、算出できます。

https://asano-uranai.com/fpd/entrance.php

2009年（平成21年）

その年干支の期間	2/4 2:06 ～ 12/31 23:59	1/1 0:00 ～2/4 2:05
年干支	己丑	戊子

その月干支の期間	12/7 8:52 ～ 12/31 23:59	11/7 15:56 ～ 12/7 8:51	10/8 12:40 ～ 11/7 15:55	9/7 20:58 ～ 10/8 12:39	8/7 18:01 ～ 9/7 20:57	7/7 8:13 ～ 8/7 18:00	6/5 21:59 ～ 7/7 8:12	5/5 17:51 ～ 6/5 21:58	4/5 0:34 ～ 5/5 17:50	3/5 19:48 ～ 4/5 0:33	2/4 1:50 ～ 3/5 19:47	1/5 14:14 ～ 2/4 1:49	1/1 0:00 ～ 1/5 14:13
月干支	丙子	乙亥	甲戌	癸酉	壬申	辛未	庚午	己巳	戊辰	丁卯	丙寅	乙丑	甲子
外的環境の支配五行候補	水 金㋮	水 △木㋹ 金㋮	◎土㋣ △金㋟ 火㋼	◎金㋑ 水㋼	◎金㋑ 水㋵	土 ○火㋠ △木㋰ □金㋒ 水㋼	土 ○火㋑ △金㋒ 水㋼	土 ○火㋑ △金㋦ 水㋼	土 △木㋦ 金㋤	◎木㋑ △水㋼ 金㋮	◎木㋑ ○火㋞ △水㋼ 金㋮	水 金㋮	水

	12月			11月			10月			9月			8月			7月			6月			5月			4月			3月			2月			1月			
	干支	タイプ	旬数	干支	タイプ	旬数	干支	タイプ	旬数	干支	タイプ	旬数	干支	タイプ	旬数	干支	タイプ	旬数	干支	タイプ	旬数	干支	タイプ	旬数	干支	タイプ	旬数	干支	タイプ	旬数	干支	タイプ	旬数	干支	タイプ	旬数	
1日	庚辰	人	2	庚戌	人	5	己卯	結	2	己酉	結	5	戊寅	結	2	丁未	人	5	丁丑	人	2	丙午	結	5	丙子	結	2	乙巳	直	5	丁丑	人	2	丙午	結	5	1
2日	辛巳	直	2	辛亥	直	5	庚辰	人	2	庚戌	人	5	己卯	結	2	戊申	結	5	戊寅	結	2	丁未	人	5	丁丑	人	2	丙午	結	5	戊寅	結	2	丁未	人	5	2
3日	壬午	結	2	壬子	結	5	辛巳	直	2	辛亥	直	5	庚辰	人	2	己酉	結	5	己卯	結	2	戊申	結	5	戊寅	結	2	丁未	人	5	己卯	結	2	戊申	結	5	3
4日	癸未	人	2	癸丑	人	5	壬午	結	2	壬子	結	5	辛巳	直	2	庚戌	人	5	庚辰	人	2	己酉	結	5	己卯	結	2	戊申	結	5	庚辰	人	2	己酉	結	5	4
5日	甲申	直	3	甲寅	直	6	癸未	人	2	癸丑	人	5	壬午	結	2	辛亥	直	5	辛巳	直	2	庚戌	人	5	庚辰	人	2	己酉	結	5	辛巳	直	2	庚戌	人	5	5
6日	乙酉	直	3	乙卯	直	6	甲申	直	3	甲寅	直	6	癸未	人	2	壬子	結	5	壬午	結	2	辛亥	直	5	辛巳	直	2	庚戌	人	5	壬午	結	2	辛亥	直	5	6
7日	丙戌	人	3	丙辰	人	6	乙酉	直	3	乙卯	直	6	甲申	直	3	癸丑	人	5	癸未	人	2	壬子	結	5	壬午	結	2	辛亥	直	5	癸未	人	2	壬子	結	5	7
8日	丁亥	結	3	丁巳	結	6	丙戌	人	3	丙辰	人	6	乙酉	直	3	甲寅	直	6	甲申	直	3	癸丑	人	5	癸未	人	2	壬子	結	5	甲申	直	3	癸丑	人	5	8
9日	戊子	結	3	戊午	結	6	丁亥	結	3	丁巳	結	6	丙戌	人	3	乙卯	直	6	乙酉	直	3	甲寅	直	6	甲申	直	3	癸丑	人	5	乙酉	直	3	甲寅	直	6	9
10日	己丑	人	3	己未	人	6	戊子	結	3	戊午	結	6	丁亥	結	3	丙辰	人	6	丙戌	人	3	乙卯	直	6	乙酉	直	3	甲寅	直	6	丙戌	人	3	乙卯	直	6	10
11日	庚寅	直	3	庚申	直	6	己丑	人	3	己未	人	6	戊子	結	3	丁巳	結	6	丁亥	結	3	丙辰	人	6	丙戌	人	3	乙卯	直	6	丁亥	結	3	丙辰	人	6	11
12日	辛卯	直	3	辛酉	直	6	庚寅	直	3	庚申	直	6	己丑	人	3	戊午	結	6	戊子	結	3	丁巳	結	6	丁亥	結	3	丙辰	人	6	戊子	結	3	丁巳	結	6	12
13日	壬辰	人	3	壬戌	人	6	辛卯	直	3	辛酉	直	6	庚寅	直	3	己未	人	6	己丑	人	3	戊午	結	6	戊子	結	3	丁巳	結	6	己丑	人	3	戊午	結	6	13
14日	癸巳	結	3	癸亥	結	6	壬辰	人	3	壬戌	人	6	辛卯	直	3	庚申	直	6	庚寅	直	3	己未	人	6	己丑	人	3	戊午	結	6	庚寅	直	3	己未	人	6	14
15日	甲午	直	4	甲子	直	1	癸巳	結	3	癸亥	結	6	壬辰	人	3	辛酉	直	6	辛卯	直	3	庚申	直	6	庚寅	直	3	己未	人	6	辛卯	直	3	庚申	直	6	15
16日	乙未	人	4	乙丑	人	1	甲午	直	4	甲子	直	1	癸巳	結	3	壬戌	人	6	壬辰	人	3	辛酉	直	6	辛卯	直	3	庚申	直	6	壬辰	人	3	辛酉	直	6	16
17日	丙申	結	4	丙寅	結	1	乙未	人	4	乙丑	人	1	甲午	直	4	癸亥	結	6	癸巳	結	3	壬戌	人	6	壬辰	人	3	辛酉	直	6	癸巳	結	3	壬戌	人	6	17
18日	丁酉	結	4	丁卯	結	1	丙申	結	4	丙寅	結	1	乙未	人	4	甲子	直	1	甲午	直	4	癸亥	結	6	癸巳	結	3	壬戌	人	6	甲午	直	4	癸亥	結	6	18
19日	戊戌	人	4	戊辰	人	1	丁酉	結	4	丁卯	結	1	丙申	結	4	乙丑	人	1	乙未	人	4	甲子	直	1	甲午	直	4	癸亥	結	6	乙未	人	4	甲子	直	1	19
20日	己亥	結	4	己巳	結	1	戊戌	人	4	戊辰	人	1	丁酉	結	4	丙寅	結	1	丙申	結	4	乙丑	人	1	乙未	人	4	甲子	直	1	丙申	結	4	乙丑	人	1	20
21日	庚子	直	4	庚午	直	1	己亥	結	4	己巳	結	1	戊戌	人	4	丁卯	結	1	丁酉	結	4	丙寅	結	1	丙申	結	4	乙丑	人	1	丁酉	結	4	丙寅	結	1	21
22日	辛丑	人	4	辛未	人	1	庚子	直	4	庚午	直	1	己亥	結	4	戊辰	人	1	戊戌	人	4	丁卯	結	1	丁酉	結	4	丙寅	結	1	戊戌	人	4	丁卯	結	1	22
23日	壬寅	結	4	壬申	結	1	辛丑	人	4	辛未	人	1	庚子	直	4	己巳	結	1	己亥	結	4	戊辰	人	1	戊戌	人	4	丁卯	結	1	己亥	結	4	戊辰	人	1	23
24日	癸卯	結	4	癸酉	結	1	壬寅	結	4	壬申	結	1	辛丑	人	4	庚午	直	1	庚子	直	4	己巳	結	1	己亥	結	4	戊辰	人	1	庚子	直	4	己巳	結	1	24
25日	甲辰	人	5	甲戌	人	2	癸卯	結	4	癸酉	結	1	壬寅	結	4	辛未	人	1	辛丑	人	4	庚午	直	1	庚子	直	4	己巳	結	1	辛丑	人	4	庚午	直	1	25
26日	乙巳	直	5	乙亥	直	2	甲辰	人	5	甲戌	人	2	癸卯	結	4	壬申	結	1	壬寅	結	4	辛未	人	1	辛丑	人	4	庚午	直	1	壬寅	結	4	辛未	人	1	26
27日	丙午	結	5	丙子	結	2	乙巳	直	5	乙亥	直	2	甲辰	人	5	癸酉	結	1	癸卯	結	4	壬申	結	1	壬寅	結	4	辛未	人	1	癸卯	結	4	壬申	結	1	27
28日	丁未	人	5	丁丑	人	2	丙午	結	5	丙子	結	2	乙巳	直	5	甲戌	人	2	甲辰	人	5	癸酉	結	1	癸卯	結	4	壬申	結	1	甲辰	人	5	癸酉	結	1	28
29日	戊申	結	5	戊寅	結	2	丁未	人	5	丁丑	人	2	丙午	結	5	乙亥	直	2	乙巳	直	5	甲戌	人	2	甲辰	人	5	癸酉	結	1				甲戌	人	2	29
30日	己酉	結	5	己卯	結	2	戊申	結	5	戊寅	結	2	丁未	人	5	丙子	結	2	丙午	結	5	乙亥	直	2	乙巳	直	5	甲戌	人	2				乙亥	直	2	30
31日	庚戌	人	5				己酉	結	5				戊申	結	5	丁丑	人	2				丙子	結	2				乙亥	直	2				丙子	結	2	31

以下のサイトに、生年月日時を入力するだけ「人物フォーマット」が、算出できます。

https://asano-uranai.com/fpd/entrance.php

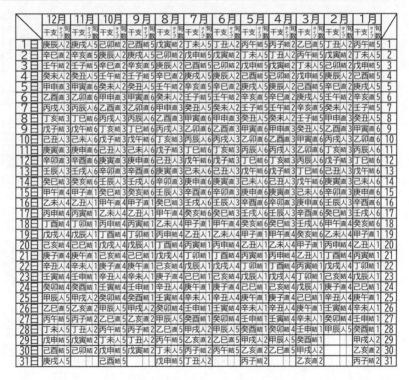

2010年（平成22年）

その年干支の期間	2/4 7:50 ～ 12/31 23:59	1/1 0:00 ～2/4 7:49
年干支	庚寅	己丑

その月干支の期間	12/7 14:38 ～ 12/31 23:59	11/7 21:42 ～ 12/7 14:37	10/8 18:26 ～ 11/7 21:41	9/8 2:45 ～ 10/8 18:25	8/7 23:49 ～ 9/8 2:44	7/7 14:02 ～ 8/7 23:48	6/6 3:49 ～ 7/7 14:01	5/5 23:44 ～ 6/6 3:48	4/5 6:30 ～ 5/5 23:43	3/6 1:46 ～ 4/5 6:29	2/4 7:48 ～ 3/6 1:45	1/5 20:09 ～ 2/4 7:47	1/1 0:00 ～ 1/5 20:08
月干支	戊子	丁亥	丙戌	乙酉	甲申	癸未	壬午	辛巳	庚辰	己卯	戊寅	丁丑	丙子
外的環境の支配五行候補	◎ 水㋑ △ 木㋤ 火㋒	◎ 水㋑ △ 木㋳ 火㋞	◎ 土㋺ ○ 火㋣ △ 金㋟ 木㋤	金 △ 木㋕ 火㋒	金 ○ 水㋰ △ 火㋒ 木㋖	◎ 土㋑ △ 火㋠ 木㋸	◎ 火㋑ ◎ 土㋑ 木㋤	◎ 火㋑ ◎ 土㋑ △ 金㋟ 木㋤	◎ 木㋬ △ 金㋟ 火㋒ 水㋒	木 火㋒	木 火㋒	◎ 水㋥ △ 土㋻ 金㋮	水 金㋮

	12月			11月			10月			9月			8月			7月			6月			5月			4月			3月			2月			1月			
	干支	タイプ	旬数	干支	タイプ	旬数	干支	タイプ	旬数	干支	タイプ	旬数	干支	タイプ	旬数	干支	タイプ	旬数	干支	タイプ	旬数	干支	タイプ	旬数	干支	タイプ	旬数	干支	タイプ	旬数	干支	タイプ	旬数	干支	タイプ	旬数	
1日	乙酉	直	3	乙卯	直	6	甲申	直	3	甲寅	直	6	癸未	人	2	壬子	結	5	壬午	結	2	辛亥	直	5	辛巳	直	2	庚戌	人	5	壬午	結	2	辛亥	直	5	1
2日	丙戌	人	3	丙辰	人	6	乙酉	直	3	乙卯	直	6	甲申	直	3	癸丑	人	5	癸未	人	2	壬子	結	5	壬午	結	2	辛亥	直	5	癸未	人	2	壬子	結	5	2
3日	丁亥	結	3	丁巳	結	6	丙戌	人	3	丙辰	人	6	乙酉	直	3	甲寅	直	6	甲申	直	3	癸丑	人	5	癸未	人	2	壬子	結	5	甲申	直	3	癸丑	人	5	3
4日	戊子	結	3	戊午	結	6	丁亥	結	3	丁巳	結	6	丙戌	人	3	乙卯	直	6	乙酉	直	3	甲寅	直	6	甲申	直	3	癸丑	人	5	乙酉	直	3	甲寅	直	6	4
5日	己丑	人	3	己未	人	6	戊子	結	3	戊午	結	6	丁亥	結	3	丙辰	人	6	丙戌	人	3	乙卯	直	6	乙酉	直	3	甲寅	直	6	丙戌	人	3	乙卯	直	6	5
6日	庚寅	直	3	庚申	直	6	己丑	人	3	己未	人	6	戊子	結	3	丁巳	結	6	丁亥	結	3	丙辰	人	6	丙戌	人	3	乙卯	直	6	丁亥	結	3	丙辰	人	6	6
7日	辛卯	直	3	辛酉	直	6	庚寅	直	3	庚申	直	6	己丑	人	3	戊午	結	6	戊子	結	3	丁巳	結	6	丁亥	結	3	丙辰	人	6	戊子	結	3	丁巳	結	6	7
8日	壬辰	人	3	壬戌	人	6	辛卯	直	3	辛酉	直	6	庚寅	直	3	己未	人	6	己丑	人	3	戊午	結	6	戊子	結	3	丁巳	結	6	己丑	人	3	戊午	結	6	8
9日	癸巳	結	3	癸亥	結	6	壬辰	人	3	壬戌	人	6	辛卯	直	3	庚申	直	6	庚寅	直	3	己未	人	6	己丑	人	3	戊午	結	6	庚寅	直	3	己未	人	6	9
10日	甲午	直	4	甲子	直	1	癸巳	結	3	癸亥	結	6	壬辰	人	3	辛酉	直	6	辛卯	直	3	庚申	直	6	庚寅	直	3	己未	人	6	辛卯	直	3	庚申	直	6	10
11日	乙未	人	4	乙丑	人	1	甲午	直	4	甲子	直	1	癸巳	結	3	壬戌	人	6	壬辰	人	3	辛酉	直	6	辛卯	直	3	庚申	直	6	壬辰	人	3	辛酉	直	6	11
12日	丙申	結	4	丙寅	結	1	乙未	人	4	乙丑	人	1	甲午	直	4	癸亥	結	6	癸巳	結	3	壬戌	人	6	壬辰	人	3	辛酉	直	6	癸巳	結	3	壬戌	人	6	12
13日	丁酉	結	4	丁卯	結	1	丙申	結	4	丙寅	結	1	乙未	人	4	甲子	直	1	甲午	直	4	癸亥	結	6	癸巳	結	3	壬戌	人	6	甲午	直	4	癸亥	結	6	13
14日	戊戌	人	4	戊辰	人	1	丁酉	結	4	丁卯	結	1	丙申	結	4	乙丑	人	1	乙未	人	4	甲子	直	1	甲午	直	4	癸亥	結	6	乙未	人	4	甲子	直	1	14
15日	己亥	結	4	己巳	結	1	戊戌	人	4	戊辰	人	1	丁酉	結	4	丙寅	結	1	丙申	結	4	乙丑	人	1	乙未	人	4	甲子	直	1	丙申	結	4	乙丑	人	1	15
16日	庚子	直	4	庚午	直	1	己亥	結	4	己巳	結	1	戊戌	人	4	丁卯	結	1	丁酉	結	4	丙寅	結	1	丙申	結	4	乙丑	人	1	丁酉	結	4	丙寅	結	1	16
17日	辛丑	人	4	辛未	人	1	庚子	直	4	庚午	直	1	己亥	結	4	戊辰	人	1	戊戌	人	4	丁卯	結	1	丁酉	結	4	丙寅	結	1	戊戌	人	4	丁卯	結	1	17
18日	壬寅	結	4	壬申	結	1	辛丑	人	4	辛未	人	1	庚子	直	4	己巳	結	1	己亥	結	4	戊辰	人	1	戊戌	人	4	丁卯	結	1	己亥	結	4	戊辰	人	1	18
19日	癸卯	結	4	癸酉	結	1	壬寅	結	4	壬申	結	1	辛丑	人	4	庚午	直	1	庚子	直	4	己巳	結	1	己亥	結	4	戊辰	人	1	庚子	直	4	己巳	結	1	19
20日	甲辰	人	5	甲戌	人	2	癸卯	結	4	癸酉	結	1	壬寅	結	4	辛未	人	1	辛丑	人	4	庚午	直	1	庚子	直	4	己巳	結	1	辛丑	人	4	庚午	直	1	20
21日	乙巳	直	5	乙亥	直	2	甲辰	人	5	甲戌	人	2	癸卯	結	4	壬申	結	1	壬寅	結	4	辛未	人	1	辛丑	人	4	庚午	直	1	壬寅	結	4	辛未	人	1	21
22日	丙午	結	5	丙子	結	2	乙巳	直	5	乙亥	直	2	甲辰	人	5	癸酉	結	1	癸卯	結	4	壬申	結	1	壬寅	結	4	辛未	人	1	癸卯	結	4	壬申	結	1	22
23日	丁未	人	5	丁丑	人	2	丙午	結	5	丙子	結	2	乙巳	直	5	甲戌	人	2	甲辰	人	5	癸酉	結	1	癸卯	結	4	壬申	結	1	甲辰	人	5	癸酉	結	1	23
24日	戊申	結	5	戊寅	結	2	丁未	人	5	丁丑	人	2	丙午	結	5	乙亥	直	2	乙巳	直	5	甲戌	人	2	甲辰	人	5	癸酉	結	1	乙巳	直	5	甲戌	人	2	24
25日	己酉	結	5	己卯	結	2	戊申	結	5	戊寅	結	2	丁未	人	5	丙子	結	2	丙午	結	5	乙亥	直	2	乙巳	直	5	甲戌	人	2	丙午	結	5	乙亥	直	2	25
26日	庚戌	人	5	庚辰	人	2	己酉	結	5	己卯	結	2	戊申	結	5	丁丑	人	2	丁未	人	5	丙子	結	2	丙午	結	5	乙亥	直	2	丁未	人	5	丙子	結	2	26
27日	辛亥	直	5	辛巳	直	2	庚戌	人	5	庚辰	人	2	己酉	結	5	戊寅	結	2	戊申	結	5	丁丑	人	2	丁未	人	5	丙子	結	2	戊申	結	5	丁丑	人	2	27
28日	壬子	結	5	壬午	結	2	辛亥	直	5	辛巳	直	2	庚戌	人	5	己卯	結	2	己酉	結	5	戊寅	結	2	戊申	結	5	丁丑	人	2	己酉	結	5	戊寅	結	2	28
29日	癸丑	人	5	癸未	人	2	壬子	結	5	壬午	結	2	辛亥	直	5	庚辰	人	2	庚戌	人	5	己卯	結	2	己酉	結	5	戊寅	結	2				己卯	結	2	29
30日	甲寅			甲申			癸丑	人	5	癸未	人	2	壬子	結	5	辛巳	直	2	辛亥	直	5	庚辰	人	2	庚戌	人	5	己卯	結	2				庚辰	人	2	30
31日	乙卯						甲寅						癸丑	人	5	壬午	結	2				辛巳	直	2				庚辰	人	2				辛巳	直	2	31

以下のサイトに、生年月日時を入力するだけ「人物フォーマット」が、算出できます。

https://asano-uranai.com/fpd/entrance.php

2011年（平成23年）

その年干支の期間	2/4 13:40 ～ 12/31 23:59	1/1 0:00 ～2/4 13:39
年干支	辛卯	庚寅

その月干支の期間	12/7 20:29 ～ 12/31 23:59	11/8 3:35 ～ 12/7 20:28	10/9 0:19 ～ 11/8 3:34	9/8 8:34 ～ 10/9 0:18	8/8 5:33 ～ 9/8 8:33	7/7 19:42 ～ 8/8 5:32	6/6 9:27 ～ 7/7 19:41	5/6 5:23 ～ 6/6 9:26	4/5 12:12 ～ 5/6 5:22	3/6 7:30 ～ 4/5 12:11	2/4 13:33 ～ 3/6 7:29	1/6 1:55 ～ 2/4 13:32	1/1 0:00 ～ 1/6 1:54
月干支	庚子	己亥	戊戌	丁酉	丙申	乙未	甲午	癸巳	壬辰	辛卯	庚寅	己丑	戊子
外的環境の支配五行候補	◎ 水㋑ △ 金㋟ 木㋡	◎ 水㋑ 木㋠	◎ 土㋷ ○ 金㋟ △ 木㋡ 火㋖	金 木㋡	金 △ 木㋡ 水㋰	◎ 土㋑ △ 木㋺ 火㋠	◎ 火㋑ ◎ 土㋑ 木㋕	◎ 火㋑ ◎ 土㋑ △ 木㋡ 金㋰	◎ 木㋬ 水㋟	木 金㋟	木 △ 金㋟ 火㋒	◎ 水㋕ △ 木㋤ 火㋒ 金㋒	◎ 水㋑ △ 木㋤ 火㋒

	12月			11月			10月			9月			8月			7月			6月			5月			4月			3月			2月			1月			
	干支	タイプ	旬数	干支	タイプ	旬数	干支	タイプ	旬数	干支	タイプ	旬数	干支	タイプ	旬数	干支	タイプ	旬数	干支	タイプ	旬数	干支	タイプ	旬数	干支	タイプ	旬数	干支	タイプ	旬数	干支	タイプ	旬数	干支	タイプ	旬数	
1日	庚寅	直	3	庚申	直	6	己丑	人	3	己未	人	6	戊子	結	3	丁巳	結	6	丁亥	結	3	丙辰	人	6	丙戌	人	3	乙卯	直	6	丁亥	結	3	丙辰	人	6	1
2日	辛卯	直	3	辛酉	直	6	庚寅	直	3	庚申	直	6	己丑	人	3	戊午	結	6	戊子	結	3	丁巳	結	6	丁亥	結	3	丙辰	人	6	戊子	結	3	丁巳	結	6	2
3日	壬辰	人	3	壬戌	人	6	辛卯	直	3	辛酉	直	6	庚寅	直	3	己未	人	6	己丑	人	3	戊午	結	6	戊子	結	3	丁巳	結	6	己丑	人	3	戊午	結	6	3
4日	癸巳	結	3	癸亥	結	6	壬辰	人	3	壬戌	人	6	辛卯	直	3	庚申	直	6	庚寅	直	3	己未	人	6	己丑	人	3	戊午	結	6	庚寅	直	3	己未	人	6	4
5日	甲午	直	4	甲子	直	1	癸巳	結	3	癸亥	結	6	壬辰	人	3	辛酉	直	6	辛卯	直	3	庚申	直	6	庚寅	直	3	己未	人	6	辛卯	直	3	庚申	直	6	5
6日	乙未	人	4	乙丑	人	1	甲午	直	4	甲子	直	1	癸巳	結	3	壬戌	人	6	壬辰	人	3	辛酉	直	6	辛卯	直	3	庚申	直	6	壬辰	人	3	辛酉	直	6	6
7日	丙申	結	4	丙寅	結	1	乙未	人	4	乙丑	人	1	甲午	直	4	癸亥	結	6	癸巳	結	3	壬戌	人	6	壬辰	人	3	辛酉	直	6	癸巳	結	3	壬戌	人	6	7
8日	丁酉	結	4	丁卯	結	1	丙申	結	4	丙寅	結	1	乙未	人	4	甲子	直	1	甲午	直	4	癸亥	結	6	癸巳	結	3	壬戌	人	6	甲午	直	4	癸亥	結	6	8
9日	戊戌	人	4	戊辰	人	1	丁酉	結	4	丁卯	結	1	丙申	結	4	乙丑	人	1	乙未	人	4	甲子	直	1	甲午	直	4	癸亥	結	6	乙未	人	4	甲子	直	1	9
10日	己亥	結	4	己巳	結	1	戊戌	人	4	戊辰	人	1	丁酉	結	4	丙寅	結	1	丙申	結	4	乙丑	人	1	乙未	人	4	甲子	直	1	丙申	結	4	乙丑	人	1	10
11日	庚子	直	4	庚午	直	1	己亥	結	4	己巳	結	1	戊戌	人	4	丁卯	結	1	丁酉	結	4	丙寅	結	1	丙申	結	4	乙丑	人	1	丁酉	結	4	丙寅	結	1	11
12日	辛丑	人	4	辛未	人	1	庚子	直	4	庚午	直	1	己亥	結	4	戊辰	人	1	戊戌	人	4	丁卯	結	1	丁酉	結	4	丙寅	結	1	戊戌	人	4	丁卯	結	1	12
13日	壬寅	結	4	壬申	結	1	辛丑	人	4	辛未	人	1	庚子	直	4	己巳	結	1	己亥	結	4	戊辰	人	1	戊戌	人	4	丁卯	結	1	己亥	結	4	戊辰	人	1	13
14日	癸卯	結	4	癸酉	結	1	壬寅	結	4	壬申	結	1	辛丑	人	4	庚午	直	1	庚子	直	4	己巳	結	1	己亥	結	4	戊辰	人	1	庚子	直	4	己巳	結	1	14
15日	甲辰	人	5	甲戌	人	2	癸卯	結	4	癸酉	結	1	壬寅	結	4	辛未	人	1	辛丑	人	4	庚午	直	1	庚子	直	4	己巳	結	1	辛丑	人	4	庚午	直	1	15
16日	乙巳	直	5	乙亥	直	2	甲辰	人	5	甲戌	人	2	癸卯	結	4	壬申	結	1	壬寅	結	4	辛未	人	1	辛丑	人	4	庚午	直	1	壬寅	結	4	辛未	人	1	16
17日	丙午	結	5	丙子	結	2	乙巳	直	5	乙亥	直	2	甲辰	人	5	癸酉	結	1	癸卯	結	4	壬申	結	1	壬寅	結	4	辛未	人	1	癸卯	結	4	壬申	結	1	17
18日	丁未	人	5	丁丑	人	2	丙午	結	5	丙子	結	2	乙巳	直	5	甲戌	人	2	甲辰	人	5	癸酉	結	1	癸卯	結	4	壬申	結	1	甲辰	人	5	癸酉	結	1	18
19日	戊申	結	5	戊寅	結	2	丁未	人	5	丁丑	人	2	丙午	結	5	乙亥	直	2	乙巳	直	5	甲戌	人	2	甲辰	人	5	癸酉	結	1	乙巳	直	5	甲戌	人	2	19
20日	己酉	結	5	己卯	結	2	戊申	結	5	戊寅	結	2	丁未	人	5	丙子	結	2	丙午	結	5	乙亥	直	2	乙巳	直	5	甲戌	人	2	丙午	結	5	乙亥	直	2	20
21日	庚戌	人	5	庚辰	人	2	己酉	結	5	己卯	結	2	戊申	結	5	丁丑	人	2	丁未	人	5	丙子	結	2	丙午	結	5	乙亥	直	2	丁未	人	5	丙子	結	2	21
22日	辛亥	直	5	辛巳	直	2	庚戌	人	5	庚辰	人	2	己酉	結	5	戊寅	結	2	戊申	結	5	丁丑	人	2	丁未	人	5	丙子	結	2	戊申	結	5	丁丑	人	2	22
23日	壬子	結	5	壬午	結	2	辛亥	直	5	辛巳	直	2	庚戌	人	5	己卯	結	2	己酉	結	5	戊寅	結	2	戊申	結	5	丁丑	人	2	己酉	結	5	戊寅	結	2	23
24日	癸丑	人	5	癸未	人	2	壬子	結	5	壬午	結	2	辛亥	直	5	庚辰	人	2	庚戌	人	5	己卯	結	2	己酉	結	5	戊寅	結	2	庚戌	人	5	己卯	結	2	24
25日	甲寅	直	6	甲申	直	3	癸丑	人	5	癸未	人	2	壬子	結	5	辛巳	直	2	辛亥	直	5	庚辰	人	2	庚戌	人	5	己卯	結	2	辛亥	直	5	庚辰	人	2	25
26日	乙卯	直	6	乙酉	直	3	甲寅	直	6	甲申	直	3	癸丑	人	5	壬午	結	2	壬子	結	5	辛巳	直	2	辛亥	直	5	庚辰	人	2	壬子	結	5	辛巳	直	2	26
27日	丙辰	人	6	丙戌	人	3	乙卯	直	6	乙酉	直	3	甲寅	直	6	癸未	人	2	癸丑	人	5	壬午	結	2	壬子	結	5	辛巳	直	2	癸丑	人	5	壬午	結	2	27
28日	丁巳	結	6	丁亥	結	3	丙辰	人	6	丙戌	人	3	乙卯	直	6	甲申	直	3	甲寅	直	6	癸未	人	2	癸丑	人	5	壬午	結	2	甲寅	直	6	癸未	人	2	28
29日	戊午	結	6	戊子	結	3	丁巳	結	6	丁亥	結	3	丙辰	人	6	乙酉	直	3	乙卯	直	6	甲申	直	3	甲寅	直	6	癸未	人	2				甲申	直	3	29
30日	己未	人	6	己丑	人	3	戊午	結	6	戊子	結	3	丁巳	結	6	丙戌	人	3	丙辰	人	6	乙酉	直	3	乙卯	直	6	甲申	直	3				乙酉	直	3	30
31日	庚申	直	6				己未	人	6				戊午	結	6	丁亥	結	3				丙戌	人	3				乙酉	直	3				丙戌	人	3	31

以下のサイトに、生年月日時を入力するだけ「人物フォーマット」が、算出できます。

https://asano-uranai.com/fpd/entrance.php

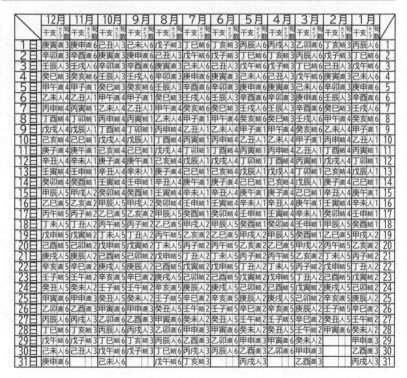

２０１２年（平成２４年）

その年干支の期間	2/4 19:21 ～ 12/31 23:59	1/1 0:00 ～2/4 19:20
年干支	壬辰	辛卯

その月干支の期間	12/7 2:19 〜 12/31 23:59	11/7 9:26 〜 12/7 2:18	10/8 6:12 〜 11/7 9:25	9/7 14:29 〜 10/8 6:11	8/7 11:31 〜 9/7 14:28	7/7 1:41 〜 8/7 11:30	6/5 15:26 〜 7/7 1:40	5/5 11:20 〜 6/5 15:25	4/4 18:06 〜 5/5 11:19	3/5 13:21 〜 4/4 18:05	2/4 19:22 〜 3/5 13:20	1/6 7:44 〜 2/4 19:21	1/1 0:00 〜 1/6 7:43
月干支	壬子	辛亥	庚戌	己酉	戊申	丁未	丙午	乙巳	甲辰	癸卯	壬寅	辛丑	庚子
外的環境の支配五行候補	水 木㋧	水 △ 木㋶ 金㋰	◎ 土㋷ ○ 金㋟ ○ 水㋟ △ 木㋒ 火㋖	◎ 土㋺ ○ 金㋬ △ 水㋟ 木㋧	◎ 金㋑ ○ 水㋣ △ 土㋷ 木㋒	土 ○ 火㋑ △ 水㋟ 木㋰	火 ○ 土㋑ △ 水㋟ 木㋒	◎ 火㋑ ◎ 土㋑ ○ 木㋵ △ 水㋟ 金㋳	◎ 木㋩ ○ 土㋷ △ 水㋟ 金㋤	木 水㋟	木 △ 水㋟ 火㋒	◎ 水㋕ △ 金㋟ 木㋡	◎ 水㋑ △ 金㋟ 木㋡

	12月			11月			10月			9月			8月			7月			6月			5月			4月			3月			2月			1月			
	干支	タイプ	旬数	干支	タイプ	旬数	干支	タイプ	旬数	干支	タイプ	旬数	干支	タイプ	旬数	干支	タイプ	旬数	干支	タイプ	旬数	干支	タイプ	旬数	干支	タイプ	旬数	干支	タイプ	旬数	干支	タイプ	旬数	干支	タイプ	旬数	
1日	丙申	結	4	丙寅	結	1	乙未	人	4	乙丑	人	1	甲午	直	4	癸亥	結	6	癸巳	結	3	壬戌	人	6	壬辰	人	3	辛酉	直	6	壬辰	人	3	辛酉	直	6	1
2日	丁酉	結	4	丁卯	結	1	丙申	結	4	丙寅	結	1	乙未	人	4	甲子	直	1	甲午	直	4	癸亥	結	6	癸巳	結	3	壬戌	人	6	癸巳	結	3	壬戌	人	6	2
3日	戊戌	人	4	戊辰	人	1	丁酉	結	4	丁卯	結	1	丙申	結	4	乙丑	人	1	乙未	人	4	甲子	直	1	甲午	直	4	癸亥	結	6	甲午	直	4	癸亥	結	6	3
4日	己亥	結	4	己巳	結	1	戊戌	人	4	戊辰	人	1	丁酉	結	4	丙寅	結	1	丙申	結	4	乙丑	人	1	乙未	人	4	甲子	直	1	乙未	人	4	甲子	直	1	4
5日	庚子	直	4	庚午	直	1	己亥	結	4	己巳	結	1	戊戌	人	4	丁卯	結	1	丁酉	結	4	丙寅	結	1	丙申	結	4	乙丑	人	1	丙申	結	4	乙丑	人	1	5
6日	辛丑	人	4	辛未	人	1	庚子	直	4	庚午	直	1	己亥	結	4	戊辰	人	1	戊戌	人	4	丁卯	結	1	丁酉	結	4	丙寅	結	1	丁酉	結	4	丙寅	結	1	6
7日	壬寅	結	4	壬申	結	1	辛丑	人	4	辛未	人	1	庚子	直	4	己巳	結	1	己亥	結	4	戊辰	人	1	戊戌	人	4	丁卯	結	1	戊戌	人	4	丁卯	結	1	7
8日	癸卯	結	4	癸酉	結	1	壬寅	結	4	壬申	結	1	辛丑	人	4	庚午	直	1	庚子	直	4	己巳	結	1	己亥	結	4	戊辰	人	1	己亥	結	4	戊辰	人	1	8
9日	甲辰	人	5	甲戌	人	2	癸卯	結	4	癸酉	結	1	壬寅	結	4	辛未	人	1	辛丑	人	4	庚午	直	1	庚子	直	4	己巳	結	1	庚子	直	4	己巳	結	1	9
10日	乙巳	直	5	乙亥	直	2	甲辰	人	5	甲戌	人	2	癸卯	結	4	壬申	結	1	壬寅	結	4	辛未	人	1	辛丑	人	4	庚午	直	1	辛丑	人	4	庚午	直	1	10
11日	丙午	結	5	丙子	結	2	乙巳	直	5	乙亥	直	2	甲辰	人	5	癸酉	結	1	癸卯	結	4	壬申	結	1	壬寅	結	4	辛未	人	1	壬寅	結	4	辛未	人	1	11
12日	丁未	人	5	丁丑	人	2	丙午	結	5	丙子	結	2	乙巳	直	5	甲戌	人	2	甲辰	人	5	癸酉	結	1	癸卯	結	4	壬申	結	1	癸卯	結	4	壬申	結	1	12
13日	戊申	結	5	戊寅	結	2	丁未	人	5	丁丑	人	2	丙午	結	5	乙亥	直	2	乙巳	直	5	甲戌	人	2	甲辰	人	5	癸酉	結	1	甲辰	人	5	癸酉	結	1	13
14日	己酉	結	5	己卯	結	2	戊申	結	5	戊寅	結	2	丁未	人	5	丙子	結	2	丙午	結	5	乙亥	直	2	乙巳	直	5	甲戌	人	2	乙巳	直	5	甲戌	人	2	14
15日	庚戌	人	5	庚辰	人	2	己酉	結	5	己卯	結	2	戊申	結	5	丁丑	人	2	丁未	人	5	丙子	結	2	丙午	結	5	乙亥	直	2	丙午	結	5	乙亥	直	2	15
16日	辛亥	直	5	辛巳	直	2	庚戌	人	5	庚辰	人	2	己酉	結	5	戊寅	結	2	戊申	結	5	丁丑	人	2	丁未	人	5	丙子	結	2	丁未	人	5	丙子	結	2	16
17日	壬子	結	5	壬午	結	2	辛亥	直	5	辛巳	直	2	庚戌	人	5	己卯	結	2	己酉	結	5	戊寅	結	2	戊申	結	5	丁丑	人	2	戊申	結	5	丁丑	人	2	17
18日	癸丑	人	5	癸未	人	2	壬子	結	5	壬午	結	2	辛亥	直	5	庚辰	人	2	庚戌	人	5	己卯	結	2	己酉	結	5	戊寅	結	2	己酉	結	5	戊寅	結	2	18
19日	甲寅	直	6	甲申	直	3	癸丑	人	5	癸未	人	2	壬子	結	5	辛巳	直	2	辛亥	直	5	庚辰	人	2	庚戌	人	5	己卯	結	2	庚戌	人	5	己卯	結	2	19
20日	乙卯	直	6	乙酉	直	3	甲寅	直	6	甲申	直	3	癸丑	人	5	壬午	結	2	壬子	結	5	辛巳	直	2	辛亥	直	5	庚辰	人	2	辛亥	直	5	庚辰	人	2	20
21日	丙辰	人	6	丙戌	人	3	乙卯	直	6	乙酉	直	3	甲寅	直	6	癸未	人	2	癸丑	人	5	壬午	結	2	壬子	結	5	辛巳	直	2	壬子	結	5	辛巳	直	2	21
22日	丁巳	結	6	丁亥	結	3	丙辰	人	6	丙戌	人	3	乙卯	直	6	甲申	直	3	甲寅	直	6	癸未	人	2	癸丑	人	5	壬午	結	2	癸丑	人	5	壬午	結	2	22
23日	戊午	結	6	戊子	結	3	丁巳	結	6	丁亥	結	3	丙辰	人	6	乙酉	直	3	乙卯	直	6	甲申	直	3	甲寅	直	6	癸未	人	2	甲寅	直	6	癸未	人	2	23
24日	己未	人	6	己丑	人	3	戊午	結	6	戊子	結	3	丁巳	結	6	丙戌	人	3	丙辰	人	6	乙酉	直	3	乙卯	直	6	甲申	直	3	乙卯	直	6	甲申	直	3	24
25日	庚申	直	6	庚寅	直	3	己未	人	6	己丑	人	3	戊午	結	6	丁亥	結	3	丁巳	結	6	丙戌	人	3	丙辰	人	6	乙酉	直	3	丙辰	人	6	乙酉	直	3	25
26日	辛酉	直	6	辛卯	直	3	庚申	直	6	庚寅	直	3	己未	人	6	戊子	結	3	戊午	結	6	丁亥	結	3	丁巳	結	6	丙戌	人	3	丁巳	結	6	丙戌	人	3	26
27日	壬戌	人	6	壬辰	人	3	辛酉	直	6	辛卯	直	3	庚申	直	6	己丑	人	3	己未	人	6	戊子	結	3	戊午	結	6	丁亥	結	3	戊午	結	6	丁亥	結	3	27
28日	癸亥	結	6	癸巳	結	3	壬戌	人	6	壬辰	人	3	辛酉	直	6	庚寅	直	3	庚申	直	6	己丑	人	3	己未	人	6	戊子	結	3	己未	人	6	戊子	結	3	28
29日	甲子	直	1	甲午	直	4	癸亥	結	6	癸巳	結	3	壬戌	人	6	辛卯	直	3	辛酉	直	6	庚寅	直	3	庚申	直	6	己丑	人	3	庚申	直	6	己丑	人	3	29
30日	乙丑	人	1	乙未	人	4	甲子	直	1	甲午	直	4	癸亥	結	6	壬辰	人	3	壬戌	人	6	辛卯	直	3	辛酉	直	6	庚寅	直	3				庚寅	直	3	30
31日	丙寅	結	1				乙丑	人	1				甲子	直	1	癸巳	結	3				壬辰	人	3				辛卯	直	3				辛卯	直	3	31

以下のサイトに、生年月日時を入力するだけ「人物フォーマット」が、算出できます。

https://asano-uranai.com/fpd/entrance.php

２０１３年（平成２５年）

その年干支の期間	2/4 1:15 ～ 12/31 23:59	1/1 0:00 ～2/4 1:14
年干支	癸巳	壬辰

その月干支の期間	12/7 8:09 ~ 12/31 23:59	11/7 15:14 ~ 12/7 8:08	10/8 11:58 ~ 11/7 15:13	9/7 20:16 ~ 10/8 11:57	8/7 17:20 ~ 9/7 20:15	7/7 7:35 ~ 8/7 17:19	6/5 21:23 ~ 7/7 7:34	5/5 17:18 ~ 6/5 21:22	4/5 0:02 ~ 5/5 17:17	3/5 19:15 ~ 4/5 0:01	2/4 1:13 ~ 3/5 19:14	1/5 13:34 ~ 2/4 1:12	1/1 0:00 ~ 1/5 13:33
月干支	甲子	癸亥	壬戌	辛酉	庚申	己未	戊午	丁巳	丙辰	乙卯	甲寅	癸丑	壬子
外的環境の支配五行候補	水 ○ 土㋦ △ 火㋰ 金㋳	水 ○ 土㋦ △ 木㋶ □ 火㋰ 金㋳	◎ 土㋑ ○ 火㋵ △ 水㋞ 金㋧	金 △ 土㋦ 火㋰	金 △ 土㋦ □ 水㋵ 火㋰	火・土 △ 木㋰ 金㋳	火・土 金㋳	火 ○ 土㋑ 金㋳	◎ 土㋥ ○ 火㋬ △ 木㋦ □ 水㋟ 金㋳	木 ○ 土㋦ △ 火㋰ 金㋳	木 ○ 土㋾ △ 火㋟ 金㋳	◎ 水㋑ ○ 土㋻ △ 金㋤ 木㋒	水 木㋧

	12月			11月			10月			9月			8月			7月			6月			5月			4月			3月			2月			1月			
	干支	タイプ	旬数	干支	タイプ	旬数	干支	タイプ	旬数	干支	タイプ	旬数	干支	タイプ	旬数	干支	タイプ	旬数	干支	タイプ	旬数	干支	タイプ	旬数	干支	タイプ	旬数	干支	タイプ	旬数	干支	タイプ	旬数	干支	タイプ	旬数	
1日	辛丑	人	4	辛未	人	1	庚子	直	4	庚午	直	1	己亥	結	4	戊辰	人	1	戊戌	人	4	丁卯	結	1	丁酉	結	4	丙寅	結	1	戊戌	人	4	丁卯	結	1	1
2日	壬寅	結	4	壬申	結	1	辛丑	人	4	辛未	人	1	庚子	直	4	己巳	結	1	己亥	結	4	戊辰	人	1	戊戌	人	4	丁卯	結	1	己亥	結	4	戊辰	人	1	2
3日	癸卯	結	4	癸酉	結	1	壬寅	結	4	壬申	結	1	辛丑	人	4	庚午	直	1	庚子	直	4	己巳	結	1	己亥	結	4	戊辰	人	1	庚子	直	4	己巳	結	1	3
4日	甲辰	人	5	甲戌	人	2	癸卯	結	4	癸酉	結	1	壬寅	結	4	辛未	人	1	辛丑	人	4	庚午	直	1	庚子	直	4	己巳	結	1	辛丑	人	4	庚午	直	1	4
5日	乙巳	直	5	乙亥	直	2	甲辰	人	5	甲戌	人	2	癸卯	結	4	壬申	結	1	壬寅	結	4	辛未	人	1	辛丑	人	4	庚午	直	1	壬寅	結	4	辛未	人	1	5
6日	丙午	結	5	丙子	結	2	乙巳	直	5	乙亥	直	2	甲辰	人	5	癸酉	結	1	癸卯	結	4	壬申	結	1	壬寅	結	4	辛未	人	1	癸卯	結	4	壬申	結	1	6
7日	丁未	人	5	丁丑	人	2	丙午	結	5	丙子	結	2	乙巳	直	5	甲戌	人	2	甲辰	人	5	癸酉	結	1	癸卯	結	4	壬申	結	1	甲辰	人	5	癸酉	結	1	7
8日	戊申	結	5	戊寅	結	2	丁未	人	5	丁丑	人	2	丙午	結	5	乙亥	直	2	乙巳	直	5	甲戌	人	2	甲辰	人	5	癸酉	結	1	乙巳	直	5	甲戌	人	2	8
9日	己酉	結	5	己卯	結	2	戊申	結	5	戊寅	結	2	丁未	人	5	丙子	結	2	丙午	結	5	乙亥	直	2	乙巳	直	5	甲戌	人	2	丙午	結	5	乙亥	直	2	9
10日	庚戌	人	5	庚辰	人	2	己酉	結	5	己卯	結	2	戊申	結	5	丁丑	人	2	丁未	人	5	丙子	結	2	丙午	結	5	乙亥	直	2	丁未	人	5	丙子	結	2	10
11日	辛亥	直	5	辛巳	直	2	庚戌	人	5	庚辰	人	2	己酉	結	5	戊寅	結	2	戊申	結	5	丁丑	人	2	丁未	人	5	丙子	結	2	戊申	結	5	丁丑	人	2	11
12日	壬子	結	5	壬午	結	2	辛亥	直	5	辛巳	直	2	庚戌	人	5	己卯	結	2	己酉	結	5	戊寅	結	2	戊申	結	5	丁丑	人	2	己酉	結	5	戊寅	結	2	12
13日	癸丑	人	5	癸未	人	2	壬子	結	5	壬午	結	2	辛亥	直	5	庚辰	人	2	庚戌	人	5	己卯	結	2	己酉	結	5	戊寅	結	2	庚戌	人	5	己卯	結	2	13
14日	甲寅	直	6	甲申	直	3	癸丑	人	5	癸未	人	2	壬子	結	5	辛巳	直	2	辛亥	直	5	庚辰	人	2	庚戌	人	5	己卯	結	2	辛亥	直	5	庚辰	人	2	14
15日	乙卯	直	6	乙酉	直	3	甲寅	直	6	甲申	直	3	癸丑	人	5	壬午	結	2	壬子	結	5	辛巳	直	2	辛亥	直	5	庚辰	人	2	壬子	結	5	辛巳	直	2	15
16日	丙辰	人	6	丙戌	人	3	乙卯	直	6	乙酉	直	3	甲寅	直	6	癸未	人	2	癸丑	人	5	壬午	結	2	壬子	結	5	辛巳	直	2	癸丑	人	5	壬午	結	2	16
17日	丁巳	結	6	丁亥	結	3	丙辰	人	6	丙戌	人	3	乙卯	直	6	甲申	直	3	甲寅	直	6	癸未	人	2	癸丑	人	5	壬午	結	2	甲寅	直	6	癸未	人	2	17
18日	戊午	結	6	戊子	結	3	丁巳	結	6	丁亥	結	3	丙辰	人	6	乙酉	直	3	乙卯	直	6	甲申	直	3	甲寅	直	6	癸未	人	2	乙卯	直	6	甲申	直	3	18
19日	己未	人	6	己丑	人	3	戊午	結	6	戊子	結	3	丁巳	結	6	丙戌	人	3	丙辰	人	6	乙酉	直	3	乙卯	直	6	甲申	直	3	丙辰	人	6	乙酉	直	3	19
20日	庚申	直	6	庚寅	直	3	己未	人	6	己丑	人	3	戊午	結	6	丁亥	結	3	丁巳	結	6	丙戌	人	3	丙辰	人	6	乙酉	直	3	丁巳	結	6	丙戌	人	3	20
21日	辛酉	直	6	辛卯	直	3	庚申	直	6	庚寅	直	3	己未	人	6	戊子	結	3	戊午	結	6	丁亥	結	3	丁巳	結	6	丙戌	人	3	戊午	結	6	丁亥	結	3	21
22日	壬戌	人	6	壬辰	人	3	辛酉	直	6	辛卯	直	3	庚申	直	6	己丑	人	3	己未	人	6	戊子	結	3	戊午	結	6	丁亥	結	3	己未	人	6	戊子	結	3	22
23日	癸亥	結	6	癸巳	結	3	壬戌	人	6	壬辰	人	3	辛酉	直	6	庚寅	直	3	庚申	直	6	己丑	人	3	己未	人	6	戊子	結	3	庚申	直	6	己丑	人	3	23
24日	甲子	直	1	甲午	直	4	癸亥	結	6	癸巳	結	3	壬戌	人	6	辛卯	直	3	辛酉	直	6	庚寅	直	3	庚申	直	6	己丑	人	3	辛酉	直	6	庚寅	直	3	24
25日	乙丑	人	1	乙未	人	4	甲子	直	1	甲午	直	4	癸亥	結	6	壬辰	人	3	壬戌	人	6	辛卯	直	3	辛酉	直	6	庚寅	直	3	壬戌	人	6	辛卯	直	3	25
26日	丙寅	結	1	丙申	結	4	乙丑	人	1	乙未	人	4	甲子	直	1	癸巳	結	3	癸亥	結	6	壬辰	人	3	壬戌	人	6	辛卯	直	3	癸亥	結	6	壬辰	人	3	26
27日	丁卯	結	1	丁酉	結	4	丙寅	結	1	丙申	結	4	乙丑	人	1	甲午	直	4	甲子	直	1	癸巳	結	3	癸亥	結	6	壬辰	人	3	甲子	直	1	癸巳	結	3	27
28日	戊辰	人	1	戊戌	人	4	丁卯	結	1	丁酉	結	4	丙寅	結	1	乙未	人	4	乙丑	人	1	甲午	直	4	甲子	直	1	癸巳	結	3	乙丑	人	1	甲午	直	4	28
29日	己巳	結	1	己亥	結	4	戊辰	人	1	戊戌	人	4	丁卯	結	1	丙申	結	4	丙寅	結	1	乙未	人	4	乙丑	人	1	甲午	直	4				乙未	人	4	29
30日	庚午	直	1	庚子	直	4	己巳	結	1	己亥	結	4	戊辰	人	1	丁酉	結	4	丁卯	結	1	丙申	結	4	丙寅	結	1	乙未	人	4				丙申	結	4	30
31日	辛未	人	1				庚午	直	1				己巳	結	1	戊戌	人	4				丁酉	結	4				丙申	結	4				丁酉	結	4	31

以下のサイトに、生年月日時を入力するだけ「人物フォーマット」が、算出できます。

https://asano-uranai.com/fpd/entrance.php

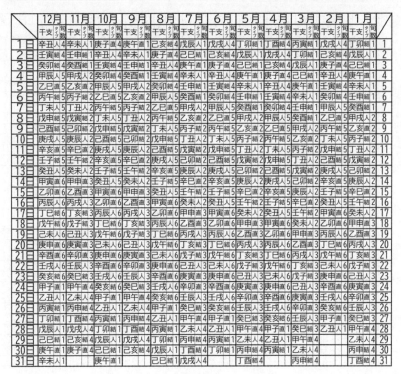

２０１４年（平成２６年）

その年干支の期間	2/4 7:12 ～ 12/31 23:59	1/1 0:00 ～2/4 7:11
年干支	甲午	癸巳

その月干支の期間	12/7 14:04 ～ 12/31 23:59	11/7 21:07 ～ 12/7 14:03	10/8 17:48 ～ 11/7 21:06	9/8 2:01 ～ 10/8 17:47	8/7 23:02 ～ 9/8 2:00	7/7 13:15 ～ 8/7 23:01	6/6 3:03 ～ 7/7 13:14	5/5 22:59 ～ 6/6 3:02	4/5 5:47 ～ 5/5 22:58	3/6 1:02 ～ 4/5 5:46	2/4 7:03 ～ 3/6 1:01	1/5 19:24 ～ 2/4 7:02	1/1 0:00 ～ 1/5 19:23
月干支	丙子	乙亥	甲戌	癸酉	壬申	辛未	庚午	己巳	戊辰	丁卯	丙寅	乙丑	甲子
外的環境の支配五行候補	◎ 土ヌ △ 水ワ 火ナ	◎ 水イ ○ 土ヌ △ 木ヨ 火ネ	◎ 土イ ○ 火ヲ △ 木ヨ 金ネ	◎ 金イ △ 土ヌ 火ネ	◎ 金イ ○ 土ヌ △ 水ヨ 火ネ	火 ○ 土イ 木ソ	火 ○ 土イ	火・土	土 ○ 木ハ △ 火ネ 水ウ	木 △ 火ヘ 土ヌ	木 △ 火ハ 土ヘ	◎ 水ニ ○ 土ト △ 金ヌ 火ム	水 ○ 土ヌ △ 火ム 金ヤ

	12月			11月			10月			9月			8月			7月			6月			5月			4月			3月			2月			1月			
	干支	タイプ	旬数	干支	タイプ	旬数	干支	タイプ	旬数	干支	タイプ	旬数	干支	タイプ	旬数	干支	タイプ	旬数	干支	タイプ	旬数	干支	タイプ	旬数	干支	タイプ	旬数	干支	タイプ	旬数	干支	タイプ	旬数	干支	タイプ	旬数	
1日	丙午	結	5	丙子	結	2	乙巳	直	5	乙亥	直	2	甲辰	人	5	癸酉	結	1	癸卯	結	4	壬申	結	1	壬寅	結	4	辛未	人	1	癸卯	結	4	壬申	結	1	1
2日	丁未	人	5	丁丑	人	2	丙午	結	5	丙子	結	2	乙巳	直	5	甲戌	人	2	甲辰	人	5	癸酉	結	1	癸卯	結	4	壬申	結	1	甲辰	人	5	癸酉	結	1	2
3日	戊申	結	5	戊寅	結	2	丁未	人	5	丁丑	人	2	丙午	結	5	乙亥	直	2	乙巳	直	5	甲戌	人	2	甲辰	人	5	癸酉	結	1	乙巳	直	5	甲戌	人	2	3
4日	己酉	結	5	己卯	結	2	戊申	結	5	戊寅	結	2	丁未	人	5	丙子	結	2	丙午	結	5	乙亥	直	2	乙巳	直	5	甲戌	人	2	丙午	結	5	乙亥	直	2	4
5日	庚戌	人	5	庚辰	人	2	己酉	結	5	己卯	結	2	戊申	結	5	丁丑	人	2	丁未	人	5	丙子	結	2	丙午	結	5	乙亥	直	2	丁未	人	5	丙子	結	2	5
6日	辛亥	直	5	辛巳	直	2	庚戌	人	5	庚辰	人	2	己酉	結	5	戊寅	結	2	戊申	結	5	丁丑	人	2	丁未	人	5	丙子	結	2	戊申	結	5	丁丑	人	2	6
7日	壬子	結	5	壬午	結	2	辛亥	直	5	辛巳	直	2	庚戌	人	5	己卯	結	2	己酉	結	5	戊寅	結	2	戊申	結	5	丁丑	人	2	己酉	結	5	戊寅	結	2	7
8日	癸丑	人	5	癸未	人	2	壬子	結	5	壬午	結	2	辛亥	直	5	庚辰	人	2	庚戌	人	5	己卯	結	2	己酉	結	5	戊寅	結	2	庚戌	人	5	己卯	結	2	8
9日	甲寅	直	6	甲申	直	3	癸丑	人	5	癸未	人	2	壬子	結	5	辛巳	直	2	辛亥	直	5	庚辰	人	2	庚戌	人	5	己卯	結	2	辛亥	直	5	庚辰	人	2	9
10日	乙卯	直	6	乙酉	直	3	甲寅	直	6	甲申	直	3	癸丑	人	5	壬午	結	2	壬子	結	5	辛巳	直	2	辛亥	直	5	庚辰	人	2	壬子	結	5	辛巳	直	2	10
11日	丙辰	人	6	丙戌	人	3	乙卯	直	6	乙酉	直	3	甲寅	直	6	癸未	人	2	癸丑	人	5	壬午	結	2	壬子	結	5	辛巳	直	2	癸丑	人	5	壬午	結	2	11
12日	丁巳	結	6	丁亥	結	3	丙辰	人	6	丙戌	人	3	乙卯	直	6	甲申	直	3	甲寅	直	6	癸未	人	2	癸丑	人	5	壬午	結	2	甲寅	直	6	癸未	人	2	12
13日	戊午	結	6	戊子	結	3	丁巳	結	6	丁亥	結	3	丙辰	人	6	乙酉	直	3	乙卯	直	6	甲申	直	3	甲寅	直	6	癸未	人	2	乙卯	直	6	甲申	直	3	13
14日	己未	人	6	己丑	人	3	戊午	結	6	戊子	結	3	丁巳	結	6	丙戌	人	3	丙辰	人	6	乙酉	直	3	乙卯	直	6	甲申	直	3	丙辰	人	6	乙酉	直	3	14
15日	庚申	直	6	庚寅	直	3	己未	人	6	己丑	人	3	戊午	結	6	丁亥	結	3	丁巳	結	6	丙戌	人	3	丙辰	人	6	乙酉	直	3	丁巳	結	6	丙戌	人	3	15
16日	辛酉	直	6	辛卯	直	3	庚申	直	6	庚寅	直	3	己未	人	6	戊子	結	3	戊午	結	6	丁亥	結	3	丁巳	結	6	丙戌	人	3	戊午	結	6	丁亥	結	3	16
17日	壬戌	人	6	壬辰	人	3	辛酉	直	6	辛卯	直	3	庚申	直	6	己丑	人	3	己未	人	6	戊子	結	3	戊午	結	6	丁亥	結	3	己未	人	6	戊子	結	3	17
18日	癸亥	結	6	癸巳	結	3	壬戌	人	6	壬辰	人	3	辛酉	直	6	庚寅	直	3	庚申	直	6	己丑	人	3	己未	人	6	戊子	結	3	庚申	直	6	己丑	人	3	18
19日	甲子	直	1	甲午	直	4	癸亥	結	6	癸巳	結	3	壬戌	人	6	辛卯	直	3	辛酉	直	6	庚寅	直	3	庚申	直	6	己丑	人	3	辛酉	直	6	庚寅	直	3	19
20日	乙丑	人	1	乙未	人	4	甲子	直	1	甲午	直	4	癸亥	結	6	壬辰	人	3	壬戌	人	6	辛卯	直	3	辛酉	直	6	庚寅	直	3	壬戌	人	6	辛卯	直	3	20
21日	丙寅	結	1	丙申	結	4	乙丑	人	1	乙未	人	4	甲子	直	1	癸巳	結	3	癸亥	結	6	壬辰	人	3	壬戌	人	6	辛卯	直	3	癸亥	結	6	壬辰	人	3	21
22日	丁卯	結	1	丁酉	結	4	丙寅	結	1	丙申	結	4	乙丑	人	1	甲午	直	4	甲子	直	1	癸巳	結	3	癸亥	結	6	壬辰	人	3	甲子	直	1	癸巳	結	3	22
23日	戊辰	人	1	戊戌	人	4	丁卯	結	1	丁酉	結	4	丙寅	結	1	乙未	人	4	乙丑	人	1	甲午	直	4	甲子	直	1	癸巳	結	3	乙丑	人	1	甲午	直	4	23
24日	己巳	結	1	己亥	結	4	戊辰	人	1	戊戌	人	4	丁卯	結	1	丙申	結	4	丙寅	結	1	乙未	人	4	乙丑	人	1	甲午	直	4	丙寅	結	1	乙未	人	4	24
25日	庚午	直	1	庚子	直	4	己巳	結	1	己亥	結	4	戊辰	人	1	丁酉	結	4	丁卯	結	1	丙申	結	4	丙寅	結	1	乙未	人	4	丁卯	結	1	丙申	結	4	25
26日	辛未	人	1	辛丑	人	4	庚午	直	1	庚子	直	4	己巳	結	1	戊戌	人	4	戊辰	人	1	丁酉	結	4	丁卯	結	1	丙申	結	4	戊辰	人	1	丁酉	結	4	26
27日	壬申	結	1	壬寅	結	4	辛未	人	1	辛丑	人	4	庚午	直	1	己亥	結	4	己巳	結	1	戊戌	人	4	戊辰	人	1	丁酉	結	4	己巳	結	1	戊戌	人	4	27
28日	癸酉	結	1	癸卯	結	4	壬申	結	1	壬寅	結	4	辛未	人	1	庚子	直	4	庚午	直	1	己亥	結	4	己巳	結	1	戊戌	人	4	庚午	直	1	己亥	結	4	28
29日	甲戌	人	2	甲辰	人	5	癸酉	結	1	癸卯	結	4	壬申	結	1	辛丑	人	4	辛未	人	1	庚子	直	4	庚午	直	1	己亥	結	4				庚子	直	4	29
30日	乙亥	直	2	乙巳	直	5	甲戌	人	2	甲辰	人	5	癸酉	結	1	壬寅	結	4	壬申	結	1	辛丑	人	4	辛未	人	1	庚子	直	4				辛丑	人	4	30
31日	丙子	結	2				乙亥	直	2				甲戌	人	2	癸卯	結	4				壬寅	結	4				辛丑	人	4				壬寅	結	4	31

以下のサイトに、生年月日時を入力するだけ「人物フォーマット」が、算出できます。

https://asano-uranai.com/fpd/entrance.php

2015年（平成27年）

その年干支の期間	2/4 13:05 〜 12/31 23:59	1/1 0:00 〜2/4 13:04
年干支	乙未	甲午

その月干支の期間	12/7 19:53 〜 12/31 23:59	11/8 2:59 〜 12/7 19:52	10/8 23:43 〜 11/8 2:58	9/8 8:00 〜 10/8 23:42	8/8 5:01 〜 9/8 7:59	7/7 19:12 〜 8/8 5:00	6/6 8:58 〜 7/7 19:11	5/6 4:53 〜 6/6 8:57	4/5 11:39 〜 5/6 4:52	3/6 6:56 〜 4/5 11:38	2/4 12:58 〜 3/6 6:55	1/6 1:21 〜 2/4 12:57	1/1 0:00 〜 1/6 1:20
月干支	戊子	丁亥	丙戌	乙酉	甲申	癸未	壬午	辛巳	庚辰	己卯	戊寅	丁丑	丙子
外的環境の支配五行候補	◎ 水㋑ ○ 土㋺ △ 火㋹ 木㋞	◎ 水㋑ ○ 火㋷ △ 土㋦ 木㋻	土 ○ 火㋷ △ 木㋞ 金㋧	◎ 金㋑ ○ 土㋦ △ 木㋵ 火㋹	◎ 金㋑ ○ 土㋦ △ 木㋵ □ 火㋹ 水㋰	土 △ 火㋠ 木㋞	火 ○ 土㋑ 木㋞	火 ○ 土㋑ 木㋞	◎ 木㋩ ○ 土㋥ △ 火㋹ □ 金㋶ 水㋒	木 △ 土㋺ 火㋶	木 △ 土㋺ 火㋦	◎ 土㋩ ○ 火㋬ △ 水㋕ 金㋮	◎ 土㋦ △ 水㋻ 火㋤

	12月			11月			10月			9月			8月			7月			6月			5月			4月			3月			2月			1月			
	干支	タイプ	旬数	干支	タイプ	旬数	干支	タイプ	旬数	干支	タイプ	旬数	干支	タイプ	旬数	干支	タイプ	旬数	干支	タイプ	旬数	干支	タイプ	旬数	干支	タイプ	旬数	干支	タイプ	旬数	干支	タイプ	旬数	干支	タイプ	旬数	
1日	辛亥	直	5	辛巳	直	2	庚戌	人	5	庚辰	人	2	己酉	結	5	戊寅	結	2	戊申	結	5	丁丑	人	2	丁未	人	5	丙子	結	2	戊申	結	5	丁丑	人	2	1
2日	壬子	結	5	壬午	結	2	辛亥	直	5	辛巳	直	2	庚戌	人	5	己卯	結	2	己酉	結	5	戊寅	結	2	戊申	結	5	丁丑	人	2	己酉	結	5	戊寅	結	2	2
3日	癸丑	人	5	癸未	人	2	壬子	結	5	壬午	結	2	辛亥	直	5	庚辰	人	2	庚戌	人	5	己卯	結	2	己酉	結	5	戊寅	結	2	庚戌	人	5	己卯	結	2	3
4日	甲寅	直	6	甲申	直	3	癸丑	人	5	癸未	人	2	壬子	結	5	辛巳	直	2	辛亥	直	5	庚辰	人	2	庚戌	人	5	己卯	結	2	辛亥	直	5	庚辰	人	2	4
5日	乙卯	直	6	乙酉	直	3	甲寅	直	6	甲申	直	3	癸丑	人	5	壬午	結	2	壬子	結	5	辛巳	直	2	辛亥	直	5	庚辰	人	2	壬子	結	5	辛巳	直	2	5
6日	丙辰	人	6	丙戌	人	3	乙卯	直	6	乙酉	直	3	甲寅	直	6	癸未	人	2	癸丑	人	5	壬午	結	2	壬子	結	5	辛巳	直	2	癸丑	人	5	壬午	結	2	6
7日	丁巳	結	6	丁亥	結	3	丙辰	人	6	丙戌	人	3	乙卯	直	6	甲申	直	3	甲寅	直	6	癸未	人	2	癸丑	人	5	壬午	結	2	甲寅	直	6	癸未	人	2	7
8日	戊午	結	6	戊子	結	3	丁巳	結	6	丁亥	結	3	丙辰	人	6	乙酉	直	3	乙卯	直	6	甲申	直	3	甲寅	直	6	癸未	人	2	乙卯	直	6	甲申	直	3	8
9日	己未	人	6	己丑	人	3	戊午	結	6	戊子	結	3	丁巳	結	6	丙戌	人	3	丙辰	人	6	乙酉	直	3	乙卯	直	6	甲申	直	3	丙辰	人	6	乙酉	直	3	9
10日	庚申	直	6	庚寅	直	3	己未	人	6	己丑	人	3	戊午	結	6	丁亥	結	3	丁巳	結	6	丙戌	人	3	丙辰	人	6	乙酉	直	3	丁巳	結	6	丙戌	人	3	10
11日	辛酉	直	6	辛卯	直	3	庚申	直	6	庚寅	直	3	己未	人	6	戊子	結	3	戊午	結	6	丁亥	結	3	丁巳	結	6	丙戌	人	3	戊午	結	6	丁亥	結	3	11
12日	壬戌	人	6	壬辰	人	3	辛酉	直	6	辛卯	直	3	庚申	直	6	己丑	人	3	己未	人	6	戊子	結	3	戊午	結	6	丁亥	結	3	己未	人	6	戊子	結	3	12
13日	癸亥	結	6	癸巳	結	3	壬戌	人	6	壬辰	人	3	辛酉	直	6	庚寅	直	3	庚申	直	6	己丑	人	3	己未	人	6	戊子	結	3	庚申	直	6	己丑	人	3	13
14日	甲子	直	1	甲午	直	4	癸亥	結	6	癸巳	結	3	壬戌	人	6	辛卯	直	3	辛酉	直	6	庚寅	直	3	庚申	直	6	己丑	人	3	辛酉	直	6	庚寅	直	3	14
15日	乙丑	人	1	乙未	人	4	甲子	直	1	甲午	直	4	癸亥	結	6	壬辰	人	3	壬戌	人	6	辛卯	直	3	辛酉	直	6	庚寅	直	3	壬戌	人	6	辛卯	直	3	15
16日	丙寅	結	1	丙申	結	4	乙丑	人	1	乙未	人	4	甲子	直	1	癸巳	結	3	癸亥	結	6	壬辰	人	3	壬戌	人	6	辛卯	直	3	癸亥	結	6	壬辰	人	3	16
17日	丁卯	結	1	丁酉	結	4	丙寅	結	1	丙申	結	4	乙丑	人	1	甲午	直	4	甲子	直	1	癸巳	結	3	癸亥	結	6	壬辰	人	3	甲子	直	1	癸巳	結	3	17
18日	戊辰	人	1	戊戌	人	4	丁卯	結	1	丁酉	結	4	丙寅	結	1	乙未	人	4	乙丑	人	1	甲午	直	4	甲子	直	1	癸巳	結	3	乙丑	人	1	甲午	直	4	18
19日	己巳	結	1	己亥	結	4	戊辰	人	1	戊戌	人	4	丁卯	結	1	丙申	結	4	丙寅	結	1	乙未	人	4	乙丑	人	1	甲午	直	4	丙寅	結	1	乙未	人	4	19
20日	庚午	直	1	庚子	直	4	己巳	結	1	己亥	結	4	戊辰	人	1	丁酉	結	4	丁卯	結	1	丙申	結	4	丙寅	結	1	乙未	人	4	丁卯	結	1	丙申	結	4	20
21日	辛未	人	1	辛丑	人	4	庚午	直	1	庚子	直	4	己巳	結	1	戊戌	人	4	戊辰	人	1	丁酉	結	4	丁卯	結	1	丙申	結	4	戊辰	人	1	丁酉	結	4	21
22日	壬申	結	1	壬寅	結	4	辛未	人	1	辛丑	人	4	庚午	直	1	己亥	結	4	己巳	結	1	戊戌	人	4	戊辰	人	1	丁酉	結	4	己巳	結	1	戊戌	人	4	22
23日	癸酉	結	1	癸卯	結	4	壬申	結	1	壬寅	結	4	辛未	人	1	庚子	直	4	庚午	直	1	己亥	結	4	己巳	結	1	戊戌	人	4	庚午	直	1	己亥	結	4	23
24日	甲戌	人	2	甲辰	人	5	癸酉	結	1	癸卯	結	4	壬申	結	1	辛丑	人	4	辛未	人	1	庚子	直	4	庚午	直	1	己亥	結	4	辛未	人	1	庚子	直	4	24
25日	乙亥	直	2	乙巳	直	5	甲戌	人	2	甲辰	人	5	癸酉	結	1	壬寅	結	4	壬申	結	1	辛丑	人	4	辛未	人	1	庚子	直	4	壬申	結	1	辛丑	人	4	25
26日	丙子	結	2	丙午	結	5	乙亥	直	2	乙巳	直	5	甲戌	人	2	癸卯	結	4	癸酉	結	1	壬寅	結	4	壬申	結	1	辛丑	人	4	癸酉	結	1	壬寅	結	4	26
27日	丁丑	人	2	丁未	人	5	丙子	結	2	丙午	結	5	乙亥	直	2	甲辰	人	5	甲戌	人	2	癸卯	結	4	癸酉	結	1	壬寅	結	4	甲戌	人	2	癸卯	結	4	27
28日	戊寅	結	2	戊申	結	5	丁丑	人	2	丁未	人	5	丙子	結	2	乙巳	直	5	乙亥	直	2	甲辰	人	5	甲戌	人	2	癸卯	結	4	乙亥	直	2	甲辰	人	5	28
29日	己卯	結	2	己酉	結	5	戊寅	結	2	戊申	結	5	丁丑	人	2	丙午	結	5	丙子	結	2	乙巳	直	5	乙亥	直	2	甲辰	人	5				乙巳	直	5	29
30日	庚辰	人	2	庚戌	人	5	己卯	結	2	己酉	結	5	戊寅	結	2	丁未	人	5	丁丑	人	2	丙午	結	5	丙子	結	2	乙巳	直	5				丙午	結	5	30
31日	辛巳	直	2				庚辰	人	2				己卯	結	2	戊申	結	5				丁未	人	5				丙午	結	5				丁未	人	5	31

以下のサイトに、生年月日時を入力するだけ「人物フォーマット」が、算出できます。

https://asano-uranai.com/fpd/entrance.php

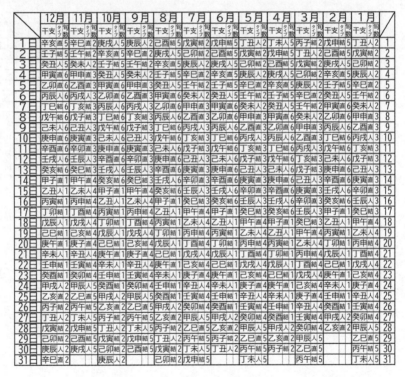

2016年（平成28年）

その年干支の期間	2/4 18:47 ～ 12/31 23:59	1/1 0:00 ～2/4 18:46
年干支	丙申	乙未

その月干支の期間	12/7 1:41 ～ 12/31 23:59	11/7 8:48 ～ 12/7 1:40	10/8 5:33 ～ 11/7 8:47	9/7 13:51 ～ 10/8 5:32	8/7 10:53 ～ 9/7 13:50	7/7 1:03 ～ 8/7 10:52	6/5 14:49 ～ 7/7 1:02	5/5 10:42 ～ 6/5 14:48	4/4 17:28 ～ 5/5 10:41	3/5 12:44 ～ 4/4 17:27	2/4 18:46 ～ 3/5 12:43	1/6 7:08 ～ 2/4 18:45	1/1 0:00 ～ 1/6 7:07
月干支	庚子	己亥	戊戌	丁酉	丙申	乙未	甲午	癸巳	壬辰	辛卯	庚寅	己丑	戊子
外的環境の支配五行候補	◎ 水㋑ 金㋸	◎ 水㋑ △ 木㋶ 金㋗	◎ 金㋩ ○ 土㋷ △ 火㋡ 水㋰	金 △ 火㋷ 水㋰	金 △ 火㋷ 水㋰	◎ 火㋑ ◎ 土㋑ ○ 木㋞ △ 水㋰ 金㋗	火 ○ 土㋑ △ 水㋰ 金㋗	火 ○ 土㋑ △ 水㋵ 金㋞	◎ 水㋣ △ 木㋦ 金㋗	◎ 木㋑ △ 金㋻ 水㋰	◎ 木㋷ ○ 火㋞ △ 水㋰ 金㋖	◎ 土㋩ ○ 水㋕ △ 火㋹ □ 木㋞ 金㋮	◎ 水㋑ ○ 土㋺ △ 火㋹ 木㋞

	12月			11月			10月			9月			8月			7月			6月			5月			4月			3月			2月			1月			
	干支	タイプ	旬数	干支	タイプ	旬数	干支	タイプ	旬数	干支	タイプ	旬数	干支	タイプ	旬数	干支	タイプ	旬数	干支	タイプ	旬数	干支	タイプ	旬数	干支	タイプ	旬数	干支	タイプ	旬数	干支	タイプ	旬数	干支	タイプ	旬数	
1日	丁巳	結	6	丁亥	結	3	丙辰	人	6	丙戌	人	3	乙卯	直	6	甲申	直	3	甲寅	直	6	癸未	人	2	癸丑	人	5	壬午	結	2	癸丑	人	5	壬午	結	2	1
2日	戊午	結	6	戊子	結	3	丁巳	結	6	丁亥	結	3	丙辰	人	6	乙酉	直	3	乙卯	直	6	甲申	直	3	甲寅	直	6	癸未	人	2	甲寅	直	6	癸未	人	2	2
3日	己未	人	6	己丑	人	3	戊午	結	6	戊子	結	3	丁巳	結	6	丙戌	人	3	丙辰	人	6	乙酉	直	3	乙卯	直	6	甲申	直	3	乙卯	直	6	甲申	直	3	3
4日	庚申	直	6	庚寅	直	3	己未	人	6	己丑	人	3	戊午	結	6	丁亥	結	3	丁巳	結	6	丙戌	人	3	丙辰	人	6	乙酉	直	3	丙辰	人	6	乙酉	直	3	4
5日	辛酉	直	6	辛卯	直	3	庚申	直	6	庚寅	直	3	己未	人	6	戊子	結	3	戊午	結	6	丁亥	結	3	丁巳	結	6	丙戌	人	3	丁巳	結	6	丙戌	人	3	5
6日	壬戌	人	6	壬辰	人	3	辛酉	直	6	辛卯	直	3	庚申	直	6	己丑	人	3	己未	人	6	戊子	結	3	戊午	結	6	丁亥	結	3	戊午	結	6	丁亥	結	3	6
7日	癸亥	結	6	癸巳	結	3	壬戌	人	6	壬辰	人	3	辛酉	直	6	庚寅	直	3	庚申	直	6	己丑	人	3	己未	人	6	戊子	結	3	己未	人	6	戊子	結	3	7
8日	甲子	直	1	甲午	直	4	癸亥	結	6	癸巳	結	3	壬戌	人	6	辛卯	直	3	辛酉	直	6	庚寅	直	3	庚申	直	6	己丑	人	3	庚申	直	6	己丑	人	3	8
9日	乙丑	人	1	乙未	人	4	甲子	直	1	甲午	直	4	癸亥	結	6	壬辰	人	3	壬戌	人	6	辛卯	直	3	辛酉	直	6	庚寅	直	3	辛酉	直	6	庚寅	直	3	9
10日	丙寅	結	1	丙申	結	4	乙丑	人	1	乙未	人	4	甲子	直	1	癸巳	結	3	癸亥	結	6	壬辰	人	3	壬戌	人	6	辛卯	直	3	壬戌	人	6	辛卯	直	3	10
11日	丁卯	結	1	丁酉	結	4	丙寅	結	1	丙申	結	4	乙丑	人	1	甲午	直	4	甲子	直	1	癸巳	結	3	癸亥	結	6	壬辰	人	3	癸亥	結	6	壬辰	人	3	11
12日	戊辰	人	1	戊戌	人	4	丁卯	結	1	丁酉	結	4	丙寅	結	1	乙未	人	4	乙丑	人	1	甲午	直	4	甲子	直	1	癸巳	結	3	甲子	直	1	癸巳	結	3	12
13日	己巳	結	1	己亥	結	4	戊辰	人	1	戊戌	人	4	丁卯	結	1	丙申	結	4	丙寅	結	1	乙未	人	4	乙丑	人	1	甲午	直	4	乙丑	人	1	甲午	直	4	13
14日	庚午	直	1	庚子	直	4	己巳	結	1	己亥	結	4	戊辰	人	1	丁酉	結	4	丁卯	結	1	丙申	結	4	丙寅	結	1	乙未	人	4	丙寅	結	1	乙未	人	4	14
15日	辛未	人	1	辛丑	人	4	庚午	直	1	庚子	直	4	己巳	結	1	戊戌	人	4	戊辰	人	1	丁酉	結	4	丁卯	結	1	丙申	結	4	丁卯	結	1	丙申	結	4	15
16日	壬申	結	1	壬寅	結	4	辛未	人	1	辛丑	人	4	庚午	直	1	己亥	結	4	己巳	結	1	戊戌	人	4	戊辰	人	1	丁酉	結	4	戊辰	人	1	丁酉	結	4	16
17日	癸酉	結	1	癸卯	結	4	壬申	結	1	壬寅	結	4	辛未	人	1	庚子	直	4	庚午	直	1	己亥	結	4	己巳	結	1	戊戌	人	4	己巳	結	1	戊戌	人	4	17
18日	甲戌	人	2	甲辰	人	5	癸酉	結	1	癸卯	結	4	壬申	結	1	辛丑	人	4	辛未	人	1	庚子	直	4	庚午	直	1	己亥	結	4	庚午	直	1	己亥	結	4	18
19日	乙亥	直	2	乙巳	直	5	甲戌	人	2	甲辰	人	5	癸酉	結	1	壬寅	結	4	壬申	結	1	辛丑	人	4	辛未	人	1	庚子	直	4	辛未	人	1	庚子	直	4	19
20日	丙子	結	2	丙午	結	5	乙亥	直	2	乙巳	直	5	甲戌	人	2	癸卯	結	4	癸酉	結	1	壬寅	結	4	壬申	結	1	辛丑	人	4	壬申	結	1	辛丑	人	4	20
21日	丁丑	人	2	丁未	人	5	丙子	結	2	丙午	結	5	乙亥	直	2	甲辰	人	5	甲戌	人	2	癸卯	結	4	癸酉	結	1	壬寅	結	4	癸酉	結	1	壬寅	結	4	21
22日	戊寅	結	2	戊申	結	5	丁丑	人	2	丁未	人	5	丙子	結	2	乙巳	直	5	乙亥	直	2	甲辰	人	5	甲戌	人	2	癸卯	結	4	甲戌	人	2	癸卯	結	4	22
23日	己卯	結	2	己酉	結	5	戊寅	結	2	戊申	結	5	丁丑	人	2	丙午	結	5	丙子	結	2	乙巳	直	5	乙亥	直	2	甲辰	人	5	乙亥	直	2	甲辰	人	5	23
24日	庚辰	人	2	庚戌	人	5	己卯	結	2	己酉	結	5	戊寅	結	2	丁未	人	5	丁丑	人	2	丙午	結	5	丙子	結	2	乙巳	直	5	丙子	結	2	乙巳	直	5	24
25日	辛巳	直	2	辛亥	直	5	庚辰	人	2	庚戌	人	5	己卯	結	2	戊申	結	5	戊寅	結	2	丁未	人	5	丁丑	人	2	丙午	結	5	丁丑	人	2	丙午	結	5	25
26日	壬午	結	2	壬子	結	5	辛巳	直	2	辛亥	直	5	庚辰	人	2	己酉	結	5	己卯	結	2	戊申	結	5	戊寅	結	2	丁未	人	5	戊寅	結	2	丁未	人	5	26
27日	癸未	人	2	癸丑	人	5	壬午	結	2	壬子	結	5	辛巳	直	2	庚戌	人	5	庚辰	人	2	己酉	結	5	己卯	結	2	戊申	結	5	己卯	結	2	戊申	結	5	27
28日	甲申	直	3	甲寅	直	6	癸未	人	2	癸丑	人	5	壬午	結	2	辛亥	直	5	辛巳	直	2	庚戌	人	5	庚辰	人	2	己酉	結	5	庚辰	人	2	己酉	結	5	28
29日	乙酉	直	3	乙卯	直	6	甲申	直	3	甲寅	直	6	癸未	人	2	壬子	結	5	壬午	結	2	辛亥	直	5	辛巳	直	2	庚戌	人	5	辛巳	直	2	庚戌	人	5	29
30日	丙戌	人	3	丙辰	人	6	乙酉	直	3	乙卯	直	6	甲申	直	3	癸丑	人	5	癸未	人	2	壬子	結	5	壬午	結	2	辛亥	直	5				辛亥	直	5	30
31日	丁亥	結	3				丙戌	人	3				乙酉	直	3	甲寅						癸丑	人	5				壬子	結	5				壬子	結	5	31

以下のサイトに、生年月日時を入力するだけ「人物フォーマット」が、算出できます。

https://asano-uranai.com/fpd/entrance.php

2017年（平成29年）

その年干支の期間	2/4 0:42 ～ 12/31 23:59	1/1 0:00 ～2/4 0:41
年干支	丁酉	丙申

その月干支の期間	12/7 7:33 ～ 12/31 23:59	11/7 14:38 ～ 12/7 7:32	10/8 11:22 ～ 11/7 14:37	9/7 19:39 ～ 10/8 11:21	8/7 16:40 ～ 9/7 19:38	7/7 6:51 ～ 8/7 16:39	6/5 20:37 ～ 7/7 6:50	5/5 16:31 ～ 6/5 20:36	4/4 23:17 ～ 5/5 16:30	3/5 18:33 ～ 4/4 23:16	2/4 0:34 ～ 3/5 18:32	1/5 12:56 ～ 2/4 0:33	1/1 0:00 ～ 1/5 12:55
月干支	壬子	辛亥	庚戌	己酉	戊申	丁未	丙午	乙巳	甲辰	癸卯	壬寅	辛丑	庚子
外的環境の支配五行候補	水 金ノ	◎ 水イ △ 金ワ 木ラ	金 △ 土ロ 火ツ	金	金 水ム	火 ○ 土イ △ 木ム 金ノ	火 ○ 土イ 金ノ	火 ○ 土イ 金リ	◎ 木ハ △ 金ホ 水ウ	◎ 木リ 金ノ	◎ 木イ △ 火ソ 金ノ	◎ 金ロ 水カ	◎ 水イ 金ル

	12月 干支	タイプ	旬数	11月 干支	タイプ	旬数	10月 干支	タイプ	旬数	9月 干支	タイプ	旬数	8月 干支	タイプ	旬数	7月 干支	タイプ	旬数
1日	壬戌	人	6	壬辰	人	3	辛酉	直	6	辛卯	直	3	庚申	直	6	己丑	人	3
2日	癸亥	結	6	癸巳	結	3	壬戌	人	6	壬辰	人	3	辛酉	直	6	庚寅	直	3
3日	甲子	直	1	甲午	直	4	癸亥	結	6	癸巳	結	3	壬戌	人	6	辛卯	直	3
4日	乙丑	人	1	乙未	人	4	甲子	直	1	甲午	直	4	癸亥	結	6	壬辰	人	3
5日	丙寅	結	1	丙申	結	4	乙丑	人	1	乙未	人	4	甲子	直	1	癸巳	結	3
6日	丁卯	結	1	丁酉	結	4	丙寅	結	1	丙申	結	4	乙丑	人	1	甲午	直	4
7日	戊辰	人	1	戊戌	人	4	丁卯	結	1	丁酉	結	4	丙寅	結	1	乙未	人	4
8日	己巳	結	1	己亥	結	4	戊辰	人	1	戊戌	人	4	丁卯	結	1	丙申	結	4
9日	庚午	直	1	庚子	直	4	己巳	結	1	己亥	結	4	戊辰	人	1	丁酉	結	4
10日	辛未	人	1	辛丑	人	4	庚午	直	1	庚子	直	4	己巳	結	1	戊戌	人	4
11日	壬申	結	1	壬寅	結	4	辛未	人	1	辛丑	人	4	庚午	直	1	己亥	結	4
12日	癸酉	結	1	癸卯	結	4	壬申	結	1	壬寅	結	4	辛未	人	1	庚子	直	4
13日	甲戌	人	2	甲辰	人	5	癸酉	結	1	癸卯	結	4	壬申	結	1	辛丑	人	4
14日	乙亥	直	2	乙巳	直	5	甲戌	人	2	甲辰	人	5	癸酉	結	1	壬寅	結	4
15日	丙子	結	2	丙午	結	5	乙亥	直	2	乙巳	直	5	甲戌	人	2	癸卯	結	4
16日	丁丑	人	2	丁未	人	5	丙子	結	2	丙午	結	5	乙亥	直	2	甲辰	人	5
17日	戊寅	結	2	戊申	結	5	丁丑	人	2	丁未	人	5	丙子	結	2	乙巳	直	5
18日	己卯	結	2	己酉	結	5	戊寅	結	2	戊申	結	5	丁丑	人	2	丙午	結	5
19日	庚辰	人	2	庚戌	人	5	己卯	結	2	己酉	結	5	戊寅	結	2	丁未	人	5
20日	辛巳	直	2	辛亥	直	5	庚辰	人	2	庚戌	人	5	己卯	結	2	戊申	結	5
21日	壬午	結	2	壬子	結	5	辛巳	直	2	辛亥	直	5	庚辰	人	2	己酉	結	5
22日	癸未	人	2	癸丑	人	5	壬午	結	2	壬子	結	5	辛巳	直	2	庚戌	人	5
23日	甲申	直	3	甲寅	直	6	癸未	人	2	癸丑	人	5	壬午	結	2	辛亥	直	5
24日	乙酉	直	3	乙卯	直	6	甲申	直	3	甲寅	直	6	癸未	人	2	壬子	結	5
25日	丙戌	人	3	丙辰	人	6	乙酉	直	3	乙卯	直	6	甲申	直	3	癸丑	人	5
26日	丁亥	結	3	丁巳	結	6	丙戌	人	3	丙辰	人	6	乙酉	直	3	甲寅	直	6
27日	戊子	結	3	戊午	結	6	丁亥	結	3	丁巳	結	6	丙戌	人	3	乙卯	直	6
28日	己丑	人	3	己未	人	6	戊子	結	3	戊午	結	6	丁亥	結	3	丙辰	人	6
29日	庚寅	直	3	庚申	直	6	己丑	人	3	己未	人	6	戊子	結	3	丁巳	結	6
30日	辛卯	直	3	辛酉	直	6	庚寅	直	3	庚申	直	6	己丑	人	3	戊午	結	6
31日	壬辰	人	3				辛卯	直	3				庚寅	直	3	己未	人	6

	6月 干支	タイプ	旬数	5月 干支	タイプ	旬数	4月 干支	タイプ	旬数	3月 干支	タイプ	旬数	2月 干支	タイプ	旬数	1月 干支	タイプ	旬数	
1日	己未	人	6	戊子	結	3	戊午	結	6	丁亥	結	3	己未	人	6	戊子	結	3	1
2日	庚申	直	6	己丑	人	3	己未	人	6	戊子	結	3	庚申	直	6	己丑	人	3	2
3日	辛酉	直	6	庚寅	直	3	庚申	直	6	己丑	人	3	辛酉	直	6	庚寅	直	3	3
4日	壬戌	人	6	辛卯	直	3	辛酉	直	6	庚寅	直	3	壬戌	人	6	辛卯	直	3	4
5日	癸亥	結	6	壬辰	人	3	壬戌	人	6	辛卯	直	3	癸亥	結	6	壬辰	人	3	5
6日	甲子	直	1	癸巳	結	3	癸亥	結	6	壬辰	人	3	甲子	直	1	癸巳	結	3	6
7日	乙丑	人	1	甲午	直	4	甲子	直	1	癸巳	結	3	乙丑	人	1	甲午	直	4	7
8日	丙寅	結	1	乙未	人	4	乙丑	人	1	甲午	直	4	丙寅	結	1	乙未	人	4	8
9日	丁卯	結	1	丙申	結	4	丙寅	結	1	乙未	人	4	丁卯	結	1	丙申	結	4	9
10日	戊辰	人	1	丁酉	結	4	丁卯	結	1	丙申	結	4	戊辰	人	1	丁酉	結	4	10
11日	己巳	結	1	戊戌	人	4	戊辰	人	1	丁酉	結	4	己巳	結	1	戊戌	人	4	11
12日	庚午	直	1	己亥	結	4	己巳	結	1	戊戌	人	4	庚午	直	1	己亥	結	4	12
13日	辛未	人	1	庚子	直	4	庚午	直	1	己亥	結	4	辛未	人	1	庚子	直	4	13
14日	壬申	結	1	辛丑	人	4	辛未	人	1	庚子	直	4	壬申	結	1	辛丑	人	4	14
15日	癸酉	結	1	壬寅	結	4	壬申	結	1	辛丑	人	4	癸酉	結	1	壬寅	結	4	15
16日	甲戌	人	2	癸卯	結	4	癸酉	結	1	壬寅	結	4	甲戌	人	2	癸卯	結	4	16
17日	乙亥	直	2	甲辰	人	5	甲戌	人	2	癸卯	結	4	乙亥	直	2	甲辰	人	5	17
18日	丙子	結	2	乙巳	直	5	乙亥	直	2	甲辰	人	5	丙子	結	2	乙巳	直	5	18
19日	丁丑	人	2	丙午	結	5	丙子	結	2	乙巳	直	5	丁丑	人	2	丙午	結	5	19
20日	戊寅	結	2	丁未	人	5	丁丑	人	2	丙午	結	5	戊寅	結	2	丁未	人	5	20
21日	己卯	結	2	戊申	結	5	戊寅	結	2	丁未	人	5	己卯	結	2	戊申	結	5	21
22日	庚辰	人	2	己酉	結	5	己卯	結	2	戊申	結	5	庚辰	人	2	己酉	結	5	22
23日	辛巳	直	2	庚戌	人	5	庚辰	人	2	己酉	結	5	辛巳	直	2	庚戌	人	5	23
24日	壬午	結	2	辛亥	直	5	辛巳	直	2	庚戌	人	5	壬午	結	2	辛亥	直	5	24
25日	癸未	人	2	壬子	結	5	壬午	結	2	辛亥	直	5	癸未	人	2	壬子	結	5	25
26日	甲申	直	3	癸丑	人	5	癸未	人	2	壬子	結	5	甲申	直	3	癸丑	人	5	26
27日	乙酉	直	3	甲寅	直	6	甲申	直	3	癸丑	人	5	乙酉	直	3	甲寅	直	6	27
28日	丙戌	人	3	乙卯	直	6	乙酉	直	3	甲寅	直	6	丙戌	人	3	乙卯	直	6	28
29日	丁亥	結	3	丙辰	人	6	丙戌	人	3	乙卯	直	6				丙辰	人	6	29
30日	戊子	結	3	丁巳	結	6	丁亥	結	3	丙辰	人	6				丁巳	結	6	30
31日				戊午	結	6				丁巳	結	6				戊午	結	6	31

以下のサイトに、生年月日時を入力するだけ「人物フォーマット」が、算出できます。

https://asano-uranai.com/fpd/entrance.php

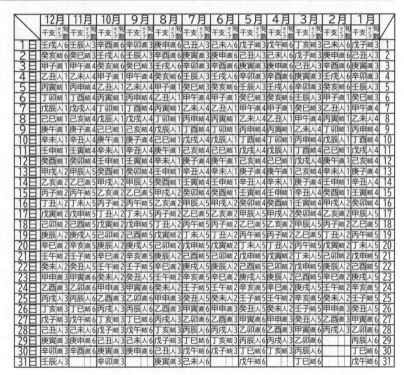

2018年（平成30年）

その年干支の期間	2/4 6:25 ～ 12/31 23:59	1/1 0:00 ～2/4 6:24
年干支	戊戌	丁酉

その月干支の期間	12/7 13:26 ～ 12/31 23:59	11/7 20:32 ～ 12/7 13:25	10/8 17:15 ～ 11/7 20:31	9/8 1:30 ～ 10/8 17:14	8/7 22:31 ～ 9/8 1:29	7/7 12:42 ～ 8/7 22:30	6/6 2:29 ～ 7/7 12:41	5/5 22:25 ～ 6/6 2:28	4/5 5:13 ～ 5/5 22:24	3/6 0:28 ～ 4/5 5:12	2/4 6:28 ～ 3/6 0:27	1/5 18:49 ～ 2/4 6:27	1/1 0:00 ～ 1/5 18:48
月干支	甲子	癸亥	壬戌	辛酉	庚申	己未	戊午	丁巳	丙辰	乙卯	甲寅	癸丑	壬子
外的環境の支配五行候補	◎ 水㋑ ○ 土㋻ △ 金㋹ 火㋼	水 ○ 土㋻ △ 金㋹ □ 木㋶ 火㋼	◎ 土㋣ △ 金㋹ 火㋼	金 △ 土㋻ 火㋼	金 △ 土㋻ □ 水㋰ 火㋼	土 ○ 火㋠ △ 金㋹ 木㋰	土 ○ 火㋑ 金㋔	火・土 金㋹	土 ○ 木㋦ △ 金㋹ □ 火㋡ 水㋒	木 ○ 土㋻ △ 金㋹ 火㋼	木 ○ 火㋦ △ 土㋻ 金㋹	◎ 水㋥ 金㋠	水 金㋨

	12月			11月			10月			9月			8月			7月		
	干支	タイプ	旬数	干支	タイプ	旬数	干支	タイプ	旬数	干支	タイプ	旬数	干支	タイプ	旬数	干支	タイプ	旬数
1日	丁卯	結	1	丁酉	結	4	丙寅	結	1	丙申	結	4	乙丑	人	1	甲午	直	4
2日	戊辰	人	1	戊戌	人	4	丁卯	結	1	丁酉	結	4	丙寅	結	1	乙未	人	4
3日	己巳	結	1	己亥	結	4	戊辰	人	1	戊戌	人	4	丁卯	結	1	丙申	結	4
4日	庚午	直	1	庚子	直	4	己巳	結	1	己亥	結	4	戊辰	人	1	丁酉	結	4
5日	辛未	人	1	辛丑	人	4	庚午	直	1	庚子	直	4	己巳	結	1	戊戌	人	4
6日	壬申	結	1	壬寅	結	4	辛未	人	1	辛丑	人	4	庚午	直	1	己亥	結	4
7日	癸酉	結	1	癸卯	結	4	壬申	結	1	壬寅	結	4	辛未	人	1	庚子	直	4
8日	甲戌	人	2	甲辰	人	5	癸酉	結	1	癸卯	結	4	壬申	結	1	辛丑	人	4
9日	乙亥	直	2	乙巳	直	5	甲戌	人	2	甲辰	人	5	癸酉	結	1	壬寅	結	4
10日	丙子	結	2	丙午	結	5	乙亥	直	2	乙巳	直	5	甲戌	人	2	癸卯	結	4
11日	丁丑	人	2	丁未	人	5	丙子	結	2	丙午	結	5	乙亥	直	2	甲辰	人	5
12日	戊寅	結	2	戊申	結	5	丁丑	人	2	丁未	人	5	丙子	結	2	乙巳	直	5
13日	己卯	結	2	己酉	結	5	戊寅	結	2	戊申	結	5	丁丑	人	2	丙午	結	5
14日	庚辰	人	2	庚戌	人	5	己卯	結	2	己酉	結	5	戊寅	結	2	丁未	人	5
15日	辛巳	直	2	辛亥	直	5	庚辰	人	2	庚戌	人	5	己卯	結	2	戊申	結	5
16日	壬午	結	2	壬子	結	5	辛巳	直	2	辛亥	直	5	庚辰	人	2	己酉	結	5
17日	癸未	人	2	癸丑	人	5	壬午	結	2	壬子	結	5	辛巳	直	2	庚戌	人	5
18日	甲申	直	3	甲寅	直	6	癸未	人	2	癸丑	人	5	壬午	結	2	辛亥	直	5
19日	乙酉	直	3	乙卯	直	6	甲申	直	3	甲寅	直	6	癸未	人	2	壬子	結	5
20日	丙戌	人	3	丙辰	人	6	乙酉	直	3	乙卯	直	6	甲申	直	3	癸丑	人	5
21日	丁亥	結	3	丁巳	結	6	丙戌	人	3	丙辰	人	6	乙酉	直	3	甲寅	直	6
22日	戊子	結	3	戊午	結	6	丁亥	結	3	丁巳	結	6	丙戌	人	3	乙卯	直	6
23日	己丑	人	3	己未	人	6	戊子	結	3	戊午	結	6	丁亥	結	3	丙辰	人	6
24日	庚寅	直	3	庚申	直	6	己丑	人	3	己未	人	6	戊子	結	3	丁巳	結	6
25日	辛卯	直	3	辛酉	直	6	庚寅	直	3	庚申	直	6	己丑	人	3	戊午	結	6
26日	壬辰	人	3	壬戌	人	6	辛卯	直	3	辛酉	直	6	庚寅	直	3	己未	人	6
27日	癸巳	結	3	癸亥	結	6	壬辰	人	3	壬戌	人	6	辛卯	直	3	庚申	直	6
28日	甲午	直	4	甲子	直	1	癸巳	結	3	癸亥	結	6	壬辰	人	3	辛酉	直	6
29日	乙未	人	4	乙丑	人	1	甲午	直	4	甲子	直	1	癸巳	結	3	壬戌	人	6
30日	丙申	結	4	丙寅	結	1	乙未	人	4	乙丑	人	1	甲午	直	4	癸亥	結	6
31日	丁酉	結	4				丙申	結	4				乙未	人	4	甲子	直	1

	6月			5月			4月			3月			2月			1月			
	干支	タイプ	旬数	干支	タイプ	旬数	干支	タイプ	旬数	干支	タイプ	旬数	干支	タイプ	旬数	干支	タイプ	旬数	
1日	甲子	直	1	癸巳	結	3	癸亥	結	6	壬辰	人	3	甲子	直	1	癸巳	結	3	1
2日	乙丑	人	1	甲午	直	4	甲子	直	1	癸巳	結	3	乙丑	人	1	甲午	直	4	2
3日	丙寅	結	1	乙未	人	4	乙丑	人	1	甲午	直	4	丙寅	結	1	乙未	人	4	3
4日	丁卯	結	1	丙申	結	4	丙寅	結	1	乙未	人	4	丁卯	結	1	丙申	結	4	4
5日	戊辰	人	1	丁酉	結	4	丁卯	結	1	丙申	結	4	戊辰	人	1	丁酉	結	4	5
6日	己巳	結	1	戊戌	人	4	戊辰	人	1	丁酉	結	4	己巳	結	1	戊戌	人	4	6
7日	庚午	直	1	己亥	結	4	己巳	結	1	戊戌	人	4	庚午	直	1	己亥	結	4	7
8日	辛未	人	1	庚子	直	4	庚午	直	1	己亥	結	4	辛未	人	1	庚子	直	4	8
9日	壬申	結	1	辛丑	人	4	辛未	人	1	庚子	直	4	壬申	結	1	辛丑	人	4	9
10日	癸酉	結	1	壬寅	結	4	壬申	結	1	辛丑	人	4	癸酉	結	1	壬寅	結	4	10
11日	甲戌	人	2	癸卯	結	4	癸酉	結	1	壬寅	結	4	甲戌	人	2	癸卯	結	4	11
12日	乙亥	直	2	甲辰	人	5	甲戌	人	2	癸卯	結	4	乙亥	直	2	甲辰	人	5	12
13日	丙子	結	2	乙巳	直	5	乙亥	直	2	甲辰	人	5	丙子	結	2	乙巳	直	5	13
14日	丁丑	人	2	丙午	結	5	丙子	結	2	乙巳	直	5	丁丑	人	2	丙午	結	5	14
15日	戊寅	結	2	丁未	人	5	丁丑	人	2	丙午	結	5	戊寅	結	2	丁未	人	5	15
16日	己卯	結	2	戊申	結	5	戊寅	結	2	丁未	人	5	己卯	結	2	戊申	結	5	16
17日	庚辰	人	2	己酉	結	5	己卯	結	2	戊申	結	5	庚辰	人	2	己酉	結	5	17
18日	辛巳	直	2	庚戌	人	5	庚辰	人	2	己酉	結	5	辛巳	直	2	庚戌	人	5	18
19日	壬午	結	2	辛亥	直	5	辛巳	直	2	庚戌	人	5	壬午	結	2	辛亥	直	5	19
20日	癸未	人	2	壬子	結	5	壬午	結	2	辛亥	直	5	癸未	人	2	壬子	結	5	20
21日	甲申	直	3	癸丑	人	5	癸未	人	2	壬子	結	5	甲申	直	3	癸丑	人	5	21
22日	乙酉	直	3	甲寅	直	6	甲申	直	3	癸丑	人	5	乙酉	直	3	甲寅	直	6	22
23日	丙戌	人	3	乙卯	直	6	乙酉	直	3	甲寅	直	6	丙戌	人	3	乙卯	直	6	23
24日	丁亥	結	3	丙辰	人	6	丙戌	人	3	乙卯	直	6	丁亥	結	3	丙辰	人	6	24
25日	戊子	結	3	丁巳	結	6	丁亥	結	3	丙辰	人	6	戊子	結	3	丁巳	結	6	25
26日	己丑	人	3	戊午	結	6	戊子	結	3	丁巳	結	6	己丑	人	3	戊午	結	6	26
27日	庚寅	直	3	己未	人	6	己丑	人	3	戊午	結	6	庚寅	直	3	己未	人	6	27
28日	辛卯	直	3	庚申	直	6	庚寅	直	3	己未	人	6	辛卯	直	3	庚申	直	6	28
29日	壬辰	人	3	辛酉	直	6	辛卯	直	3	庚申	直	6				辛酉	直	6	29
30日	癸巳	結	3	壬戌	人	6	壬辰	人	3	辛酉	直	6				壬戌	人	6	30
31日				癸亥	結	6				壬戌	人	6				癸亥	結	6	31

以下のサイトに、生年月日時を入力するだけ「人物フォーマット」が、算出できます。

https://asano-uranai.com/fpd/entrance.php

2019年（令和元年）

その年干支の期間	2/4 12:15 ～ 12/31 23:59	1/1 0:00 ～2/4 12:14
年干支	己亥	戊戌

その月干支の期間	12/7 19:18 ～ 12/31 23:59	11/8 2:24 ～ 12/7 19:17	10/8 23:06 ～ 11/8 2:23	9/8 7:17 ～ 10/8 23:05	8/8 4:13 ～ 9/8 7:16	7/7 18:21 ～ 8/8 4:12	6/6 8:06 ～ 7/7 18:20	5/6 4:03 ～ 6/6 8:05	4/5 10:51 ～ 5/6 4:02	3/6 6:10 ～ 4/5 10:50	2/4 12:14 ～ 3/6 6:09	1/6 0:39 ～ 2/4 12:13	1/1 0:00 ～ 1/6 0:38
月干支	丙子	乙亥	甲戌	癸酉	壬申	辛未	庚午	己巳	戊辰	丁卯	丙寅	乙丑	甲子
外的環境の支配五行候補	水 木㋶	水 木㋹	◎ 土㋷ ○ 木㋹ △ 金㋧ □ 水㋶ 火㋖	◎ 金㋑ △ 水㋠ 木㋶	◎ 金㋑ △ 水㋬ 木㋶	土 ○ 火㋠ △ 木㋟ 水㋶	土 ○ 火㋑ 木㋶ 水㋶	土 ○ 火㋕ △ 木㋶ 金㋳	◎ 土㋠ △ 木㋦ 水㋸	◎ 木㋑	◎ 木㋑ △ 火㋞ 水㋶	◎ 土㋣ ○ 水㋕ △ 金㋹ 火㋖	◎ 水㋑ ○ 土㋻ △ 金㋹ 火㋖

	12月			11月			10月			9月			8月			7月			6月			5月			4月			3月			2月			1月			
	干支	タイプ	旬数	干支	タイプ	旬数	干支	タイプ	旬数	干支	タイプ	旬数	干支	タイプ	旬数	干支	タイプ	旬数	干支	タイプ	旬数	干支	タイプ	旬数	干支	タイプ	旬数	干支	タイプ	旬数	干支	タイプ	旬数	干支	タイプ	旬数	
1日	壬申	結	1	壬寅	結	4	辛未	人	1	辛丑	人	4	庚午	直	1	己亥	結	4	己巳	結	1	戊戌	人	4	戊辰	人	1	丁酉	結	4	己巳	結	1	戊戌	人	4	1
2日	癸酉	結	1	癸卯	結	4	壬申	結	1	壬寅	結	4	辛未	人	1	庚子	直	4	庚午	直	1	己亥	結	4	己巳	結	1	戊戌	人	4	庚午	直	1	己亥	結	4	2
3日	甲戌	人	2	甲辰	人	5	癸酉	結	1	癸卯	結	4	壬申	結	1	辛丑	人	4	辛未	人	1	庚子	直	4	庚午	直	1	己亥	結	4	辛未	人	1	庚子	直	4	3
4日	乙亥	直	2	乙巳	直	5	甲戌	人	2	甲辰	人	5	癸酉	結	1	壬寅	結	4	壬申	結	1	辛丑	人	4	辛未	人	1	庚子	直	4	壬申	結	1	辛丑	人	4	4
5日	丙子	結	2	丙午	結	5	乙亥	直	2	乙巳	直	5	甲戌	人	2	癸卯	結	4	癸酉	結	1	壬寅	結	4	壬申	結	1	辛丑	人	4	癸酉	結	1	壬寅	結	4	5
6日	丁丑	人	2	丁未	人	5	丙子	結	2	丙午	結	5	乙亥	直	2	甲辰	人	5	甲戌	人	2	癸卯	結	4	癸酉	結	1	壬寅	結	4	甲戌	人	2	癸卯	結	4	6
7日	戊寅	結	2	戊申	結	5	丁丑	人	2	丁未	人	5	丙子	結	2	乙巳	直	5	乙亥	直	2	甲辰	人	5	甲戌	人	2	癸卯	結	4	乙亥	直	2	甲辰	人	5	7
8日	己卯	結	2	己酉	結	5	戊寅	結	2	戊申	結	5	丁丑	人	2	丙午	結	5	丙子	結	2	乙巳	直	5	乙亥	直	2	甲辰	人	5	丙子	結	2	乙巳	直	5	8
9日	庚辰	人	2	庚戌	人	5	己卯	結	2	己酉	結	5	戊寅	結	2	丁未	人	5	丁丑	人	2	丙午	結	5	丙子	結	2	乙巳	直	5	丁丑	人	2	丙午	結	5	9
10日	辛巳	直	2	辛亥	直	5	庚辰	人	2	庚戌	人	5	己卯	結	2	戊申	結	5	戊寅	結	2	丁未	人	5	丁丑	人	2	丙午	結	5	戊寅	結	2	丁未	人	5	10
11日	壬午	結	2	壬子	結	5	辛巳	直	2	辛亥	直	5	庚辰	人	2	己酉	結	5	己卯	結	2	戊申	結	5	戊寅	結	2	丁未	人	5	己卯	結	2	戊申	結	5	11
12日	癸未	人	2	癸丑	人	5	壬午	結	2	壬子	結	5	辛巳	直	2	庚戌	人	5	庚辰	人	2	己酉	結	5	己卯	結	2	戊申	結	5	庚辰	人	2	己酉	結	5	12
13日	甲申	直	3	甲寅	直	6	癸未	人	2	癸丑	人	5	壬午	結	2	辛亥	直	5	辛巳	直	2	庚戌	人	5	庚辰	人	2	己酉	結	5	辛巳	直	2	庚戌	人	5	13
14日	乙酉	直	3	乙卯	直	6	甲申	直	3	甲寅	直	6	癸未	人	2	壬子	結	5	壬午	結	2	辛亥	直	5	辛巳	直	2	庚戌	人	5	壬午	結	2	辛亥	直	5	14
15日	丙戌	人	3	丙辰	人	6	乙酉	直	3	乙卯	直	6	甲申	直	3	癸丑	人	5	癸未	人	2	壬子	結	5	壬午	結	2	辛亥	直	5	癸未	人	2	壬子	結	5	15
16日	丁亥	結	3	丁巳	結	6	丙戌	人	3	丙辰	人	6	乙酉	直	3	甲寅	直	6	甲申	直	3	癸丑	人	5	癸未	人	2	壬子	結	5	甲申	直	3	癸丑	人	5	16
17日	戊子	結	3	戊午	結	6	丁亥	結	3	丁巳	結	6	丙戌	人	3	乙卯	直	6	乙酉	直	3	甲寅	直	6	甲申	直	3	癸丑	人	5	乙酉	直	3	甲寅	直	6	17
18日	己丑	人	3	己未	人	6	戊子	結	3	戊午	結	6	丁亥	結	3	丙辰	人	6	丙戌	人	3	乙卯	直	6	乙酉	直	3	甲寅	直	6	丙戌	人	3	乙卯	直	6	18
19日	庚寅	直	3	庚申	直	6	己丑	人	3	己未	人	6	戊子	結	3	丁巳	結	6	丁亥	結	3	丙辰	人	6	丙戌	人	3	乙卯	直	6	丁亥	結	3	丙辰	人	6	19
20日	辛卯	直	3	辛酉	直	6	庚寅	直	3	庚申	直	6	己丑	人	3	戊午	結	6	戊子	結	3	丁巳	結	6	丁亥	結	3	丙辰	人	6	戊子	結	3	丁巳	結	6	20
21日	壬辰	人	3	壬戌	人	6	辛卯	直	3	辛酉	直	6	庚寅	直	3	己未	人	6	己丑	人	3	戊午	結	6	戊子	結	3	丁巳	結	6	己丑	人	3	戊午	結	6	21
22日	癸巳	結	3	癸亥	結	6	壬辰	人	3	壬戌	人	6	辛卯	直	3	庚申	直	6	庚寅	直	3	己未	人	6	己丑	人	3	戊午	結	6	庚寅	直	3	己未	人	6	22
23日	甲午	直	4	甲子	直	1	癸巳	結	3	癸亥	結	6	壬辰	人	3	辛酉	直	6	辛卯	直	3	庚申	直	6	庚寅	直	3	己未	人	6	辛卯	直	3	庚申	直	6	23
24日	乙未	人	4	乙丑	人	1	甲午	直	4	甲子	直	1	癸巳	結	3	壬戌	人	6	壬辰	人	3	辛酉	直	6	辛卯	直	3	庚申	直	6	壬辰	人	3	辛酉	直	6	24
25日	丙申	結	4	丙寅	結	1	乙未	人	4	乙丑	人	1	甲午	直	4	癸亥	結	6	癸巳	結	3	壬戌	人	6	壬辰	人	3	辛酉	直	6	癸巳	結	3	壬戌	人	6	25
26日	丁酉	結	4	丁卯	結	1	丙申	結	4	丙寅	結	1	乙未	人	4	甲子	直	1	甲午	直	4	癸亥	結	6	癸巳	結	3	壬戌	人	6	甲午	直	4	癸亥	結	6	26
27日	戊戌	人	4	戊辰	人	1	丁酉	結	4	丁卯	結	1	丙申	結	4	乙丑	人	1	乙未	人	4	甲子	直	1	甲午	直	4	癸亥	結	6	乙未	人	4	甲子	直	1	27
28日	己亥	結	4	己巳	結	1	戊戌	人	4	戊辰	人	1	丁酉	結	4	丙寅	結	1	丙申	結	4	乙丑	人	1	乙未	人	4	甲子	直	1	丙申	結	4	乙丑	人	1	28
29日	庚子	直	4	庚午	直	1	己亥	結	4	己巳	結	1	戊戌	人	4	丁卯	結	1	丁酉	結	4	丙寅	結	1	丙申	結	4	乙丑	人	1				丙寅	結	1	29
30日	辛丑	人	4	辛未	人	1	庚子	直	4	庚午	直	1	己亥	結	4	戊辰	人	1	戊戌	人	4	丁卯	結	1	丁酉	結	4	丙寅	結	1				丁卯	結	1	30
31日	壬寅	結	4				辛丑	人	4				庚子	直	4	己巳	結	1				戊辰	人	1				丁卯	結	1				戊辰	人	1	31

以下のサイトに、生年月日時を入力するだけ「人物フォーマット」が、算出できます。

https://asano-uranai.com/fpd/entrance.php

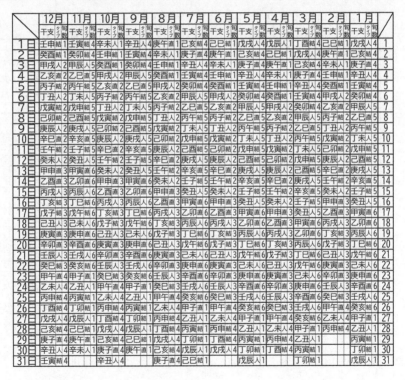

２０２０年（令和２年）

その年干支の期間	2/4 18:12 ～ 12/31 23:59	1/1 0:00 ～2/4 18:11
年干支	庚子	己亥

その月干支の期間	12/7 1:10 ～ 12/31 23:59	11/7 8:14 ～ 12/7 1:09	10/8 4:55 ～ 11/7 8:13	9/7 13:08 ～ 10/8 4:54	8/7 10:06 ～ 9/7 13:07	7/7 0:14 ～ 8/7 10:05	6/5 13:58 ～ 7/7 0:13	5/5 9:51 ～ 6/5 13:57	4/4 16:38 ～ 5/5 9:50	3/5 11:57 ～ 4/4 16:37	2/4 18:03 ～ 3/5 11:56	1/6 6:30 ～ 2/4 18:02	1/1 0:00 ～ 1/6 6:29
月干支	戊子	丁亥	丙戌	乙酉	甲申	癸未	壬午	辛巳	庚辰	己卯	戊寅	丁丑	丙子
外的環境の支配五行候補	水	水 木㋶	◎ 土㋺ ○ 金㋟ △ 水㋹ 火㋡	金 水㋹	金 水㋦	◎ 土㋑ △ 火㋠ △ 水㋠ 木㋰	◎ 土㋑ △ 火㋕ 水㋨	◎ 火㋑ ◎ 土㋑ △ 金㋟ 水㋹	◎ 水㋷ △ 木㋦ 金㋟	◎ 木㋑ 水㋹	◎ 木㋑ △ 水㋹ 火㋒	水 △ 木㋶ 金㋮	水 木㋶

	12月			11月			10月			9月			8月			7月			6月			5月			4月			3月			2月			1月			
	干支	タイプ	旬数	干支	タイプ	旬数	干支	タイプ	旬数	干支	タイプ	旬数	干支	タイプ	旬数	干支	タイプ	旬数	干支	タイプ	旬数	干支	タイプ	旬数	干支	タイプ	旬数	干支	タイプ	旬数	干支	タイプ	旬数	干支	タイプ	旬数	
1日	戊寅	結	2	戊申	結	5	丁丑	人	2	丁未	人	5	丙子	結	2	乙巳	直	5	乙亥	直	2	甲辰	人	5	甲戌	人	2	癸卯	結	4	甲戌	人	2	癸卯	結	4	1
2日	己卯	結	2	己酉	結	5	戊寅	結	2	戊申	結	5	丁丑	人	2	丙午	結	5	丙子	結	2	乙巳	直	5	乙亥	直	2	甲辰	人	5	乙亥	直	2	甲辰	人	5	2
3日	庚辰	人	2	庚戌	人	5	己卯	結	2	己酉	結	5	戊寅	結	2	丁未	人	5	丁丑	人	2	丙午	結	5	丙子	結	2	乙巳	直	5	丙子	結	2	乙巳	直	5	3
4日	辛巳	直	2	辛亥	直	5	庚辰	人	2	庚戌	人	5	己卯	結	2	戊申	結	5	戊寅	結	2	丁未	人	5	丁丑	人	2	丙午	結	5	丁丑	人	2	丙午	結	5	4
5日	壬午	結	2	壬子	結	5	辛巳	直	2	辛亥	直	5	庚辰	人	2	己酉	結	5	己卯	結	2	戊申	結	5	戊寅	結	2	丁未	人	5	戊寅	結	2	丁未	人	5	5
6日	癸未	人	2	癸丑	人	5	壬午	結	2	壬子	結	5	辛巳	直	2	庚戌	人	5	庚辰	人	2	己酉	結	5	己卯	結	2	戊申	結	5	己卯	結	2	戊申	結	5	6
7日	甲申	直	3	甲寅	直	6	癸未	人	2	癸丑	人	5	壬午	結	2	辛亥	直	5	辛巳	直	2	庚戌	人	5	庚辰	人	2	己酉	結	5	庚辰	人	2	己酉	結	5	7
8日	乙酉	直	3	乙卯	直	6	甲申	直	3	甲寅	直	6	癸未	人	2	壬子	結	5	壬午	結	2	辛亥	直	5	辛巳	直	2	庚戌	人	5	辛巳	直	2	庚戌	人	5	8
9日	丙戌	人	3	丙辰	人	6	乙酉	直	3	乙卯	直	6	甲申	直	3	癸丑	人	5	癸未	人	2	壬子	結	5	壬午	結	2	辛亥	直	5	壬午	結	2	辛亥	直	5	9
10日	丁亥	結	3	丁巳	結	6	丙戌	人	3	丙辰	人	6	乙酉	直	3	甲寅	直	6	甲申	直	3	癸丑	人	5	癸未	人	2	壬子	結	5	癸未	人	2	壬子	結	5	10
11日	戊子	結	3	戊午	結	6	丁亥	結	3	丁巳	結	6	丙戌	人	3	乙卯	直	6	乙酉	直	3	甲寅	直	6	甲申	直	3	癸丑	人	5	甲申	直	3	癸丑	人	5	11
12日	己丑	人	3	己未	人	6	戊子	結	3	戊午	結	6	丁亥	結	3	丙辰	人	6	丙戌	人	3	乙卯	直	6	乙酉	直	3	甲寅	直	6	乙酉	直	3	甲寅	直	6	12
13日	庚寅	直	3	庚申	直	6	己丑	人	3	己未	人	6	戊子	結	3	丁巳	結	6	丁亥	結	3	丙辰	人	6	丙戌	人	3	乙卯	直	6	丙戌	人	3	乙卯	直	6	13
14日	辛卯	直	3	辛酉	直	6	庚寅	直	3	庚申	直	6	己丑	人	3	戊午	結	6	戊子	結	3	丁巳	結	6	丁亥	結	3	丙辰	人	6	丁亥	結	3	丙辰	人	6	14
15日	壬辰	人	3	壬戌	人	6	辛卯	直	3	辛酉	直	6	庚寅	直	3	己未	人	6	己丑	人	3	戊午	結	6	戊子	結	3	丁巳	結	6	戊子	結	3	丁巳	結	6	15
16日	癸巳	結	3	癸亥	結	6	壬辰	人	3	壬戌	人	6	辛卯	直	3	庚申	直	6	庚寅	直	3	己未	人	6	己丑	人	3	戊午	結	6	己丑	人	3	戊午	結	6	16
17日	甲午	直	4	甲子	直	1	癸巳	結	3	癸亥	結	6	壬辰	人	3	辛酉	直	6	辛卯	直	3	庚申	直	6	庚寅	直	3	己未	人	6	庚寅	直	3	己未	人	6	17
18日	乙未	人	4	乙丑	人	1	甲午	直	4	甲子	直	1	癸巳	結	3	壬戌	人	6	壬辰	人	3	辛酉	直	6	辛卯	直	3	庚申	直	6	辛卯	直	3	庚申	直	6	18
19日	丙申	結	4	丙寅	結	1	乙未	人	4	乙丑	人	1	甲午	直	4	癸亥	結	6	癸巳	結	3	壬戌	人	6	壬辰	人	3	辛酉	直	6	壬辰	人	3	辛酉	直	6	19
20日	丁酉	結	4	丁卯	結	1	丙申	結	4	丙寅	結	1	乙未	人	4	甲子	直	1	甲午	直	4	癸亥	結	6	癸巳	結	3	壬戌	人	6	癸巳	結	3	壬戌	人	6	20
21日	戊戌	人	4	戊辰	人	1	丁酉	結	4	丁卯	結	1	丙申	結	4	乙丑	人	1	乙未	人	4	甲子	直	1	甲午	直	4	癸亥	結	6	甲午	直	4	癸亥	結	6	21
22日	己亥	結	4	己巳	結	1	戊戌	人	4	戊辰	人	1	丁酉	結	4	丙寅	結	1	丙申	結	4	乙丑	人	1	乙未	人	4	甲子	直	1	乙未	人	4	甲子	直	1	22
23日	庚子	直	4	庚午	直	1	己亥	結	4	己巳	結	1	戊戌	人	4	丁卯	結	1	丁酉	結	4	丙寅	結	1	丙申	結	4	乙丑	人	1	丙申	結	4	乙丑	人	1	23
24日	辛丑	人	4	辛未	人	1	庚子	直	4	庚午	直	1	己亥	結	4	戊辰	人	1	戊戌	人	4	丁卯	結	1	丁酉	結	4	丙寅	結	1	丁酉	結	4	丙寅	結	1	24
25日	壬寅	結	4	壬申	結	1	辛丑	人	4	辛未	人	1	庚子	直	4	己巳	結	1	己亥	結	4	戊辰	人	1	戊戌	人	4	丁卯	結	1	戊戌	人	4	丁卯	結	1	25
26日	癸卯	結	4	癸酉	結	1	壬寅	結	4	壬申	結	1	辛丑	人	4	庚午	直	1	庚子	直	4	己巳	結	1	己亥	結	4	戊辰	人	1	己亥	結	4	戊辰	人	1	26
27日	甲辰	人	5	甲戌	人	2	癸卯	結	4	癸酉	結	1	壬寅	結	4	辛未	人	1	辛丑	人	4	庚午	直	1	庚子	直	4	己巳	結	1	庚子	直	4	己巳	結	1	27
28日	乙巳	直	5	乙亥	直	2	甲辰	人	5	甲戌	人	2	癸卯	結	4	壬申	結	1	壬寅	結	4	辛未	人	1	辛丑	人	4	庚午	直	1	辛丑	人	4	庚午	直	1	28
29日	丙午	結	5	丙子	結	2	乙巳	直	5	乙亥	直	2	甲辰	人	5	癸酉	結	1	癸卯	結	4	壬申	結	1	壬寅	結	4	辛未	人	1	壬寅	結	4	辛未	人	1	29
30日	丁未	人	5	丁丑	人	2	丙午	結	5	丙子	結	2	乙巳	直	5	甲戌	人	2	甲辰	人	5	癸酉	結	1	癸卯	結	4	壬申	結	1				壬申	結	1	30
31日	戊申	結	5				丁未	人	5				丙午	結	5	乙亥	直	2				甲戌						癸酉	結	1				癸酉	結	1	31

以下のサイトに、生年月日時を入力するだけ「人物フォーマット」が、算出できます。

https://asano-uranai.com/fpd/entrance.php

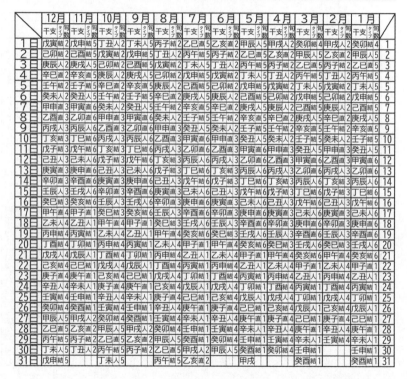

２０２１年（令和３年）

その年干支の期間	2/3 23:59 ～ 12/31 23:59	1/1 0:00 ～2/3 23:58
年干支	辛丑	庚子

その月干支の期間	12/7 6:57 ～ 12/31 23:59	11/7 13:59 ～ 12/7 6:56	10/8 10:39 ～ 11/7 13:58	9/7 18:53 ～ 10/8 10:38	8/7 15:54 ～ 9/7 18:52	7/7 6:05 ～ 8/7 15:53	6/5 19:52 ～ 7/7 6:04	5/5 15:47 ～ 6/5 19:51	4/4 22:35 ～ 5/5 15:46	3/5 17:54 ～ 4/4 22:34	2/3 23:59 ～ 3/5 17:53	1/5 12:23 ～ 2/3 23:58	1/1 0:00 ～ 1/5 12:22
月干支	庚子	己亥	戊戌	丁酉	丙申	乙未	甲午	癸巳	壬辰	辛卯	庚寅	己丑	戊子
外的環境の支配五行候補	水 金㋟	水 △木㋶ 金㋒	◎土㋣ △金㋟ 火㋖	金 水㋤	金 水㋰	土 ○火㋠ △木㋞ □金㋒ 水㋖	◎火㋑ ◎土㋑ △金㋒ 水㋖	◎火㋑ ◎土㋑ △金㋵ 水㋞	◎水㋥ ○土㋷ △木㋦ 金㋟	◎木㋑ △金㋟ 水㋖	◎木㋑ △金㋟ □火㋒ 水㋖	水 金㋒	水

	12月			11月			10月			9月			8月			7月			6月			5月			4月			3月			2月			1月			
	干支	タイプ	旬数	干支	タイプ	旬数	干支	タイプ	旬数	干支	タイプ	旬数	干支	タイプ	旬数	干支	タイプ	旬数	干支	タイプ	旬数	干支	タイプ	旬数	干支	タイプ	旬数	干支	タイプ	旬数	干支	タイプ	旬数	干支	タイプ	旬数	
1日	癸未	人	2	癸丑	人	5	壬午	結	2	壬子	結	5	辛巳	直	2	庚戌	人	5	庚辰	人	2	己酉	結	5	己卯	結	2	戊申	結	5	庚辰	人	2	己酉	結	5	1
2日	甲申	直	3	甲寅	直	6	癸未	人	2	癸丑	人	5	壬午	結	2	辛亥	直	5	辛巳	直	2	庚戌	人	5	庚辰	人	2	己酉	結	5	辛巳	直	2	庚戌	人	5	2
3日	乙酉	直	3	乙卯	直	6	甲申	直	3	甲寅	直	6	癸未	人	2	壬子	結	5	壬午	結	2	辛亥	直	5	辛巳	直	2	庚戌	人	5	壬午	結	2	辛亥	直	5	3
4日	丙戌	人	3	丙辰	人	6	乙酉	直	3	乙卯	直	6	甲申	直	3	癸丑	人	5	癸未	人	2	壬子	結	5	壬午	結	2	辛亥	直	5	癸未	人	2	壬子	結	5	4
5日	丁亥	結	3	丁巳	結	6	丙戌	人	3	丙辰	人	6	乙酉	直	3	甲寅	直	6	甲申	直	3	癸丑	人	5	癸未	人	2	壬子	結	5	甲申	直	3	癸丑	人	5	5
6日	戊子	結	3	戊午	結	6	丁亥	結	3	丁巳	結	6	丙戌	人	3	乙卯	直	6	乙酉	直	3	甲寅	直	6	甲申	直	3	癸丑	人	5	乙酉	直	3	甲寅	直	6	6
7日	己丑	人	3	己未	人	6	戊子	結	3	戊午	結	6	丁亥	結	3	丙辰	人	6	丙戌	人	3	乙卯	直	6	乙酉	直	3	甲寅	直	6	丙戌	人	3	乙卯	直	6	7
8日	庚寅	直	3	庚申	直	6	己丑	人	3	己未	人	6	戊子	結	3	丁巳	結	6	丁亥	結	3	丙辰	人	6	丙戌	人	3	乙卯	直	6	丁亥	結	3	丙辰	人	6	8
9日	辛卯	直	3	辛酉	直	6	庚寅	直	3	庚申	直	6	己丑	人	3	戊午	結	6	戊子	結	3	丁巳	結	6	丁亥	結	3	丙辰	人	6	戊子	結	3	丁巳	結	6	9
10日	壬辰	人	3	壬戌	人	6	辛卯	直	3	辛酉	直	6	庚寅	直	3	己未	人	6	己丑	人	3	戊午	結	6	戊子	結	3	丁巳	結	6	己丑	人	3	戊午	結	6	10
11日	癸巳	結	3	癸亥	結	6	壬辰	人	3	壬戌	人	6	辛卯	直	3	庚申	直	6	庚寅	直	3	己未	人	6	己丑	人	3	戊午	結	6	庚寅	直	3	己未	人	6	11
12日	甲午	直	4	甲子	直	1	癸巳	結	3	癸亥	結	6	壬辰	人	3	辛酉	直	6	辛卯	直	3	庚申	直	6	庚寅	直	3	己未	人	6	辛卯	直	3	庚申	直	6	12
13日	乙未	人	4	乙丑	人	1	甲午	直	4	甲子	直	1	癸巳	結	3	壬戌	人	6	壬辰	人	3	辛酉	直	6	辛卯	直	3	庚申	直	6	壬辰	人	3	辛酉	直	6	13
14日	丙申	結	4	丙寅	結	1	乙未	人	4	乙丑	人	1	甲午	直	4	癸亥	結	6	癸巳	結	3	壬戌	人	6	壬辰	人	3	辛酉	直	6	癸巳	結	3	壬戌	人	6	14
15日	丁酉	結	4	丁卯	結	1	丙申	結	4	丙寅	結	1	乙未	人	4	甲子	直	1	甲午	直	4	癸亥	結	6	癸巳	結	3	壬戌	人	6	甲午	直	4	癸亥	結	6	15
16日	戊戌	人	4	戊辰	人	1	丁酉	結	4	丁卯	結	1	丙申	結	4	乙丑	人	1	乙未	人	4	甲子	直	1	甲午	直	4	癸亥	結	6	乙未	人	4	甲子	直	1	16
17日	己亥	結	4	己巳	結	1	戊戌	人	4	戊辰	人	1	丁酉	結	4	丙寅	結	1	丙申	結	4	乙丑	人	1	乙未	人	4	甲子	直	1	丙申	結	4	乙丑	人	1	17
18日	庚子	直	4	庚午	直	1	己亥	結	4	己巳	結	1	戊戌	人	4	丁卯	結	1	丁酉	結	4	丙寅	結	1	丙申	結	4	乙丑	人	1	丁酉	結	4	丙寅	結	1	18
19日	辛丑	人	4	辛未	人	1	庚子	直	4	庚午	直	1	己亥	結	4	戊辰	人	1	戊戌	人	4	丁卯	結	1	丁酉	結	4	丙寅	結	1	戊戌	人	4	丁卯	結	1	19
20日	壬寅	結	4	壬申	結	1	辛丑	人	4	辛未	人	1	庚子	直	4	己巳	結	1	己亥	結	4	戊辰	人	1	戊戌	人	4	丁卯	結	1	己亥	結	4	戊辰	人	1	20
21日	癸卯	結	4	癸酉	結	1	壬寅	結	4	壬申	結	1	辛丑	人	4	庚午	直	1	庚子	直	4	己巳	結	1	己亥	結	4	戊辰	人	1	庚子	直	4	己巳	結	1	21
22日	甲辰	人	5	甲戌	人	2	癸卯	結	4	癸酉	結	1	壬寅	結	4	辛未	人	1	辛丑	人	4	庚午	直	1	庚子	直	4	己巳	結	1	辛丑	人	4	庚午	直	1	22
23日	乙巳	直	5	乙亥	直	2	甲辰	人	5	甲戌	人	2	癸卯	結	4	壬申	結	1	壬寅	結	4	辛未	人	1	辛丑	人	4	庚午	直	1	壬寅	結	4	辛未	人	1	23
24日	丙午	結	5	丙子	結	2	乙巳	直	5	乙亥	直	2	甲辰	人	5	癸酉	結	1	癸卯	結	4	壬申	結	1	壬寅	結	4	辛未	人	1	癸卯	結	4	壬申	結	1	24
25日	丁未	人	5	丁丑	人	2	丙午	結	5	丙子	結	2	乙巳	直	5	甲戌	人	2	甲辰	人	5	癸酉	結	1	癸卯	結	4	壬申	結	1	甲辰	人	5	癸酉	結	1	25
26日	戊申	結	5	戊寅	結	2	丁未	人	5	丁丑	人	2	丙午	結	5	乙亥	直	2	乙巳	直	5	甲戌	人	2	甲辰	人	5	癸酉	結	1	乙巳	直	5	甲戌	人	2	26
27日	己酉	結	5	己卯	結	2	戊申	結	5	戊寅	結	2	丁未	人	5	丙子	結	2	丙午	結	5	乙亥	直	2	乙巳	直	5	甲戌	人	2	丙午	結	5	乙亥	直	2	27
28日	庚戌	人	5	庚辰	人	2	己酉	結	5	己卯	結	2	戊申	結	5	丁丑	人	2	丁未	人	5	丙子	結	2	丙午	結	5	乙亥	直	2	丁未	人	5	丙子	結	2	28
29日	辛亥	直	5	辛巳	直	2	庚戌	人	5	庚辰	人	2	己酉	結	5	戊寅	結	2	戊申	結	5	丁丑	人	2	丁未	人	5	丙子	結	2				丁丑	人	2	29
30日	壬子	結	5	壬午	結	2	辛亥	直	5	辛巳	直	2	庚戌	人	5	己卯	結	2	己酉	結	5	戊寅	結	2	戊申	結	5	丁丑	人	2				戊寅	結	2	30
31日	癸丑	人	5				壬子	結	5				辛亥	直	5	庚辰	人	2				己卯	結	2				戊寅	結	2				己卯	結	2	31

以下のサイトに、生年月日時を入力するだけ「人物フォーマット」が、算出できます。

https://asano-uranai.com/fpd/entrance.php

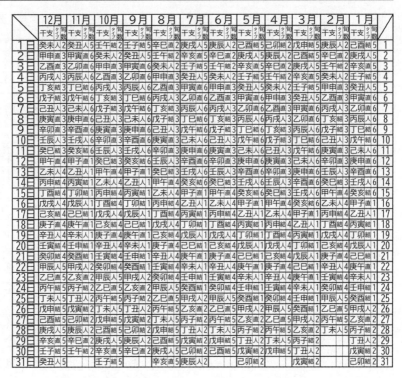

２０２２年（令和４年）

その年干支の期間	2/4 5:54 ～ 12/31 23:59	1/1 0:00 ～2/4 5:53
年干支	壬寅	辛丑

その月干支の期間	12/7 12:47 〜 12/31 23:59	11/7 19:46 〜 12/7 12:46	10/8 16:23 〜 11/7 19:45	9/8 0:33 〜 10/8 16:22	8/7 21:30 〜 9/8 0:32	7/7 11:39 〜 8/7 21:29	6/6 1:26 〜 7/7 11:38	5/5 21:27 〜 6/6 1:25	4/5 4:21 〜 5/5 21:26	3/5 23:44 〜 4/5 4:20	2/4 5:51 〜 3/5 23:43	1/5 18:15 〜 2/4 5:50	1/1 0:00 〜 1/5 18:14
月干支	壬子	辛亥	庚戌	己酉	戊申	丁未	丙午	乙巳	甲辰	癸卯	壬寅	辛丑	庚子
外的環境の支配五行候補	水 △ 木㋤ 火㋒	水 △ 木㋸ 火㋒	◎ 土㋺ 〇 火㋦ △ 金㋟ 木㋤	◎ 金㋑ △ 木㋤ 火㋒	◎ 金㋣ △ 水㋵ 火㋒	◎ 火㋑ ◎ 土㋑ 木㋸	火 〇 土㋑ 木㋤	◎ 火㋑ ◎ 土㋑ △ 木㋕ 金㋳	木 △ 水㋟ 火㋒	木 △ 水㋞ 火㋒	木 △ 水㋞ 火㋒	◎ 水㋥ △ 土㋻ 金㋟	水 金㋟

	12月			11月			10月			9月			8月			7月			6月			5月			4月			3月			2月			1月			
	干支	タイプ	旬数	干支	タイプ	旬数	干支	タイプ	旬数	干支	タイプ	旬数	干支	タイプ	旬数	干支	タイプ	旬数	干支	タイプ	旬数	干支	タイプ	旬数	干支	タイプ	旬数	干支	タイプ	旬数	干支	タイプ	旬数	干支	タイプ	旬数	
1日	戊子	結	3	戊午	結	6	丁亥	結	3	丁巳	結	6	丙戌	人	3	乙卯	直	6	乙酉	直	3	甲寅	直	6	甲申	直	3	癸丑	人	5	乙酉	直	3	甲寅	直	6	1
2日	己丑	人	3	己未	人	6	戊子	結	3	戊午	結	6	丁亥	結	3	丙辰	人	6	丙戌	人	3	乙卯	直	6	乙酉	直	3	甲寅	直	6	丙戌	人	3	乙卯	直	6	2
3日	庚寅	直	3	庚申	直	6	己丑	人	3	己未	人	6	戊子	結	3	丁巳	結	6	丁亥	結	3	丙辰	人	6	丙戌	人	3	乙卯	直	6	丁亥	結	3	丙辰	人	6	3
4日	辛卯	直	3	辛酉	直	6	庚寅	直	3	庚申	直	6	己丑	人	3	戊午	結	6	戊子	結	3	丁巳	結	6	丁亥	結	3	丙辰	人	6	戊子	結	3	丁巳	結	6	4
5日	壬辰	人	3	壬戌	人	6	辛卯	直	3	辛酉	直	6	庚寅	直	3	己未	人	6	己丑	人	3	戊午	結	6	戊子	結	3	丁巳	結	6	己丑	人	3	戊午	結	6	5
6日	癸巳	結	3	癸亥	結	6	壬辰	人	3	壬戌	人	6	辛卯	直	3	庚申	直	6	庚寅	直	3	己未	人	6	己丑	人	3	戊午	結	6	庚寅	直	3	己未	人	6	6
7日	甲午	直	4	甲子	直	1	癸巳	結	3	癸亥	結	6	壬辰	人	3	辛酉	直	6	辛卯	直	3	庚申	直	6	庚寅	直	3	己未	人	6	辛卯	直	3	庚申	直	6	7
8日	乙未	人	4	乙丑	人	1	甲午	直	4	甲子	直	1	癸巳	結	3	壬戌	人	6	壬辰	人	3	辛酉	直	6	辛卯	直	3	庚申	直	6	壬辰	人	3	辛酉	直	6	8
9日	丙申	結	4	丙寅	結	1	乙未	人	4	乙丑	人	1	甲午	直	4	癸亥	結	6	癸巳	結	3	壬戌	人	6	壬辰	人	3	辛酉	直	6	癸巳	結	3	壬戌	人	6	9
10日	丁酉	結	4	丁卯	結	1	丙申	結	4	丙寅	結	1	乙未	人	4	甲子	直	1	甲午	直	4	癸亥	結	6	癸巳	結	3	壬戌	人	6	甲午	直	4	癸亥	結	6	10
11日	戊戌	人	4	戊辰	人	1	丁酉	結	4	丁卯	結	1	丙申	結	4	乙丑	人	1	乙未	人	4	甲子	直	1	甲午	直	4	癸亥	結	6	乙未	人	4	甲子	直	1	11
12日	己亥	結	4	己巳	結	1	戊戌	人	4	戊辰	人	1	丁酉	結	4	丙寅	結	1	丙申	結	4	乙丑	人	1	乙未	人	4	甲子	直	1	丙申	結	4	乙丑	人	1	12
13日	庚子	直	4	庚午	直	1	己亥	結	4	己巳	結	1	戊戌	人	4	丁卯	結	1	丁酉	結	4	丙寅	結	1	丙申	結	4	乙丑	人	1	丁酉	結	4	丙寅	結	1	13
14日	辛丑	人	4	辛未	人	1	庚子	直	4	庚午	直	1	己亥	結	4	戊辰	人	1	戊戌	人	4	丁卯	結	1	丁酉	結	4	丙寅	結	1	戊戌	人	4	丁卯	結	1	14
15日	壬寅	結	4	壬申	結	1	辛丑	人	4	辛未	人	1	庚子	直	4	己巳	結	1	己亥	結	4	戊辰	人	1	戊戌	人	4	丁卯	結	1	己亥	結	4	戊辰	人	1	15
16日	癸卯	結	4	癸酉	結	1	壬寅	結	4	壬申	結	1	辛丑	人	4	庚午	直	1	庚子	直	4	己巳	結	1	己亥	結	4	戊辰	人	1	庚子	直	4	己巳	結	1	16
17日	甲辰	人	5	甲戌	人	2	癸卯	結	4	癸酉	結	1	壬寅	結	4	辛未	人	1	辛丑	人	4	庚午	直	1	庚子	直	4	己巳	結	1	辛丑	人	4	庚午	直	1	17
18日	乙巳	直	5	乙亥	直	2	甲辰	人	5	甲戌	人	2	癸卯	結	4	壬申	結	1	壬寅	結	4	辛未	人	1	辛丑	人	4	庚午	直	1	壬寅	結	4	辛未	人	1	18
19日	丙午	結	5	丙子	結	2	乙巳	直	5	乙亥	直	2	甲辰	人	5	癸酉	結	1	癸卯	結	4	壬申	結	1	壬寅	結	4	辛未	人	1	癸卯	結	4	壬申	結	1	19
20日	丁未	人	5	丁丑	人	2	丙午	結	5	丙子	結	2	乙巳	直	5	甲戌	人	2	甲辰	人	5	癸酉	結	1	癸卯	結	4	壬申	結	1	甲辰	人	5	癸酉	結	1	20
21日	戊申	結	5	戊寅	結	2	丁未	人	5	丁丑	人	2	丙午	結	5	乙亥	直	2	乙巳	直	5	甲戌	人	2	甲辰	人	5	癸酉	結	1	乙巳	直	5	甲戌	人	2	21
22日	己酉	結	5	己卯	結	2	戊申	結	5	戊寅	結	2	丁未	人	5	丙子	結	2	丙午	結	5	乙亥	直	2	乙巳	直	5	甲戌	人	2	丙午	結	5	乙亥	直	2	22
23日	庚戌	人	5	庚辰	人	2	己酉	結	5	己卯	結	2	戊申	結	5	丁丑	人	2	丁未	人	5	丙子	結	2	丙午	結	5	乙亥	直	2	丁未	人	5	丙子	結	2	23
24日	辛亥	直	5	辛巳	直	2	庚戌	人	5	庚辰	人	2	己酉	結	5	戊寅	結	2	戊申	結	5	丁丑	人	2	丁未	人	5	丙子	結	2	戊申	結	5	丁丑	人	2	24
25日	壬子	結	5	壬午	結	2	辛亥	直	5	辛巳	直	2	庚戌	人	5	己卯	結	2	己酉	結	5	戊寅	結	2	戊申	結	5	丁丑	人	2	己酉	結	5	戊寅	結	2	25
26日	癸丑	人	5	癸未	人	2	壬子	結	5	壬午	結	2	辛亥	直	5	庚辰	人	2	庚戌	人	5	己卯	結	2	己酉	結	5	戊寅	結	2	庚戌	人	5	己卯	結	2	26
27日	甲寅	直	6	甲申	直	3	癸丑	人	5	癸未	人	2	壬子	結	5	辛巳	直	2	辛亥	直	5	庚辰	人	2	庚戌	人	5	己卯	結	2	辛亥	直	5	庚辰	人	2	27
28日	乙卯	直	6	乙酉	直	3	甲寅	直	6	甲申	直	3	癸丑	人	5	壬午	結	2	壬子	結	5	辛巳	直	2	辛亥	直	5	庚辰	人	2	壬子	結	5	辛巳	直	2	28
29日	丙辰	人	6	丙戌	人	3	乙卯	直	6	乙酉	直	3	甲寅	直	6	癸未	人	2	癸丑	人	5	壬午	結	2	壬子	結	5	辛巳	直	2				壬午	結	2	29
30日	丁巳	結	6	丁亥	結	3	丙辰	人	6	丙戌	人	3	乙卯	直	6	甲申	直	3	甲寅	直	6	癸未	人	2	癸丑	人	5	壬午	結	2				癸未	人	2	30
31日	戊午	結	6				丁巳	結	6				丙辰	人	6	乙酉	直	3				甲申	直	3				癸未	人	2				甲申	直	3	31

以下のサイトに、生年月日時を入力するだけ「人物フォーマット」が、算出できます。

https://asano-uranai.com/fpd/entrance.php

2023年（令和5年）

その年干支の期間	2/4 11:48 ～ 12/31 23:59	1/1 0:00 ～2/4 11:47
年干支	癸卯	壬寅

その月干支の期間	12/7 18:34 ～ 12/31 23:59	11/8 1:36 ～ 12/7 18:33	10/8 22:16 ～ 11/8 1:35	9/8 6:27 ～ 10/8 22:15	8/8 3:24 ～ 9/8 6:26	7/7 17:31 ～ 8/8 3:23	6/6 7:19 ～ 7/7 17:30	5/6 3:19 ～ 6/6 7:18	4/5 10:14 ～ 5/6 3:18	3/6 5:37 ～ 4/5 10:13	2/4 11:43 ～ 3/6 5:36	1/6 0:05 ～ 2/4 11:42	1/1 0:00 ～ 1/5 0:04
月干支	甲子	癸亥	壬戌	辛酉	庚申	己未	戊午	丁巳	丙辰	乙卯	甲寅	癸丑	壬子
外的環境の支配五行候補	水 木㋕	水 木㋠	◎ 土㋺ ○ 水㋞ △ 木㋡ □ 金㋧ 火㋖	金 木㋡	金 △ 水㋵ 木㋡	土 △ 木㋣ 火㋠	土 ○ 火㋑ 木㋡	火 ○ 土㋑ △ 木㋡ 金㋳	◎ 木㋬ 水㋟	木	木 火㋒	◎ 水㋑ ○ 木㋤ △ 火㋒ 金㋮	水 △ 木㋤ 火㋒

	12月			11月			10月			9月			8月			7月			6月			5月			4月			3月			2月			1月			
	干支	タイプ	旬数	干支	タイプ	旬数	干支	タイプ	旬数	干支	タイプ	旬数	干支	タイプ	旬数	干支	タイプ	旬数	干支	タイプ	旬数	干支	タイプ	旬数	干支	タイプ	旬数	干支	タイプ	旬数	干支	タイプ	旬数	干支	タイプ	旬数	
1日	癸巳	結	3	癸亥	結	6	壬辰	人	3	壬戌	人	6	辛卯	直	3	庚申	直	6	庚寅	直	3	己未	人	6	己丑	人	3	戊午	結	6	庚寅	直	3	己未	人	6	1
2日	甲午	直	4	甲子	直	1	癸巳	結	3	癸亥	結	6	壬辰	人	3	辛酉	直	6	辛卯	直	3	庚申	直	6	庚寅	直	3	己未	人	6	辛卯	直	3	庚申	直	6	2
3日	乙未	人	4	乙丑	人	1	甲午	直	4	甲子	直	1	癸巳	結	3	壬戌	人	6	壬辰	人	3	辛酉	直	6	辛卯	直	3	庚申	直	6	壬辰	人	3	辛酉	直	6	3
4日	丙申	結	4	丙寅	結	1	乙未	人	4	乙丑	人	1	甲午	直	4	癸亥	結	6	癸巳	結	3	壬戌	人	6	壬辰	人	3	辛酉	直	6	癸巳	結	3	壬戌	人	6	4
5日	丁酉	結	4	丁卯	結	1	丙申	結	4	丙寅	結	1	乙未	人	4	甲子	直	1	甲午	直	4	癸亥	結	6	癸巳	結	3	壬戌	人	6	甲午	直	4	癸亥	結	6	5
6日	戊戌	人	4	戊辰	人	1	丁酉	結	4	丁卯	結	1	丙申	結	4	乙丑	人	1	乙未	人	4	甲子	直	1	甲午	直	4	癸亥	結	6	乙未	人	4	甲子	直	1	6
7日	己亥	結	4	己巳	結	1	戊戌	人	4	戊辰	人	1	丁酉	結	4	丙寅	結	1	丙申	結	4	乙丑	人	1	乙未	人	4	甲子	直	1	丙申	結	4	乙丑	人	1	7
8日	庚子	直	4	庚午	直	1	己亥	結	4	己巳	結	1	戊戌	人	4	丁卯	結	1	丁酉	結	4	丙寅	結	1	丙申	結	4	乙丑	人	1	丁酉	結	4	丙寅	結	1	8
9日	辛丑	人	4	辛未	人	1	庚子	直	4	庚午	直	1	己亥	結	4	戊辰	人	1	戊戌	人	4	丁卯	結	1	丁酉	結	4	丙寅	結	1	戊戌	人	4	丁卯	結	1	9
10日	壬寅	結	4	壬申	結	1	辛丑	人	4	辛未	人	1	庚子	直	4	己巳	結	1	己亥	結	4	戊辰	人	1	戊戌	人	4	丁卯	結	1	己亥	結	4	戊辰	人	1	10
11日	癸卯	結	4	癸酉	結	1	壬寅	結	4	壬申	結	1	辛丑	人	4	庚午	直	1	庚子	直	4	己巳	結	1	己亥	結	4	戊辰	人	1	庚子	直	4	己巳	結	1	11
12日	甲辰	人	5	甲戌	人	2	癸卯	結	4	癸酉	結	1	壬寅	結	4	辛未	人	1	辛丑	人	4	庚午	直	1	庚子	直	4	己巳	結	1	辛丑	人	4	庚午	直	1	12
13日	乙巳	直	5	乙亥	直	2	甲辰	人	5	甲戌	人	2	癸卯	結	4	壬申	結	1	壬寅	結	4	辛未	人	1	辛丑	人	4	庚午	直	1	壬寅	結	4	辛未	人	1	13
14日	丙午	結	5	丙子	結	2	乙巳	直	5	乙亥	直	2	甲辰	人	5	癸酉	結	1	癸卯	結	4	壬申	結	1	壬寅	結	4	辛未	人	1	癸卯	結	4	壬申	結	1	14
15日	丁未	人	5	丁丑	人	2	丙午	結	5	丙子	結	2	乙巳	直	5	甲戌	人	2	甲辰	人	5	癸酉	結	1	癸卯	結	4	壬申	結	1	甲辰	人	5	癸酉	結	1	15
16日	戊申	結	5	戊寅	結	2	丁未	人	5	丁丑	人	2	丙午	結	5	乙亥	直	2	乙巳	直	5	甲戌	人	2	甲辰	人	5	癸酉	結	1	乙巳	直	5	甲戌	人	2	16
17日	己酉	結	5	己卯	結	2	戊申	結	5	戊寅	結	2	丁未	人	5	丙子	結	2	丙午	結	5	乙亥	直	2	乙巳	直	5	甲戌	人	2	丙午	結	5	乙亥	直	2	17
18日	庚戌	人	5	庚辰	人	2	己酉	結	5	己卯	結	2	戊申	結	5	丁丑	人	2	丁未	人	5	丙子	結	2	丙午	結	5	乙亥	直	2	丁未	人	5	丙子	結	2	18
19日	辛亥	直	5	辛巳	直	2	庚戌	人	5	庚辰	人	2	己酉	結	5	戊寅	結	2	戊申	結	5	丁丑	人	2	丁未	人	5	丙子	結	2	戊申	結	5	丁丑	人	2	19
20日	壬子	結	5	壬午	結	2	辛亥	直	5	辛巳	直	2	庚戌	人	5	己卯	結	2	己酉	結	5	戊寅	結	2	戊申	結	5	丁丑	人	2	己酉	結	5	戊寅	結	2	20
21日	癸丑	人	5	癸未	人	2	壬子	結	5	壬午	結	2	辛亥	直	5	庚辰	人	2	庚戌	人	5	己卯	結	2	己酉	結	5	戊寅	結	2	庚戌	人	5	己卯	結	2	21
22日	甲寅	直	6	甲申	直	3	癸丑	人	5	癸未	人	2	壬子	結	5	辛巳	直	2	辛亥	直	5	庚辰	人	2	庚戌	人	5	己卯	結	2	辛亥	直	5	庚辰	人	2	22
23日	乙卯	直	6	乙酉	直	3	甲寅	直	6	甲申	直	3	癸丑	人	5	壬午	結	2	壬子	結	5	辛巳	直	2	辛亥	直	5	庚辰	人	2	壬子	結	5	辛巳	直	2	23
24日	丙辰	人	6	丙戌	人	3	乙卯	直	6	乙酉	直	3	甲寅	直	6	癸未	人	2	癸丑	人	5	壬午	結	2	壬子	結	5	辛巳	直	2	癸丑	人	5	壬午	結	2	24
25日	丁巳	結	6	丁亥	結	3	丙辰	人	6	丙戌	人	3	乙卯	直	6	甲申	直	3	甲寅	直	6	癸未	人	2	癸丑	人	5	壬午	結	2	甲寅	直	6	癸未	人	2	25
26日	戊午	結	6	戊子	結	3	丁巳	結	6	丁亥	結	3	丙辰	人	6	乙酉	直	3	乙卯	直	6	甲申	直	3	甲寅	直	6	癸未	人	2	乙卯	直	6	甲申	直	3	26
27日	己未	人	6	己丑	人	3	戊午	結	6	戊子	結	3	丁巳	結	6	丙戌	人	3	丙辰	人	6	乙酉	直	3	乙卯	直	6	甲申	直	3	丙辰	人	6	乙酉	直	3	27
28日	庚申	直	6	庚寅	直	3	己未	人	6	己丑	人	3	戊午	結	6	丁亥	結	3	丁巳	結	6	丙戌	人	3	丙辰	人	6	乙酉	直	3	丁巳	結	6	丙戌	人	3	28
29日	辛酉	直	6	辛卯	直	3	庚申	直	6	庚寅	直	3	己未	人	6	戊子	結	3	戊午	結	6	丁亥	結	3	丁巳	結	6	丙戌	人	3				丁亥	結	3	29
30日	壬戌	人	6	壬辰	人	3	辛酉	直	6	辛卯	直	3	庚申	直	6	己丑	人	3	己未	人	6	戊子	結	3	戊午	結	6	丁亥	結	3				戊子	結	3	30
31日	癸亥	結	6				壬戌	人	6				辛酉	直	6	庚寅	直	3				己丑	人	3				戊子	結	3				己丑	人	3	31

以下のサイトに、生年月日時を入力するだけ「人物フォーマット」が、算出できます。

https://asano-uranai.com/fpd/entrance.php

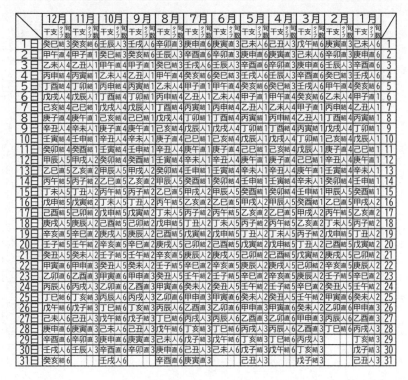

２０２４年（令和６年）

その年干支の期間	2/4 17:30 ～ 12/31 23:59	1/1 0:00 ～2/4 17:29
年干支	甲辰	癸卯

その月干支の期間	12/7 0:18 ≀ 12/31 23:59	11/7 7:21 ≀ 12/7 0:17	10/8 4:01 ≀ 11/7 7:20	9/7 12:12 ≀ 10/8 4:00	8/7 9:10 ≀ 9/7 12:11	7/6 23:21 ≀ 8/7 9:09	6/5 13:11 ≀ 7/6 23:20	5/5 9:11 ≀ 6/5 13:10	4/4 16:03 ≀ 5/5 9:10	3/5 11:23 ≀ 4/4 16:02	2/4 17:28 ≀ 3/5 11:22	1/6 5:50 ≀ 2/4 17:27	1/1 0:00 ≀ 1/6 5:49
月干支	丙子	乙亥	甲戌	癸酉	壬申	辛未	庚午	己巳	戊辰	丁卯	丙寅	乙丑	甲子
外的環境の支配五行候補	◎ 水㋑ 木㋒	◎ 水㋑ 木㋵	◎ 土㋷ ○ 木㋵ △ 金㋧ □ 水㋒ 火㋖	◎ 金㋬ 水㋟ 木㋒	◎ 金㋑ △ 水㋣ 木㋵	土 ○ 火㋠ △ 木㋵ □ 金㋰ 水㋒	◎ 火㋑ ◎ 土㋑ ○ 木㋵ △ 金㋰ 水㋒	土 ○ 火㋑ △ 木㋵ □ 水㋒ 金㋳	◎ 木㋩ ○ 土㋷ △ 金㋤ 水㋒	木 水㋒	木 △ 火㋞ 水㋒	◎ 水㋥ △ 木㋕ 金㋮	水 木㋕

	12月			11月			10月			9月			8月			7月			6月			5月			4月			3月			2月			1月			
	干支	タイプ	旬数	干支	タイプ	旬数	干支	タイプ	旬数	干支	タイプ	旬数	干支	タイプ	旬数	干支	タイプ	旬数	干支	タイプ	旬数	干支	タイプ	旬数	干支	タイプ	旬数	干支	タイプ	旬数	干支	タイプ	旬数	干支	タイプ	旬数	
1日	己亥	結	4	己巳	結	1	戊戌	人	4	戊辰	人	1	丁酉	結	4	丙寅	結	1	丙申	結	4	乙丑	人	1	乙未	人	4	甲子	直	1	乙未	人	4	甲子	直	1	1
2日	庚子	直	4	庚午	直	1	己亥	結	4	己巳	結	1	戊戌	人	4	丁卯	結	1	丁酉	結	4	丙寅	結	1	丙申	結	4	乙丑	人	1	丙申	結	4	乙丑	人	1	2
3日	辛丑	人	4	辛未	人	1	庚子	直	4	庚午	直	1	己亥	結	4	戊辰	人	1	戊戌	人	4	丁卯	結	1	丁酉	結	4	丙寅	結	1	丁酉	結	4	丙寅	結	1	3
4日	壬寅	結	4	壬申	結	1	辛丑	人	4	辛未	人	1	庚子	直	4	己巳	結	1	己亥	結	4	戊辰	人	1	戊戌	人	4	丁卯	結	1	戊戌	人	4	丁卯	結	1	4
5日	癸卯	結	4	癸酉	結	1	壬寅	結	4	壬申	結	1	辛丑	人	4	庚午	直	1	庚子	直	4	己巳	結	1	己亥	結	4	戊辰	人	1	己亥	結	4	戊辰	人	1	5
6日	甲辰	人	5	甲戌	人	2	癸卯	結	4	癸酉	結	1	壬寅	結	4	辛未	人	1	辛丑	人	4	庚午	直	1	庚子	直	4	己巳	結	1	庚子	直	4	己巳	結	1	6
7日	乙巳	直	5	乙亥	直	2	甲辰	人	5	甲戌	人	2	癸卯	結	4	壬申	結	1	壬寅	結	4	辛未	人	1	辛丑	人	4	庚午	直	1	辛丑	人	4	庚午	直	1	7
8日	丙午	結	5	丙子	結	2	乙巳	直	5	乙亥	直	2	甲辰	人	5	癸酉	結	1	癸卯	結	4	壬申	結	1	壬寅	結	4	辛未	人	1	壬寅	結	4	辛未	人	1	8
9日	丁未	人	5	丁丑	人	2	丙午	結	5	丙子	結	2	乙巳	直	5	甲戌	人	2	甲辰	人	5	癸酉	結	1	癸卯	結	4	壬申	結	1	癸卯	結	4	壬申	結	1	9
10日	戊申	結	5	戊寅	結	2	丁未	人	5	丁丑	人	2	丙午	結	5	乙亥	直	2	乙巳	直	5	甲戌	人	2	甲辰	人	5	癸酉	結	1	甲辰	人	5	癸酉	結	1	10
11日	己酉	結	5	己卯	結	2	戊申	結	5	戊寅	結	2	丁未	人	5	丙子	結	2	丙午	結	5	乙亥	直	2	乙巳	直	5	甲戌	人	2	乙巳	直	5	甲戌	人	2	11
12日	庚戌	人	5	庚辰	人	2	己酉	結	5	己卯	結	2	戊申	結	5	丁丑	人	2	丁未	人	5	丙子	結	2	丙午	結	5	乙亥	直	2	丙午	結	5	乙亥	直	2	12
13日	辛亥	直	5	辛巳	直	2	庚戌	人	5	庚辰	人	2	己酉	結	5	戊寅	結	2	戊申	結	5	丁丑	人	2	丁未	人	5	丙子	結	2	丁未	人	5	丙子	結	2	13
14日	壬子	結	5	壬午	結	2	辛亥	直	5	辛巳	直	2	庚戌	人	5	己卯	結	2	己酉	結	5	戊寅	結	2	戊申	結	5	丁丑	人	2	戊申	結	5	丁丑	人	2	14
15日	癸丑	人	5	癸未	人	2	壬子	結	5	壬午	結	2	辛亥	直	5	庚辰	人	2	庚戌	人	5	己卯	結	2	己酉	結	5	戊寅	結	2	己酉	結	5	戊寅	結	2	15
16日	甲寅	直	6	甲申	直	3	癸丑	人	5	癸未	人	2	壬子	結	5	辛巳	直	2	辛亥	直	5	庚辰	人	2	庚戌	人	5	己卯	結	2	庚戌	人	5	己卯	結	2	16
17日	乙卯	直	6	乙酉	直	3	甲寅	直	6	甲申	直	3	癸丑	人	5	壬午	結	2	壬子	結	5	辛巳	直	2	辛亥	直	5	庚辰	人	2	辛亥	直	5	庚辰	人	2	17
18日	丙辰	人	6	丙戌	人	3	乙卯	直	6	乙酉	直	3	甲寅	直	6	癸未	人	2	癸丑	人	5	壬午	結	2	壬子	結	5	辛巳	直	2	壬子	結	5	辛巳	直	2	18
19日	丁巳	結	6	丁亥	結	3	丙辰	人	6	丙戌	人	3	乙卯	直	6	甲申	直	3	甲寅	直	6	癸未	人	2	癸丑	人	5	壬午	結	2	癸丑	人	5	壬午	結	2	19
20日	戊午	結	6	戊子	結	3	丁巳	結	6	丁亥	結	3	丙辰	人	6	乙酉	直	3	乙卯	直	6	甲申	直	3	甲寅	直	6	癸未	人	2	甲寅	直	6	癸未	人	2	20
21日	己未	人	6	己丑	人	3	戊午	結	6	戊子	結	3	丁巳	結	6	丙戌	人	3	丙辰	人	6	乙酉	直	3	乙卯	直	6	甲申	直	3	乙卯	直	6	甲申	直	3	21
22日	庚申	直	6	庚寅	直	3	己未	人	6	己丑	人	3	戊午	結	6	丁亥	結	3	丁巳	結	6	丙戌	人	3	丙辰	人	6	乙酉	直	3	丙辰	人	6	乙酉	直	3	22
23日	辛酉	直	6	辛卯	直	3	庚申	直	6	庚寅	直	3	己未	人	6	戊子	結	3	戊午	結	6	丁亥	結	3	丁巳	結	6	丙戌	人	3	丁巳	結	6	丙戌	人	3	23
24日	壬戌	人	6	壬辰	人	3	辛酉	直	6	辛卯	直	3	庚申	直	6	己丑	人	3	己未	人	6	戊子	結	3	戊午	結	6	丁亥	結	3	戊午	結	6	丁亥	結	3	24
25日	癸亥	結	6	癸巳	結	3	壬戌	人	6	壬辰	人	3	辛酉	直	6	庚寅	直	3	庚申	直	6	己丑	人	3	己未	人	6	戊子	結	3	己未	人	6	戊子	結	3	25
26日	甲子	直	1	甲午	直	4	癸亥	結	6	癸巳	結	3	壬戌	人	6	辛卯	直	3	辛酉	直	6	庚寅	直	3	庚申	直	6	己丑	人	3	庚申	直	6	己丑	人	3	26
27日	乙丑	人	1	乙未	人	4	甲子	直	1	甲午	直	4	癸亥	結	6	壬辰	人	3	壬戌	人	6	辛卯	直	3	辛酉	直	6	庚寅	直	3	辛酉	直	6	庚寅	直	3	27
28日	丙寅	結	1	丙申	結	4	乙丑	人	1	乙未	人	4	甲子	直	1	癸巳	結	3	癸亥	結	6	壬辰	人	3	壬戌	人	6	辛卯	直	3	壬戌	人	6	辛卯	直	3	28
29日	丁卯	結	1	丁酉	結	4	丙寅	結	1	丙申	結	4	乙丑	人	1	甲午	直	4	甲子	直	1	癸巳	結	3	癸亥	結	6	壬辰	人	3	癸亥	結	6	壬辰	人	3	29
30日	戊辰	人	1	戊戌	人	4	丁卯	結	1	丁酉	結	4	丙寅	結	1	乙未	人	4	乙丑	人	1	甲午	直	4	甲子	直	1	癸巳	結	3				癸巳	結	3	30
31日	己巳	結	1				戊辰	人	1				丁卯	結	1	丙申	結	4				乙未	人	4				甲午	直	4				甲午	直	4	31

以下のサイトに、生年月日時を入力するだけ「人物フォーマット」が、算出できます。

https://asano-uranai.com/fpd/entrance.php

2025年（令和7年）

その年干支の期間	2/3 23:16 ～ 12/31 23:59	1/1 0:00 ~2/3 23:15
年干支	乙巳	甲辰

その月干支の期間	12/7 6:05 ∫ 12/31 23:59	11/7 13:05 ∫ 12/7 6:04	10/8 9:42 ∫ 11/7 13:04	9/7 17:53 ∫ 10/8 9:41	8/7 14:52 ∫ 9/7 17:52	7/7 5:06 ∫ 8/7 14:51	6/5 18:57 ∫ 7/7 5:05	5/5 14:58 ∫ 6/5 18:56	4/4 21:49 ∫ 5/5 14:57	3/5 17:08 ∫ 4/4 21:48	2/3 23:11 ∫ 3/5 17:07	1/5 11:33 ∫ 2/3 23:10	1/1 0:00 ∫ 1/5 11:32
月干支	戊子	丁亥	丙戌	乙酉	甲申	癸未	壬午	辛巳	庚辰	己卯	戊寅	丁丑	丙子
外的環境の支配五行候補	◎ 水㋑ ○ 土㋺ △ 火㋰ 金㋳	◎ 土㋦ ○ 水㋻ △ 木㋹ □ 火㋤ 金㋳	◎ 土㋑ △ 火㋺ 金㋧	◎ 金㋑ ○ 土㋦ △ 木㋵ 火㋰	◎ 金㋑ ○ 土㋦ △ 木㋵ 火㋰ 水㋰	火 ○ 土㋑ △ 木㋞ 金㋳	火 ○ 土㋑ 金㋳	火 ○ 土㋑ 金㋰	◎ 木㋩ ○ 土㋥ △ 金㋶ □ 火㋰ 水㋒	木 ○ 土㋺ △ 火㋰ 金㋳	木 ○ 土㋸ △ 火㋟ 金㋳	◎ 土㋻ ○ 水㋕ △ 木㋵ 金㋤	◎ 水㋑ 木㋒

	12月			11月			10月			9月			8月			7月			6月			5月			4月			3月			2月			1月			
	干支	タイプ	旬数	干支	タイプ	旬数	干支	タイプ	旬数	干支	タイプ	旬数	干支	タイプ	旬数	干支	タイプ	旬数	干支	タイプ	旬数	干支	タイプ	旬数	干支	タイプ	旬数	干支	タイプ	旬数	干支	タイプ	旬数	干支	タイプ	旬数	
1日	甲辰	人	5	甲戌	人	2	癸卯	結	4	癸酉	結	1	壬寅	結	4	辛未	人	1	辛丑	人	4	庚午	直	1	庚子	直	4	己巳	結	1	辛丑	人	4	庚午	直	1	1
2日	乙巳	直	5	乙亥	直	2	甲辰	人	5	甲戌	人	2	癸卯	結	4	壬申	結	1	壬寅	結	4	辛未	人	1	辛丑	人	4	庚午	直	1	壬寅	結	4	辛未	人	1	2
3日	丙午	結	5	丙子	結	2	乙巳	直	5	乙亥	直	2	甲辰	人	5	癸酉	結	1	癸卯	結	4	壬申	結	1	壬寅	結	4	辛未	人	1	癸卯	結	4	壬申	結	1	3
4日	丁未	人	5	丁丑	人	2	丙午	結	5	丙子	結	2	乙巳	直	5	甲戌	人	2	甲辰	人	5	癸酉	結	1	癸卯	結	4	壬申	結	1	甲辰	人	5	癸酉	結	1	4
5日	戊申	結	5	戊寅	結	2	丁未	人	5	丁丑	人	2	丙午	結	5	乙亥	直	2	乙巳	直	5	甲戌	人	2	甲辰	人	5	癸酉	結	1	乙巳	直	5	甲戌	人	2	5
6日	己酉	結	5	己卯	結	2	戊申	結	5	戊寅	結	2	丁未	人	5	丙子	結	2	丙午	結	5	乙亥	直	2	乙巳	直	5	甲戌	人	2	丙午	結	5	乙亥	直	2	6
7日	庚戌	人	5	庚辰	人	2	己酉	結	5	己卯	結	2	戊申	結	5	丁丑	人	2	丁未	人	5	丙子	結	2	丙午	結	5	乙亥	直	2	丁未	人	5	丙子	結	2	7
8日	辛亥	直	5	辛巳	直	2	庚戌	人	5	庚辰	人	2	己酉	結	5	戊寅	結	2	戊申	結	5	丁丑	人	2	丁未	人	5	丙子	結	2	戊申	結	5	丁丑	人	2	8
9日	壬子	結	5	壬午	結	2	辛亥	直	5	辛巳	直	2	庚戌	人	5	己卯	結	2	己酉	結	5	戊寅	結	2	戊申	結	5	丁丑	人	2	己酉	結	5	戊寅	結	2	9
10日	癸丑	人	5	癸未	人	2	壬子	結	5	壬午	結	2	辛亥	直	5	庚辰	人	2	庚戌	人	5	己卯	結	2	己酉	結	5	戊寅	結	2	庚戌	人	5	己卯	結	2	10
11日	甲寅	直	6	甲申	直	3	癸丑	人	5	癸未	人	2	壬子	結	5	辛巳	直	2	辛亥	直	5	庚辰	人	2	庚戌	人	5	己卯	結	2	辛亥	直	5	庚辰	人	2	11
12日	乙卯	直	6	乙酉	直	3	甲寅	直	6	甲申	直	3	癸丑	人	5	壬午	結	2	壬子	結	5	辛巳	直	2	辛亥	直	5	庚辰	人	2	壬子	結	5	辛巳	直	2	12
13日	丙辰	人	6	丙戌	人	3	乙卯	直	6	乙酉	直	3	甲寅	直	6	癸未	人	2	癸丑	人	5	壬午	結	2	壬子	結	5	辛巳	直	2	癸丑	人	5	壬午	結	2	13
14日	丁巳	結	6	丁亥	結	3	丙辰	人	6	丙戌	人	3	乙卯	直	6	甲申	直	3	甲寅	直	6	癸未	人	2	癸丑	人	5	壬午	結	2	甲寅	直	6	癸未	人	2	14
15日	戊午	結	6	戊子	結	3	丁巳	結	6	丁亥	結	3	丙辰	人	6	乙酉	直	3	乙卯	直	6	甲申	直	3	甲寅	直	6	癸未	人	2	乙卯	直	6	甲申	直	3	15
16日	己未	人	6	己丑	人	3	戊午	結	6	戊子	結	3	丁巳	結	6	丙戌	人	3	丙辰	人	6	乙酉	直	3	乙卯	直	6	甲申	直	3	丙辰	人	6	乙酉	直	3	16
17日	庚申	直	6	庚寅	直	3	己未	人	6	己丑	人	3	戊午	結	6	丁亥	結	3	丁巳	結	6	丙戌	人	3	丙辰	人	6	乙酉	直	3	丁巳	結	6	丙戌	人	3	17
18日	辛酉	直	6	辛卯	直	3	庚申	直	6	庚寅	直	3	己未	人	6	戊子	結	3	戊午	結	6	丁亥	結	3	丁巳	結	6	丙戌	人	3	戊午	結	6	丁亥	結	3	18
19日	壬戌	人	6	壬辰	人	3	辛酉	直	6	辛卯	直	3	庚申	直	6	己丑	人	3	己未	人	6	戊子	結	3	戊午	結	6	丁亥	結	3	己未	人	6	戊子	結	3	19
20日	癸亥	結	6	癸巳	結	3	壬戌	人	6	壬辰	人	3	辛酉	直	6	庚寅	直	3	庚申	直	6	己丑	人	3	己未	人	6	戊子	結	3	庚申	直	6	己丑	人	3	20
21日	甲子	直	1	甲午	直	4	癸亥	結	6	癸巳	結	3	壬戌	人	6	辛卯	直	3	辛酉	直	6	庚寅	直	3	庚申	直	6	己丑	人	3	辛酉	直	6	庚寅	直	3	21
22日	乙丑	人	1	乙未	人	4	甲子	直	1	甲午	直	4	癸亥	結	6	壬辰	人	3	壬戌	人	6	辛卯	直	3	辛酉	直	6	庚寅	直	3	壬戌	人	6	辛卯	直	3	22
23日	丙寅	結	1	丙申	結	4	乙丑	人	1	乙未	人	4	甲子	直	1	癸巳	結	3	癸亥	結	6	壬辰	人	3	壬戌	人	6	辛卯	直	3	癸亥	結	6	壬辰	人	3	23
24日	丁卯	結	1	丁酉	結	4	丙寅	結	1	丙申	結	4	乙丑	人	1	甲午	直	4	甲子	直	1	癸巳	結	3	癸亥	結	6	壬辰	人	3	甲子	直	1	癸巳	結	3	24
25日	戊辰	人	1	戊戌	人	4	丁卯	結	1	丁酉	結	4	丙寅	結	1	乙未	人	4	乙丑	人	1	甲午	直	4	甲子	直	1	癸巳	結	3	乙丑	人	1	甲午	直	4	25
26日	己巳	結	1	己亥	結	4	戊辰	人	1	戊戌	人	4	丁卯	結	1	丙申	結	4	丙寅	結	1	乙未	人	4	乙丑	人	1	甲午	直	4	丙寅	結	1	乙未	人	4	26
27日	庚午	直	1	庚子	直	4	己巳	結	1	己亥	結	4	戊辰	人	1	丁酉	結	4	丁卯	結	1	丙申	結	4	丙寅	結	1	乙未	人	4	丁卯	結	1	丙申	結	4	27
28日	辛未	人	1	辛丑	人	4	庚午	直	1	庚子	直	4	己巳	結	1	戊戌	人	4	戊辰	人	1	丁酉	結	4	丁卯	結	1	丙申	結	4	戊辰	人	1	丁酉	結	4	28
29日	壬申	結	1	壬寅	結	4	辛未	人	1	辛丑	人	4	庚午	直	1	己亥	結	4	己巳	結	1	戊戌	人	4	戊辰	人	1	丁酉	結	4				戊戌	人	4	29
30日	癸酉	結	1	癸卯	結	4	壬申	結	1	壬寅	結	4	辛未	人	1	庚子	直	4	庚午	直	1	己亥	結	4	己巳	結	1	戊戌	人	4				己亥	結	4	30
31日	甲戌						癸酉	結	1				壬申	結	1	辛丑	人	4				庚子	直	4				己亥	結	4				庚子	直	4	31

以下のサイトに、生年月日時を入力するだけ「人物フォーマット」が、算出できます。

https://asano-uranai.com/fpd/entrance.php

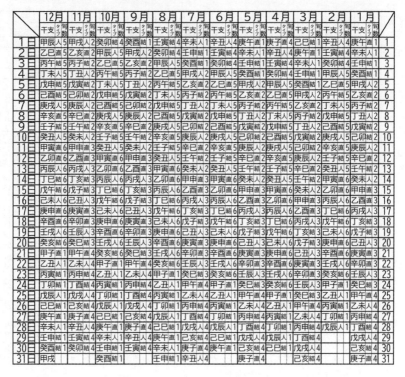

２０２６年（令和８年）

その年干支の期間	2/4 5:14 ～ 12/31 23:59	1/1 0:00 ～2/4 5：13
年干支	丙午	乙巳

その月干支の期間	12/7 11:53 ～ 12/31 23:59	11/7 18:53 ～ 12/7 11:52	10/8 15:30 ～ 11/7 18:52	9/7 23:42 ～ 10/8 15:29	8/7 20:43 ～ 9/7 23:41	7/7 10:58 ～ 8/7 20:42	6/6 0:49 ～ 7/7 10:57	5/5 20:49 ～ 6/6 0:48	4/5 3:41 ～ 5/5 20:48	3/5 23:00 ～ 4/5 3:40	2/4 5:03 ～ 3/5 22:59	1/5 17:24 ～ 2/4 5:02	1/1 0:00 ～ 1/5 17:23
月干支	庚子	己亥	戊戌	丁酉	丙申	乙未	甲午	癸巳	壬辰	辛卯	庚寅	己丑	戊子
外的環境の支配五行候補	◎ 土㋦ △ 水㋻ 火㋤	◎ 水㋑ ○ 土㋺ △ 火㋬ 木㋶	土 △ 火㋺ 金㋮	◎ 金㋑ △ 火㋺ 土㋦	◎ 金㋑ ○ 火㋺ △ 土㋦ 水㋰	火 ○ 土㋑ 木㋞	火 ○ 土㋑	火 ○ 土㋑	◎ 土㋥ ○ 火㋬ △ 木㋦ 水㋟	◎ 木㋑ △ 火㋬ 土㋦	◎ 木㋑ △ 火㋩ 土㋬	◎ 土㋩ ○ 金㋦ △ 水㋕ 火㋰	◎ 水㋑ ○ 土㋺ △ 火㋰ 金㋳

	12月			11月			10月			9月			8月			7月			6月			5月			4月			3月			2月			1月			
	干支	タイプ	旬数	干支	タイプ	旬数	干支	タイプ	旬数	干支	タイプ	旬数	干支	タイプ	旬数	干支	タイプ	旬数	干支	タイプ	旬数	干支	タイプ	旬数	干支	タイプ	旬数	干支	タイプ	旬数	干支	タイプ	旬数	干支	タイプ	旬数	
1日	己酉	結	5	己卯	結	2	戊申	結	5	戊寅	結	2	丁未	人	5	丙子	結	2	丙午	結	5	乙亥	直	2	乙巳	直	5	甲戌	人	2	丙午	結	5	乙亥	直	2	1
2日	庚戌	人	5	庚辰	人	2	己酉	結	5	己卯	結	2	戊申	結	5	丁丑	人	2	丁未	人	5	丙子	結	2	丙午	結	5	乙亥	直	2	丁未	人	5	丙子	結	2	2
3日	辛亥	直	5	辛巳	直	2	庚戌	人	5	庚辰	人	2	己酉	結	5	戊寅	結	2	戊申	結	5	丁丑	人	2	丁未	人	5	丙子	結	2	戊申	結	5	丁丑	人	2	3
4日	壬子	結	5	壬午	結	2	辛亥	直	5	辛巳	直	2	庚戌	人	5	己卯	結	2	己酉	結	5	戊寅	結	2	戊申	結	5	丁丑	人	2	己酉	結	5	戊寅	結	2	4
5日	癸丑	人	5	癸未	人	2	壬子	結	5	壬午	結	2	辛亥	直	5	庚辰	人	2	庚戌	人	5	己卯	結	2	己酉	結	5	戊寅	結	2	庚戌	人	5	己卯	結	2	5
6日	甲寅	直	6	甲申	直	3	癸丑	人	5	癸未	人	2	壬子	結	5	辛巳	直	2	辛亥	直	5	庚辰	人	2	庚戌	人	5	己卯	結	2	辛亥	直	5	庚辰	人	2	6
7日	乙卯	直	6	乙酉	直	3	甲寅	直	6	甲申	直	3	癸丑	人	5	壬午	結	2	壬子	結	5	辛巳	直	2	辛亥	直	5	庚辰	人	2	壬子	結	5	辛巳	直	2	7
8日	丙辰	人	6	丙戌	人	3	乙卯	直	6	乙酉	直	3	甲寅	直	6	癸未	人	2	癸丑	人	5	壬午	結	2	壬子	結	5	辛巳	直	2	癸丑	人	5	壬午	結	2	8
9日	丁巳	結	6	丁亥	結	3	丙辰	人	6	丙戌	人	3	乙卯	直	6	甲申	直	3	甲寅	直	6	癸未	人	2	癸丑	人	5	壬午	結	2	甲寅	直	6	癸未	人	2	9
10日	戊午	結	6	戊子	結	3	丁巳	結	6	丁亥	結	3	丙辰	人	6	乙酉	直	3	乙卯	直	6	甲申	直	3	甲寅	直	6	癸未	人	2	乙卯	直	6	甲申	直	3	10
11日	己未	人	6	己丑	人	3	戊午	結	6	戊子	結	3	丁巳	結	6	丙戌	人	3	丙辰	人	6	乙酉	直	3	乙卯	直	6	甲申	直	3	丙辰	人	6	乙酉	直	3	11
12日	庚申	直	6	庚寅	直	3	己未	人	6	己丑	人	3	戊午	結	6	丁亥	結	3	丁巳	結	6	丙戌	人	3	丙辰	人	6	乙酉	直	3	丁巳	結	6	丙戌	人	3	12
13日	辛酉	直	6	辛卯	直	3	庚申	直	6	庚寅	直	3	己未	人	6	戊子	結	3	戊午	結	6	丁亥	結	3	丁巳	結	6	丙戌	人	3	戊午	結	6	丁亥	結	3	13
14日	壬戌	人	6	壬辰	人	3	辛酉	直	6	辛卯	直	3	庚申	直	6	己丑	人	3	己未	人	6	戊子	結	3	戊午	結	6	丁亥	結	3	己未	人	6	戊子	結	3	14
15日	癸亥	結	6	癸巳	結	3	壬戌	人	6	壬辰	人	3	辛酉	直	6	庚寅	直	3	庚申	直	6	己丑	人	3	己未	人	6	戊子	結	3	庚申	直	6	己丑	人	3	15
16日	甲子	直	1	甲午	直	4	癸亥	結	6	癸巳	結	3	壬戌	人	6	辛卯	直	3	辛酉	直	6	庚寅	直	3	庚申	直	6	己丑	人	3	辛酉	直	6	庚寅	直	3	16
17日	乙丑	人	1	乙未	人	4	甲子	直	1	甲午	直	4	癸亥	結	6	壬辰	人	3	壬戌	人	6	辛卯	直	3	辛酉	直	6	庚寅	直	3	壬戌	人	6	辛卯	直	3	17
18日	丙寅	結	1	丙申	結	4	乙丑	人	1	乙未	人	4	甲子	直	1	癸巳	結	3	癸亥	結	6	壬辰	人	3	壬戌	人	6	辛卯	直	3	癸亥	結	6	壬辰	人	3	18
19日	丁卯	結	1	丁酉	結	4	丙寅	結	1	丙申	結	4	乙丑	人	1	甲午	直	4	甲子	直	1	癸巳	結	3	癸亥	結	6	壬辰	人	3	甲子	直	1	癸巳	結	3	19
20日	戊辰	人	1	戊戌	人	4	丁卯	結	1	丁酉	結	4	丙寅	結	1	乙未	人	4	乙丑	人	1	甲午	直	4	甲子	直	1	癸巳	結	3	乙丑	人	1	甲午	直	4	20
21日	己巳	結	1	己亥	結	4	戊辰	人	1	戊戌	人	4	丁卯	結	1	丙申	結	4	丙寅	結	1	乙未	人	4	乙丑	人	1	甲午	直	4	丙寅	結	1	乙未	人	4	21
22日	庚午	直	1	庚子	直	4	己巳	結	1	己亥	結	4	戊辰	人	1	丁酉	結	4	丁卯	結	1	丙申	結	4	丙寅	結	1	乙未	人	4	丁卯	結	1	丙申	結	4	22
23日	辛未	人	1	辛丑	人	4	庚午	直	1	庚子	直	4	己巳	結	1	戊戌	人	4	戊辰	人	1	丁酉	結	4	丁卯	結	1	丙申	結	4	戊辰	人	1	丁酉	結	4	23
24日	壬申	結	1	壬寅	結	4	辛未	人	1	辛丑	人	4	庚午	直	1	己亥	結	4	己巳	結	1	戊戌	人	4	戊辰	人	1	丁酉	結	4	己巳	結	1	戊戌	人	4	24
25日	癸酉	結	1	癸卯	結	4	壬申	結	1	壬寅	結	4	辛未	人	1	庚子	直	4	庚午	直	1	己亥	結	4	己巳	結	1	戊戌	人	4	庚午	直	1	己亥	結	4	25
26日	甲戌	人	2	甲辰	人	5	癸酉	結	1	癸卯	結	4	壬申	結	1	辛丑	人	4	辛未	人	1	庚子	直	4	庚午	直	1	己亥	結	4	辛未	人	1	庚子	直	4	26
27日	乙亥	直	2	乙巳	直	5	甲戌	人	2	甲辰	人	5	癸酉	結	1	壬寅	結	4	壬申	結	1	辛丑	人	4	辛未	人	1	庚子	直	4	壬申	結	1	辛丑	人	4	27
28日	丙子	結	2	丙午	結	5	乙亥	直	2	乙巳	直	5	甲戌	人	2	癸卯	結	4	癸酉	結	1	壬寅	結	4	壬申	結	1	辛丑	人	4	癸酉	結	1	壬寅	結	4	28
29日	丁丑	人	2	丁未	人	5	丙子	結	2	丙午	結	5	乙亥	直	2	甲辰	人	5	甲戌	人	2	癸卯	結	4	癸酉	結	1	壬寅	結	4				癸卯	結	4	29
30日	戊寅	結	2	戊申	結	5	丁丑	人	2	丁未	人	5	丙子	結	2	乙巳	直	5	乙亥	直	2	甲辰	人	5	甲戌	人	2	癸卯	結	4				甲辰			30
31日	己卯	結	2				戊寅	結	2				丁丑	人	2	丙午	結	5				乙巳	直	5				甲辰						乙巳			31

以下のサイトに、生年月日時を入力するだけ「人物フォーマット」が、算出できます。

https://asano-uranai.com/fpd/entrance.php

2027年（令和9年）

その年干支の期間	2/4 11:05 ～ 12/31 23:59	1/1 0:00 ~2/4 11:04
年干支	丁未	丙午

その月干支の期間	12/7 17:38 ～ 12/31 23:59	11/8 0:39 ～ 12/7 17:37	10/8 21:18 ～ 11/8 0:38	9/8 5:29 ～ 10/8 21:17	8/8 2:27 ～ 9/8 5:28	7/7 16:38 ～ 8/8 2:26	6/6 6:26 ～ 7/7 16:37	5/6 2:26 ～ 6/6 6:25	4/5 9:18 ～ 5/6 2:25	3/6 4:40 ～ 4/5 9:17	2/4 10:47 ～ 3/6 4:39	1/5 23:11 ～ 2/4 10:46	1/1 0:00 ～ 1/5 23:10
月干支	壬子	辛亥	庚戌	己酉	戊申	丁未	丙午	乙巳	甲辰	癸卯	壬寅	辛丑	庚子
外的環境の支配五行候補	水 ○ 火Ⓡ △ 土Ⓝ 木Ⓜ	◎ 水Ⓘ ○ 火Ⓡ △ 土Ⓝ 木Ⓣ	土 ○ 火Ⓡ △ 金Ⓣ 木Ⓜ	◎ 金Ⓘ ○ 土Ⓡ △ 火Ⓡ 木Ⓜ	◎ 金Ⓘ ○ 土Ⓡ △ 火Ⓡ 木Ⓜ 水Ⓜ	火・土 木Ⓜ	火 ○ 土Ⓘ 木Ⓜ	火 ○ 土Ⓘ 木Ⓢ	◎ 木Ⓗ ○ 土Ⓝ △ 火Ⓡ 水Ⓤ	◎ 木Ⓘ △ 土Ⓝ 火Ⓡ	◎ 木Ⓘ △ 火Ⓣ 土Ⓝ	◎ 土Ⓗ ○ 火Ⓗ △ 水Ⓚ 金Ⓤ	◎ 土Ⓝ △ 水Ⓦ 火Ⓝ

	12月			11月			10月			9月			8月			7月			6月			5月			4月			3月			2月			1月			
	干支	タイプ	旬数	干支	タイプ	旬数	干支	タイプ	旬数	干支	タイプ	旬数	干支	タイプ	旬数	干支	タイプ	旬数	干支	タイプ	旬数	干支	タイプ	旬数	干支	タイプ	旬数	干支	タイプ	旬数	干支	タイプ	旬数	干支	タイプ	旬数	
1日	甲寅	直	6	甲申	直	3	癸丑	人	5	癸未	人	2	壬子	結	5	辛巳	直	2	辛亥	直	5	庚辰	人	2	庚戌	人	5	己卯	結	2	辛亥	直	5	庚辰	人	2	1
2日	乙卯	直	6	乙酉	直	3	甲寅	直	6	甲申	直	3	癸丑	人	5	壬午	結	2	壬子	結	5	辛巳	直	2	辛亥	直	5	庚辰	人	2	壬子	結	5	辛巳	直	2	2
3日	丙辰	人	6	丙戌	人	3	乙卯	直	6	乙酉	直	3	甲寅	直	6	癸未	人	2	癸丑	人	5	壬午	結	2	壬子	結	5	辛巳	直	2	癸丑	人	5	壬午	結	2	3
4日	丁巳	結	6	丁亥	結	3	丙辰	人	6	丙戌	人	3	乙卯	直	6	甲申	直	3	甲寅	直	6	癸未	人	2	癸丑	人	5	壬午	結	2	甲寅	直	6	癸未	人	2	4
5日	戊午	結	6	戊子	結	3	丁巳	結	6	丁亥	結	3	丙辰	人	6	乙酉	直	3	乙卯	直	6	甲申	直	3	甲寅	直	6	癸未	人	2	乙卯	直	6	甲申	直	3	5
6日	己未	人	6	己丑	人	3	戊午	結	6	戊子	結	3	丁巳	結	6	丙戌	人	3	丙辰	人	6	乙酉	直	3	乙卯	直	6	甲申	直	3	丙辰	人	6	乙酉	直	3	6
7日	庚申	直	6	庚寅	直	3	己未	人	6	己丑	人	3	戊午	結	6	丁亥	結	3	丁巳	結	6	丙戌	人	3	丙辰	人	6	乙酉	直	3	丁巳	結	6	丙戌	人	3	7
8日	辛酉	直	6	辛卯	直	3	庚申	直	6	庚寅	直	3	己未	人	6	戊子	結	3	戊午	結	6	丁亥	結	3	丁巳	結	6	丙戌	人	3	戊午	結	6	丁亥	結	3	8
9日	壬戌	人	6	壬辰	人	3	辛酉	直	6	辛卯	直	3	庚申	直	6	己丑	人	3	己未	人	6	戊子	結	3	戊午	結	6	丁亥	結	3	己未	人	6	戊子	結	3	9
10日	癸亥	結	6	癸巳	結	3	壬戌	人	6	壬辰	人	3	辛酉	直	6	庚寅	直	3	庚申	直	6	己丑	人	3	己未	人	6	戊子	結	3	庚申	直	6	己丑	人	3	10
11日	甲子	直	1	甲午	直	4	癸亥	結	6	癸巳	結	3	壬戌	人	6	辛卯	直	3	辛酉	直	6	庚寅	直	3	庚申	直	6	己丑	人	3	辛酉	直	6	庚寅	直	3	11
12日	乙丑	人	1	乙未	人	4	甲子	直	1	甲午	直	4	癸亥	結	6	壬辰	人	3	壬戌	人	6	辛卯	直	3	辛酉	直	6	庚寅	直	3	壬戌	人	6	辛卯	直	3	12
13日	丙寅	結	1	丙申	結	4	乙丑	人	1	乙未	人	4	甲子	直	1	癸巳	結	3	癸亥	結	6	壬辰	人	3	壬戌	人	6	辛卯	直	3	癸亥	結	6	壬辰	人	3	13
14日	丁卯	結	1	丁酉	結	4	丙寅	結	1	丙申	結	4	乙丑	人	1	甲午	直	4	甲子	直	1	癸巳	結	3	癸亥	結	6	壬辰	人	3	甲子	直	1	癸巳	結	3	14
15日	戊辰	人	1	戊戌	人	4	丁卯	結	1	丁酉	結	4	丙寅	結	1	乙未	人	4	乙丑	人	1	甲午	直	4	甲子	直	1	癸巳	結	3	乙丑	人	1	甲午	直	4	15
16日	己巳	結	1	己亥	結	4	戊辰	人	1	戊戌	人	4	丁卯	結	1	丙申	結	4	丙寅	結	1	乙未	人	4	乙丑	人	1	甲午	直	4	丙寅	結	1	乙未	人	4	16
17日	庚午	直	1	庚子	直	4	己巳	結	1	己亥	結	4	戊辰	人	1	丁酉	結	4	丁卯	結	1	丙申	結	4	丙寅	結	1	乙未	人	4	丁卯	結	1	丙申	結	4	17
18日	辛未	人	1	辛丑	人	4	庚午	直	1	庚子	直	4	己巳	結	1	戊戌	人	4	戊辰	人	1	丁酉	結	4	丁卯	結	1	丙申	結	4	戊辰	人	1	丁酉	結	4	18
19日	壬申	結	1	壬寅	結	4	辛未	人	1	辛丑	人	4	庚午	直	1	己亥	結	4	己巳	結	1	戊戌	人	4	戊辰	人	1	丁酉	結	4	己巳	結	1	戊戌	人	4	19
20日	癸酉	結	1	癸卯	結	4	壬申	結	1	壬寅	結	4	辛未	人	1	庚子	直	4	庚午	直	1	己亥	結	4	己巳	結	1	戊戌	人	4	庚午	直	1	己亥	結	4	20
21日	甲戌	人	2	甲辰	人	5	癸酉	結	1	癸卯	結	4	壬申	結	1	辛丑	人	4	辛未	人	1	庚子	直	4	庚午	直	1	己亥	結	4	辛未	人	1	庚子	直	4	21
22日	乙亥	直	2	乙巳	直	5	甲戌	人	2	甲辰	人	5	癸酉	結	1	壬寅	結	4	壬申	結	1	辛丑	人	4	辛未	人	1	庚子	直	4	壬申	結	1	辛丑	人	4	22
23日	丙子	結	2	丙午	結	5	乙亥	直	2	乙巳	直	5	甲戌	人	2	癸卯	結	4	癸酉	結	1	壬寅	結	4	壬申	結	1	辛丑	人	4	癸酉	結	1	壬寅	結	4	23
24日	丁丑	人	2	丁未	人	5	丙子	結	2	丙午	結	5	乙亥	直	2	甲辰	人	5	甲戌	人	2	癸卯	結	4	癸酉	結	1	壬寅	結	4	甲戌	人	2	癸卯	結	4	24
25日	戊寅	結	2	戊申	結	5	丁丑	人	2	丁未	人	5	丙子	結	2	乙巳	直	5	乙亥	直	2	甲辰	人	5	甲戌	人	2	癸卯	結	4	乙亥	直	2	甲辰	人	5	25
26日	己卯	結	2	己酉	結	5	戊寅	結	2	戊申	結	5	丁丑	人	2	丙午	結	5	丙子	結	2	乙巳	直	5	乙亥	直	2	甲辰	人	5	丙子	結	2	乙巳	直	5	26
27日	庚辰	人	2	庚戌	人	5	己卯	結	2	己酉	結	5	戊寅	結	2	丁未	人	5	丁丑	人	2	丙午	結	5	丙子	結	2	乙巳	直	5	丁丑	人	2	丙午	結	5	27
28日	辛巳	直	2	辛亥	直	5	庚辰	人	2	庚戌	人	5	己卯	結	2	戊申	結	5	戊寅	結	2	丁未	人	5	丁丑	人	2	丙午	結	5	戊寅	結	2	丁未	人	5	28
29日	壬午	結	2	壬子	結	5	辛巳	直	2	辛亥	直	5	庚辰	人	2	己酉	結	5	己卯	結	2	戊申	結	5	戊寅	結	2	丁未	人	5				戊申	結	5	29
30日	癸未	人	2	癸丑	人	5	壬午	結	2	壬子	結	5	辛巳	直	2	庚戌	人	5	庚辰	人	2	己酉	結	5	己卯	結	2	戊申	結	5				己酉	結	5	30
31日	甲申						癸未	人	2				壬午	結	2	辛亥	直	5				庚戌	人	5				己酉	結	5				庚戌	人	5	31

以下のサイトに、生年月日時を入力するだけ「人物フォーマット」が、算出できます。

https://asano-uranai.com/fpd/entrance.php

２０２８年（令和１０年）

その年干支の期間	2/4 16:34 ～ 12/31 23:59	1/1 0:00 ～2/4 16:33
年干支	戊申	丁未

その月干支の期間	12/6 23:25 ～ 12/31 23:59	11/7 6:28 ～ 12/6 23:24	10/8 3:09 ～ 11/7 6:27	9/7 11:23 ～ 10/8 3:08	8/7 8:22 ～ 9/7 11:22	7/6 22:31 ～ 8/7 8:21	6/5 12:17 ～ 7/6 22:30	5/5 8:13 ～ 6/5 12:16	4/4 15:04 ～ 5/5 8:12	3/5 10:25 ～ 4/4 15:03	2/4 16:32 ～ 3/5 10:24	1/6 4:55 ～ 2/4 16:31	1/1 0:00 ～ 1/6 4:54
月干支	甲子	癸亥	壬戌	辛酉	庚申	己未	戊午	丁巳	丙辰	乙卯	甲寅	癸丑	壬子
外的環境の支配五行候補	◎ 水㋑ 金㋗	水 △ 木㋶ 金㋗	◎ 金㋩ ○ 土㋷ △ 水㋵ 火㋖	金 水㋰	金 水㋰	土 ○ 火㋠ △ 木㋰ △ 水㋰ 金㋗	土 ○ 火㋑ △ 水㋰ 金㋗	火・土 △ 金㋞ 水㋰	◎ 土㋠ ○ 木㋦ △ 水㋡ 金㋗	木 △ 水㋰ 金㋗	木 ○ 水㋰ △ 火㋒ 金㋗	◎ 土㋩ ○ 水㋥ △ 火㋷ □ 木㋰ 金㋮	水 ○ 火㋷ △ 土㋦ 木㋰

	12月			11月			10月			9月			8月			7月			6月			5月			4月			3月			2月			1月			
	干支	タイプ	旬数	干支	タイプ	旬数	干支	タイプ	旬数	干支	タイプ	旬数	干支	タイプ	旬数	干支	タイプ	旬数	干支	タイプ	旬数	干支	タイプ	旬数	干支	タイプ	旬数	干支	タイプ	旬数	干支	タイプ	旬数	干支	タイプ	旬数	
1日	庚申	直	6	庚寅	直	3	己未	人	6	己丑	人	3	戊午	結	6	丁亥	結	3	丁巳	結	6	丙戌	人	3	丙辰	人	6	乙酉	直	3	丙辰	人	6	乙酉	直	3	1
2日	辛酉	直	6	辛卯	直	3	庚申	直	6	庚寅	直	3	己未	人	6	戊子	結	3	戊午	結	6	丁亥	結	3	丁巳	結	6	丙戌	人	3	丁巳	結	6	丙戌	人	3	2
3日	壬戌	人	6	壬辰	人	3	辛酉	直	6	辛卯	直	3	庚申	直	6	己丑	人	3	己未	人	6	戊子	結	3	戊午	結	6	丁亥	結	3	戊午	結	6	丁亥	結	3	3
4日	癸亥	結	6	癸巳	結	3	壬戌	人	6	壬辰	人	3	辛酉	直	6	庚寅	直	3	庚申	直	6	己丑	人	3	己未	人	6	戊子	結	3	己未	人	6	戊子	結	3	4
5日	甲子	直	1	甲午	直	4	癸亥	結	6	癸巳	結	3	壬戌	人	6	辛卯	直	3	辛酉	直	6	庚寅	直	3	庚申	直	6	己丑	人	3	庚申	直	6	己丑	人	3	5
6日	乙丑	人	1	乙未	人	4	甲子	直	1	甲午	直	4	癸亥	結	6	壬辰	人	3	壬戌	人	6	辛卯	直	3	辛酉	直	6	庚寅	直	3	辛酉	直	6	庚寅	直	3	6
7日	丙寅	結	1	丙申	結	4	乙丑	人	1	乙未	人	4	甲子	直	1	癸巳	結	3	癸亥	結	6	壬辰	人	3	壬戌	人	6	辛卯	直	3	壬戌	人	6	辛卯	直	3	7
8日	丁卯	結	1	丁酉	結	4	丙寅	結	1	丙申	結	4	乙丑	人	1	甲午	直	4	甲子	直	1	癸巳	結	3	癸亥	結	6	壬辰	人	3	癸亥	結	6	壬辰	人	3	8
9日	戊辰	人	1	戊戌	人	4	丁卯	結	1	丁酉	結	4	丙寅	結	1	乙未	人	4	乙丑	人	1	甲午	直	4	甲子	直	1	癸巳	結	3	甲子	直	1	癸巳	結	3	9
10日	己巳	結	1	己亥	結	4	戊辰	人	1	戊戌	人	4	丁卯	結	1	丙申	結	4	丙寅	結	1	乙未	人	4	乙丑	人	1	甲午	直	4	乙丑	人	1	甲午	直	4	10
11日	庚午	直	1	庚子	直	4	己巳	結	1	己亥	結	4	戊辰	人	1	丁酉	結	4	丁卯	結	1	丙申	結	4	丙寅	結	1	乙未	人	4	丙寅	結	1	乙未	人	4	11
12日	辛未	人	1	辛丑	人	4	庚午	直	1	庚子	直	4	己巳	結	1	戊戌	人	4	戊辰	人	1	丁酉	結	4	丁卯	結	1	丙申	結	4	丁卯	結	1	丙申	結	4	12
13日	壬申	結	1	壬寅	結	4	辛未	人	1	辛丑	人	4	庚午	直	1	己亥	結	4	己巳	結	1	戊戌	人	4	戊辰	人	1	丁酉	結	4	戊辰	人	1	丁酉	結	4	13
14日	癸酉	結	1	癸卯	結	4	壬申	結	1	壬寅	結	4	辛未	人	1	庚子	直	4	庚午	直	1	己亥	結	4	己巳	結	1	戊戌	人	4	己巳	結	1	戊戌	人	4	14
15日	甲戌	人	2	甲辰	人	5	癸酉	結	1	癸卯	結	4	壬申	結	1	辛丑	人	4	辛未	人	1	庚子	直	4	庚午	直	1	己亥	結	4	庚午	直	1	己亥	結	4	15
16日	乙亥	直	2	乙巳	直	5	甲戌	人	2	甲辰	人	5	癸酉	結	1	壬寅	結	4	壬申	結	1	辛丑	人	4	辛未	人	1	庚子	直	4	辛未	人	1	庚子	直	4	16
17日	丙子	結	2	丙午	結	5	乙亥	直	2	乙巳	直	5	甲戌	人	2	癸卯	結	4	癸酉	結	1	壬寅	結	4	壬申	結	1	辛丑	人	4	壬申	結	1	辛丑	人	4	17
18日	丁丑	人	2	丁未	人	5	丙子	結	2	丙午	結	5	乙亥	直	2	甲辰	人	5	甲戌	人	2	癸卯	結	4	癸酉	結	1	壬寅	結	4	癸酉	結	1	壬寅	結	4	18
19日	戊寅	結	2	戊申	結	5	丁丑	人	2	丁未	人	5	丙子	結	2	乙巳	直	5	乙亥	直	2	甲辰	人	5	甲戌	人	2	癸卯	結	4	甲戌	人	2	癸卯	結	4	19
20日	己卯	結	2	己酉	結	5	戊寅	結	2	戊申	結	5	丁丑	人	2	丙午	結	5	丙子	結	2	乙巳	直	5	乙亥	直	2	甲辰	人	5	乙亥	直	2	甲辰	人	5	20
21日	庚辰	人	2	庚戌	人	5	己卯	結	2	己酉	結	5	戊寅	結	2	丁未	人	5	丁丑	人	2	丙午	結	5	丙子	結	2	乙巳	直	5	丙子	結	2	乙巳	直	5	21
22日	辛巳	直	2	辛亥	直	5	庚辰	人	2	庚戌	人	5	己卯	結	2	戊申	結	5	戊寅	結	2	丁未	人	5	丁丑	人	2	丙午	結	5	丁丑	人	2	丙午	結	5	22
23日	壬午	結	2	壬子	結	5	辛巳	直	2	辛亥	直	5	庚辰	人	2	己酉	結	5	己卯	結	2	戊申	結	5	戊寅	結	2	丁未	人	5	戊寅	結	2	丁未	人	5	23
24日	癸未	人	2	癸丑	人	5	壬午	結	2	壬子	結	5	辛巳	直	2	庚戌	人	5	庚辰	人	2	己酉	結	5	己卯	結	2	戊申	結	5	己卯	結	2	戊申	結	5	24
25日	甲申	直	3	甲寅	直	6	癸未	人	2	癸丑	人	5	壬午	結	2	辛亥	直	5	辛巳	直	2	庚戌	人	5	庚辰	人	2	己酉	結	5	庚辰	人	2	己酉	結	5	25
26日	乙酉	直	3	乙卯	直	6	甲申	直	3	甲寅	直	6	癸未	人	2	壬子	結	5	壬午	結	2	辛亥	直	5	辛巳	直	2	庚戌	人	5	辛巳	直	2	庚戌	人	5	26
27日	丙戌	人	3	丙辰	人	6	乙酉	直	3	乙卯	直	6	甲申	直	3	癸丑	人	5	癸未	人	2	壬子	結	5	壬午	結	2	辛亥	直	5	壬午	結	2	辛亥	直	5	27
28日	丁亥	結	3	丁巳	結	6	丙戌	人	3	丙辰	人	6	乙酉	直	3	甲寅	直	6	甲申	直	3	癸丑	人	5	癸未	人	2	壬子	結	5	癸未	人	2	壬子	結	5	28
29日	戊子	結	3	戊午	結	6	丁亥	結	3	丁巳	結	6	丙戌	人	3	乙卯	直	6	乙酉	直	3	甲寅	直	6	甲申	直	3	癸丑	人	5	甲申	直	3	癸丑	人	5	29
30日	己丑	人	3	己未	人	6	戊子	結	3	戊午	結	6	丁亥	結	3	丙辰	人	6	丙戌	人	3	乙卯	直	6	乙酉	直	3	甲寅	直	6				甲寅	直	6	30
31日	庚寅	直	3				己丑	人	3				戊子	結	3	丁巳	結	6				丙辰	人	6				乙卯	直	6				乙卯	直	6	31

以下のサイトに、生年月日時を入力するだけ「人物フォーマット」が、算出できます。

https://asano-uranai.com/fpd/entrance.php

2029年（令和11年）

その年干支の期間	2/3 22:25 ～ 12/31 23:59	1/1 0:00 ～2/3 22:24
年干支	己酉	戊申

その月干支の期間	12/7 5:14 ～ 12/31 23:59	11/7 12:17 ～ 12/7 5:13	10/8 8:59 ～ 11/7 12:16	9/7 17:13 ～ 10/8 8:58	8/7 14:12 ～ 9/7 17:12	7/7 4:23 ～ 8/7 14:11	6/5 18:11 ～ 7/7 4:22	5/5 14:08 ～ 6/5 18:10	4/4 20:59 ～ 5/5 14:07	3/5 16:18 ～ 4/4 20:58	2/3 22:21 ～ 3/5 16:17	1/5 10:43 ～ 2/3 22:20	1/1 0:00 ～ 1/5 10:42
月干支	丙子	乙亥	甲戌	癸酉	壬申	辛未	庚午	己巳	戊辰	丁卯	丙寅	乙丑	甲子
外的環境の支配五行候補	◎ 水㋑ 金㋨	◎ 水㋑ △ 木㋹ 金㋨	◎ 金㋩ △ 土㋷ 火㋖	金	金 水㋵	土 ○ 火㋠ △ 金㋻ 木㋰	土 ○ 火㋑ 金㋻	土 ○ 火㋑ 金㋷	◎ 金㋭ ○ 土㋠ △ 木㋦ 水㋒	◎ 木㋷ 金㋨	◎ 木㋑ △ 火㋞ 金㋨	◎ 水㋕ 金㋡	◎ 水㋑ 金㋗

	12月			11月			10月			9月			8月			7月			6月			5月			4月			3月			2月			1月			
	干支	タイプ	旬数	干支	タイプ	旬数	干支	タイプ	旬数	干支	タイプ	旬数	干支	タイプ	旬数	干支	タイプ	旬数	干支	タイプ	旬数	干支	タイプ	旬数	干支	タイプ	旬数	干支	タイプ	旬数	干支	タイプ	旬数	干支	タイプ	旬数	
1日	乙丑	人	1	乙未	人	4	甲子	直	1	甲午	直	4	癸亥	結	6	壬辰	人	3	壬戌	人	6	辛卯	直	3	辛酉	直	6	庚寅	直	3	壬戌	人	6	辛卯	直	3	1
2日	丙寅	結	1	丙申	結	4	乙丑	人	1	乙未	人	4	甲子	直	1	癸巳	結	3	癸亥	結	6	壬辰	人	3	壬戌	人	6	辛卯	直	3	癸亥	結	6	壬辰	人	3	2
3日	丁卯	結	1	丁酉	結	4	丙寅	結	1	丙申	結	4	乙丑	人	1	甲午	直	4	甲子	直	1	癸巳	結	3	癸亥	結	6	壬辰	人	3	甲子	直	1	癸巳	結	3	3
4日	戊辰	人	1	戊戌	人	4	丁卯	結	1	丁酉	結	4	丙寅	結	1	乙未	人	4	乙丑	人	1	甲午	直	4	甲子	直	1	癸巳	結	3	乙丑	人	1	甲午	直	4	4
5日	己巳	結	1	己亥	結	4	戊辰	人	1	戊戌	人	4	丁卯	結	1	丙申	結	4	丙寅	結	1	乙未	人	4	乙丑	人	1	甲午	直	4	丙寅	結	1	乙未	人	4	5
6日	庚午	直	1	庚子	直	4	己巳	結	1	己亥	結	4	戊辰	人	1	丁酉	結	4	丁卯	結	1	丙申	結	4	丙寅	結	1	乙未	人	4	丁卯	結	1	丙申	結	4	6
7日	辛未	人	1	辛丑	人	4	庚午	直	1	庚子	直	4	己巳	結	1	戊戌	人	4	戊辰	人	1	丁酉	結	4	丁卯	結	1	丙申	結	4	戊辰	人	1	丁酉	結	4	7
8日	壬申	結	1	壬寅	結	4	辛未	人	1	辛丑	人	4	庚午	直	1	己亥	結	4	己巳	結	1	戊戌	人	4	戊辰	人	1	丁酉	結	4	己巳	結	1	戊戌	人	4	8
9日	癸酉	結	1	癸卯	結	4	壬申	結	1	壬寅	結	4	辛未	人	1	庚子	直	4	庚午	直	1	己亥	結	4	己巳	結	1	戊戌	人	4	庚午	直	1	己亥	結	4	9
10日	甲戌	人	2	甲辰	人	5	癸酉	結	1	癸卯	結	4	壬申	結	1	辛丑	人	4	辛未	人	1	庚子	直	4	庚午	直	1	己亥	結	4	辛未	人	1	庚子	直	4	10
11日	乙亥	直	2	乙巳	直	5	甲戌	人	2	甲辰	人	5	癸酉	結	1	壬寅	結	4	壬申	結	1	辛丑	人	4	辛未	人	1	庚子	直	4	壬申	結	1	辛丑	人	4	11
12日	丙子	結	2	丙午	結	5	乙亥	直	2	乙巳	直	5	甲戌	人	2	癸卯	結	4	癸酉	結	1	壬寅	結	4	壬申	結	1	辛丑	人	4	癸酉	結	1	壬寅	結	4	12
13日	丁丑	人	2	丁未	人	5	丙子	結	2	丙午	結	5	乙亥	直	2	甲辰	人	5	甲戌	人	2	癸卯	結	4	癸酉	結	1	壬寅	結	4	甲戌	人	2	癸卯	結	4	13
14日	戊寅	結	2	戊申	結	5	丁丑	人	2	丁未	人	5	丙子	結	2	乙巳	直	5	乙亥	直	2	甲辰	人	5	甲戌	人	2	癸卯	結	4	乙亥	直	2	甲辰	人	5	14
15日	己卯	結	2	己酉	結	5	戊寅	結	2	戊申	結	5	丁丑	人	2	丙午	結	5	丙子	結	2	乙巳	直	5	乙亥	直	2	甲辰	人	5	丙子	結	2	乙巳	直	5	15
16日	庚辰	人	2	庚戌	人	5	己卯	結	2	己酉	結	5	戊寅	結	2	丁未	人	5	丁丑	人	2	丙午	結	5	丙子	結	2	乙巳	直	5	丁丑	人	2	丙午	結	5	16
17日	辛巳	直	2	辛亥	直	5	庚辰	人	2	庚戌	人	5	己卯	結	2	戊申	結	5	戊寅	結	2	丁未	人	5	丁丑	人	2	丙午	結	5	戊寅	結	2	丁未	人	5	17
18日	壬午	結	2	壬子	結	5	辛巳	直	2	辛亥	直	5	庚辰	人	2	己酉	結	5	己卯	結	2	戊申	結	5	戊寅	結	2	丁未	人	5	己卯	結	2	戊申	結	5	18
19日	癸未	人	2	癸丑	人	5	壬午	結	2	壬子	結	5	辛巳	直	2	庚戌	人	5	庚辰	人	2	己酉	結	5	己卯	結	2	戊申	結	5	庚辰	人	2	己酉	結	5	19
20日	甲申	直	3	甲寅	直	6	癸未	人	2	癸丑	人	5	壬午	結	2	辛亥	直	5	辛巳	直	2	庚戌	人	5	庚辰	人	2	己酉	結	5	辛巳	直	2	庚戌	人	5	20
21日	乙酉	直	3	乙卯	直	6	甲申	直	3	甲寅	直	6	癸未	人	2	壬子	結	5	壬午	結	2	辛亥	直	5	辛巳	直	2	庚戌	人	5	壬午	結	2	辛亥	直	5	21
22日	丙戌	人	3	丙辰	人	6	乙酉	直	3	乙卯	直	6	甲申	直	3	癸丑	人	5	癸未	人	2	壬子	結	5	壬午	結	2	辛亥	直	5	癸未	人	2	壬子	結	5	22
23日	丁亥	結	3	丁巳	結	6	丙戌	人	3	丙辰	人	6	乙酉	直	3	甲寅	直	6	甲申	直	3	癸丑	人	5	癸未	人	2	壬子	結	5	甲申	直	3	癸丑	人	5	23
24日	戊子	結	3	戊午	結	6	丁亥	結	3	丁巳	結	6	丙戌	人	3	乙卯	直	6	乙酉	直	3	甲寅	直	6	甲申	直	3	癸丑	人	5	乙酉	直	3	甲寅	直	6	24
25日	己丑	人	3	己未	人	6	戊子	結	3	戊午	結	6	丁亥	結	3	丙辰	人	6	丙戌	人	3	乙卯	直	6	乙酉	直	3	甲寅	直	6	丙戌	人	3	乙卯	直	6	25
26日	庚寅	直	3	庚申	直	6	己丑	人	3	己未	人	6	戊子	結	3	丁巳	結	6	丁亥	結	3	丙辰	人	6	丙戌	人	3	乙卯	直	6	丁亥	結	3	丙辰	人	6	26
27日	辛卯	直	3	辛酉	直	6	庚寅	直	3	庚申	直	6	己丑	人	3	戊午	結	6	戊子	結	3	丁巳	結	6	丁亥	結	3	丙辰	人	6	戊子	結	3	丁巳	結	6	27
28日	壬辰	人	3	壬戌	人	6	辛卯	直	3	辛酉	直	6	庚寅	直	3	己未	人	6	己丑	人	3	戊午	結	6	戊子	結	3	丁巳	結	6	己丑	人	3	戊午	結	6	28
29日	癸巳	結	3	癸亥	結	6	壬辰	人	3	壬戌	人	6	辛卯	直	3	庚申	直	6	庚寅	直	3	己未	人	6	己丑	人	3	戊午	結	6				己未	人	6	29
30日	甲午	直	4	甲子	直	1	癸巳	結	3	癸亥	結	6	壬辰	人	3	辛酉	直	6	辛卯	直	3	庚申	直	6	庚寅	直	3	己未	人	6				庚申	直	6	30
31日	乙未	人	4				甲午						癸巳	結	3	壬戌	人	6				辛酉	直	6				庚申	直	6				辛酉	直	6	31

以下のサイトに、生年月日時を入力するだけ「人物フォーマット」が、算出できます。

https://asano-uranai.com/fpd/entrance.php

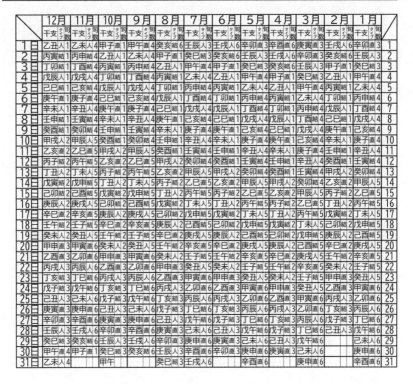

2030年（令和12年）

その年干支の期間	2/4 4:13 ～ 12/31 23:59	1/1 0:00 ～2/4 4:12
年干支	庚戌	己酉

その月干支の期間	12/7 11:08 ～ 12/31 23:59	11/7 18:09 ～ 12/7 11:07	10/8 14:46 ～ 11/7 18:08	9/7 22:53 ～ 10/8 14:45	8/7 19:48 ～ 9/7 22:52	7/7 9:56 ～ 8/7 19:47	6/5 23:45 ～ 7/7 9:55	5/5 19:47 ～ 6/5 23:44	4/5 2:42 ～ 5/5 19:46	3/5 22:04 ～ 4/5 2:41	2/4 4:09 ～ 3/5 22:03	1/5 16:31 ～ 2/4 4:08	1/1 0:00 ～ 1/5 16:30
月干支	戊子	丁亥	丙戌	乙酉	甲申	癸未	壬午	辛巳	庚辰	己卯	戊寅	丁丑	丙子
外的環境の支配五行候補	◎ 水㋑ ○ 土㋻ △ 金㋟ 火㋖	◎ 水㋑ ○ 土㋕ △ 金㋟ □ 火㋡ 木㋶	◎ 土㋷ △ 金㋟ 火㋡	金 △ 土㋕ 火㋖	金 △ 土㋕ □ 水㋰ 火㋖	土 ○ 火㋠ △ 金㋟ 木㋰	◎ 火㋑ ◎ 土㋑ 金㋹	◎ 火㋑ ◎ 土㋑ 金㋟	◎ 土㋺ ○ 木㋦ △ 金㋟ □ 水㋒ 火㋖	◎ 木㋑ ○ 土㋻ △ 金㋟ 火㋖	◎ 木㋑ ○ 火㋦ △ 土㋻ 金㋟	◎ 金㋠ 水㋕	◎ 水㋑ 金㋨

	12月			11月			10月			9月			8月			7月			6月			5月			4月			3月			2月			1月			
	干支	タイプ	旬数	干支	タイプ	旬数	干支	タイプ	旬数	干支	タイプ	旬数	干支	タイプ	旬数	干支	タイプ	旬数	干支	タイプ	旬数	干支	タイプ	旬数	干支	タイプ	旬数	干支	タイプ	旬数	干支	タイプ	旬数	干支	タイプ	旬数	
1日	庚午	直	1	庚子	直	4	己巳	結	1	己亥	結	4	戊辰	人	1	丁酉	結	4	丁卯	結	1	丙申	結	4	丙寅	結	1	乙未	人	4	丁卯	結	1	丙申	結	4	1
2日	辛未	人	1	辛丑	人	4	庚午	直	1	庚子	直	4	己巳	結	1	戊戌	人	4	戊辰	人	1	丁酉	結	4	丁卯	結	1	丙申	結	4	戊辰	人	1	丁酉	結	4	2
3日	壬申	結	1	壬寅	結	4	辛未	人	1	辛丑	人	4	庚午	直	1	己亥	結	4	己巳	結	1	戊戌	人	4	戊辰	人	1	丁酉	結	4	己巳	結	1	戊戌	人	4	3
4日	癸酉	結	1	癸卯	結	4	壬申	結	1	壬寅	結	4	辛未	人	1	庚子	直	4	庚午	直	1	己亥	結	4	己巳	結	1	戊戌	人	4	庚午	直	1	己亥	結	4	4
5日	甲戌	人	2	甲辰	人	5	癸酉	結	1	癸卯	結	4	壬申	結	1	辛丑	人	4	辛未	人	1	庚子	直	4	庚午	直	1	己亥	結	4	辛未	人	1	庚子	直	4	5
6日	乙亥	直	2	乙巳	直	5	甲戌	人	2	甲辰	人	5	癸酉	結	1	壬寅	結	4	壬申	結	1	辛丑	人	4	辛未	人	1	庚子	直	4	壬申	結	1	辛丑	人	4	6
7日	丙子	結	2	丙午	結	5	乙亥	直	2	乙巳	直	5	甲戌	人	2	癸卯	結	4	癸酉	結	1	壬寅	結	4	壬申	結	1	辛丑	人	4	癸酉	結	1	壬寅	結	4	7
8日	丁丑	人	2	丁未	人	5	丙子	結	2	丙午	結	5	乙亥	直	2	甲辰	人	5	甲戌	人	2	癸卯	結	4	癸酉	結	1	壬寅	結	4	甲戌	人	2	癸卯	結	4	8
9日	戊寅	結	2	戊申	結	5	丁丑	人	2	丁未	人	5	丙子	結	2	乙巳	直	5	乙亥	直	2	甲辰	人	5	甲戌	人	2	癸卯	結	4	乙亥	直	2	甲辰	人	5	9
10日	己卯	結	2	己酉	結	5	戊寅	結	2	戊申	結	5	丁丑	人	2	丙午	結	5	丙子	結	2	乙巳	直	5	乙亥	直	2	甲辰	人	5	丙子	結	2	乙巳	直	5	10
11日	庚辰	人	2	庚戌	人	5	己卯	結	2	己酉	結	5	戊寅	結	2	丁未	人	5	丁丑	人	2	丙午	結	5	丙子	結	2	乙巳	直	5	丁丑	人	2	丙午	結	5	11
12日	辛巳	直	2	辛亥	直	5	庚辰	人	2	庚戌	人	5	己卯	結	2	戊申	結	5	戊寅	結	2	丁未	人	5	丁丑	人	2	丙午	結	5	戊寅	結	2	丁未	人	5	12
13日	壬午	結	2	壬子	結	5	辛巳	直	2	辛亥	直	5	庚辰	人	2	己酉	結	5	己卯	結	2	戊申	結	5	戊寅	結	2	丁未	人	5	己卯	結	2	戊申	結	5	13
14日	癸未	人	2	癸丑	人	5	壬午	結	2	壬子	結	5	辛巳	直	2	庚戌	人	5	庚辰	人	2	己酉	結	5	己卯	結	2	戊申	結	5	庚辰	人	2	己酉	結	5	14
15日	甲申	直	3	甲寅	直	6	癸未	人	2	癸丑	人	5	壬午	結	2	辛亥	直	5	辛巳	直	2	庚戌	人	5	庚辰	人	2	己酉	結	5	辛巳	直	2	庚戌	人	5	15
16日	乙酉	直	3	乙卯	直	6	甲申	直	3	甲寅	直	6	癸未	人	2	壬子	結	5	壬午	結	2	辛亥	直	5	辛巳	直	2	庚戌	人	5	壬午	結	2	辛亥	直	5	16
17日	丙戌	人	3	丙辰	人	6	乙酉	直	3	乙卯	直	6	甲申	直	3	癸丑	人	5	癸未	人	2	壬子	結	5	壬午	結	2	辛亥	直	5	癸未	人	2	壬子	結	5	17
18日	丁亥	結	3	丁巳	結	6	丙戌	人	3	丙辰	人	6	乙酉	直	3	甲寅	直	6	甲申	直	3	癸丑	人	5	癸未	人	2	壬子	結	5	甲申	直	3	癸丑	人	5	18
19日	戊子	結	3	戊午	結	6	丁亥	結	3	丁巳	結	6	丙戌	人	3	乙卯	直	6	乙酉	直	3	甲寅	直	6	甲申	直	3	癸丑	人	5	乙酉	直	3	甲寅	直	6	19
20日	己丑	人	3	己未	人	6	戊子	結	3	戊午	結	6	丁亥	結	3	丙辰	人	6	丙戌	人	3	乙卯	直	6	乙酉	直	3	甲寅	直	6	丙戌	人	3	乙卯	直	6	20
21日	庚寅	直	3	庚申	直	6	己丑	人	3	己未	人	6	戊子	結	3	丁巳	結	6	丁亥	結	3	丙辰	人	6	丙戌	人	3	乙卯	直	6	丁亥	結	3	丙辰	人	6	21
22日	辛卯	直	3	辛酉	直	6	庚寅	直	3	庚申	直	6	己丑	人	3	戊午	結	6	戊子	結	3	丁巳	結	6	丁亥	結	3	丙辰	人	6	戊子	結	3	丁巳	結	6	22
23日	壬辰	人	3	壬戌	人	6	辛卯	直	3	辛酉	直	6	庚寅	直	3	己未	人	6	己丑	人	3	戊午	結	6	戊子	結	3	丁巳	結	6	己丑	人	3	戊午	結	6	23
24日	癸巳	結	3	癸亥	結	6	壬辰	人	3	壬戌	人	6	辛卯	直	3	庚申	直	6	庚寅	直	3	己未	人	6	己丑	人	3	戊午	結	6	庚寅	直	3	己未	人	6	24
25日	甲午	直	4	甲子	直	1	癸巳	結	3	癸亥	結	6	壬辰	人	3	辛酉	直	6	辛卯	直	3	庚申	直	6	庚寅	直	3	己未	人	6	辛卯	直	3	庚申	直	6	25
26日	乙未	人	4	乙丑	人	1	甲午	直	4	甲子	直	1	癸巳	結	3	壬戌	人	6	壬辰	人	3	辛酉	直	6	辛卯	直	3	庚申	直	6	壬辰	人	3	辛酉	直	6	26
27日	丙申	結	4	丙寅	結	1	乙未	人	4	乙丑	人	1	甲午	直	4	癸亥	結	6	癸巳	結	3	壬戌	人	6	壬辰	人	3	辛酉	直	6	癸巳	結	3	壬戌	人	6	27
28日	丁酉	結	4	丁卯	結	1	丙申	結	4	丙寅	結	1	乙未	人	4	甲子	直	1	甲午	直	4	癸亥	結	6	癸巳	結	3	壬戌	人	6	甲午	直	4	癸亥	結	6	28
29日	戊戌	人	4	戊辰	人	1	丁酉	結	4	丁卯	結	1	丙申	結	4	乙丑	人	1	乙未	人	4	甲子	直	1	甲午	直	4	癸亥	結	6				甲子	直	1	29
30日	己亥	結	4	己巳	結	1	戊戌	人	4	戊辰	人	1	丁酉	結	4	丙寅	結	1	丙申	結	4	乙丑	人	1	乙未	人	4	甲子	直	1				乙丑	人	1	30
31日	庚子	直	4				己亥	結	4				戊戌	人	4	丁卯	結	1				丙寅	結	1				乙丑	人	1				丙寅	結	1	31

以下のサイトに、生年月日時を入力するだけ「人物フォーマット」が、算出できます。

https://asano-uranai.com/fpd/entrance.php

２０３１年（令和１３年）

その年干支の期間	2/4 10:10 ～ 12/31 23:59	1/1 0:00 ～2/4 10:09
年干支	辛亥	庚戌

その月干支の期間	12/7 17:04 ≀ 12/31 23:59	11/8 0:06 ≀ 12/7 17:03	10/8 20:44 ≀ 11/8 0:05	9/8 4:51 ≀ 10/8 20:43	8/8 1:44 ≀ 9/8 4:50	7/7 15:49 ≀ 8/8 1:43	6/6 5:36 ≀ 7/7 15:48	5/6 1:36 ≀ 6/6 5:35	4/5 8:29 ≀ 5/6 1:35	3/6 3:52 ≀ 4/5 8:28	2/4 9:59 ≀ 3/6 3:51	1/5 22:24 ≀ 2/4 9:58	1/1 0:00 ≀ 1/5 22:23
月干支	庚子	己亥	戊戌	丁酉	丙申	乙未	甲午	癸巳	壬辰	辛卯	庚寅	己丑	戊子
外的環境の支配五行候補	水 △ 金㋟ 木㋶	水 木㋶	◎ 土㋷ ○ 金㋟ △ 木㋶ △ 水㋶ 火㋖	金 木㋶ 水㋶	金 △ 水㋾ 木㋶	◎ 土㋑ ○ 火㋠ △ 木㋻ 水㋶	◎ 火㋑ ◎ 土㋑ △ 木㋹ 水㋶	◎ 土㋑ ○ 火㋕ △ 木㋶ □ 金㋰ 水㋨	◎ 水㋺ △ 木㋦ 金㋶	◎ 木㋑ 金㋟	◎ 木㋑ ○ 金㋟ △ 水㋶ 火㋒	◎ 土㋣ ○ 水㋕ △ 金㋟ 火㋖	◎ 水㋑ ○ 土㋻ △ 金㋟ 火㋖

	12月			11月			10月			9月			8月			7月			6月			5月			4月			3月			2月			1月			
	干支	タイプ	旬数	干支	タイプ	旬数	干支	タイプ	旬数	干支	タイプ	旬数	干支	タイプ	旬数	干支	タイプ	旬数	干支	タイプ	旬数	干支	タイプ	旬数	干支	タイプ	旬数	干支	タイプ	旬数	干支	タイプ	旬数	干支	タイプ	旬数	
1日	乙亥	直	2	乙巳	直	5	甲戌	人	2	甲辰	人	5	癸酉	結	1	壬寅	結	4	壬申	結	1	辛丑	人	4	辛未	人	1	庚子	直	4	壬申	結	1	辛丑	人	4	1
2日	丙子	結	2	丙午	結	5	乙亥	直	2	乙巳	直	5	甲戌	人	2	癸卯	結	4	癸酉	結	1	壬寅	結	4	壬申	結	1	辛丑	人	4	癸酉	結	1	壬寅	結	4	2
3日	丁丑	人	2	丁未	人	5	丙子	結	2	丙午	結	5	乙亥	直	2	甲辰	人	5	甲戌	人	2	癸卯	結	4	癸酉	結	1	壬寅	結	4	甲戌	人	2	癸卯	結	4	3
4日	戊寅	結	2	戊申	結	5	丁丑	人	2	丁未	人	5	丙子	結	2	乙巳	直	5	乙亥	直	2	甲辰	人	5	甲戌	人	2	癸卯	結	4	乙亥	直	2	甲辰	人	5	4
5日	己卯	結	2	己酉	結	5	戊寅	結	2	戊申	結	5	丁丑	人	2	丙午	結	5	丙子	結	2	乙巳	直	5	乙亥	直	2	甲辰	人	5	丙子	結	2	乙巳	直	5	5
6日	庚辰	人	2	庚戌	人	5	己卯	結	2	己酉	結	5	戊寅	結	2	丁未	人	5	丁丑	人	2	丙午	結	5	丙子	結	2	乙巳	直	5	丁丑	人	2	丙午	結	5	6
7日	辛巳	直	2	辛亥	直	5	庚辰	人	2	庚戌	人	5	己卯	結	2	戊申	結	5	戊寅	結	2	丁未	人	5	丁丑	人	2	丙午	結	5	戊寅	結	2	丁未	人	5	7
8日	壬午	結	2	壬子	結	5	辛巳	直	2	辛亥	直	5	庚辰	人	2	己酉	結	5	己卯	結	2	戊申	結	5	戊寅	結	2	丁未	人	5	己卯	結	2	戊申	結	5	8
9日	癸未	人	2	癸丑	人	5	壬午	結	2	壬子	結	5	辛巳	直	2	庚戌	人	5	庚辰	人	2	己酉	結	5	己卯	結	2	戊申	結	5	庚辰	人	2	己酉	結	5	9
10日	甲申	直	3	甲寅	直	6	癸未	人	2	癸丑	人	5	壬午	結	2	辛亥	直	5	辛巳	直	2	庚戌	人	5	庚辰	人	2	己酉	結	5	辛巳	直	2	庚戌	人	5	10
11日	乙酉	直	3	乙卯	直	6	甲申	直	3	甲寅	直	6	癸未	人	2	壬子	結	5	壬午	結	2	辛亥	直	5	辛巳	直	2	庚戌	人	5	壬午	結	2	辛亥	直	5	11
12日	丙戌	人	3	丙辰	人	6	乙酉	直	3	乙卯	直	6	甲申	直	3	癸丑	人	5	癸未	人	2	壬子	結	5	壬午	結	2	辛亥	直	5	癸未	人	2	壬子	結	5	12
13日	丁亥	結	3	丁巳	結	6	丙戌	人	3	丙辰	人	6	乙酉	直	3	甲寅	直	6	甲申	直	3	癸丑	人	5	癸未	人	2	壬子	結	5	甲申	直	3	癸丑	人	5	13
14日	戊子	結	3	戊午	結	6	丁亥	結	3	丁巳	結	6	丙戌	人	3	乙卯	直	6	乙酉	直	3	甲寅	直	6	甲申	直	3	癸丑	人	5	乙酉	直	3	甲寅	直	6	14
15日	己丑	人	3	己未	人	6	戊子	結	3	戊午	結	6	丁亥	結	3	丙辰	人	6	丙戌	人	3	乙卯	直	6	乙酉	直	3	甲寅	直	6	丙戌	人	3	乙卯	直	6	15
16日	庚寅	直	3	庚申	直	6	己丑	人	3	己未	人	6	戊子	結	3	丁巳	結	6	丁亥	結	3	丙辰	人	6	丙戌	人	3	乙卯	直	6	丁亥	結	3	丙辰	人	6	16
17日	辛卯	直	3	辛酉	直	6	庚寅	直	3	庚申	直	6	己丑	人	3	戊午	結	6	戊子	結	3	丁巳	結	6	丁亥	結	3	丙辰	人	6	戊子	結	3	丁巳	結	6	17
18日	壬辰	人	3	壬戌	人	6	辛卯	直	3	辛酉	直	6	庚寅	直	3	己未	人	6	己丑	人	3	戊午	結	6	戊子	結	3	丁巳	結	6	己丑	人	3	戊午	結	6	18
19日	癸巳	結	3	癸亥	結	6	壬辰	人	3	壬戌	人	6	辛卯	直	3	庚申	直	6	庚寅	直	3	己未	人	6	己丑	人	3	戊午	結	6	庚寅	直	3	己未	人	6	19
20日	甲午	直	4	甲子	直	1	癸巳	結	3	癸亥	結	6	壬辰	人	3	辛酉	直	6	辛卯	直	3	庚申	直	6	庚寅	直	3	己未	人	6	辛卯	直	3	庚申	直	6	20
21日	乙未	人	4	乙丑	人	1	甲午	直	4	甲子	直	1	癸巳	結	3	壬戌	人	6	壬辰	人	3	辛酉	直	6	辛卯	直	3	庚申	直	6	壬辰	人	3	辛酉	直	6	21
22日	丙申	結	4	丙寅	結	1	乙未	人	4	乙丑	人	1	甲午	直	4	癸亥	結	6	癸巳	結	3	壬戌	人	6	壬辰	人	3	辛酉	直	6	癸巳	結	3	壬戌	人	6	22
23日	丁酉	結	4	丁卯	結	1	丙申	結	4	丙寅	結	1	乙未	人	4	甲子	直	1	甲午	直	4	癸亥	結	6	癸巳	結	3	壬戌	人	6	甲午	直	4	癸亥	結	6	23
24日	戊戌	人	4	戊辰	人	1	丁酉	結	4	丁卯	結	1	丙申	結	4	乙丑	人	1	乙未	人	4	甲子	直	1	甲午	直	4	癸亥	結	6	乙未	人	4	甲子	直	1	24
25日	己亥	結	4	己巳	結	1	戊戌	人	4	戊辰	人	1	丁酉	結	4	丙寅	結	1	丙申	結	4	乙丑	人	1	乙未	人	4	甲子	直	1	丙申	結	4	乙丑	人	1	25
26日	庚子	直	4	庚午	直	1	己亥	結	4	己巳	結	1	戊戌	人	4	丁卯	結	1	丁酉	結	4	丙寅	結	1	丙申	結	4	乙丑	人	1	丁酉	結	4	丙寅	結	1	26
27日	辛丑	人	4	辛未	人	1	庚子	直	4	庚午	直	1	己亥	結	4	戊辰	人	1	戊戌	人	4	丁卯	結	1	丁酉	結	4	丙寅	結	1	戊戌	人	4	丁卯	結	1	27
28日	壬寅	結	4	壬申	結	1	辛丑	人	4	辛未	人	1	庚子	直	4	己巳	結	1	己亥	結	4	戊辰	人	1	戊戌	人	4	丁卯	結	1	己亥	結	4	戊辰	人	1	28
29日	癸卯	結	4	癸酉	結	1	壬寅	結	4	壬申	結	1	辛丑	人	4	庚午	直	1	庚子	直	4	己巳	結	1	己亥	結	4	戊辰	人	1				己巳	結	1	29
30日	甲辰	人	5	甲戌	人	2	癸卯	結	4	癸酉	結	1	壬寅	結	4	辛未	人	1	辛丑	人	4	庚午	直	1	庚子	直	4	己巳	結	1				庚午	直	1	30
31日	乙巳	直	5				甲辰	人	5				癸卯	結	4	壬申	結	1				辛未	人	1				庚午	直	1				辛未	人	1	31

以下のサイトに、生年月日時を入力するだけ「人物フォーマット」が、算出できます。

https://asano-uranai.com/fpd/entrance.php

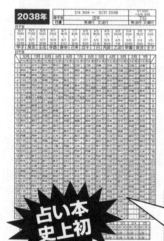

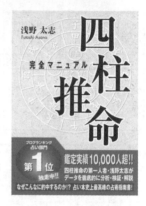

■浅野　太志（あさの　ふとし）
作家・占い研究家。

株式会社 グリーンカルテット拓　代表取締役。

岐阜県岐阜市生まれ。

幼少の頃より、占いや精神世界の事に興味を持ち、14歳の頃から四柱推命やタロット占術に親しむ。その頃より専門書を十数冊も読み漁り、すでに頭の中だけで星を算出できるに至る。

現在は鑑定の傍ら、占い講座も開催する。

浅野太志のHP
https://asano-uranai.com

■本文　挿絵　森野もも
■カバー装丁　竹下武臣

四柱推命人間学

2022年1月31日　初版第1刷発行

著　　者　浅野　太志
編 集 人　竹下　武志
発 行 者　竹下　武志
発 行 所　株式会社　総和社
〒162-0806
東京都新宿区榎町39-3　神楽坂法曹ビル202
☎03-3235-9381（代）／FAX 03-3235-9387
印刷・製本　有限会社 コロンボ

ISBN978-4-86286-092-7　C0076　Y2500E